Stefan Gunkel (Hrsg.)

Psychodrama und Soziometrie

**Zeitschrift für Psychodrama
und Soziometrie**

Sonderheft 1 | 2008

Stefan Gunkel (Hrsg.)

Psychodrama und Soziometrie

Erlebnisorientierte Aktionsmethoden in Psychotherapie und Pädagogik

ZPS
Zeitschrift für Psychodrama und Soziometrie
Herausgegeben von Ulrike Fangauf und Franz Stimmer

www.zps-digital.de

Redaktion:
Dr. Ulrike Fangauf (Frankfurt/M.), Dr. Reinhard T. Krüger (Hannover), Hildegard Pruckner MSc (Wien), Dr. Michael Schacht (Münster), Christian Stadler (München) Prof. Dr. Franz Stimmer (Lüneburg), Dr. Kurt Weber (Würzburg)
Anschrift: Redaktion ZPS, Simon-Breu-Straße 30, 97074 Würzburg

in Zusammenarbeit mit der
Fachsektion für Psychodrama, Soziometrie und Rollenspiel im Österreichischen Arbeitskreis für Gruppenpsychotherapie und Gruppendynamik (ÖAGG)
sowie dem Deutschen Fachverband für Psychodrama (DFP)/Sektion Psychodrama im deutschen Arbeitskreis für Gruppenpsychotherapie und Gruppendynamik (DAGG)

Wissenschaftlicher Beirat:
Adam Blatner, M.D. (Georgetown, USA), Prof. Dr. Ferdinand Buer (Münster), Dr. José Fonseca (Sao Paolo, Brasilien), Dr. Jutta Fürst (Hall, Austria), Marcia Karp (London, England), David Kipper, Ph.D. (Chicago, USA), Dr. Grete A. Leutz (Überlingen), Prof. Dr. René Marineau (Montreal, Ka nada), Zerka T. Moreno (Charlottesville, USA), Prof. Dr. Klaus Ottomeyer (Klagenfurt, Austria), Prof. Dr. Christa Rohde-Dachser (Frankfurt/M.), Eva Røine (Oslo, Norwegen), Dr. Meinolf Schönke (Münster), Prof. Anne Ancelin Schützenberger (Paris, France), Dr. Uwe Seeger (Bad Zwesten), Prof. Heika Straub (Stuttgart), Dr. Antony Williams (Melbourne, Australia)

VS Verlag für Sozialwissenschaften | GWV Fachverlage,
Abraham-Lincoln-Straße 46 | 65189 Wiesbaden

Geschäftsführer: Dr. Ralf Birkelbach   Gesamtleitung Anzeigen: Thomas Werner
                 Albrecht F. Schirmacher   Gesamtleitung Produktion: Thomas Forner
                                                  Gesamtleitung Vertrieb: Gabriel Göttlinger

Abonnentenbetreuung: Ursula Müller; Telefon: (0 52 41) 80 19 65; Telefax: (0 52 41) 80 96 20
E-Mail: Ursula.Mueller@Bertelsmann.de
Marketing: Ronald Schmidt-Serrière M.A.; Telefon: (06 11) 78 78-280; Telefax: (06 11) 78 78-439
E-Mail: Ronald.Schmidt-Serriere@vs-verlag.de
Anzeigenleitung: Yvonne Guderjahn; Telefon: (06 11) 78 78-155; Telefax: (06 11) 78 78-430
E-Mail: Yvonne.Guderjahn@gwv-fachverlage.de
Anzeigendisposition: Monika Dannenberg; Telefon: (06 11) 78 78-148; Telefax: (06 11) 78 78-443
E-Mail: Monika.Dannenberg@gwv-fachverlage.de
Es gilt die Sammelpreisliste vom 01.01.2008
Produktion/Layout: Frieder Kumm; Telefon: (06 11) 78 78-175; Telefax: (06 11) 78 78-468
E-Mail: Frieder.Kumm@gwv-fachverlage.de

Bezugsmöglichkeiten 2008: Jährlich erscheinen zwei Hefte. Jahresabonnement / privat (print+online) € 51,–, Jahresabonnement / privat (nur online) € 36,–; Jahresabonnement / Bibliotheken/Institutionen € 89,–; Jahresabonnement Studenten/Emeritus (print+online) – bei Vorlage einer Studienbescheinigung € 19,–. Alle Printpreise zuzüglich Versandkosten. Alle Preise und Versandkosten unterliegen der Preisbindung. Die Bezugspreise enthalten die gültige Mehrwertsteuer. Kündigungen des Abonnements müssen spätestens 6 Wochen vor Ablauf des Bezugszeitraumes schriftlich mit Nennung der Kundennummer erfolgen.
Zuschriften, die den Vertrieb oder Anzeigen betreffen, bitte nur an den Verlag.
Jährlich können Sonderhefte erscheinen, die nach Umfang berechnet und den Abonnenten des laufenden Jahrgangs mit einem Nachlass von 25% Rabatt des jeweiligen Ladenpreises geliefert werden. Bei Nichtgefallen können die Sonderhefte innerhalb einer Frist von 3 Wochen zurückgegeben werden.

© VS Verlag für Sozialwissenschaften | GWV Fachverlage, Wiesbaden 2009
VS Verlag für Sozialwissenschaften ist Teil der Fachverlagsgruppe Springer Science+Business Media.

Alle Rechte vorbehalten. Kein Teil dieser Zeitschrift darf ohne schriftliche Genehmigung des Verlages vervielfältigt oder verbreitet werden. Unter dieses Verbot fällt insbesondere die gewerbliche Vervielfältigung per Kopie, die Aufnahme in elektronische Datenbanken und die Vervielfältigung auf CD-Rom und allen anderen elektronischen Datenträgern.

Umschlaggestaltung: KünkelLopka Medienentwicklung, Heidelberg
Druck und buchbinderische Verarbeitung: Krips b.v., Meppel
Gedruckt auf säurefreiem und chlorfrei gebleichtem Papier
Printed in the Netherlands

ISBN 978-3-531-16360-4

Inhaltsverzeichnis

Stefan Gunkel
Psychodrama – Soziodrama – Soziometrie. Erlebnisorientierte
Aktionsmethoden in Psychotherapie und Pädagogik (Editorial) 7

Friedrick Krotz
Interaktion als Perspektivverschränkung. Ein Beitrag zum Verständnis
von Rolle und Identität in der Theorie des Psychodrama 27

Michael Schacht
Zwischen Ordnung und Chaos. Neue Aspekte zur theoretischen und
praktischen Fundierung der Konzeption von Spontaneität und Kreativität 51

Reinhard T. Krüger
Begegnung und Teleprozess als Rahmen psychodramatischen Denkens
und Handelns in der Einzeltherapie 87

Franz Stimmer
Spiegelbilder: Typen und „soziokulturelle Atome" narzisstischen
Verhaltens 113

Michael Schacht
Besser, schöner, schneller, weiter – nicht immer. Erwärmung im
Selbstorganisationsmodell der Spontaneität-Kreativität 131

Ulla Fuhr
Das eigene Spiel: Vom szenischen Verstehen zum szenischen Gestalten 169

Andreas Käppler
Orpheus sucht Eurydike – Zum psychodramatischen Umgang
mit Verlust und Trauer 185

Reinhard T. Krüger
Versöhnung mit sich selbst. Ein ich-psychologisch zentriertes Therapiekonzept in der psychodramatischen Psychotherapie von Psychosen 205

Jörg Hein
Ich-Funktion und Soziales Atom 231

Franz Stimmer
Pränatale Co-Existenzen 243

Matthias Lauterbach
Die vergessenen Seiten der Familiendynamik. Zur Ableitung eines familienorientierten Psychodramas 273

Hildegard Pruckner
Wiener Schnitzel, Piefke, Kümmeltürken – Soziodrama in der interkulturellen Arbeit mit Kindern und Jugendlichen 293

Therese Ziesenitz-Albrecht
„...So sind wir gar nicht!" Erfahrungen aus der schulpsychologischen Praxis 305

Helmut Schwehm
Soziometrie – Die Methode der Wahl 321

Anschriften der AutorInnen und Herausgeber 335

Stefan Gunkel
Psychodrama – Soziodrama – Soziometrie. Erlebnisorientierte Aktionsmethoden in Psychotherapie und Pädagogik (Editorial)

Summary:
Psychodrama – Sociodrama – Sociometry. Experience-based and actional methods in psychotherapy and pedagogy (editorial)
The article provides an introduction to concept and content of the present book. All 14 articles – chosen because of their great relevance to scientific theory and therapeutic practice – are shortly summarized and their main hypotheses briefly introduced. Hence the editor prepares the reader for further reading and demonstrates the therapeutic potential inherent in Moreno's techniques of psychodramatic and sociodramatic role playing and sociometric analysis.

Zusammenfassung:
Dieser Beitrag stellt Konzeption und Inhalt des vorliegenden Buches vor. Insgesamt 14 Beiträge werden, zumindest in ihren zentralen Aussagen, jeweils in zusammengefasster Form referiert. Damit führt der Herausgeber den Leser des Bandes in die Lektüre ein und zeigt über die Aneinanderreihung komprimierter Skizzen der Artikelinhalte, welche therapeutische Potenz in Morenos Arbeitswerkzeugen Psychodrama und Soziodrama, aber auch in der Soziometrie liegt.

Einleitung

Der Herausgeber, die Redaktion der *„Zeitschrift für Psychodrama und Soziometrie"* (ZPS) und natürlich auch der Verlag für Sozialwissenschaften freuen sich sehr, mit diesem Buch der an Psycho- und Soziodrama interessierten Fachöffentlichkeit einen theoretisch wie auch behandlungspraktisch reichhaltigen Sammelband mit 14 hochinteressanten Aufsätzen vorlegen zu können. Alle Texte entstammen den grünen Heften von *„Psychodrama – Zeitschrift für Theorie und Praxis von Psychodrama, Soziometrie und Rollenspiel"*, genauer gesagt den im Inscenario Verlag erschienenen Jahrgängen 1988 bis 2000. Bei der zuvor genannten Zeitschrift handelt es sich um den Vorgänger der ZPS bzw. um ein bei therapeutisch Tätigen und wissenschaftlich Ambitionierten angesehenes Fachjournal. Die ZPS setzt die jahrzehntelangen und verdienstvollen Bemühungen der Vorläuferzeitschrift „Psychodrama" fort, indem es im deutschsprachigen Raum die Ideen und Arbeitsweisen von Jakob Levi Moreno, dem Urvater aktionsbezogener und erlebnisnaher Psychotherapie, verbreitet.

Wegen der großen Nachfrage aus dem Leserkreis nach bereits erschienenen Artikeln war das Redaktionsteam der ZPS dankenswerterweise bereit, die zahlreichen Publikationen der vergangenen Jahre zu sichten und dabei jene Arbeiten auszuwählen, die aus heutiger Sicht besonders interessant und wertvoll erscheinen, und auch nach einigen Jahren noch lesenswert – quasi zeitlos gültig – sind, d.h. für die theoretische Einordnung des psychodramatischen Handlungsfeldes oder auch für die konkrete therapeutische und pädagogische Arbeit mit Rollenspiel, Soziodrama oder Soziometrie Anregung bieten.

Alle angesprochenen Autoren waren freundlicherweise mit einem Reprint ihrer Arbeiten einverstanden und darüber hinaus zur Durchsicht bzw. Überarbeitung der damaligen Texte bereit. Das Ergebnis halten Sie in Händen; es stellt gewissermaßen zentrale, d.h. immer noch aktuelle und richtungsweisende Arbeiten aus den 90er Jahren dar und geht insofern über ein schlichtes Reprint hinaus, weil autorenseitig tatsächlich hier und da Ergänzungen und neue Erkenntnisse eingebracht wurden. Auch wurde die Lesbarkeit etwa durch Anfertigung neuer Abbildungen verbessert.

Die Aufsatzsammlung richtet sich, das deutet bereits der Buchtitel an, nicht primär an ein Anfängerpublikum, sondern an Menschen aus der professionellen Praxis, die gerne ihre persönlichen und beruflichen Erfahrungen mit psychodramatischer Arbeit reflexiv vertiefen und Anregung für die sozialpädagogische, sozialpsychiatrische und psychotherapeutische Praxis erhalten möchten.

Natürlich würden sich der Verlag und Zeitschriftenredaktion sehr freuen, wenn der eine oder andere Leser durch die Lektüre dieser Schrift dazu angeregt wird, die ZPS zu abonnieren.[1] Hierzu kann an dieser Stelle die Information beitragen, dass von dieser Fachzeitschrift jährlich zwei umfangreichere Hefte erscheinen, die mehrheitlich bestimmten Themen gewidmet sind. Grundsätzlich werden theoretische und praxisbezogene Artikel publiziert, wobei man bemüht ist, aus unterschiedlichen Berufsfeldern Beiträge zu veröffentlichen. Anliegen der Herausgeber ist es, die Weiterentwicklung psychodramatischer, soziodramatischer und soziometrischer Verfahren zu fördern, sowie forschungsmethodisches Handeln anzuregen und die weitere Vernetzung unter Psychodramatikern im deutschen und internationalen Raum zu fördern.

Überblick durch Zusammenfassungen

Zunächst werden nachfolgend abschnittsweise alle in diesem Buch enthaltenen Beiträge in verdichteter Form vorgestellt, wobei der Herausgeber sich bemüht hat, die jeweiligen zentralen Aussagen und Erkenntnisse zu exzerpieren, um hierdurch die Bedeutung der einzelnen Arbeiten hervorzuheben und die Leser auf den zu erwartenden Stoff einzustimmen bzw. insgesamt einen Überblick über die Aufsatzsammlung zu bieten.

---

1) Interessierte können einen Flyer mit wichtigen Informationen über die Zeischrift für Psychodrama und Soziometrie unter folgender Addresse aus dem Internet herunterladen: http://www.psychodrama-rollenspiel.de/Zeitschrift_Psychodrama_und_Soziometrie.pdf.

Situation, Rolle, Selbst – interaktionistisch betrachtet

Der Erfurter Kommunikationswissenschaftler und Mathematiker Prof. Friedrich Krotz gibt einen Überblick über interaktionstheoretische Konzepte aus der soziologischen Schule des „Symbolischen Interaktionismus" nach George Herbert Mead (1934), C.H. Cooley (1902a,b)[2] und H. Blumer (1973) und stellt dabei Bezüge zur Theoriebildung innerhalb des Psychodramas her. Als fundamentale Kerndimension zwischenmenschlicher Kommunikation bzw. Begegnung oder Interaktion beschreibt der Autor die reziproke Verschränkung der Wahrnehmungs- bzw. Handlungsperspektiven aller beteiligten Interaktionspartner. Ein soziales Situationsgefüge, in dem erfolgreiche Handlungen („kommunikative Akte") mehrerer Individuen getätigt werden, impliziert ein Mindestmaß an sozialer Intelligenz auf Seiten der zusammenwirkenden Personen, insbesondere die Fähigkeit zur Rollenübernahme („role taking ability")[3] und zur adäquaten Entschlüsselung der Verhaltensbereitschaft des jeweiligen Gegenübers im gegebenen Handlungskontext. Piaget (1982) bezeichnete dies als „kognitive Fähigkeit zur Dezentrierung", Selman (1984) sprach von „simultaner reziproker sozialer Perspektivenübernahme", Dymond (1949a,b) von „interpersoneller Empathie". Abgesehen hiervon besteht noch eine weitere Grundvoraussetzung für symbolvermittelte Interaktion, und zwar die von allen daran mitwirkenden Personen geteilte Bedeutung hinsichtlich verwendeter Zeichen und Symbole, zu denen ausgetauschte Gesten, besonders aber Sprache gehört. Die Bedeutung signifikanter Akte wird während der gemeinsamen Handlung erschlossen bzw. auch dort erarbeitet und zugewiesen. Ohne fortlaufende Einfühlung in den Interaktionspartner kann sich ein Situationsgefüge anspannen und kontraproduktiv entgleisen. Solche Prozesse können im Psychodrama reinszeniert und quasi im Zeitlupentempo per Rollentausch und Rollenwechsel intensiv studiert werden. Krotz führt einige in diesem Zusammenhang relevante und theoretisch wie praktisch nützliche Schlüsselbegriffe aus der Sozialwissenschaft (Interaktion, Situation, Rolle, Selbst) ein und gibt entsprechende Definitionen; „Interaktion" z.B. wird vom Autor als Prozess beschrieben, innerhalb dessen Symbole generiert werden, denen die handelnden Individuen gemäß ihren konstruktiven Interpretationen „geteilte" Bedeutung mithin sozialen Gehalt verleihen. „Rolle" hingegen ist eine greifbare Ausdrucksform, zu sich und anderen in deren Rollen Beziehung aufzunehmen, indem innerhalb eines situativen Rahmens Interaktion betrieben wird. Dieses Handeln beinhaltet die permanente Bereitschaft, sich gedanklich und emotional in die Lage des ande-

---

2) Charles Horton Cooley (1902) beschrieb das sog. „looking-glass self" (=Spiegelbild-Selbst), wobei dieses Konstrukt auf jenen Prozess rekurriert, bei dem Individuen sich selbst mit den Augen relevanter anderer Personen (nach G.H. Mead der „significant others" der frühen Kindheit und der „generalized others" der weiteren Vergesellschaftung) betrachten und wahrnehmen und darüber – quasi im Rollentausch – ihre Identität in der Interaktion mit anderen konstruieren.

3) Vgl. *Stryker* (1957, 1962).

ren hineinzuversetzen, um Sachverhalte (mittels „imaginären Rollentausches") aus der Perspektive der Handlungspartner betrachten und anschließend angemessen Bezug nehmen zu können. Dies ist Perspektivenverschränkung, die im Psychodrama spielerisch gefördert wird, was die Interpretationsleistung und soziale Handlungskompetenz steigert. Hierin liegt die fundamentale Kraft des Rollenspiels, als Instrument zur mentalen Erweiterung und zur Entwicklung situationsadäquaten Handelns und Auftretens!

Kreative Neuordnung dysfunktionaler Systeme

Der psychologische Psychotherapeut Dr. Michael Schacht, am Moreno-Institut New York als Psychodramaleiter ausgebildet, befasst sich in einer theoretischen Arbeit eingehend mit jenen therapeutisch relevanten Entwicklungsprozessen, die Menschen, wenn sie ihr Rollenverhalten verändern bzw. ihr Handlungsrepertoire erweitern möchten, zwischen den Polen „Ordnung" und „Chaos" in Richtung auf eine konstruktive organismische Neuanpassung durchlaufen. Dabei rekurriert der Autor sowohl auf Morenos universalistische Aussagen zur Veränderung mittels Spontaneität/Kreativität, strebt aber hierbei eine Reformulierung dieser Ideen auf der Basis anderer aktueller Modelle und Konzepte an. Ihm geht es um eine systemtheoretische Rekonstruktion der für einen Verhaltens- bzw. Einstellungswandel wesentlichen Vorgänge innerhalb einer Psychotherapie psychodramatischer Art, wobei bezüglich der Beschreibung sog. „offener selbstorganisierender Systeme" mit „dissipativen Strukturen" die Terminologie und Sichtweise des 2003 verstorbenen russischen Philosophen Ilya Prigogine, der 1977 den Nobelpreis für Chemie erhielt, herangezogen wird. Dieser hatte soziale Gebilde als offenes System deklariert (Prigogine & Stengers 1981), die strukturiert und dynamisch sind sowie mit anderen Systemen Energie und Information austauschen, vor allem auch funktionale Gleichgewichtszustände anstreben. Die signifikante „Neuordnung" eines dysfunktional gewordenen Systems ist grundsätzlich über „Fluktuationen", d.h. Irritationen bzw. Abweichungen vom Schwellenwert, erreichbar. Die Überwindung rigider Rollenkonserven bzw. eine erfolgreiche Adaptation mittels psychodramatischen Rollenspiels impliziert Kreativität ebenso wie provozierende Elemente („Verstörung", Krise, „Erwärmung"). In Abhängigkeit von der jeweiligen Prozessphase und dem dominierenden Grundthema, das Veränderung herausfordert, ist eine „Spontaneitätslage", im Sinne eines innovativen Aktes sog. „Erstmaligkeit" und immer auch „Bestätigung" erforderlich, um Veränderung zu induzieren bzw. instabile Neuinszenierungen zu sichern oder Beziehungskonstellationen zu konsolidieren. Der zyklische Prozess der Strukturveränderung wird im Beitrag unter Nennung zahlreicher Anschauungsbeispiele ausführlich beschrieben.

Begegnung im psychodramatischen Spiel

Der Psychiater und Psychodramatherapeut Reinhard Krüger gibt in seinem Artikel Einblick in seine therapeutische Arbeit, die in starkem Maß das Ausspielen von Rollen bzw. psychodramatische Inszenierungen zur Veranschaulichung intra- und interpersoneller Konstellationen nutzt. Der Autor verdeutlicht hierbei die Bedeutung der „Begegnung" im Behandlungsprozess. Psychodramatische Aktionsmethodik, egal ob sie im Gruppen- oder Einzelsetting zur Anwendung gebracht wird, impliziert seiner Ansicht nach ständige „Begegnung" des Protagonisten mit sich selbst und auch mit anderen Personen und deren rollengebundenen Handlungsperspektiven, und zwar im Rahmen einer spielerisch arrangierten Interaktion, die seine oft ungenutzten kreativen Potentiale herausfordert und dabei auch weiterentwickelt. Psychodramatechniken, die in diesem Zusammenhang praktiziert werden (Szenenaufbau, Doppeln, Rollenspiel in der eigenen Rolle und in der Rolle anderer, Rollentausch, Spiegeln, Szenenwechsel und Sharing), sind überwiegend aus den natürlichen Ich-Funktionen des Menschen abgeleitet bzw. ahmen diese quasi nach. Als weitere wesentliche Grundprinzipien der psychodramatischen Arbeitsweise innerhalb der Einzeltherapie, die neben dem identitätsstiftenden Schlüsselkonzept „Begegnung" in dem Beitrag dargestellt werden, betrachtet Krüger die Gestaltung des Tele-Prozesses hin zur Tele-Beziehung, das tiefenpsychologische Verstehen und Gestalten sowie die störungsspezifische existentielle Begegnung in der therapeutischen Beziehung. Psychodramatherapeuten sollen dem Protagonisten dabei helfen, die „Begegnungsprozesse aus Fixierungen zu befreien und kreativ umzugestalten", wobei diese Entwicklung prozesshaft und progressiv verlaufen sollte. Krüger unterscheidet hier vier Stufen oder Phasen, die mit klinischen Fallbeispielen illustriert werden: (1) „Anziehung", d.h. reziproken energetischen Austausch, der unter warming-up Bedingungen Veränderungen ermöglicht; (2) „Interaktion", d.h. ein in der Zeit sich vollziehender Prozess gemeinsamen und aufeinander bezogenen Handelns, der konsensuelle Bedeutungszuweisungen und deren Revision ebenso umfasst wie Wahrnehmungsvorgänge und deren Korrektur, letztlich also Realitätserleben; (3) „Integration", womit die Zusammenführung unterschiedlicher Impulse angesprochen ist, z.B. einfühlender Teilhabe vs. beidseitiger Selbstverwirklichung und (4) die „Einigung über Gestaltung und Deutung", d.h. die gemeinsame Herausbildung einer tragfähigen Beziehung oder Handlungsstruktur auf der Basis des gefundenen Konsenses. Einen sehr interessanten behandlungspraktischen Ansatz bietet die von Krüger in Anlehnung an Lorenzer (1970a,b) getroffene Unterscheidung verschiedener Szenarien, in denen neurotische Handlungsmuster dargestellt und auch therapeutisch behandelt werden können, und zwar die Symptomszene, die genetische Szene, die mythische und eben die therapeutische Szene. Die Transformation der einen in die andere szenische Gestaltung kann das Verstehen vertiefen und helfen, aus der Sackgasse einer Verhaltensfixierung herauszugelangen, auch weil die Symbolisierung von Beziehungsmustern durch Märchengestalten und historische Mythen Energie aus dem kollektiven Unbewussten heranführt, Entwicklungsmöglichkeiten unterstellt und letztlich Ich-Stärkung induziert. Eine weitere Form der psychodramatischen Annäherung an die subjektive Realität des Erlebens von Patienten, die Krüger in seinem Artikel beschreibt, stellt das „explorativ integrierende Rollenspiel in der Rolle des Patienten" dar, also das erforschende Nachspielen des Verhaltens des Patienten oder der Patientin in der aktuellen Situation durch den Therapeuten mit dem Ziel, die Protagonistenperspektive umfassend herauszuarbeiten, oder wie Krüger schreibt: „(...) dessen Identitätsprozess in der Beziehung nachzuvollziehen, das heißt seine einzelnen Verhaltenssequenzen und Äußerungen in den virtuellen Schnittpunkt seines Kern-Selbst-Empfindens zurückzuverfolgen, dort zu integrieren und den Sinn seiner (neurotischen) Konfliktlösung zu erfassen."

Narzisstische Selbstorganisation und ihr Soziales Atom

In seinem Beitrag befasst sich der Soziologe, Sozialpädagoge und Psychodrama-Leiter Franz Stimmer mit dem psychotherapeutisch bedeutsamen Phänomen des Narzissmus, das er im Weiteren mit den psychodramatherapeutischen Konzepten des Sozialen bzw. Kulturellen Atoms (als Teilbereiche des „Soziokulturellen Atoms") in Verbindung bringt. Zunächst einmal versteht der Autor unter Narzissmus jenes spezielle menschliche Verhalten, das durch einen Rückzug aus sozialen Beziehungen oder durch die Funktionalisierung sozialer Beziehungen bei gleichzeitiger Bildung, Gestaltung und Aufrechterhaltung unrealistischer Größenphantasien gekennzeichnet ist. Dieses Verhalten dient der Kompensation schon eingetretener oder befürchteter Selbstwertkränkungen mit den Gefühlen von Verzweiflung, Sinnlosigkeit, Minderwertigkeit, Langeweile und dem Versuch, über diesen Weg ein positives Selbstwerterleben und Gefühle von Gesichert-Sein und Vertrauen zu sich und zu anderen zu erlangen. Die Tendenz zur Funktionalisierung anderer Personen zur Kompensation und Abwehr von Selbstwertkrisen bzw. zur Stabilisierung eines labilen Egos war schon Freud (1914) als ubiquitäres identitätserhaltendes und -regulierendes Grundbedürfnis des Menschen aufgefallen und zurückgeführt worden auf ein primäres frühkindliches Streben nach narzisstischer Befriedigung bzw. Sehnsucht nach einem paradiesischem Glücks- oder Einheitlichkeitserleben („Ozeanisches Gefühl"), einem Zustand, der in den entwicklungspsychologischen Schriften Morenos als Phase der „Allidentität" beschrieben wird. Stimmer benennt vier Idealtypen narzisstischen Verhaltens, wobei er auf soziometrische bzw. kennzeichnende Merkmale des jeweiligen interpersonellen Beziehungsgefüges abhebt. Die Rolle des „Isolierten" ist deshalb eine narzisstische, weil er sich aus den als banal oder störend abgewerteten Sozialbezügen herausnimmt und in einer Phantasiewelt vorgestellter eigener Größe, Bedeutsamkeit oder Kompetenz lebt. Eine andere narzisstische Existenzform bezeichnet Stimmer als den „Konsument", da dieser Typus seine Identität über Waren und Konsumprozesse stabilisiert, ein in der heutigen Gesellschaft verbreitetes Muster. Diese Menschen haben ein ausgeprägtes „feeling for things", ihnen fehlt jedoch ein „feeling for persons" (Moreno) weitgehend. Die dritte Form narzisstische Zufuhr zu gewinnen bezeichnet der Autor mit dem Begriff „Star" („Ich bin vollkommen!"), weil solche Personen bestrebt sind, ihr überhöhtes Selbstbild über die Induktion von vermeintlich positiven Rückmeldungen anderer Menschen zu sichern. Vom Autor angeführte Beispiele hierfür sind das Gurutum und kultartiges oder prinzessinnenhaftes Gebaren, aber auch der unbeherrscht ausgelebte Drang sich und seine Produkte zu veröffentlichen. Schließlich wird noch das komplementäre, jedoch ebenfalls narzisstisch geprägte Lebensskript des „Fans" vorgestellt, der sich quasi im Fahrwasser oder Dunstkreis des Stars aufhält, der von diesem profitiert und den das Grundmotto „Du bist vollkommen und ich bin ein Teil von Dir!" antreibt oder befriedigt. Wie sich die Struktur und Qualität sozialer Bezogenheit anhand von Soziogrammen der zuvor genannten narzisstischen Typen mehrdimensional symbolisieren lassen, zeigt Stimmer an einigen Schemazeichnungen, die beispielhaft die Interaktionsrollenmerkmale und deren Organisation zur Darstellung bringen. So gruppieren sich bei „Star" im inneren Sektor des Sozialen Atoms[4] sowie in geringem Abstand zahlreiche austauschbare Personen, die aus dem umfangreichen Bekanntschaftsvolumen entstammen, den narzisstischen Energiebedarf decken und anschließend durch frische Statisten (Fans) ersetzt werden. Hingegen bezieht der „Fan" aus einem nahezu leeren Nahbereich mit wenigen Mitfans die narzisstische Gratifikation aus der real bestehenden Nähe zum bewunderten Star bzw. der vorgestellten positiven personalen Bedeutung innerhalb dieser Konfiguration. Menschen, die dem Typ „Isolierter" sich annähern, leben vorwiegend in einem „Sozialen Atom", in dem ein deutlich verkleinertes tatsächliches Rollenselbst („Chemielehrer", „Klavierspieler") ergänzt wird durch ein imaginiertes Größenselbst („Nobelpreisträger", „Musikvirtuose"), das kaum in Frage gestellt wird durch kontrastierende sonstige Rollenpartner, die – aufgrund ihrer Diskrepanz zum imaginierten grandiosen Ego – diese unrealistische Selbstkonstruktion gefährden könnten. Zur Genese narzisstischen Verhaltens stellt Stimmer in Verbindung mit dem Konzept der „Allidentität" von Moreno sodann zwei typische Konstellationen vor und verweist abschließend darauf, dass im Psychodrama narzisstische Persönlichkeitsorganisationen hervorragend dargestellt, funktionell begriffen und therapeutisch bearbeitet werden können, wobei u.a. der Mythos von Narziss und Echo als Mythodrama tiefe Einsichten vermittelt.

---

4) Als „Soziales Atom" bezeichnet Moreno „[...] die kleinste soziale Einheit, nicht das Individuum. Vereinfacht ausgedrückt handelt es sich um das Individuuum zusammen mit jenen (nahen und fernen) Personen, mit denen es zu einem bestimmten Zeitpunkt emotional verbunden ist" (Moreno 1947, S. 80, vom Originaltext übersetzt, S.G.).

Fünf Interaktionsmodi als Grundlage kreativer Selbstorganisation im psychodramatischen Prozess

In einem zweiten Aufsatz differenziert Michael Schacht fünf unterschiedliche Interaktionsmodi, die im Alltagshandeln wie auch im therapeutischen Prozess wirksam sind und grundsätzlich auf einer spezifischen Mischung von Anziehung vs. Abstoßung bezüglich der jeweils beteiligten, d.h. die Interaktion anregenden Pole basieren. Die angesprochenen Modi kann man als energetisch von einander unterscheidbare Handlungsmuster bzw. intrapsychische Spannungskonstellation betrachten, die entweder Grundschwingungen für stabilisierte Beziehungen bilden, oder auch der Ausgangspunkt für Konfliktlagen bilden, die dysfunktional sind und nach Veränderung streben. Schacht bringt die Modi mit typischen Erwärmungsprozessen in Verbindung und arbeitet damit „assoziativ" Bestimmungsstücke eines noch zu entwickelnden Selbstorganisationsmodells der Spontaneität-Kreativität heraus, die aus psychodramatheoretischer Sicht eine fundamentale Triebkraft des Menschen darstellt. Der erste Interaktionsmodus ist dargestellt durch das Merkmal „niedrige Fluktuationen"; d.h. Prozesse, bei denen die im Austausch befindlichen Pole schwach und mit ungefähr gleicher Intensität ausgebildet sind. Um ein in dieser Weise festgefahrenes, veränderungsresistentes System im psychotherapeutischen Rahmen zu verflüssigen, wäre der Devise zu folgen, mit vorsichtigen Interventionen Energie freizusetzen, also „die Schaukel in Schwung zu versetzen". Dies führt aus „lauen Präsentationen" („Konserve") des Protagonisten heraus und leitet zu explorativen kreativen Aktivitäten („Erstmaligkeit") über. Der zweite Interaktionsmodus wird vom Autor mit einem „laufenden Motor" gleichgesetzt und bezeichnet Konstellationen mit mittlerer Intensität von Anziehung und Abstoßung bzw. deren periodischem Wechselspiel. Aus der Routine solcher Strukturen mit konsolidierter Dynamik führt ebenfalls eine sukzessive Intensivierung aller Pole im therapeutischen Prozess. Der dritte Modus liegt vor, wenn ein Pol exzessiv betont wird, während der Gegenpol quasi unterdrückt oder ausgeblendet wird, z.B. im Falle der Unfähigkeit Ruhe, Entspannung und Inaktivität ausleben zu können. Erwartungsgemäß ist es hier zur Schaffung von Ausgleich und Integration der Kräfte angezeigt, den schwach ausgeprägten Teil bei gleichzeitiger Relativierung des intensiv gelebten Aspekts zu stärken. Als vierten Modus der Interaktion beschreibt Schacht eine Interaktion zwischen zwei etwa gleichstark entwickelten Positionen, oder anders ausgedrückt die „kreative Instabilitätslage" zwischen zwei widerstrebenden Kräften, die beherrscht bzw. schöpferisch zum Ausgleich gebracht werden müssen. Hilfreich bei einer solchen Konstellation ist nach Ansicht des Autors das Prinzip „Unterstützung", damit das Individuum die Spannung zwischen den Polen ertragen (Erhöhung der Ambiguitätstoleranz), oder besser noch konstruktiv gestalten kann. Den fünften Interaktionsmodus bezeichnet Schacht als „Schwarz-Weiss-Konserven". Damit sind plötzliche Wechsel zwischen prägnanten Extremformen des Handelns, Denkens und Empfindens gemeint, so dass der Eindruck von Rigidität und Störung im Bereich von Affekt- und Impulskontrolle entsteht. Hier sollten selbstverständlich im psychodramatischen Szenario oder sonstigen einzeltherapeutischen Setting die Pole nicht intensiviert, sondern eher im Sinne der Relativierung und Überwindung von Spaltung „heruntergekühlt" werden. Schachts theoretische Ausführungen werden an vielen Stellen mit anregenden Beispielen aus der Gruppen- und Einzeltherapie illustriert.

Szenisches Verstehen und Gestalten hilft Frühgestörten

Von „Szenischem Verstehen und Gestalten" handelt der Artikel von Ulla Fuhr, der eine gut nachvollziehbare Schilderung des methodischen Vorgehens bei der psychodramatischen Langzeitbehandlung einer 30-jährigen „früh gestörten" Frau darstellt. Die Autorin praktiziert als psychologische Psychotherapeutin und betont eingangs ihres Berichtes, wie schwer es bei diesem schwer gestörten Klientel oft ist, in den „sprachlosen Raum früher Erfahrungen" direkt bzw. verbal vorzudringen. Bewährt hat sich hier aus ihrer Erfahrung das Einschwingen auf atmosphärische und sinnliche Momente der ätiologisch relevanten Szenarien der Kindheit. Diese in spielerischer und symbolisierter Form hervorzuheben bzw. zu konkretisieren, erleichtert den Zugang zu der inneren Welt der Betreffenden enorm. Durch spontane Reaktualisierung der vom Patienten erinnerten Aspekte (z.B. Gerüche, Lichtverhältnisse, akustische Erinnerungsfragmente, Kälte-/Wärmeempfinden, Empfinden von Chaos/Enge) im Therapiezimmer werden Gefühlslagen und Rollenmuster unmittelbar erlebbar und im Nachhinein interaktiv verstehbar. Zum einen verdeutlichen psychodramatische Inszenierungen im „Hier und Jetzt" der Therapiesituation die Tiefenstruktur von Beziehungen bzw. prägenden Entwicklungskontexten des „Dort und Damals". Andererseits zeigt die Autorin, dass unter Einsatz des Rollenspielinstrumentariums – quasi ergänzend – auch vom Protagonisten bislang außer Acht gelassene, jedoch biographisch-ätiologisch und sogar therapeutisch wesentliche Gesichtspunkte einer fokussierten Szene gewissermaßen in das Bewusstsein eingeblendet werden können. Psychodramatische Rekonstruktionen können bei vereinfachten Erklärungen nicht stehen bleiben, sondern sollten im Sinne einer weiter gehenden szenischen Exploration, insbesondere auch im Rahmen der anschließenden Reflexion, die tatsächliche Komplexität herausarbeiten, in der sich Verhaltensmuster und Verhaltensstörungen interaktiv herausbilden. In zunächst klar und eindeutig erscheinenden Handlungsszenarien sind – wie der Prozessverlauf einer psychodramatischen Arbeit, etwa über mehrere Sitzungen bzw. weitergehende Analysen, nicht selten zeigt – oft weitere Bedeutungsebenen enthalten, so dass fortlaufend ein Erkenntniszuwachs eintritt. Man könnte es auch so formulieren: Das vorläufige Resumé einer Sitzung komplettiert sich allmählich (Krüger 1996), das erste Bild vervollständigt sich und so gelangt man schließlich zu einer „ganzen Szene", wie Fuhr das nennt (z.B. „Meine Mutter war nicht nur ängstlich-überbesorgt, sondern auch schützend-zugewandt."). Besonders eindrucksvoll ist, wie die Autorin die weit zurückliegende primäre Beziehungsgestaltung in symbolisierter Form in Bearbeitung bringt, indem sie einfache Gegenstände (Tücher, Wollknäuel) verwendet, welche für die Protagonistin selbst und ihre damaligen Bezugspersonen stehen. Auf diese Weise wird offenbar einfach und schnell ein hohes Maß an emotionaler Identifikation mit den Objekten induziert. In der Fokussierung der seitens der Therapeutin kommentierten Objektanordnung wird ein starkes Involvement erzeugt, weil quasi projektiv soziometrische Konstellationen, Gefühlsreaktionen und intrapsychische Prozesse erlebnisintensiv abgebildet werden. Mittels solcher und anderer strukturierender therapeutischer Initiativen (etwa intensivem Einsatz der Doppelgängertechnik), leistet der Behandler in der Regel zu Beginn einer Therapie vermehrt Hilfestellung bei der Einrichtung und Ausgestaltung von Spielszenen. Auf diese Weise gelangen früh gestörte Patienten sukzessive zu spontaner Handlungsbereitschaft. Mit wachsender Fähigkeit zu aktiver Rollenübernahme kommt es letztlich zu erweiterten, kreativeren psychodramatischen Darstellungen, aber auch zu realitätsangemesseneren Handlungs- und Erlebnisweisen außerhalb des Behandlungsrahmens.

Verlust und Trauer mit Psychodrama überwinden

Der in Bochum niedergelassene Psychologe und Psychodramatherapeut Andreas Käppler greift in seinem Beitrag die für jede Psychotherapie fundamentale Thematik „Verlust und Trauer" auf, indem er zunächst auf den klassischen Mythos von Orpheus und Erydike eingeht, um zu verdeutlichen, dass der männliche Protagonist dieser Geschichte wesentliche Symptome der sog. „pathologischen Trauerreaktion" aufweist. Der Orpheuskomplex beinhaltet beim Hinterbliebenen eine Fixierung auf die verlorene gegangene Bezugsperson und damit eine Blockierung spontanen Handelns. Ziel jeder Trauerarbeit muss deshalb die Aufhebung von Vitalitätslähmung und die Wiederherstellung von konstruktivem organismischem Energiefluss sein, vor allem auch die Verarbeitung und Erwärmung für einen strukturellen Neuanfang des Lebens. Oft kann eine solche positive Umorientierung erst nach einer emotionalen Abreaktion des Verlustschmerzes (bei Moreno „kreative Katharsis" genannt) sowie anderer sich beim Hinsehen und Hinspüren verdeutlichender Affekte eintreten. Der Autor berichtet von Erfahrungen mit einer 34-jährigen Patientin, die ihren Mann zwei Jahre zuvor durch plötzlichen Herztod verloren und sich in eine von Käppler geleitete, psychodramatisch arbeitende Trauergruppe begeben hatte. Zu Beginn der Therapie befand sich die Frau in ihrem Blick auf den Verlust in einer retrospektiven Verengung mit regressiven Impulsen und zirkulären von Verzweiflung und Nichtakzeptanz des Todesfalls geprägten Gedankengängen. Dem unbewussten Wunsch nach Rückgängigmachung des Verlustes entsprach ihre Tendenz zur Leugnung der Realität, zur Vermeidung von Abschied, aber auch der Umstand, dass in die todesfallbedingte Lücke eine „Ich-Du-Kollusion" getreten war. Um eine existentielle „Ich-Katastrophe" abzuwenden, wird erfahrungsgemäß am „verlorenen Objekt" besonders hartnäckig festgehalten oder der Beziehungspartner wird posthum projektiv verzerrt, so dass dessen Fehler und Schwächen sozusagen unter den Teppich gekehrt werden, um das idealisierte Bild nicht zu gefährden. In mehreren psychodramatischen Inszenierungen gelang es der jungen Witwe zunehmend, ihre Fixierung aufzugeben und den Verstorbenen sukzessive loszulassen. Zunächst galt es, die gedämpfte Spontaneität langsam zu beleben, um später die Übernahme von Spielrollen – insbesondere auch einen Rollentausch – mit dem Verstorbenen zu vollziehen. Eine Intensivierung und Externalisierung der bislang abgewehrten Trauer zeigte sich unter Nutzung der Technik des unterstützenden Doppelns. Vorher wurde die Protagonistin zusammen mit der Gruppe imaginativ auf die Thematik eingestimmt, wobei die aufsteigenden Bilder schriftlich protokolliert wurden. Die Trauerarbeit konkretisierte sich – vorbereitet durch eine Inszenierung mittels Stühlen – im weiteren Verlauf in einer ergreifenden Darstellung, bei der die Witwe zu einer Ich-Differenzierung geführt wurde, indem sie in einen als Rollenwechsel gestalteten, emotional tiefer gehenden Dialog mit dem Verstorbenen eintrat und dabei verschiedene Fragen und bislang unausgesprochene Aspekte (Schuldgefühle, Wut) thematisiert werden konnten. Insgesamt wurde auf psychodramatischem Weg offenbar eine konstruktive Bearbeitung des durch den Tod eingetretenen Verlustes erreicht, die auch einherging mit einer weitgehenden Aufhebung der bisherigen pathologischen Fixierung bzw. Idealisierung des Partners zugunsten einer Verabschiedung des Verstorbenen und seiner gleichzeitigen Integration als hilfreichen und tröstenden „Wegbegleiter".

Psychodrama mit Schizophrenen ist möglich und wirksam

Als niedergelassener Psychiater und auch psychodramatisch arbeitender Psychotherapeut stellt Dr. Reinhard Krüger in seinem Artikel „Versöhnung mit sich selbst" ein psychodramaorientiertes in der ambulanten Einzel- und Gruppenpsychotherapie von psychosekranken Menschen einsetzbares Prozessmodell dar. Die vorgeschlagene sieben Phasen umfassende Methode bezeichnet der Autor als „ich-psychologisch ausgerichtete psychodramatische Psychosepsychotherapie". Ausgehend von einer eher tiefenpsychologischen Deutung sowie einem funktionalistischen Verständnis psychopathologischer Symptome, durch die sich schizophrenes Verhalten und Erleben manifestiert, und anknüpfend an Morenos therapeutische Versuche einer psychodramatischen Inszenierung von Wahnwelten mittels der sog. „Hilfswelttechnik" propagiert der Autor eine modifizierte Herangehensweise, bei der der Therapeut unter intensiver Verwendung der „interaktionell mitagierenden Doppelgängertechnik" in die szenische Gestaltung von Symptombildungen mit einsteigt, um gemeinsam die strukturerhaltende Bedeutung dieser die soziale Interaktion überfordernden Phänomene zu erkennen. Schizophren Erkrankte versteht Krüger als Menschen mit einem Komplexitätsmangel in der Struktur des Umgehens mit alltäglichen Herausforderungen des Daseins. Strikte Symptombeseitigung per Neuroleptikaapplikation ist von daher abzulehnen, weil sie den Kranken nicht ernst nimmt und einer Amputation von suboptimalen Lösungsversuchen gleichkommt. Es sollte um die Ausarbeitung des interpersonellen und intrapsychischen Sinn und Zwecks von Halluzinationen, von Wahnbildung und Depersonalisation im Rahmen des „Selbstorganisationsprozesses" gehen. Dabei muss auch der Behandler das Wagnis des „Eintritts in das Symptom des Patienten" im Rahmen einer „symbolischen Realisation" (Sechehaye 1947) eingehen. Anhand mehrerer Behandlungsfälle verdeutlicht Krüger, dass im Kontext einer vorsichtig realisierten Folge von psychodramatischer Arbeit mit den psychotischen Reaktionen die Selbsterhaltungsfunktion der Symptombildung plastisch wird und im Weiteren ich-stützend und ich-entwickelnd therapeutische Verbesserungen erreichbar sind. Er illustriert, wie psychotische Dekompensationen in der szenischen Gestaltung aufgreifbar sind und auch die scheinbare Alogik weicht. Wahnsinn – in Krügers Verständnis eine Art „Notkonstrukt" – ist Ausdruck des unbewussten Strebens nach Vermeidung absoluten Zerfalls und ein krampfhafter Versuch, die Selbstorganisation zu erhalten. Hierbei soll der Kranke Unterstützung erfahren. Die unzureichende Komplexität innerer Strukturen Schizophrener lässt sich allerdings nur sehr langsam und mühevoll erhöhen, so dass sich der Therapeut unbedingt zurückhalten sollte bei dem Impuls, Anpassungsverhalten in Beziehungen zu vermindern und Selbstverwirklichung aktiv zu fördern. Auch hier scheint weniger mehr zu sein. Das „Aussöhnen mit sich selbst" betrachtet Krüger als Voraussetzung für eine gesteigerte Belastungsfähigkeit auch im psychosozialen Lebensraum. Das konkrete psychodramatherapeutische Vorgehen, das Krüger dem Leser an einem Behandlungsfall entlang vorstellt, ist aus Morenos Hilfswelttechnik abgeleitet. Es ist sinnvollerweise mit einer flankierenden neuroleptischen Medikation – gewissermaßen absichernd – kombinierbar, auf Ich-Funktionsstärkung konzentriert und in folgender Weise phasisch abgestuft: Initial ist im Sinne einer (1) *Auslöseranalyse* im therapeutischen Gespräch mit dem Patienten zu erfassen, welche aktuelle soziale Konfliktsituation möglicherwiese spannungsinduzierend und damit symptomgenerierend wirksam ist. Daraufhin kann in der *Konkretisierungsphase* (2) das Spannungspotential in seiner Bipolarität psychodramatisch auf die Bühne gebracht werden. Eine szenische Darstellung und direkte Bearbeitung des Konfliktes selbst sollte unterbleiben, stattdessen sollte die auftretende Spannung veranschaulicht werden, etwa durch zwei aufgestellte Stühle oder Mitspieler (Hilfs-Iche). Solche Symbolisierungen führen schnell zum Erkennen typischer intrapsychischer Konstellationen und auch zu Benennungen der relevanten Extrempositionen, zwischen denen sich der Konflikt auftut. Anschließend erfolgt (3) der *symptombezogene Szenenaufbau*, bei dem unter Regie des Therapeuten das szenische Arrangement zwischen den installierten Konfliktpolen durch Einsatz von personalen oder gegenständlichen Hilfsmitteln eingerichtet wird. Alle relevant erscheinenden Akteure, Instanzen, Gedanken und Impulse bzw. Gegenimpulse werden sukzessive benannt, konkretisiert und im Bühnenraum arrangiert. Damit nimmt das psychopathologische System zunehmend Gestalt an, so dass sich die funktionale Bedeutung mehr und mehr verdeutlicht. In der eigentlichen *Spielphase* (4), die sich anschließt, tritt der Therapeut vorzugsweise als „mitagierender Doppelgänger" des Patienten in die Symptomszenerie ein und regt ihn an, das erstarrte Bild zerfallener Organisationsstrukturen „spielerisch zu einem interaktiven Handlungsprozess" werden zu lassen, zunächst um die pathologiehaltige Konfliktlösung tiefergehend nachzuvollziehen, aber auch um dem psychotischen Patienten zu verdeutlichen, dass er aktiver Kreator seiner Symptombildung ist in einer subjektiv anderweitig nicht aushaltbaren Lage. Im nächsten Schritt (5) erfolgt eine kognitive Auswertung, die als *Logik der Alogik* bezeichnet wird. Die grotesk anmutenden psychotischen Verhaltensreaktionen werden als idiosynkratische Lösungsvarianten bzw. funktionale Hilfskonstrukte analysiert, was der Abspaltung als krankhaftes, sinnloses und dysfunktionales Handlungsmuster entgegenwirkt und eben das Aussöhnen mit sich selbst fördert. Anschließend (6) sucht der Therapeut in der Nachbearbeitung nach einer stimmigen *amplifikatorischen Deutung*, also einer überhöhenden sinngebenden Formel, die dem psychotischen Interaktionsmuster bzw. dem Gesamtarrangement einen akzeptierenden, anerkennenden Verständnisrahmen verleiht. Hier haben sich Symbolisierungen aus dem Bereich Märchen und Mythen bewährt. Als Hauptziel der (7) *Abschlussphase* psychodramatherapeutischer Bearbeitung psychotischer Symptombildungen betrachtet Krüger das Ermutigungsprinzip, denn es sei von großer Wichtigkeit dem dauerhaft „schwachen Ich weiterhin die Treue zu halten". Die forcierte Förderung von durchsetzungsfähigem Verhalten in der Realwelt erweist sich hier meist als Schnellschuss oder Rückschlag. Das Therapieziel ist begrenzter zu fassen als *bessere Selbststeuerung im Konflikt* und sukzessive *Erweiterung der inneren Strukturen hin zu mehr Komplexität*.

Psychodrama bei Schizophrenen als Möglichkeit zur Förderung von Ich-Fähigkeiten

Der Darmstädter Psychologe und Psychotherapeut Jörg Hein berichtet über positive Erfahrungen des Einsatzes von psychodramatischem Rollenspiel bei der psychotherapeutischen Behandlung psychosekranker Patienten. Zunächst jedoch beschreibt der Autor, inwiefern schizophrene Menschen multiple Störungen interpersonellen Handelns aufweisen, da bei ihnen nachgewiesenermaßen erhebliche Defizite im Bereich sozialer Kognitionsbildung (Bildung eines kohärenten Selbstkonzeptes, empathische Kompetenz, Fähigkeit zur Perspektivenübernahme) vorliegen und von daher eher Voraussetzungen für eine konflikthafte Kommunikations- und Beziehungsgestaltung gegeben sind. Schizophrenes Dasein impliziert strukturelle Normabweichungen auf vielen Gebieten (Emotion, Kognition, Verhalten), in den meisten Fällen auch eine starke soziale Isolation, flache Beziehungen zu Angehörigen und anderen Personen des „Sozialen Atoms", des weiteren eine erhebliche Angst vor Konflikten, mithin auch ausgeprägte Kommunikationsvermeidung, andererseits aber auch „Durchbrüche", d.h. plötzlich eskalierende Konflikte mit ungesteuerten impulsiven Verhaltensweisen bzw. psychotischer Produktivsymptomatik. Abgeleitet aus der Säuglingsforschung und der Psychodramatheoriebildung zeigt Hein, dass das Instrumentarium, sprich das technische Vorgehen im Psychodrama (Doppeln, Spiegeln, Rollentausch) entwicklungspsychologisch fundierte Handlungsweisen beinhaltet, die exakt die Defizitlücke des Schizophrenen konstruktiv ansprechen, eben weil es sich um Grundübungen der Interaktion handelt, die an frühe ontogenetische Phasen der Ausbildung basaler Ich-Funktionen anknüpfen, d.h. diese gewissermaßen einem Training unterziehen (vgl. Gunkel 1989). Unter therapeutischen Gesichtspunkten sollte nach Ansicht des Autors also das schwierige und brisante Gebiet der Konfliktregulation nicht direkt klärend aufgegriffen bzw. therapeutisch bearbeitet werden. Ratsam ist, sich stattdessen auf die Verbesserung bzw. Förderung der „Ich-Funktion", also die Behebung von „Basisstörungen", wie diese genannt wurden (Süllwold & Huber 1986), mittels Psychodramaspiel zu konzentrieren, damit dortige Einschränkungen sich sukzessive reduzieren und sich hierdurch am Ende eine signifikante Steigerung der Lebensqualität ergibt. Wie im Entwicklungsprozess des Säuglings so kommt auch im Ich-Funktions-Training schizophren Erkrankter dem Erleben sog. „Selbstwirksamkeit" eine fundamentale Bedeutung zu. Aber auch Aufmerksamkeitsfokussierung und Affektabstimmung („attunement") sind Mediatoren der kognitiv-affektiven Weiterentwicklung bzw. der sozialen Kommunikation. Den Abschluss seines Artikels bildet ein Tabellenschema, das vier Stufen der Kindesentwicklung von der ungeordneten Einheitsmatrix bis zum bereits differenzierten reflexiven Selbst in Verbindung bringt mit jeweils zugehörigen Ich-Funktionen (z.B. Relativierung der eigenen Perspektive), mit psychopathologischen Phänomenen (z.B. Egozentrik) und mit entsprechend förderlichen psychodramatischen Techniken (Rollenwechsel).

Das intrauterine Physiodrama der frühen Ontogenese

Franz Stimmer erörtert in seinem zweiten Beitrag „Pränatale Co-Existenz" ausführlich die vorgeburtliche Kindesentwicklung, wobei besonders die komplexe Interaktion zwischen dem Fötus und seiner Umwelt beleuchtet wird, d.h. in erster Linie der Austausch mit der Mutter, von deren Leib er umschlossen ist und mit der schon sehr früh eine Beziehung aufgebaut wird. Die von der sog. Säuglingsforschung teilweise schon erforschten Zusammenhänge, aber auch die in weiten Bereichen noch unaufgeklärten Fragen der Entstehung kognitiver Strukturen, sozioemotionaler Fähigkeiten und Bindungs- bzw. Beziehungsmöglichkeiten des Menschen in der Pränatalphase rekapituliert der Autor ohne den Anspruch auf Vollständigkeit. Stimmer geht der spannenden Frage nach, wie die Lebenswelt des heranwachsenden Kindes sich hinsichtlich diverser Erlebnisqualitäten erweitert, d.h. wie sich im Zusammenspiel mit der primären

Reizquelle Mutter, ihren (Re-)Aktionen alle relevanten Systeme (motorische Aktivität, Wahrnehmung, Empfinden) sehr früh formen und rasch differenzieren, ohne dass diese Vorgänge etwa von der Mutter intendiert oder reflektiert werden. Der Austausch erscheint eher intuitiv als gesteuert zu verlaufen. Dem Sinneskanal des Hörens, genauer gesagt des Horchens kommt anscheinend eine besondere Bedeutung bei der Ausbildung von interpersoneller Bezogenheit zu. Stimmer geht davon aus, dass es so etwas wie ein fötales Bewusstsein gibt, dessen man sich als erwachsener „homo postnaticus" über die spezielle Induktion einer Altersregression z.B. im therapeutischen Setting gewärtig werden kann. Eine weitere Annahme des Autors, die sog. Kontinuitätshypothese, wird auch von anderen Autoren vertreten. Sie besagt, dass die letzten drei vorgeburtlichen und die der Geburt nachfolgenden drei Monate eine einheitliche, d.h. bruchlose Entwicklungslinie darstellen, bei der die Geburt nur Episodencharakter hat. Ausgehend von dem Bild eines „kompetenten Kindes" ist davon auszugehen, dass bereits der Fötus aktiv Information und Kontakt sucht, im Grunde auch eine Beziehung zu Umwelt und Mutter anstrebt und damit zu seiner eigenen Entwicklung beiträgt. Sein Seelenleben hat so gesehen bereits im Mutterleib einen Beginn, was in einigen fremden Kulturen als natürlich betrachtet wird, während man in Westeuropa oft von einem anderen Startpunkt individuellen Lebens ausgeht. Hierzu gehört u.a. die Vorstellung des unentwickelten, auf Kosten der Mutter heranwachsenden Parasiten; Portmann (1941, 1944) z.B. verwendete den Begriff der „physiologischen Frühgeburt", während Gehlen (1940) den Menschen als biologisches „Mängelwesen" beschrieb. Stimmer tritt einer passiven, defizitären Konstruktion des intrauterinen Protagonisten entgegen und legt dar, dass sich der Fötus kommunizierend in einem offenen, sich fortlaufend weiter differenzierenden System befindet und seine sich bewegende und in starkem Maße akustisch darbietende physische „Umgebung in Interaktionsprozessen zur Umwelt werden lässt". Eine große Bedeutung hat hierbei die sog. „Rhythmuskoordination", also die wechselseitigen Abstimmungsvorgänge zwischen Mutter und Kind – etwa über Kindsbewegung und Mutterstimme. Ausschlaggebend für die emotionale und soziale Reifung ist vor allem die außer- und vorsprachliche Verständigung mit der Mutter. Diese lässt sich als „Physiodrama" mit psychosomatischen Rollen auffassen und sogar im therapeutischen Rahmen eindrucksvoll rekonstruieren. Stimmer weist in diesem Zusammenhang darauf hin, dass die Mutter-Kind-Dyade stets ein Spannungsfeld von Verbunden- und Getrenntheit bereithält und sich der „pränatale Dialog" innerhalb einer „koexistentiellen Einheit" vollzieht. Die interaktive Abstimmung („pränatale Synchronisation") kann zur „empathischen Kommunikation" werden; sie erfolgt spielerisch, schafft „Urvertrauen" und „Lebensbejahung", dient aber auch der Kompetenzentfaltung, der Bewusstseinsbildung und beginnenden Selbstorganisation. Das Methodenarsenal des Psychodramas bietet nach Stimmer hervorragende Möglichkeiten pränatale Wirklichkeiten wiederzubeleben, d.h. szenisch zu gestalten und kontrolliert innerhalb solcher Darstellungen zu regredieren.

Psychodrama ohne Familie?

Der systemisch und psychodramatisch arbeitende Hannoveraner Arzt, Psychotherapeut und Berater Dr. Matthias Lauterbach beschäftigt sich in seinem Beitrag mit den historischen Hintergründen für die geringfügige Aufmerksamkeit, die Moreno und andere Vertreter des Psychodramas in den vergangenen Jahrzehnten der Familie als wichtigster „sozialer Konstellation" und Vermittlungsinstanz für Werte, Rollenmuster und persönliche Lebenskraft gewidmet haben. Aus der Biographie des Gründungsvaters psychodramatischer, soziometrischer und gruppenpsychotherapeutischer Verfahren Jacob Levy, der später seinen Namen in Jakob Levy Moreno änderte und einer jüdischen Migrantenfamilie mit multiethnischen Bezügen entstammt, leitet der Autor einen Verständnisrahmen für die in dessen schriftlichem Werk zum Ausdruck kommende, wenig wohlwollende, eher ambivalente Haltung zur Institution Familie her. Lauterbach behauptet, dass innerhalb Moreno'scher Theoriebildung und Methodenlehre die ungeheuren Ressourcen und Kapazitäten von Familien und von darin entstehenden Bindungen vernachlässigt werden zugunsten der Darstellung von einengenden, belastenden und oft auch pathogenen Familienwelten. Die kreativen Entwicklungsmöglichkeiten werden folglich von Moreno eher außerhalb der Familie gesehen. Innerhalb des Spannungsbogens zwischen Individuum und Gesellschaft fehlt gewissermaßen die Zwischenebene Familie. In Lauterbachs Beitrag wird bemängelt, dass Morenos Betrachtung familiärer Bindungen zu negativistisch sei und seine Ausführungen den Anschein haben, als sollten Beziehungen bzw. Rollenmuster, die innerhalb der sozusagen „freiheitsbehindernden Institution Familie" entwickelt wurden, zugunsten neuer gesellschaftlich relevanter Wahlmöglichkeiten außerhalb der familiären Lebenswelt überwunden werden. Hier würde der Autonomieaspekt im Vergleich zu dem Gesichtspunkt Heimat und Verwurzelung überbetont. Zeitgeschichtlich erhellend für die Abwertung der Familie innerhalb des Psychodramaschrifttums ist der Hinweis, dass Moreno nach der Jahrhundertwende in einer Phase groß wurde, als es um die Hinterfragung familiärer Traditionen und Wertstrukturen ging. Auch viele andere Intellektuelle strebten nach dem Desaster des I. Weltkrieges eine neue Weltordnung an, die wie auch später die 68er Bewegung eine „Revolte gegen die Väter" war. Diesem Aufbegehren entsprechend stellten psychodramatische Aufführungen familiären Lebens das Gegenteil von Nachsicht und Dankbarkeit bzw. Würdigung und Wertschätzung dar. Eher ging es um die Befreiung von Einschränkungen und die Freisetzung von Spontaneität/Kreativität. In der Lebensgeschichte Morenos scheint dessen jüdischer Migrantenstatus, sein Weltbürgertum und seine scheinbare familiäre Ungebundenheit möglicherweise problematische, mindestens ambivalente Erfahrungen gewesen zu sein, die seine distanzierte Haltung zur Familie widerspiegeln. Abschließend erörtert Lauterbach, welche Argumente für eine familienorientierte Psychodramapraxis sprechen und wo in dieser Hinsicht konzeptuell angeknüpft werden kann. Psychodrama ist und bleibt eine „interpersonelle Therapie", bei der familiäre Interaktionen als basale und gleichzeitig hochkomplexe und ambivalenzhaltige Interaktionen immer wieder in den Fokus kommen und kommen sollten, damit noch adäquate Rollenmuster für das Handeln auf allen gesellschaftlichen Schauplätzen entwickelt werden. Außerdem sind Inszenierungen familiärer Interaktionskontexte wichtig, um letztlich die „wertschätzende Versöhnung mit den eigenen Wurzeln" zu erreichen und nicht nur an den „leidvollen Anteilen" festzuhalten. Das erfordert den Mut, vom gewohnten Hadern abzulassen, auf den unbewusst ersehnten „emotionalen Nachschlag" von den Eltern zu verzichten und die Verantwortung für das eigene Leben zu übernehmen.

Kulturelle Konflikte soziodramatisch beleuchten

Die Wiener Pädagogin und Psychodrama-Psychotherapeutin Hildegard Pruckner berichtet über den Einsatz des Soziodramas bei österreichischen SchülerInnen. Die Autorin bezog ihr gesellschaftspolitisches Engagement aus der kritischen 68er-Bewegung. Sie bemerkte dann jedoch in der Praxis des Unterrichts mit multiethnisch zusammengesetzten Hauptschülerkollektiven, dass sie mit aufklärerischem Dogmatismus und moralisierender Integrationspädagogik ihre Vorstellungen nicht transportieren konnte und auch PädagogInnen nicht vorurteilsfrei denken und handeln. Die frustrierend harte Wirklichkeit von Ausländerfeindlichkeit arbeitet Pruckners Artikel ebenso heraus wie die Notwendigkeit präventiver Sozialarbeit, d.h. pädagogisch-psychologischer Aktivitäten, die der Unterdrückung jedweder Minoritäten Humanität und Toleranz entgegensetzen. Eine wirksame Methode zur Induktion neuer Einsichten und Förderung konfliktfreier Kommunikation bei SchülerInnen stellen nach Pruckners Erfahrung soziodramatische Inszenierungen dar. Wenn die Jungen und Mädchen sich in die Lage ausländischer MitschülerInnen hineinversetzen ist dies genauso erhellend, wie wenn ausländische Kinder die Rolle einer Person spielerisch übernehmen, die Einwanderer als Eindringlinge, Parasiten oder anderweitig negativ agierende Menschen betrachten. Die von Pruckner referierten Beispiele zeigen zum einen, dass Schüler im Rollenspiel ihre kulturellen Besonderheiten bzw. die nationalen Sitten und Gebräuche ihren Mitschülern gerne und interessant präsentieren. Zum anderen hat sich gezeigt, dass die Erfahrung einer temporären Perspektivenübernahme nicht nur auf kognitiver Ebene Erkenntnisse vermittelt, sondern auch intensive emotionale Auswirkungen hat, so dass insgesamt mittels Soziodrama und Elementen des Psychodramas eine aus irrationaler Angst feindselige Haltung reduziert und konkurrentes zu kooperativem Verhalten verändert werden kann. Die Kommunikation unterschiedlicher Kulturen kann mittels Soziodrama und Soziometrie verbessert werden. Eine interessante Variante ist auch die Verbindung gespielter Szenen mit zeichnerischen Darstellungen oder Textarbeit, wodurch fokussierte Themen für die Beteiligten oft plastischer, emotional spürbarer oder zu didaktischen Zwecken eindrucksvoller gestaltet werden. Einen intensiven Einblick in unbekannte Handlungsperspektiven liefert vor allem der Wechsel- bzw. Tausch von Rollen.

Soziodramatische Technik induziert Perspektivenwechsel

Unter der Überschrift „So sind wir gar nicht" berichtet die auch in der Lehrerfortbildung tätige Schulpsychologin und Psychotherapeutin Therese Ziesenitz-Albrecht über den erzieherischen und fachdidaktischen Wert soziodramatischer Techniken im Schulunterricht. Anhand eines Beispiels aus ihrer schulpsychologischen Praxis (Streitigkeiten zwischen Schülerinnen und Schülern einer multiethnisch zusammengesetzten 4. Klasse) illustriert die Autorin, wie Pädagogen auf konkrete Herausforderungen, die interpersonelle Konflikte im Schulalltag stellen, spontan und wirksam reagieren können, v.a. wie sie unter Nutzung psychodramatischer und soziometrischer Methoden grundlegende Lern- und Einsichtsprozesse stimulieren bzw. Lösungsansätze ausprobieren und weiterentwickeln können. Eindrucksvoll wird dargestellt, wie der Klassenlehrer angeleitet wird, die entstandenen gruppendynamischen Konflikte soziodramatisch mit den Schülern zu bearbeiten. Die Autorin zeigt im weiteren, dass „Rollenkonserven" (starre, unkreative und vorurteilsbeladene Verhaltensstereotype) überwindbar sind, d.h. bei den Schülern die Fähigkeit zur empathischen Einfühlung (Perspektivenübernahme) durch die geführten Stegreifspielhandlungen, insbesondere den Rollentausch, gesteigert werden kann, so dass die Kinder schnell ein besseres Verständnis von geschlechtsgebundenen Handlungs- oder Wahrnehmungsperspektiven aufbauen, wenn sie die spezifischen Unterschiede selbst per Rollenübernahme erleben können. Im handelnden Nachspiel fremder Rollen verändert sich nicht nur die Auffassung zu den dargestellten Personen (z.B. Mädchen, Ausländer, Erwachsene), sondern auch der Standpunkt zur eigenen Person bzw. Gruppe kann korrigiert bzw. ergänzt werden. Überhaupt entwickelt sich durch den Einsatz psychodramatischer Techniken eine flexiblere, d.h. differenziertere soziale Handlungsorientierung, weil die am Rollenspiel beteiligten Schüler die interaktive Verschränkung des Verhaltens aller interagierenden Personen und Gruppen plastisch vor Augen geführt bekommen. Diese elementare, realitätsnahe, erlebnisintensive Schulung der Wahrnehmung sollte nach Ansicht der Autorin wesentlich stärker in die Unterrichtsführung, vor allem in die Lehrerfortbildung, eingebracht werden, um lebendiges und nachhaltiges Lernen in unseren auf den kognitiven Aspekt (Kompetenzmaximierung von Wissensakkumulation) ausgerichteten Lehranstalten zu begünstigen. Nachzutragen ist, dass in dem Beitrag natürlich nicht der Hinweis fehlt, dass Arbeitsweisen des sozio- und psychodramatischen Rollenspiels auch im sog. Fachunterricht (Geschichte, Politik, Gemeinschaftskunde, Religion, Deutsch u.a.m.) im Sinne einer Klärungshilfe zielführend einsetzbar sind.

Interventionsdiagnostik durch soziometrische Wahlverfahren

Helmut Schwehm, Pädagoge, Theologe und Psychotherapeut des Therapiezentrums Ludwigsmühle, beschreibt in seinem Beitrag soziometrische Verfahren innerhalb der Gruppenarbeit als „Methoden der Wahl". Moreno konzipierte das Messen von Anziehungs- und Abstoßungsverhältnissen innerhalb von menschlichen Kollektiven (wie Schulklassen, Arbeits- und Wohngruppen, Gefängnissen) als *interventionsdiagnostisches* Vorgehen, d.h. als intensivierendes bzw. dynamisierendes Element innerhalb eines Veränderungsprozesses, dem alle sozialen Gruppen unterworfen sind, wenn Interaktion – also Kommunikation und interpersonelle Wahrnehmung – zwischen den Mitgliedern stattfindet. Die soziometrische Wahl erfolgt jeweils unter einem instruierten Kriterium und erfasst einerseits die „formelle Oberflächenstruktur der Gruppe", andererseits auch deren „unbewusste Tiefenstruktur". Soziometrie ist gleichbedeutend mit der Erforschung des Handlungsspielraumes und des Beziehungsnetzwerkes, innerhalb derer sich Menschen begegnen und Beziehungen eingehen. Dabei werden sowohl qualitative als auch quantitative Gesichtspunkte der aus soziometrischen Tests oder Perzeptionstests gewonnenen Befunddaten mit Hilfe sog. Soziogramme visualisiert. Die Anziehungs- und Abstoßungsmatrix einer Gruppe unterliegt – wie der Autor zeigt – gewissen Regeln oder Gesetzmäßigkeiten, die Moreno mit dem Begriff „soziale Gravitation" beschrieb. Soziometrische Erhebungen können veränderungswirksam im Kontext sozialer und psychotherapeutischer Gruppenarbeit eingesetzt werden, z.B. zur Validierung energetischer Fokussierungsprozesse und inhaltlicher Präferenzen, etwa bei der Vorbereitung zu einem Protagonistenspiel.

Literatur

Cooley, C.H. (1902a). The social self: On the meanings of „I". In: *C. Gordon & K.J. Gergen* (Eds.), The self in social interaction (pp. 87-91). New York: Wiley.
Cooley, C.H. (1902b). Human nature and the social order. New York: Charles Scribner's Sons.
Dymond, R.F. (1949a). Empathic ability: An exploratory study. Unpublished Ph. Doctoral Dissertation, Cornell University.
Dymond, R.F. (1949b). A scale for the measurement of empathic ability. *Journal of Consulting and Clinical Psychology*, 13, 127-133; reprinted in: *A.P. Hare, E.F. Borgotta & R.F. Bales* (Eds.), Small groups: Studies in social interaction (pp. 226-235), New York: Alfred A. Knopf, 1955.
Freud, S. (1914). Zur Einführung des Narzißmus. In: *S. Freud*, Gesammelte Werke, Band 10 (S. 138-170). Frankfurt am Main: Fischer.
Blumer, H. (1973). Der methodologische Standort des Symbolischen Interaktionismus. In: *Arbeitsgemeinschaft Bielefelder Soziologen* (Hg.), Alltagswissen, Interaktion und gesellschaftliche Wirklichkeit (S. 80-146). Reinbek: Rowohlt.
Gehlen, A. (1940). Der Mensch. Seine Natur und seine Stellung in der Welt. Berlin (aktuelle Ausgabe: Wiesbaden: Aula, 2003, 14. Auflage).
Gunkel, S. (1989). Empathie im Psychodramatischen Rollenspiel: Training der Perspektivenübernahme. *Integrative Therapie*, 15(2), 141-169.
Krüger, R.T. (1996). mündliche Mitteilung.
Lorenzer, A. (1970a). Sprachzerstörung und Rekonstruktion. Vorarbeiten zu einer Metatheorie der Psychoanalyse. Frankfurt am Main: Suhrkamp.
Lorenzer, A. (1970b). Kritik des psychoanalytischen Symbolbegriffs. Frankfurt: Suhrkamp.
Mead, G.H. (1934). Mind, self, and society. Chicago: University of Chicago Press.

Moreno, J.L. (1947). The social atom and death. *Sociometry*, 1947, 10, 80-84; reprinted *J.L. Moreno*, „Sociometry, experimental method and the science of society. An approach to a new political orientation" (pp. 65-69), Beacon, NY: Beacon House, 1951, auch in: *J.L. Moreno, H.H. Jennings, J.H. Criswell* et al. (Eds.), The sociometry reader (pp. 62-66). Glencoe, IL: The Free Press, 1960.
Piaget, J. (1982). Das In-Beziehung-Setzen der Persepektiven. In: *D. Geulen* (Hg.), Perspektivenübernahme und soziales Handeln. Texte zur sozial-kognitiven Entwicklung (S. 75-85). Frankfurt am Main: Suhrkamp.
Portmann, A. (1941). Zoologie und das neue Bild des Menschen. Reinbek: Rowohlt (3. überarbeitete Auflage 1969).
Portmann, A. (1944). Biologische Fragmente zu einer Lehre vom Menschen. Basel/Stuttgart: Schwabe, (3. Auflage 1969).
Prigogine, I. & Stengers, I. (1981). Dialog mit der Natur. Neue Wege naturwissenschaftlichen Denkens. München: Piper (Originalpublikation: „La nouvelle alliance. Les métamorphoses de la science", Paris: Gallimard, 1979).
Sechehaye, M.A. (1947). La réalisation symbolique: Nouvelle méthode de psychothérapie appliquée à un cas de schizophrénie. Bern: Huber.
Selman, R.L. (1984). Interpersonale Verhandlungen. Eine entwicklungstheoretische Analyse. In: *W. Edelstein & J. Habermas* (Hg.), Soziale Interaktion und soziales Verstehen (S. 113-166). Frankfurt am Main: Suhrkamp.
Stryker, S. (1957). Role taking accuracy and adjustment. *Sociometry*, 20(4), 286-296.
Stryker, S. (1962). Conditions of accurate role taking: A test of Mead's theory. In: *M. Rose* (Ed.), Human behavior and social processes (pp. 41-62). London: Routledge and Kegan Paul.
Süllwold, L. (1977). Symptome schizophrener Erkrankungen. Uncharakteristische Basisstörungen. Berlin, Heidelberg: Springer.
Süllwold L. & Huber G. (1986). Schizophrene Basisstörungen. (Monographien aus dem Gesamtgebiete der Psychiatrie, Band 42). Berlin: Springer.

Korrespondenzanschrift:
Dipl.-Psych. PP *Stefan Gunkel*
**Klinik für Psychiatrie und Psychotherapie
am Klinik Region Hannover
Rohdehof 3
D-30853 Langenhagen**

☎ (0511) 7300-520, mobil: 0174.8224684
email: *Stefan.Gunkel@krh.eu*

Friedrich Krotz
Interaktion als Perspektivverschränkung. Ein Beitrag zum Verständnis von Rolle und Identität in der Theorie des Psychodrama

Summary:
Interaction as reciprocal taking over of the other's perspective.
A contribution to understand role and identity in psychodramatic theory
The psychodramatic theory is above all a theory of interaction and of social behaviour. That is why it makes sense to evolve it by using concepts of the symbolic interactionism. Thus we get an understanding of interaction as a process developing itself in accordance with certain rules. Some of these can be considered as conditions for individuals communicating their roles. In every interaction individuals must on the one hand empathize with each other and on the other hand present themselves as distinguishable autonomous persons. This implicit contradiction in every human communication allows to get a deeper understanding of psychodramatic concepts such as role, situation and self. In addition we get a concept of balanced identity being in narrow relation to the psychodramatic concept of the social atom. These theoretical considerations allow some conclusions on further psychodramatic concepts as well as on the psychodramatic therapy and diagnostics.

Zusammenfassung:
Psychodramatheorie handelt in erster Linie von Interaktion und symbolisch vermitteltem Handeln auf der Grundlage von Bedeutungszuweisungen. Deswegen macht es Sinn, sie auch in Bezug auf die Konzepte des symbolischen Interaktionismus weiter zu entwickeln. Interaktion zwischen Individuen lässt sich dann als Prozess verstehen, der nach spezifischen Regeln abläuft, in Situationen stattfindet und in dem die Individuen in Rollen erscheinen. Dies ermöglicht tiefer gehende Einsichten in Konzepte wie Rolle, Situation und Selbst, und Operationsweisen, wie sie im Psychodrama angewandt werden. Interaktion und Kommunikation stellen danach widersprüchliche Bedingungen an die Teilnehmer: Sie müssen sich einerseits in den je anderen einfühlen, andererseits sich aber als eigenständige Individuen gegen die Erwartungen und Deutungen des anderen kenntlich machen. Für die Bewältigung dieses Widerspruchs wird in Anlehnung an das Soziale Atom ein Konzept von balancierender Identität vorgeschlagen, das es ermöglicht, das psychodramatische Menschenbild zu beschreiben und das als Basis für die weitere Entwicklung psychodramatischer Theorie, Therapie und Diagnose fruchtbar sein kann.

1. Einleitung

Im Psychodrama wird der Mensch zuallererst als soziales Wesen, als Mensch in seinen Beziehungen betrachtet. Fast alle von Moreno entwickelten Konzepte sind auf den Menschen in seinem sozialen Umfeld, auf den interagierenden Menschen hin angelegt: Soziometrie, Einfühlung, Tele und Rolle als Beziehungsformen, oder der bisher nicht sehr genau elaborierte Begriff der „Interpsyche". Morenos prägnante Wortschöpfungen von der „sozialen Plazenta" oder vom

„sozialen Tod" machen dies ebenfalls deutlich. Und die psychodramatische Entwicklungstheorie lässt sich als eine Theorie des Erlernens sozialer Handlungs- bzw. Interaktionskompetenz begreifen. Dabei ist die Art, wie im Psychodrama Interaktion und Handeln begriffen und inszeniert werden, prinzipiell identisch zu der Art, wie Menschen in ihrem Alltag kommunizieren und handeln.

Wegen dieser sozialen Orientierung am menschlichen Sozialverhalten muss eine Rekonstruktion der Theorie, die dem Psychodrama implizit ist, am Begriff der Interaktion ansetzen, wie schon Krüger (1987) betont hat. Eine psychodramatische Interaktionstheorie steht in einem engen Zusammenhang mit einer – allgemeineren – Theorie sozialen Handelns, jedenfalls dann, wenn man die These akzeptiert, dass soziales Handeln gattungs- wie individuengeschichtlich aus Interaktionen entsteht (vgl. auch Mead 1973, Habermas 1987). Die Bedingungen zwischenmenschlicher Interaktion, in der unterschiedliche Individuen mit unterschiedlichen Biographien, Absichten und Interpretationen aus verschiedenen Perspektiven sich selbst und sich gegenseitig wahrnehmen und aufeinander beziehen, also die Antwort auf die Frage, wie Verständigung, Kooperation und Zusammenarbeit möglich ist, sind dementsprechend grundlegend für menschliches Handeln und damit auch für die Theorie und Praxis des Psychodramas, das am Alltagshandeln ansetzt.

Der vorliegende Aufsatz soll in dieser Hinsicht einen Beitrag liefern.[1] Er will – auf der Grundlage einer Reflexion psychodramatischer Theorie und Praxis und einer theoretischen Verbindung zum Symbolischen Interaktionismus – strukturelle Elemente und Bedingungen zwischenmenschlicher Kommunikation und Interaktion beschreiben und daraus Einsichten über grundlegende psychodramatische Begriffe, über Rolle, Situation und Selbst gewinnen. Diese werden dann durch den Einbezug weiterer Konzepte, vor allem des Begriffs der Identität, pragmatisch ergänzt.

Für die Entwicklung einer solchen Theorie sind – neben Moreno und den Erfahrungen der psychodramatischen Praxis – die theoretischen Ideen und Erkenntnisse des auf G.H. Mead und J. Dewey zurückgehenden Symbolischen Interaktionismus hilfreich. Zwar haben Moreno und Mead bekanntlich miteinander in Streit gelegen, aber vor allem um die Urheberschaft des Rollenbegriffs. Die Möglichkeit eines Streites macht deutlich, dass die Konzepte beider Theoretiker hinreichend[2] nahe beieinander liegen.

Dazu wird das dem Psychodrama innewohnende Handlungs- und Interaktionskonzept als Prozess der gemeinsamen Konstruktion einer symbolischen Wirklichkeit dargestellt und im dritten Abschnitt mit den Begriffen Rolle und Situation, also den wesentlichen Gestaltungselementen von Interaktion, verbunden. Im vierten Teil geht es dann um personale Instanzen, deren Existenz aus den Bedingungen von Kommunikation in Rollen abgeleitet werden kann;

---

1) Diese Aufgabe wird hier nicht tiefenpsychologisch, sondern konstruktivistisch angegangen.
2) Moreno und Mead „setzten nur unterschiedliche Akzente" (Petzold 1982, S. 59).

dazu wird auf der Basis einer Diskussion des Morenoschen Selbst-Konzepts der Begriff der balancierenden Identität als ein aus kommunikativen Gründen notwendiges „Verbindungsstück" zwischen wechselnden Rollen und konstanter Persönlichkeit eingeführt. Im abschließenden fünften Paragraphen schließlich werden einige an diese theoretischen Überlegungen anknüpfende Fragestellungen aufgeworfen.

2. Bedeutung, Handlung und die Perspektive des Individuums

Dem Psychodrama ist kein Verhaltens-, sondern ein Handlungskonzept immanent (Zeintlinger 1981, S. 218ff). Handlung meint spezifisch menschlich veranlasstes Geschehen, das auf Bedeutungszuweisungen, Einsicht und Erfahrung beruht, vom Individuum in Sinnbezügen organisiert ist und zielgerichtet entworfen wird.[3] Die Handlungsmuster, in und mit denen das Individuum sein Leben gestaltet, hat es – wie Morenos Sozialisationstheorie annimmt – in Interaktionssituationen erworben; dementsprechend orientieren sie sich an der Art, wie Menschen kommunizieren. Die Bedingungen und Regeln, nach denen Kommunikation verläuft, sind daher grundlegend für menschliches Handeln.

In diesem Zusammenhang hat das Konzept der Bedeutung ein besonderes Gewicht. Was eine Geste, ein Wort oder ganz allgemein irgendein Symbol mitteilt, hängt von der Bedeutung ab, die der „Empfänger" diesem Symbol zuweist. Jedes konkrete, intersubjektiv beobachtbare Interaktionsgeschehen ist eine Folge von Symbolen, die bedeutsam gemeint sind oder so erlebt werden, und diese Bedeutungen entstehen durch die beteiligten Individuen und in deren Bezugssystemen. Jegliche Art von Symbolen, Szenen, Handlungen, oder ganz allgemein Sachverhalte besitzen nur deswegen einen sozialen Gehalt, weil die an der Interaktion beteiligten Individuen ihnen Bedeutung zuweisen.

„Bedeutung" ist aber nicht nur ein Zusatz zu Objekten oder etwas, was einem Objekt von sich aus innewohnt, sondern eine soziale, vom Individuum vermittelte Eigenschaft, über die sich Objekte für das Individuum erst konstituieren (Mead 1973). Denn zu jedem Symbol gehören spezifische Wahrnehmungs-, Sprech- und Handlungsweisen, die das Individuum in vorangegangenen Interaktionssituationen erlernt hat, und die es jetzt befähigen, dieses Symbol überhaupt zu erkennen und sich dem dadurch konstruierten Sachverhalt gegenüber zu verhalten. Ein Symbol und der damit verbundene Sachverhalt wird für ein Individuum also erst über die Zuweisung von Bedeutung wirklich, es wird so als Teil der eigenen symbolischen Umwelt erzeugt, aus der individuellen Perspektive heraus. Anders gesagt: Jedes Individuum befindet sich zu jedem Zeitpunkt in einer symbolischen Umwelt, die es selbst in seiner Perspektive definiert, und diese Definition macht es erkenntnis- und handlungsfähig. Denn die Menschen handeln „Dingen" gegenüber – ganz gleich, ob Sachen, Geschehen, Menschen –

---

3) Zeintlinger (1981) hebt hervor, dass schon die Begriffswahl „Handlung" eine entschiedene Abgrenzung Morenos von der Verhaltenstheorie beinhaltet.

auf der Grundlage der Bedeutungen, die diese „Dinge" für sie besitzen (Blumer 1973, S. 81).

Interaktion wird also verstanden als Prozess des Erzeugens von Symbolen, denen die Individuen durch ihre Interpretation sozialen Gehalt, Bedeutung beimessen. Weil Bedeutungen und damit Kommunikation erst durch die Interpretationsleistungen der Individuen zustande kommen, also von der jeweiligen Perspektive des Individuums abhängen, ist Interaktion ein konstruktiver Prozess. Die in Interaktionen erlernten, bestätigten und weiterentwickelten Interpretationsweisen bilden dann eine Basis für soziales Handeln im Alltag.

Erleben und Handeln des Einzelnen finden also auf der Grundlage seiner Bedeutungskonstruktionen und damit immer in seiner Perspektive statt. Natürlich sind Bedeutungen damit keineswegs völlig subjektive Sachverhalte; dies ist auch deswegen nicht möglich, weil sonst keine Verständigung mit anderen, die ja auch mit ihren Bedeutungszuweisungen auftreten, zustande kommen könnte. Dennoch ist das – soziale, weil von Interaktionen abhängige – Konzept „Bedeutung" an die Perspektive des Individuums gebunden; es kann allein von seinem Standpunkt aus entscheiden, welche Bedeutung einem Symbol in einem spezifischen Kontext, einer Situation, einem raumzeitlichen Zusammenhang zukommt.

Die vom Individuum verwendeten Deutungsmuster haben dementsprechend sowohl situationsbezogene als auch übersituative Komponenten. Bedeutungen sind immer kontextabhängig, kommen also in spezifischen Situationen oder Szenen zustande, und werden von verschiedenen Rollen her konstruiert, in denen sich das Individuum befindet oder die es angenommen hat. Dies ist dem Psychodramatiker vertraut, und diese an den konkreten Augenblick gebundenen Kontextbedingungen werden in den folgenden Abschnitten im Hinblick auf das hier vorgestellte Interaktionskonzept – unter welchen Bedingungen, auf welche Weise interagiert und handelt man – genauer untersucht.

Daneben hängen Bedeutungszuweisungen aber auch von verschiedenen übersituativen Gegebenheiten ab: Einmal von der Gesellschaft, in der sich Handlungsbedingungen und Sprache, aber auch Interpretationsregeln etc. entwickelt haben. Insofern sind im sozialen und aufeinander bezogenen Handeln der Menschen die gesellschaftlichen Bedingungen wie Normen und Machtverhältnisse[4] präsent. Ferner ist einsichtig, dass Interpretationsmuster des Individuums auf der Basis seiner Biographie zustande kommen, auf der Grundlage der in seinen üblichen Gruppenzusammenhängen gebrauchten Interaktionsmuster und im Rahmen seiner weiteren lebensweltlichen Bedingungen. „In jedem Zeitpunkt seines täglichen Lebens findet sich der Mensch in einer biographisch bestimmten Situation, das heißt, in einer von ihm definierten natürlichen und sozio-kulturellen Umwelt, in der er eine ausgezeichnete Stellung hat" (Schütz 1971, S. 10). Und auf der Folie der „Ablagerung aller ver-

---

4) Dies wird in diesem Text ebenso ausgelassen wie – meist – in der Praxis des Psychodramas.

gangenen Erfahrungen des Menschen, die in seinem verfügbaren Wissensvorrat in der Form habitueller Aneignungen organisiert sind" (Schütz 1971, S. 11) definiert, deutet und handelt der Mensch. Die Bedeutung der „Dinge" entsteht so aus sozialer Interaktion und wird in interpretativen Prozessen in der Auseinandersetzung der Individuen mit den ihnen begegnenden Dingen erlernt, gehandhabt und abgeändert (Blumer 1973, S. 81). Und nicht übersehen werden sollte, dass auch die Zugehörigkeit zu einer Gruppe ein symbolisch vermittelter Sachverhalt ist (Strauss 1974, S. 161).

Dass ein kommunikativ orientiertes Handlungskonzept, wie es bis hierher umrissen wurde, eine Basis aufdeckend angelegter Psychotherapie ist, liegt auf der Hand. Protagonistenspiele bestehen per Definitionem aus einer oder mehreren Szenen, die in der Perspektive des Individuums eingerichtet und gestaltet werden. Dabei geht es oft um die Rekonstruktion des früheren Erlebens des Protagonisten, also nicht um intersubjektiv nachprüfbare Wahrheiten, sondern um Bedeutungsgehalte, die vor dem Hintergrund seiner Lage und seiner Biographie für ihn wichtig waren (bzw. heute sind). Zumindest ein Teil der heilsamen Wirkung des Psychodramas besteht darin, abgespaltete, verdrängte oder nur in Privatsprache ausdrückbare Bedeutungsgehalte zulassen, sozial gültig ausdrücken und so reflektieren zu können; ein anderer darin, über den Wechsel der Perspektive die eigenen Bedeutungszuweisungen relativieren und so die ganze Szene in ihrem vollen Gehalt integrieren zu können. Insofern ist Psychodrama ein Verfahren, das im Protagonistenspiel Alltagshandeln in genau der Weise auf der Bühne reproduziert, wie es sich für den Menschen in konkreten Situationen darstellt.[5]

Das Problem bei Kommunikation und Interaktion ist nun, dass Bedeutungen und damit verbundene Konstruktionsleistungen nicht fest vorgegeben sind, sondern für das Individuum im Interaktionsprozess situationsbezogen und prozessual entstehen, von ihm im Kontakt mit sich und mit dem oder den anderen konstruiert werden. Insofern ist ein kontinuierlicher Abstimmungsprozess zwischen den beteiligten Interaktionspartnern – ein Aushandeln – darüber erforderlich, was die Situation, wer der andere und was man selbst ist. Das Individuum muss sich dazu auf den anderen einstellen und sein Handeln an den Erwartungen des anderen ausrichten. Es muss sich andererseits aber auch selbst darstellen, seine eigene Wirklichkeit aufrecht erhalten, denn es will mit seinen eigenen Anteilen, Bedürfnissen und Zielen in der Situation vorkommen. Die Widersprüchlichkeit, die in diesen beiden kommunikativen Notwendigkeiten angelegt ist, wird uns in den folgenden Absätzen beschäftigen.

---

5) Das bedeutet, dass die Reproduktion auf der Bühne nach den gleichen Regeln hergestellt wird und nicht, dass sie historisch genau ist; im Gegenteil stellt sich das Problem des Protagonisten, das ihn zum Spiel bewegt hat, als heutiges Problem, also in einer spezifischen Interpretation aus seiner heutigen Umwelt dar.

3. Rolle und Situation im Psychodrama

Im Psychodrama geht es vorrangig um Interaktion und, übergreifend, um davon abgeleitetes soziales Handeln. In diesem Abschnitt soll nun *Interaktion mit den psychodramatischen Begriffen der Rolle und der Szene verbunden* werden. Rolle wird sich dabei als Verfahren des Individuums erweisen, in Interaktionssituationen einzutreten, sich situativ auszudrücken und, vor allem, Beziehung zu anderen in deren Rollen aufzunehmen.

Es ist zunächst deutlich, dass Rolle und Situation – die also im Psychodrama als Inszenierung in der Gruppe oder, hervorgehoben, im Protagonistenspiel auf der Bühne stattfinden, – zentrale Begriffe für das Verständnis symbolisch vermittelten Handelns wie auch einer psychodramatischen Interaktionstheorie sind. Denn nur in Situationen kann der Mensch handeln und interagieren, nur in Situationen können Sinn und Bedeutung definiert werden, und in jeder Situation stellt sich jeder beteiligte Mensch notwendigerweise als Verkörperung einer Rolle dar.

Genau so wird Handeln auch im psychodramatischen Spiel reproduziert: Interaktionen werden in szenischen Einheiten bearbeitet, die sich in wohldefinierten Zeitspannen und beschreibbaren Räumen abspielen und in denen die beteiligten Individuen oder sonstige relevante Objekte Rollen einnehmen – wobei Sinn und Einheit der Szene genauso wie Zeit, Raum und Rollen und ihre Bedeutungen in der subjektiven Interpretation des Protagonisten gründen.

Rolle, Situation (oder Szene) und Interaktion sind damit im Psychodrama aufeinander bezogen und nur gemeinsam explizierbar. Diese Triade macht dann aber auch deutlich, dass der psychodramatische Rollenbegriff ein aktionaler ist, *Rolle als Handlungsrolle* verstanden werden muss. Eine Rolle kann nicht aus ihrem situativen und individuellen Kontext herausgelöst und für sich betrachtet werden. Sie eignet sich dementsprechend auch nicht dazu, wie R. Krüger 1987 betont hat, „[...] eine Psychopathologie des Individuums zu suchen" (Krüger 1987, S. 18). Solch ein Versuch wäre dann möglich, wenn man von den normativen Anteilen, die in Rollen immer vorhanden sind, ausgeht, beispielsweise Statusrollen[6] unterstellt, also wüsste, wie Rollen auszusehen haben. Genau dies ist aber nicht im psychodramatischen Rollenbegriff vorrangig.

Wenden wir uns, um das einzusehen, einer genaueren Definition und Analyse der Konzepte *Situation* und *Rolle* zu.

Situation

Situation bezeichnet eine für das Individuum sinnstiftende Einheit sozialen Geschehens. Sie stellt einen raumzeitlichen Ausschnitt der Welt dar, der in der Perspektive des handelnden Individuums den für Interaktion und Interpretati-

---

6) Statusbezogene Rollen stehen in Soziologie und Sozialpsychologie im Vordergrund: Berufsrollen, Mutterrolle etc., wobei also nicht die situationsbezogene Ausgestaltung, sondern spezifische, kontinuierlich vorhandene Merkmale von Interesse sind.

on relevanten Horizont umreißt und damit ausschließt, was nicht, und einschließt, was dazugehört. Was die Situation ist, definieren die Individuen – meist implizit – in ihrem Handeln. Das bedeutet nicht, dass die Facetten der situativen Interpretation stets alle präsent sind, und auch die Regeln, nach denen das Individuum handelt, sind ihm bei seinem Handeln meist nicht bewusst. Aber ein hinterfragbares Grundverständnis – wer bin ich; mit wem bin ich in Kontakt, und in welcher Situation; was bedeutet das für mich – besteht immer.

Situation umfasst damit das Ganze des darin ablaufenden Geschehens, und nur vor dem integralen Hintergrund der Situation können Einzelheiten wahrgenommen werden. Situationen haben eine thematisch bezogene Struktur und sind von Horizontcharakter (Markowicz 1979). Dabei ist, was die Situation ist, natürlich abhängig vom sozialen Umfeld, in dem sie sich konstituiert, und von den materiellen Gegebenheiten, die ihre Definition beeinflussen (Wellendorf 1979, S. 20f).

Weil eine Situation nichts Absolutes, sondern immer eine von den Individuen definierte Bezugs- und Handlungseinheit ist, bleibt die Definition, was die Situation ist, im Interaktionsprozess stets vorläufig; Moreno nennt das „im Augenblick". Diese Augenblicksbezogenheit wird in einem psychodramatischen Protagonistenspiel beispielsweise dadurch deutlich, dass sich eine Szene, ohne dass die „Einrichtung" mit Mobiliar oder Gegenständen verändert werden muss, beispielsweise verengen und konzentrieren, erweitern und verallgemeinern kann, und es ist auch möglich, dass sich im Handlungsablauf herausstellt, dass sie eine ganz andere ist als erwartet, bezüglich der dann Motive und Rollen uminterpretiert werden bzw. werden müssen.

Rolle

Rolle ist ohne Zweifel einer der meistgebrauchten Begriffe der Sozialpsychologie und der Soziologie; er leidet dementsprechend darunter, in einer Vielzahl von Bedeutungen und in ganz unterschiedlichen theoretischen Zusammenhängen benutzt zu werden. Deswegen bleibt der Versuch, alle theoretischen Bedürfnisse in einer Definition zu befriedigen, so abstrakt wie bei Zeintlinger (1981, S. 193), bleibt Petzolds „Modell einer integrativen Rolle" (Petzold 1982, S. 149ff) so ungreifbar und wohl auch unfruchtbar.

Im Psychodrama und im Alltag ist Rolle zuallererst eine Form, zu sich selbst und zu anderen – in deren Rollen – Beziehung aufzunehmen, und in situative Interaktion einzutreten. Im Rahmen der psychodramatischen Theorie *bezeichnet Rolle folglich einen fundamentalen Beziehungsmodus*, also eine Art Orientierung oder Rahmen, in dem sich das Individuum ausdrückt, um Beziehungen zu anderen (und zu sich selbst) aufnehmen zu können. Dabei ist das Individuum wieder außer an seinen eigenen Absichten an der Situation und an den Erwartungen der anderen orientiert. Nur aus einer Rolle heraus ist Interaktion, also Beziehung, möglich (Krappmann 1975, S. 98), und umgekehrt ist jede Rolle in der psychodramatischen Szene in ein konkretes Beziehungsgefüge eingebunden, das aus aufeinander bezogenen Rollen besteht. „Indem ich die Rolle des Anderen definiere, nehme ich selbst eine Rolle an" (Schütz 1972, S. 21).

Morenos Aussage „A role is an interpersonal experience and needs usually two or more individuals to be actualized" (zitiert nach Mathias 1982, S. 207) belegt diese Sichtweise. Der Beziehungscharakter von Rolle wird auch deutlich in Morenos Begriff der „counter roles" (Moreno, zitiert nach Zeintlinger 1981, S. 192), also von zu einer Rolle möglichen Antagonistenrollen.

Dies bringt zum Ausdruck, dass jede Rolle im Psychodrama als Teil eines situativen, aufeinander bezogenen Rollengefüges verstanden wird. Und obendrein werden Rollen immer in konkreten Situationen eingenommen, die im psychodramatischen Spiel als Szene reproduziert werden.

Blatner (1988, S. 101; 1991) sieht dementsprechend die individuellen Rollen immer auch als Teil einer umfassenderen „Rollendynamik" an, die auch andere zur jeweiligen Rolle zugehörigen (antagonistischen) Rollen mit einschließt. Beispielsweise gehören zur Rolle des „Sohnes" konstituierend „Vater" und „Mutter" dazu. Blatners Konzeption stellt auf diese Weise ein Verbindungsglied zwischen den Psychodrama-Begriffen der Rolle und des Sozialen/kulturellen Atoms dar. Da er auch explizit intrapsychische Rollenkonflikte mit in seine Überlegungen einbezieht, ergeben sich auch viel versprechende Bezüge zu mehr tiefenpsychologischen Sichtweisen. Williams (1989, S. 56ff) dagegen erweitert den Rollenbegriff selbst, indem er ihm zu den drei auf das Individuum bezogenen Dimensionen des Verhaltens, der Gefühle und der Überzeugungen („beliefs") noch die beiden auf die interaktionelle Umwelt bezogenen Dimensionen des Kontextes und der Auswirkungen („consequences") hinzufügt.

Der Beziehungscharakter von Rolle wird auch am Morenoschen Begriff der „Interpsyche" deutlich, des „zusammenunbewussten Systems", das von den Handelnden in ihren Rollen gemeinsam hergestellt wird (Leutz 1974, S. 45; Zeintlinger 1981, S. 209). Morenos Argument gegen die Berücksichtigung des individuellen Unbewussten, weil es eben immer um soziale Situationen und um mehrere Individuen in Rollen gehe, beinhaltet gerade ein Verständnis von Rolle als Beziehung (Moreno 1961, S. 273).

Wieder gilt: Rolle ist ebenso wie Situation nichts Festes, Außerpersonales und Objektives; vielmehr hängen Rollen stets vom Interpretationsprozess der Beteiligten ab, sie sind es, die diese Rollen fortlaufend konstruieren. Dies braucht in einer Situation keineswegs einhellig zu geschehen, auch können Interaktionsprozesse in diskrepante Handlungsweisen münden. Dies wird im psychodramatischen Spiel häufig genutzt und hat auch diagnostischen Wert:

Die Verweigerung eines Interaktionspartners, die Rolle zu übernehmen, die ich ihm zuweise oder aus meinen unverarbeiteten Erfahrungen heraus zuweisen muss, schafft kommunikative Unruhe und mag ein Protagonistenspiel einleiten. Oft entstehen in Gruppen Situationen, wo ein Mitglied eine Rolle einnimmt, einem Interaktionspartner eine Rolle zuweist oder versucht, Bedeutungen durchzusetzen, die den Interpretationen der anderen widersprechen; solche unterschiedlich interpretierte und dementsprechend unterschiedlich erlebte Situationen und damit verbundene Rollenzuweisungen verweisen häufig auf Lebensstationen, die eines „wahren zweiten Males" bedürfen, um vollendet zu werden, damit neue Sicht- und Handlungsweisen möglich werden. Und es mag zum Katalysator einer Katharsis werden, wenn dem Protagonisten deutlich wird, dass seine Deutungen in biographisch wichtigen Situationen nicht mit denen seiner Antagonisten (oder auch der eines Beobachters) in deren Rollen übereinstimmen, weil dadurch die Möglichkeit entsteht, verdrängte Gefühle zuzulassen. Dazu folgendes Beispiel:

Beispiel 1:
In einer Gruppensitzung wirft eine Teilnehmerin meiner kollegialen Mit-Leiterin ihr – wie es die Teilnehmerin erlebt – abwertendes Verhalten vor. Ich veranlasse, dass die Teilnehmerin sich der Leiterin gegenübersetzt und helfe ihr durch Doppeln, ihre Gefühle deutlicher zu erleben. Auf die Frage, woher sie diese kenne, die sie meiner Mitleiterin entgegenbringt bzw. ihr gegenüber empfindet, erinnert sich die Teilnehmerin an ihre Mutter. Daraus geht eine Szene hervor, in der die Mutter auftritt; die Protagonistin trägt diese Rolle der Leiterin an. Nach einem kathartischen Zulassen von der Mutter gegenüber bestehenden Gefühlen, die die Protagonistin bisher aber nicht thematisieren und aussprechen durfte, fordere ich in einer abschließenden Szene die Protagonistin auf, sich die Leiterin noch einmal genau anzusehen und die Gleichheiten, aber auch die Unterschiede zwischen ihr und der Mutter zu benennen, um so festzustellen, ob sie deren Auftreten auch weiterhin und unabhängig von dieser Übertragungsebene als abwertend erlebt. Die bisher nicht thematisierten Bedeutungselemente, die die Protagonistin aufgrund ihrer emotionalen Kraft und der ihr nicht bewussten Gerichtetheit an die Mutter auf meine Mitleiterin übertragen hat, werden so in Sprache gefasst und differenziert, in der Folge behandelt sie die Leiterin realitätsgerechter.

Ein solches, recht allgemeines Beispiel zeigt, dass im Psychodrama oft Interaktionsprobleme bearbeitet werden, die dadurch zustande kommen, dass die Interpretationsweisen verschiedener Teilnehmer nicht zueinander passen; oder anders ausgedrückt, Probleme, in denen die situationsgerechte Beziehungsgestaltung an in der Biographie des oder der Teilnehmer verwurzelten unterschiedlichen Rollenzuweisungen scheitert.

Dass Rolle vorrangig Beziehung zu Situationen und zu komplementären Rollen meint, ergibt sich schließlich auch aus dem Prozess des Rollenlernens. Die Fundament jeder Rollenausübung werden in der Mutter-Kind-Dyade[7] gelegt, und alle einzelnen Stufen des Rollenlernens, wie sie Moreno10 erläutert hat, finden, wenn auch nicht nur, in dieser elementaren und konkreten Beziehung statt.[8]

Rolle, wie sie hier verstanden wird, hat einen aus symbolischer Interaktion herrührenden Charakter. Sie ist zwar in Umrissen als Form von Beziehungsaufnahme konturiert – in dieser Form wird sie im psychodramatischen Spiel ja auch als Teil eines Rollengefüges eingeführt – aber diese Umrisse legen den

---

[7] Mutter als soziale Mutter, also als zentrale kindliche Bezugsperson.
[8] Vgl. zusammenfassend Leutz (1974, S. 43ff).

Verlauf einer konkreten Interaktion nicht eindeutig fest. Das faktische „Ausfüllen" der Rolle, also ihre prozessuale Konstruktion ist im Interaktionsverlauf wieder ein versuchsweiser Prozess, der auch dadurch gesteuert wird, dass sich die Interpretation in der Situation und in der Beziehung zu den anderen Rollen bewähren muss.

In jedem rollenbezogen gedachten Interaktionsprozess stellen sich dem Individuum (zunächst) zwei Fragen, die es kontinuierlich beantworten muss:

(1) Von welchen Annahmen über Kontexte, Situation und Rollen geht mein Interaktionspartner aus, welche Bedeutungen konstruiert er, wie nimmt er sich und die für ihn wichtigen Symbole wahr, wie meint er seine Aktivitäten, und

(2) wie muss ich meine Aktivitäten anlegen, damit ich mich selbst darin ausdrücken und mein Anliegen situationsadäquat verstanden werden kann (Strauss 1974, S. 61).

Weil jeder der Beteiligten dabei auf die Deutungsleistungen und Interpretationen des anderen Bezug nehmen muss, ist für Interaktion *eine kontinuierliche wechselseitige Perspektivverschränkung notwendig*, die psychodramatisch als ständig durchzuführender imaginativer Rollentausch begreifbar ist. Die beteiligten Interaktionspartner müssen sich immer wieder in den oder die anderen hineinversetzen, von deren Standpunkt und in deren Perspektive die Situation, die Sachverhalte und auch sich selbst zu betrachten und zu rekonstruieren versuchen, und sie müssen immer wieder zu sich selbst zurückkehren, um ihr Handeln auf das des oder der anderen zu beziehen: um zu verstehen, was der andere meint, um zu verstehen, wie die eigenen Aktivitäten ankommen bzw. wie sie anzulegen sind, und um zu überprüfen, ob sie in ihrem am anderen orientierten Handeln noch selbst angemessen vorkommen. In dieser Perspektive zeigt sich, dass Interaktion ein tastender, versuchsweise stattfindender, stets von den Individuen zu überprüfender und neu zu entwerfender Prozess ist, der erhebliche Interpretationsleistungen erfordert und allerlei Fehlerquellen beinhaltet.

Die interagierenden Individuen bewirken diese Verständigung einerseits, indem sie auf ein kulturell überliefertes und sozial bedingtes System gemeinsamer Symbole sowie auf gemeinsame Interpretationsregeln zurückgreifen, andererseits durch wechselseitige Einfühlung, durch imaginativen Rollentausch; auf dieser Basis werden Interaktion und Kommunikation erst möglich.

Deshalb ist die wechselseitige Perspektivverschränkung, der wechselseitige imaginative Rollentausch für Interaktion zentral. Kommunikatives Handeln entsteht damit auch außerhalb des Psychodramas in prinzipiell der gleichen Art, wie es im protagonistenzentrierten Spiel im Psychodrama praktiziert wird: als wechselseitiger Prozess von (imaginativen) Rollenübernahmen, dadurch, dass man sich kontinuierlich und immer wieder in den anderen hineinversetzt und die eigenen Handlungen auf die durch solche Identifikationen erschlossenen Erwartungen hin ausrichtet, ohne dabei freilich die eigenen Ziele und die eigene Selbstdarstellung aufzugeben. Dem Rollentausch kommt somit im alltäglichen Handeln wie im Psychodrama eine zentrale Bedeutung zu.

Daraus folgt weiter, dass Rolle kein analytisches, sondern ein integratives Konzept ist. Rolle als Ausdrucksform, also Rollenhandeln in Situationen lässt sich nicht vollständig durch einzelne Gesten, Handlungen und Merkmale oder Kombinationen davon beschreiben oder festlegen. Vielmehr ist Rolle integral in folgendem Sinn: Sie legt für ein Individuum in dessen Perspektive für einen Zeitraum in einer Situation ein Handlungspotential fest, das dann konkret ausgefüllt werden muss. In dem dadurch aufgespannten Rahmen, der als thematisch organisierte Orientierung dient, sind für das Individuum Gefühle und Ideen, Gedanken und Wahrnehmungen, Perspektive, Situation und mögliche Komplementärrollen umrissen. (Moreno 1960, S. 263).

Diese Ganzheit einer Rolle ist eine der Voraussetzungen für Einfühlung, Rollentausch und Rollenübernahme. Der im psychodramatischen Spiel immer wieder erstaunliche Prozess, dass ein Hilfs-Ich aufgrund einer kargen Rollenbeschreibung in einer ihm unbekannten Situation adäquat handelt, kann nur sein, weil Rolle als Teil von Situation und Rollengefüge ein zwar variables, aber gleichwohl ganzheitliches Handlungsmuster ist und eine integrale Perspektive auf die je anstehende Situation anbietet, für die die Person, die das Hilfs-Ich spielen soll, prinzipiell dafür geeignete, für es selbst vergleichbare Erfahrungen besitzt und sich deshalb auf die aktuelle Anforderungen einstellen kann.

In der psychodramatischen Theorie werden verschiedene Typen von Rollen unterschieden: psychosomatische, psychische, soziale und transzendente (Moreno 1960, Leutz 1974). Diese Unterscheidungen sind wichtig, weil sie deutlich machen, worauf Rollen bezogen sind und wodurch sie stabilisiert und reproduziert werden: als somatische auf den Körper, als psychische auf den Geist, also das individuelle Erleben und die persönliche Biographie, als soziale auf die Gesellschaft, als transzendente auf die Menschheit insgesamt, auf den utopischen „surplus", der menschlichem Handeln stets immanent ist.

Hervorgehoben werden muss aber zugleich, dass diese Unterscheidungen nur Abstraktionsebenen bezeichnen, die aus wirklichen Rollen herausdestilliert sind. Jede aktuelle Rolle, in der sich Menschen ausdrücken, umfasst diese Ebenen zugleich, ist verwoben aus somatischen, psychischen, sozialen und transzendenten Ebenen, die sich gegenseitig durchdringen. Moreno hat dementsprechend Rolle als „Fusion von privaten und kollektiven Elementen" (Moreno 1960, S. 259) bezeichnet.

Es sei vermerkt, dass die explizite Benennung somatischer Rollen eine Leistung Morenos war, die m.E. nicht hinreichend gewürdigt ist. Denn hier wird – sozialpsychologisch fassbar – die Sozialität des Körpers und seiner Funktionen als Teil der Person behauptet. Die sozialhistorischen Untersuchungen Norbert Elias' (1980) haben diese Behauptung eindrücklich belegt und damit den Zusammenhang zwischen Natur, Alltag, Psyche und Gesellschaft verdeutlicht.

Eine weitere Anmerkung ist, dass es im Psychodrama auch „physische" Rollen gibt. Objekte erhalten in der Psychodramatheorie meist dann ein Hilfs-Ich zugewiesen, wenn sie für den Protagonisten von besonderer Bedeutung sind; prinzipiell ist dies aber für jedes beliebige, in der Szene auftretende Objekt möglich. „Physische" Rollen sprengen auf den ersten Blick das obige Schema, nach dem Rollen unterschieden wurden. Aber somatische, psychische, soziale bzw. transzendente Rollen sind nichts anderes als Beziehungsmuster, die spezifische Aspekte hinsichtlich therapeutisch wichtiger Handlungsebenen betonen, die das Individuum aufgrund seiner Bedeutungszuweisungen konstituiert. In ähnlicher Weise drücken „physische" Rollen aus, dass das Individuum in seiner Rolle in der jeweiligen Situation auch die Gegenstände durch seine Bedeutungszuweisung konstruiert; deswegen lässt sich aus der Rolle des Gegenstandes heraus auch mit dem Protagonisten „von außen" kommunizieren. „Physische" Rollen sind neben therapeutischen auch aus theoretischen Gründen interessant, weil sich darin die Sozialität von Objekten manifestiert und damit einmal mehr das dem Psychodrama unterliegende Verständnis einer durch und durch sozialen, vom Individuum konstruierten Welt deutlich wird.

Zusammenfassend lässt sich also sagen, dass in der Perspektive einer psychodramatischen Interaktionstheorie die zentralen psychodramatischen Begriffe der Rolle und der Szene oder Situation direkt auf das in Abschnitt 2 umrissene Interaktionskonzept bezogen werden können und den gleichen Charakteristiken – prozessual, vom Individuum konstruiert und ausgefüllt, auf die soziale Umwelt bezogen, versuchsweise und vorläufig – unterliegen.

4. Selbst und Identität

Nun soll es um die Frage gehen, *was ein solches Interaktionskonzept für die psychodramatische Sichtweise des Menschen bedeutet*. Wenn Kommunikation als grundlegende menschliche Ausdrucksweise angesehen wird – was lässt sich dann darüber aussagen, welche für Interaktion wichtigen Instanzen der Mensch besitzt? Dazu wird zunächst der Begriff des *Rollen-Selbst als Ort von Reflexion und Erfahrung* behandelt, sodann soll ein dynamischer Identitätsbegriff aus den Bedingungen von Interaktion als fundamentaler menschlicher Tätigkeit abgeleitet werden.

Dem soll vorausgeschickt werden, dass Identität kein genuin psychodramatischer Begriff ist. Moreno verstand das Individuum einerseits als „Selbst", andererseits als Zentrum des je eigenen sozialen Atoms. Dem stehen zahlreiche Identitätsbegriffe aus Psychoanalyse, Symbolischem Interaktionismus und anderen Theorien gegenüber.[9] Hier soll es um einen interaktionsbezogenen Identitätsbegriff gehen, der in Anlehnung an Moreno in enger Beziehung zu dem Konzept des sozialen Atoms steht. Zunächst ist aber der Begriff des Selbst zu untersuchen, der in der psychodramatischen Theorie m.E. recht unklar bleibt.

---

9) Vgl. etwa Petzold (1982) mit weiteren Verweisen.

In der Theorie des Psychodramas wird unter „Selbst" die (individuelle, persönliche) Verbindung von Körper, Psyche und Gesellschaft verstanden (Moreno 1962). Moreno betont vor allem die Entstehung des Selbst aus den konkreten Rollenerfahrungen des Individuums.

„Rollen streben nach Bündelung und Vereinigung (clustering and unification)" (Moreno 1962). Aus der „Bündelung" von psychosomatischen, psychischen und sozialen Rollen entstehen über „Handlungsverbindungen" zu Einheiten integrierte „Partial-Selbsts", die sich ihrerseits zum „gesamten Selbst" verbinden, (ebenda). Oder anders: Das Selbst bildet sich aus den Rollen, die ein Individuum im Laufe seines Lebens ausgeübt hat, durch einen „Cluster-Effekt", und ist so „immer Ausdruck der individuellen Sozialisationsbiographie" (Zeintlinger 1981, S. 196). Es setzt sich damit aus „privaten und kollektiven" Anteilen zusammen und ist wohlunterschieden vom „Rollenrepertoire", also der zu einem bestimmten Zeitpunkt spielbaren Rollen eines Individuums.

Bei der Analyse des Morenoschen Selbst-Begriffs muss darüber hinaus berücksichtigt werden, dass das Selbst sich stets und ausschließlich in konkreten Rollen ausdrücken muss, und dass es trotz seiner Genese aus der Interaktion in Rollen keine eigenständige soziale Einheit ist. „The social atom is the smallest unit, not the individual" (Moreno 1967). Andererseits ist das Selbst ein „erfahrbares" (Moreno 1962, S. 292), das folglich, wie ich dies verstehe, in konkreten sozialen Situationen irgendwie existent ist und vom Individuum als Einheit erlebt und erfahren wird.

Offen ist bei all dem, wie dieses Selbst strukturiert ist, welche Leistungen es erbringen muss oder kann und auch, in welcher Beziehung es zu anderen personalen Entitäten steht. Unter einem Clustereffekt aus Rollen wäre – im heutigen Sprachgebrauch – eine zusammengehörige Häufung von ehemals ausgeübten Rollen (und den dazugehörigen Situationen und Komplementärrollen) zu verstehen. Darüber hinaus muss es aber als gewordene Einheit offensichtlich – mindestens – integrative Leistungen sowohl in der Zeit als auch zwischen verschiedenen Rollen vollbringen. Vielleicht ließen sich diese Integrationsleistungen aus krankhaften Störungen, aufgrund derer sie also nicht adäquat zustande kommen, erschließen, wie dies etwa in der Arbeit Oliver Sacks (1987) angelegt ist.[10] Hier soll es aber darum gehen zu klären, in welcher Form das Selbst im Interaktionsprozess beteiligt ist.

Ich möchte dazu an der Entstehung des Selbst aus konkreten Rollenerfahrungen ansetzen, die im Individuum internalisiert sein müssen. Ich verstehe Selbst deswegen als eine dem Individuum zugehörige, strukturierte Vielfalt erfahrener Rollenmuster, die ihm in konkreten Situationen als Handlungs-

---

10) Interessant ist in diesem Zusammenhang Petzolds Begriff des „Ich" als „Selbst in actu", als „Synergie aktionaler Rollen" (Petzold 1982, S. 168), also als ein „Jetzt-Zustand wacher, bewusster Wahrnehmung und Handlung" (ebd., Hervorhebung weggelassen). Während das Selbst in dieser Perspektive ist oder besser „wird", ist es für Petzold das Ich, das handelt, macht, agiert.

und Orientierungsbasis dienen. Damit ist das Selbst der Ort der Reflexion und Verarbeitung: eine innere, kommunizierende, interagierende Welt aus Rollen (in Analogie zur Interaktion in der äußeren Welt), in der das Individuum seine Rollen in Form von damit verbundenen Szenen und zusammen mit den darin gemachten Erfahrungen aufhebt und ordnet und in der es Sachverhalte in einer Art inneren Dialogs zwischen diesen Rollen reflektiert. Das innere Gespräch des Individuums, das Verstehen von Erlebtem und seine Verarbeitung finden dort im Rahmen der individuellen Ordnung dieser Struktur und aus den Perspektiven der dort inkorporierten Rollen statt. Das Selbst ist strukturiert, weil zwischen den darin aufgehobenen Rollen und Erfahrungen ein Zusammenhang besteht, den das Individuum integrativ konstruiert hat.

Ein so verstandenes Rollenselbst eröffnet wieder ein diagnostisches Potential: wie „groß" oder „breit" ist dieses Selbst, aus was besteht es, wie ist es strukturiert, von welchen Rollen wird es dominiert, welcher potentielle Integrationsgrad und welche potentielle Vereinzelung der Rollen sind möglich? Wie findet der innere Dialog statt, welche Rollen eines Selbst sind für ein Individuum die Basis seiner Reflexion und welche Rollenanteile kommen dabei mit welcher Gewichtung vor?"

Im Psychodrama macht sich der Leiter im übrigen die kommunikative Struktur des Selbst zu Nutze, wenn er den Protagonisten beispielsweise seine verschiedenen „Teile" bezüglich eines Sachverhalts auf der Bühne aufbauen und miteinander kommunizieren lässt. Der Protagonist rekonstruiert zusammen mit dem Leiter damit die Struktur des Selbst, indem problembezogene individuentypische Erfahrungs- und Erlebnisweisen deutlich werden, die in ihre typischen Entstehungssituationen und damit verbundenen Rollengefüge zurückverfolgt werden können.

Nun ist dieses Selbst nach Moreno aber keine soziale Einheit, weil es in der Interaktion nicht unmittelbar, sondern nur mittelbar als „erfahrbares" auftritt. Deshalb ist das Selbst ein individuenbezogenes Abstraktum, das in konkreten Situationen, in denen gehandelt wird, immer nur als von der Rolle her gedeutetes, interpretiertes präsent ist. Wenn man in einer Rolle ist (und das ist man immer), hat man immer auch ein spezifisches, dadurch nahe gelegtes Selbst-Verständnis, das in die Interpretation der jeweiligen Rolle eingeht, aber auch von der Rolle her entsteht. Das bedeutet, dass Reflexion und Verarbeitung, die im Selbst stattfinden, auch davon abhängen, in welchem sozialen Kontext, aus welcher Rolle heraus man sie betreibt.

Diese Überlegungen weisen aber auch darauf hin, dass im Psychodrama über eigenes „Selbst"-Verständnis hinaus die Notwendigkeit eines eigenen I-

---

11) Wenn man berücksichtigt, dass das Selbst über Interaktionshandeln entsteht und sich darüber auch reproduziert, Interaktionshandeln seinerseits Bedeutungskonstruktionen verlangt, die für jede Art der individuellen Wahrnehmung konstitutiv sind, so ist einsichtig, warum psychische Störungen in klassischen Theorien häufig einseitig als Wahrnehmungsstörungen erscheinen, obwohl es sich eigentlich um Kommunikations- und Interaktionsprobleme handelt.

dentitätsbegriffs entsteht, der dann über die psychodramatische Interaktionsvorstellung auf das soziale Atom bezogen sein muss. Mit Rolle, Selbst und Interaktion ist psychodramatisches Geschehen allein nicht erklärbar. Denn wenn Rolle Ausdrucks- und Beziehungsform ist, so ist die Frage, wer oder was sich denn hier ausdrückt und Beziehung aufnimmt, wie dies geschieht, und wie sich eine Person in verschiedenen Situationen und Rollen als kontinuierliche Einheit präsentiert: Wie vereinbare ich meine Person, die doch nicht in jeder Situation neu entsteht, sondern eine Struktur und eine Biographie besitzt, mit diesen meinen unterschiedlichen situativen Rollen, in denen ich immer nur partiell und vermittelt kenntlich werde? Wieso erlebe ich mich, erlebt mich der andere auch in verschiedenen Rollen als der Gleiche? Und wie stellt sich der Transfer zwischen meinen Bedürfnissen, Zielen und Kenntnissen etc. aus dem Selbst in die Situation und meine Rolle her, die nicht von mir allein, sondern von allen Beteiligten gemeinsam konstruiert ist?

Moreno spricht diesen Problemkreis als „primären Rolle-Person-Konflikt" (Moreno 1946, S. 277, ohne Hervorhebung) an; dies drückt aus, dass der Einzelne in der Darstellung der ja situativen, zeitlich begrenzten Rolle nicht aufgeht. Dies ist natürlich jedem Psychodramatiker vertraut.

Die typische Situation im Psychodrama, in der sich ein „Rolle-Person-Konflikt" und damit Identität studieren lassen, ist das Gruppenspiel. Während die einzelnen biographisch bedeutsamen Rollen, die im Selbst abgelagert sind, und deren innere Ordnung vor allem in vertiefenden Szenen von Protagonistenspielen aufscheinen, sind Gruppenspiele mit mehr oder weniger loser Rollenvorgabe für die Teilnehmer geeignet, ihre Identitäten innerhalb eines Gruppenzusammenhangs deutlich zu machen. So kann, wenn eine Psychodrama-Gruppe das Märchen „Hänsel und Gretel" spielt, Gretel sowohl als sehnsüchtiges Mädchen, als trotziges Kind oder als Ersatzmutter für Hänsel, die Hexe als einsam oder als sadistisch dargestellt werden, das Märchen in der Konstellation aller Teilnehmer den Konflikt mit den bösen Eltern in den Vordergrund rücken, sich auf Gewaltängste oder auf einen sexuellen Gehalt richten.

Auch in einem Gruppenspiel in meiner Ausbildungsgruppe, das – mit der gleichen Textvorgabe aus wenigen Sätzen – zweimal gemacht wurde, einmal mit eigener, danach mit soziometrischer Rollenwahl durch die Gruppe, wird dies deutlich. Obwohl der Rahmen der Textvorgabe in beiden Fällen eingehalten wurde, wurde jede Rolle nach den Deutungen und Zielen des jeweiligen Rollenträgers kreativ gestaltet, so dass die gleichen Rollen in beiden Gruppenspielen ganz verschieden ausgefüllt und dadurch ganz verschiedene Identitäten kenntlich wurden; dementsprechend kamen auch ganz unterschiedliche Handlungsverläufe zustande, die sich aus der Gesamtheit des aufeinander bezogenen Handelns ergaben, so dass das Geschehen insgesamt einen anderen Sinn bekam.

Auch Antagonistenrollen in protagonistenzentrierten Spielen machen personale Unterschiede als spezifische Identitäten deutlich. Zwar soll der Antagonist das spielen, was der Protagonist vorgibt und erwartet. Auch wenn dies geschieht, so gibt es dennoch ganz unterschiedliche Arten, die gleiche Antagonistenrolle auszufüllen. Immer wird deutlich, dass sie von einem ganz bestimmten Individuum gespielt wird. Und wenn der Protagonist, verfangen im Wiedererleben biographisch wichtiger Situationen, nur das sieht, was für ihn wichtig ist, wird für Leiter und Beobachter die Identität des Spielers doch auch in seinen Antagonistenrollen erkennbar. Dem Protagonisten kommt es auf die Rolle an, dem Spieler einer Antagonistenrolle auch darauf, sich selbst in der Rolle kenntlich zu machen und sich zu reflektieren. Dadurch ergeben sich aus vielen Antagonistenrollen wie auch aus Gruppenspielen neue Protagonistenspiele, zum Beispiel, weil über die Notwendigkeit, sie für einen Protagonisten zu spielen, übliche Verweigerungs- oder Ausblendungsverfahren nicht möglich sind.

Um diesen „Rolle-Person-Konflikt" genauer zu analysieren, muss man die widersprüchlichen Anforderungen, die der Interaktionsprozess an das Individuum stellt, genauer untersuchen. Zunächst definiert jedes Individuum die je anstehende Interaktionssituation aufgrund seines Selbsts, aufgrund seiner spezifischen Biographie, seiner Vorerfahrungen und nach seinen eigenen Zielen auf seine Weise und legt damit sowohl die eigene wie auch die komplementären Rollen der anderen fest. Dies tun in der gleichen Situation aber auch die übrigen Interaktionspartner auf ihre Weise: Jeder muss wissen, wer das jeweilige Gegenüber und was die Situation ist, auch wenn die jeweiligen Annahmen nicht übereinstimmen. Denn erst solche Annahmen eröffnen Beziehung, die dann entweder endet oder zu Korrekturen führt. Es macht dann gerade den Interaktionsprozess aus, die möglicherweise divergierenden Erwartungen und Interpretationen in Einklang zu bringen. Die Weiterentwicklung des von den beteiligten Individuen hergestellten „Arbeitskonsensus" ist dann eine wesentliche Ebene des interaktiven Prozesses. Vor allem Goffman (1973, 1982) zeigte auf, mit welchen Techniken Interaktionen aufrechterhalten werden, indem grundlegende Kommunikationsregeln erfüllt werden müssen.

Dabei muss sich das Individuum einerseits *auf die ihm angetragenen Erwartungen einlassen*, damit Interaktion überhaupt zustande kommt. Aber die bloße Übernahme von Erwartungen reicht nicht aus, an Interaktion teilzunehmen. Sonst verschwindet das Individuum als bloß vorgestellt in den Bildern des anderen, der keinen Interaktionspartner mehr hat; es ist nur noch eine Marionette des anderen. In einer perfekten Erwartungserfüllung kann das Individuum überdies seine eigenen Ziele, Interessen, Bedürfnisse, also sich selbst nicht verwirklichen. Das Individuum muss sich vielmehr in der Interaktion auch als besonders, eigenständig und individuell kenntlich machen, sich auf Erwartungen gerade nicht einlassen: „Damit das Individuum mit anderen in Beziehungen treten kann, muss es sich in seiner Identität präsentieren; durch sie zeigt es, wer es ist. Diese Identität interpretiert das Individuum im Hinblick auf die aktuelle Situation und unter Berücksichtigung des Erwartungshorizontes seiner Partner" (Krappmann 1975, S. 8f).

Wie jemand diese divergierenden Ansprüche erfüllt, hängt von ihm selbst ab und konstituiert Identität. Identität meint dementsprechend interaktionstheoretisch die personentypische individuelle Balance zwischen diesen widersprüchlichen Anforderungen im „Rolle-Person-Konflikt", wie ihn Moreno bezeichnet hat.

„Offenbar ist die Identität des Individuums beides zugleich: antizipierte Erwartungen des anderen und eigene Antwort des Individuums" (Krappmann 1975, S. 39). Und die Existenz einer solchen Identität ist eine Notwendigkeit dafür, in Interaktion zu gelangen und zu bleiben, weil man sonst die eine oder andere Bedingung nicht erfüllen kann. *Identität ist also die Herstellung einer individuenspezifischen Balance zwischen angetragenen Rollenerwartungen und der Notwendigkeit, sich selbst in jeder Situation adäquat kenntlich zu machen,* mit eigenen Zielen, Bedürfnissen, Interpretationen und Interessen, und dabei gleichwohl in Beziehung zu bleiben. Oder anders ausgedrückt: die spezifische Art der Balance zwischen den Bedingungen, die das Selbst setzt, mit den Forderungen, die Rolle und Situation aufstellen. Identität ist so als das Gleichbleibende in der Veränderung, die Konstanz in wechselnden Rollen, Situationen und Beziehungen, und erweist sich als zentrale, vom Individuum für die Beteiligung an Interaktion zu erbringende Leistung. In gewissem Sinn lässt sich Interaktion deshalb, wie es Wellendorf (1979) formuliert, als „Handel um Identität" begreifen.

Weil Identität damit offensichtlich auch von der Art und der Verschiedenheit der Situationen, der Rollen und der Interaktionspartner, mit denen sich das Individuum auseinandersetzt, abhängt, folgt insbesondere: Identität wird starr und verkümmert, wenn sie nicht stets neu erprobt wird, und Identitätsentwicklung ist nur durch Interaktion mit anderen möglich – ein Morenoscher Grundgedanke.

Andererseits bezieht sich Identität immer auf das je eigene Selbst, damit auch auf die je eigene Biographie und ist so über verschiedene spezifische Situationen und Rollen hinweg jedenfalls partiell stabil und kontinuierlich präsent. Dennoch transformiert sich Identität als Balance in wechselnden Situationen ständig und führt im Interaktionsprozess auch zu ständigen Neuinterpretationen des je eigenen Selbst durch das Individuum. Identität stellt somit „[...] eine immer wieder neue Verknüpfung früherer und anderer Interaktionsbeteiligungen des Individuums mit den Erwartungen und Bedürfnissen, die in der aktuellen Situation auftreten, dar" (Krappmann 1975, S. 9), sie stabilisiert sich in Interaktionen und entwickelt sich dort und vor allem darüber weiter (Krappmann 1975, S. 35).

Eine so verstandene Identität muss nicht unbedingt widerspruchsfrei und logisch konsistent sein, insofern es die für Identität wichtigen Situationen nicht sein müssen. Offensichtlich ermöglicht ein solcher Identitätsbegriff nämlich ein Verständnis dafür, dass in aktuellen Situationen die Balance zwischen situativer Rolle und Selbst nicht bruchlos aufgehen muss. Denn die Wahrnehmung eigener Gefühle, das Verhältnis zur eben vergangenen oder zukünftigen Situation braucht nicht in jedem Moment mit den Situationsanforderungen oder den Bedingungen, die das Selbst setzt, übereinzustimmen.

Vor dem Hintergrund einer solcherart definierten balancierenden, aus den Bedingungen von Interaktion abgeleiteten Identität kann nun auch verstanden werden, wieso Moreno dem Selbst keine Existenz als „sozialer Einheit" zubilligt, sondern diese in dessen sozialem Atom ansiedelt.[12] Identität ist über ihren interaktiven Entstehungszusammenhang an konkrete Interaktionsbeziehungen geknüpft, und von besonderer Bedeutung dafür sind zweifelsohne die Beziehungen, die dem Individuum besonders viel bedeuten. Balancierende Identität setzt sich dann vor allem und primär aus den Identitätsmustern zusammen, die innerhalb der sozialen Beziehungen im je eigenen sozialen Atom häufig aktualisiert werden und von hohem Stellenwert sind. Denn diese sind trivialerweise zu Erzeugung, Erhalt und Weiterentwicklung von Identität von besonderer Bedeutung. Interaktiv definierte Identität steht damit in grundlegender Wechselbeziehung zum Begriff des sozialen Atoms.

Das soziale Atom als „lebensnotwendiges sozioemotionales Beziehungssystem" (Zeintlinger 1981, S. 198) bezeichnet das Netz an Beziehungen, in dessen Mittelpunkt das Individuum steht und in dem sich seine konkreten, emotionsgeladenen Interaktionen, sein Erleben und Handeln überwiegend entwickeln. Vor allem in diesem Beziehungsnetz also stabilisiert, reproduziert und entwickelt sich Identität im oben definierten Sinn. Und jeder wesentlichen Veränderung dieses Beziehungsnetzes entspricht eine Veränderung der interaktionellen Identität, insofern sich die Balance zwischen verschiedenen Interaktionsbedingungen und damit auch die Interpretation des Selbst verändert.

Zusammenfassend lässt sich mithin interaktionelle Identität begreifen als individuelle, prozesshafte Integration unterschiedlicher Handlungsbedingungen, als kreative Antwort auf die widersprüchlichen Anforderungen sozialer Interaktion, als Balance zwischen Selbst und situativer Rolle.[13]

5. Weiterführende Anmerkungen

Der hier vorgeschlagene Ansatz einer kommunikativen Fundierung der psychodramatischen Theorie längs Interaktionsbedingungen und -strukturen impliziert eine Reihe von Konsequenzen und lässt eine Reihe weiterer Einsich-

---

12) Verwiesen sei in diesem Zusammenhang auch auf den Morenoschen Begriff des kulturellen Atoms als „Netz von Rollenbeziehungen um ein bestimmtes Individuum herum" (Moreno 1940, S. 303).

13) Ob daraus die Möglichkeit einer Diagnostik folgt, die normativ festlegt, wie ein soziales Atom auszusehen hat bzw. welche Komponenten es enthalten muss, wäre zu bezweifeln. Demgegenüber ist das Instrument des sozialen Atoms diagnostisch aber als Indikator brauchbar, wie die Identität einer Person strukturiert ist; jede These darüber wäre dann aber in der Perspektive des Individuums und hinsichtlich seiner Bedeutungszuweisungen, auch seines Leidenserlebens, zu verifizieren.

ten zu, die ein psychodramatisches Menschenbild konkretisieren können. Vier davon sollen abschließend kurz angedeutet werden.

Erstens

Ein solcher Ansatz besitzt ein diagnostisches Potential. Wenn Psychodrama ein Verfahren ist, das auf den Regeln kommunikativen Handelns aufbaut, und wenn sich umgekehrt persönliches Leiden an wiederkehrenden kommunikativen Problemen festmacht, so lassen sich solche Probleme auch als typische Verletzungen kommunikativer Regeln bzw. als systematische, in spezifischen Konstellationen und Situationen auftretende Probleme von Bedeutungskonstruktion begreifen und standardisiert beschreiben.

Im Psychodrama ist es ein wesentliches Ziel etwa von Protagonistenspielen, Bedeutungsgehalte heutiger Handlungen zu verdeutlichen bzw. offen zu legen; dazu werden die subjektiven Bedeutungszuweisungen des Protagonisten auf ihre Hintergründe und Entstehungszusammenhänge hin verfolgt und in Bezug zu denen seiner Interaktionspartner gesetzt. Indem heute mitschwingende Bedeutungsinhalte durch ein aktives Wiedererleben als, wenn auch ausgeblendeter, Bestandteil vergangener Situationen verstanden werden, wird es möglich, ihre Berechtigung oder Brauchbarkeit auch für heutige Situationen neu einzuschätzen. Insofern ist Psychodrama ein Verfahren zur Erlangung sozialer Kompetenz, das an Interaktionsproblemen ansetzt; insofern dienen systematische, immer wieder auftretende Fehldefinitionen und damit zusammenhängende Interaktionsprobleme eines Individuums in für es typischen Situationen, die auf solche verborgenen Bedeutungsgehalte und deren Wichtigkeit verweisen, als möglicher Einstieg in Protagonistenspiele.

Zweitens

Ein solcher Ansatz führt zu der Notwendigkeit und der Möglichkeit, die Wirkungen psychodramatischer Therapie auf eine andere Art zu untersuchen. Wirklichkeit entsteht in der Perspektive des Individuums, und in dieser Perspektive wird sie, in der Inszenierung in der Gruppe oder auf der Bühne, auch rekonstruiert und verändert, also vervollständigt, integriert oder reflektierbar gemacht. Methodisch gesehen stellen die Psychodramatechniken Mittel zur Verfügung, mit denen der Interaktionsprozess im Detail „re"-konstruiert werden kann. Dabei ist es möglich, die Zeitstruktur zu verändern oder Wirklichkeitsbedingungen so zu verzerren, wie sie sich im Erleben des Protagonisten niedergeschlagen haben, um dann, wenn sich der Protagonist in einer Beobachter- oder Antagonistenrolle befindet, neue Bedeutungsmuster zuzulassen; deshalb kommt dem Rollentausch eine besondere Bedeutung zur Aufhellung ignorierter Sachverhalte und zur Klärung von Interaktionsbeziehungen zwischen Protagonisten und Antagonisten zu.

Eine adäquate Therapieforschung kann dies nicht ignorieren und sich ausschließlich auf ein messendes Forschungskonzept beziehen. Insofern Bedeutungen stets subjektiv sind, muss auch Forschung an der subjektiven Perspektive des Menschen anknüpfen, sich auf seine Interpretationen einlassen und sie dann reflektieren. Adäquate Psychodramaforschung muss sich demnach – in der dichotomisierenden Ausdrucksweise Wilsons (1973) – am interpretativen Paradigma orientieren. Es steht dem „naturwissenschaftlichen" Messen gegenüber, das als normativ bezeichnet wird, weil es, vereinfacht ausgedrückt, von außen setzt, was ein Individuum wohl meint, wenn es ein bestimmtes Symbol verwendet.

Für den nicht wissenschaftstheoretisch orientierten Psychodramatiker lässt sich der Gegensatz zwischen normativem und interpretativen Paradigma am Umgang mit der Soziometrie verdeutlichen: Während der Forscher einer normativen Orientierung sie benutzt, um von außen Gruppenstrukturen zu beschreiben, wird sie in der Psychodramatherapie zwar auch in dieser Absicht verwendet, jedoch ist dabei nicht das Ergebnis allein wichtig, sondern *das Ergebnis in seiner Bedeutung für die einzelnen Teilnehmer*. Das Beispiel zeigt, dass die beiden Zwecke sich nicht unversöhnlich gegenüberstehen.

Drittens

Der hier vorgestellte Ansatz kann dazu beitragen, Leerstellen der psychodramatischen Theorie zu füllen und eine psychodramaadäquate Verbindung zu anderen Theorien herzustellen. Die vorliegende Psychodramaliteratur gibt beispielsweise recht wenig Aufschluss darüber, was man sich unter Gefühl oder unter Trieb vorzustellen hat und welche Rolle der Körper eigentlich spielt. Geht man von einem sozialen Menschenbild, von der These der interpretativen Konstruktion von Wirklichkeit und dem Morenoschen Konzept der psychosomatischen Rollen aus, so wird deutlich, dass Triebe nichts unmittelbar archaisch Wirksames sind, sondern natürliche Impulse, deren Gestalt und Bedeutung erst durch die subjektiven Interpretationsleistungen der Individuen zustande kommen; Triebe sind damit kulturell determiniert und biographisch in der „sozialen Plazenta" zu ihrer aktuellen Gestalt geformt. Triebe und die Art und Weise ihrer möglichen Befriedigung sind unlösbar mit der deutenden Wahrnehmung des vergesellschafteten Menschen, mit seinem spezifischen Handlungs- und Erlebensweisen verkoppelt. Die psychodramatischen Konzepte der transzendenten Rolle und des „Handlungshungers" (Leutz 1974, S. 79) machen darüber hinaus deutlich, dass es im Psychodrama über Einzeltriebe hinausweisende anthropologische Konstanten gibt, die menschliches Leben auch von dem existentiellen Bedürfnis nach Entwicklung und Bewegung her sehen, das auch die Notwendigkeit sozialer Entwicklung und Bewegung umfasst.

Viertens

Dies führt zu einem abschließenden Punkt, nämlich dem, dass weitere Morenosche Konzeptionen zu dem hier vertretenen Ansatz passen. Dies soll hier nur kurz anhand der Konzepte von Spontaneität und Kreativität angedeutet werden.

Spontaneität verlangt die immer wieder neue Suche nach interaktionsbezogenen Erfahrungen und deren immer neue Gestaltung, in denen sich Bewegung und Entwicklung ausdrücken. Ich verstehe folglich *unter Spontaneität die Kraft und Energie und den Spaß daran, die individuelle Identitätsbalance zu erhalten und stets neu zu erproben, also erfolgreiche Interaktion zu suchen, in der man die eigene Identität weiterentwickelt. Kreativität meint dementsprechend die Fähigkeit und die Notwendigkeit, neue Ausdrucksformen, Rollen- und Situationsdefinitionen zu finden*, die dann in Interaktionssituationen, wenn sie als adäquat vermutet werden, probehalber eingebracht werden können.

Demnach sind Spontaneität und Kreativität notwendig für den Interaktionsprozess, damit er überhaupt zustande kommt und erfolgreich abläuft. Sie sind der Wunsch nach dessen aktiver Gestaltung, und sie erzeugen gleichzeitig die Kraft und die Phantasie dazu, so dass das Individuum sich auf Situationen und andere Rollen einlässt, sie spannend und neuartig gestaltet. Insofern bezeichnen diese Begriffe Leistungen der Individuen, um Kommunikationsprozesse zu beginnen, in Gang zu halten oder zu beenden und sich darüber weiterzuentwickeln (Krappmann 1975, S. 69).

Spontaneität und Kreativität sind, wenn sie nicht blockiert sind, damit auch die Auslöser für das Individuum, sich in immer neue soziale Situationen, in immer neue Rollen zu begeben bzw. alte Situationen und Rollen neu in Schwingungen zu bringen bzw. neu auszubalancieren. Denn es geht dem Menschen, wie das Psychodrama ihn sieht, *nicht nur darum, Balancen zu halten, sondern auch darum, die Stärke der eigenen Identität, ihre Balance, zu erproben und dadurch weiterzuentwickeln.*

Im physikalischen Bild von Balance lassen sich Balancezustände unterscheiden nach der „Weite der Ausschläge", die um Gleichgewichtspunkte möglich sind. Bewegt man sich stets in vertrauten Situationen und handelt ohne Spontaneität, so ist die eigene Identität keinen Veränderungen ausgesetzt, bleibt unbeweglich und stabil, Interaktion wird zur endlosen Wiederholung und problemlosen Selbstdarstellung, Entwicklung findet nicht statt. Spontaneität hingegen wirkt darauf hin, die eigene Identitätsbalance ständig neu zu erproben, indem sie gewissermaßen für „Schwingungen um den Gleichgewichtspunkt herum" sorgt, die als Interaktionen stattfinden: sei es in neuen Situationen, in denen die je eigene Identitätsbalance gefunden werden muss, sei es in alt vertrauten, in denen die vertraute und stabile Balance durch neue, spontane Handlungen aufs Spiel gesetzt und erprobt wird. Im Zusammenspiel von Spontaneität und der kreativen Konstruktion neuer Interaktions- und Handlungsweisen und angesichts der damit verbundenen Änderungen der jeweiligen Identitäten wird dann auch deutlich, dass Balance nicht immer die Rückkehr zu alten Ausgangspunkten meint, sondern den Einbezug immer neuer Handlungs- und Interaktionsebenen, und dass durch die damit in Gang gesetzten Veränderungen von Selbst und Identität auch Entwicklung zustande kommt.

Es geht im Psychodrama um Leben und Beziehung, um Veränderung und Entwicklung, um das Werden in spannenden, gleichwohl geglückten Beziehungen, um eine stets neue Erprobung von Identität, um eine Balance, die nicht reaktiv, sondern kreativ ist. Insofern ist der Mensch im Psychodrama der aktive Konstrukteur und Gestalter seiner Wirklichkeit und seiner Beziehungen. Und Moreno war dementsprechend ein Theoretiker (und Praktiker) des Lebens, der Lebendigkeit und der individuellen Freiheit, der Lust am Leben und der Freude an der Auseinandersetzung. Nicht zufällig hat er sich auf seinem Grabstein als der bezeichnen lassen, „[...] der das Lachen in die Psychiatrie eingeführt hat" (Zeintlinger 1981, S. 27).

6. Literatur

Bauriedl, T. (1980). Beziehungsanalyse. Das dialektisch-emanzipatorische Prinzip der Psychoanalyse und seine Konsequenzen für die psychoanalytische Familientherapie. Frankfurt am Main: Suhrkamp.
Blatner, A. & Blatner, A. (1988). Foundations of psychodrama. History, theory, and practice (third edition). New York: Springer.
Blatner, A. (1991). Role dynamics: A comprehensive theory of psychology. *Journal of Group Psychotherapy Psychodrama and Sociometry*, 44(1), 33-40.
Blumer, H. (1973). Der methodologische Standort des symbolischen Interaktionismus. In: *Arbeitsgruppe Bielefelder Soziologen* (Hg.), Alltagswissen, Interaktion und gesellschaftliche Wirklichkeit, Band 1 (S. 80-101). Reinbek: Rowohlt.
Dreitzel, H.P. (1968). Die gesellschaftlichen Leiden und das Leiden an der Gesellschaft. Stuttgart: Enke.
Elias, N. (1980). Über den Prozeß der Zivilisation. Soziogenetische und psychogenetische Untersuchungen, 2 Bände (Bd. 1: „Wandlungen des Verhaltens in den weltlichen Oberschichten des Abendlandes", Bd. 2: „Wandlungen der Gesellschaft. Entwurf zu einer Theorie der Zivilisation"). Frankfurt: Suhrkamp (7. Auflage; Erstausgabe: Basel: Haus zum Falken, 1939).
Goffman, E. (1973). Asyle. Über die soziale Situation psychiatrischer Patienten und anderer Insassen. Frankfurt: Suhrkamp.
Goffman, E. (1982). Das Individuum im öffentlichen Austausch. Mikrostudien zur öffentlichen Ordnung. Frankfurt: Suhrkamp.
Habermas, J. (1987). Theorie kommunikativen Handelns, 2 Bände (Bd. 1: „Handlungsrationalität und und gesellschaftliche Rationalisierung", Bd. 2: „Zur Kritik der funktionalistischen Vernunft"). Frankfurt am Main: Suhrkamp (4. Auflage; zuerst: 1981).
Joas, H. (1973). Die gegenwärtige Lage der soziologischen Rollentheorie. Frankfurt am Main: Athenäum.
Krappmann, L. (1975). Soziologische Dimensionen der Identität. Strukturelle Bedingungen für die Teilnahme an Interaktionsprozessen. Stuttgart: Klett (4. Auflage, zuerst: ebd., 1969).
Krotz, F. (1987). Rolle und Spontaneität im Psychodrama. Abschlussarbeit im Rahmen der Ausbildung zum Psychodramaleiter am Moreno Institut Überlingen. Unveröffentlichtes Manuskript, Hamburg.
Krotz, F. (1990). Lebenswelten in der Bundesrepublik Deutschland. Eine EDV-gestützte qualitative Analyse quantitativer Daten. Opladen: Leske & Budrich.
Krüger, R.T. (1987). Eine Interaktionismustheorie des Psychodramas. Manuskript
Laplanche, J. & Pontalis, J.-B. (1973). Das Vokabular der Psychoanalyse, 2 Bände. Frankfurt am Main: Suhrkamp.
Leutz, G.A. (1974). Psychodrama – Theorie und Praxis, Band 1: Das klassische Psychodrama nach J.L. Moreno. Berlin, Heidelberg, New York: Springer.
Leutz, G.A. (1982). Entsprechungen zwischen der Spontaneitätstheorie der kindlichen Entwicklung und Prozeß und Ziel der Psychodramatherapie. *Psychotherapie Psychosomatik und Medizinische Psychologie*, 32(6), 173-177.
Lindesmith, A.R. & Strauss A.L. (1983). Symbolische Bedingungen der Sozialisation. Eine Sozialpsychologie, Teil 1. Frankfurt am Main, Berlin, Wien: Ullstein (Originalausgabe: „Social Psychology", New York: Dryden, 1949).
Mahler, M., Pine, F. & Bergmann, A. (1980). Die psychische Geburt des Menschen. Symbiose und Individuation. Frankfurt am Main: Fischer.
Markowitz, J. (1979). Die soziale Situation. Entwurf eines Modells zur Analyse des Verhältnisses. zwischen personalen Systemen und ihrer Umwelt. Frankfurt am Main: Suhrkamp.

Mathias, U. (1982). Die Entwicklungstheorie J.L. Morenos. In: *H. Petzold & U. Mathias* (Hg.), Rollenentwicklung und Identität. Von den Anfängen der Rollentheorie zum sozialpsychiatrischen Rollenkonzept Morenos (S. 191-256). Paderborn: Junfermann.
Mead, G.H. (1973). Geist, Identität und Gesellschaft. Frankfurt: Suhrkamp (Originalpublikation:: „Mind, self, and society – from the standpoint of a social behaviorist", Chicago: University of Chicago Press, 1934).
Mentzos, S. (1984). Neurotische Konfliktverarbeitung. Einführung in die psychoanalytische Neurosenlehre unter Berücksichtigung neuer Perspektiven. Frankfurt: Fischer.
Mertens, W. & Fuchs, G. (1978). Krise der Sozialpsychologie? Zur Krisendiskussion über die theoretischen und methodischen Grundlagen der Sozialpsychologie. München: Ehrenwirth.
Moreno, J.L. (1940). Ein Bezugsrahmen für das Messen von Rollen. In: *H. Petzold & U. Mathias* (Hg.), Rollenentwicklung und Identität. Von den Anfängen der Rollentheorie zum sozialpsychiatrischen Rollenkonzept Morenos (S. 301-309). Paderborn: Junfermann (aus: „Treatment of marriage problems", *Sociometry*, 1940, 2, 1-23).
Moreno, J.L. (1946). Definition der Rollen. In: *H. Petzold & U. Mathias* (Hg.), Rollenentwicklung und Identität. Von den Anfängen der Rollentheorie zum sozialpsychiatrischen Rollenkonzept Morenos (S. 277-285). Paderborn: Junfermann (aus: „Psychodrama, Volume 1" [pp. 153-160], Beacon, NY: Beacon House, 1946).
Moreno, J.L. (1959). Gruppenpsychotherapie und Psychodrama. Einleitung in die Theorie und Praxis. Stuttgart: Thieme (2. Auflage: ebd., 1973).
Moreno, J.L. (1960). Rolle. In: *H. Petzold & U. Mathias* (Hg.), Rollenentwicklung und Identität. Von den Anfängen der Rollentheorie zum sozialpsychiatrischen Rollenkonzept Morenos (S. 259-266). Paderborn: Junfermann (aus: J.L. Moreno, H.H. Jennings, J.H. Criswell et al. (Eds.), The sociometry reader" [pp. 80-85], Glenco, IL: Free Press, 1960).
Moreno, J.L. (1961). Das Rollenkonzept, eine Brücke zwischen Psychiatrie und Soziologie. In: *H. Petzold & U. Mathias* (Hg.), Rollenentwicklung und Identität. Von den Anfängen der Rollentheorie zum sozialpsychiatrischen Rollenkonzept Morenos (S. 267-276). Paderborn: Junfermann (erschienen unter dem Titel „The role concept, a bridge between pychiatry and sociology"in: *American Journal of Psychiatry*, 1961, 118, 518-523; auch in: *Integrative Therapie*, 1979, 5(1/2), 14-23).
Moreno, J.L. (1967). Die Grundlagen der Soziometrie. Opladen: Westdeutscher Verlag (2. Auflage; Originalveröffentlichung: „Who shall survive? A new approach to the problem of human interrelations", Washington. DC: Nervous and Mental Disease Publishing Company, 1934; Wiederauflage: Beacon, NY: Beacon House, 1953).
Moreno, J.L. & Moreno, F.B. (1944). Spontaneity theory of child development. *Sociometry*, 7(2), 89-128 (auch erschienen als: Psychodrama Monographs, No. 8, Beacon, NY: Beacon House, 1944).
Moreno, Z.T. & Barbour, A. (1980). Rollenmüdigkeit. In: *H. Petzold & U. Mathias* (Hg.), Rollenentwicklung und Identität. Von den Anfängen der Rollentheorie zum sozialpsychiatrischen Rollenkonzept Morenos (S. 357-362). Paderborn: Junfermann (Erstveröffentlichung: „Role fatigue", *Group Psychotherapy Psychodrama and Sociometry*, 1980, 33, 185-191).
Nehnevajsa, J. (1973). Soziometrie. In: *R. König* (Hg.), Handbuch der empirischen Sozialforschung, Band 2: Grundlegende Methoden und Techniken der empirischen Sozialforschung, Erster Teil (S. 260-299). Stuttgart: Enke (3. Auflage).
Petzold, H. (1982). Die sozialpsychiatrische Rollentheorie J.L. Morenos und seiner Schule. In: *H. Petzold & U. Mathias* (Hg.), Rollenentwicklung und Identität. Von den Anfängen der Rollentheorie zum sozialpsychiatrischen Rollenkonzept Morenos (S. 13-189). Paderborn: Junfermann.
Petzold, H. & Mathias, U. (Hg.) (1982). Rollenentwicklung und Identität. Von den Anfängen der Rollentheorie zum sozialpsychiatrischen Rollenkonzept Morenos. Paderborn: Junfermann.
Preuss, H.G. (Hg.) (1972). Analytische Gruppenpsychotherapie. Grundlagen und Praxis. Reinbek: Rowohlt.
Sacks, O. (1987). Der Mann, der seine Frau mit einem Hut verwechselte. Reinbek: Rowohlt.
Schutz, A. (1971). Gesammelte Aufsätze, Band 1: Das Problem der sozialen Wirklichkeit (mit einer Einführung von Aron Gurwitsch). Den Haag: Nijhoff.
Stimmer, F. (o.J.). Zur Theorie narzißtischer Verhaltensweisen. Die psychoanalytische Entwicklung und der Beitrag von J.L. Moreno. Unveröffentlichtes Manuskript.
Strauss, A. (1974). Spiegel und Masken. Die Suche nach Identität. Frankfurt am Main: Suhrkamp (deutsche Erstausgabe: ebd., 1968; Originalveröffentlichung: „Mirrors and masks. The search for identity", Glencoe, IL: Free Press, 1959).
Wellendorf, F. (1979). Schulische Sozialisation und Identität. Zur Sozialpsychologie der Schule als Institution. Weinheim, Basel: Beltz (zuerst: ebd., 1973).
Widlöcher, D. (1974). Das Psychodrama bei Jugendlichen: diagnostisch, therapeutisch, pädagogisch. Ohen, Freiburg: Walter (französische Originalveröffentlichung: „Le psychodrame chez l'enfant", Paris: PUF, 1962, 1970).
Williams, A. (1989). The passionate technique. Strategie psychodrama with individuals, families, and groups. London/New York: Tavistock/Routledge (deutsche Ausgabe: „Pragmatik und Leidenschaft. Die Verbindung

systemischen Denkens mit handlungsorientierten Methoden im strategischen Psychodrama mit Individuen, Familien und Gruppen", Köln: inScenario, bisher nicht erschienen).

Yablonski, L. (1978). Psychodrama. Die Lösung emotionaler Probleme durch das Rollenspiel. Stuttgart: Klett.

Wilson, T.P. (1973). Theorien der Interaktion und Modelle soziologischer Erklärung. In: *Arbeitsgruppe Bielefelder Soziologen* (Hg.), Alltagswissen, Interaktion und gesellschaftliche Wirklichkeit, Band 1 (S. 54-79). Reinbek: Rowohlt.

Zeintlinger, K.E. (1981). Analyse, Präzisierung und Reformulierung der Aussagen zur psychodramatischen Therapie nach J.L. Moreno. Dissertation, Salzburg.

Zeintlinger-Hochreiter, K.E. (1996). Kompendium der Psychodrama-Therapie. Analyse, Präzisierung und Reformulierung der Aussagen zur psychodramatischen Therapie nach J. L. Moreno. München: InSzenario.

Korrespondenzanschrift:
Univ.-Prof. Dr. phil. Dipl.-Math. Dipl.-Soz. *Friedrich Krotz*
Universität Erfurt
Philosophische Fakultät
Seminar für Kommunikationswissenschaft (LG 4/236)
PF 90 02 22
D-99105 Erfurt

☎ (0361) 73 74 171
email: *friedrich.krotz@uni-erfurt.de*

Dieser Beitrag erschien zuerst in: *Psychodrama – Zeitschrift für Theorie und Praxis von Psychodrama, Soziometrie und Rollenspiel* (1992), 5(2), 301-324 (Themenheft „Märchen, Mythen, Bibliodrama") und wurde für den Wiederabdruck geringfügig modifiziert; ursprünglich ist der vorliegende Aufsatz eine Vertiefung und Zuspitzung eines Vortrags, den der Autor im Psychodramazentrum Hannover im Frühsommer 1990 gehalten hat. Der Verfasser dankt insbesondere Reinhard Krüger für dessen Kritik und detaillierte Kommentare.

Michael Schacht

Zwischen Ordnung und Chaos. Neue Aspekte zur theoretischen und praktischen Fundierung der Konzeption von Spontaneität und Kreativität

Summary:
Between order and chaos – new aspects for a theoretical and practical foundation of spontaneity and creativity
Moreno's theory of spontaneity and creativity is reinterpreted in the light of Ilya Prigogine's model of order through *fluctuations*. In the midst of continuous change dynamic systems organize and sustain themselves as relatively stable structures through constant exchange processes with their environment. In this sense the psychodramatic term *conserve* is interpreted as structure. Spontaneity appears as variations of these process structures – so called fluctuations. Warming-up is understood as the increase of fluctuations of the system state, which goes along with an increase of internal and external exchange processes. If the fluctuations reach a threshold the system becomes instable equivalent to Moreno's term of *spontaneity state*. The autonomous evolution of more complex structures, growth, is possible corresponding to Moreno's concept of *creativity*.

Zusammenfassung:
Morenos Theorie der *Spontaneität* und *Kreativität* wird auf dem Hintergrund des Modells der Ordnung durch *Fluktuationen* von Ilya Prigogine interpretiert. Im ständigen Austausch mit der Umwelt organisieren, erhalten und entwickeln sich dynamische Systeme selbst in Form relativ stabiler Wechselwirkungsstrukturen inmitten dieses beständigen Wandels. Der psychodramatische Begriff der *Konserve* wird im Sinne solcher Strukturen interpretiert. Spontaneität zeigt sich in Abweichungen und Variationen dieser Prozessstrukturen, so genannten Fluktuationen. *Erwärmung* wird als Anstieg dieser Schwankungen im Systemprozess verstanden, die mit einer Intensivierung der internen wie externen Austauschprozesse einhergeht. Erreichen diese Schwankungen einen Schwellenwert, wird die Struktur des Systems instabil, was der *Spontaneitätslage* Morenos entspricht. Die autonome Evolution komplexerer Strukturen – Wachstum – wird möglich, vergleichbar mit Morenos Konzept der *Kreativität*.

»Zwei Gefahren bedrohen die Welt:
Die Ordnung und die Unordnung.«
(**Paul Valery**)

1. Einleitung

Moreno entwickelt seine Konzepte der Spontaneität und Kreativität im Bemühen, eine „Wissenschaft vom Universum" (Moreno 1990) zu entwerfen. Sie sind für ihn Kategorien, die jeglicher Existenz und damit der Evolution aller Lebensformen zugrunde liegen. Er bezeichnet Kreativität als „die wahrhaftige kosmische Realität, das Leben der kosmischen Evolution" (Moreno 1991, S. 20). Kreativität wird metaphorisch als „Ur-Substanz" bezeichnet im Unterschied zur Spontaneität, dem „Ur-Katalysator". Moreno meint, dass die beiden Konzepte „sich besser eignen, alle Phänomene des unbelebten und belebten Universums zu erklären als jeder andere konzeptuelle Rahmen, der mir bislang bekannt ist. Mit ihnen als Leitprinzipien ist es vergleichsweise einfach, analoge Konzepte in allen Bereichen in der Wissenschaft zu konstruieren und damit zu einer monistischen Sicht des Lebens zu gelangen" (Moreno 1990, S. 189).

Ausdrücklich stellt er fest: Kreativität und Spontaneität „sind die letztendliche Quelle aller Existenz und aller Werte. Als Hypothese stellen sie den Schlüssel für die Gesetze der Gravitation ebenso wie für die Gesetze der biologischen Evolution dar, für das Entstehen der menschlichen Gesellschaft ebenso wie für das Phänomen der Kreativität im Menschen" (Moreno 1991, S. 24).

Morenos Verständnis von Spontaneität und Kreativität unterscheidet sich in seinem Anspruch deutlich von anderen Theorien der Kreativität, die sich lediglich auf menschliches Schaffen beschränken (vgl. Haan 1990, Eisler-Stehrenberger 1990). Trotz des universellen Anspruchs, gelingt es Moreno nur in Ansätzen, die beiden Begriffe mit entsprechender Bedeutung zu füllen. Das Wesen der universellen Dynamik wird nicht weiter spezifiziert und bleibt schemenhaft. Dieser Mangel führt insbesondere deshalb zu Verwirrung, da sich Morenos Ansätze einer Definition von Spontaneität und Kreativität in der Regel darauf beschränken, die spontane und kreative Qualität menschlicher Handlungen zu erfassen. Die Definition des Sonderfalls (spontane und kreative menschliche Handlung) ist jedoch als Definition oder Beschreibung des allgemeinen Prinzips völlig ungeeignet. Morenos Ansatz muss somit letztlich unbefriedigend bleiben.

Um die Konzepte von Spontaneität und Kreativität im Rahmen einer psychodramatischen Theoriebildung in überzeugender Weise weiterzuentwickeln, bedarf es aus den genannten Gründen eines Modells, mit dessen Hilfe eine universelle Dynamik spontaner Schöpfung (Kreation) beschrieben werden kann. Ein solches Modell kann dann als Grundlage für die weitere Theoriebildung dienen.[1] Mit diesem Artikel möchte ich einen ersten Schritt in diese Richtung unternehmen.[2]

Den Bezugsrahmen für eine Neuformulierung der psychodramatischen Konzepte von Spontaneität und Kreativität liefert Prigogines (1981) Modell dissipativer Strukturen. Dieser Ansatz kann in einigen Punkten bei der Differenzie-

---

1) Theorien zur schöpferischen Evolution des Menschen in seinen biologischen, sozialen und psychischen Aspekten erfordern wesentlich differenziertere Konzepte als die hier vorgestellten. Eine Theorie therapeutischer Prozesse erfordert wiederum andere Konzepte. Das hier erläuterte Modell bietet lediglich ein Grundgerüst für solche Entwicklungen zur Theorie des Psychodramas.

2) Ich bedanke mich an dieser Stelle bei Jan Bleckwedel und Ulf Klein für ihre intensive Unterstützung und zahlreichen Anregungen bei der gemeinsamen Überarbeitung des Manuskripts.

rung und Präzisierung der psychodramatischen Begrifflichkeiten weiterhelfen. Bestimmte Aspekte von Spontaneität und Kreativität werden zum Teil besonders hervorgehoben, während andere weniger stark gewichtet werden. Im Vergleich zu Morenos ursprünglicher Konzeption führt das Modell zu einer Betonung polarer Spannungsfelder, die von Moreno zwar auch angedeutet jedoch nicht konsequent in sein Gesamtsystem integriert werden. Trotz der Unterschiede, die sich zu Morenos Formulierungen ergeben, halte ich das hier vorgestellte Modell und die „klassischen" Konzepte für miteinander vereinbar.

>»Die Wissenschaft muss die Vorstellung akzeptieren,
> ›dass die Natur selbst schöpferisch ist,
> dass sie eine Spontaneität besitzt, die nicht nur negativ ist.‹«
> (***Ilya Prigogine*** in ***Stiller*** 1979, S. 17)

2. Ein Wegweiser: Das Modell der Ordnung durch Fluktuationen

Für den Weg, den Sie sich durch diesen Text bahnen werden, möchte ich Sie zunächst mit einem Führer vertraut machen, der Ihnen einen Ausblick auf das Folgende verschaffen soll. In einem kurzen Abriss werde ich die wesentlichen Begriffe der Theorie dissipativer Strukturen zu psychodramatischen Konzepten in Beziehung setzen.

Die Theorie dissipativer Strukturen – auch als Modell der „Ordnung durch Fluktuationen" bezeichnet – wurde von dem Nobelpreisträger Ilya Prigogine (1981), einem Physiker und Chemiker, erarbeitet. Sein Ansatz wurde u.a. von Jantsch (1979) auf unterschiedlichste Wissenschaftsgebiete übertragen.[3] Jantsch entwirft die Vorstellung einer „Selbstorganisation des Universums", die es erlaubt, „[...] Evolution als komplexes, aber ganzheitliches dynamisches Phänomen einer universalen Entfaltung von Ordnung zu sehen" (Jantsch 1979, S. 411). Materie und Energie, Bewusstsein, Selbstreflexion und Geist sind in diesem Modell nur unterschiedliche Aspekte einer autonom und spontan ablaufenden Dynamik.

Bei der Theorie Prigogines handelt es sich um ein Modell offener, d.h. mit ihrer Umwelt in Wechselwirkung stehender Systeme. Der Grundgedanke des Modells ist der, dass in dynamischen Systemen fern des (homöostatischen) Gleichgewichts der beständige Energie-, Materie- und Informationsfluss eine eigene komplexe Organisationsform entwickelt, oder anders gesagt: Ein System lässt sich als die Prozessstruktur verstehen, die dieser Fluss entwickelt. Ein Beispiel ist ein Wasserstrudel, der nur eine Form darstellt, in der sich ein Wasserfluss organisieren kann – und nur im Rahmen dieses Wasserflusses kann er

---

[3] Im Rahmen dieses Artikels beschränke ich mich auf die Darstellung der wesentlichen naturwissenschaftlich-technischen Begriffe. Weitergehende Darstellungen des Modells der Ordnung durch Fluktuationen finden sich u.a. bei Coveney & Highfield (1992), Jantsch (1979), Prigogine (1981) und Schacht (1983).

seine Struktur wahren.[4] „Dabei ist, was hier Struktur genannt wird, keineswegs etwas Solides, immer aus den gleichen Bestandteilen Zusammengesetztes, sondern ein dynamisches Regime, das immer neue Wassermoleküle in den gleichen Strähnen kraftvoll durchschleust. Es handelt sich um eine Struktur von Prozessen" (Jantsch 1979, S. 52). Ändert sich der Fluss des Wassers, so ändert sich auch die Prozessstruktur ‚Strudel', er wird breiter oder schmaler, schneller oder langsamer, turbulenter oder glatter. Diesem Begriff der Struktur entspricht in Morenos Ansatz das Konzept der ‚Konserve'. Jegliche Art von Struktur, von einfachsten bis zu hochkomplexen Strukturen, stellt eine Konserve dar. „Jeder Stein, Pflanze und Stern, jeder animalische Organismus ist eine Konserve" (Moreno 1956, S. 130).

Offenheit gegenüber der Umwelt und ein Fluss von Energie, Materie und Information sind die Voraussetzungen für die Entwicklung und Aufrechterhaltung solcher Prozessstrukturen (dynamischer Systeme), also für das Auftreten jeglicher Selbstorganisation – und damit jeglicher spontaner Evolution. Das Aufnehmen und Abgeben von Materie, Energie und Information kann als grundlegend für alle spontanen Prozesse angesehen werden.[5] Wo immer Austauschprozesse stattfinden, wirkt Spontaneität. Auch ein Wasserstrudel ist damit Ausdruck universeller Spontaneität.

Das Modell der Selbstorganisation beschreibt die Evolution von Systemen als einen ständigen Wandel dieser Strukturen. Jede Struktur, die der Selbstorganisationsprozess eines Systems zu einem Zeitpunkt annimmt, ist ein Zwischenstadium in einem zyklisch verlaufenden Prozess des Wandels. „Dies führt zu einer neuen Sicht der Materie, in der Materie nicht mehr die in der mechanistischen Weltsicht beschriebene passive Substanz ist, sondern mit spontaner Aktivität assoziiert wird" (Prigogine & Stengers 1984, S. 9).

Denn im konkreten Verlauf der Prozesse innerhalb eines Systems und zwischen System und Umwelt kommt es auch immer wieder zu Variationen. Unter den Strom der Wassermoleküle können sich Sand, Rostteilchen, Haare oder der große Zeh eines Badenden mischen, die Konsistenz der Flüssigkeit mag sich zeitweise ändern, oder der Durchfluss verstopft oder erweitert sich. Diese Veränderungen werden als Fluktuationen bezeichnet, Abweichungen in den sonst stabilen und kontinuierlichen Mechanismen des Prozessverlaufes.

In der Regel irritieren sie den Prozess nur wenig, werden abgefangen bzw. gedämpft und tragen eher zur Stabilisierung des Systems bei. Stört man den Strudel in der Badewanne, so tanzt er eine Weile hin und her, bis er wieder das anfängliche Bild bietet; der Tennisball tanzt auf der Fontäne, weil jeder Wind-

---

4) Ein kleines Experiment aus der Trickkiste des Barmixers mag das verdeutlichen: Eine Flasche, in der durch kreisförmiges Schwenken ein Strudel erzeugt wurde, entleert sich schneller als eine, die einfach nur auf den Kopf gestellt wird.

5) Wenn Moreno von einem allgemeinen S-Faktor spricht, scheint er in ähnlicher Weise Spontaneität in ihrer grundlegenden Ausdrucksweise zu meinen.

stoß die entsprechenden Gegenkräfte im Zusammenspiel zwischen Wasser und Ball bewirkt.

Zuweilen nimmt die Häufigkeit von Fluktuationen aus inneren oder äußeren Gründen aber zu. In Morenos Denken entspricht dies einer Erwärmung. Warming-up ist keineswegs auf menschliche Handlungen beschränkt. Es „[...] manifestiert sich in jedem Ausdruck des lebenden Organismus" (Moreno 1980, S. 56). Aulicino (1954) weist darauf hin, dass Moreno den Begriff des warming-up zur Beschreibung unterschiedlichster Vorgänge, z.B. der Prozesse vor einer Zellteilung verwenden würde.

Übersteigt die Häufigkeit der Fluktuationen einen gewissen Grenzwert (Schwellenwert), ändert sich das Verhalten des Systems entscheidend.[6] Ungedämpft steigt das Ausmaß der Austauschprozesse bis zu einem sogenannten Verzweigungs- oder Bifurkationspunkt an. Das System tritt in eine Instabilitätsphase, in der die bisherige Struktur des Systemprozesses auseinanderbricht und kurzfristig eine scheinbar chaotische und völlig ungeordnete Situation herrscht. In dieser Phase der relativen Freiheit werden die Weichen gestellt für die folgende Entwicklung neuer Strukturen. Diese Instabilitätsphase entspricht im psychodramatischen Verständnis der sogenannten Spontaneitätslage, die im „Augenblick" kumuliert. Anschließend erfolgt die allmähliche Ausbildung und Konsolidierung neuer Strukturen – ihre eigentliche Erschaffung.[7] Diese neuen Formen und Muster der Wechselwirkung beinhalten neue Funktionsmöglichkeiten; sie sind komplexer und erlauben dem System umfassendere Austauschprozesse mit seiner Umwelt. Das System ist gewachsen.[8] Diese Sicht des Entstehens neuer Prozessstrukturen erscheint in Analogie zu Morenos Konzept der Kreativität.[9]

---

6) Hierbei kommt es zu positiven Rückkopplungsprozessen im Sinne einer Autokatalyse: Die Abweichung vom gewohnten Prozessverlauf reproduziert sich selbst in zunehmenden Maße. Beispiele hierfür waren etwa juristische Präzedenzfälle, die gelegentlich eine Lawine ähnlicher Prozesse nach sich ziehen; oder auch Gruppeneffekte wie aggressive oder regressive Eskalationen: bricht erst einmal ein Gruppenmitglied die heimliche Norm, folgen oft viele nach. Im Lichte solcher Autokatalyse-Prozesse offenbart sich auch die Bedeutung von Morenos Statement: „Spontaneität gehört in die Kategorie der Katalysatoren – sie ist der Erzkatalysator" (Moreno 1953, S. 40).

7) Auch der Beginn eines Protagonistenspiels kann als solch eine instabile Phase angesehen werden (Weber 1992).

8) Wir werden später sehen, dass der Zyklus nicht in jedem Fall zu Wachstum fährt.

9) Morenos Feststellung: „Kreativität gehört in die Kategorie der Substanz – sie ist die Ursubstanz" (1953, S. 40), gewinnt im Rahmen des Selbstorganisations-Paradigmas ebenfalls eine erhebliche Bedeutung: Substanz versteht sich unter diesem Blickwinkel ja vor allem als äußeres Erscheinungsbild stabiler Prozessverläufe. Kreativität als das Entstehen und Konsolidieren neuer Prozessstrukturen steht somit in der Tat am Beginn jeder ‚Substanz'.

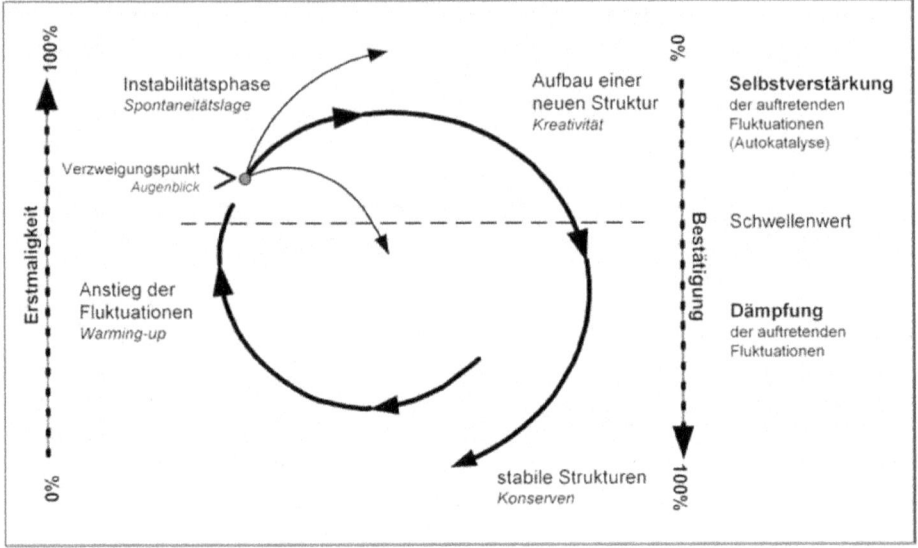

Abb. 1: Zyklus des Selbstorganisationsprozesses.

An verschiedenen Stellen stellt Moreno seine Konzeption der Spontaneität und Kreativität als einen zyklisch verlaufenden Prozess dar (z.B. Moreno 1990), wobei die Konzepte der *Konserve*, des *warming-up*, der *Spontaneität(-slage)* und der *Kreativität* Phasen dieses Prozesses bezeichnen. In der Abbildung 1 sind die wesentlichen Konzepte des Modells der Selbstorganisation den entsprechenden psychodramatischen Begriffen schematisch zugeordnet.

Evolution im Allgemeinen und menschliches Werden im Besonderen besteht in dieser Sicht aus vielfältig ineinander verwobenen Zyklen der Selbstorganisation. Wandlungsprozesse in unterschiedlichsten zeitlichen und räumlichen Dimensionen – von extrem kurzen Abläufen in atomaren Strukturen bis zu galaktischen Veränderungen über extrem lange Zeiträume können mit Hilfe des Modells der Ordnung durch Fluktuationen beschrieben werden (siehe auch Jantsch 1979). Im Verständnis dieses Modells wäre Wirklichkeit als unendlich feines Gewebe miteinander verflochtener Selbstorganisationsprozesse zu verstehen. Jeder dieser Prozesse bestünde bei näherem Hinschauen aus einer Vielzahl kleiner Prozesse und wäre selbst wiederum ein kleiner Ausschnitt umfassenderer Prozesse. Ein Verständnis von Spontaneität und Kreativität in Analogie zu dem hier vorgestellten Modell entspricht Morenos universellem Ansatz.

Im weiteren Verlauf dieser Arbeit werden wir die einzelnen Phasen der Selbstorganisationsdynamik nacheinander näher betrachten. Wir wenden uns dabei verstärkt dem Bereich menschlicher Existenz zu, verlassen also die abstrakten Sphären des Universellen.

3. Konserven: Stabile Prozessstrukturen

Materie, Pflanzen, Tiere, menschliche Körper, Handlungsweisen oder Beziehungsmuster weisen einen gemeinsamen Aspekt auf: Struktur. Bei der Betrachtung von Strukturen und Konserven des Systems ‚Mensch' werden uns verschiedene Themen und Fragen beschäftigen. Im ersten Abschnitt dieses Kapitels wird erläutert, wie Austausch- und Wechselwirkungsprozesse zur Erhaltung von Rollenkonserven führen. Im Anschluss werden wir bei einer kurzen Exkursion die Bedeutung von Erstmaligkeit und Bestätigung für Spontaneität und Kreativität kennenlernen. Die beiden letzten Abschnitte werden sich näher mit wichtigen psychotherapeutischen Themen beschäftigen: Im 3. Abschnitt werden die Auswirkungen der Erstarrung von Konserven geschildert. Der letzte Abschnitt dieses Kapitels behandelt in einem Exkurs die Frage, warum viele Menschen sich wie Bohnendosen verhalten. Wir erfahren, dass Rollenkonserven als Lösungsversuche von Konflikten betrachtet werden können.

> »Beständigkeit und Mangel an Veränderung bedürfen der Aktivität: Alles verändert sich, es sei denn, irgendwer oder -was sorgt dafür, dass es bleibt wie es ist.«
> (*Fritz B. Simon* 1992, S. 27)

> »Alles ist vergänglich,
> nur der Wandel ist beständig.«
> (*Volksweisheit*)

3.1. Strukturerhalt durch Austauschprozesse: Nicht jede Konserve ist eine Blechdose

Wenn es um uns herum kalt ist, frieren wir und kriegen eine Gänsehaut. Ist es dagegen heiß, schwitzen wir. Unser Körper stellt sich auf Veränderungen in unserer Umgebung ein. Jegliche Veränderung in unserer Umwelt führt zu entsprechenden Veränderungen unseres Organismus. Dieser hat Interaktions- und Funktionsmuster entwickelt – Atmung, Kreislauf, Verdauung etc. – die für einen relativ stabilen Fortbestand seiner selbst sorgen. Funktionsmuster dieser Art können als stabile Strukturen oder Konserven (psychosomatische Rollenkonserven) bezeichnet werden. Den Variationsmöglichkeiten dieser Strukturen sind relativ enge Grenzen gesetzt. Z.B. muss die Körpertemperatur recht genau eingehalten werden, damit die Struktur im Gleichgewicht bleibt.

Die Selbsterhaltung dieser Muster erfolgt im Rahmen von Austauschprozessen. Dabei werden Materie (z.B. Nahrung), Energie (z.B. Sauerstoff) und Information (die Registrierung von Veränderungen, z.B. der Außentemperatur) aufgenommen, verarbeitet und wieder abgegeben. Nur gelegentlich sind wir uns dieses kontinuierlichen Flusses von Wechselwirkungen im Atmen, Essen, Verdauen etc. bewusst.

Im Vergleich zu psychosomatischen Rollen erfolgt die Stabilisierung der unser soziales Verhalten bestimmenden Strukturen (soziodramatische Rollen) in einem noch komplexeren und vielfältigeren Geflecht von Austauschprozessen. Es handelt sich weniger um Austausch von Materie und Energie, sondern verstärkt um den Austausch von Information (z.B. Sprache, nonverbale Kommunikation etc.). Die größere Vielfalt der Wechselwirkungszusammenhänge dieser Strukturen beinhaltet auch eine weitaus größere Variationsbreite der (Wechsel-)Wirkungsmöglichkeiten. Oder statistisch ausgedrückt: Die Anzahl der Freiheitsgrade dieser Strukturen ist größer.

Über die sozial geprägten Handlungsmuster hinaus besteht für jeden Menschen die Möglichkeit, sehr individuelle Verhaltens-, Denk- und Empfindungsmuster zu schaffen (psychodramatische Rollen). Diese sind in ihrer Vielgestaltigkeit noch weitaus komplexer als soziodramatische Rollen. Die zu ihrer Stabilisierung erforderlichen Austauschprozesse sind noch umfassender; und die Variationsbreite der beteiligten Wechselwirkungen, der individuellen Gestaltungsmöglichkeiten, ist noch größer.

Was ich hier beispielhaft am Rollenbegriff erläutert habe, gilt natürlich genauso für komplexere Beziehungsstrukturen wie soziale Atome und Netzwerke. Jedes menschliche Handeln ist in ein vielschichtiges Zusammenspiel der unterschiedlichsten Austausch- und Wechselwirkungsstrukturen eingebunden.

Für mich als Individuum kommen mit der Ausgestaltung von Strukturen und Konserven Ordnung und Kontinuität in meine Lebenswelt. Sie bieten die Möglichkeit (relativer) Vorhersagbarkeit und damit ein Gefühl von Sicherheit und Identität. Paradoxerweise ermöglicht gerade der beständige Wandel durch Austausch dieses Empfinden von Stabilität.

In diesem geordneten „Fluss des Lebens" kommen aber auch immer wieder Variationen vor, neue Wechselwirkungen, veränderte Umweltgegebenheiten, oder auch einfach nur Abweichungen im Prozessverlauf: Spontaneität tritt auf. Bei all unserem Tun – ob wir schlafen, rennen, diskutieren oder meditieren – immer sind wir bis zu einem gewissen Grad auch spontan.[10] Je stärker wir uns aber „in den Fluss des Lebens" hineinbegeben, d.h. im Austausch mit uns selbst und mit unserer Umwelt stehen, desto öfter treten auch Variationen in all diesen Prozessen auf, umso mehr tritt Spontaneität auf.

Moreno spricht von stereotyper Spontaneität, wenn die Handlungen des täglichen Lebens lediglich ein Minimum an Variation aufweisen. Der Mensch ‚funktioniert' zwar, ist jedoch wenig lebendig. Handlungen erscheinen mechanisch und als rein routinemäßige Wiederholung immer gleicher Handlungsmuster.

Nehmen die Variationen der Austauschprozesse zu (warming-up), führt das umgekehrt auch zu einer vermehrten Lebendigkeit des Systems. Moreno

---

10) Ein Stolpern wird normalerweise im Taumeln abgefangen – es kann aber auch den Übergang zum Laufen und Rennen darstellen. Die meisten Träume werden gar nicht erst erinnert, zuweilen lassen sie die Schläfer aber auch erwachen.

nennt dies die dramatische Qualität der Spontaneität. Sie „[...] ist die Qualität, die den tausend mal wiederholten Gefühlen, Aktionen und verbalen Äußerungen, die nichts Neues, Originelles oder Kreatives beinhalten, Lebendigkeit und Neuheit gibt" (Moreno 1980, S. 89) Je stärker das Maß der Variation in den Wechselwirkungsprozessen, die einer Handlung zugrunde liegen, – je größer also der S-Faktor – desto spontaner erscheint dieselbe.

3.2. Exkurs: Erstmaligkeit und Bestätigung

Im hier vorgestellten Modell sind Spontaneität und Kreativität eng mit dem Begriff der Information verknüpft. E.U. von Weizsäcker betrachtet jegliche nichtzufällige räumliche oder zeitliche Struktur oder Beziehung von Größen" als Information (von Weizsäcker 1974, S. 94). Pragmatische, also im Empfänger wirkungsvolle Information beinhaltet für ihn zwei komplementäre Aspekte – Erstmaligkeit und Bestätigung. Information wird nur dann wirkungs- und bedeutungsvoll, wenn sie von einem Empfänger auch ‚verstanden' wird, und dies geschieht stets auf dem Hintergrund von schon vorhandenen Verständnisstrukturen im Empfänger, die sie somit ‚bestätigt'. Andererseits beinhaltet Information aber auch stets neue, für den Empfänger ‚erstmalig' auftretende Zusammenhänge. Je mehr Erstmaligkeit z.B. eine Nachricht enthält, desto weniger Bestätigung enthält sie und umgekehrt. Reine Erstmaligkeit ohne jede Bestätigung enthält keine Information. Sie ist purer Zufall: „Erst die Zweitmaligkeit gibt der Erstmaligkeit Realität, Einmaligkeit gibt es nicht" (von Weizsäcker 1974, S. 95). 100% Bestätigung ohne jede Erstmaligkeit ist dagegen völlige Stagnation und damit Tod. Ein Maximum an pragmatischer Information besteht dann, wenn Erstmaligkeit und Bestätigung ungefähr gleich groß sind.

Jantsch (1979) überträgt dieses Konzept auf das Modell der Selbstorganisation. Treten in einem System Fluktuationen auf, sei es durch Variationen im kontinuierlichen Prozessverlauf, sei es durch neue Umweltgegebenheiten, so bedeutet das auch immer das Auftreten von Erstmaligkeit im System: Es kommt zu einer Verstörung im Sinne von Veränderung und Wandel. Im Extremfall kann dies auch die Auflösung der Struktur bedeuten (stochastisches Chaos). Umgekehrt beinhaltet die Integration dieser für das System neuen Wechselwirkungsmöglichkeiten die Zunahme von Bestätigung und die Verringerung von Fluktuationen und führt zur Konsolidierung von Strukturen, was bei der Schaffung neuer Strukturen wichtig ist. Ein Zuviel an Bestätigung führt dagegen letztlich zum Erstarrungstod (Sklerotifizierung). Für den Erhalt einer Struktur ist ein ausgewogenes Verhältnis von Erstmaligkeit und Bestätigung wichtig. Die auftretenden Fluktuationen dürfen weder zu gering noch zu groß sein.

Die Begriffe der Erstmaligkeit und Bestätigung bieten im therapeutischen Prozess die Möglichkeit, die Bedeutung von Ereignissen im Rahmen des Modells der Selbstorganisationsdynamik einzuordnen.

> Um die Voraussetzungen für Veränderungen zu schaffen, ist ein Anstieg von Erstmaligkeit wichtig. Dagegen erfordert die Ausgestaltung und Stabilisierung neuer Verhaltensmuster eine Zunahme von Bestätigung.

Dieser Ansatz steht durchaus im Einklang mit psychodramatischen Konzepten. Auch Moreno betont die Bedeutung von Erstmaligkeit für warming-up und Spontaneität. Er spricht vom „spontanen Element des ersten Males" (Moreno 1989, S. 87). Häufig definiert er Spontaneität als „adäquate Reaktion auf eine neue Situation oder als eine neue Reaktion auf eine alte Situation" (Moreno 1953, S. 336)," wobei eine adäquate Reaktion als „Angemessenheit, Kompetenz und Fähigkeit im Umgang mit einer Situation" (Moreno 1956, S. 109) verstanden wird. Diese Definition beinhaltet sowohl Erstmaligkeit als auch Bestätigung. Nur angemessene Reaktionen finden Bestätigung.

3.3. Die Problematik erstarrter Konserven und Strukturen oder: „Ich bin depressiv" – Die Lebensbühne als klassische Tragödie

Kopp (1982) vergleicht neurotisches Leiden mit dem Weltverständnis der griechischen Tragödie. Die Tragödie spiegelt für ihn den Glauben an eine starre, unveränderliche äußere Realität wider. Der tragische Held wird darin nahezu zwangsläufig zum Leidtragenden. Der Mensch fühlt sich seinem Schicksal unterworfen und folgt einer starren, deterministischen Abfolge der Ereignisse. In dieser Welterfahrung bleibt kaum Platz für Veränderung oder freie Improvisation. Das eigene Leid, die immer wiederkehrenden Probleme sind ebenso unveränderlich wie das eigene Selbstbild.

In der Terminologie der Selbstorganisation lässt sich dies wie folgt beschreiben: Durch Strukturen wird die Fülle der möglichen Austauschprozesse eingegrenzt. „Sobald sich eine Struktur etabliert hat, sucht sie sich zu bestätigen und wird in zunehmendem Maße nur jene Informationen selektiv abrufen und nutzen, die ihr in ihrem Austausch mit der Umwelt dient" (Jantsch 1979, S. 301).

Mein Handeln, Fühlen, Wahrnehmen erfolgt im Rahmen meiner Rollenkonserven, die ständig bestätigt werden. Alle Ereignisse, die nicht in meine Geschichte passen, werden ausgeblendet.

Rigide oder erstarrte Strukturen reduzieren die Komplexität der Ereigniswelt auf ein Minimum. Erstmaligkeit wird ausgeschaltet, während Bestätigung ein Maximum erreicht. In der Sprache der Psychodramatiker handelt es sich um starre Konserven, die kaum Raum für Flexibilität und Spontaneität lassen.

Es erscheint mir wichtig festzustellen, dass nicht nur bei zwanghaften oder ähnlich gearteten Verhaltensweisen von erstarrten Konserven gesprochen

---

11) Wegen des Bezugs zur Erstmaligkeit ist diese Definition wichtig. Sie ist jedoch nicht unproblematisch, da hier Spontaneität als Reaktion bezeichnet wird, während sie an anderer Stelle passender als Bereitschaft für freie Handlung – und nicht als Handlung selbst – definiert wird.

werden kann. Auch bei – auf den ersten Blick – lebendig und spontan anmutenden Ausdrucksformen muss dann von erstarrten Konserven gesprochen werden, wenn die Handlungsmöglichkeiten eines Menschen in bestimmten Situationen auf die gleiche Weise stark eingeschränkt sind. Wenn ich in Konfliktsituationen immer wieder nur über die Rolle verfügen kann, mit einem – zugegebenermaßen sehr lebendig wirkenden – Wutausbruch zu reagieren, handelt es sich dabei um ein erstarrtes Verhaltensmuster.

Rigide Konserven können eine komplexe Kette unterschiedlicher Verhaltensabläufe umfassen. Solche Muster sind erst dann erkennbar, wenn die ganze Handlungsabfolge mehrmals beobachtet wird. Beispielsweise mag die Versöhnung nach einem Ehestreit zunächst wie eine Veränderung aussehen. Bei genauerer Untersuchung stellt sich dann heraus, dass beides unterschiedliche Phasen einer ständig gleich verlaufenden Folge von Streit und Versöhnung sind. Die rigide Struktur umfasst demnach die Abfolge Streit – Versöhnung.

Ob wir von erstarrten Strukturen oder rigiden Rollenkonserven sprechen, es geht immer darum, dass der Mensch unfähig ist, sich mit dem steten Fluss einer sich verändernden Welt flexibel auseinanderzusetzen. Spontaneität ist nur noch in ihrer zwanghaften Variante möglich. Zu starre Strukturen machen aus Ordnung Zwang, aus Regeln Gesetze. Sicherheit wird zum Gefängnis, spontaner Wille zur „Willkür des Bewusstseins", Ich-Empfindung zur Übersteigerung des Ichs.[12]

> »Kein Ding der Schöpfung existiert in einer Welt für sich. Schon sein Name setzt es zu seiner Kehrseite, seinem Gegenteil, in Beziehung.«
> (***Maclagan*** 1985, S. 18)

3.4. Exkurs: Rollenkonserven als Lösung von Kernkonflikten. Warum verhalten sich Menschen wie Bohnendosen?

Diese schmerzhafte Erfahrung bleibt keinem Baby erspart. In Morenos Begriffen lebt es anfangs in einer Matrix der All-Identität, in der es noch keine Unterscheidungen gibt. Seine Existenz und die Existenz des Universum sind eins, bis die „ersten Schrecken und Barrieren gegen seine All-Ein-Existenz" (Moreno 1975, p. 141) den noch kurzen Lebensweg des Babys versperren. Das Kind macht die Erfahrung, dass Gegenstände hart, kantig oder auch heiß sein können. Diese schmerzhaften Erfahrungen führen zu einer „kosmischen Angst" (cosmic anxiety) vor jeglicher als getrennt erlebten Existenz. „Der Ursprung der Angst ist die Trennung des Individuums vom Rest des Universums – das Erlebnis, vom Universum abgeschnitten zu sein" (Moreno 1991, S. 16).

---

12) Die Kehrseite der Konserven ist die Verhaftung an das Ich. „Eine Ichseuche verzehrt die Menschheit Das Ich ist der Baal, dem die Natur geopfert wird [...]. Jeder dünkt sich selbst Herrscher. Jeder will Selbstherrscher sein. Das Ich wird zum Ichthyosaurus statt zum Ich" (Moreno 1925, S. 9f).

Diese Trennung wird als kleiner Tod erlebt. Jedoch wächst mit jedem Neugeborenen auch „der größte Rebell gegen dieses Bombardement der Desillusionierung" (Moreno 1975, p. 136) heran, was sich im Aktionshunger des Kindes widerspiegelt. „Es versucht stückweise all die liebenden und bedrohlichen Teile des Universums zurückzuerobern, die ursprünglich zu ihm gehörten. Ein Versuch, die Identität und das Gleichgewicht mit ihnen wieder herzustellen, eine Art ‚Kosmostasis'" (ebd., p. 141).

Moreno beschreibt hier den grundlegenden Konflikt der menschlichen Existenz. Menschliche Spontaneität und Kreativität entfaltet sich im Spannungsfeld von „kosmischer Angst" und Aktionshunger. Angst führt zum Rückzug aus der Welt und damit zur Verminderung von Austauschprozessen; Aktionshunger führt zur aktiven Auseinandersetzung mit der Welt. Allgemein verstehe ich ihn als Tendenz zu stetig umfassenderer Wechselwirkung mit der Umwelt – zur Intensivierung der Austauschprozesse.[13] Die Kreation von Konserven ermöglicht „Lösungen auf Zeit" für diesen ständig wiederkehrenden Konflikt. Die kulturelle Konserve ist aus diesem Grund „[...] einer der wichtigsten Wege für den menschlichen Hunger nach Unsterblichkeit" (Moreno 1991, S. 22).

Die erstarrten Konserven, die in der Inszenierung eines Protagonisten auf der Bühne sichtbar werden, können auf dem Hintergrund des genannten Konflikts verstanden werden. Der Protagonist, der in der Dauerrolle des „arroganten Schnösels" verwundert fragt, warum er in der Gruppe so unbeliebt ist, erfährt eventuell, dass er seine unbefriedigende Rollenkonserve als Lösung im Konflikt zwischen Wünschen nach Liebe und Zuwendung (Intensivierung der Austauschprozesse) und Angst vor Zurückweisung (Verminderung von Austauschprozessen) geschaffen hat.[14]

---

13) Eine vergleichbare Konzeption findet sich bei Schachtel (1959). Er unterscheidet eine autozentrische und eine allozentrische Haltung gegenüber der Umwelt. Eine Haltung ist autozentrisch, wenn es darum geht, in möglichst vertrauter, sicherer und geschlossener Welt zu verharren. Eine allozentrische Haltung führt zu offener Auseinandersetzung mit der Welt. Menschliche Kreativität ist mit dem Überwiegen der offenen Haltung verbunden (vgl. Eisler-Stehrenberger 1990).

14) Eine Ausarbeitung dieser psychodramatischen Konflikttheorie steht noch aus. Williams (1991) arbeitet in seinem Konzept des strategischen Psychodramas mit einem bei T. French entlehnten Modell „fokaler Konflikte". Dieses bietet eventuell Möglichkeiten für weiterführende Theorieentwicklungen unter Einbezug von Morenos Ansatz.

> »Jeder Akt der Schöpfung ist zunächst
> ein Akt der Zerstörung.«
> (*Pablo Picasso*)

4. Warming-up: Anstieg von Fluktuationen

Im ersten Abschnitt dieses Kapitels werden die grundlegenden Merkmale des Konzept der Erwärmung vor dem Hintergrund des Modells der Ordnung durch Fluktuationen dargestellt. Im zweiten Abschnitt wird Erstmaligkeit als Kriterium für warming-up benannt. Ein Exkurs zum interaktionellen Charakter des Widerstands schließt sich an. Im dritten Abschnitt wird Morenos Satz vom „wahren zweiten Mal" im Licht der hier vorgestellten Konzepte interpretiert. Ein Exkurs zur Bedeutung interpersoneller Hypothesenbildung schließt das Kapitel.

4.1. Anstieg der Fluktuationen: Zwischen ‚Dämpfung' und ‚Galopp'

Wenn die Intensivierung (oder Verminderung) der Austauschprozesse in einem System lediglich vergleichsweise geringe Fluktuationen bewirkt, dann befindet sich das System in einer stabilen Phase. Jedes Auftreten von Fluktuationen wird zunächst vom System gedämpft. In der Wirkung ist dies mit einem negativen Rückkopplungsmechanismus vergleichbar, Abweichungen vom etablierten Prozessverlauf werden vermindert, um die Stabilität eines Zustands zu wahren.

Steigt das Maß der Fluktuationen trotz Dämpfung bis zu einem Schwellenwert an, so tritt das System in den Bereich einer instabilen Phase ein, in dem sich sein Verhalten drastisch ändert. Nun wirken positive (autokatalytische) Rückkoppelungsmechanismen, die zu einem raschen und ungedämpften Anwachsen der Fluktuationen führen. Diese sogenannten „evolutiven Rückkoppelungen" bewirken ein Verhalten, das man am besten als „Davongaloppieren" (Jantsch 1979) bezeichnen kann. In diesem Bereich können selbst kleine Fluktuationen das System in einen scheinbar chaotischen Prozessverlauf treiben, in dem sich die alte Struktur auflöst und damit die Möglichkeit zu neuen Entwicklungen bietet.

Morenos Konzept des Aufwärmens entspricht einem Anstieg von Fluktuationen. Ein solches Verständnis des warming-up Prozesses betont zwei Aspekte, die in Morenos Schriften in dieser Deutlichkeit nicht zum Tragen kommen:

(1) Der Begriff des Aufwärmens wird nicht nur auf kurzfristige Prozesse wie z.B. die Erwärmung für eine Rolle im Psychodrama bezogen. Vielmehr werden auch längerfristige Abläufe – z.B. die graduelle Intensivierung einer Beziehungskrise über Monate oder Jahre hinweg – als warming-up konzeptualisiert.

(2) Warming-up ist nicht ausschließlich ein aktiv und autonom initiierter Prozess wie im Beispiel eines Sportlers, der sich auf den Wettkampf vorbereitet. Warming-up als die Zunahme von Variationen in Austauschprozessen umfasst Aktivität und Passivität, Geben und Nehmen. Eine Kündigung durch den Arbeitgeber, eine Erkrankung, ein Streit, aber auch eine Eheschließung oder die Geburt eines Kindes führen in diesem Sinne zu einer Erwärmung.

Mit Bezug auf das Modell der Ordnung durch Fluktuationen und das im letzten Kapitel dargestellte Konfliktmodell lässt sich der Prozess des Aufwärmens folgendermaßen verstehen: Der Aktionshunger des Menschen führt zum Anstieg von Fluktuationen. Dies bedeutet jedoch Verlust an Stabilität. Erwärmung birgt damit die Gefahr der Unsicherheit in sich und löst möglicherweise Angst aus – die Tendenz zur Vermeidung und Eingrenzung der neuen Wechselwirkungsmöglichkeiten. Der Mensch „fürchtet" Spontaneität. Er will sich „[...] nicht auf die Beweglichkeit und Unsicherheit des Augenblicks verlassen" (Moreno 1974, S. 18). Dämpfung von Fluktuationen kann im menschlichen Erleben mit dieser Angst vor Veränderung in Verbindung gebracht werden.[15]

Bewegen sich die Fluktuationen im Bereich stabiler Prozessstrukturen, so ist die ‚dramatische' Qualität von Spontaneität ermöglicht, welche die lebendige Ausgestaltung bestehender Rollenkonserven erlaubt. Dagegen wird „kreative" Spontaneität (Moreno 1956) und damit die Erschaffung neuer Handlungsmuster erst mit Erreichen einer Spontaneitätslage möglich. Moreno findet für den Verlauf des hierfür benötigten warming-up Metaphern, die sehr an die Beschreibungen im Modell der Selbstorganisation erinnern. Jantsch spricht davon, dass die Fluktuationen jenseits des Schwellenwerts plötzlich davongaloppieren. Dagegen meint Moreno (1970, S. 28) zur Stegreiflage: „Man muss Anlauf nehmen, um sie zu erreichen, wie um hoch zu springen; ist sie erfasst, so schießt sie heiß und voll an."

Sind wir dieser Art erwärmt, befinden wir uns in der Spontaneitätslage einer instabilen Phase. Einerseits bietet dies die Möglichkeit für Kreativität und andererseits sind wir möglicherweise mit Unsicherheit und Angst konfrontiert. Die Situation trägt alle Merkmale einer Krise. Mit erscheint folgende Feststellung zulässig:

Krisen jeder Art – beispielsweise Lebens-, Beziehungs- oder Familienkrisen – sind Ausdruck von Erwärmungsprozessen. Jedoch führt nicht jede Erwärmung in eine Krise.

---

15) Obwohl Moreno den Pol der Angst beschreibt, betont er in seinen Schriften eindeutig die Tendenz zur Steigerung des warming-ups. Auf diesem Hintergrund ist zu sehen, dass er dem Konzept des Widerstands kaum Beachtung schenkt. Im hier dargestellten Modell hat ein solches Konzept durchaus seinen Platz. Die Tendenz von Systemen zur Dämpfung von Fluktuationen kann in diesem Sinn interpretiert werden.

Ein kleines Beispiel soll die Entwicklung eines warming-up zur Krise verdeutlichen. Wenn Hertha ihrem langjährigen Freund Hans zum ersten Mal mitteilt, dass sie an eine Trennung denkt, bringt sie durch ihre Mitteilung ein „Stück Erstmaligkeit" in die Beziehung. Nehmen wir an, Hans ist erschrocken und will von einer möglichen Trennung nichts wissen. Er fürchtet die Veränderung und versucht, die Nachricht weitgehend im Sinne von Bestätigung der alten Struktur ‚Beziehung' zu interpretieren: sie wird es schon nicht so ernst gemeint haben. Er versucht zunächst, die Fluktuationen zu dämpfen und die Situation mit den gewohnten Verhaltenskonserven zu lösen – zum Beispiel durch „Aussitzen, bis es vorbei ist". Der warming-up Prozess, der von Hertha initiiert wurde, wird von Hans also gebremst. Hertha kennt dies aus langer Erfahrung nur zu gut, was sie in ihrem Entschluss noch bestärkt. So kommt es kurze Zeit später zu einer deutlicheren Ankündigung, dass sie es mit der Trennung ernst meint. Sie wärmt sich weiter auf, und Hans gelingt es immer weniger, den Anstieg der Fluktuationen zu dämpfen. Er versucht zwar weiterhin alle Varianten seiner bewährten Strategien, dennoch nimmt die Intensität der Krise zu.

Nehmen wir an, Hertha erreicht eine Spontaneitätslage und trennt sich in der Tat von Hans. Nehmen wir zugleich an, dass es ihm dagegen nicht gelingt, die Trennung zu verarbeiten. Er schafft es nicht, sich von Hertha innerlich zu verabschieden und hält an der alten Struktur ‚Beziehung mit Hertha' fest. Er versucht, die Fluktuationen zu dämpfen, indem er das Geschehene im Sinne von Bestätigung interpretiert – „Letztlich kommt sie doch zu mir zurück." Sein unangemessenes Verhalten führt wiederholt zu Erlebnissen des Scheiterns und Versagens, was erneut zu einem Anstieg der Fluktuationen führt. Möglicherweise entscheidet sich Hans an diesem Punkt, einen Therapeuten aufzusuchen.

Er ist einerseits bereits hoch aufgewärmt. Andererseits gelingt es ihm noch, die Fluktuationen soweit zu dämpfen, dass die innerlich bindenden Strukturen noch nicht aufgelöst sind. Er hat sich noch nicht von Hertha verabschiedet. Im Sinne der hier dargestellten Konzepte besteht die therapeutische Aufgabe darin, Hans auf eine Weise mit Erstmaligkeit zu konfrontieren, die es ihm ermöglicht, die Fluktuationen nicht mehr zu dämpfen. Hierdurch wird der gebremste Erwärmungsprozess wieder in Gang gesetzt, was letztlich zu einer Spontaneitätslage führt, in der eine angemessene und neue Reaktion auf die Trennung möglich ist.

Im Bereich des Schwellenwerts können bereits sehr kleine Fluktuationen genügen, um ein System in eine Instabilitätsphase zu führen. Minimal erscheinende Auslöser führen dann zu plötzlichen, dramatischen Veränderungen – vergleichbar dem Tropfen, der das Fass zum Überlaufen bringt. Dies kann erklären, warum im therapeutischen Prozess gelegentlich bereits nach kurzer Zeit und mit wenigen Interventionen drastische Veränderungen eingeleitet werden können. Williams äußert sich in diesem Sinne. Es ist nicht notwendig zu denken, „[...] dass jede Veränderung notwendigerweise langsam und regelmäßig ist – im Gegenteil ist schnelle, plötzliche Alles-oder-Nichts Veränderung in der Natur und in menschlichen Bereichen durchaus üblich, besonders in Zeiten von Krisen [...] sogar eine kleine Veränderung im sozialen Atom kann sich in erstaunlich machtvoller Weise auf die Zukunft auswirken, wenn sie zur richtigen Zeit erfolgt" (Williams 1991, p. 61).

> »Spontaneität wird irrtümlicherweise häufig in engere Verbindung zu Emotionen und Handlungen gerückt als zu Nachdenklichkeit und Ruhe [...] Spontaneität kann bei einem Menschen ebenso präsent sein, wenn er denkt, wie wenn er fühlt, wenn er ruhig ist, wie wenn er in Aktion ist.«
> (*Moreno* 1989, S. 81f)

4.2. Erstmaligkeit: Das entscheidende Kriterium für warming-up

Die ungenaue Begrifflichkeit, die Moreno für die Formulierung von warming-up und Spontaneität benutzt, hat meines Erachtens schwerwiegende Konsequenzen für den psychodramatischen Alltag. Da es kaum greifbare Kriterien dafür gibt, was Spontaneität ausmacht, liegt trotz der oben zitierten warnenden Worte die Gefahr nahe, diese vor allem mit Lebendigkeit, Aktivität oder emotionaler Intensität gleichzusetzen. „In psychodramatischen Kreisen besteht real die Möglichkeit falscher Spontaneität, einer Spontaneität, die dem Moment nicht gerecht wird. Sie ist lediglich durch die psychodramatische Kultur geprägtes Ausagieren und impulsiver Selbstausdruck. Die Wiederholungen sind nun in das Gewand der Neuheit gekleidet" (Williams 1989, p. 138).

Mit dem Modell der Ordnung durch Fluktuationen bietet sich die Möglichkeit, zu einer Präzisierung der psychodramatischen Konzepte und damit zu größerer Handlungsrelevanz derselben zu gelangen. Warming-up im Sinne von Anstieg der Fluktuation ist gleichbedeutend mit Anstieg von Erstmaligkeit. Erstmaligkeit ist das entscheidende Kriterium dafür, ob ein psychotherapeutischer Prozess zu einem warming-up führt oder nicht. Warming-up bedeutet demnach nicht in erster Linie mehr Aktivität, mehr Gefühl etc., sondern mehr Erstmaligkeit. Äußerlich kann warming-up damit unterschiedlichste Formen annehmen. Ob der Protagonist auf der Bühne starke Emotionen ausdrückt oder ruhig sinnend Eindrücke in sich aufnimmt, – die entscheidende Frage ist, ob die Emotionen, Gedanken und Handlungen vor dem Hintergrund seiner alten Beziehungs- und Handlungsmuster betrachtet eine neue, also erstmalige (Re)Aktion bedeuten und zu einer neuen Sinngebung führen. Um einschätzen zu können, was – in Anbetracht einer bestimmten Problemlage – erstmalig sein könnte, ist zunächst folgende zentrale diagnostische Fragen zu klären:

Welche Rollen- und Beziehungsmuster halten ein bestehendes Problem aufrecht? Welche Erfahrungen, Überzeugungen, Emotionen, Verhaltensweisen etc. müssen als Bestätigung dieser Konserven betrachtet werden?

Erst wenn diese Punkte zumindest ansatzweise deutlich sind, kann eingeschätzt werden, was als erstmalig anzusehen ist und einen Erwärmungsprozess einleiten kann.[16] Ohne eine solche diagnostische Klärung besteht die Gefahr, dass die vermeintlich spontane psychodramatische Neuinszenierung lediglich zu einer weiteren Bestätigung der alten Muster wird. Die Überzeugung eines Protagonisten lautet beispielsweise: „Ich habe mein Problem, weil [...] meine Eltern lieblos mit mir umgegangen sind. Deshalb muss ich sie jetzt verprügeln." Im Psychodrama wird eben dies in Handlung umgesetzt. Der Monolog des Protagonisten könnte weiter lauten. „Der Therapeut meint das Gleiche wie ich. Also habe ich Recht mit meiner Überzeugung, dass sie lieblos mit mir umgegangen sind." Wenn die Probleme weiterexistieren, bedeutet das für die Zukunft: „Ich muss im nächsten Psychodrama noch starker prügeln". Statt Erstmaligkeit wird hier Bestätigung der alten Konserven gefördert. Williams (1989) spricht in diesem Zusammenhang von der Gefahr, dass die schon praktizierten Lösungen durch ‚Holy Mother Therapy' kanonisiert oder zementiert werden.

Es ist wesentlich, sehr genau das Bedingungsgefüge der problemerhaltenden Konserven zu untersuchen. Wenn dies deutlich ist, besteht die Freiheit, unterschiedlichste Ausdrucksformen des Menschen – sofern sie im Kontext als erstmalig erscheinen – als spontan zu erkennen und zu unterstützen. Spontaneität wird entfesselt, da sie in all ihren Ausdrucksformen gewürdigt werden kann.

4.2.1. Exkurs: Wie bringt man eine Schaukel in Schwung? Widerstand als zwischenmenschlicher Prozess

In selbstorganisierenden chemischen Systemen lassen sich Fluktuationen am besten durch sanftes, kontinuierliches Anschubsen anregen. „Mit einer kleinen Kraft einwirken, die Reaktion registrieren, sich dann von dem nun ausgeloteten Punkt schrittweise weiter vorantasten bis zu höheren Energien [...]. Die Politik der kleinen Schritte weist den Weg zur optimalen Steuerung: Am leichtesten tut sich der Helfer, wenn er bei jedem Stoß nur so viel Kraft aufwendet, wie die Schaukel gut verdauen kann" (Klotz 1990, S. 147).

Dieses Prinzip lässt sich auf therapeutische Erwärmungsprozesse übertragen. Es ist wichtig, aufzunehmen, was vom Protagonisten angeboten wird

---

[16] Es bestehen Parallelen zu Watzlawicks „Mehr desselben – oder: Wenn die Lösung selbst das Problem ist" (Watzlawick et al. 1974, S. 51). Es geht ihm darum, dass Menschen häufig versuchen, mit unangemessenen Lösungswegen eine Schwierigkeit zu meistern. Immer wieder versuchen sie, mit diesen Lösungen die Schwierigkeit zu bewältigen, erleben wiederholt Misserfolge, ohne zu erkennen, dass die Verhaftung an den falschen Lösungsweg mittlerweile das eigentliche Problem darstellt. Im Therapieansatz von Watzlawick ist es wesentlich, die bereits versuchten Lösungen zu ermitteln, um mit den therapeutischen Interventionen „weniger desselben" – also Erstmaligkeit statt Bestätigung zu initiieren.

(seine eigenen Fluktuationen), um ihn mit einer kleinen ‚Kraft' anzuregen, zu ‚verstören'. Nur wenn der(die) Protagonist(in) diese Intervention aufnehmen kann, bleibt der Austauschprozess in Bewegung. Ist die therapeutische Intervention jedoch so stark, dass die durch sie bewirkten Fluktuationen gedämpft werden, ist eine Blockierung der Erwärmung die Folge.

Dieses Prinzip ist an sich nicht neu. Im Rahmen der hier erörterten Konzepte ergeben sich jedoch bedeutsame Schlussfolgerungen für das Konzept des Widerstands. Erwärmung spielt sich nicht ausschließlich im Protagonisten ab, sondern umfasst alle im Raum Anwesenden. Dies gilt sowohl für den Fall, dass die Erwärmung gelingt, wie auch für den Fall, dass sie durch Dämpfung der Fluktuationen ins Stocken gerät.

Vor dem Hintergrund des Konzeptes der Selbstorganisation lässt sich Widerstand als Dämpfung von Fluktuationen im Lebens- und Handlungsfluss verstehen. Er ist ein alle Beteiligte einschließender Vorgang. Damit soll nicht ausgeschlossen werden, dass es so etwas wie den ‚klassischen' Widerstand des Klienten gibt. Darüber hinaus, dass der(die) Klient(in) zur Dämpfung von Fluktuationen neigt, hat das Umfeld entscheidenden Einfluss darauf, ob ein Anstieg von Fluktuationen gedämpft wird. Widerstand ist ein interaktionelles Geschehen. Wenn der(die) Therapeut(in) oder die Gruppe beispielsweise versucht – um es metaphorisch auszudrücken –, die Schaukelbewegung durch zu starke Tritte oder zu sanfte Anstöße einzuleiten, fördert dies fast zwangsläufig Dämpfungsmechanismen und damit Widerstand heraus.

Wenn ich als Therapeut in einer bestimmten Situation bei dem(der) Protagonist(en/in) Widerstand feststelle, sollte ich mich fragen, ob und wie ich dazu beitrage.

Möglicherweise halte ich an gewissen Hypothesen (Konserven) fest, was zu dem Bemühen führt, eben diese zu bestätigen, wodurch alle unpassenden Informationen von mir ignoriert werden. Hierdurch trage ich zur Dämpfung der Fluktuationen – und wenn man so will – zum Widerstand bei. In einer solchen Situation stehe ich vor der Aufgabe, selbst Erstmaligkeit zuzulassen, indem ich die alten Hypothesen (die Konserven) aufgebe und riskiere, dass mir vielleicht keine neue einfällt.

Diese Überlegungen können hier nicht vertieft werden. Es ist festzuhalten, dass das hier dargestellte Modell einen interaktionellen Ansatz des Konzepts des Widerstandes nahelegt.

»Jedes wahre zweite Mal
ist die Befreiung vom ersten.«
(**Moreno** 1970, S. 77)

4.3. Das „wahre zweite Mal" – Eine Interpretation

Psychodrama wird häufig als kathartische Methode bezeichnet, was die Gefahr von Fehlinterpretationen des psychodramatischen Ansatzes mit sich bringt. Es geschieht leicht, dass die Konzepte von Spontaneität und Kreativität implizit im Sinne eines homöostatischen Energiemodells analog zu analytischen Triebtheorien interpretiert werden. In der Folge eines solchen Verständnisses kann es auf der Bühne zu einem „Kampf um die Vergangenheit" (Williams 1989) kommen. Die Inszenierung der Ursprungsszene dient dann dem Zweck, die Ursachen, Strukturen und Konstellationen der Unterdrückung von Emotionen oder Handlungsimpulsen zu erforschen.[7] Die Spontaneität und Kreativität von Protagonist(in), Gruppe und Leiter(in) wird in der Folge auf das kathartische Ausleben bislang ungelebter oder unterdrückter Gefühle und Handlungstendenzen reduziert. Das schöpferische Potenzial des Psychodramas wird auf diese Weise kaum genutzt.

Moreno wandte sich mit seinem Konzept der Spontaneität und Kreativität explizit gegen analytische Vorstellungen eines homöostatischen Triebmodells. Er bezeichnete Spontaneität als „unkonservierbare Energie" (Moreno 1956)[18] im Gegensatz zu konservierbaren Triebenergien.[19] Was nicht konservierbar ist, kann nicht aufgestaut oder verdrängt, muss somit auch nicht entladen werden. Wenn Moreno die Entfaltung von Spontaneität und Kreativität ins Zent-

---

17) Eine Interpretation von Spontaneität und Kreativität im Sinne des Modells der Ordnung durch Fluktuationen beinhaltet keineswegs einen Verzicht auf die historische Dimension, sondern eröffnet sie geradezu (siehe auch Coveney & Highfield 1992). Eine ausschließliche Fokussierung der Gegenwart ist anders als in vielen (homöostatisch oder nur-zirkulär orientierten) systemischen Ansätzen nicht erforderlich.
Mony Elkaim ist einer der wenigen systemischen Therapeuten, der sich eingehend auf Prigogines Arbeiten bezieht. Er bemüht sich um eine Integration von historischer und gegenwartsorientierter Betrachtungsweise. „Um die Gegenwart zu verstehen, erweisen sich die Elemente der Vergangenheit meist als notwendig, aber nicht als ausreichend. Damit ein traumatisches Ereignis bis in die Gegenwart hinein eine wichtige Rolle spielen kann, muss die Aufrechterhaltung eines Verhaltens eine Funktion und einen wichtigen Sinn im Hinblick auf das System haben, in dem es weiterlebt" (Elkaim 1992, S. 161). Diese Haltung ist mit der psychodramatischen Theorie der Spontaneität und Kreativität vereinbar.

18) Das Konzept einer unkonservierbaren Energie ist ausgesprochen hypothetisch und problembehaftet. Mir ist hier vor allem der Aspekt des ‚Unkonservierbaren' wichtig.

19) Gleichzeitig modifizierte er das Konzept der Katharsis, das er mit dem Konzept der Integrationskatharsis weit über den ursprünglichen Bedeutungsgehalt der emotionalen Spannungsabfuhr erweiterte. In diesem Zusammenhang verweise ich auf die entsprechenden Ausführungen im nächsten Kapitel.

rum des therapeutischen Wirkens rückt, werden solche Prozesse von ihm offensichtlich nicht als entscheidend erachtet.[20]

Wenn energetische Hydraulik im Verständnis Morenos keine Rolle spielt, was passiert dann beim psychodramatischen „wahren zweiten Mal"? Wir haben gesehen, dass erstarrte Rollen- oder Beziehungsmuster den Kern der Probleme ausmachen, die von den Protagonist(inn/en) auf die Bühne gebracht werden. Im Verlauf einer psychodramatischen Inszenierung werden relevante Bezugspersonen und Szenen auf die Bühne gebracht. Über Rollentausch, Doppeln, Konkretisierung etc. erlebt der(die) Protagonist(in) die Szene, sich selbst, sein(ihr) Gegenüber, die Beziehung auf eine Weise, die neue Facetten des Erlebens deutlich macht. Das Psychodrama ermöglicht neue Erinnerungen, Gefühle, Gedanken und Handlungen – einen Anstieg von Erstmaligkeit. Durch diese Erwärmung geraten die alten Strukturen des Systems ins Schwanken. Erreicht der(die) Protagonist(in) eine Spontaneitätslage, können die Weichen für die Erschaffung neuer, angemessenerer Rollen- und Beziehungsmöglichkeiten gestellt werden.[21]

Die alte Geschichte wird auf der Bühne neu erzählt, neu gestaltet.[22] Statt sich als Gefangener einer starren konservierten Welt zu begreifen, gewinnt der(die) Protagonist(in) „zu seinem Leben, zu allem, was man getan hat und tut, den Aspekt des Schöpfers" (Moreno 1970, S. 78).

Bevor wir uns der Stegreiflage intensiver widmen, ein kurzer Abstecher zum Thema Hypothesenbildung.

---

20) Williams (1989, S. 13) formuliert die Konsequenzen für die therapeutische Herangehensweise der Psychodramatiker: „Sie verstehen Material nicht so sehr als im Unbewussten ‚vergraben', sondern meinen, dass den Menschen manche Bedeutungen aus irgendwelchen Gründen nicht zugänglich sind. In dieser Sichtweise ist das sogenannte ‚verdrängte' Material lediglich eine Erweiterung der bestehenden Struktur, anstatt in einem völlig anderen Zustand zu existieren. Psychodrama betont die Erweiterung und Erschaffung von Bedeutung und nicht die Ausgrabung von etwas im Unbewussten Beerdigtem, das die Bedeutung enthält."

21) Ähnlich argumentiert auch R. Krüger auf einem tiefenpsychologischen Hintergrund: „Jedes wahre zweite Mal ist deshalb und dann eine Befreiung vom ersten, wenn in einer Objektbeziehung, in der die kreative Interaktion blockiert war, die kreative Interaktion und die dazugehörigen Ich-Funktionen befreit werden und wieder frei arbeiten können und so die kreative Interaktion zum ersten Mal zur Vollendung kommt" (Krüger 1987, S. 17).

22) Williams, auf den ich mich wiederholt berufen habe, versteht diesen Prozess auf dem Hintergrund einer systemisch-konstruktivistischen Sichtweise. Es ist jedoch keineswegs das Privileg der Systemiker, »Die Heilung erfinden« zu wollen; vgl. den gleichnamigen Band des Jungianers James Hillman (1986) zu einer psychotherapeutischen Poetik.

Problembeschreibung von Klienten:
»Ich bin die Welt, und ich bin das Problem.«
(**Minuchin**, zitiert in **Williams** 1989, p. 148)

4.3.1. Exkurs: Eine Hypothese zu den Auswirkungen interaktioneller Problembeschreibungen auf den Prozess der Erwärmung

Egal ob in der Rolle des unschuldigen Opfers oder in der Rolle des Bösewichts – der Protagonist erlebt sich selbst als den Mittelpunkt des Problems. „Klienten erleben ihr Leben direkt, vollständig und im Vordergrund, während Therapeuten [...] das Leid als vom System produziert und irgendwie auch systemtragend betrachten" (Williams 1989, p. 223). Beispielsweise wird die Tochter der Familie zu einem Zeitpunkt depressiv, als ihre Eltern eine heftige Ehekrise durchmachen. Die Probleme der Tochter führen dazu, dass die Eltern sich vermehrt um sie kümmern. Die Intensität ihrer Streitigkeiten nimmt ab.

Aus dem Modell der Ordnung durch Fluktuationen lässt sich die Hypothese ableiten, dass es einen Unterschied für den Verlauf eines warming-up Prozesses macht, ob ich als Therapeut die individuellen Problembeschreibungen des Klienten aufgreife und entsprechend individuell orientierte Hypothesen bilde, oder ob ich mit interaktionellen Hypothesen und Problembeschreibungen arbeite.

Fluktuationen steigen in einem System umso schneller an, je größer das ‚Gebiet' ist, in dem sie anfänglich aufgetreten sind. Prigogine & Stengers (1981) sprechen in diesem Zusammenhang von einem Kerngebiet, in dem Fluktuationen anfänglich auftreten.

Übertragen auf ein Psychodrama bedeutet dies Folgendes. Erfolgt die psychodramatische Neuinszenierung auf dem Hintergrund von individuell ausgerichteten Hypothesen, so wird sich der(die) Protagonist(in) allein innerhalb eines weiterhin unveränderten sozialen Atoms zu verändern suchen. Die Sichtweisen der anderen Menschen bleiben bei den individuell ausgerichteten Beschreibungen unverändert. Dies lässt sich so interpretieren, dass Fluktuationen nur in einem eingegrenzten Anfangsgebiet auftreten. Interaktionell ausgerichtete Hypothesen führen dazu, dass nicht nur der(die) Protagonist(in) sich zu ändern versucht. Gleichzeitig verändert sich auch die Sichtweise der anderen relevanten Personen. Fluktuationen treten also in einem wesentlich größeren Kerngebiet auf. Es ist zu erwarten, dass der Erwärmungsprozess schneller erfolgt.

5. Spontaneitätslage: Das System in der Instabilitätsphase

In diesem Kapitel wird zunächst einiges über das Wesen der Spontaneitätslage und des spontanen Handelns zu erfahren sein. Im zweiten Abschnitt wird in Anlehnung an den Begriff des Verzweigungspunktes verdeutlicht, dass das hier vorgelegte Modell der Spontaneität und Kreativität nicht nur die Entfaltung wachstumsfördernder, sondern auch einschränkender Strukturen zu beschreiben vermag. Im letzten Teil des Kapitels wird das Konzept der Integrationskatharsis in das vorgelegte Modell einbezogen.

»Stets war der Augenblick frei:
eine ungerufene Schau, eine ungehobene Lust, eine unerschaffene Zeit.
Nach allen Seiten konntet ihr gehn, Neues entdecken, Entdecktes zu erneuern,
Alles konntet ihr wählen, konntet ihr werden, alles erneuern.«
(*Moreno* 1923, S. 10)

5.1. Der Augenblick der Spontaneität: Das System am Verzweigungspunkt

„Wir sind es gewohnt, dass unsere Alltagswelt, unsere ‚kleine Stadt', funktioniert, dass sie linear und ohne Bruchstellen, ohne Sprungpunkte verläuft. Wir sind so erzogen und unsere technische Welt erzieht uns jeden Tag zum Vertrauen auf das Funktionieren, auf kontinuierliche Abläufe. Es ist eine großartige Leistung der Naturwissenschaften, die Gesetzmäßigkeiten und Regeln gefunden zu haben, in die die Natur eingebettet ist und nach denen Voraussagen möglich sind. Aber an entscheidenden Punkten, nämlich dort, wo Neues entsteht, ist plötzlich alles offen" (Cramer 1988, S. 152). Mit dem Erreichen einer Instabilitätsphase erreicht das System einen solchen Punkt, den sogenannten Verzweigungs- oder Bifurkationspunkt. Mit der Zerstörung der alten Strukturen stehen plötzlich wie an einer Weggabelung verschiedenste Möglichkeiten für die weitere Entwicklung offen. Es ist prinzipiell nicht vorhersagbar, welchen Weg das System gehen wird. „Wir stehen vor Zufallsereignissen, die dem Problem des Würfelspiels sehr ähnlich sind" (Prigogine 1981, S. 168).

Analog gilt für Morenos Ansatz, dass mit dem Erreichen einer Spontaneitätslage die Qualität des ‚Augenblicks' verbunden ist. Für diesen Moment „wurde der Kausal-Nexus gebrochen oder beseitigt" (Moreno 1980, S. 104).[23] Es ist der Moment, in dem freie Wahl möglich ist. Spontaneität „führt eine Explosion herbei, die uns für einen Augenblick von überlieferten Bezugssystemen und von Erinnerungen befreit, die von alten Fakten, Informationen und unverdauten Theorien befreit, die andere Menschen entwickelt haben. Spontaneität ist ein

---

23) Dem Determinismus der Konserven steht die Freiheit der Spontaneitätslage gegenüber. Die wechselseitige Abhängigkeit von Determinismus und Freiheit bezeichnet Moreno (1980) als „funktionalen, operationalen Determinismus". Hier zeigen sich Parallelen zu Jantschs Konzept der Unbestimmtheit „Es scheint, dass wir oft Unbestimmtheit und Zufall verwechseln. Unbestimmtheit ist jene Freiheit, die sich auf jeder Ebene neu eröffnet, sich aber nicht über die Geschichte hinwegsetzen kann. Evolution ist die Geschichte einer sich entfaltenden Komplexität, nicht die Geschichte zufälliger Prozesse. Es beginnt sich das Bild einer Welt abzuzeichnen, in der nichts zufällig, vieles aber unbestimmt und in Grenzen frei ist" (Jantsch, 1979, S. 313). In der aktuellen Diskussion im Bereich der Chaosforschung hat sich hierfür der Begriff des deterministischen Chaos eingebürgert.

Moment persönlicher Freiheit, in dem wir mit der Realität konfrontiert sind, sie wahrnehmen und erforschen und angemessen handeln" (Spolin 1983, S. 18).

In der Instabilitätsphase tritt im System ein Maximum an Erstmaligkeit auf. Die Intensität der Wechselwirkungsprozesse ist ungewöhnlich groß. Da die alten Strukturen zerfallen sind, werden ungewohnte Informationen nicht mehr ausgeblendet. In Morenos Zitat über den Augenblick am Anfang dieses Abschnitts drückt sich die Fülle von Erstmaligkeit aus, die in dieser Phase zugänglich ist.

In einer spontanen, kreativen Handlung wirken alle Teile der Persönlichkeit als ein organisches Ganzes. Die Spaltung von Körper und Geist, Gefühl und Verstand ist für den Augenblick aufgehoben. Begegnung im Sinne von Bubers Ich-Du-Beziehung wird möglich. Es ist das Erleben, im Fluss und in Harmonie mit den Dingen zu sein. Csikszentmihalyi (1985) bezeichnet diese Erfahrungen als flow-Erlebnisse. Es ist vollständige Hingabe an das gegenwärtige Tun, sei dies körperliche Ruhe, konzentriertes Nachdenken wie beim Schach oder auch körperliche Aktivität wie beim Tanz, Sport oder Bergsteigen. In dieser Hingabe sind die Grenzen zwischen ‚Ich'-Erleben und Umwelt, zwischen Vergangenheit, Gegenwart und Zukunft weitgehend aufgehoben. Handlung und Bewusstsein fließen ineinander über – Bewusstsein der Handlung, ohne Bewusstsein des Bewusstseins.[24]

In der Instabilitätsphase entwickeln sich aus dem ungeordneten Chaos der Fluktuationen autonom erste Ansätze einer neuen Ordnung. Moreno beschreibt die Entfaltung einer Spontaneitätslage mit Worten, die an diesen Prozess erinnern. „Emotionen, Gedanken, Prozesse, Sätze, Pausen, Gesten, Bewegungen etc. scheinen anfänglich in formloser und anarchistischer Weise in die geordnete Umwelt und das gesetzte Bewusstsein zu brechen. Aber im Lauf ihrer Entwicklung wird deutlich, dass sie wie die Töne einer Melodie zusammengehören; sie stehen zueinander in ähnlicher Beziehung wie die Zellen eines neuen Organismus. Die Unordnung ist nur die äußere Erscheinung" (Moreno 1980, S. 35).

Die Gestaltung der neuen Ordnung erfolgt in der Phase der Kreativität. In der Spontaneitätslage, bzw. während der Instabilitätsphase wird die Saat des kommenden Wachstums gelegt.

---

[24] Dies kann in kleinen Aktivitäten des Alltags geschehen, z.B. beim Singen während der Autofahrt (Mikroflow). Flow-Erlebnisse können sich jedoch auch über längere Zeiträume erstrecken, vielleicht bei einer mehrtägigen Wanderung im Gebirge. Entsprechend gilt für das hier vorgestellte Modell, dass Spontaneitätslagen durchaus längere Zeiträume umfassen können, in denen sich neue Strukturen zu formen beginnen.

5.2. Spontaneität am Scheidepunkt: Gratwanderung zwischen Himmel und Hölle

Das Erreichen einer Instabilitätsphase ist durch hohe Unsicherheit gekennzeichnet, vergleichbar mit einer Gratwanderung oder einem Drahtseilakt. Ich komme hoch hinaus, kann jedoch auch tief fallen. Dieses Spannungsverhältnis zeigt sich beispielsweise bei Spontaneitätsübungen. „Wird meine pantomimische Darstellung ankommen? Oder werden die anderen blöd finden, was ich mache?" Wenn wir spontan handeln, fühlen wir uns davongetragen im Fluss unserer Phantasie und unseres Spiels. Was sich einerseits so richtig und stimmig anfühlt, erscheint ebenso leicht als verrückt und irrsinnig. In dieser Situation ist es verlockend, sich an den erstbesten Balken (Ordnung) zu klammern, der Komplexitätsreduktion und Sicherheit verheißt. So greife ich eventuell doch auf bekannte Handlungsmuster zurück, um allzu großer Unsicherheit zu entgehen.

Das Erreichen eines Verzweigungspunktes beinhaltet die Ungewissheit, was geschehen wird: Scheitern oder Gelingen; Fortschritt (Progression) oder Rückschritt (Regression); flexiblere, komplexere Rollenkonserven oder einschränkende, einfacher strukturierte Muster.

Selbstorganisation bedeutet somit nicht notwendigerweise Wachstum. Mit dem Modell dieser Dynamik können Prozesse beschrieben werden, die im Rahmen von Therapie – hoffentlich – zur Entfaltung von Spontaneität und Kreativität führen. Die Entwicklung von rigiden Konserven, von ‚pathologischen' Mustern, kann jedoch ebenfalls erfasst werden. Mit Bezug auf Prigogines Konzepte betont Sabelli (1989), dass intensive zwischenmenschliche oder innerpsychische Prozesse nicht nur zu integrierenden, ‚heilenden' sondern auch zu pathologischen Strukturen führen können. „Quantitative Steigerungen (Anstieg der Fluktuationen, M.S.) produzieren Polarisationen und Bifurkationen. Der rigide und repetitive Charakter von Persönlichkeitsstörungen und Neurosen legt nahe, dass sie eher neu geformte Strukturen sind anstatt Mangel an Struktur. Als solche sind sie wahrscheinlich eher das Produkt exzessiver Polarisierungen und resultieren aus Konflikten anstatt aus Defiziten" (Sabelli 1989, p. 156). Hypothetisch formuliert Sabelli, dass neurotische und psychotische Störungen wie z.B. manisch-depressive Psychosen als Strukturen zu verstehen sind, die auf dem Weg der Selbstorganisation über eine Instabilitätsphase entstanden sind.

Moreno formuliert in seinen Überlegungen zur Spontaneitätslage nicht ausdrücklich, dass in dieser Lage ein Verzweigungspunkt erreicht ist, der sowohl zu Wachstum und Entfaltung, als auch zur Einschränkung und Erstarrung führen kann. Dennoch gibt es Gedanken, die in eine solche Richtung deuten. So gibt es nicht nur „kreative", sondern auch „pathologische" Spontaneität (Moreno 1956). Seidel (1991) weist in diesem Sinn darauf hin, dass Moreno denjenigen als Psychotiker oder spontanen Idioten bezeichnet, der nur in seiner Phantasie lebt. Moreno spricht von pathologischer oder undisziplinierter Spontaneität. Sie „ist nicht ohne Kreativität, obwohl diese instabil, fragmentarisch und dissoziiert ist. Dies zeigt sich in der Erfahrung mit psychisch kranken Patienten" (Moreno 1956, S. 129).

5.3. Katharsis und Strukturwandel

Das Modell der Ordnung durch Fluktuationen beschreibt, wie in einer Instabilitätsphase die Grundlage für die Formierung einer neuen dauerhaften Struktur gelegt wird. Dagegen erscheint spontanes Handeln eher flüchtig und kaum geeignet, dauerhafte Strukturveränderungen zu bewirken. Wenn man das Erlebnis einer Spontaneitätslage – z.B. eine gelungene Improvisation – untersucht, wird man durchaus feststellen können, dass diese Erfahrung überdauernde Veränderungen mit sich bringt, z.B. wird sich der oder die Vorführende durch den ‚Erfolg' gestärkt fühlen und sich in der Folge auch in der Gruppe selbstbewusster und freier bewegen. Dennoch mag so mancher im therapeutischen Alltagsgeschäft engagierte Psychodramatiker einwenden, dass diese Form von Veränderung letztlich wenig relevant erscheint, wenn es um seine tägliche Arbeit in Gruppen oder Einzelsitzungen geht. Wo bleibt also die Bedeutung von warming-up und Spontaneitätslage für dauerhafte therapeutische Veränderung?

Dieser Aspekt des Strukturwandels tritt in Morenos Konzeption des Katharsisbegriffs deutlicher hervor. Ich stelle hier die These auf, dass Morenos Begriff der Integrationskatharsis als Form einer Spontaneitätslage zu verstehen ist, durch die überdauernde Strukturveränderungen eingeleitet werden. Morenos Verständnis der Integrationskatharsis reicht weit über den Bereich der Psychotherapie und das hergebrachte Konzept der Katharsis hinaus. Er stellt „[...] ein Konzept in den Vordergrund, das bislang auf einen Spezialbereich – den der Psychotherapie – beschränkt war. [...] Mentale Katharsis wird hier als ein Prozess definiert, der jede Art des Lernens begleitet, nicht nur Konfliktlösung, sondern auch Selbstverwirklichung, nicht nur Spannungsabfuhr und Entlastung, sondern auch Gleichgewicht und Frieden. Sie ist keine Katharsis des Abreagierens sondern eine Katharsis der Integration" (Moreno 1953, S. 546).

Dieses Konzept ist eng mit dem der Spontaneität und Kreativität verknüpft. „Es war mein Ziel, Katharsis so zu definieren, dass alle Formen von Einflüssen, die einen nachweisbar kathartischen Effekt haben, als positive Schritte innerhalb eines wirkenden Prozesses verstanden werden können. Ich entdeckte, dass das Katharsis bewirkende allgemeine Prinzip Spontaneität war." (Moreno 1980, S. d). Katharsis ist somit als Resultat eines warming-up Prozesses zu verstehen. Sie führt über die Auflösung alter Handlungsstrukturen, alter Rollenkonserven zur Integration auf einer höheren Ebene, die ein breiteres Spektrum von Handlungsmöglichkeiten bietet. Die Ausformung und Stabilisierung dieser Handlungsmöglichkeiten vollzieht sich in der Phase der Kreativität.

> »Genie besteht zu einem Prozent aus Inspiration
> und zu neunundneunzig Prozent aus Transpiration.«
> (***Thomas Edison***, Harpers Monthly, 1932)

6. Kreativität: Die Phase der Strukturbildung

Nach dem einen Prozent der inspirierenden Spontaneitätslage, wenden wir uns nun den restlichen neunundneunzig Prozent zu. Ähnlich wie bereits in den vorherigen Abschnitten des Zyklusses werde ich zunächst einige allgemeine Charakteristika dieser Phase darstellen. Zunächst werde ich die Bedeutung von Kreativität als Schöpfung untersuchen. Handlung und Verantwortung werden Kernbegriffe in diesem Abschnitt sein. Erst im Anschluss daran behandele ich die Phase der Kreativität in der Terminologie des Modells der Selbstorganisation. Wilhelm Busch wird eine kleine Lebensweisheit beisteuern. In einem weiteren Abschnitt werde ich dann kurz auf einige therapeutische Implikationen des hier skizzierten Verständnisses von Kreativität eingehen. Wir werden einen Umzug in neue Lebensräume miterleben und erfahren, welche therapeutischen Prinzipien bei der Einrichtung der neuen Behausung hilfreich sein können.

> »Jeder Mensch konstituiert
> die Welt durch sein Tun.«
> (***Maclagan*** 1985, S. 92).

6.1. Brücken über dem Abgrund

„Ein japanisches Sprichwort sagt: ‚Zu wissen und nicht zu handeln heißt, überhaupt nicht zu wissen.' [...] Veränderung ist das Geschäft der Psychotherapie, und therapeutische Veränderung muss sich in Handlung ausdrücken – nicht in Wissen, Beabsichtigen oder Träumen" (Yalom 1989, S. 341). In diesem Sinn erfordert Kreativität stets Handlung. Wir müssen die Verantwortung tragen und zum Mit-Schöpfer unseres Lebens und damit unserer Umwelt werden. „Die Existenz auf diese Weise zu erfahren ist eine schwindelerregende Empfindung. Nichts ist mehr so, wie es zu sein schien. Der Boden unter unseren Füßen scheint sich zu öffnen. Tatsächlich ist Bodenlosigkeit ein üblicherweise benutzter Begriff für eine subjektive Erfahrung der Bewusstheit von Verantwortung" (Yalom 1989, S. 264). Dies ist die Situation, der sich der Mensch in der Phase der Kreativität stellt. Seidel (1991, S. 130) zitiert Worte von Manes Sperber, die diese Situation genau beschreiben.

> »Die Brücke auf der wir über den Abgrund gehen,
> – dies ist das Gleichnis unseres Lebens –
> diese Brücke gibt es nicht.
>
> Jeder Schritt, mit dem wir voranschreiten,
> läßt sie erst Stück für Stück
> unter unseren Füßen entstehen.«

Die Brücke hinter uns ist abgebrochen. Die warming-up Phase führte zur Auflösung der alten Strukturen. Vor uns gibt es noch keine Brücke, keine neue Struktur. Wir müssen sie selbst erschaffen. Im warming-up musste die Angst vor Tod und Vernichtung gemeistert werden. Jetzt muss der Angst vor der eigenen Schöpfung begegnet werden.

»Ist der Ruf erst ruiniert,
lebt's sich völlig ungeniert.«
(**Wilhelm Busch**)

6.2. Strukturbildung: Ein Prozess von Versuch und Irrtum

Kreativität äußert sich als „eine treibende Kraft, ein plastisches Vermögen, der Drang, eine bestimmte Form anzunehmen" (Moreno 1980, S. 35), durch die sich aus dem anfänglichen ‚Chaos' der Spontaneitätslage eine neue Struktur entwickelt. Das System organisiert sich und bildet eine neue Struktur. Auch jenseits des Verzweigungspunktes ‚produziert' das System zunächst weiter vorwiegend Erstmaligkeit. Nur langsam und allmählich werden die sich daraus ergebenden Veränderungen durch eine Zunahme von Bestätigung konsolidiert. Wie beim Brainstorming werden zunächst neue Handlungen, Gefühle oder Einfälle (Erstmaligkeit) ohne jede Rücksicht auf Ordnung und Sinn hervorgebracht. Nach und nach zeigt sich dann, was sinnvoll ist. Das Neue wird sortiert, gewichtet, geordnet und währenddessen zunehmend bestätigt. Je mehr Flexibilität und Offenheit besteht, um alles Mögliche auszuprobieren, desto besser. Die Ausformung einer Struktur funktioniert also nach dem Prinzip von Versuch und Irrtum.[25]

In dieser Anfangsphase der Strukturbildung geht das System geradezu verschwenderisch mit immer neuen Versuchen um. „Mit anderen Worten, für den schöpferischen Aufbau einer neuen Struktur werden keine Kosten gescheut [...]. Nur ein auf Sicherheit bedachtes etabliertes System muss haushalten" (Jantsch 1979, S. 87). Später, wenn durch zunehmende Bestätigung mehr und mehr Ordnung einkehrt, erinnert wenig an das ursprüngliche Chaos, aus dem sich die neue Schöpfung entwickelt hat. „Obwohl ungeplant – und nicht wie eine Blaupause der Schöpfung – sieht eine Kette kreativer Akte im Nachhinein so perfekt aus, als wären sie präzise geplant" (Moreno 1971, S. 182).

Moreno (1991) nennt kreative Menschen „Anhänger des wahrhaft Imperfekten" (frei übersetzt: die Fehlerfreundlichen) im Gegensatz zu den „Anhängern des wahrhaft Perfekten". Um kreativ zu sein, müssen wir Risiken eingehen, unterschiedliche Dinge ausprobieren in der Hoffnung, dass irgendwann das Richtige dabei heraus kommt. Dies erfordert die Bereitschaft, Energie in die Entwicklung von etwas zu stecken, was vielleicht später im Abfall landet. 5 oder 6 Versionen dieses Artikels – alle mühsam erarbeitet – sind diesen Weg gegan-

---

25) Vgl. das Konzept der *Fehlerfreundlichkeit* (Klein et al. 1991).

gen. In den Augen sparsamer Menschen erscheint der Prozess der Kreativität als Verschwendung.

Wer ständig bemüht ist, Fehler zu vermeiden, kann nicht kreativ sein. Wir müssen riskieren, uns verletzlich, eventuell lächerlich zu machen – auch dann oder dann besonders, wenn eine kritische Öffentlichkeit zuschaut. Kreativität sprengt die Grenzen des Üblichen, kann Anstoß erregen. Und im Zweifelsfall haben es die Anderen schon immer besser gewusst. Grund genug für die oben erwähnte Angst des Schöpfers. Denn: „Wer kreativ ist, muss wahnsinnig sein" (Binnig 1989, S. 130). Wie bereits gesehen liegen Kreativität und Wahnsinn tatsächlich nah beieinander.

Kreativität verheißt zum Glück auch Überwindung der alten Begrenzungen. Sie bedeutet Entdeckung neuer Gestaltungsmöglichkeiten der eigenen Lebenswelt und damit erneute Selbstfindung.

6.3. Die Konsolidierung neuer Strukturen: Therapie als Umzug in neue Lebensräume

Die kreative Phase eines therapeutischen Prozesses lässt sich mit einem Umzug in eine neue Wohnung vergleichen. Mit dem Vertragsabschluss ist eine Entscheidung gefallen, ein Verzweigungspunkt überschritten: Wir stehen in der Eingangstür, die Räume sind noch leer und unmöbliert. Vielleicht gehen wir voll Enthusiasmus an die Einrichtung und Ausgestaltung. Möglicherweise fühlen wir uns in den neuen Räumen noch unbehaglich und fremd. Es wird einige Zeit dauern, bis wir uns hier vollständig eingerichtet haben. Dieser Prozess braucht die Unterstützung des Therapeuten.

In der Terminologie des Modells der Ordnung durch Fluktuationen befindet sich das System ‚Mensch' noch in der Instabilitätsphase, neue stabile Strukturen seines ‚Lebensflusses' existieren noch nicht. Erstmaligkeit muss zunehmend durch Bestätigung ersetzt werden, um eine Stabilisierung zu erreichen.

In der Phase der Kreativität besteht die zentrale therapeutische Aufgabe darin, Erstmaligkeit in Mehrmaligkeit und neue Muster zu verwandeln –, also zur Bestätigung von Veränderungen beizutragen.

Im Verlauf einer psychodramatischen Bühnenarbeit kommen beispielsweise Zukunftsprojektionen, Realitätstests oder Rollentrainings zum Einsatz. Diese Phase der therapeutischen Arbeit verlangt Ausdauer und Beharrlichkeit, den Erwerb von neuen Fertigkeiten und auch die kognitive Durcharbeitung des Geschehenen, um die neuen Handlungsmöglichkeiten (die neue Struktur) zu festigen.

Das allgemeine Prinzip hinter den unterschiedlichen technischen Vorgehensweisen heißt Einbindung des Neuen durch Bestätigung. Die praktische

Umsetzung dieses Prinzips im Verlauf eines einzelnen Psychodramas ist ein alter Hut. Nichts Neues für Psychodramatiker.²⁶

Das Prinzip gilt jedoch auch für die Betrachtung längerfristiger therapeutischer Prozesse. Nach einem ‚Durchbruch' in einer Therapie kann eine kreative Phase Wochen und Monate dauern, in denen Bestätigung wichtig ist. Dies ist besonders dann erforderlich, wenn der(die) Klient(in) die vom Betrachter als positiv eingeschätzten Veränderungen des eigenen Verhaltens, bzw. der Reaktionen des Umfelds als verunsichernd oder gar Verschlechterung der Situation erlebt. In einer solchen Situation besteht die Tendenz zum ängstlichen Rückgriff auf vermeintlich Sicherheit bietende alte Konserven. Es kommt auch nicht selten vor, dass wesentliche Veränderungen nur von Außenstehenden (z.B. Gruppe oder Therapeutin) wahrgenommen werden, während der(die) Betroffene sie nicht zur Kenntnis nimmt oder als irrelevant erachtet. Nicht selten geschieht es, dass mir ein(e) Klient(in) klagend erzählt, dass nichts Neues im Leben passiert, obwohl er(sie) kurz zuvor von Ereignissen berichtet hat, die in meinen Augen durchaus bedeutsame Anzeichen von Veränderung sind.

Durch einen kurzen Blick auf systemische Auffassungen wird das Prinzip prägnanter. „Es ist ein kybernetisches Axiom, dass eine unbemerkte Veränderung weniger Aussicht hat zu überleben als eine wahrgenommene Veränderung" (Williams 1991, p. 66). Ein wichtiges Mittel zur Förderung der Bestätigung von Neuem besteht demnach darin, die Betroffenen bei der Wahrnehmung von Veränderungen zu unterstützen.

Als Beispiel sei ein Verfahren skizziert, das von Williams „responding to responses" genannt wird, was frei als „Einwirken auf Auswirkungen" übersetzt werden kann. Zu Beginn jeder Sitzung wird in Erfahrung gebracht, welche positiven oder negativen Veränderungen sich seit dem letzten Psychodrama ergeben haben. „Diese Prozedur mag Ihnen riskant oder naiv erscheinen […] als ob man nach Lob fragt. Die Intention ist jedoch weit davon entfernt. Es ist ein professionelles und technisches Vorgehen, das wenig Raum für einen aufgeblasenen Kopf bietet" (Williams 1991, p. 66).

Die Veränderung muss nicht etwa besonders lebhaft oder großartig sein; sie muss auch nicht aus dem Psychodrama selbst resultieren. Irgendetwas wird sich jedoch verändert haben. Ziel ist es, diese Veränderungen möglichst deutlich herauszufiltern und zu thematisieren. Damit werden die Veränderungen zum Gegenstand des therapeutischen Austauschprozesses; sie werden bestätigt. Der(Die) Klient(in) nimmt die Veränderungen wahr und erlebt die eigene Entwicklung bewusster, was diese wiederum positiv beeinflusst. Es ist ihm(ihr) jetzt nämlich möglich, diese Veränderungen gezielt zu fördern.

---

26) siehe z.B. Goldmann & Morrison (1988).

7. Der Kreis schließt sich

Mit der Zunahme von Bestätigung konsolidiert und stabilisiert sich die neue Prozessstruktur. Diese Entwicklung geht mit der Ausblendung von störenden Informationen (Erstmaligkeit) einher. Ein ausgewogenes Verhältnis von Erstmaligkeit und Bestätigung, von Flexibilität und Stabilität kennzeichnet Strukturen im ‚besten Alter'. Wandel lässt sich nicht aufhalten. Ein neuer Zyklus des Wachstums wird früher oder später beginnen.

7.1. Der Zyklus der Selbstorganisation als Landkarte

Das vorliegende Modell bietet eine Interpretationsfolie, mit deren Hilfe sich (nicht nur) psychotherapeutische Prozesse betrachten und einordnen lassen. Dies gilt für die kurze psychodramatische Sequenz eines Rolleninterviews ebenso wie für ein ganzes Psychodrama. Es gilt für langfristige therapeutische Prozesse wie auch für ganze Lebensabschnitte.

Je nach gewählter Perspektive wird deutlich, dass Wachstumszyklen auf unterschiedlichen Ebenen auf komplexe Weise ineinander verschachtelt sind. In mikroskopischer Perspektive wird ersichtlich, dass jeder Zyklus aus einer großen Anzahl kleinerer Zyklen besteht. Im makroskopischen Blickwinkel erscheint derselbe Zyklus als kleiner Teil eines umfassenderen Zyklusses. In mikroskopischer Sicht stellt ein erfolgreich verlaufenes ‚rundes' Psychodrama möglicherweise einen vollständigen Kreislauf dar. In makroskopischer Perspektive erscheint es dagegen als eine Fluktuation innerhalb eines umfassenderen Wachstumszyklusses. (Insbesondere für den(die) beginnenden Psychodrama-Leiter(in) ist es eventuell beruhigend zu wissen, dass auch das nicht so ‚runde' Psychodrama in umfassender Sicht eine solche Fluktuation darstellt.)

Im Hinblick auf den Verlauf einer Therapie ist es wesentlich, dass der(die) Therapeut(in) einzuschätzen weiß, in welcher Phase der Selbstorganisationsdynamik sich ein(e) Klient(in), eine Gruppe oder Familie befindet. Je nach dem gewählten Kriterium kann die Antwort sehr unterschiedlich ausfallen. Möglicherweise ist eine Gruppe gerade dabei, neue Strukturen von Nähe und Intimität zu stabilisieren (Zunahme von Bestätigung), während sie sich im Hinblick auf die Konserve ‚wir vermeiden offene Konflikte' zunehmend in einer Erwärmungsphase befindet (Zunahme von Erstmaligkeit).

Die einzelnen Phasen des Entwicklungsprozesses erfordern unterschiedliche therapeutische Strategien.

Die grundlegende Strategie in der Erwärmungsphase heißt „Förderung von Erstmaligkeit", während in der Phase der Neustrukturierung „Förderung von Bestätigung" angemessen ist. In der Instabilitätsphase kann eventuell mit geringem Aufwand plötzlich eine entscheidende Veränderung eingeleitet werden, während in der Phase der stabilen Konserve Geduld erforderlich ist, da ohne entsprechende Vorbereitung (warming-up) keine Veränderung zu erwarten ist.

»Je weiter du gehst,
desto schwieriger wird es.«
(*Weisheit der Hopi*)

7.2. Wechselseitige Abhängigkeit von Konserve und Spontaneität

Das vorliegende Modell beschreibt Evolution als einen Prozess im Spannungsfeld gegensätzlicher Polaritäten: (a) warming-up und Kreativität, womit zum Beispiel die Dualitäten von (Angst vor) Zerstörung und (Angst vor) Schöpfung, Tod und Leben, Disidentifikation und Identifikation verbunden sind; (b) Konserve und Spontaneitätslage. Hiermit sind z.B. Ordnung-Unordnung, Realität-Phantasie, Notwendigkeit-Zufall verbunden. Bei diesen Dualitäten handelt es sich nicht um statische, einander ausschließende Gegensätze, sondern um dynamische Spannungsfelder vergleichbar dem Verständnis von Yin und Yang (vgl. Sabelli 1989). Die Entwicklung von Spontaneität und Kreativität einerseits und von Strukturen und Konserven andererseits sind unauflösbar miteinander verknüpft.

Konserven, Spontaneität und Kreativität bedingen sich gegenseitig. Jede Vernachlässigung eines dieser Aspekte führt zur Einschränkung der Entwicklungsmöglichkeiten eines Systems.

Beispielsweise führt das Fehlen von differenzierten Strukturen zur Einschränkung von Spontaneität und Kreativität. Die rigide Konserve „Chaos auf dem Schreibtisch" mag zwar spontan und ungezwungen aussehen, behindert jedoch letztlich Kreativität. Ich verbringe mehr Zeit mit dem Suchen als mit der eigentlichen schöpferischen Tätigkeit. Genauso kann nur der Musiker, der die Spieltechnik (Konserven) seines Instruments exzellent beherrscht, seine Improvisationskünste voll entfalten. Der Anfänger wird dagegen sehr schnell die Grenzen seiner Spontaneität spüren.

Um spontan handeln zu können, bedarf es komplexer – nicht rigider – Strukturen. Das Modell der Ordnung durch Fluktuationen besagt, dass ein System umso umfassender mit seiner Umwelt wechselwirkt, je komplexer es strukturiert ist. Es ist in der Lage, ein größeres Maß an Austauschprozessen zu verarbeiten. Je umfangreicher und differenzierter das Rollenrepertoire eines Menschen entwickelt ist, desto mehr Spontaneität ist für ihn bereits im Bereich der ‚Konserve' verfügbar.

Die zunehmend umfassenderen Austauschprozesse mit der Umwelt führen in der Evolution eines Systems zu wachsender Komplexität. Auf die menschliche Entwicklung bezogen kann ihr Ausmaß als Grad der Verflechtung mit – und der aktiven Teilhabe an – dem universalen Prozess der Evolution verstanden werden. Mit zunehmender Entfaltung der eigenen Spontaneität und Kreativität wird der Mensch immer mehr zum Mit-Schöpfer des Universums.

Dieses Verständnis hat nicht nur spirituelle Bedeutung; es wirkt sich auch direkt auf den Begriff der Gesundheit aus. Für Jantsch bedeutet zunehmende

Komplexität eine Intensivierung des Lebens. Er bezieht sich in diesem Kontext zustimmend auf Ivan Illich, der unter Gesundheit nicht etwa einen bestimmten Zustand begreift, sondern die Intensität, mit der sich ein Organismus mit seiner Umwelt auseinandersetzt.

Neben der Komplexität benennt Jantsch ein noch weiteres ‚Maß' für den ‚Stand der Evolution' eines Systems. Es „[...] ist die Flexibilität in der Herstellung und Organisierung von Beziehungen, mit anderen Worten, die Offenheit gegenüber dem Auftreten von Erstmaligkeit in der weiteren Evolution [...]. Eine alternative Bezeichnung für dieses Maß ist Autonomie, [...] der aktive, dynamische Einsatz von Komplexität" (Jantsch 1979, S. 399). In der psychodramatischen Terminologie gesprochen ist dies nichts anderes als Zunahme von Spontaneität und Kreativität.

Jede neue Ebene der Evolution bedeutet zwar einerseits ein mehr an Verschränkung und Einbindung, sie bietet jedoch ebenso ein mehr an Freiheitsgraden. Einbindung in die Gegebenheiten der Realität und Freiheit im Ausfüllen der Lebensräume gehen Hand in Hand. Dieses Auseinanderstreben der zwei Pole Bindung-Freiheit und ihre gleichzeitige Integration findet sich bei Sabelli (1989) in allgemeinerer Form wieder. Er betont, dass Wachstum nicht etwa zu einer Nivellierung von Gegensätzen führt, sondern dass mit der Intensivierung der Lebensprozesse auch eine Intensivierung der Ambivalenzen und Konflikte einhergeht. Wachstum und Gesundheit bedeuten somit weder das Erreichen eines stabilen Zustands noch das Erreichen einer Welt der umfassenden Harmonie. Systemevolution führt zu größerer Kreativität und Autonomie, jedoch auch zu größerer Instabilität und höherer Anfälligkeit für Störungen. Intensität heißt Offenheit für Erstmaligkeit, und diese führt notwendigerweise zu Fluktuationen. Wachstum und Gesundheit erfordern somit auch die Bereitschaft, sich stören zu lassen, sich einzulassen auf das, was aus gewohnten Bahnen wirft. Je weiter wir in diesem Wachstumsprozess voranschreiten, desto leichter werden wir auch gestört. Nach Sabellis Auffassung sind weit entwickelte Persönlichkeiten nicht nur kreativer und temperamentvoller, sondern auch ‚neurotischer'. Gerade Psychodramatiker müssen nicht lange suchen, um hierfür typische Beispiele zu finden.

„Die Erweiterung unseres Selbst vergrößert die biologischen, sozialen und personalen Selbstanteile und multipliziert deren wechselseitige Konflikte. Während wir unsere Seele kreieren, fördern wir auch inter- und intrapersonellen Konflikt. ‚Great-Soulness' ist somit konfliktreicher als Konformismus und Mittelmaß [...] Es gibt natürlich eine Einheit dieser Gegensätze: Mit der Erweiterung unserer Seele werden wir verständnis- und liebevoller und werden somit auch besser verstanden und geliebt. Erweiterung der Seele verstärkt sowohl Harmonie als auch Konflikt" (Sabelli 1989, p. 166f).

7.3. Wozu brauchen wir sowas?

Ich glaube, dass wir Psychodramatiker in der Vergangenheit unterlassen haben, die theoretischen Konserven des Psychodramas in ausreichendem Maße weiterzuentwickeln. Es ist nicht zu übersehen, dass wir Gefahr laufen, der um uns stattfindenden Entwicklung vollends hinterher zu hinken. Allein die Lebendigkeit unserer Methode reicht nicht aus, um uns Aktualität zu sichern. Rollenspiel und handlungsorientierte Methoden sind längst zum allgemeinen Besitzstand der psychosozialen Szene geworden.

Zur Zeit ihrer Entwicklung waren Morenos Konzepte in ihrer grundlegenden Zielsetzung visionär. Dies kann kein Ruhekissen sein. Mittlerweile gibt es eine Reihe von Ansätzen, die mit ihren Konzepten zumindest teilweise vergleichbare Zielrichtungen verfolgen. Gleichzeitig verfügen diese Ansätze jedoch über Modelle, die zum Teil aktueller, differenzierter und einem wissenschaftlichen Diskurs zugänglicher sind, als Morenos ursprüngliche Formulierungen. Nachdem unter Psychodramatikern in den letzten Jahren ein Trend zur Rückbesinnung auf seine Konzepte eingesetzt hat, ist nun der nächste Schritt zu einer Weiterentwicklung erforderlich.

Ich verstehe die hier vorgestellten Überlegungen in diesem Sinn als Ansatz zu einer Theorie der Spontaneität und Kreativität, die Morenos universellem Anspruch in etwa gerecht werden kann. Wenn ich dabei Verbindungen zu einem wissenschaftlichen Modell aus dem Umfeld der allgemeinen Systemtheorie hergestellt habe, so bedeutet dies nicht, dass ich eine Umdeutung des Psychodramas im Sinne der systemischen Therapie[27] anstrebe. Allgemeine Systemtheorie und systemische Therapie sind zwei verschiedene Paar Schuhe. Ich hänge an der vielleicht etwas naiven Vorstellung, dass es möglich ist, Morenos Ansatz zur Spontaneität und Kreativität auf der Grundlage der Arbeiten von Prigogine und Jantsch zu vertiefen, ohne dass dabei lediglich Morenos Originalität zugunsten einer gerade modischen Theorie aufgegeben wird. Es gibt sicherlich genug ‚[...]-Psychodrama' Richtungen. Ein systemisches Verständnis im Psychodrama muss diese Reihe nicht noch verlängern. Naiv ist möglicherweise die Hoffnung, Morenos therapeutische Philosophie – existenzialistisch, humanistisch, religiös, dramatisch und was sie sonst noch mehr ist – mit einem systemisch formulierten Verständnis von Spontaneität und Kreativität verbinden zu können. Vielleicht tauchen hier unüberbrückbare Widersprüche auf. Kreative Evolution erfordert das Einlassen auf Gegensätze und spannungsreiche Beziehungen – mit dem Risiko, Fehler zu machen. Was daraus wird, weiß ich nicht. In diesem Sinn verstehe ich die hier entwickelten Ideen als Fluktuationen im Zuge eines Erwärmungsprozesses, der hoffentlich irgend-

---

27) Wenn ich im Verlauf des Artikels verschiedentlich Ansätze der systemischen Therapie angeführt habe, dann vor allem deshalb, weil manche Punkte in systemischer Terminologie besonders deutlich werden. Natürlich gibt es auch methodische Parallelen und Kombinationsmöglichkeiten (Knorr 1992 gibt hierzu einen ausgezeichneten Überblick), aber mit welcher Therapieschule gibt es die nicht?

wann zu einer den aktuellen Entwicklungen angemessenen Neustrukturierung von Morenos Gedanken führt.

8. Literatur

Aulicino, J. (1954). Critique of Moreno's spontaneity theory. *Group Psychotherapy*, 7(2), 148-158.*
Binnig, G. (1989). Aus dem Nichts. Ober die Kreativität von Natur und Mensch. München: Piper.
Buer, F. (Hg.) (1991). Jahrbuch für Psychodrama psychosoziale Praxis und Gesellschaftspolitik 1991. Opladen: Leske & Budrich.
Coveney, P. & Highfield, R. (1992). Anti-Chaos. Der Pfeil der Zeit in der Selbstorganisation des Lebens. Reinbek: Rowohlt.
Cramer, F. (1988). Chaos und Ordnung. Die komplexe Struktur des Lebendigen. Stuttgart: Deutsche Verlagsanstalt.
Csikszentmihalyi, M. (1985). Das Flow-Erlebnis: Jenseits von Angst und Langeweile: im Tun aufgehen. Stuttgart: Klett.
Eisler-Stehrenberger, K. (1990). Kreativer Prozeß – Therapeutischer Prozeß. In: *H. Petzold & I. Orth* (Hg.), Die neuen Kreativitätstherapien, Band 1 (S. 113-168). Paderborn: Junfermann.
Elkaim, M. (1992). Wenn du mich liebst, lieb mich nicht. Wirklichkeitskonstruktionen in der systemischen Familientherapie. Freiburg: Lambertus.
Goldmann, E.E. & Morrison, D.S. (1988). Die Psychodrama-Spirale. *Psychodrama*, 1(1), 29-38.
Haan, A. (1990). Kreative Prozesse im Psychodrama. Empirische Daten aus einer psychosomatischen Klinik. Dissertation. Münster.
Hillman, J. (1986). Die Heilung erfinden. Eine psychotherapeutische Poetik. Zürich: Schweizer Spiegel Verlag.
Jantsch, E. (1979). Die Selbstorganisation des Universums. Vom Urknall zum menschlichen Geist. München: Hanser.
Klein, U., Bleckwedel, J. & Porter, L. (1991). Einladung zur Fehlerfreundlichkeit. Die psychodramatische Prozeßanalyse als didaktisches Element. *Psychodrama*, 4(2), 290-303.
Klotz, K. (1990). Das Chaos in die gewünschte Richtung lenken. In: Geo Wissen, 2/90 (Sonderheft „Chaos und Kreativität"). Hamburg: Gruner & Jahr.
Knorr, M. (1992). Rasiert sich der Barbier, der alle Männer des Dorfes rasiert, die sich nicht selbst rasieren, selbst? Psychodrama und systemische Familientherapie – Rivalität oder Co-Evolution. Skripten zum Psychodrama, Band 5. Stuttgart: Moreno Institut.
Kopp, S. (1982).: Rollenschicksal und Freiheit. Psychotherapie als Theater. Paderborn: Junfermann.
Krüger, R.T. (1987). Eine Interaktionstheorie des Psychodramas. Eine tiefenpsychologische Interpretation und Weiterentwicklung der Spontaneitätstheorie nach Moreno. Unveröffentlichtes Manuskript.
Maclagan, D. (1985). Schöpfungsmythen. München: Kösel.
Maturana, H. & Varela, F. (1987). Der Baum der Erkenntnis. Die biologischen Wurzeln des menschlichen Erkennens. Bern: Scherz.
Moreno, J.L. (1923). Rede über den Augenblick. Potsdam: Kiepenheuer.
Moreno, J.L. (1925). Rede vor dem Richter. Potsdam: Kiepenheuer.
Moreno, J.L. (1953). Who shall survive? Beacon, NY: Beacon House, revised edition (zuerst: „Who shall survive? A new approach to the problem of human interrelations", Washington. DC: Nervous and Mental Disease Publishing Company, 1934; deutsch: „Die Grundlagen der Soziometrie – Wege zur Neuordnung der Gesellschaft", Leske & Budrich, 1996, 4. Auflage).*
Moreno, J.L. (1956). Sociometry and the science of man. Beacon, NY: Beacon House.*
Moreno, J.L. (1970). Das Stegreiftheater. Beacon, NY: Beacon House (2. Auflage; Erstveröffentlichung: Potsdam: Kiepenheuer, 1924).
Moreno, J.L. (1971). Words of the father. Beacon, NY: Beacon House.*
Moreno, J.L. (1975). Psychodrama, Volume 2 (second edition). Beacon, NY: Beacon House.*
Moreno, J.L. (1989). Psychodrama und Soziometrie. Köln: Edition Humanistische Psychologie.
Moreno, J.L. (1990). Theorie der Spontaneität-Kreativität. In: *H. Petzold & I. Orth* (Hg.), Die neuen Kreativitätstherapien, Band 1 (S. 189-202) Paderborn: Junfermann.
Moreno, J.L. (1990a). Kanon der Kreativität und Analyse der Kreativitätscharta. In: *H. Petzold & I. Orth* (Hg.), Die neuen Kreativitätstherapien, Band 1 (S. 187-188) Paderborn: Junfermann.
Moreno, J.L. (1991). Globale Psychotherapie und Aussichten einer therapeutischen Weltordnung. In: *F. Buer* (Hg.), Jahrbuch für Psychodrama psychosoziale Praxis und Gesellschaftspolitik 1991 (S. 11-44). Opladen: Leske & Budrich.
Moreno, J.L. & Moreno, Z.T. (1980). Psychodrama, Volume 1 (6. edition). Beacon, NY: Beacon House.

Petzold, H. & Orth, I. (Hg.) (1990). Die neuen Kreativitätstherapien, Band 1. Paderborn: Junfermann.
Prigogine, I. & Stengers, I. (1981). Dialog mit der Natur. Neue Wege naturwissenschaftlichen Denkens. München: Piper.
Sabelli, H. (1989). Union of opposites. A comprehensive theory of natural and human processes. Lawrenceville, VA: Brunswick.*
Schacht, M. (1983). Spontaneität. Diplom-Arbeit, Münster.
Schachtel, E.G. (1959). Metamorphosis. On the development of affect, perception, attention, and memory. New York: Basic Books.
Seidel, U. (1991). Experimente – kreative Schritte. *Psychodrama*, 4(1), 117-131.
Simon, F.B. (1992). Meine Psychose, mein Fahrrad und ich. Zur Selbstorganisation der Verrücktheit Heidelberg: Carl Auer.
Spolin, V. (1985). Improvisationstechniken für Pädagogik, Therapie und Theater. Paderborn: Junfermann.
Stiller, N. (1979). Ordnung durch Fluktuationen. Ein Gespräch mit Ilya Prigogine. Krefeld: Sassafras Verlag.
Watzlawick, P., Weakland, J. & Fisch, R. (1974). Lösungen. Zur Theorie und Praxis menschlichen Wandels. Bern: Huber.
Weber, M. (1992). Vom Chaos zur Ordnung. Die Eröffnung im Protagonistenspiel als instabile Phase. Skripten zum Psychodrama, Band 1. Stuttgart: Moreno Institut.
Weizsäcker, E.U. v. (1974). Erstmaligkeit und Bestätigung als Komponenten der pragmatischen Information. In: E.U.v. Weizsäcker (Hg.), Offene Systeme I, Beiträge zur Zeitstruktur von Information, Entropie und Evolution (S. 82-113). Stuttgart: Klett-Cotta.
Williams, A. (1989). The passionate technique. Strategic psychodrama with individuals, families, and groups. London: Routledge.*
Williams, A. (1991). Forbidden agendas. Strategic action in groups. London: Routledge.*
Yalom, I. (1989). Existentielle Psychotherapie. Köln: Edition Humanistische Psychotherapie.

Alle Zitate aus englischen Originaltexten wurden vom Verfasser übersetzt.

Korrespondenzanschrift:
Dipl.-Psych. *Michael Schacht*
Hauptstraße 2
D-59399 Olfen-Vinnum

☎ **(02595) 98181**
email: *MichaelSchacht@t-online.de*

Dieser Beitrag erschien zuerst in: *Psychodrama – Zeitschrift für Theorie und Praxis von Psychodrama, Soziometrie und Rollenspiel* (1992), 5(1), 95-130 (Themenheft „Sozial-Pädagogik") und wurde für den Wiederabdruck geringfügig modifiziert; es handelt sich um ein überarbeitetes Manuskript zum Workshop „Chaos, Kreativität und die Dynamik selbstorganisierender Systeme – Morenos Spontaneität am Werk" im Rahmen der Jahrestagung des Moreno Instituts (Stuttgart, 2.-3. Mai 1992).

Reinhard T. Krüger
Begegnung und Teleprozess als Rahmen psychodramatischen Denkens und Handelns in der Einzeltherapie

Summary:
Encounter and teleprocess as a means of providing scope for psychodramatic thinking and acting in individual therapy
Encounter is the trademark of psychodrama. But how can encounter be achieved in therapeutic practice? If encounter is to become part of successful psychodramatic treatment in dealing with mental patients, then we must adopt a way of thinking and acting based on system, process, depth psychology as well as a fundamentally existential attitude. This paper explains the four mentioned ways of thinking and acting based on the theories of tele-process, scenic understanding and a new theory of existential encounter. The author illustrates his theoretical considerations by an example drawn from psychodramatic, individual therapy performed on a patient who was traumatized during childhood.

Zusammenfassung:
Das Markenzeichen des Psychodramas ist die Begegnung. Wie wird Begegnung in der Therapie aber praktisch verwirklicht? Wenn in der psychodramatischen Therapie mit psychisch Kranken Begegnung gelingen soll, dann ist es erforderlich, systemorientiert, prozessorientiert, tiefenpsychologisch orientiert und existenziell zu denken und zu handeln. In dem Vortrag werden diese vier aufeinander aufbauenden Sicht- und Handlungsweisen der Begegnung erläutert. Dazu dienen unter anderem die Theoriekonzepte des Tele-Prozesses, des szenischen Verstehens und das hier neu dargestellte Konzept der existenziellen Begegnung. Der Autor macht seine theoretischen Überlegungen anschaulich an dem Beispiel einer psychodramatischen Einzeltherapie mit einem in der Kindheit traumatisierten Patienten.

Psychodrama ist bekannt als eine Methode der Gruppentherapie. Moreno (1939) hat aber schon etwa *ab 1937 Psychodrama auch in der Einzeltherapie* angewandt. Heute wissen wir, dass die Psychodramatechniken sehr differenziert die natürlichen Ich-Funktionen des Menschen nachahmen, und dann, wenn diese durch Abwehr blockiert sind, sie wieder aktivieren, dadurch bei angemessenem Einsatz die Abwehr spezifisch auflösen und kreative Interaktion wieder herstellen können (Krüger 1997, S. 75ff). Es ist deshalb kein Wunder, dass Psychodramatiker und Psychodramatikerinnen diese besondere therapeutische Potenz des Psychodramas schon immer und zunehmend auch in der Einzeltherapie nutzen.

Dabei stellt sich die Frage: *Wann können wir von Psychodrama in der Einzeltherapie sprechen?* Psychodramatische Einzeltherapie hat meiner Ansicht nach vier Prinzipien zu verwirklichen, 1. das Grundprinzip des Psychodramas, die Begegnung, 2. die Gestaltung des Tele-Prozesses hin zur Tele-Beziehung, 3. das tiefenpsychologisch orientierte szenische Verstehen und Gestalten und 4. bei entsprechender Indikation die störungsspezifische existentiellen Begegnung in der therapeutischen Beziehung. Ich will in diesem Vortrag diese vier Prinzipien erläutern.

1. Das Grundprinzip der Begegnung

Jede Psychotherapiemethode hat einen Schlüsselbegriff, ein Markenzeichen oder Logo, das nach außen ausdrückt, um was es in der Methode geht, und das nach innen identitätsstiftend wirkt. Für die Psychoanalyse ist das der Begriff des Unbewussten, für die Familientherapie das System, die systemische Betrachtungsweise. Was ist aber eigentlich das Markenzeichen für das Psychodrama? Der Rollentausch? Das Spiel? Handeln statt Reden? Ich habe mich für den Begriff „Begegnung" entschieden. *Begegnung* umfasst nämlich drei dem Psychodrama wichtige Dinge:

(1) das *Handeln*, die *Aktion*,
(2) die *Intersubjektivität* und
(3) den *Rollentausch*.

Begegnung ist ein Begriff, der qualitativ nicht unterscheidet zwischen Ich und Du, zwischen Subjekt und Objekt. Als Psychodramatiker würden wir eine Beziehungstheorie nie „Objekt-Beziehungstheorie" nennen können. So versucht Jan Bleckwedel als Psychodramatiker seit einigen Jahren, eine „Subjekt-Beziehungstheorie" zu formulieren, eine intersubjektive Begegnungstheorie. Wir verstehen im Psychodrama Begegnung als eine Interaktion zwischen Subjekten, zwischen einem Ich und einem anderen Ich. Unausgesprochen schließt der Begriff Begegnung also im Unterschied zu der einseitigen Subjekt-Objekt-Sichtweise den Perspektivwechsel zwischen den Interaktionspartnern mit ein, also den Rollentausch. Moreno (1975, p. 5) sagt denn auch in dem 1959 erschienenen Band 2 „Psychodrama": „Der Begriff Gegenübertragung ist ein Missverständnis. In Wirklichkeit gibt es kein „gegen", es gibt nur eine „Zwei-Wege"-Übertragung, eine Zwei-Wege-Situation." *Psychodramatisches Denken ist von Anfang an systemorientiert.*

2. Die Gestaltung des Tele-Prozesses hin zur Tele-Beziehung

In der Begegnung mit psychisch erkrankten Menschen gibt es nun aber ein Problem: Die Begegnung gelingt nicht, oder zumindest nicht sofort. Auch als Psychotherapeut verstehe ich nicht auf Anhieb, welchen Affekt oder Konflikt der Patient mit seiner Migräne ausdrückt. Der Patient weiß es ja selbst nicht. Alle Psychotherapiemethoden benutzen deshalb den „Trick", eine gestörte Begegnung in einen Prozess der Begegnung umzuwandeln. Dann wird die neurotische Störung zur Handlung (z.B. in einer Übertragungsbeziehung oder einer psychodramatischen Szene) und so therapeutischen Interventionen besser zugänglich. Auch Psychodrama verwirklicht systematisch dieses Prinzip, Begegnungen in Begegnungsprozesse umzuwandeln. Gedankeninhalte werden im Spielprozess auf der Bühne zu Begegnungsprozessen. Der Therapeut hilft, mit seinen Psychodramatechniken die Begegnungsprozesse aus Fixierungen zu befreien und sie kreativ auszugestalten. Das Geschehen in Begegnungsprozessen lässt sich theoretisch gut erfassen mit dem Konzept des Tele-Prozesses. Ich habe Morenos Konzept des Tele-Prozesses weiterentwickelt hin zu einem theoretischen Konzept, das das Geschehen in einer gelingenden Begegnung in vier aufeinander aufbauende Schritte unterteilt (Krüger 1997, S. 80ff). Das Konzept macht es leichter, in der praktischen Arbeit mit dem Psychodrama Ideen und Einfälle für einen idealtypischen Ablauf zu entwickeln. Auch gelingt es mit Hilfe dieses Konzeptes genauer, den Ort zu definieren, an dem dieser idealtypische Ablauf gegebenenfalls verfehlt würde. Die vier aufeinander aufbauenden Schritte des Tele-Prozesses in einer Begegnung sind (siehe Abb. 1): 1. Anziehung, 2. Interaktion, 3. Integration und 4. Einigung auf eine gemeinsame Gestaltung.

(1) *Anziehung*: Gegenseitige Anziehung lässt zwischen den Interaktionspartnern einen Begegnungsraum entstehen mit energetischem Austausch in einer zumindest vorübergehenden gemeinsamen Erwärmungszone.

(2) *Interaktion*: Die Aktionen und Reaktionen der Interaktionspartner ordnen sich in einer bestimmten zeitlichen Reihenfolge. Diese wird mitgesteuert von den je eigenen Bedeutungszuweisungen (Übertragungen) und den je eigenen konkreten Wahrnehmungen dessen, was innen und außen gerade ist. Die Differenzerfahrung zwischen konkretem Wahrnehmen und Bedeutungszuweisungen für diese Wahrnehmungen führt zu Realitätserleben und Einfühlung.

(3) *Integration*: Der wiederholte Wechsel zwischen gegenseitig einfühlender Teilhabe und beidseitiger Selbstverwirklichung hilft, die je eigene Rolle und das Selbstempfinden in der Interaktion aufeinander zu beziehen und so die je eigenen Erfahrungen zu einer Logik der Beziehung (Ursache-Wirkungs-Verständnis) zu integrieren.

(4) *Einigung über Gestaltung und Deutung*: Die Interaktionspartner entwickeln auf der Grundlage ihres je eigenen Selbstverständnisses eine gemeinsame Gestaltung und Deutung für das Geschehen in der Beziehung. Das setzt auch voraus, gegebenenfalls unangemessenes Handeln oder Fühlen in einen Sinnzusammenhang zu bringen mit Erfahrungen aus einer anderen Zeit und mit anderen Personen.

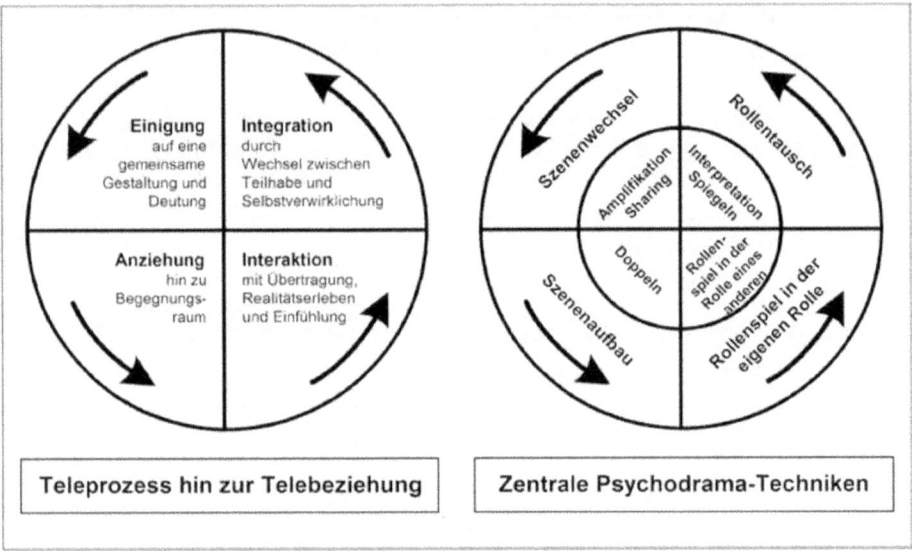

Abb. 1: Einzelne zentrale Psychodrama-Techniken aktivieren spezifisch einzelne Schritte des Tele-Prozesses.

Diese Differenzierung des Tele-Prozesses beseitigt einige Unklarheiten in der bisher vorliegenden Theorie: Im Gegensatz zu Moreno habe ich mich entschieden, den Begriff „Tele" nicht mehr zu benutzen und nur noch von „Tele-Prozess" und „Tele-Beziehung" zu sprechen. *Tele-Beziehung ist das idealtypische Gelingen von Begegnung. Der Tele-Prozess ist der Weg zur Tele-Beziehung hin.* Oft wird der Begriff „Tele" von Psychodramatikern nämlich unscharf für Tele-Beziehung, also für das idealtypische Gelingen von Begegnung benutzt, andererseits dann aber auch wieder für nur einzelne Schritte des Tele-Prozesses, zum Beispiel für die bloße Anziehung zwischen Menschen. Ich glaube, dass gerade die Gleichsetzung von Tele-Prozess und Tele-Beziehung in dem Begriff „Tele" viel Verwirrung stiftet.

Auch die Definition von *Tele* als „wirklichkeitsgerechte gegenseitige Wahrnehmung" (Moreno 1959, S. 47 u. 54) ist problematisch. Sie verbindet den zweiten und vierten Schritt des Tele-Prozesses miteinander, beschreibt aber beide unvollkommen. Im zweiten Schritt des Tele-Prozesses nehmen sich die Interaktionspartner idealtypisch gesehen zwar konkret wahr mit dem, was innen und außen gerade ist, spielen aber auch projektiv mit Bedeutungszuweisungen für diese Wahrnehmungen. Es ist gerade die Differenzerfahrung zwischen dem konkreten Wahrnehmen und der projektiven Bedeutungszuweisung, die die Realitätserfahrung vermittelt. Realität ist also, prozesshaft gedacht, nicht statisch, sondern eine Differenzerfahrung. Dazu sind aber projektive Bedeutungszuweisungen erforderlich, von Moreno in diesem Zusammenhang als „Übertragung" bezeichnet (Moreno 1975, p. 174). Tele-Beziehung erfordert also über die bloße wirklichkeitsgerechte gegenseitige Wahrnehmung hinaus immer auch das spielerische Projizieren von Bedeutungen, d.h. die subjektive Interpretation der Wahrnehmungen.

Man kann eine Tele-Beziehung aber auch nicht als „Zwei-Fühlung" verstehen. Das ist zwar die allgemein anerkannteste Definition von Tele-Beziehung unter Psychodramatikern. Moreno widerspricht aber selbst dieser von ihm gegebenen Definition in anderem Zusammenhang und sagt: „Einfühlung und Gegen-Einfühlung summieren sich […] nicht zu einer Tele-Beziehung. Sie können einander parallel laufen, ohne sich je zu vermischen." (Moreno 1974, S. 393f). Bei Psychopathen sei ein gutes Einfühlungsvermögen in ihre Opfer die beste Voraussetzung für ihre verbrecherischen Unternehmungen. Ich will das hier nicht weiter ausführen, möchte aber feststellen, dass Tele-Beziehung eben auch noch die Schritte Integration der je eigenen Erfahrungen der Interaktionspartner zu einer Logik der Beziehung und als vierten Schritt die Einigung auf eine gemeinsame Gestaltung und Deutung für die Beziehung erfordert. In der Psychodrama-Literatur waren bisher zwar dieser 3. und 4. Schritt des Tele-Prozesses immer immanent als Idee mit enthalten, aber nicht konkret im Zusammenhang mit dem Tele-Begriff genannt worden.

Ich möchte das Konzept des Tele-Prozesses und der Tele-Beziehung jetzt an einem Fallbeispiel verdeutlichen:

1. Fallbeispiel:

Ein 35-jähriger Handwerksmeister, Herr A., kam nach der Kur in einer Psychosomatischen Klinik zu mir in Einzeltherapie wegen Magenkrämpfen, Migräne, einer Depression und einer schweren Selbstwertproblematik. Er hatte in der 12. Therapiestunde psychodramatisch den Konflikt mit einem Kollegen („Der lässt mich immer gegen die Wand laufen.") bearbeitet und zu seiner Überraschung entdeckt, dass dieser Kollege mit ihm schon lange aktiv rivalisierte. Herr A. setzte in der 13. Stunde das Thema „Selbstbehauptung im Machtkampf" fort und erzählte von dem Konflikt mit einem Vereinsvorsitzenden: „Was der erwartet, das ist nicht zu schaffen." Der Vorsitzende hatte ihm 8 verschiedene Computersteuerungen zur Beurteilung gegeben. Herr A. hatte daran 3 Tage bis in die Nacht hinein angestrengt gearbeitet, aber nur 3 Steuerungen fertig geprüft. Herr A. erwartete beim Therapeuten Unterstützung gegen den „bösen" Vereinsvorstand. Der Therapeut war aber neugierig, ob Herr A. Ursache und Wirkung in der Beziehung angemessen beurteilte (3. Schritt des Tele-Prozesses). Er forderte ihn deshalb auf, die Begegnung mit dem Vereinsvorsitzenden im Spiel zu zeigen. Im Rollentausch erlebte Herr A. als Vereinsvorsitzender hinter dessen Leistungsforderung viel weniger Strenge als erwartet: „Ich warte einfach mal ab, freue mich schon auf das, was dabei herauskommt."

In der Nachbesprechung stellt der Patient verblüfft fest: „Immer, wenn ich denke, es könnte sein, dass der Vorsitzende etwas von mir erwartet, gehe ich davon aus, dass er das auch tut! Genauso wie im Betrieb. Ich mache dann mehr, als ich leisten kann!" Am Ende der Stunde meint er: „In der Klinik habe ich eher gedacht, die Probleme mit meinen Eltern sind auslösend. Hier erlebe ich das jetzt ganz anders, dabei hängt das aber irgendwie zusammen." Und nach einer Pause: „Von meinem Vater wurde ich immer aufgefordert, es besser zu machen, wurde ich nie gelobt. Das ist ja dieselbe Schiene! Völlig bekloppt! Dass ich mir das selbst antue, worüber ich mich schon immer geärgert habe, stellvertretend für meinen Vater!" (4. Schritt des Tele-Prozesses wird vollzogen).

Bei Herrn A. war vor dem Spiel in der Beziehung zu dem Vereinsvorsitzenden der Übergang vom 2. Schritt des Tele-Prozesses, der bloßen Interaktion, hin zum 3. Schritt des Tele-Prozesses blockiert gewesen, das heißt hin zur Integration der eigenen Erfahrungen zu einem angemessenen Ursache-Wirkungs-Verständnis der Beziehung. Der Rollentausch hob diese Blockade auf. Der Patient hatte aber auch schon in der 12. Therapiesitzung den Tele-Prozess in einem Beziehungskonflikt vom 2. zum 3. Schritt hin erweitert, das nur in dem Konflikt mit dem Arbeitskollegen. Es stellt sich die Frage: Wieviele Psychodramaspiele braucht man eigentlich und welche, um ein bestimmtes Abwehrverhalten (hier bei Herrn A. die Identifizierung mit dem Angreifer) aufzulösen und den Patienten in die Lage zu versetzen, in neuen Konflikten spontan Blockaden im Tele-Prozess zu beseitigen?

3. Das tiefenpsychologisch orientierte szenische Verstehen

Psychodramatische Therapie zielt nicht nur darauf, immer wieder neu dasselbe neurotische Verhalten in Beziehungen zum Verschwinden zu bringen, im Falle des Patienten, Herrn A., also immer wieder seine trotzige Gefügigkeit in Konflikten. Es bedarf in solchen Fällen eines tiefer gehenden psychodramatischen Vorgehens, das ein umfassenderes Konfliktverständnis vermittelt über die bloße Symptomszene hinaus. Wir Psychodramatiker bringen dazu ein solch unangemessenes Handeln, Fühlen oder Denken meist in einen Sinnzusammenhang mit Wirkungszusammenhängen aus der Jugend oder Kindheit. Das ist die bekannte Frage: „Woher kennen Sie das noch, dass Sie [...]." und dann beschreiben wir als Therapeut das Interaktionsmuster aus dem Konflikt mit dem Arbeitskollegen (*Symptomszene*) oder der therapeutischen Beziehung (*therapeutische Szene*) und hoffen, dass dem Patienten dazu eine passende Szene aus der Jugend oder Kindheit (*genetische Szene*) einfällt. Oft lassen wir psychodramatisch den Protagonisten dann sogar die Szene wechseln (Technik des Szenenwechsels) und seine Kindheitserinnerung nachspielen.

Ein solches Vorgehen ist tiefenpsychologisch orientierte Arbeit im Psychodrama. Lorenzer (1970, S. 142ff) hat für die Psychoanalyse diesen tiefenpsychologischen Zugang zu Blockaden im Tele-Prozess beschrieben als das „*szenische Verstehen*" des Therapeuten. Im szenischen Verstehen erkennt der Therapeut, dass der Patient dazu neigt, im Agieren seines Symptoms immer ähnlich zu agieren und zu reagieren 1. in Beziehungen aus dem gegenwärtigen sozialen Umfeld (*Symptomszene*), 2. in einer wichtigen Beziehung in der Kindheit (*genetische Szene*) und oft auch 3. in der therapeutischen Beziehung (*therapeutische Szene*). Ich ergänze die drei von Lorenzer genannten verschiedenen Konfliktebenen zusätzlich noch um die „*mythische Szene*". Bei einer sehr diffusen Beziehungsgestaltung oder existentiellen Ängsten frage ich nach analogen Interaktionsmustern aus Märchen und Mythen oder führe solche aktiv als amplifizierende Deutung (Krüger 1997, S. 206f) ein. Die Arbeit mit Märchen und Mythen erweitert zwar auch wie das Arbeiten mit Einfällen aus der Kindheit (genetische Szene) die aktuelle Szene um analoge szenische Bilder, sie hat aber eine weniger analytische und mehr ich-stärkende Wirkung. Denn die Kenntnis eines analogen Beziehungsmusters aus einem Märchen oder Mythos gibt Halt im allgemein Menschlichen und führt dem Individuum Energien zu aus dem kollektiven Unbewussten. Außerdem haben Geschichten und Märchen einen in sich weiterlaufenden Handlungsstrang. Dadurch aktivieren sie bei Identifikationen mit z.B. einer Märchenfigur das spielerische Handeln auf der Vorstellungsebene und wirken somit gerade in scheinbar ausweglosen Situationen ich-stärkend.

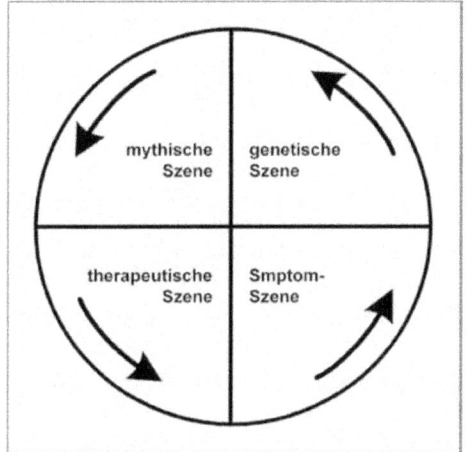

Abb. 2: Szenisches Verstehen und Gestalten.

Das szenische Verstehen des Therapeuten wird in der gemeinsamen therapeutischen Arbeit zum szenischen Selbstverstehen des Patienten (Krüger 1997, S. 232f): Der Patient in dem Fallbeispiel hatte bei seiner stationären Psychotherapie in der Psychosomatischen Klinik schon die Einsicht gewonnen, dass seine Selbstwertkrise (Symptomszene) verursacht war durch einen alten Vaterkonflikt (genetische Szene). Zurück im Alltag musste er in der ambulanten Einzeltherapie nun aber feststellen, dass auch jeder Rivale und jede Autoritätsperson ihn sehr schnell in große Bedrängung bringen konnte, weil er nahezu unfähig war, sich in Konflikten selbst zu behaupten (Symptomszene). Er merkte, dass er selbst so von einem hohen Leistungsideal besetzt war, dass ihm unbewusst praktisch jede Konfliktsituation recht war, um die alte Selbstwertproblematik wieder neu zu aktualisieren. In der Nachbesprechung des Psychodramas mit dem Vereinsvorsitzenden gelang es dem Patienten spontan, die Symptomszene und die genetische Szene miteinander zu einem neuen Sinnzusammenhang zu verbinden (4. Schritt des Teleprozesses). So konnte Herr A. sich selbst szenisch verstehen. Er entdeckte, dass er in Konflikten nicht nur Opfer sondern auch Täter gegenüber sich selbst war und selbst die Konflikte entscheidend mitsteuerte.

Psychodramatiker und Psychodramatikerinnen arbeiten tiefenpsychologisch dann, wenn in einem Begegnungsprozess Ursache und Wirkung sich nicht zur Sinnerfahrung ergänzen. Der Therapeut sucht dann zusammen mit dem Patienten nach qualitativ anderen Szenen, in denen das neurotische Verhaltensmuster sinnvoll war, um diese beiden Szenen miteinander in einen gemeinsamen Sinnzusammenhang zu bringen. Das bedeutet aber, dass ein auf diese Weise tiefenpsychologisch orientiert arbeitender Psychodramatiker das Phänomen der *unbewussten Übertragung* eines neurotischen Interaktionsmusters von einer Szene in eine andere anerkennt und für seine therapeutische Arbeit nutzt. Das Unbewusste und der Übertragungsbegriff sind nun aber Markenzeichen der Tiefenpsychologie. Aus dem Gesagten ergibt sich die Schlussfolgerung: *Psychodramatherapeuten arbeiten immer auch tiefenpsychologisch orientiert.*

4. Die existentielle Begegnung

Psychodramatiker meinen nicht selten, es reiche aus, wenn ein Patient Tele-Beziehung zu den Personen in seinem sozialen Umfeld und in seinem sozialen Atom herstellt. Ich teile diese Meinung. Es gibt dabei meiner Erfahrung nach nur ein Problem: Bei frühkindlichen Entwicklungsdefiziten und bei strukturellen Störungen gelingt dies nicht ohne weiteres oder ändert zumindest nichts an der Krankheitssymptomatik. Bei *neurotischen Entwicklungsdefiziten* ist der Patient durch ein altes innerseelisches Gleichgewicht (Abwehr) behindert, zwar nicht den ersten, aber doch den zweiten und den daraus folgenden dritten und vierten Schritt des Teleprozesses hin zur Tele-Beziehung zu gehen. Der Therapeut kann dann versuchen, den Patienten zu drängen. Er provoziert dadurch aber Abhängigkeiten des Patienten im Sinne von Übertragungen auf den Therapeuten, die in Langzeittherapien über kurz oder lang zu Widerständen gegen einen weiteren Fortschritt in der Therapie werden. Solche *Widerstände zeigen sich* in mehr oder weniger deutlichen Störungen der therapeutischen Beziehung, 1. an einem unbestimmten Gefühl von Unwohlsein in der Beziehung zum Patienten, 2. daran, dass der Therapeut anfängt, Begründungen zu wiederholen. 3. Beim Patienten treten in zeitlichem Zusammenhang mit Therapiesitzungen neurotische oder psychosomatische Symptome auf. 4. Der Patient oder der Therapeut selbst durchbrechen das verabredete Setting in der Therapie. 5. Das zentrale Symptom des Patienten verändert sich in der Therapie nicht wesentlich trotz engagierter Arbeit. Diese Störungen in der therapeutischen Beziehung sind als verschiedene Anzeichen für das Agieren eines Widerstandes bekannt.

Auch Patienten mit strukturellen Störungen können nicht ohne weiteres Beziehungskonflikte bis hin zur Tele-Beziehung ausarbeiten. Patienten mit *strukturellen Störungen* wehren auf Grund von Defiziten oder Traumata unbewusst einen Identitätskonflikt ab. Bei ihnen wird leicht durch kleine äußere oder innere Auslöser zusätzlich zu dem dem Bewusstsein zugänglichen Selbstorganisationsprozess ein zweiter unbewusster intrapsychischer Prozess aktiviert, den der Patient aber nicht mit dem ersten integrieren kann und deshalb abspaltet von dem ersten. Der zweite Prozess kann dann zeitlich alternierend zu dem ersten in die Beziehung eintreten (Borderline-Syndrom) oder wie bei psychosomatisch Erkrankten auf der Körperebene zeitlich mitlaufen als ein ich-fremd erlebtes Geschehen.

Die unbewusste Abwehr eines Identitätskonfliktes ist typischerweise zu erkennen an der *Fixierung an eine alte Rolle* oder an eine *Anpassungshaltung*. Bei der Rollenfixierung wird in verschiedenen Situationen ein altes Selbstbild agiert und versucht, die Personen des sozialen Umfeldes entsprechend den eigenen Bedürfnissen umzuformen. Bei einer Anpassungshaltung handelt der Patient zwar äußerlich der Situation angemessen, blendet aber sein Selbstempfinden dabei aus. In beiden Fällen, bei einer Rollenfixierung und auch bei einer Anpassungshaltung, wird der bei jedem Menschen ständig laufende Konflikt zwischen Selbstempfinden und situativ gelebter Rolle verleugnet. Dadurch bleibt der Identitätskonflikt dann unbewusst. *Identität* verstehe ich in diesem Zusammenhang nicht als etwas Statisches, sondern dynamisch. Nach Krotz (1992) ist sie eine „zentrale, vom Individuum für die Beteiligung an Interaktion zu erbringende Leistung". Identität ist ein Prozess, der immer wieder neu die Balance herzustellen habe zwischen Selbst und situativer Rolle.

Bei Patienten mit neurotischen Entwicklungsdefiziten oder strukturellen Störungen muss meiner Erfahrung *nach die Veränderung früher oder später durch das Nadelöhr des Konfliktes in der therapeutischen Beziehung hindurchgehen*, damit die zugrunde liegende Störung sich in ihrer Besonderheit im Interaktionsraum zwischen Patient und Therapeut zeigen und dann dort verstanden, gestaltet und bearbeitet werden kann. Ich benutze für die Arbeit in der therapeutischen Szene das Konzept der existentiellen Begegnung.

Die *existentielle Begegnung* lässt sich schematisch in sieben Schritte unterteilen:

(1) Der Therapeut und Patient vereinbaren, das Geschehen in der therapeutischen Beziehung zu klären, und einigen sich dafür auf einen festen Rahmen.
(2) Trennung von Rolle und Selbstempfinden beim Therapeuten durch Rollenfeedback in der realen Begegnung.
(3) Die Trennung von Rolle und Selbstempfinden beim Patienten.
(4) Das explorativ-integrierende Rollenspiel in der Rolle des Patienten.
(5) Patient und Therapeut erkennen ihre neurotischen Interaktionsmuster in der therapeutischen Szene.

(6) Der Therapeut hält das Selbstverständnis des Patienten über seinen Identitätskonflikt schriftlich als Therapiefocus fest und gibt es diesem mit.

(7) Integration der neuen Erkenntnisse über die Identitätsregulation in die weiterlaufende Therapie.

Zu (1)
Vereinbarung über den Rahmen der existentiellen Begegnung

In einer Einzeltherapie ist das Setting und der Rahmen für die existentielle Begegnung klar. Die Sitzungen sind sowieso schon wöchentlich fortlaufend. Ich bin inzwischen aber dazu übergegangen, auch in der Gruppentherapie bei etwa jedem vierten Patienten einmal in deren Therapie von gewöhnlich 2 Jahren Dauer eine Reihe von Einzelgesprächen anzubieten. Das dann, wenn ein Patient oder eine Patientin durch mangelnde Aktivität, chronische Fixierung an ein Symptom oder eine chronische Rollenfixierung (dauerhaftes Abwehrverhalten) über 1/2 oder 1 Jahr keine Fortschritte mehr in der Therapie zu machen scheint. Ich biete dann von mir aus dem Patienten eine Einzelsitzung zusätzlich zur Gruppentherapie an und beginne in der ersten Einzelsitzung das Gespräch mit der Mitteilung, dass ich als Therapeut nicht mehr so weitermachen möchte wie bisher, weil ich eine Störung oder einen Stillstand in der Therapie erlebe: „Ich möchte das Geschehen in der Therapie gerne in einer Reihe von Einzelsitzungen mit Ihnen zusammen klären." Dafür vereinbare ich dann mit dem Patienten einen Rahmen von wenigstens fünf Einzelsitzungen, mindestens eine Sitzung wöchentlich.

Zu (2) und (3)
Die Trennung zwischen Rolle und Selbstempfinden beim Therapeuten und beim Patienten

2. Fallbeispiel:
Eine 28-jährige Frau nahm im 3. Jahr an einer Gruppentherapie teil, litt aber weiterhin, wenn auch abgeschwächt, noch an Panikanfällen. Sie hatte nur selten protagonistzentriert psychodramatisch gespielt. Deutungen des Verhaltens in der therapeutischen Beziehung („Angst, sich zu zeigen", „Angst vor Rivalität analog zum Konflikt mit ihrer jüngeren Schwester") oder genetische Deutungen (Wiederholung eines Vaterkonfliktes in der Beziehung zum Therapeuten) erzielten in Bezug auf die Symptomatik wenig Wirkung. Die Patientin war bemüht und eifrig und animierte den Therapeuten dadurch immer wieder, aktiv zu sein. Trotzdem stellte sich bei ihm aber zunehmend ein Gefühl der Unwirklichkeit ein. Er bot der Patientin deshalb eine Reihe von Einzelsitzungen neben der Gruppentherapie an, um diese Schwierigkeit in der Beziehung mit ihr zu klären. In der 2. Einzelsitzung ging der Therapeut dann aus seiner alten Rolle als „freundlich hilfsbereiter Therapeut" heraus und stellte der Patientin gegenüber fest: „Sie sind sehr eifrig und bemühen sich. Ich habe bei all dem in der Beziehung zu Ihnen aber ein Gefühl der Unwirklichkeit." Die gemeinsame Arbeit über mehrere weitere Einzelstunden führte dazu,

dass die Patientin eine alte Anpassungshaltung erkannte: „Manchmal habe ich das Gefühl, dass ich einer bestimmten Art von Patientin entsprechen muss. Ich weiß dann gar nicht, ob ich dahinter stehe hinter dem, was ich sage, oder ob ich nur ein Roboter bin. Ich will die perfekte Patientin sein!"

Solche persönlichen Mitteilungen von Patient und Therapeut machen deutlich die Diskrepanz zwischen der äußeren Rollenausübung und dem inneren Selbsterleben. Sie verwirklichen die Psychodramatechniken Rollenspiel und *Rollenfeedback in der realen Begegnung*. Durch die Trennung zwischen Rolle und Selbsterleben beim Therapeuten wird das System, das System des festgefahrenen Beziehungsspiels zwischen Patient und Therapeut, verstört. Die Verstörung des Systems bewirkt Differenzerfahrung. Durch Differenzerfahrung zwischen dem konkret Wahrgenommenen und den auf den gewohnten Bedeutungszuweisungen beruhenden Erwartungen entsteht ein neues Realitätserleben. Der 2. Schritt des Tele-Prozesses in der therapeutischen Beziehung wird aus der Blockade befreit. Die Trennung zwischen Rolle und Selbsterleben beim Therapeuten führt zum freien Spiel in der Interaktion zwischen Therapeut und Patient, zum *Stegreifspiel in der Realität der therapeutischen Beziehung* mit zwei Protagonisten, dem Therapeuten und dem Patienten. In diesem Spiel gibt es kein Falsch oder Richtig. Alles darf sein und wird geprüft. Es gilt, was da ist.

In der Einzeltherapie von Herrn A. wurde die existentielle Begegnung zwischen Patient und Therapeut nicht ausgelöst durch Rollenfeedback für die reale Beziehung zwischen Patient und Therapeut, sondern durch die Rückmeldung des Therapeuten zu einem Psychodramaspiel:

1. Fallbeispiel: (Herr A., 1. Fortsetzung)
Der Patient hatte seine Selbstwertkrisen in Konflikten tiefenpsychologisch verstanden als Aktualisierung eines alten Vaterkonfliktes. Es reichte aber offenbar nicht aus, die Symptomszene in Zusammenhang zu bringen mit der genetischen Szene „Vaterkonflikt". Denn der Patient kam in der folgenden 14. Therapiesitzung wieder mit einem psychodynamisch ganz ähnlichen Problem und berichtete: „Ich habe immer noch Mühe, Neid von Kollegen als Anerkennung zu sehen. Und außerdem stört mich, dass ich nach außen offenbar wieder voll belastbar wirke. Dabei finde ich gar keine Zeit mehr zum Nachdenken." Er schildert neu einen Konflikt mit einer Kollegin: „Die verlangt von mir, dass ich im Werkraum Kartons auspacke. Ich schiebe diese Arbeit schon lange vor mir her." Der Therapeut lässt ihn auch diese Auseinandersetzung mit der Kollegin psychodramatisch spielen. Dabei beschreibt Herr A. die Kollegin als hilfsbereite, engagierte Frau, die aber die Werkstatt als Entspannung von Haus und Kindern erlebt und ihn, Herrn A., als faul ansieht. In der Nachbesprechung zum Spiel meint der Patient, er habe „der Kollegin gegenüber ein schlechtes Gewissen". Er stöhnt: „Ich will das aber nicht haben! Ich habe Stundenreduktion nach meiner Kur, habe da schon 1/2 Stunde mehr gearbeitet, als ich eigentlich müsste, mehr will ich nicht!" Der Therapeut zögert, stellt dann aber fest: „Ich glaube, Sie haben Ihr schlechtes Gewissen zurecht! Denn Sie haben wegen Ihrer psychischen Erkrankung Ihre Arbeitsstunden in der Werkstatt reduziert, haben aber am Wochenende 20 Stunden für den Vereinsvorsitzenden gearbeitet, und dann beschweren Sie sich noch, dass Sie keine Zeit haben für sich!" Der Patient: „Das ist ja etwas anderes, an der Vereinsarbeit habe ich Spaß!"

Trotz der Konfrontation „Sie haben Ihr schlechtes Gewissen zurecht.", erzählt der Patient in der nächsten Sitzung, dass die Beziehung zu der Kollegin sich nach diesem Spiel sehr entspannt hat. Beide hätten noch einmal offen miteinander geredet und vereinbart, in der nächsten Zeit die Kartons zusammen auszuräumen. Der Patient hatte mit Hilfe des Psychodramas ein drittes Mal Ursache und Wirkung in einem Beziehungskonflikt des Alltags klären (3. Schritt des Tele-Prozesses) und dadurch Tele-Beziehung in einer Symptomszene herstellen können. Trotz dieses Fortschrittes wirkt er aber in dieser Therapiestunde recht mitgenommen und depressiv. Er erzählt auf Nachfrage auch prompt, dass er seit der letzten Sitzung an einer schweren Migräne leidet und sich nur mühsam durch den Tag schleppen könne. Der Patient selbst führt sein Symptom zwar auf Konflikte im Freundeskreis zurück, wo er sich ausgebootet fühlt, er schildert aber auch einen kurzen Traum: Er fährt mit seinem Auto auf der Autobahn, kommt in einen Stau.

Herr A. hatte auf das konfrontierende Rollenfeedback des Therapeuten zum Spiel mit dem psychosomatischen Symptom Migräne reagiert, ohne die auslösende Situation mit der Migräne in Verbindung zu bringen. Er verleugnete unbewusst den dahinter stehenden Identitätskonflikt ganz nach dem Motto: „Und so schloss er messerscharf, dass nicht sein kann, was nicht sein darf." Er klammerte sich an die ihm bekannte Rolle des hilflosen Patienten, der bei dem Therapeuten Schutz sucht in Krisen der Selbstbehauptung. Bei dem Patienten, Herrn A., galt es aber, seinen latenten Identitätskonflikt bewusst zu machen. Denn er war ja wegen Depressionen und schweren Migräneanfällen in Therapie gekommen. Ich verstand die Migräne als aktuell ausgelöst durch das konfrontative Rollenfeedback des Therapeuten zum Spiel. Dadurch war der Patient aus seiner Fixierung in die Rolle des braven Patienten herausgefallen (*Trennung von Rolle und Selbstempfinden jetzt auch beim Patienten*), ohne selbst jedoch sein Selbstempfinden „Migräne" mit der auslösenden Situation in der therapeutischen Beziehung in Zusammenhang zu bringen.

Matthias Ewald (mündl. Mitteilung 1999) schlägt eine technische Variante zur Trennung von Rolle und Selbstempfinden vor. Als Therapeut direkt vom eigenen Stuhl aus Rollenfeedback zu geben, das sei speziell bei Patienten mit Borderline-Syndrom oft zu konfrontativ. Ewald hat gute Erfahrungen damit gemacht, als Therapeut hinter den eigenen Stuhl zu treten und sich selbst zu doppeln, z.B. gegenüber dem Patienten, Herrn B., laut auszusprechen: „Je länger ich hier mit Herrn B. zusammen bin, desto verwirrter werde ich." Dieses technische Vorgehen in der existentiellen Begegnung werde meist gut angenommen.

Zu (4)
Das explorativ-integrierende Rollenspiel

Fallbeispiel 1: (Herr A., 2. Fortsetzung)
Um bei Herrn A. die Verleugnung des Konfliktes in der therapeutischen Beziehung aufzuheben, spreche ich den Konflikt konsequent an: „Ich verstehe nicht, wie Sie das eigentlich innerlich machen. Für mich liegt der Zusammenhang zwischen Ihrer Migräne und der letzten Therapiesitzung auf der Hand. Sie aber scheuen davor zu-

rück, darüber weiter nachzudenken. Darf ich einmal die Rolle mit Ihnen tauschen und nachfühlen, wie das ist, Sie zu sein?" Der Patient willigt ein, zuerst verwirrt, dann erstaunt. Ich setze mich in seiner Haltung auf seinen Platz, spiele ihn nach und gehe dabei auch über das hinaus, was er bisher mitgeteilt hat.

Nach der Rückkehr in die eigene Rolle bitte ich den Patienten, zu sagen, wie er sich von außen gesehen und erlebt hat. Anschließend gebe ich Rollenfeedback aus meinem Erleben in seiner Rolle: „Sie hatten ja in der letzten Stunde, als es um den Konflikt mit Ihrer Kollegin ging, gesagt, dass Sie im Leben mehr Spaß haben wollten. Ich hatte das damals so verstanden, dass Sie weniger arbeiten und mehr Freizeit im Sinne von Erholung haben wollten. Im Spiel in Ihrer Rolle eben habe ich aber gemerkt, bei dem Wunsch ‚Spaß zu haben', geht es nicht um Erholung oder Freizeit, sondern um etwas ganz anderes. Es geht darum, etwas Besonderes zu vollbringen. Diese Sehnsucht war für mich ein absolutes Muss. Das war für mich in Ihrer Rolle absolut notwendig, sozusagen existentiell." Tatsächlich ist das für mich in der Therapie des Patienten eine völlig neue Erfahrung, das so absolut zu fühlen.

Ich nenne diese Technik „*explorativ-integrierendes Rollenspiel in der Rolle des Patienten*". Ich spiele dabei zwar auch das Verhalten des Patienten nach und wiederhole die vom ihm gesprochenen Sätze. Ziel ist aber nicht zu konfrontieren, sondern im Nachspielen des Patienten dessen Identitätsprozess in der Beziehung nachzuvollziehen, das heißt seine einzelnen Verhaltenssequenzen und Äußerungen in den virtuellen Schnittpunkt seines Kern-Selbst-Empfindens (Stern 1992, S. 106) zurückzuverfolgen, dort zu integrieren und den subjektiven Sinn seiner (neurotischen) Konfliktlösung zu erfassen. In dem Fallbeispiel ging es mir um die Frage, *warum für den Patienten die Verleugnung des Konfliktes* mit dem Therapeuten *die beste Lösung war*. Das bedeutet, dass ich in der Rolle des Patienten mich spielerisch auch zurückerinnerte an die letzte Therapiesitzung, an das, was ich als Patient erlebt hatte, und an das, was der Therapeut gesagt hatte. Ich staune bei der Technik des explorativ-integrierenden Rollenspiels immer wieder: Eigentlich, denke ich, habe ich ein recht gutes Einfühlungsvermögen. Wenn ich dann aber in die Rolle des Patienten hineingehe, erschließen sich mir dessen Besonderheiten und Notwendigkeiten oft noch einmal ganz anders.

Zu (5) und (6)
Erkennen der neurotischen Interaktionsmuster in der therapeutischen Szene und Therapie-Focus

Fallbeispiel 1: (Herr A., 3. Fortsetzung)
Der Patient fühlte sich durch das explorativ integrierende Rollenspiel sehr verstanden. Nur ich selbst hatte ein Problem: Ich wollte gerne wissen, warum es für den Patienten so absolut notwendig war, etwas Besonderes zu vollbringen. Was war für ihn der Grund, immer ein toller Kerl sein zu müssen? Bis zur nächsten Therapiestunde dämmerte es mir. Eigentlich war es nicht zu übersehen. Denn dem Patienten fehlte sein rechtes Auge. Es war ihm im 5. Lebensjahr unter sehr merkwürdigen Umständen wegen Krebsverdachtes entfernt worden. Ich hatte den Patienten im Erstgespräch gefragt, ob er nicht ein Problem mit seiner Behinderung

habe. Er verneinte das völlig erstaunt, obwohl ich selbst anfangs große Mühe hatte, über das etwas herunterhängende rechte Augenlid hinwegzusehen. Der Patient hatte mir über die Operation in der Kindheit berichtet. Angeblich war diese ohne ausreichende Narkose geschehen. Festgeschnallt und festgehalten hatte er die Ärzte angeschrien und gebettelt, sie sollten aufhören. Alles vergeblich. Der Patient konnte sich zwar erinnern, hatte aber das damit verbundene seelische Trauma als solches nie verarbeitet. Er hatte stattdessen die Behinderung immer verleugnet und Minderwertigkeitsgefühle und Demütigungen seit seiner Kindheit immer zu kompensieren versucht durch Grandiosität. Er hatte als einäugiger Mann eine relativ gefährliche Sportart betrieben und darin die Lizenz als Lehrer erworben. Die Erwartung des Patienten an mich war, dass ich ihn darin unterstützte, Besonderes zu leisten, wenn schon nicht im Betrieb, dann wenigstens in seinen Freizeitaktivitäten, und dass ich ihn davor schützte, Demütigungen und Gefühle von Hilflosigkeit hinnehmen zu müssen.

Aus diesen Überlegungen heraus erzählte ich dem Patienten in der folgenden Therapiesitzung, wie ich sein Problem inzwischen verstand: „Ich kann die absolute Dringlichkeit, Besonderes zu leisten, für Sie akzeptieren. Denn ich verstehe sie als Ausdruck einer alten Angst, als Krüppel angesehen zu werden." Ich gebe hier das Geschehen bei der Klärung des Konfliktes in der therapeutischen Beziehung nur sehr verkürzt wieder. Wichtig ist mir: Wir brauchten dafür mehrere Stunden. Mit dem Thema Behinderung durchbrachen wir ein Tabu, das in der Familie des Patienten in der Kindheit geherrscht hatte. Über die Behinderung war fast nie geredet worden. Die Mutter des Patienten hatte sogar in seinem 12. Lebensjahr den von Herrn A. heiß geliebten *einäugigen* Teddybär einfach verschwinden lassen. Indem wir jetzt in der therapeutischen Beziehung offen über das Thema Behinderung sprachen, verschwand prompt der migräneartige Kopfschmerz. Dafür traten aber deutlich Spannungen in der Beziehung zwischen uns auf. Wir erkannten in unserer Beziehung ein altes Interaktionsmuster des Patienten: „Wenn ich mich schlecht fühle, denke ich immer, das liegt ganz an mir allein und nicht auch an den anderen. Denn ich bin ein Krüppel. Deshalb meine ich auch immer, ich muss allein eine Lösung finden, wie es mir besser geht, oder ich versuche alternativ zu grandiosen Leistungen aufzulaufen." Ich schrieb dem Patienten diesen *Therapie-Focus* auf ein Rezept auf und gab diesen ihm mit, und zwar mit der Aufforderung, immer einmal wieder einige Minuten über diesen Text nachzudenken und ihn mit Ereignissen aus dem Alltag in Verbindung zu bringen.

Die bewusste therapeutische Trennung zwischen Rolle und Selbst kann bei einem Identitätskonflikt helfen, die Abwehr des Identitätskonfliktes durch alte Rollenfixierung oder Anpassungshaltung aufzuheben. Wenn der Patient des geschilderten Fallbeispiels lernt, sich als toller Kerl *und* als seelisch Verletzter zu verstehen, der auf Ohnmachtssituationen infolge der traumatischen Kindheitserfahrung allergisch reagiert, dann ist der Identitätskonflikt bewusst. Der Identitätsprozess des Patienten gegenüber dem Therapeuten gewinnt dann an Komplexität. Therapeutisches Ziel wäre, dass der Patient seine seelische Verletzung in der Kindheit besser in seine Selbstorganisation integriert, so dass diese auch in Situationen der Hilflosigkeit nicht mehr in zwei verschiedene Prozesse zerfällt, in einen psychosozialen (der Kämpfer gegen die Hilflosigkeit) und einen psychosomatischen (die Migräne als Ausdruck des ohnmächtigen Opfers).

Zu (7)
Zur negativen Übertragungsaktion des Patienten in der existentiellen Begegnung

Die Erinnerung und das aktive Nacherleben von traumatisierenden Erfahrungen in der Therapie konfrontieren ganz allgemein sowohl die Patienten als auch die Therapeuten mit den je eigenen Grenzen der Belastbarkeit. In dem Fallbeispiel von Herrn A. hatte ich den Patienten im Erstgespräch nach Problemen durch seine Behinderung gefragt. Er hatte dieses verneint. Mit der Zeit hatte ich als Therapeut mich an den doch zunächst irritierenden Anblick des sonst gut aussehenden Mannes mit dem herunterhängenden rechten Augenlid gewöhnt. Therapeutisch erwies sich das daraus entstehende Beziehungsgleichgewicht aber als gemeinsame Verleugnung des Grundkonfliktes des Patienten. Ich hatte bei dem Patienten keine negative Übertragung provozieren und ihn nicht in irgendeiner Weise kränken wollen, wie das sicher in der Kindheit in Schule und sozialem Umfeld öfter geschehen war. Deshalb blendete ich wie der Patient selbst die Behinderung aktiv aus. Dadurch wiederholte ich aber, ohne es zu wollen, das alte Verhalten der Eltern des Patienten, die ihn in ihrer Hilflosigkeit vor, während und nach der Augenoperation nicht ausreichend annehmend gesehen und begleitet hatten. Wie so oft bei Gewalt- oder Missbrauchserfahrungen war die Zeugen-Position (Claudia Bachmann-Groß, mündliche Mitteilung 1999) für den Patienten nicht ausreichend gelebt worden.

Nachträglich Zeuge einer traumatisierenden Erfahrung zu werden, konfrontiert oft auch den Therapeuten mit der Abwehr eigener Konflikte. Zwar hatte ich als Therapeut hier die Gegenübertragung, das Verhalten der Mutter des Patienten während seiner Kindheit, agiert. Dieses Verhalten war aber auch eine Übertragung von mir als Therapeut auf den Patienten. Ich entdeckte neu und wieder, dass ich dazu neige, destruktive Prozesse nicht als solche kenntlich zu machen und zu benennen, sondern dass ich oft versuche, durch Vorleistungen und Hilfestellungen Brücken zu bauen, um das Grauen, den Schmerz, die Todesangst, die Leere und die Einsamkeit nicht so an mich selbst herankommen zu lassen. Der Durchgang durch die existentielle Begegnung fördert zwar die Individuation des Patienten. Die Individuation des Patienten muss aber meistens, wie Dieckmann (1981) feststellt, begleitet werden von einem Stück Individuation des Therapeuten. Denn der Widerstand des Patienten sei immer wieder auch Ausdruck einer inneren Fixierung des Therapeuten. In der existentiellen Begegnung geschieht es häufig, dass Therapeut und Patient über ein Thema sprechen, das vorher durch ein Tabu aus der Kommunikation ausgeschlossen war. Das Aufbrechen des Tabus verändert dann das alte neurotische Gleichgewicht in der therapeutischen Beziehung. *Der Therapeut gerät dabei als der, der das Tabu bricht, bei dem Patienten gewöhnlich in ein negatives*

Übertragungsfeld. In dem Fallbeispiel von Herrn A. waren das das „grausame" Verhalten der Ärzte bei der Augenoperation, die mangelhafte Begleitung (Zeugenposition) seitens der Eltern vor, während und nach der Operation und demütigende Kommentare oder Blicke aus dem sozialen Umfeld in der Kindheit und im Erwachsenenalter. Der Therapeut muss versuchen, einerseits die negativen Übertragungen des Patienten zu erkennen und zu benennen, andererseits sich aber auch das eigene Abwehrverhalten als Therapeut bewusst zu machen. Dann kann die weitere Therapie zu einem Begegnungsprozess werden, in dem Destruktivität sein darf, immer wieder aber auch umgewandelt wird in einen heilsamen Prozess.

5. Spezielle Traumatherapie bei Herrn A.

In dem Fallbeispiel von Herrn A. habe ich nachträglich die Symptome als Ergebnis einer Traumatisierung in der Kindheit verstanden. Der Patient wehrte die Traumaerfahrung ab durch Flucht in ein grandioses Selbstbild.

Wenn dieses von außen nicht gestützt wurde, brachen bei ihm unerträglichen Affekte, Wut, Trauer und Überwältigungsgefühle durch, die er aber, um sozial zu funktionieren, verdrängen musste. Er reagierte dann mit Migräne und kapselte sich über 1-2 Tage aus seinem sozialen Umfeld ab, so wie er es schon als Kind gemacht hatte, wenn er „bockig" war. In der Kindheit hatte er sich dann über 2 Tage auf sein Zimmer zurückgezogen und war nur nachts herausgekommen, um zum Essen an den Kühlschrank zu gehen. Dazu passend waren die Beziehungen des Patienten zu Frauen. Sie waren gekennzeichnet von dem Wunsch, eine Begleiterin zu finden, die ihm half, das grandiose Selbstbild zu stützen und zu bestätigen, und dadurch das Kindheitstrauma sicher abzuspalten und wegzuschließen. Er verliebte sich deshalb wiederholt in Frauen mit „Power", geriet aber nach einiger Zeit regelmäßig in Konflikte mit ihnen, weil die Partnerinnen die Hilfs-Ich-Funktion nicht perfekt genug wahrnahmen, im Konflikt aber die Kraft dieser Frauen sich dann regelmäßig gegen den Patienten wandte. Er musste dann auch noch in den Partnerbeziehungen selbst Wut, Trauer und Überwältigung erleben, gerade die Gefühle, denen er mit Hilfe der Frauen eigentlich hatte entkommen wollen, und reagierte prompt mit Migräne und Depression.

Auf Grund dieser psychodynamischen Zusammenhänge bot ich dem Patienten eine gezielte Traumatherapie an, damit er dabei den abgespaltenen, immer wieder destruktiv wirkenden Traumabereich seiner Seele besser integrierte. Bei der Suche nach vorhandenen Ressourcen des Patienten im Umgang mit dem Trauma (*Stabilisierungsphase*) fanden wir heraus, dass er über einen *sicheren Ort* verfügte, zu dem er sich in der Not gewohnheitsmäßig zurückzog, den Eisenbahnmodellbau und das Nachdenken über bessere Konstruktionen dabei. Diesen „sicheren Ort" hatte er schon als Kind bei Spaziergängen mit den Eltern benutzt, wenn Spannungen in der Luft lagen. Wir arbeiteten zusätzlich heraus, dass der Patient vor seiner Augenoperation im 5. Lebensjahr ein lebendiger, gewitzter Junge gewesen war, „wie Michel Lönneberga von Astrid Lindgren", ein zum Glück sehr positives Bild für sein inneres Kind.

In der Phase der *Traumaexposition* ging es darum, dem Trauma zu „[...] begegnen [...], eine Integration von Bild, Wort, Körperempfinden und Gefühl herzustellen [...]" (Reddemann 1999, S. 91). Dazu benutzte ich in abgewandelter Form die Imaginationstechnik, wie Reddemann sie in der Traumatherapie anwendet. Patient und Therapeut stellen sich vor, es gibt Videofilme von all den Ereignissen vor, während und nach dem Trauma. Sie sehen sich diese zusammen an. Patient und Therapeut können jeder mit einem Steuergerät in der Hand den Film auf schwarz/weiß drehen, ausschalten oder auf andere Szenen wechseln. *Oberstes Ziel der Traumaexposition ist, dass der Patient nicht* wie bei der Traumatisierung selbst die Steuerung über sich verliert und so unbeabsichtigt *retraumatisiert wird.* Deshalb *bleibt der Patient* konsequent in der Zeugenposition *außerhalb der Traumaszene.* Er sieht und hört sich selbst in dem Videofilm und *spaltet auf diese Weise bewusst statt unbewusst* seinen Selbstorganisationsprozess. Auf diese Weise lernt er, die Traumaerfahrung besser zu kontrollieren und zu integrieren. Der Patient imaginiert den Videofilm und berichtet verbal, was er sieht und hört. Der Therapeut stützt den Patienten in der Beobachter- und Zeugenposition als zweiter Zeuge (*interaktionell mitagierender Doppelgänger*). Er aktiviert die Wahrnehmung des Patienten, indem er Szenen in dem Videofilm aktiv mit ausmalt, z.B. Großaufnahmen von den Gesichtern der Beziehungspersonen veranlasst. Er hält aber auch immer wieder einmal aktiv die Zeit an, lässt den Patienten sich entspannen, sich selbst körperlich wahrnehmen, Arme, Beine, Atmung, Position im Raum, vielleicht auch in dem Raum herumgehen, oder sogar eine Zeitlang sich an den vorher erarbeiteten „sicheren Ort" begeben. Um die Integration der Traumaerfahrung in die Selbstorganisation zu fördern, kann *der Therapeut* in dem Videofilm auch kurzzeitig *die Rolle des Patienten spielen.*

Fallbeispiel 1: (Herr A., 4. Fortsetzung)
Herr A. bestimmte bei der Traumaexposition die Auswahl der Szenen. Er ließ nach etwa 30 Minuten die Szene der Augenoperation aus dem 5. Lebensjahr auf dem Bildschirm erscheinen. Ich selbst hatte zunächst insgeheim die Vorstellung, der Patient könne bei der Traumaexposition lernen, sich selbst, den verletzten Jungen in sich, ein wenig zu trösten. In dem „Videofilm" war der Junge in der Operationsszene durch Tabletten nur stark sediert, nicht in Vollnarkose und nicht einmal örtlich betäubt: „Die Ärzte haben gesagt, sie hätten die Operation ohne Narkose durchführen müssen, weil sie nur anhand der Schmerzreaktion merken konnten, dass sie nicht zu weit schneiden." In der Traumaszene in dem imaginierten Video-Film schrie der Junge in existentieller Not. Er wurde von Pflegern und Schwestern an Armen und Beinen nur mühsam festgehalten. Der Operateur guckte ernst und besorgt. Eine Schwester stöhnte: „Alle Achtung, der hat Kraft!"

Ich wechselte als Therapeut kurzfristig in die Rolle des Jungen in dem Videofilm, spielte sie aber „nur" verbal nach und schrie etwa 20 Sekunden lang laut immer wieder: „Aua, aua! Nein, nein! Aufhören! Aufhören! Aufhören!" In der Nachbesprechung dieses „Film"-Abschnittes verblüffte mich Herr A. mit der Rückmeldung: „Ich mag das nicht, schreien oder auch nur weinen. Ich finde, der hat sich benommen wie eine Memme. Ich mag das auch sonst nicht. Ich finde das immer mädchenhaft." Die Wunschfantasie des Patienten war, dass er die Operation als fünfjähriger Junge ruhig und tapfer ertragen hätte. Ich als Therapeut hatte im Spiel des Jungen aber etwas ganz anderes erlebt und teilte das dem Patienten auch mit: „Für mich als Junge war es bei der Operation existentiell wichtig, zu schreien. Ich fühlte: Solange ich schreien kann und mich wehren, solange lebe ich. Wenn ich aufhöre, wäre ich tot. Ich musste deshalb weiter schreien, immer weiter, das war lebensnotwendig. Ich habe mich nicht unterkriegen lassen. Das war wichtig!" Herr A.: „Das ist komisch. Ich merke, ich fühle mehr mit den Ärzten und Schwestern mit. Die tun mir leid. Das ist für mich ein völlig neuer Gedanke, das anders zu sehen! Seltsam, bisher habe ich die Sache mit der fehlenden Narkose immer als halblustige Heldengeschichte erzählt."

Der Patient hat in den folgenden Sitzungen zu seinem abgespalteten Selbstempfinden in der Traumaszene wieder neu Beziehung aufgenommen, zu dem „Michel von Lönneberga" in sich. Er staunte immer wieder über den Widerspruch in der Beurteilung des bei der Operation schreienden fünfjährigen Jungen und, dass er selbst wie selbstverständlich diesen wegen seines Schreiens einfach verachtete und sich aus dieser Rolle kaum lösen konnte. Er wehrte ab durch Identifizierung mit dem System (Krüger 1997, S. 211ff), hier mit dem System der Klinik, das heißt er identifizierte sich unbewusst mit dem Vorgehen der Ärzte und Schwestern, deren Erklärungsmustern und deren Werten und Normen und der ihm in diesem System zugewiesenen Rolle der „Memme". Er konnte sich in der Therapie allmählich aus dieser Anpassungshaltung befreien, dadurch dass ich als Therapeut in der *Trauer- und Durcharbeitungsphase* immer wieder meinem Erleben als fünfjähriger Junge bei der Operation gleichsam als *Doppelgänger* des Patienten treu blieb und mein Schreien als lebensnotwendig verteidigte. Nicht der Patient, sondern ich als Therapeut war in der Identifikation mit dem Patienten in den folgenden Therapiestunden zornig, dass Herr A. als Erwachsener mich in meiner Leistung bei dem existentiellen Kampf um meine Unversehrtheit nicht ernst nahm. Als ob wir die Rollen während der Traumaexposition über mehrere Sitzungen hin immer wieder neu eingenommen hätten und weiter ausspielten, stellte ich als Therapeut an den mit der Klinik identifizierten Patienten den Anspruch, in meiner Selbstverteidigung als fünfjähriger „Michel" ernst genommen zu werden. Ernst genommen zu werden als jemand, der etwas Besonderes erlebt und geleistet hatte.

So wurde der intrapsychische Konflikt des Patienten wiederholt in der Beziehung zwischen Therapeut und Patient interpersonell ausgetragen und auf der Vorstellungsebene weitergespielt, ohne im Setting der Einzelpsychotherapie noch einmal von den Stühlen aufzustehen oder die Stühle zu wechseln. Ich identifizierte mich als Therapeut ja bewusst mit der Wahrheit des inneren Kindes von Herrn A. und wollte diese gegen den erwachsenen Herrn A. verteidigen. Durch dieses spontane interpersonelle Weiterspielen des intrapsychischen Konfliktes wurde bei dem Patienten die gewohnheitsmäßige Abwehr durch Identifizierung mit dem System allmählich gelockert. Damit wurde sein im Konflikt blockiertes Ich und seine Fähigkeit zur Selbststeuerung aktiviert.

Das zeigte sich schon in der 2. Sitzung nach der Traumaexposition. Der Patient sprach von einem „neuen Selbstbewusstsein", das er entwickele. Er erzählte, er habe seine Lebenspartnerin unbeabsichtigt verletzt, aber dann den Konflikt erstmals spontan sehr gut klären können. Er tat dies, ohne sich einfach nur zu unterwerfen und sich wie sonst immer gleichsam automatisch mit der Beurteilung der Konfliktpartnerin zu identifizieren. Er hatte der Partnerin sagen können, dass es ihm leid tue, sie verletzt zu haben, dass er aber nicht um Entschuldigung bitte, weil er nicht hatte wissen können, dass seine Bemerkung sie verletzen würde. Der Patient hatte hier erstmals spontan in einer Auseinandersetzung mit der Partnerin den Konflikt zwischen Rolle und Selbstempfinden angemessen und differenziert verbalisiert.

6. Verschiedene technische Variationen zur Ich-Stärkung des Patienten in der existentiellen Begegnung

In der existentiellen Begegnung versteht der Therapeut das Geschehen in der therapeutischen Beziehung als halb bewusstes, halb unbewusstes Spiel in der Realität. Mit der Trennung von Rolle und Selbstempfinden im Rollenfeedback für seine eigene Rolle verstört er die bisherige Logik der Beziehung (3. Schritt des Tele-Prozesses), veranlasst den Patienten, neu wahrzunehmen und neu Bedeutungen zuzuweisen, und verwirrt ihn dadurch in seinem bisherigen Realitätserleben (2. Schritt des Tele-Prozesses). Die Trennung zwischen Rolle und Selbstempfinden beim Therapeuten zwingt dadurch auch den Patienten, seinerseits sein Erleben in der therapeutischen Beziehung aktiv wahrzunehmen und mitzuteilen, und hilft so, Rollenfixierungen und/oder Anpassungshaltungen bewusst zu machen. Sein mit der alten Haltung verbundenes Identitätsgefühl zerbricht. Dadurch kommt es in der existentiellen Begegnung bei dem Patienten aber oft zu existentiellen Ängsten.

Deshalb ist der erste Schritt der existentiellen Begegnung, die Trennung von Rolle und Selbstempfinden durch Rollenfeedback des Therapeuten, unabdingbar gebunden an die Fähigkeit und Bereitschaft des Therapeuten, bei einer eventuell auftretenden Krise zumindest in einer der nächsten Therapiesitzungen die Rolle des Patienten explorativ-integrierend zu spielen. Durch das explorativ-integrierende Rollenspiel fängt der Therapeut die „grausame" Wahrheit des Rollenfeedbacks wieder auf und hilft dem Patienten, ein neues Identitätsgefühl zu entwickeln. Er geht selbst gleichsam als Doppelgänger in den Identitätskonflikt des Patienten hinein, aktiviert stellvertretend für ihn dessen blockierten Selbstorganisationsprozess und gestaltet für den Patienten dessen Identitätsprozess (Auto-Tele-Prozess) neu aus. Der Patient erlebt dabei, dass der Therapeut seine Mitteilung aufnimmt und ernst nimmt, dass er die existentielle Qualität seiner Angst würdigt und dass der Identitätskonflikt in Sprache und Bildern ausgedrückt werden kann. Dadurch spürt der Patient in einer Situation existentieller Angst gewöhnlich, dass er gehalten wird und dass ein Containing besteht.

Die Trennung von Rolle und Selbstempfinden im Rollenfeedback und das explorativ-integrierende Rollenspiel in der Rolle des Patienten gehören zusammen.

Das eine ist ohne das andere nicht denkbar. Denn Grundvoraussetzung jeder Therapie ist und bleibt, dass die therapeutische Beziehung trotz vorübergehender Störungen und Krisen tragfähig bleibt und als sicherer Ort erlebt wird, wo Verwirrungen, Desorganisation, Trauma und neurotische Mechanismen untergebracht werden und aufgefangen werden können. Dazu ist es erforderlich, in der Beziehungskrise therapeutisch die Selbst- und Beziehungsorganisation beider an der Begegnung Beteiligten, die des Therapeuten und des Patienten, zu verbessern.

Die existentielle Begegnung geht dabei aktional vor und bringt den Konflikt relativ schnell auf den kritischen Punkt. Ergänzend oder alternativ zur Vorbereitung auf die existentielle Begegnung bieten sich an:

(1) die gemeinsame Suche nach einem symbolischen Beziehungsbild für die therapeutische Beziehung,
(2) ein gemeinsames Stegreifspiel auf der Fantasieebene oder/und
(3) das „kollegiale Gespräch" über die therapeutische Beziehung durch gemeinsame Betrachtung des Beziehungsgeschehens von außen (Gneist, mündl. Mitteilung 1999).

Fallbeispiel 2: (Fortsetzung)
Die 28-jährige Patientin mit den Panikattacken klagte in der Sitzung nach der Konfrontation durch Rollenfeedback des Therapeuten: „So viel Traurigkeit, Verletztsein, Alleinsein, mag ich nicht fühlen. Das kann doch nicht sein, dass das der einzige Weg ist, das alles noch einmal hervorzuholen!" Der Therapeut: „Können Sie einmal ein symbolisches Bild finden für die Beziehung zwischen Ihnen und mir aus einer Geschichte, aus der Natur, dem Tierreich oder einem Märchen?" Die Patientin: „Mir fällt da immer Aschenputtel ein, mein Lieblingsmärchen. Ich sitze da und sammle die Erbsen aus der Asche. Ich rackere mich ab, bemühe mich, mache alles, um Aufmerksamkeit zu kriegen, trotzdem wird durch mich hindurchgeguckt." Der Therapeut: „Und ich bin die Stiefmutter, die Ihnen die Erbsen in die Asche wirft? Oder der leibliche Vater, der nichts sehen will?" Aus diesem szenischen Bild für die Beziehung ergab sich ein emotional dichtes Gespräch über Möglichkeiten und Grenzen der Therapie. Der Therapeut: „Ich verstehe mich nicht als Vater, der nicht hinsieht, sondern eher als der Baum auf dem Grab der leiblichen Mutter. Der gibt Ihnen als Aschenputtel Fähigkeiten und Unterstützung, Kleider. Als Baum kann ich Sie aber nicht schützen davor, doch wieder einmal Panik zu haben und weglaufen zu müssen, wenn Sie etwas Neues ausprobieren. Sie erleben das dann als totales Scheitern und glauben, nichts wert zu sein und den Baum maßlos zu enttäuschen. Im Märchen hat Aschenputtel aber auch mehrere Versuche frei und wird von Mal zu Mal schöner und stärker."

Der Therapeut und die Patientin erkannten durch das *symbolisch-mythische Bild für die therapeutische Beziehung* das neurotische Interaktionsmuster in der therapeutischen Szene. Das symbolische Bild umfasst gezielt nicht nur ein Bild für die Patientin. Es soll vielmehr ein Bild sein, auf dem beide zu sehen sind, *Patientin und Therapeut. Es ist ein Beziehungsbild.* Als solches bietet es auch zwischen den Therapiestunden ähnlich einem Übergangsobjekt einen Halt an, gleichsam einen sicheren Ort für existentielle Ängste. Denn der Patient ist in einem solchen Beziehungsbild nicht allein, sondern hat immer ein antwortendes Gegenüber, den Therapeuten.

Auch vermittelt das symbolische Beziehungsbild Hoffnung für den weiteren Weg in der Therapie. Denn meistens entwickeln Patient und Therapeut das Bild der therapeutischen Beziehung auf der Vorstellungsebene spielerisch weiter zu einer Geschichte (Surplus-Realität). Die Amplifikation in der therapeutischen Beziehung durch ein symbolisches Beziehungsbild ist oft der Anfang für ein *gemeinsames Stegreifspiel* von Patient und Therapeut *auf der Vorstellungsebene*, d.h. man geht vom gemeinsamen Erleiden ins spontane spielerische Handeln über. Dies mit dem Vorteil, dass Handlungssequenzen ausprobiert und auch wieder zurückgenommen werden können. Ich habe auch schon dann, wenn ein Patient meine Rolle in dem Beziehungsbild sehr statisch ausfantasierte und ich mich dadurch zum Nichthandeln verdammt fühlte, ähnlich wie in der Hilfsweltechnik Morenos (Moreno 1945) zusätzliche Rollen in das gemeinsame Spiel auf der Imaginationsebene eingeführt, z.B. einen Hund, der die wie im Märchen Dornröschen erstarrte Szene neugierig untersucht und exploriert. Moreno hat ja Psychotikern in ihren Wahnrollen auch von sich aus Helfer an die Seite gegeben, „Christus" die Jünger, einem „Hitler" seine Helfershelfer Göring und Göbbels. Wichtig bei einem solchen Vorgehen ist nur, dass der Patient seinerseits die Führung in dem Fantasiespiel nicht verliert und das Spiel angemessen mitkontrollieren kann, dass sich also therapeutische Veränderungen an der Szene auf Impulse des Patienten stützen und diese erweitern. Patienten, die unfähig sind zu spielen, können so ihre innere Kreativität weiterentwickeln. Dazu passt gut die Erfahrung von Straub (1969), dass bei fantasiearmen Zwangsneurotikern das Spielenlernen mittels Handpuppenspiel therapeutisch sehr hilfreich sein kann.

Gneist (mündl. Mitteilung 1999) empfiehlt bei Patienten, die auf Grund eines *Borderline-Syndroms* ständig dazu neigen, die Realität der therapeutischen Beziehung zu sprengen, in der aktuellen Therapiesitzung jeweils sich darauf zu beschränken, das, was heute ausgelöst wurde, für heute zu integrieren. Es gehe darum, die Situation heute hier zu ordnen und verstehen zu wollen. Dazu sei es hilfreich, wenn *Therapeut und Leiter zusammen die Perspektive wechseln*, aus der therapeutischen Szene zusammen real hinausgehen, einen Ort außerhalb der Szene einnehmen und zusammen auf die jetzt leeren Stühle von Patient und Therapeut schauen. Der Therapeut solle dann in einer Art kollegialem Gespräch den Patienten fragen: „Was ist zwischen den beiden abgelaufen? Wann hat das angefangen?" Gneist nennt das die Zeugenposition, die dadurch neu entwickelt wird. Dieses Vorgehen nehme den Patienten ernst als Experten für seine Störung. Es fördert seine Realitätsprüfung und Urteilsfähigkeit und stärkt so das Ich des Patienten. Der gemeinsame Perspektivwechsel dauere meist nur 10 Minuten und sei sehr wirksam. Man könne das gar nicht oft genug machen in der Therapie bei Patienten mit Borderline-Syndrom.

7. Die existentielle Begegnung als dritte Revolution im Psychodrama

Bei der Schilderung der Konfliktbearbeitung in der therapeutischen Beziehung habe ich oben immer wieder von *existentieller* Begegnung gesprochen. Was ist aber mit dem Wort „existentiell" hier gemeint? Die existentielle Begegnung ist indiziert, wenn sich ein bestimmtes Beziehungsspiel (Krüger 1997, S. 36) in der therapeutischen Beziehung immer wieder wiederholt, gleichsam als Kreativitätskonserve (Moreno 1974, S. 12). Dies insbesondere, wenn Patienten einen latenten Identitätskonflikt abwehren. Durch das Rollenfeedback in der therapeutischen Szene gibt der Therapeut scheinbar die Rolle des Therapeuten auf, ist „nur er selbst" mit seinem Selbstempfinden und ist gerade dadurch in höchstem Maße Therapeut. Er gibt auf zu wissen, sofort zu wissen und alles zu wissen (Auchter 1995). Er gibt zu, nicht zu wissen, sucht aber nach Wissen. Ich habe das einmal das Sokrates-Prinzip des Therapeuten (Krüger 1997, S. 259ff) genannt. Auch der Therapeut ist bereit, sich ein Stück weit zu ändern und „geheilt" zu werden.

Die existentielle Begegnung lässt das alte Beziehungsspiel zwischen Patient und Therapeut aufbrechen. Dadurch werden oft existentielle Ängste mobilisiert, die Angst vor absoluter Einsamkeit, vor dem Verrücktwerden, vor dem Tod, vor der Leere. Denn die aus diesem Vorgehen folgende Interaktion ist durch Allidentität (Moreno 1985, pp. 68ff) gekennzeichnet, die sich erst im weiteren Verlaufe der Begegnung zur *Allrealität* (Moreno 1985, pp. 68ff) und danach zu einem neuen Beziehungsgleichgewicht hin entwickelt. Bei der existentiellen Begegnung kann der Therapeut zeitweise nicht unterscheiden, ob er gerade der Realität folgt oder seiner Vorstellung oder Fantasie (2. Schritt des Tele-Prozesses). Der Therapeut ist sich im Gegensatz zum Erleben in einer Psychose jedoch der vorübergehenden Auflösung der Grenze zwischen Realität und Fantasie bewusst und kann sich deshalb an die Arbeit machen, konkrete Wahrnehmung und spielerische Bedeutungszuweisungen (Fantasie) für die aktuelle Situation zu differenzieren. Das ist der Unterschied zwischen *naiver und reifer Allidentität*. Beide Handlungsweisen sehen von außen gleich aus, sind aber qualitativ sehr verschieden.

Das wird auch sichtbar daran, dass der Therapeut bei der existentiellen Begegnung die Psychodramatechniken einsetzt zur eigenen Beziehungs- und Selbstorganisation in der realen Begegnung mit dem Patienten hier und jetzt. Wenn er sich zum Beispiel in den Patienten nicht einfühlen kann, bittet er: „Ich weiß gar nicht, wie das ist, so zu sein, wie Sie sind. Darf ich einmal mit Ihnen die Rolle tauschen, Sie nachspielen und dabei mich orientieren, wie das ist?"

Das dann folgende explorativ-integrierende Rollenspiel in der Rolle des Patienten dient auch dazu, die eigene innere Spannung des Therapeuten abzubauen.

Bei der existentiellen Begegnung ist der Ort der Veränderung und des Spiels nicht wie sonst im Psychodrama die Bühne, sondern die reale Beziehung zwischen Patient und Therapeut in situ.

Das Konzept der existentiellen Begegnung systematisiert Vorgehensweisen, die im Psychodrama bekannt sind und von Therapeutinnen und Therapeuten immer wieder auch praktiziert werden. Ernst Weth (1988) hat in seiner Arbeit „Monodrama mit suizidalen Patienten" ein ähnliches Vorgehen beschrieben, ebenso Agnes Dudler (1996) in ihren Ausführungen zur Einzeltherapie mit Psychodrama und Ulla Fuhr (1998) in ihrem Vortrag „Gebt mir einen Punkt außerhalb [...] und ich kann die Szene gestalten und verändern." Zusammenfassend lässt sich also feststellen:

Psychodramatiker denken und handeln auch existentiell.

Die existentielle Begegnung ist ein besonderes psychodramatisches Vorgehen. Ich nenne es unter Freunden manchmal die dritte Revolution im Psychodrama. Die erste Revolution war der Übergang vom Theater zum Stegreiftheater 1921, die zweite 1935 die Erfindung des Hilfs-Ichs, die den Rollentausch und das protagonistzentrierte Psychodrama möglich machte. Die dritte Revolution im Psychodrama ist aber die Rückkehr des Psychodramas in seinen Ursprung, in die Begegnung. Moreno hat diese dritte Revolution 1939 mit der Einführung der Hilfswelt-Methode in der Psychotherapie von Menschen mit Psychosen begonnen (Moreno 1939, p. 14). Mit der Hilfsweit-Methode hat er erstmals versucht, systematisch mit psychodramatischen Mitteln zerfallene Selbstorganisationsprozesse wieder und neu zu integrieren und störungsspezifisch bei Psychotikern massive Identitätsstörungen zu behandeln und auszugleichen. Ich würde mich freuen, wenn wir Psychodramatiker und Psychodramatikerinnen zusammen die dritte Revolution im Psychodrama, die Integration des Psychodramas in die existentielle Begegnung, weiterführen und weiterentwickeln. Sie ist meines Erachtens notwendig, um Menschen mit Traumata, mit frühen Defiziterfahrungen in der Kindheit oder mit strukturellen Störungen angemessen zu behandeln.

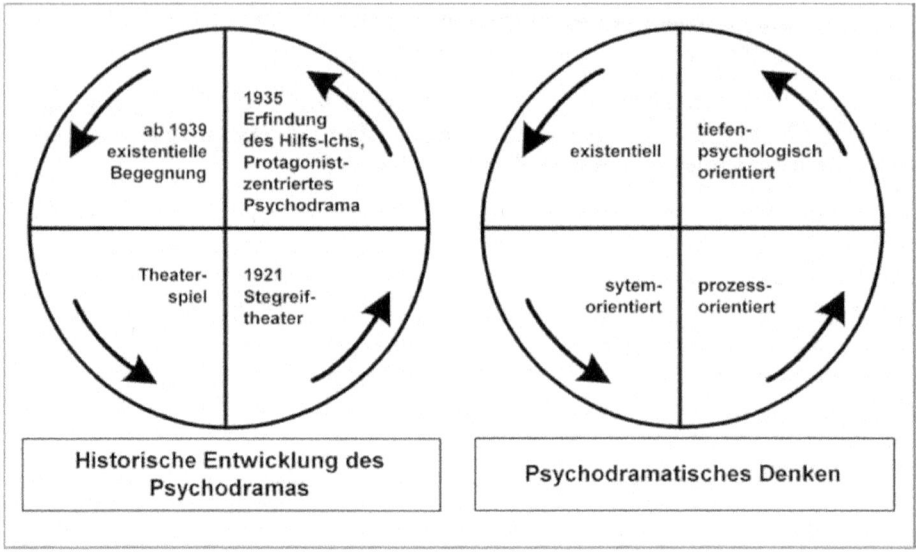

Abb. 3: Entwicklung psychodramatischen Denkens und Handelns.

8. Literatur

Auchter, T. (1995). Über das Auftauen eingefrorener Lebensprozesse. *Forum der Psychoanalyse*, 11, 62-83.
Dieckmann, H. (1981). Der Anstoß zur Individuation. *Analytische Psychologie*, 12, 42-64.
Dudler, A. & Neumann, E. (1996). Das innere Theater der Seele – „Inszenierungen" in der Einzeltherapie und was Objektbeziehungstheorie und Rollentheorie zur Erhellung beitragen. *Psychodrama*, 9(1), 63-92.
Fuhr, U. (1998). Gebt mir einen Punkt außerhalb ... und ich kann die Szene gestalten und verändern. Vom szenischen Verstehen (der Therapeutin) zur szenischen Gestaltung (der Klientin). Unveröffentlichtes Manuskript.
Freud, A. (1984). Das Ich und die Abwehrmechanismen. Frankfurt am Main: Fischer (19. Auflage; zuerst: Wien: Internationaler Psychoanalytischer Verlag, 1936).
Klüver, R. (1983). Agieren und Mitagieren. *Psyche*, 37, 828-840.
Krotz, F. (1992). Interaktion und Perspektivverschränkung. Ein Beitrag zum Verständnis von Rolle und Identität in der Theorie des Psychodramas. *Psychodrama*, 5(2), 301-324.
Krüger, R.T. (1997). Kreative Interaktion. Tiefenpsychologische Theorie und Methoden des klassischen Psychodramas. Göttingen: Vandenhoeck & Ruprecht.
Lorenzer, A. (1970). Sprachzerstörung und Rekonstruktion. Vorarbeiten zu einer Metatheorie der Psychoanalyse. Frankfurt am Main: Suhrkamp.
Moreno, J.L. (1939). Psychodramatic shock therapy. Sociometric approach to the problem of mental disorders. *Sociometry*, 2(1), 1-30 (auch erschienen als: Psychodrama Monograph, No. 5, Beacon, NY: Beacon House, 1939; reprinted in : *Group Psychotherapy and Psychodrama*, 1974, 27(1-4), 2-29; deutsch: „Psychodramatische Schock-Therapie", in: J.L. Moreno, Gruppenpsychotherapie und Psychodrama: Einleitung in die Theorie und Praxis [S. 277-289], Stuttgart: Thieme, 1973).
Moreno, J.L. (1945). Psychodramatic treatment of psychoses. Psychodrama Monographs, No. 15. Beacon NY: Beacon House (zuerst in: *Sociometry*, 1940, 3(2), 115-132; reprinted in: J. Fox (Ed.), The essential Moreno - Writings on psychodrama, group method and spontaneity [pp. 68-80], New York: Springer, 1987; deutsch: „Psychodramatische Behandlung von Pychosen", in J. Fox (Hg.), Jakob L. Moreno – Psychodrama und Soziometrie: Essentielle Schriften [Kapitel 8, S. 113-129], Köln: Edition Humanistische Psychologie, 1989).
Moreno, J.L. (1959). Gruppenpsychotherapie und Psychodrama. Einleitung in die Theorie und Praxis. Stuttgart: Thieme.
Moreno, J.L. (1974). Die Grundlagen der Soziometrie. Wege zur Neuordnung der Gesellschaft. Köln: Opladen (3. Auflage; Originalveröffentlichung: „Who shall survive? A new approach to the problem of human interrela-

tions", Washington. DC: Nervous and Mental Disease Publishing Company, 1934; Wiederauflage: Beacon, NY: Beacon House, 1953)

Moreno, J.L. (1975). Psychodrama, Volume 2: Foundations of psychotherapy. Beacon NY: Beacon House (second edition; Originalveröffentlichung: 1959).

Moreno, J.L. (1985). Psychodrama, Volume 1. Beacon, NY: Beacon House (7th edition; Originalveröffentlichung: 1946).

Plassmann, R. (1995). Körperpsychologie und Deutungstechnik. Die Praxis der Prozeßdeutung. In: *F. Berger* (Hg.), Hundert Jahre psychoanalytische Methode (S. 329-346). Wiesbaden: Deutsche Psychoanalytische Vereinigung (auch in: *Forum der Psychoanalyse*, 1996, 12, 19-30).

Reddemann, L. (1999). Trauma und Imagination. In: *G. Kruse & S. Gunkel* (Hg.), Trauma und Konflikt: Zugangswege einer traumaorientierten Psychotherapie (Reihe „Impulse für die Psychotherapie", Band 4, S. 84-93). Hannover: Ärzte-Verlags-Union.

Stern, D.N. (1992). Die Lebenserfahrung des Säuglings. Stuttgart: Klett-Cotta (3. Auflage; Originalpublikation: „The interpersonal world of the infant", New York: Basic Books, 1985).

Straub, H.H. (1969). Erfahrungen mit psychodramatischer Behandlung von Zwangsneurosen. *Zeitschrift für Psychotherapeutische und Medizinische Psychologie*, 19, 192-202.

Weth, E.J. (1988). Monodrama mit suizidalen Patienten. *Psychodrama*, 1, 37-56.

Korrespondenzanschrift:
Dr. med. *Reinhard T. Krüger*
Von-Alten-Strasse 2
D-30938 Burgwedel

☎ (0511) 73 16 68
email: *krueger.reinhard@htp-tel.de*

Dieser Beitrag erschien zuerst in: *Psychodrama – Zeitschrift für Theorie und Praxis von Psychodrama, Soziometrie und Rollenspiel* (2000), 10(1/2), 65-90 (Themenheft 18/19, „Frühe Fähigkeiten – Frühe Störungen") und wurde für den Wiederabdruck geringfügig modifiziert; es handelt sich um einen überarbeiteten Vortrag bei der Tagung „Monodrama in Praxis und Theorie" des Moreno-Institutes Überlingen in Dresden 1998.

Franz Stimmer
Spiegelbilder: Typen und „soziokulturelle Atome" narzisstischen Verhaltens

Summary:
Reflections: Types and „socio-cultural atoms" of narcissistic behaviour
„Narcissistic behaviour" is defined as a special form of human behaviour, actually as a withdrawal from – or rather a functionalizing of – social relationships while simultaneously developing unreal delusions of grandeur which serve as a compensation for crises and impairments in respect of one's self-confidence being experienced as distressing feelings of despair, emptiness, meaninglessness, inferiority, and boredom. Starting from this definition, types of narcissistic behaviour will be developed and linked with the psychodramatic concepts of the social or cultural atom. An example will illustrate this way of acting.

Zusammenfassung:
„Narzisstisches Verhalten" wird als eine spezielle Form menschlichen Verhaltens definiert, nämlich als Rückzug aus bzw. Funktionalisierung von sozialen Beziehungen bei gleichzeitiger Entwicklung von unrealistischen Größenphantasien, wobei dieses Verhalten der Kompensation von Selbstwertkrisen und Selbstwertstörungen dient, die als quälende Gefühle von Verzweiflung, Leere, Sinnlosigkeit, Minderwertigkeit und Langeweile erlebt werden. Von dieser Definition ausgehend, werden Typen narzisstischen Verhaltens entwickelt und mit den psychodramatischen Konzepten des „sozialen" bzw. „kulturellen Atoms" verbunden, sowie ein Erklärungsansatz für dieses Verhalten beispielhaft beschrieben.

1. Einleitung

Die Erkenntnis „*Er ist ich*", bringt dem mythischen Narziss den Tod (vgl. Ovid 1981). Sie signalisiert ihm die Unmöglichkeit, sich selbst unter Ausschluss eines anderen Menschen lieben zu können. Wenn das „soziale Atom" als Metapher für alle emotional bedeutsamen vollzogenen oder gewünschten sozialen Beziehungen in einer bestimmten zeitlichen Situation dienen soll, dann blickt Narziss in diesem Moment, in dem die lebenserhaltenden Phantasiebilder zerfließen, in den grauenvoll abgründigen Spiegel eines von jeglicher Beziehung entleerten „sozialen Atoms". Dieser „soziale Tod" (Moreno 1947) ist so unerträglich, dass die psychischen und schließlich auch die physischen Lebensgeister den Menschen verlassen und nur noch die Rückkehr zur Natur Erlösung verspricht, die Metamorphose, die Verwandlung in nicht-menschliche Lebensformen.

Ich möchte in diesem Beitrag einige Typen narzisstischen Verhaltens beschreiben, mit den psychodramatischen Konzepten des „sozialen Atoms" und des „kulturellen Atoms" verbinden und beispielhaft veranschaulichen, sowie einen Erklärungsansatz für dieses Verhalten, der auf frühkindliche Entwicklungsverläufe bezogen ist, mit eben diesen Konzepten befragen. Die Spiegelmetapher wird dabei in zweifacher Hinsicht verwendet. Erstens sind die beschreibenden Typen „Isolierter", „Konsument", „Star" und „Fan" differenzierte Spiegelbilder modernen narzisstischen Verhaltens und zweitens sind die „sozio-kulturellen Atome" wiederum Spiegelbilder der jeweiligen Typen. Zuvor ist es allerdings sinnvoll, die verwirrende Vielfalt von Begriffsbestimmungen und Verhaltensbeschreibungen, die heute im Zusammenhang mit dem Phänomen „Narzissmus" Verwendung finden, etwas zu strukturieren und zu verdeutlichen, welche Inhalte ich zur Zeit mit „narzisstischem Verhalten" verbinde.

2. Narziss heute: Identitäts- und Verhaltenstypen

Narziss heute, in seinen weiblichen und männlichen, seinen kindlichen, jugendlichen, erwachsenen und greisenhaften, in seinen alltäglichen und pathologischen, seinen individuell und gesellschaftlich bedingten, seinen klassenspezifischen und kulturellen Variationen, zeigt sich in einem außerordentlich verwirrenden, differenzierten und komplexen Erscheinungsbild. Zusätzlich wird der Begriff „narzisstisch" sowohl in humanwissenschaftlichen, therapeutischen und (sozial) pädagogischen Konzepten als auch alltagssprachlich in einer fast inflationistischen Weise verwendet.

Einige Beispiele zeigen dies:

- „Narzisstische Probleme" werden im Therapiebereich vielfach undifferenziert als die modernen psychischen Störungen genannt – im Gegensatz zu den Zwangsneurosen und Hysterien der früheren Zeiten.
- Eine ganze Bevölkerungsgruppe, die Jugendlichen, wurde mit diesem Begriff pauschal versehen, indem ihnen von den Medien, aber auch von den Pädagogen eine Null-Bock-Mentalität, die Zeitkrankheit „Lustlosigkeit", apolitische Genusssucht und Apathie, eine parasitäre Gesinnung u.a. unterstellt wurde.
- Ganze Kulturen und Gesellschaften wurden damit in Verbindung gesetzt. So ist vom *„Zeitalter des Narzissmus"* die Rede (Lasch 1980), vom *„Virus des Narzissmus"* (Riesman 1980), vom *„Gotteskomplex"* des modernen Menschen (Richter 1979) oder vom *„Neuen Sozialisationstyp"*, dem *„narzisstischen"* nämlich, in Abhebung zum *„autoritären Charakter"* (Häsing et al. 1979).

So spannend und wichtig die hierbei vertretenen Thesen und Beschreibungen sind, so ungeklärt und mystifizierend bleibt meist die Verwendung des Narzissmusbegriffs selbst und so falsch sind die vorgenommenen Pauschalierungen.

Ich verstehe unter „narzisstischem Verhalten" eine spezielle Form menschlichen Verhaltens, nämlich den Rückzug aus sozialen Beziehungen bzw. die Funktionalisierung von sozialen Beziehungen, bei gleichzeitiger Entwicklung und Gestaltung von unrealistischen Größenphantasien, wobei dieses Verhalten zugleich der Bildung und Aufrechterhaltung der Identität und der Kompensation bzw. Abwehr von Selbstwertkrisen und Selbstwertstörungen dient, die als quälende Gefühle von Verzweiflung, Leere, Sinnlosigkeit, Minderwertigkeit und Langeweile erlebt werden. Narzisstisches Verhalten ist *eine* Möglichkeit, mit Bedrohungen des Identitäts- und des Selbstwerterlebens umzugehen und hat somit eine im modernen Alltagsleben mit seinen extremen Gefährdungen des Identitäts- und Selbstwerterlebens (vgl. Stimmer 1987a, 1987b, 1990) bei einem gleichzeitig sehr hohen sozialen Entgegenkommen für narzisstische Lösungen, eine durchaus positive und stabilisierende Funktion, die oft das Überleben in Selbstwertkrisen erst ermöglicht.

Diese Form der Selbstwertstabilisierung ist allerdings eine höchst labile und stets bedrohte, da einerseits die Größenphantasien auch eine durchaus befriedigende Realität als minderwertig erscheinen lassen, und andererseits narzisstisches Verhalten bei den Interaktionspartnern – je nach Bezugsgruppe mehr oder weniger schnell – auf Ablehnung stößt und somit erneut Kränkungen auslöst, die wiederum mit einem vermehrten Einsatz narzisstischen Verhaltens beantwortet werden müssen, wenn keine anderen Möglichkeiten der Identitäts- und Selbstwertstabilisierung verfügbar sind. Die Bildung und Aufrechterhaltung von Identität – im Sinne eines dynamischen und lebenslangen Prozesses in sozialen Interaktionen mit anderen Menschen, niemals endgültig und stets gefährdet – ist aber Menschen mit ausgeprägtem narzisstischen Verhalten nicht zugänglich, so dass sie immer wieder auf die narzisstischen Programme zurückgeworfen werden.

Eine der großen Leistungen der Freud'schen Psychoanalyse war es, deutlich zu machen, dass Verhaltensweisen, die bei sog. Neurotikern besonders ausgeprägt in Erscheinungen treten, etwas allgemein Menschliches sind, dass es sich nicht um unterschiedliche Qualitäten, sehr wohl aber um unterschiedliche Quantitäten handelt. Dies gilt genauso auch für narzisstisches Verhalten, das in unser aller Alltagsleben in mehr oder weniger intensiver und mehr oder weniger ausschließlicher Form gelebt wird, manchmal sehr offensichtlich, manchmal eher verborgen (Sport, Partykult, Starrummel, Therapieboom, Mode). Freud hat schon sehr früh klar formuliert, dass zur Regulierung des Selbstwerterlebens im Erwachsenenalter neben erfüllten sozialen Beziehungen und der Annäherung an das Ich-Ideal immer auch die Realisierung von Resten des frühkindlichen Narzissmus gehört (1914, S. 168). Aus psychodramatischer Sicht heißt das, dass neben Begegnungen und hinsichtlich der Quantität, Qualität und Kohäsion befriedigenden „sozialen Atomen" sowie der kreativen Gestaltung der eigenen Wünsche und Vorstellungen im role-playing und role-creating auch Phantasierückkehr zu den Szenen der Allidentitätsphase bzw. eine reale Inszenierung und Erfahrung dieser Szenen im Hier und Jetzt mit dem Erleben der Allmacht, der totalen Geborgenheit, des Einsseins mit der Welt, dem kosmischen Gesichert-Sein und dem absoluten Vertrauen zu sich und zur Welt zu einer normalen Selbstwertregulierung dazugehören. Sowohl Freud (1914, S. 161) als auch Moreno (1939a, S. 14) sehen die Faszination, die von diesem frühkindlichen paradiesischen Erleben der Phase des „primären Narzissmus" (Freud) bzw. der Phase der „Allidentität" (Moreno) ausgehend, auf das gesamte Leben der Menschen ausstrahlt und sie veranlasst, immer wieder Mittel und Wege zu finden, sich wenigstens zeitlich begrenzt und unvollkommen diese Sehnsucht zu erfüllen.

Die komplexen und mit anderen Verhaltensweisen meist vermischten und manchmal nur sehr kurzfristigen und undeutlichen Alltagsformen narzisstischen Verhaltens, die das Leben häufig erst bunt und interessant machen, sollen im folgenden aber nicht Gegenstand der Betrachtung sein, sondern es werden idealtypisch überzeichnete Grundmuster – Rollenkonserven – narzisstischen Verhaltens skizziert, denen sich Menschen mit ausgeprägten narzisstischen Problemen, bei aller individueller Einzigartigkeit und trotz der vielfältigen Mischformen, relativ stark annähern. Narzisstisches Verhalten in diesem begrenzten Sinne tritt sowohl als (meist schwere) psychische Störung bei sog. narzisstischen Persönlichkeiten (vgl. Kernberg 1978, S. 261) in Erscheinung als auch in Verbindung mit sozial-medizinischen Problemen wie Sucht und Suizid (vgl. Stimmer 1987a, S. 40ff), bei denen häufig ein Zusammenhang mit Selbstwertstörungen und -krisen festgestellt wurde. Diese idealtypischen Bilder und Szenen können allerdings sehr wohl auch als pointierte Spiegelbilder für alltagsnarzisstisches Verhalten dienen.

Ich werde zunächst idealtypisch vier Ausprägungsformen narzisstischen Verhaltens beschreiben, die Verhaltenstypen *Isolierter*, *Konsument*, *Star* und *Fan* (vgl. Stimmer 1987a), und diese Beziehungssysteme dann mit Hilfe des Konzepts des „sozialen Atoms" unter soziometrischen Gesichtspunkten untersuchen:

- Der „Isolierte" zieht sich aus der für ihn quälenden Umwelt zurück und lebt in seinen Phantasien von der eigenen Größe und Allmacht, manchmal verbunden mit einer ausgeprägten Sehnsucht nach einem vorgeburtlichen Paradieszustand. Als Beispiel mag ein Mann dienen, der ein fähiger Chemielehrer und begabter Geiger ist. Diese Realität ist ihm aber zu banal, er kann sie so nicht annehmen oder gar genießen, da ihr zwei der Mitwelt streng verborgen gehaltene und sich selbst kaum eingestandene Größenphantasien entgegenstehen: den Nobel-Preis für Chemie zu bekommen und weltweit so gefeiert zu sein wie der Virtuose Menuhin. An diesen Phantasien gemessen, bleibt die durchaus überdurchschnittliche Realität seines Lebens leer und schal, so dass er sich aus dem quälenden Alltag immer wieder, alle Kontaktversuche anderer zurückweisend und wirklich „abseits vom Wege", wie es im Mythos heißt, in eine fast totale Isolation – verbunden mit Drogenkonsum – zurückzieht.
- Der „Konsument" – eine Erscheinung moderner Industriegesellschaften – ersetzt Menschen durch Waren aller Art und stabilisiert sein Identitäts- und Selbstwerterleben über den Konsum käuflicher Gegenstände. Als Beispiel hierfür ein Zitat: *„Da sitzt z.B. ein achtjähriges Kind zu Hause, der Fernseher ist eingeschaltet, aus dem Kassettenrekorder tönt Musik, das Kind liest in einem Comic-Heft und bedient sich aus einer Tüte Chips, wobei es auch*

noch ab und zu mit einem anderen Kind im Raum mittels Satzfetzen wie: "Echt stark!" – "Das bringt's kommuniziert." (Stubenrauch 1979, S. 10).

- Der „Star" benutzt Menschen strategisch, um sein phantasiertes Größenbild aufrechtzuerhalten. Er ist ständig auf der Suche nach Bestätigung in unterschiedlichsten Konstellationen, von der distanzierten Ausbeutung anderer Menschen bis hin zu Versuchen einer absoluten Ich-Du-Verschmelzung. Beispiele finden sich in der Veröffentlichungssucht in Illustrierten, im Partykult, in der Ideologisierung des Körpertrainings oder, an Personen festgemacht, häufig in den Gründern von Therapieschulen, Gurus und Propheten, den Don Juans und Prinzessinnen in der Familie, aber auch in Wissenschaftlern, die nur ihre Meinung als absolute Wahrheit gelten lassen usw.
- Der „Fan" schließlich spielt in den angeführten Beispielen die Gegenrollen zum „Star". Er lebt als eine verkürzte Form des angebeteten und verehrten Stars. Das Lebensmotto des „Stars" heißt: *„Ich bin vollkommen!"*, das des „Fans": *„Du bist vollkommen, aber ich bin ein Teil von Dir!"* (Kohut 1977, S. 45). Eine Extremdarstellung dieses Lebensskripts, bietet der Film „Der Fan", wo der weibliche Fan den Star, um ihn nicht zu verlieren, tötet, zerkleinert, aufbereitet und verspeist – die vollkommene symbiotische Verschmelzung. Alltäglichere Beispiele des Zusammenspiels von „Stars" und „Fans" sind etwa Fußballspiele, Rock-Konzerte oder häufig auch die Treffen radikaler politischer Parteien.

3. Narzisstische Verhaltenstypen im Spiegel ihrer „soziokulturellen Atome"

Wenn man jetzt mit der üblichen Darstellung des „sozialen Atoms" (Moreno 1936, 1947) versucht, die Verbindung zu den vier Typen narzisstischen Verhaltens herzustellen, so gelingt das ohne große Schwierigkeit, soweit es den ersten Aspekt der obigen Definition betrifft, nämlich den Rückzug aus sozialen Beziehungen bzw. die Funktionalisierung von Beziehungen. Man könnte dann etwa die Quantität und Qualität der Beziehungen, ihre Kohäsion und Nähe und Distanz zwischen den Beziehungen beschreiben und analysieren und vielleicht den einen oder anderen ergänzenden Hinweis erhalten. Ganz beispielhaft: Beim „Isolierten" ist der innere Kreis entleert, einige gewünschte Beziehungen mögen vorhanden sein, und genauso kann das Bekanntschaftsvolumen durchaus ausgedehnt sein. Die Chance aber, dass hier ein Wechsel in das „soziale Atom" hinein stattfindet, dass damit *„the social threshold"* (Moreno 1936, p. 11), die „soziale Schwelle", überschritten wird, die das interaktionale Rollenspiel aus der funktionalen und indifferenten Sphäre in den Bereich emotionaler Bedeutsamkeit hebt, ist allerdings gering. Beim „Konsumenten" tauchen im sozialen Atom keine Menschen mehr auf, es ist angefüllt von Waren und Gegenständen. Das Bekanntschaftsvolumen mag auch wieder mehr oder weniger ausgedehnt sein, der Übergang zum „sozialen Atom" bleibt aber ebenso wie beim „Isolierten" versperrt. In solchen „sozialen Atomen" ist das *„feeling-for-persons"* ersetzt durch ein *„feeling-for-things"*, *„technological panacea(s)"* (Moreno 1936, p. 16), käufliche technische Allheil- und Wundermittel, treten an die Stelle von menschlichen Beziehungen. Beim „Star" wimmelt es im inneren Kreis seines „sozialen Atoms" von sehr schnell austauschbaren Menschen (Fans), die er aus dem Reservoir eines ausgedehnten Bekanntschaftsvolumens bezieht und dorthin wieder abgibt, wenn sie ihre Schuldigkeit getan haben. Daneben sind natürlich auch lange dauernde symbiotisch geprägte „Star-Fan"-Dyaden bzw. „Star-Fan-Gruppen"-Beziehungen denkbar. Die gewünschten Beziehungen sind bezogen auf zukünftige Fans. Das *„emotionale Ausdehnungsvermögen"*, die individuell unterschiedliche, aber grundsätzlich begrenzte emotionale Kapazität, mit Menschen Beziehungen einzugehen, aufrechtzuerhalten und zu erfüllen (Moreno 1974, S. 154) mag ausgeprägt gegeben sein, ist aber einseitig fixiert auf narzisstische Bedürfnisse. Die Grenzen zum *„sozialen Ausdehnungsvermögen"* (Moreno 1953, S. 285), wo es lediglich um die Zahl der Menschen geht, mit denen Kontakte bestehen sind sicherlich häufig verwischt. Moreno (1936) hat diesen Typ im Zusammenhang mit der Diskussion des „sozialen Atoms" prägnant beschrieben, ohne ihn mit der Narzissmusthematik in Verbindung zu bringen: *„Solche Menschen entwickeln wenig Bindung an ein spezifisches Individuum [...] Ein solcher Mensch sehnt sich nach einem bestimmten Komplex von Eigenschaften und kaum oder überhaupt nicht nach dem dahinter stehenden Individuum. Er benutzt die Individuen, er ist nicht in sie verliebt."* (Übersetzung aus Moreno 1981, S. 90). Beim „Fan" schließlich, dessen Rolle ja eben schon mitbeschrieben wurde, füllt der jeweilige „Star" den inneren Kreis seines „sozialen Atoms" völlig aus, andere Götter neben ihm gibt es gleichzeitig nicht, so dass gewünschte Beziehungen in dieser Situation gegen Null tendieren bzw. das Bekanntschaftsvolumen eher gering sein bzw. sich auf Mitfans beschränken wird.

Die bisher beispielhaft angedeutete Analyse alleine ist jedoch für die Narzissmusthematik noch wenig interessant, so lange nicht auch der zweite Aspekt der Definition, nämlich die Entwicklung von Größenphantasien, mit in die Diskussion des „sozialen Atoms" einbezogen werden kann. Neben den Beziehungen nach außen, die Moreno mit den Begriffen der Begegnung und des Teles und über seine soziometrischen Konzepte ausführlich beschrieben hat und die die Grundlagen seines therapeutischen Systems bilden, gilt es auch die reflexiven Beziehungen zu sich selbst zu analysieren, und die wechselseitigen Verflechtungen dieser beiden Aspekte, die letztendlich die zwei Seiten der gleichen Medaille sind, nämlich der Identitätsbildung. Erst dann wird die soziale Konstitution des (Rollen-) Selbst, der Identität, der Persönlichkeit verständlich und eine gehaltvolle psychodramatische Selbst-Theorie möglich. Erst dann wird narzisstisches Verhalten begreifbar und über soziometrische Verfahren fassbar und spiegelbildlich darstellbar. Dies möchte ich im folgenden ansatzweise aufzeigen.

Als Moreno von Gurvitch auf die Widersprüchlichkeiten seiner Definitionen bezüglich des „sozialen Atoms" hingewiesen wurde, versuchte er, sich elegant aus der Affäre zu ziehen: *„Certain inconsistencies in the definition of terms are un-avoidable in a growing young science, rigidity of definition is perhaps a greater sin."* (Moreno 1956, p. 34). Realität ist jedoch auch, dass für den Leser der Arbeiten Morenos ein erheblicher Nostradamus-Effekt besteht. Ich möchte daher hier in einem kurzen Einschub zwei im folgenden verwendete Konzepte beschreiben, wie ich sie zur Zeit sehe, nämlich das Rollenkonzept und das Konzept des „sozio-kulturellen Atoms".

Moreno hat in einer fast zwanghaften Abgrenzung zu den Soziologen, die theoretisch angeblich ausschließlich auf eine starre Übernahme gesellschaftlich vordefinierter Rollen fixiert seien, sein Rollenmodell entwickelt und im Laufe seines Schaffens verschiedentlich geändert, nicht immer im Sinne von mehr Eindeutigkeit. Im Zusammenhang mit der Narzissmusthematik – und nicht nur hier – scheint die folgende Klassifikation sinnvoll, die weitgehend mit Moreno'schen Gedanken übereinstimmt. Rollen als die greifbaren und damit auch begreifbaren Aspekte und aktuellen Formen des „Selbst" sind auf zwei Ebenen zu betrachten, auf der Ebene von „realen" Rollen, die auf der Bühne der äußeren Welt gespielt werden, und auf der Ebene von „imaginären" Rollen, die auf der Bühne der inneren Welt gespielt werden. Die Vorstellung eines gerade für kreative Lösungen besonders offenen vorwegnehmenden Rollenspiels in den Szenen der inneren Phantasiewelt, bevor in der äußeren Welt gehandelt wird, gehört zu den Grundannahmen der Theorie der Symbolischen Interaktion (z.B. Cooley 1902, p. 152, Blumer 1973, S. 80ff oder in einer interessanten Variation des „Situationskreises" von Uexküll & Wesiack 1981, S. 15ff). Das Psychodrama bietet dafür ja eine Art Übergangsbühne an: nicht mehr nur Phantasie im Kopf und noch nicht Realität im Alltag. Moreno hat die imaginäre Ebene im Zusammenhang mit seinen Überlegungen zur psychodramatischen Behandlung von Psychosen (Moreno 1939b, 1940) besonders betont und bedeutsame Ideen dazu entwickelt, die aber, durch die Überbetonung der äußeren interaktionalen Ebene bisher meines Wissens ziemlich unbeachtet blieben, obwohl sie für eine Theorie des Selbst und seiner Störungen sowie für die therapeutische und sozialpädagogische Praxis höchst relevant sind. Hierher gehören der Begriff des *„Auto-Tele"* (Moreno 1939b, p. 4), der auf die reflexiven Beziehungen des Menschen zu sich selbst abhebt und das Konzept der *„imaginary reality"*, S. 116), durch das auf der Psychodramabühne die inneren, phantasierten und vielleicht auch wahnhaft verzerrten sozialen und kulturellen Atome vergegenständlicht, greifbar und begreifbar gemacht werden können. Moreno hat auch den Begriff der *„Phantasierolle"* geprägt (Moreno 1962, p. 253f), bezogen auf das Spielen von mythologischen Aspekten (Gott, Teufel, Engel, Feen, Geister) und Halluzinationen auf der Realebene, aber natürlich auch auf der imaginären Ebene. Es können dann in Betrachtung der gesamten Rollentheorie Morenos jeweils auf den beiden Ebenen der realen äußeren Welt und der imaginären inneren Welt unterschieden werden:

- *psychosomatische Rollen* (Mensch als biologisches Wesen) in ihren interaktionalen Formen des physio-dramatischen Rollenspiels (physiologische Dimension),
- *Phantasierollen* (Mensch als Gattungs- und als kosmisch-kreatives Wesen) in den interaktionalen Formen eines mytho-dramatischen Rollenspiels (Dimension des individuellen und des kollektiven Unbewussten) oder eines extrem psychodramatischen Rollenspiels (Dimension der Kreativität fern aller Rollenkonserven, wie es sich im role-creating ausdrückt) und
- *soziale Rollen* (Mensch als soziales Wesen) in den interaktional gelebten Ausprägungen des soziodramatischen Rollenspiels (kulturkonserven-nah, kollektiv-soziale Dimension betonend) und des psychodramatischen Rollenspiels (kulturkonserven-fern, individuell-psychische Dimension betonend).

Im zweiten Konzept, dem „sozio-kulturellen" Atom sind das „soziale" und das „kulturelle Atom" zusammengefasst, weil mir eine Trennung künstlich bzw. nur zu analytischen Zwecken sinnvoll erscheint und gerade im Zusammenhang mit der weiteren Diskussion eher hinderlich ist. Dieses Konzept, das wiederum sowohl auf der realen wie auf der imaginären Ebene zu denken ist, beinhaltet die Annahme, dass das Verhalten und Handeln in Rollen stattfindet und jeder Mensch im Brennpunkt kulturspezifischer Rollenmuster steht („kulturelles Atom"). In dieser Sichtweise sind die emotionalen Anziehungs- und Abstoßungsprozesse und -strukturen, innerhalb derer ein Mensch lebt, die er mitgestaltet und die ihn prägen („soziales Atom") nicht freischwebend, sondern bewusst oder meist unbewusst an einzelne Rollen oder Rollenaspekte, gebunden. U.U. betreffen sie aber natürlich auch das Insgesamt der Rollen, das Rollen-Selbst (vgl. dazu Moreno 1960, p. 52).

Wenn für das Erleben und Verhalten Phantasierollen vorrangig sind, wie dies in der Kindheit, bei „Psychotikern" (vgl. Moreno 1962, p. 254; Fatke 1985, S. 308ff) und eben auch bei narzisstisch gestörten Menschen der Fall ist, ist die alleinige Erkenntnis, dass das Leben auf der äußeren Bühne rollenarm, emotional leer, von funktionalisierten Rollenbeziehungen bestimmt o.ä. ist, noch wenig hilfreich, selbst wenn die „sozio-kulturellen Atome" solcher Szenarien wichtige diagnostische Hinweise geben mögen. Interessant wird es aber, wenn die sozialen bzw. kulturellen Intra-Atome der inneren Welt mit ihren emotionalen bzw. rollenmäßigen Strukturen und Prozessen sichtbar werden und die jeweiligen Beziehungen zwischen der inneren und der äußeren Welt, zwischen der Welt der Imagination und der Welt der gegebenen, der sozial konstruierten objektiven Wirklichkeit, zwischen der Welt der Utopien, der Illusionen oder auch der Wahnideen und der Welt der Grenzen setzenden Realität nachvollzogen und vielleicht auch in idealtypischen Bildern und Szenen soziometrisch veranschaulicht und kategorisiert werden können. Wenn nach Moreno ein erheblicher Teil des menschlichen Lebens in der Phantasie gelebt wird (1940, p. 119) und im Extremfall der „Psychotiker" ganz in seiner Phantasiewelt aufgeht und der „Neurotiker" ausschließlich der Welt der Realität verhaftet bleibt und zugleich die Vermittlung und Aussöhnung dieser beiden Extrempole ein Ziel menschlichen Lebens ist, und damit auch Ziel therapeutischen und sozialpädagogischen Handelns (vgl. Kraus 1984, S. 6of), dann zeigen sich diese Annahmen sowohl theoretisch als auch praktisch höchst relevant für die narzisstische Problematik mit ihren zwei Grundformen des Ersetzens der Realität durch die Illusion oder durch Wahnideen (Typen Isolierter und Konsument) und der Funktionalisierung der Realität für die Illusion oder die Wahnideen (Typen Star und Fan).

Vor dem Hintergrund der bisher entwickelten Gedanken lassen sich die Typen narzisstischen Verhaltens im Spiegel ihrer „soziokulturellen Atome" graphisch darstellen. Ich werde dies beispielhaft am Typ „Isolierter" und an dem Typenpaar „Star"/„Fan" anhand der o.g. Beschreibung versuchen.

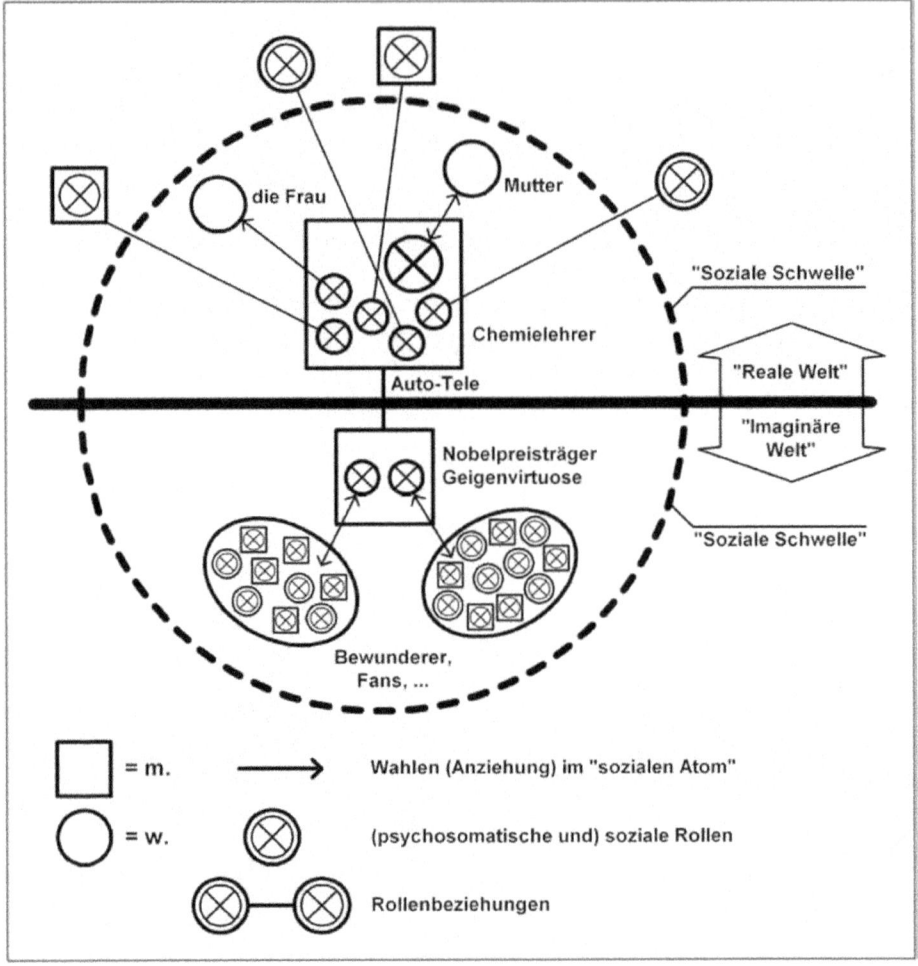

Abb. 1: „Sozio-kulturelles Atom" des narzisstischen Verhaltenstyps „Isolierter".

Beim Typ „Isolierter" kommt es zu einer starken Abgrenzung der „realen Welt", die als quälend erlebt wird, von der „imaginären Welt", die wahnhaft umgestaltet wird. Damit verbunden ist die Vermeidung einer als unerträglich befürchteten Selbstreflexion im Auto-Tele. So wird der Weg frei für die Bildung eines „grandiosen Selbst". Im o.g. Beispiel sind es die beiden übermächtigen Rollen des „Nobelpreisträgers" und des „Geigenvirtuosen", die dem Chemielehrer, der in der Realität nur zwei emotional bedeutsame Beziehungen hat – zu seiner Mutter und eine gewünschte zu der Frau –, in der „imaginären Welt" die Zuwendung verschaffen, die ihn in der „realen Welt" überleben lassen.

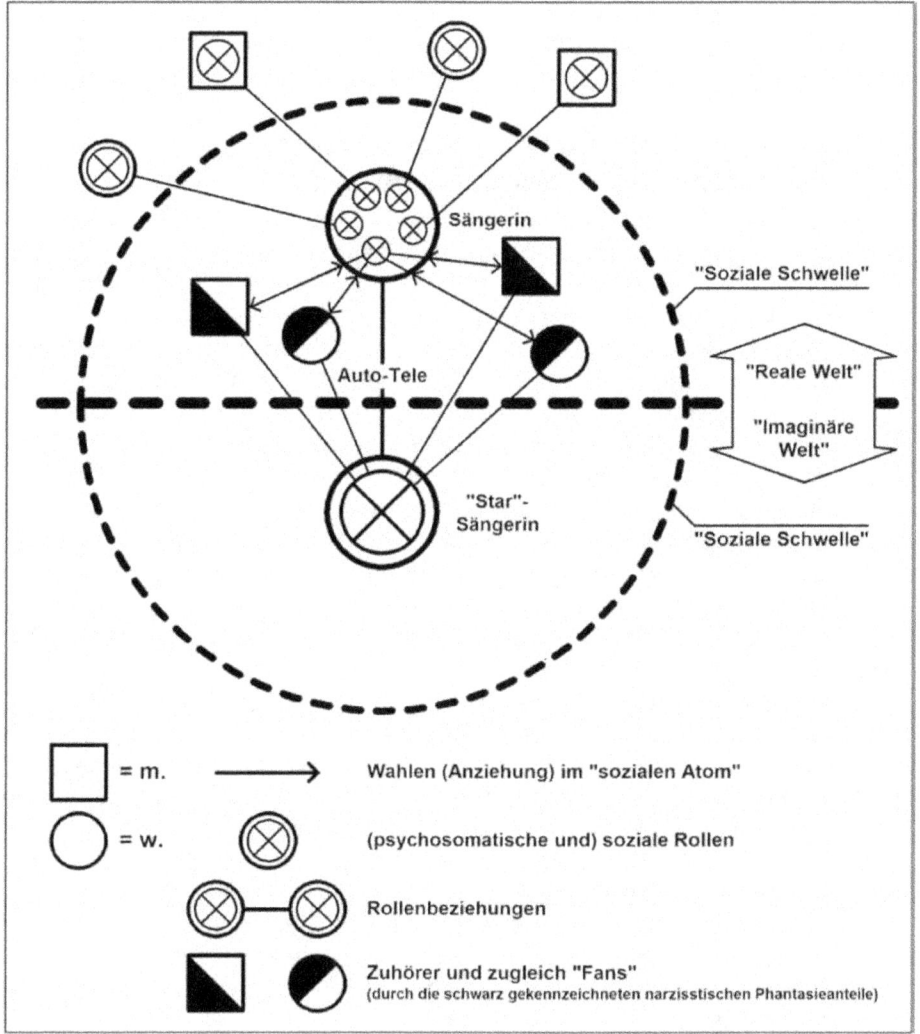

Abb. 2: „Sozio-kulturelles Atom" des narzisstischen Typenpaars „Star" und „Fan".

Beim Typenpaar „Star" und „Fan(s)" ist die Grenzziehung zwischen „realer Welt" und „imaginärer Welt" relativ offen, da die realen Beziehungen über den narzisstischen Phantasieteil der Interaktionspartner für die Illusionen oder die Wahnideen funktionalisiert werden. Um dieses Identitäts- und selbstwertstabilisierende Konstrukt aufrechtzuerhalten, muss eine Selbstreflektion im Auto-Tele vermieden werden. Aus dieser Typenkonstellation resultiert ein komplementäres Beziehungsgeflecht, das Bestand bekommt durch die narzisstischen Phantasien des „Stars" („Ich bin vollkommen.") und des „Fans" („Du bist vollkommen, aber ich bin ein Teil von Dir."). Im Beispiel der Abbildung ergänzen sich die Phantasien der Sängerin („Ich bin eine vollkommene, anbetungswürdige, gottbegnadete Sängerin, wie sie niemals auf der Welt war und nie mehr auf der Welt sein wird.") wechselseitig mit den Phantasien ihrer Zuhörer („Du bist die absolut größte Sängerin aller Zeiten, phänomenal und einmalig, ich aber gehöre zu Dir, ich bin ein Teil von Dir."). Im Extremfall einer wahnhaft-intensiven „Star"-„Fan"-Beziehung ist eine kurz- oder längerfristige

Aufhebung der narzisstischen Phantasien der Beteiligten denkbar, wie es sich beispielsweise bei Gruppensuiziden von Sekten oder auch bei über Rauschmittel angeheizten Rockveranstaltungen andeutet.

4. Zur Genese narzisstischen Verhaltens im Spiegel frühkindlicher „sozio-kultureller Atome"

Rückzug aus bzw. Funktionalisierung von sozialen Beziehungen und die Entwicklung von Größenphantasien waren die bisher behandelten Teile der obigen Definition narzisstischen Verhaltens. Diese dienen der Bewältigung, der Kompensation von Selbstwertstörungen und -krisen, die sich in einem emotionalen Basissyndrom von Gefühlen der Leere, Verzweiflung, Sinnlosigkeit, Minderwertigkeit und Langeweile äußern. Diesen dritten Teil der Definition möchte ich wenigstens andeutungsweise noch kurz erläutern.

Für eine umfassende Erklärung der Genese narzisstischen Verhaltens wäre dieses Thema zumindest hinsichtlich dreier Dimensionen zu untersuchen: der entwicklungspsychologischen, der familiensoziologischen und der gesellschaftlichen (vgl. Stimmer 1987a). Einige Aspekte der entwicklungspsychologischen Ebene, zu denen die psychodramatische Theorie interessante Beiträge liefert (Moreno & Moreno 1944; Moreno 1959, S. 85ff), werde ich mit narzissmustheoretischen Auffassungen und mit dem Konzept des „sozio-kulturellen Atoms" verbinden.

Die wichtigsten Grundlagen für eine gelingende (Rollen-)Selbstentwicklung sieht auch die psychodramatische Theorie in den ersten Lebensphasen, die für das Verstehen narzisstischen Verhaltens gemäß psychoanalytischer Theorien so zentral sind. Die relativ ungestörte Entwicklung verläuft über die Phasen des „ersten psychischen Universums" mit ihren Unterphasen der „All-Identität" und der „All-Realität" und über die Phase des „zweiten psychischen Universums" (Moreno & Moreno 1944; Stimmer 1982). In diesen Phasen, in denen auch die Grundtechniken des Psychodramas – Doppeln, Spiegeln, und Rollentausch – verankert sind, lassen sich die für die Selbstentwicklung so bedeutsamen Teilschritte der Ich-Du-Verschmelzung, der Ich-Erkenntnis und der Du-Erkenntnis entdecken (Moreno 1959, S. 85).

Ich möchte im Zusammenhang mit der psychodramatischen Entwicklungstheorie eine Teil-These formulieren und kurz begründen: eine bezüglich der zeitlich notwendigen Spanne von Entwicklungsprozessen unzeitgemäße Auflösung bzw. qualitative Störungen des allidentischen Erlebens erhöhen die Wahrscheinlichkeit späteren narzisstischen Verhaltens.

Eine unzeitgemäß frühe Trennung vom mütterlichen Hilfs-Ich bzw. ein nur sporadischer Bezug zu Hilfs-Ichen in diesem präverbalen Stadium der ersten Lebenswochen, in denen die psychosomatische Ebene der Rollendynamiken zentral sind, führt zu einer *„organismischen Panik"* (Mahler et al. 1978, S. 22) beim Kind und damit verbunden zu einer Störung der Fähigkeit zukünftig andere Menschen als Hilfs-Iche wahrzunehmen. Die Rettung liegt in der Phantasie bis hin zu einem narzisstisch verzerrten *„grandiosen Selbst"* (Horney 1975, S.

213), wobei reale Interaktionspartner ausgeschieden („Isolierter"), durch Dinge ersetzt („Konsument") oder funktionalisiert („Star" und „Fan") werden. Ein Beispiel für eine solche frühkindliche Situation gibt das folgende „sozio-kulturelle Atom" des kleinen Daniel wieder:

Daniel kommt mit einer lebensbedrohlichen Krankheit in die Welt, wird schnell von der Mutter getrennt, „ärztlich versorgt", mit dem Hubschrauber in eine Spezialklinik gebracht, operiert, an Schläuchen und Apparaten angeschlossen [...] Er liegt mutterseelenallein in der Klinik, weil seine Mutter es nicht über sich bringt, ihn in die Klinik und in der Klinik zu begleiten. Eine Krankenschwester übernimmt im Rahmen ihrer sehr begrenzten Möglichkeiten vermutlich lebensrettende Hilfs-Ich-Funktionen.

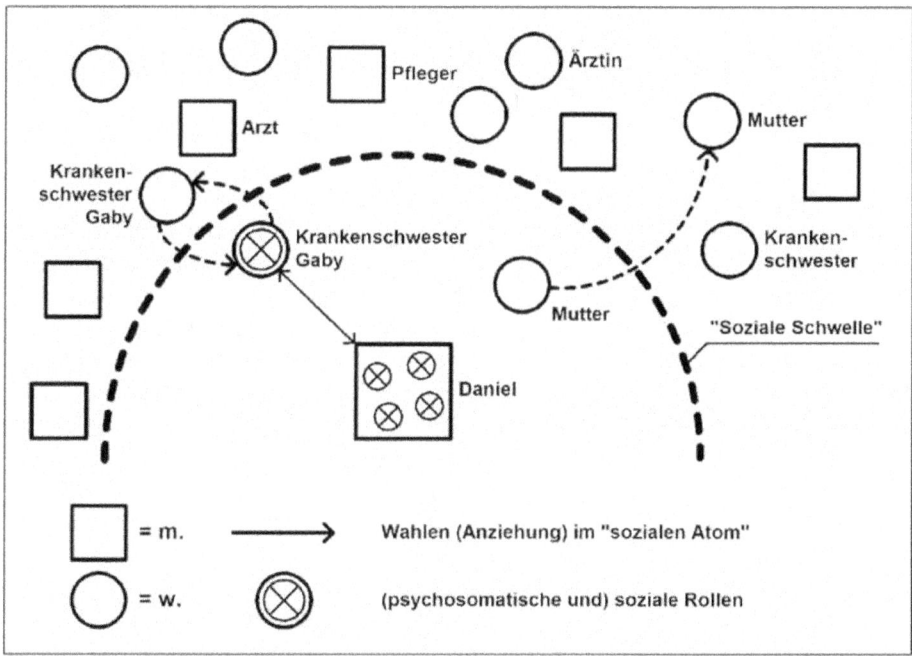

Abb. 3: „Sozio-kulturelles Atom" einer unzeitgemäß frühen Auflösung bzw. Störung des allidentischen Erlebens: Daniel in den ersten Lebenswochen.

Die „soziale Schwelle" wird für Daniel sporadisch von der Krankenschwester Gaby überschritten, die damit zum stützenden, wenn auch nur selten verfügbaren Hilfs-Ich für ihn wird. Die Mutter, die sich in dieser Phase in einer Interaktionseinheit auf physiologischer Basis mit Daniel befinden sollte, verschwindet für ihn im „Bekanntschaftsvolumen", das als solches von ihm noch gar nicht wahrgenommen werden kann. Das Spielen psycho-somatischer Rollen wird ihm ganz ansatzweise mit Gaby möglich. Gewünschte Beziehungen sind aufgrund des Standes der Phantasieentwicklung noch nicht realisierbar. Das „soziale Atom", das in dieser Lebensphase durch die Interaktionseinheit mit der Mutter geprägt ist, bleibt bei Daniel defizitär.

Wenn im ersten Beispiel Distanz und Trennung beziehungsbestimmend sind, dann sind dies im folgenden Beispiel Nähe und Verschmelzung. Eine unzeitgemäß späte Auflösung der Phase der All-Identität, die die Übergänge in die weiteren Phasen verhindert oder nur teilweise ermöglicht, erschwert die Grenzwahrnehmung zwischen Ich und Du und behindert so die Rollenentwicklung und damit die Identitätsbildung. Eine auf symbiotische Bindungen fixierte Sehnsucht bleibt erhalten. Jeder Versuch von späteren Interaktionspartnern, eigene Schritte zu gehen, Grenzen zu setzen und eigene Bedürfnisse und Wünsche zu äußern, wird als lebensbedrohliche Katastrophe erlebt. Mögliche Hilfs-Iche werden deshalb funktionalisiert und symbiotisch vereinnahmt, um der Qual der Leere und Sinnlosigkeit zu entgehen. Die Entwicklung eines „grandiosen Selbst" spielt hier auch wieder eine Rolle, nämlich in den schon erwähnten Formen „*Ich bin vollkommen.*" („Star") oder „*Du bist vollkommen, aber ich bin ein Teil von Dir.*" („Fan").

Als Beispiel für eine solche frühkindliche Situation kann das „sozio-kulturelle Atom" von Jens dienen:

Jens ist ein wohlgenährter kleiner Junge, der Gästen, angeregt von Mutter und Großmutter als Beweis für seine ungewöhnlichen Fähigkeiten kleine Kunststücke vorführt, die Kinder in seinem Alter üblicherweise noch nicht zustande bringen. In den Erzählungen seiner Mutter und seiner Großmutter ist er das schönste, klügste und kräftigste Kind weit und breit, Vater und Großvater, abgeschirmt von Mutter und Großmutter, sind für ihn nur Randerscheinungen. Mutter und Großmutter konkurrieren in überquellenden Zuwendungs- und Bindungsversuchen miteinander um den kleinen Jens, wobei es der Großmutter häufig gelingt, nicht nur Jens, sondern Jens und seine Mutter zugleich an sich zu binden [...].

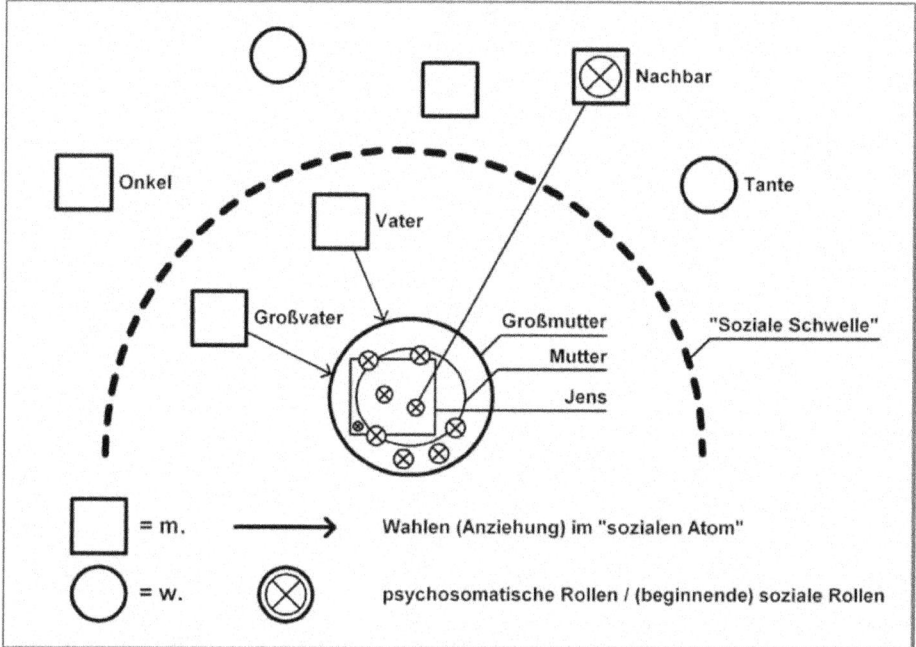

Abb. 4: „Sozio-kulturelles Atom" mit der Gefahr einer unzeitgemäß späten Auflösung bzw. einer Behinderung der Auflösung allidentischen Erlebens: Jens mit etwa einem Jahr.

Die „soziale Schwelle" wird für Jens langdauernd und nachdrücklich von der Mutter und der Großmutter überschritten, die eine innige Beziehung mit ihm eingehen. Vater und Großvater sind Randfiguren in der Nähe zum „Bekanntschaftsvolumen", deren emotionale Angebote an Jens an der Großmutter-Mutter-Kind-Einheit abprallen.

5. Schlussbemerkung

Der Fluch der von einem verschmähten Liebhaber angerufenen und für die ausgleichende Gerechtigkeit zuständige Göttin Nemesis, der Narziss, ohne es zu wissen, zur Qual unerfüllbarer Selbstliebe verdammte, führt im Mythos den tödlichen Ausgang zwangsläufig und ausweglos herbei. Über das Psychodrama sind Möglichkeiten gegeben, die Zwangsläufigkeit des Fluchs biographischer Verläufe, die sich in den „sozio-kulturellen Atomen" narzisstischen Verhaltens spiegeln, zu unterbrechen und den weiteren Verlauf selbst mehr oder weniger zu gestalten. Wie der Mythos in dramatischen Szenen exemplarisch erzählend die menschlichen Möglichkeiten und Katastrophen benennt und damit bewusst und somit auch erst greifbar und begreifbar macht, so erfüllt das Psychodrama diese Funktion in der spielerischen Gestaltung menschlicher Szenarien, gerade auch der für die Narzissmusthematik so wichtigen vorsprachlichen. Das bisher Unaussprechliche wird inszenierbar und damit der Auseinandersetzung zugänglich. Das Drehbuch allerdings kann, ganz im Gegensatz zum Mythos, kreativ gestaltet werden. Dadurch werden über das Psychodrama die Voraussetzungen für eine kreative Versöhnungsleistung zwischen Realität und Phantasie gegeben, wie sie glücklicheren Kindern als Daniel und Jens scheinbar von alleine zufallen — wie dem Bastian in Michael Endes »Unendlicher Geschichte«: *„Es gibt Menschen, die können nie nach Phantasien kämmen [...], und es gibt Menschen, die können es, aber sie bleiben für immer dort. Und es gibt noch einige, die gehen nach Phantasien und kehren wieder zurück. So wie du. Und die machen beide Welten gesund."* (1979, S. 426).

6. Literatur

Blumer, H. (1973). Der methodologische Standort des Symbolischen Interaktionismus. In: *Arbeitsgemeinschaft Bielefelder Soziologen* (Hg.), Alltagswissen, Interaktion und gesellschaftliche Wirklichkeit (S. 80-146). Reinbek: Rowohlt.

Cooley, C.H. (1902). Human nature and the social order. New York: Charles Scribner's Sons.

Ende, M. (1979). Die Unendliche Geschichte. Stuttgart: Thienemann.

Fatke, R. (1985). Die Phantasie und das Selbst des Kindes. In: *G. Bittner & E. Harms* (Hg.), Erziehung in früher Kindheit. Pädagogische, psychologische und psychoanalytische Texte (S. 308-319). München: Piper.

Freud, S. (1914). Zur Einführung des Narzißmus. In: *S. Freud*, Gesammelte Werke, Band 10 (S. 138-170). Frankfurt am Main: Fischer.

Häsing, H., Stubenrauch, H. & Ziehe, T. (Hg.) (1979). Narziß. Ein neuer Sozialisationstypus? Bensheim: Päd.-Extra-Buchverlag.

Horney, K. (1950). Neurose und menschliches Wachstum – das Ringen um Selbstverwirklichung. München: Kindler (engl. Originalausgabe: „Neurosis and human growth: The struggle toward self-realization", New York: W.W. Norton and Company, Inc., 1950).

Kernberg, O.F. (1978). Borderline-Störungen und pathologischer Narzißmus. Frankfurt: Suhrkamp.

Kohut, H. (1977). Narzißmus – Eine Theorie der psychoanalytischen Behandlung narzisstischer Persönlichkeitsstörungen. Frankfurt: Suhrkamp.

Kraus, C. (1984). Psychodrama of „fallen gods": A review of Morenian theology. *Journal of Group Psychotherapy, Psychodrama and Sociometry*, 37(2), 47-66.

Lasch, C. (1980). Das Zeitalter des Narzissmus. München: DTV.

Mahler, M.S., Pine, F. & Bergman, A. (1978). Die psychische Geburt des Menschen – Symbiose und Individuation. Frankfurt: Fischer.

Moreno, J.L. (1936). Organization of the social atom. *Sociometry Review*, 1, 11-16 (reprinted in: *Sociometry* 1947, 10(4), 287-293).

Moreno, J.L. (1939a). Creativity and cultural conserves – with special reference to musical expression. *Sociometry*, 2(2), 1-36.

Moreno, J.L. (1939b). Psychodramatic shock therapy. A sociometric approach to the problem of mental disorders. (Psychodrama Monographs, No. 5). Beacon, NY: Beacon House (zuerst in: *Sociometry*, 1939, 2(1), 1-30).

Moreno, J.L. (1940). Psychodramatic treatment of psychoses. *Sociometry*, 3(2), 115-132.

Moreno, J.L. (1947). The social atom and death. *Sociometry*, 10(1), 80-84.

Moreno, J.L. (1953). Who shall survive? Beacon, NY: Beacon House, revised edition (zuerst: „Who shall survive? A new approach to the problem of human interrelations", Washington. DC: Nervous and Mental Disease Publishing Company, 1934; deutsch: „Die Grundlagen der Soziometrie – Wege zur Neuordnung der Gesellschaft", Opladen: Leske & Budrich, 1996, 4. Auflage).

Moreno, J.L. (1956). The sociometric school and the science of man. In: *J.L. Moreno* (Ed.), Sociometry and the science of man (pp. 15-35). Beacon, NY: Beacon House.

Moreno, J.L. (1959). Gruppenpsychotherapie und Psychodrama. Einleitung in die Theorie und Praxis. Stuttgart: Thieme.

Moreno, J.L. (1960). The social atom: A definition. In: *J.L. Moreno, H.H. Jennings, J.H. Criswell* et al. (Eds.), The sociometry reader (pp. 52-54). Glencoe, IL: Free Press.

Moreno, J.L. (1962). The „united role theory" and the drama. *Group Psychotherapy*, 15(3), 253-254.

Moreno, J.L. (1974). Die Grundlagen der Soziometrie. Wege zur Neuordnung der Gesellschaft. Opladen: Leske & Budrich.

Moreno, J.L. (1981). Die Organisation des sozialen Atoms. In: *J.L. Moreno* (Hg.), Soziometrie als experimentelle Methode (S. 85-92). Paderborn: Junfermann.

Moreno, J.L. & Moreno, F.B. (1944). Spontaneity theory of child development. *Sociometry*, 7(2), 89-128.
Ovid (1981). Metamorphosen. (In deutsche Prosa übertragen von *Michael von Albrecht*). München: Goldmann.
Richter, H.E. (1979). Der Gotteskomplex. Die Geburt und Krise des Glaubens an die Allmacht des Menschen. Reinbek: Rowohlt.
Riesman, D. (1980). Egocentrism. Is the american character changing again? *Encounter*, Aug.-Sept. 1980, 19-28.
Stimmer, F. (1982). Der Beitrag J.L. Morenos zu einem interaktionistischen Ansatz einer Theorie der Institutionalisierung. In: *HJ. Helle* (Hg.), Kultur und Institution (S.131-155). Berlin: Duncker & Humblot.
Stimmer, F. (1987a). Narzißmus. Zur Psychogenese und Soziogenese narzißtischen Verhaltens. (Sozialwissenschaftliche Abhandlungen der Görres Gesellschaft, Band 16). Berlin: Duncker & Humblot.
Stimmer, F. (1987b). Individualistische Ethik und modernes Selbstwertgefühl, In: *R. Schumann & F. Stimmer* (Hg.), Soziologie der Gefühle. Zur Rationalität und Emotionalität sozialen Handelns (S. 139-155). München: Sozialforschungsinstitut e.V.
Stimmer, F. (1990). Familie und Persönlichkeitsbildung. Sozialisation im Spannungsfeld des modernen Alltags. *Annali di Sociologia / Soziologisches Jahrbuch*, 6(1/2), 359-386.
Stubenrauch, H. (1979). Narziß: Eine Herausforderung für die Erziehungswissenschaft und die politische Pädagogik. In: *H. Häsing, H. Stubenrauch & T. Ziehe* (Hg.), Narziß. Ein neuer Sozialisationstypus? (S. 10-12). Bensheim: Päd.-Extra-Buchverlag.
Uexküll, T. von & Wesiack, W. (1981). Psychosomatische Medizin und das Problem einer Theorie der Heilkunde. In: *T. von Uexküll & W. Wesiack* (Hg.), Lehrbuch der psychosomatischen Medizin (S. 7-21). München: Urban & Schwarzenberg.

Korrespondenzanschrift:
Univ.-Prof. Dr. *Franz Stimmer*
Institut für Sozialpädagogik
Fakultät Bildungs-, Kultur- und Sozialwissenschaften
Leuphana Universität Lüneburg
Scharnhorststraße 1
D-21335 Hansestadt Lüneburg

email: *stimmerad@gmx.de*

Dieser Beitrag erschien zuerst in: *Psychodrama – Zeitschrift für Theorie und Praxis von Psychodrama, Soziometrie und Rollenspiel* (1991), 4(2), 203-220 (Themenheft „Soziales Atom") und wurde für den Wiederabdruck geringfügig modifiziert.

Michael Schacht

Besser, schöner, schneller, weiter – nicht immer. Erwärmung im Selbstorganisationsmodell der Spontaneität-Kreativität

Summary:
Better, more beautiful, faster, further – not always. Warming-up and the spontaneity-creativity model of self-organization
Using the spontaneity-creativity model of self-organization concepts for the description of warming-up processes are developed. Referring to Hector Sabelli's process theory five modes for the interaction of opposites are presented. Practical implications for the warming-up process are clarified.

Zusammenfassung:
Auf dem Hintergrund des Selbstorganisationsmodells der Spontaneität-Kreativität werden Konzepte zur Beschreibung von Erwärmungsprozessen entwickelt. Mit Bezug auf die Prozess-Theorie von Hector Sabelli werden fünf Modi der Interaktion von Gegensätzen dargestellt. Die praktischen Konsequenzen für Erwärmung werden an Beispielen verdeutlicht.

Als PsychodramatikerInnen verwenden wir den Begriff der Erwärmung häufig für die Anfangsphase jeder Sitzung. Darüber hinaus kennen wir Erwärmung als die Bedingung „vor und während des Aktes des Schlafens, Essens, sexuellen Tuns, Laufens, künstlerischen Schaffens" wie Moreno (1990, S. 198) formuliert. Weniger bekannt ist, dass sich Erwärmung in „jedem Ausdruck des lebenden Organismus" (Moreno 1980, p. 56) manifestiert.

In zwei früheren Arbeiten (Schacht 1983, 1992) habe ich versucht, auf der Grundlage eines Selbstorganisationsmodells, des Modells der Ordnung durch Fluktuationen, Ansätze einer Theorie der Spontaneität-Kreativität zu entwickeln. Diesem zufolge organisieren, erhalten und entfalten sich dynamische Systeme in Form relativ konstanter Prozessstrukturen. Erwärmung stellt eine Phase des zyklischen Selbstorganisationsprozesses dar. Mit Hilfe des Modells lassen sich u.a. langfristige (zwischen-)menschliche – auch psychotherapeutische – Prozesse als Erwärmung begreifen.

Mit dem vorliegenden Artikel möchte ich versuchen, meine früheren Überlegungen zum Konzept der Erwärmung zu vertiefen. Zunächst werde ich skizzenhaft die Grundrisse des Modells der Ordnung durch Fluktuationen in Verbindung mit den entsprechenden psychodramatischen Konzepten der Spontaneität und Kreativität darstellen. Im Anschluss stelle ich einige Überlegungen von Hector Sabelli und seiner Frau Linnea Carlson-Sabelli zum Konzept der „Einheit der Gegensätze" und dessen Anwendung in der Soziometrie vor. In Verbindung mit dem Modell der Selbstorganisation lassen sich mit Hilfe dieser Überlegungen vertiefende Aussagen zum Prozess der Erwärmung machen. Es werden fünf Modi der Interaktion von Gegensätzen entwickelt. Die Bedeutung dieser Modi für das Verständnis von Erwärmung wird im Anschluss anhand einiger Beispiele ausführlich erläutert.

1. Das Modell der Ordnung durch Fluktuationen

Einnehmen und Ausgeben – dieses Prinzip bestimmt nicht nur unseren Umgang mit Geld. Wir nehmen Nahrung auf, der Organismus verwertet sie, und wir scheiden Schlacken aus. Wir atmen ein und atmen aus. Nur durch ständigen Austausch mit seiner Umwelt erhält der menschliche Organismus, Beispiel einer so genannten Prozessstruktur, sich selbst. Inmitten ständigen Wandels bewahrt der Organismus einen recht stabilen Zustand. Systeme aller Art sichern ihre jeweilige Struktur durch ständige Austausch- und Wechselwirkungsprozesse. Dem Begriff der Prozessstruktur entspricht Morenos Konzept der Konserve.

Nun nehmen wir nicht täglich die gleiche Nahrung in immer gleichen Mengen und gleicher Qualität zu uns. Dies führt zu Schwankungen oder Fluktuationen des im allgemeinen stabilen Zustands der Prozessstruktur „menschlicher Organismus". Falls Sie sich fragen, was hier passiert ist: auch dies stellt eine Fluktuation im vorher recht stetigen Prozess des Lesens dar. Etwas passte nicht in den kontinuierlichen Informationsfluss, was zu einer Veränderung Ihrer Aufmerksamkeit führte. Schwankungen sind unabdingbar für die Aufrechterhaltung von Stabilität inmitten stetigen Wandels. Etwa so, wie eine Seiltänzerin oder ein Fahrradfahrer leichte Schwankungen benötigen, um das Gleichgewicht zu wahren.

Steigt die Häufigkeit oder das Ausmaß der Schwankungen, so stellt dies eine Erwärmung dar. Für PsychodramatikerInnen ungewohnt kann damit auch das zunehmende Schwanken und Trudeln eines Fahrradfahrers kurz vor einem Sturz als Erwärmung angesehen werden. Die größere Intensität der Schwankungen ist für die Struktur „Fahrer im Gleichgewicht" neu; und Neuigkeit – oder in informationstheoretischen Begriffen: „Erstmaligkeit" – ist das entscheidende Merkmal von Erwärmung. Kinder sind auch deshalb so spontan, weil sie – noch – staunen können. Staunen bedeutet letztlich: offen sein für Neues, sich überraschen lassen, der Welt als etwas ständig Erstmaligem begegnen.

Bleiben wir bei unserem Radfahrer. So wie er versuchen wird, die Schwankungen des Rades aufzufangen, um nicht zu fallen, so sind Systeme bemüht, auftretende Fluktuationen zu dämpfen. Dieses Dämpfen kann als Tendenz zur Selbsterhaltung der jeweiligen Prozessstruktur verstanden werden. Übersteigen Häufigkeit und Intensität der Fluktuationen einen gewissen Grenz- oder Schwellenwert, so kommt es anstelle der Dämpfung zur dramatischen Intensivierung der Abweichungen, zur autokatalytischen Verstärkung der Fluktuationen. Ist diese Phase der rasanten Erwärmung erreicht, so ist der Fall aufs Pflaster nicht mehr aufzuhalten.

Und damit ist das Beispiel des Radfahrers auch fast ausgereizt. Für „Ottonormalradler" gibt es nur noch einen Weg, nämlich den nach unten. Dagegen sagt das hier skizzierte Modell aus, dass Systeme nach Überschreiten des Schwellenwertes in eine Instabilitätsphase (psychodramatisch: Spontaneitätslage) getrieben werden, in der offen ist, welcher Entwicklungsweg im Weiteren eingeschlagen wird. Die bisherige Struktur des Systems ist auseinander gebrochen, und kurzfristig ist der Weg frei für Weichenstellungen, die die Zukunft gestalten. Ein Verzweigungs- oder Bifurkationspunkt ist erreicht. In dieser Situation ist das System äußerst empfindlich. Selbst kleinste äußere Einflüsse können die zukünftige Entwicklung entscheidend beeinflussen.

Nehmen wir an, es handele sich bei unserem Radfahrer um einen Artisten, der ins Straucheln gerät. Vielleicht gelingt es ihm, den Fall mit einer kunstvollen Aktion abzufangen. In der Absicht, diese zufällig entstandene Figur zu einem Bestandteil seines Programms zu machen, wird er nun solange üben, bis er die Figur perfekt beherrscht. Durch Wiederholung – oder in informationstheoretischen Begriffen: durch Bestätigung – erarbeitet er eine neue Nummer, eine neue Konserve für sein Repertoire. Später wird diese möglicherweise durch neuerliche Erwärmungsprozesse zu noch schwierigeren Nummern weiterentwickelt. Die folgende Grafik zeigt einen Zyklus des Selbstorganisationsprozesses im Überblick (aus Schacht 1992a).

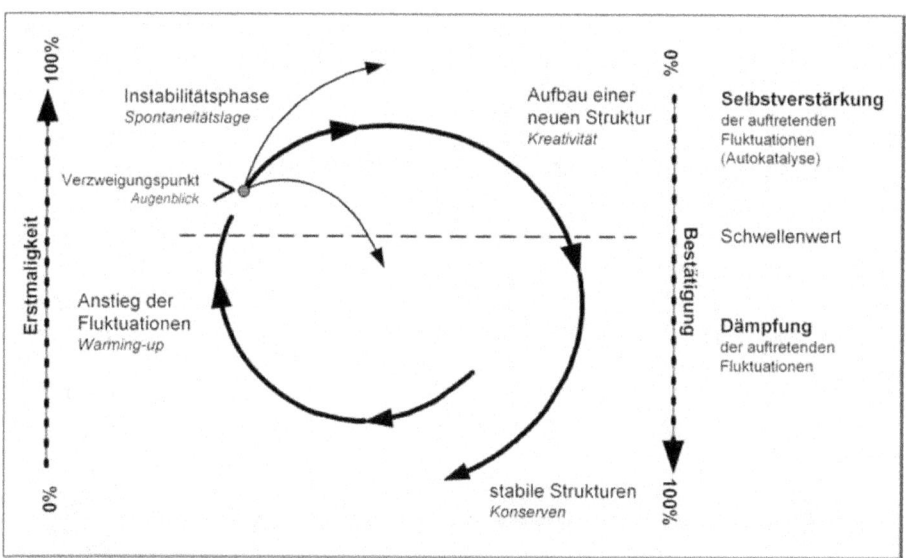

Abb. 1: Zyklus der Spontaneität-Kreativität (nach Schacht 1992a).

2. Das Konzept der Einheit von Gegensätzen

Hector Sabelli (1989) entwickelt eine umfassende Prozess-Theorie, in der er sich u.a. auf die Arbeiten von Prigogine & Stengers (1981) und Jantsch (1982) stützt. Anknüpfend an philosophische Traditionen in der Nachfolge Heraklits entwirft er ein eigenes Konzept der Einheit von Gegensätzen. „Die Einheit von Gegensätzen scheint ein grundlegendes Gesetz natürlicher und menschlicher Prozesse zu sein" (Sabelli, 1989, p. XV). Jede menschliche Aussage, jede Sichtweise kann immer nur einen Aspekt einer Polarität beleuchten. Um die tiefer liegende Einheit der Gegensätze zu erfassen, braucht man immer den Gegenpol. „Es gibt keine Harmonie ohne Konflikt, keine Trennung ohne Vereinigung, keinen Unterschied ohne Ähnlichkeit, keine Liebe ohne Selbstliebe, kein Bewusstes ohne Unbewusstes" (Sabelli & Carlson-Sabelli 1989, S. 1544). Dieses theoretische Postulat entspricht zutiefst den philosophischen Grundannahmen des Psychodramas. Man denke nur an Morenos poetische Texte zur Begegnung und auch die Technik des Rollentauschs.

Das Verhältnis von Polaritäten ist für Sabelli sowohl harmonisch-komplementär, als auch konflikthaft-antagonistisch. Wir tendieren z.B. dazu, den Freund unseres Freundes zu mögen. Gleichzeitig kämpfen wir mit ihm bis zu einem gewissen Grad um die Aufmerksamkeit unseres Freundes.

Die Relevanz dieser Auffassung für die psychodramatische – hier zunächst die soziometrische – Praxis kann an einem Beispiel erläutert werden. Es geht um die Konzepte der Anziehung und Ablehnung bzw. der positiven und negativen Wahl. Im folgenden stütze ich mich auf die Ausführungen von Sabelli (1989) und Carlson-Sabelli (1992).

Exkurs: Soziometrie und die Einheit der Gegensätze

Der klassischen Auffassung zufolge werden Anziehung und Abstoßung als ausschließlich antagonistische Pole verstanden. Beim soziometrischen Test besteht entsprechend die Möglichkeit, andere Gruppenteilnehmerinnen entweder zu wählen (+) oder nicht zu wählen (-). Entweder ich mag Gruppenmitglied X oder nicht. Darüber hinaus gibt es nur die Kategorie der neutralen Wahl. Graphisch lässt sich dies wie folgt darstellen:

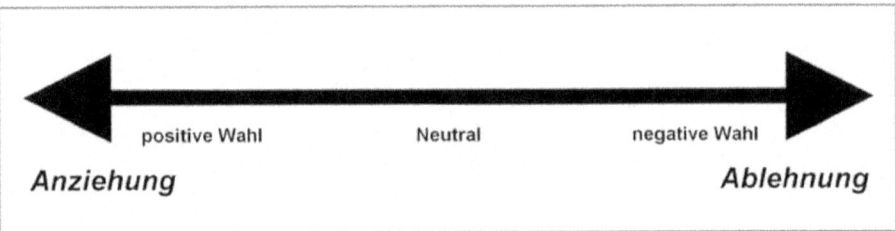

Abb. 2: Soziometrisches Wahlschema.

In der Aktionssoziometrie ist das Spektrogramm eine direkte Umsetzung dieses linearen Modells – eines Modells, das nach Ansicht der Sabellis nicht ausreichend ist. In der Realität ist es die Regel und nicht etwa die Ausnahme, dass Menschen widersprüchliche Gefühle füreinander empfinden. Dies wird vom linearen, ausschließlich antagonistischen Modell nicht berücksichtigt. Ausgeprägte Hass-Liebe einerseits und Gleichgültigkeit bzw. Interesselosigkeit andererseits, zwei völlig verschiedene Beziehungsdynamiken, werden in der Kategorie „neutral" vermischt.

Um sowohl den Antagonismus als auch die Harmonie der Gegensätze zwischenmenschlicher Wahlen zu erhellen, messen die Sabellis die Intensität von Anziehung und Abstoßung separat, so dass die Betreffenden gegenüber einer Person oder einem Thema sowohl positive als auch negative Gefühle äußern können. Die graphische Darstellung (siehe Abb. 3) erfolgt entsprechend zweidimensional.

In dieser Grafik hat die fiktive Gruppenteilnehmerin Elke fünf Wahlen getroffen und sie jeweils durch eine Zahl auf der Fläche markiert. Von Peter (1) fühlt sie sich weder sonderlich angezogen noch abgestoßen, wobei Anziehung etwas stärker ausgeprägt ist. Würde die Wahl ähnlich erwidert, so wäre von einer konfliktfreien aber auch unverbindlichen Beziehung auszugehen. In einem sozialen Atom wäre die Distanz zu Peter wahrscheinlich relativ groß; er spielt für Elke keine bedeutsame Rolle. Wahl (2) zeigt die Beziehung zu Manuela-Jaqueline (Namen gibt's heutzutage), in der sowohl Anziehung als auch Abstoßung mittlere Intensität annehmen. Wir gehen erneut davon aus, dass die Wahl ähnlich erwidert wird. Eine solche Beziehung könnte durch periodische Wechsel von Nähe und Distanz gekennzeichnet sein. „Mal verstehen wir uns besser mal schlechter." Dieser Wechsel entspricht dem auf und ab des Lebens und wird nicht als problematisch erlebt. Bei nur schwacher Anziehung wird Ernst (3) von Elke stark abgestoßen. Sie lehnt ihn z.B. als arrogant, eingebildet und überheblich ab, ohne seine positiven Seiten anerkennen zu können. Beispiele für diese Art der Wahl – wie auch für ihr Gegenstück: starke Anziehung bei schwacher Abstoßung – finden sich leicht in jeder Gruppe oder in jedem sozialen Atom.

Der Unterschied zwischen den Wahlen von Henriette (4) und Lars (5) wird in der zweidimensionalen Grafik nicht erkennbar. Zunächst wird lediglich deutlich, dass beide sowohl sehr stark durch Anziehung als auch durch Abstoßung geprägt sind. An dieser Stelle will ich lediglich Merkmale der beiden Beziehungen skizzieren. Die theoretischen und praktischen Unterschiede werde ich später ausführlicher erläutern. In der Beziehung zu Henriette (4) intensivierte sich in der letzten Zeit die wechselseitige Ablehnung. Eine Beziehungsklärung konnte jedoch kürzlich Gemeinsamkeiten deutlich machen und Ansätze von Verbindung herstellen. Der weitere Entwicklungsweg zwischen den beiden ist offen. Die Beziehung zu Lars (5) wird auf emotionaler Ebene durch plötzliches, abruptes Kippen von extremer Zuneigung zu ebenso extremer Ablehnung (und vice versa) bestimmt. Kleine, äußerlich unscheinbar wirkende Auslöser können bei ihnen zu unverhältnismäßig drastischem Wechsel von großer Harmonie zu heftigstem Streit führen.

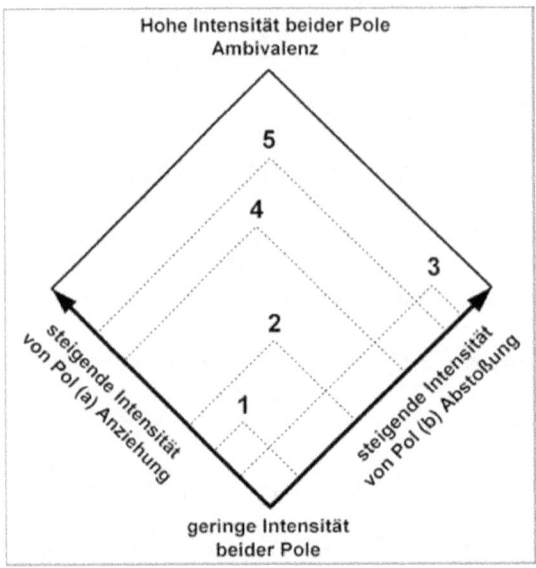

Abb. 3: 5 Wahlen dargestellt im diamond of opposites.

Mit der kurzen Skizzierung dieser Wahlen soll in Ansätzen erläutert werden, wie das vielfältige Wechselspiel von Polaritäten – hier am Beispiel von Anziehung und Abstoßung – mit Hilfe des Konzepts der Einheit der Gegensätze und der daraus abgeleiteten Grafik (diamond of opposites) erfasst werden kann. Bevor ich das Feld der Soziometrie verlasse, möchte ich an einem Beispiel die praktische Relevanz des Konzepts verdeutlichen. Die Raute lässt sich hervorragend aktionssoziometrisch nutzen, indem eine entsprechende Fläche im Gruppenraum angegeben wird, auf der sich die Gruppenmitglieder in Bezug auf ein Kriterium platzieren. Die Anweisung vor einer Bühnenarbeit könnte nach kurzer Erläuterung des Prinzips der Raute etwa so lauten: „Spüre, wie stark Dein Wunsch ist, als Protagonistin auf die Bühne zu gehen. Spüre ebenso, wie stark die Tendenz ist, nicht selbst zu spielen. Stelle dich an den entsprechenden Ort der Raute." Vielfältige Variationen mit unterschiedlichen Kriterien sind möglich.[1]

Selbstorganisation als Wechselspiel von Gegensätzen

Nach Hector Sabelli lassen sich Selbstorganisationsprozesse allgemein als Wechselwirkung von Polaritäten verstehen. So entwickeln sich etwa zwischenmenschliche Beziehungen im vielgestaltigen Wechselspiel von Anziehung und Abstoßung, von Liebe und Hass etc. Das Beispiel der fünf Wahlen macht deutlich, dass die Ausgestaltung dieser Interaktion von der Intensität der beteiligten Pole abhängig ist. Die entsprechenden Variationen des Wechselspiels gehen wiederum mit jeweils charakteristischen Merkmalen der Beziehung der beiden Gruppenmitglieder einher. Es besteht also eine wechselseitige Abhängigkeit zwischen Prozessstrukturen einerseits (den Beziehungen zwischen Elke und den jeweiligen Gruppenmitgliedern) sowie den Intensitätsgraden der interagierenden Polaritäten[2] andererseits.

Die oben skizzierten fünf Punkte in der Raute, die dort als Resultat von Wahlen verstanden wurden, sollen nun in allgemeiner Form als Beispiele für unterschiedliche Typen des Wechselspiels von Polaritäten dienen. Wenn ich im folgenden von fünf Interaktionsmodi spreche, so ist der Begriff etwas unglücklich gewählt. Er birgt die Gefahr, die Existenz deutlich unterscheidbarer, separater Interaktionsmuster nahe zu legen, die quasi als jeweils eigene Entitäten verstanden werden könnten. Angesichts der fließenden Übergänge zwischen den verschiedenen Variationen der Wechselwirkung wäre dies natürlich Unsinn. Mangels Alternativen betrachte ich den Begriff des Interaktionsmodus als Notlösung.

Nützlich wird das Konzept, da sich für jeden der hier unterschiedenen Modi allgemeine Schlussfolgerungen zur Dynamik der jeweiligen Prozessstruktur sowie Strategien für den Prozess der Erwärmung ableiten lassen. Sobald ich über Hypothesen verfüge, welche relevanten Gegensatzpaare (siehe Fußnote

---

1) Um typische Beziehungsmuster von Gruppenmitgliedern zu erfassen, ist es hilfreich, die Untersuchung des klassischen sozialen Atoms (lineares Modell) durch folgendes Vorgehen zu ergänzen. Allen Personen, die im sozialen Atom auftauchen, wird ein Punkt in einer Raute mit den Polen Anziehung-Abstoßung zugewiesen. Die räumliche Verteilung – insbesondere Ballungen in einem Sektor der Fläche – macht sofort bevorzugte und auch fehlende Interaktionsmodi deutlich. Dies ist Information, die im sozialen Atom nicht erkennbar ist.
Das Beispiel von Elke ist fiktiv und zeigt keine der typischen Verteilungen von Wahlen, die Aufschluss über die charakteristischen Beziehungsmuster eines Menschen geben können. Solche Muster wurden von Carlson-Sabelli (1992) und Carlson-Sabelli et al. (1992) empirisch untersucht.

2) Offen bleibt an dieser Stelle, welche Polaritäten im Einzelfall als relevant erachtet werden, um die Dynamik einer Beziehung, einer Rolle oder einer anderen Prozessstruktur erfassen zu können. Die Auswahl der Polaritäten wird vom theoretischen Hintergrund des oder der Anwenderin abhängen.

1) wirken, und vor allem wie deren Interaktion beschaffen ist, kann ich bei der Wahl meiner Interventionen auf die entsprechenden allgemeinen Prinzipien zurückgreifen. In den folgenden Abschnitten möchte ich – ansatzweise und eher assoziativ als systematisch – entsprechende Überlegungen entwickeln.

3. Modus 1: Der Bereich niedriger Fluktuationen

Erinnern wir uns an Elkes 1. Wahl. Beide Pole sind schwach ausgeprägt. Die Wahl dient als Beispiel für all die Prozesse, bei denen die interagierenden Polaritäten ungefähr gleichwertig und schwach ausgeprägt sind. Diese Gegensätze neutralisieren sich wechselseitig. Prozesse, die durch diesen Modus geprägt sind, orientieren sich an einem Fixpunkt (dem gemeinsamen Nullpunkt der beiden Pole) wie etwa bei der psychosomatischen Prozessstruktur „Regelung der Körpertemperatur". Diese schwankt um den Wert 36,8°C. Abweichungen nach oben (Pol 1) und unten (Pol 2) dürfen nur in geringer Intensität auftreten, sonst wird die Prozessstruktur „Organismus" instabil. Vergleichsweise geringe Fluktuationen treiben das System bereits über den Schwellenwert.[3]

Wie dieses Beispiel nahe legt, handelt es sich bei Strukturen, die sich mit Hilfe dieses Interaktionsmodus beschreiben lassen, um recht stabile und gefestigte Muster. Im Selbstorganisationsmodell befinden wir uns im Bereich der stabilen Strukturen – dort, wo lediglich geringe Fluktuationen auftreten. Wie alle anderen Phasen des Selbstorganisationsprozesses besitzt auch diese ihren Wert. Wie so oft kommt es jedoch auf die Dosierung an. Ein Zuwenig oder Zuviel dieses Interaktionsmodus birgt Gefahren in sich.

Mit seiner Hilfe lässt sich eine Vielzahl von Fertigkeiten und Handlungsmöglichkeiten beschreiben. Denken wir an alltägliche Routinehandlungen wie Zähneputzen, Händeschütteln, kurze Wortwechsel im Bus [...]. Dies sind nur wenige Beispiele für eine Fülle von Ereignissen, die sich normalerweise durch geringe Intensität auszeichnen.

Wie gut, dass uns nicht jede dieser Kleinigkeiten des Alltags in intensive Konflikte stürzt. Das Leben wäre ziemlich ruhelos und anstrengend.

Es gibt Menschen, die nicht ausreichend in der Lage sind, Prozessstrukturen mit geringer Intensität im Modus 1 zu stabilisieren. Der Einkauf beim Bäcker oder der kurze Wortwechsel mit einer Bekannten werden dann zum intra- und oft auch interpsychischen Drama. Menschen, die unter starken Ängsten leiden, sind in angstauslösenden Situationen nicht in der Lage, die Intensität der inneren Erregung zu dämpfen. Sie erleben täglich sehr qualvoll einen Mangel an niedriger Intensität. Anders verhält es sich bei vielen Alkoholikern und Süchtigen allgemein. Sie suchen die extreme Intensität des Rausches um jeden Preis und sind nicht bereit, sich mit der niedrigen Intensität der „Normalität" aus-

---

3) Klassische Homöostase-Modelle wie z.B. Freuds Theorie der Libido können ausschließlich Prozesse mit diesem Modus der Interaktion von Gegensätzen angemessen erfassen.

einanderzusetzen. Eine Alkoholikerin sagte mir kürzlich: „Mir graut davor, in die Normalität abzurutschen."

Nach dem Zuwenig nun ein Beispiel für ein Zuviel dieses Modus. Gruppenmitglied Heinrich leidet unter seiner Rolle als „stilles Mäuschen, das kaum aus seinem Mäuseloch herauskommt". Heinrich tritt in der Gruppe kaum in Erscheinung. Weder zeichnet er sich durch ausgeprägte Aktivitäten auf der Bühne oder im Kontakt mit anderen Teilnehmerinnen aus (Pol 1), noch zeigt er eine ausgeprägte Verweigerungshaltung bzw. stößt andere Teilnehmerinnen ab (Pol 2). Der Radius seiner sozialen Aktivitäten ist in beiden Dimensionen eng gesteckt. Typischerweise finden sich im soziometrischen Test ein Großteil der gegebenen und erhaltenen Wahlen im unteren Bereich der Raute. Möglicherweise ist Heinrich ein so genannter Isolierter.

Exkurs zur Makro- und Mikro-Perspektive

Bisher habe ich Prozessstrukturen quasi aus makroskopischer Perspektive als vergleichsweise stabile Muster beschrieben. Diese Betrachtungsweise macht es möglich, globale Strategien der therapeutischen Arbeit zu entwickeln, die als roter Faden dienen. Für Heinrich könnte beispielsweise die aktivere Teilnahme am Geschehen des Lebens langfristiges Ziel einer Psychodrama-Gruppe sein. Sowohl die Polarität Anziehung, Kontaktaufnahme etc. (1) als auch die Polarität Abstoßung, Konfliktfähigkeit, Abgrenzungsvermögen etc. (2) sollten gestärkt werden.

Nun unterliegen Prozessstrukturen stetigem Wandel und bei genauerem Hinschauen – aus einer Mikro-Perspektive – lässt sich erkennen, dass die makroskopisch scheinbar statisch erscheinenden Strukturen aufeinander folgende Phasen der Selbstorganisation durchlaufen. Es wird sichtbar, ob eine Struktur sich gerade neu konsolidiert oder aber auch kurz vor der Auflösung in einer Instabilitätsphase steht. Zu Beginn der Gruppe betrachtet Heinrich seine Rolle als „stille Maus" (Modus 1 in der Makro-Perspektive) möglicherweise überhaupt nicht als problematisch – stabiler Zustand der Struktur mit geringen Fluktuationen und niedriger Intensität (Modus 1 in der Mikro-Perspektive). Erst später kommt es – zunächst z.B. durch soziometrische Feedbacks – zum Anstieg von Fluktuationen und Intensität. Weitere Monate später ist Heinrichs Bereitschaft, Begegnung zu suchen, sich zu engagieren, möglicherweise stark gestiegen (Pol 1). Jedoch spürt er gleichzeitig viel intensiver als früher die Angst vor Zurückweisung (Pol 2). In mikroskopischer Sicht befindet er sich im Interaktionsmodus 2 und nähert sich Modus 4. Die jeweiligen Interventionen müssen unter Berücksichtigung sowohl der relevanten Makro-Modi als auch der jeweiligen Mikro-Modi gewählt werden.

Zurück zu Modus 1: Mikroskopische Aspekte

Im Modus 1 ist das Ausmaß der Fluktuationen nur schwach ausgeprägt. Die Dynamik der Struktur lässt sich als Interaktion zweier wenig intensiver Polaritäten beschreiben. Allgemein heißt das Prinzip zur Förderung von Erwärmung:

Intensiviere wechselseitig alle beteiligten Pole.[4]

Dieses in Abbildung 4 graphisch dargestellte Prinzip lässt sich sowohl makroskopisch als Leitlinie zur Hypothesenbildung als auch mikroskopisch für die Wahl aktuell angemessener Interventionen nutzen. Letzteres werde ich im Folgenden an einigen Beispielen skizzieren.

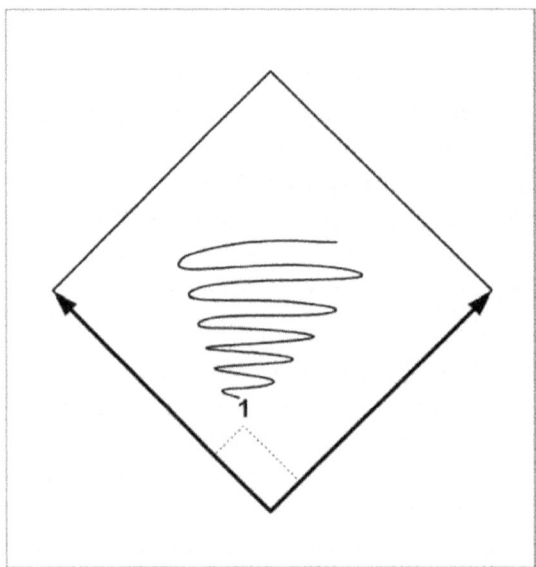

Abb. 4: Erwärmung und Modus 1.

Im Interaktionsmodus 1 gilt ganz besonders, was auch allgemein für Erwärmung festgestellt werden kann. Die Metapher, „eine Schaukel in Schwung zu bringen" verdeutlicht das Prinzip. Es geht darum, mit einer kleinen Kraft, mit einer vorsichtigen Intervention, auf die Schaukel, d.h. auf die Gruppe oder die Protagonistin einzuwirken, um die Reaktion zu registrieren. Danach heißt es, sich nun schrittweise zu höheren Energien, d.h. stärkeren Erwärmungszuständen, voranzutasten.

---

4) Ich spreche von „allen beteiligten Polen", da Sabelli Polaritäten nicht ausschließlich als bi-polar ansieht. Die triadische Rollenkonfiguration von Angreifendem, Angegriffenem, Verteidigendem ist ein Beispiel für die Einheit dreier Pole.

„Die Politik der kleinen Schritte weist den Weg zur optimalen Steuerung: Am leichtesten tut sich der Helfer, wenn er bei jedem Stoß nur so viel Kraft aufwendet, wie die Schaukel gut verdauen kann" (Klotz 1990, S. 147).

Kleinschrittigkeit (Franzke 1991) heißt demnach die Devise. Insbesondere wenn die Struktur – wie im Modus 1 – stabil ist, kann mit „Gewalt" nichts ausgerichtet werden. Es gilt einerseits, die gegenwärtige Struktur zu bestätigen, um gleichzeitig Erstmaligkeit zu fördern – ein Prinzip, das von Sabelli (1989) in anderem Zusammenhang „partieller Widerspruch" genannt wird. Dieses Vorgehen kann als dem Modus 1 angemessene Umsetzung des allgemeinen Prinzips: „Intensiviere wechselseitig alle beteiligten Pole" verstanden werden. Es gilt, sowohl Erstmaligkeit als auch Bestätigung zu fördern, um auf diese Weise sowohl die Stabilität als auch die Flexibilität des Systems zu stärken.

Die Anwendung dieses Prinzips ist im Psychodrama in einigen Bereichen ein alter Hut. Bei der Bühnenarbeit wird der Protagonistin ermöglicht, ihre Eigenwelt, ihre private innere Welt, in Szene zu setzen. Allein hierdurch wird ihr ein hohes Maß an Bestätigung gegeben. „Wir akzeptieren zunächst deine Sicht der Dinge." Erst später zielt die Bühnenarbeit verstärkt auf die Förderung von Erstmaligkeit. Das Prinzip „Folge dem Protagonisten" kommt in den Sinn. Dieser „alte Hut" sollte jedoch ergänzt werden „[...] und ermuntere ihn, neues Terrain zu erkunden."

Zu Beginn meiner Arbeit an diesem Kapitel machte ich mir Gedanken, wo Prozesse niedriger Intensität im psychodramatischen Alltag eine Rolle spielen. Anfänglich fiel mir wenig dazu ein, bis mir der Gedanke kam, dass z.B. die Prozesse in der Anfangsphase einer Gruppe oder eines Psychodramas mit Hilfe dieses Interaktionsmodus beschrieben werden können. Mir kamen jedoch schnell Zweifel. Schließlich ist z.B. die Situation einer Gruppe, die sich zum ersten Mal trifft, von Aufregung, Ungewissheit etc. geprägt. Es scheint zu allererst eine Situation des Neuanfangs zu sein, die wenig mit stabilen Strukturen und geringen Fluktuationen zu tun hat. Bei weiterem Nachdenken wurde mir jedoch deutlich, dass meine Zweifel nur teilweise begründet waren. Die einzelnen Individuen, die sich in der Gruppe neu orientieren müssen, stehen vor der Aufgabe, das Wechselspiel zwischen dem Wunsch nach Zugehörigkeit und Kontaktaufnahme (Pol 1) und dem Bedürfnis nach Sicherung der eigenen Identität (Pol 2) zu bewältigen. Pol 1 verlangt Erstmaligkeit, Pol 2 Bestätigung. Ein zu hohes Maß an Orientierung auf das Gegenüber könnte die Gefahr des Identitätsverlusts heraufbeschwören. Die Aufgabe der Leitung besteht darin, genügend Bestätigung zu bieten und gleichzeitig Erstmaligkeit zu fördern.

Entsprechend betonen Petzold & Schneewind (1986), dass in der Anfangsphase eines Gruppenprozesses in der Regel nur dann personenzentriert gearbeitet werden sollte, wenn das behandelte persönliche Thema auch dem latenten Gruppenthema entspricht. Darüber hinaus werden protagonistenzentrierte Psychodramen zu Beginn einer Gruppe eher darstellend als aufdeckend sein. Allein die Inszenierung der eigenen Lebensverhältnisse vor den Augen relativ unbekannter Menschen bedeutet genügend Intensität. Die Erwärmung für ausgesprochen heikle persönliche Themen, evt. verbunden mit entsprechenden Psychodramen fördert zu früh weiterreichende Intensität (z.B. Pol 1: Wunsch dem Leiter zu genügen; Pol 2: starke Angst und Unsicherheit).

„Ein nettes, langes, heißes Psychodrama in einer frühen Phase würde die charismatische Kraft des Leiters enorm stärken. Aber die frühe Inszenierung eines langen Dramas ist soziometrisch ungünstig, obwohl es für den Leiter lohnend sein könnte und den Mitgliedern wie beim Fernsehen Entspannung bringt, anstatt dass sie die schmerzliche Aufgabe auf sich nehmen, Beziehungen zu entwickeln" (Williams 1991, p. 99).

Soweit die beispielhaften Ausführungen zur Interaktion von Polaritäten niedriger Intensität zu Beginn einer Gruppe. Ich möchte noch auf ein anderes Beispiel zum Interaktionsmodus 1 eingehen. Im Verlauf einer Therapie gibt es immer wieder „laue" Phasen, in denen wenig passiert. Die Intensität des Prozesses ist schwach. Einige Themen sind vielleicht schon mit entsprechenden Fortschritten bearbeitet worden. Wichtige Schritte, die für den gesamten Verlauf der Therapie entscheidend sind, stehen jedoch noch aus. Dennoch konnte – quasi übergangsweise – eine Stabilisierung (Modus 1) erreicht werden. Bei Versuchen, die nun anstehenden Themen anzugehen, wird deutlich, dass die Gruppe oder der Klient nicht darauf eingehen.

Frau K. kommt seit gut 25 Sitzungen wegen psychosomatischer Beschwerden in meine Praxis. In dieser Zeit entwickelte sich eine recht gute Vertrauensbeziehung, jedoch kontrollierte Frau K. deutlich das Ausmaß ihrer inneren Beteiligung. Einige eher periphere Thematiken konnten erfolgreich bearbeitet werden, während gleichzeitig die Kernproblematik, bei der frühe Versagungen und tiefer Schmerz eine Rolle spielten, zunehmend deutlicher wurde. Dem Prinzip der Kleinschrittigkeit folgend hatte ich kontinuierlich versucht, Schritte zur Thematisierung dieser Problematik zu machen. Frau K. erkannte rational durchaus die Bedeutung der Themen, war gelegentlich auch emotional angerührt. Jedoch war im Verlauf der letzten Sitzungen zunehmend deutlicher geworden, dass sie nicht bereit war, sich wirklich mit ihnen auseinanderzusetzen. Die Sitzungen verliefen lau und ohne innere Beteiligung (Modus 1). Als ich dies ansprach, äußerte die Klientin ausdrücklich, sie sehe die Notwendigkeit, sich mit der Problematik zu befassen. Sie spüre jedoch deutlich, dass sie derzeit „auftanken" wolle und zu diesem Schritt nicht bereit sei.

Bereits zuvor hatte ich mir darüber Gedanken gemacht, dass derartig stabile Strukturen mit „lauen" Fluktuationen nur mit Kraftanstrengungen – wenn überhaupt – in einen Bereich jenseits des Schwellenwertes zu bringen sind. Ich sah eine Zeit wachsender – durchaus beidseitiger – Unzufriedenheit voraus. Ich merkte bereits erste Anklänge von Frustration. Es war zu befürchten, dass ich diesen Frau K. demnächst spüren lassen würde. Es ist leicht, dann „am Widerstand arbeiten" zu „müssen". Gleichzeitig befürchtete ich, dass Frau K. sich innerlich von ihrem Therapieprozess distanzieren würde. „Ich gehe zu den Sitzungen, also tue ich ja was [...] muss aber die heißen Eisen nicht anpacken." Ich wollte ihr auch die eigene Verantwortlichkeit für den Prozess deutlicher vor Augen führen.

Ich hielt folgende Intervention für angemessen: Ich schlug der Klientin vor, die Sitzungen auszusetzen, bis sie selbst die Bereitschaft empfand die Kernproblematik anzugehen. Sie solle sich dann wieder melden. Sie sagte sofort zu. Es war sofort spürbar, dass die „laue" Atmosphäre verflogen war; Frau K. wirkte wach und engagiert; ich fühlte mich erleichtert, den Schritt gemacht zu haben. Nach kurzer Zeit meinte Frau K., die Entscheidung sei gut. Sie merke jedoch, sie selbst sei nun gefordert, was ihr etwas mulmige Gefühle bereite.

Ich habe mittlerweile in einigen vergleichbaren Situationen ähnliche Vereinbarungen getroffen. Dies geschah stets in therapeutischen Beziehungen, die recht stabil waren. Weiter achtete ich darauf, dass ich die Klienten nicht aus Verärgerung quasi als Bestrafung „wegschickte". Darüber hinaus habe ich dies Vorgehen nicht bei Personen angewandt, die schnell dazu tendieren, sich abgelehnt zu fühlen. Unter diesen Voraussetzungen angewandt handelt es sich um eine angemessene Intervention. Und: Erwärmung erfolgt zuallererst im realen Leben. Die „Weihebühne" (Moreno 1970) des Lebensdramas der Beteiligten ist ihr Privatleben. Erst an zweiter Stelle kommt die Bühne der Psychodramatherapie. Ich gehe davon aus und finde dafür immer wieder Bestätigung, dass die betreffenden Menschen im Privatleben früher oder später mit Ereignissen konfrontiert werden, die zu einer Intensivierung der Fluktuationen führen werden.

4. Modus 2: Mit laufenden Motoren

Elkes 2. Wahl wurde durch die mittlere Intensität von Anziehung und Ablehnung charakterisiert. Prozessstrukturen, die durch vergleichbare Polaritäten gekennzeichnet sind, zeichnen sich durch periodische Wechsel zwischen verschiedenen Zuständen aus wie z.B. beim periodischen Wechsel zwischen Schlaf- und Wachzustand, zwischen Ein- und Ausatmen. Komplementäre Rollenkonfigurationen lassen sich ebenfalls als Wechselspiel der jeweils beteiligten Rollenspieler verstehen. Ein Zwiegespräch besteht z.B. aus dem periodischen Wechselspiel von Sprecherin und Zuhörerin. Die Sprech-Intensität beider Beteiligten ist vergleichbar. Stundenlange Monologe mancher Zeitgenossen (extreme Sprechintensität des einen und schwache Intensität des anderen Pols) lassen dagegen ein Gespräch häufig erlahmen. Der oder die zum Zuhören Verdammte schaltet früher oder später ab.

Betrachten wir den 2. Modus in Bezug auf die Polarität Erstmaligkeit – Bestätigung, so erkennen wir hier ein relatives Gleichgewicht beider Aspekte. Prozessstrukturen zeichnen sich in dieser Phase einerseits durch ausreichend Bestätigung und Stabilität und andererseits durch genügend Offenheit gegenüber Neuem, d.h. Erstmaligem aus. In Bezug auf menschliches Rollenverhalten spricht Moreno von der dramatischen Qualität der Spontaneität (Schacht 1992a). Intrapsychische und interaktionelle Dynamiken, die sich durch dieses Muster beschreiben lassen, sind auf vielerlei Weise zur Etablierung von Stabilität und Kontinuität notwendig. Sabelli stellt fest, dass diese periodischen oder zyklischen Prozessstrukturen allgegenwärtig sind, und bezeichnet sie als Motoren der Evolution.

Die Bedeutung von Modus 2 für den Verlauf einer Therapie oder eines Gruppenprozesses besteht darin, dass vorübergehend Phasen von Stabilität erreicht werden. Der Motor läuft ruhig und beständig. Es ist gut, dies zu spüren, bevor ich mich zur nächsten Fahrt ins Ungewisse einer neuen Instabilitätsphase aufmache. Denken wir an das Beispiel der Anfangsphase einer Gruppe, so verläuft deren Erwärmungsprozess – hoffentlich – allmählich von Modus 1 in Richtung Modus 2. Die Gruppenmitglieder haben untereinander und in Beziehung zur Leitung eine vertrauensvolle Basis entwickeln können (Pol 1). Es ist nun möglich, „intensivere" Themen anzugehen; die Gruppe ist in der Lage, ein höheres Maß an Angst und Unsicherheit (Pol 2) zu ertragen, um nun auch „heiße Eisen" anzupacken. Im weiteren Verlauf der Gruppenentwicklung wird es immer wieder zu individuellen und gruppenbezogenen Krisen (Instabilitätsphasen) kommen, die dann hoffentlich erfolgreich bearbeitet werden können. Jedes Mal wird es nach solchen hochintensiven Phasen der Instabilität notwendig sein, die neu entwickelten Prozessstrukturen durch zunehmende Bestätigung zu stabilisieren – in anderen Worten: wieder zum Modus 2 zurückzukehren. Erst in diesem Modus wird wieder das beruhigende Gefühl spürbar sein, auf sicherem Boden zu stehen. Eine Phase mittlerer Intensität beginnt.

In gewisser Weise ist dieser Interaktionsmodus der am wenigsten problembeladene. Der „Motor läuft" – Ziel vieler therapeutischer Bemühungen. Es handelt sich jedoch auch hier um eine Frage der richtigen Dosierung. Problematisch wird es bei den Personen, Beziehungen oder Gruppen, die „Mittelmaß" geradezu zum idealen Prinzip erklären. Intensität und Extreme jeder Art werden von ihnen weitgehend vermieden, was letztlich zur Blockierung kreativer Entfaltung führt. Andererseits kann es vorkommen, dass diesem Interaktionsmodus zu wenig Raum gegeben wird. Es kommt beispielsweise vor, dass Therapeutinnen oder Gruppenleiterinnen unter dem Druck stehen, ständig beeindruckende, kathartische Arbeiten und hochintensive Gruppenprozesse „abliefern" zu müssen. Ihnen wird es schwer fallen, der Gruppe oder dem/der Klienten/in die notwendigen Ruhephasen des Modus 2 zu gewähren. In ihrem Aktionismus leben sie nur einen Pol des Gegensatzpaars Aktivität-Passivität (Modus 3).[5]

Allgemein ist es eine wichtige Fähigkeit, Erreichtes genießen zu können, nicht von einer Herausforderung zur nächsten hetzen zu müssen. Ruheloses Streben nach immer neuen Intensitäten ist ein Kennzeichen der heutigen Kultur. Mit der dramatischen Qualität von Spontaneität (Modus 2) werden die Pole der Dauer (der Sphäre der Konserven) und des Augenblicks (der Sphäre der Spontaneitätslage) in Einklang gebracht (vgl. Stierlin 1976). Dauer dauert und

---

5) Die Bedeutung der stabilen Phase des Selbstorganisationsprozesses sollte übrigens berücksichtigt werden, wenn die im vorherigen Kapitel beschriebene Intervention „Sitzungspause" angewandt wird. Es geht bei dieser keinesfalls darum, Ruhephasen im Therapieverlauf „auszuschalten".

das meist recht lang; die extreme Intensität von Augenblicken, die Intensität der kreativen Schöpfung bleibt ein Geschenk. Menschen, die nicht bereit oder in der Lage sind, die Mühsal, die „Normalität", die Routine der Sphäre der Dauer auf sich zu nehmen, „suchen" unbewusst oft den einfachen, scheinbar verlässlichen Weg zur Intensität der Spontaneitätslage. Der durch Alkohol, andere Drogen, Glückspiel etc. erreichte Rausch scheint eine Abkürzung zu bieten, zu oft zum Preis der Sucht. „Begierde und Genuss scheinen am ungebrochensten, wenn nur der Augenblick zählt und wenn die Zukunft ausgeschaltet ist. Daraus erklärt sich das häufige Streben nach der bloßen Augenblicksbeziehung [...]. Indem er die Gedanken an das Morgen verbannt und die vegetativen Ströme ungebrochener fließen lässt, kann auch der Alkohol dem Augenblick ein Moratorium schaffen. Aber der Augenblick lässt sich nicht zum verweilen bringen [...]. Soll die Beziehung *wirklich* werden, muss in den Augenblick die Dauer hineingenommen werden" (Stierlin 1976, S. 45). Analog ließe sich für die Spontaneität(-slage) feststellen, dass deren Intensität nur dadurch wirklich wird, dass sie durch die Arbeit der Erwärmung sowie der Ausgestaltung der neuen Prozessstrukturen *wirklich* wird. Beide Prozessphasen erfordern die Hinnahme der Dauer.

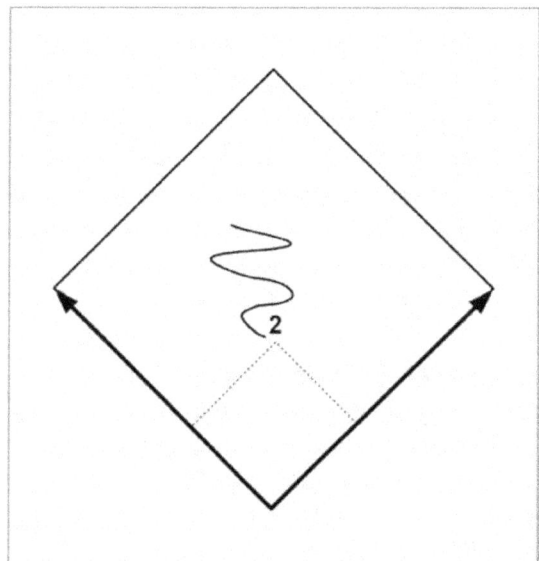

Abb. 5: Erwärmung und Modus 2.

Wird ein System durch den 2. Modus charakterisiert, so lautet das allgemeine Prinzip der Erwärmung wie schon zuvor: Intensiviere wechselseitig alle interagierenden Pole. Hierzu kurze Beispiele: Man denke an die Situation, dass in einer Gruppe zögernd die Thematik Männer-Frauen lebendig wird. Es gibt zwar keine heftigen Konflikte, aber bei beiden Subgruppen (den beiden Polaritäten) besteht reges Interesse, sich mit dem Thema zu befassen. Allein die Teilung der Gruppe in Männer und Frauen würde hier bereits zu einer gewissen Intensivierung führen. Eine weitere Maximierung wäre z.B. über themenbezogene szenische Darstellungen erreichbar. Zwei für diesen Modus geradezu prototypische Psychodramatechniken sind das so genannte Ambivalenz-Doppeln und die Maximierung. So wird ein eher rational und verhalten geführter Konflikt zwischen zwei Gruppenmitgliedern (wiederum zwei Pole mittlerer Intensität) häufig mittels Konkretisierung und anschließender Maximierung bearbeitet.

Die Technik des Ambivalenz-Doppelns liefert das Stichwort für einen letzten Hinweis. Bei dieser Technik sind nämlich in der Regel die unterschiedlichen Polaritäten mehr oder weniger deutlich. Beide werden entsprechend bearbeitet und intensiviert. Es ist nicht immer der Fall, dass die Polaritäten so klar erkennbar sind. Denken wir z.B. an ein Psychodrama, in dem ein Gruppenmitglied sich kaum traut, aggressive Emotionen gegenüber dem Antagonisten zu äußern. Insbesondere eher unerfahrene Leiterinnen tendieren in solchen Situationen häufig dazu, quasi linear diesen einen Pol Aggressivität intensivieren zu wollen. Falls jetzt der Protagonist mit dem Ausdruck der Aggression zögert und stattdessen Angst oder Schuld thematisiert, erscheint dies dem oder der allzu engagierten Leiterin bzw. den Zuschauern möglicherweise als Widerstand. Um nicht in diese Sackgasse zu geraten, finde ich es immer wieder sehr hilfreich (und auch nötig), mich daran zu erinnern, dass Erwärmung in der wechselseitigen Intensivierung aller beteiligten Pole besteht. D.h. es ist möglich, alle involvierten Empfindungen „sozusagen reihum" wiederholt zu bearbeiten, um so eine Intensivierung anzustreben. Der Prozess gleicht dann einer sich erweiternden Spirale, anstelle einer linearen Ausrichtung auf die Verstärkung einer einzigen Gefühlsqualität. Angst, Schuldgefühle und auch Aggression etc. können dabei gleichermaßen berücksichtigt werden.

5. Modus 3: Die Verdrängung der Einheit der Gegensätze

Interaktionsmodus 3 wurde im Eingangsbeispiel durch Elkes Ablehnung von Ernst charakterisiert. Dieser Modus zeichnet sich durch hohe Intensität des einen und schwache Intensität des anderen Pols aus. Eine Vielzahl intrapsychischer und interaktioneller Dynamiken können mit Hilfe dieses Musters beschrieben werden. Dies gilt insbesondere für erstarrte und rigide Rollenkonserven, die sich nach Moreno nur durch ein Minimum an stereotyper Spontaneität auszeichnen. Allgemein besteht das Prinzip darin, dass die Einheit von Gegensätzen negiert wird, indem ein Pol in extremer Form gelebt wird (Elke lehnt Ernst völlig ab), während der andere mehr oder weniger unterdrückt wird (sie empfindet für ihn keinerlei Wertschätzung). In der Regel werden vor allem die Beziehungen, bei denen die abstoßenden Anteile besonders intensiv ausgeprägt sind, in einer Gruppe oder von Protagonisten problematisiert. In der

Gruppe geschieht dies beispielsweise bei heftigen Konflikten zwischen Subgruppen oder bei der allgemeinen Wahl eines Stars der Abstoßung. Einzelne Protagonisten thematisieren während der Bühnenarbeit möglicherweise, wie fürchterlich sich Vater (oder Mutter) in der Vergangenheit verhalten haben.

> Frau E., 48 Jahre, trockene Alkoholikerin, kam als Einzelklientin in meine Praxis, nachdem sie seit einigen Monaten starke depressive Tendenzen entwickelt hatte. Bei der Exploration des sozialen Atoms wurde deutlich, dass sie ständig in Konflikte der Eltern verwickelt war. Ihren Vater erlebte sie als tyrannisch, dominierend, lieblos. Ihm gab sie die Schuld an den Streitigkeiten. Die Mutter dagegen erschien ihr als hilflos, schwach und unschuldig. Sie selbst stellte sich stets schützend vor ihre Mutter. In der Beziehung zu Vater und Mutter fehlte die Einheit der Gegensätze. So sah sie nicht, dass die Mutter durchaus nicht ausschließlich schwach und unschuldig war, sondern Mann und Tochter u.a. durch Krankheit enorm unter Druck setzte, während ihr Vater schwächer war, als sie vermutete. So war es ihm in über vierzig Ehejahren nicht gelungen, seine Ehefrau zu einer Urlaubsreise an sein Lieblingsziel zu bewegen.

So wie in diesem Beispiel geht es im 3. Modus um die exzessive Betonung eines Pols bei gleichzeitiger Unterdrückung des anderen: zwanghafter Aktionismus und Unfähigkeit, Ruhe und Passivität ertragen zu können; Bekämpfung und Ablehnung eines Symptoms ohne in irgendeiner Weise hinzuspüren, welche Botschaft das Symptom zu bieten hat. In Bezug auf intrapsychische Prozesse liegt die Annahme nahe, dass der schwache Pol verdrängt[6] wird.

Das Maß an Intensität ist in diesem Modus bereits beträchtlich. Entsprechend weisen Systeme starke Fluktuationen auf, ohne dass diese jedoch den Schwellenwert überschreiten. Das System Mensch spürt in dieser Lage evt. Spannung, möglicherweise Leid, Angst und Unsicherheit. Vielleicht ist jedoch auch „der Andere" der Böse. All dies ist Ausdruck der ungelösten Spannungen, die in der Interaktion der Polaritäten zum Ausdruck kommen. Bezeichnenderweise werden wir diesen Modus in der Regel bei Klienten erkennen können, die uns aufsuchen, um Hilfe zu erhalten. Auch bei Gruppenmitgliedern, die sich für Bühnenarbeiten melden, wird dieser Modus erkennbar sein. Modus 3 wird damit häufig die Ausgangslage der „Erwärmungsarbeit" sein.

Wie schon an anderer Stelle (Schacht 1992a) ausgeführt, ist es wesentlich, das Bedingungsgefüge problemerhaltender Rollenkonserven genau zu untersuchen. Auf diese Weise gewinne ich Informationen, um abschätzen zu können, wann ein therapeutischer Prozess lediglich zur verdeckten Bestätigung der alten Muster führt (Gefahr „falscher Spontaneität") bzw. welche Prozesse tatsächlich Erstmaligkeit und damit Erwärmung fördern.

---

6) Versuchsweise spiele ich im Moment mit der Hypothese, dass insbesondere Verdrängungsprozesse mit diesem Modus erfasst werden können, im Unterschied zum Mechanismus der Spaltung, der besser mit Hilfe des Modus 5 beschrieben wird.

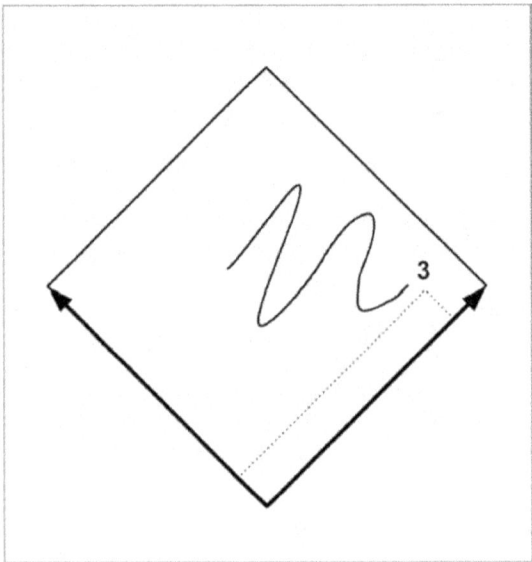

Abb. 6: Erwärmung und Modus 3.

Ein Prozess im Interaktionsmodus 3 wird dadurch in Richtung Instabilitätsphase getrieben, dass die Intensität des bisher schwach ausgeprägten Pols gesteigert wird. „Um einen Prozess zu verändern, verändere [hier: steigere; M.S.] sein Gegenstück" (Sabelli 1989, p. 382). Darüber hinaus sollte der bereits extreme Pol gemildert bzw. relativiert werden. Das allgemeine Prinzip zur Förderung von Erwärmung heißt demnach:

Intensiviere den schwachen und relativiere den extremen Pol.

Die Technik des Rollentauschs kann als Paradebeispiel für die konkrete Anwendung dieses Prinzip gesehen werden. Dies setzt allerdings voraus, dass im Rollenwechsel mit dem Antagonisten nicht ausschließlich alte Bilder der Protagonistin „abgespult" werden, was lediglich zur Bestätigung alter Muster führen würde. Wenn Vater „schon immer der mächtige Tyrann" war und auch im Rollenwechsel ausschließlich so erlebt wird, kommt es nicht zur Relativierung der Pole. Falls die Protagonistin im Rollenwechsel als Vater jedoch erkennt, dass er auch seine schwachen Seiten hat, kann die Tochter parallel dazu neben ihm größer werden. Die unterschiedlichen Intensitäten der Pole nähern sich an.

Ein weiteres Beispiel:

Herr D., Anfang 30, Krankenpfleger, kam in die Praxis, da etwas in seinen Beziehungen zu Frauen „nicht stimmte". Er war nicht in der Lage, dauerhafte Beziehungen zu knüpfen. Die folgenden Ereignisse fanden ungefähr zwischen der 17. und 25. (Einzel-)Sitzung statt, also zu einer Zeit, als ich bereits über eine Fülle von Informationen verfügte. U.a. wusste ich, dass er allein mit Mutter und jüngerer Schwester aufgewachsen war und für die Mutter die Rolle des „schwarzen Schafs" und Versagers verkörpert hatte. Er lebte allein; an seiner Arbeitsstelle nahm er eine Außenseiterrolle ein. Wenn er über frühe und auch aktuelle Versagungen sprach, geschah dies in der Regel mit anklagend-vorwurfsvollem Tonfall, wobei häufig die Arme vor dem Körper verschränkt waren. Im Kontakt wirkte er zwar einerseits freundlich zugewandt, gleichzeitig jedoch mit seinen weichen, bedürftigen Anteilen deutlich zurückgezogen. Nonverbal sendete er die Botschaft: „Ich brauche niemanden!".

Die von Herrn D. gewählte Form der „Begegnungsflucht"[7] lässt sich unter verschiedenen Aspekten betrachten. Ich möchte zunächst auf die Polarität von Geben und Nehmen eingehen. Begegnung ist von der Intensität beider Pole abhängig. Ist einer der beiden Pole nur schwach ausgeprägt, bedeutet dies einen mehr oder weniger starken Rückzug aus der Begegnung.[8] Wer nimmt, muss auch geben und umgekehrt. Bert Hellinger (Weber 1994) stellt fest, dass Nehmen gleichzeitig Bindung und ebenso Verpflichtung gegenüber dem Anderen bedeutet. Ich möchte ergänzen, dass es uns verletzlich und weich macht. Nehmen bedeutet häufig auch, die eigenen bedürftigen Seiten in die Begegnung einzubringen.

„Wenn jedoch jemand gibt, ohne zu nehmen, wollen andere nach einer Weile nichts mehr von ihm haben. Diese Haltung ist also beziehungsfeindlich, denn wer nur geben will, hält an einer Überlegenheit fest und verweigert den anderen so die Ebenbürtigkeit. Für Beziehungen ist es sehr wichtig, dass man bereit ist zu nehmen und der andere fähig ist zurückzugeben." (Hellinger in Weber 1994, S. 24).

Ein häufig zu beobachtendes Muster der Begegnungsflucht ist demnach das (letztlich erfolglose) Bemühen, Kontakte über ausgeprägtes Geben (Pol 1) unter Vermeidung des Nehmens (Pol 2) zu bewerkstelligen (Interaktionsmodus 3).

---

7) Ein von Hans Trüb (1951) geprägter Begriff. Trüb sieht „[...] den Ursprung der Neurose darin begründet, dass das Selbst des Menschen sich auf der Flucht vor der partnerischen Begegnung mit der Wirklichkeit befindet. Der neurotische Mensch reagiert wohl, oft sogar sehr vehement, auf die Wirklichkeit, aber er erschließt sich ihr nicht mehr in seinem Selbst oder doch nur mit Vorbehalten" (Trüb 1951, S. 48). Begegnungsflucht stellt den mehr oder weniger missglückten Versuch dar, „[...] die Selbstrealisierung aus eigener Machtvollkommenheit erzwingen und behaupten zu wollen" (ebd., S. 56). Der Mensch zieht sich aus der Begegnung, aus dem Austausch und der Wechselwirkung mit der Umwelt zurück. Bedürfnisse nach Geborgenheit, Anerkennung oder ähnlichem werden in einer Weise ausgelebt, in der die Gefahr von Enttäuschung, Schmerz oder Angst vermindert wird. Der Preis für diese „Sicherheit" ist der Rückzug aus der „nährenden" Begegnung mit der Welt, bzw. die Minimierung von Austauschprozessen (vgl. Schacht 1993).

8) In die gleiche Richtung geht folgende Aussage Hellingers (in Weber 1994, S. 23): „Das Glück einer Beziehung hängt ab vom Umsatz von Geben und Nehmen. Der kleine Umsatz bringt nur kleinen Gewinn. Je größer der Umsatz, desto tiefer das Glück. Das hat aber einen großen Nachteil – es bindet mehr. Wer Freiheit will, darf nur ganz wenig geben und nehmen und ganz wenig hin- und herfließen lassen." In anderen Worten, er muss den Austausch minimieren.

Eben dieses Muster hatte Herr D. entwickelt. Nicht von ungefähr hatte er den Beruf des Krankenpflegers gewählt. Die Weigerung zu Nehmen zeigte sich u.a. deutlich in den verschränkten Armen, die ich beim Thema Enttäuschungen/Versagungen so häufig beobachten konnte.

> Kurz vor Weihnachten klagte Herr D. zu Beginn der Sitzung ergiebig über seine Mutter, die wieder einmal keinerlei Kontakt wegen eines Weihnachtsbesuchs zu ihm aufgenommen hatte. Er selbst habe nun begonnen, ihr einen Brief zu schreiben. Auf Nachfrage erfuhr ich, dass er sich darin vor allem in Vorwürfen über ihr Verhalten ergoss.[9]

Die Klagen und Vorwürfe von Herrn D. sollten keineswegs über seine Weigerung zu nehmen hinwegtäuschen. „Vorwürfe sind immer Ersatz für Nehmen" (Hellinger in Weber 1994, S. 260). Ich weiß nicht, ob es „immer" so ist, aber ich habe Hellingers Behauptung oft bestätigt gefunden.

> Bereits zuvor hatte ich den Klagen wenig Bestätigung gegeben. Ich hatte Herrn D. zwar nicht direkt damit konfrontiert, war jedoch auch nicht auf die Klagen und Vorwürfe eingegangen. Ich beschloss, der Zeitpunkt zur Konfrontation sei gekommen. Ich war der Ansicht, er könne diese mittlerweile ertragen. Um sicher zu sein, dass der Anlass wirklich der richtige war, fragte ich zunächst, ob er denn seinerseits irgendwelche Schritte zur Kontaktaufnahme getan habe. Wie ich erwartet hatte, verneinte Herr D. dies. Mir ging es zunächst nicht um eine Änderung der „Weigerung zu nehmen", sondern um deren Bewusstmachung, was bereits zu einer Intensivierung der Polarität führt.

Ich fragte Herrn D., was er sich eigentlich von seiner Mutter wünsche. Statt Wünsche zu nennen, gab er eine Reihe von Forderungen an – ein entscheidender Unterschied. Auf Forderungen habe ich quasi ein Anrecht, einen Anspruch. Diesen „erwerbe" ich häufig dadurch, dass ich gebe, ohne zu nehmen (Hellinger in Weber 1994). Darüber hinaus habe ich gewissermaßen ein „Recht" auf Entrüstung und Ärger, wenn meine Forderung nicht erfüllt wird. Damit muss ich den Schmerz der möglichen Zurückweisung meines Wunsches nicht ertragen. Wenn ich nämlich einen solchen formuliere, öffne ich mich für die Entscheidung meines Gegenübers, diesem Wunsch zu entsprechen oder nicht. Ich öffne mich für Freud oder Leid, die diese Reaktion hervorruft (Interaktionsmodus 4); wirkliches Nehmen wäre möglich. Durch eine Forderung wird die Möglichkeit des Schmerzes minimiert (Pol 1) und das Anrecht auf Erfüllung intrapsychisch ins Extreme gesteigert (Interaktionsmodus 3).

> Auf diesen Umstand machte ich Herrn D. aufmerksam, wodurch er bereits nachdenklich wurde. Er sah jedoch noch nicht das umfassende Muster, das sich hier ausdrückte. Zur weiteren Intensivierung schlug ich ihm als Experiment vor, er mö-

---

9) Hier zeigt sich Interaktionsmodus 3 in einer sehr wichtigen Polarität, auf die ich weiter unter erneut zu sprechen komme. Herr D. gewichtet die Handlungen seiner Mitmenschen äußerst stark (Pol 1). Diese verursachen sein Leiden, und er ist ihr Opfer. Gleichzeitig erkennt er kaum (Pol 2), dass er auch aktiv zu seinem Leid beiträgt. Er erlebt sich als „Heros der eigenen Tragödie" (Moreno 1919).

ge doch versuchen, mir zu sagen, was er sich im Rahmen der Therapie von mir wünsche. Er konnte angeben, was er sich von „der Therapie" als solcher, jedoch nicht, was er sich von mir persönlich wünsche. Ohne weiter nach Wünschen zu drängen, konnte ich ihn auf seine Lippen aufmerksam machen, die sich fest zusammenpressten. Sein „ich will nicht [...]" (wünschen, nehmen etc.) und der damit verbundene Stolz war für ihn konkret spürbar. Einen Schritt weiter verdeutlichte ich ihm die unausweichliche Kehrseite dieser Weigerung. Ich gab ihm eine Rückmeldung darüber, was ich an ihm mochte. Direkt anschließend konnten wir zusammen erarbeiten, dass er diese Gabe nicht annehmen konnte. Statt Freude empfand er Zweifel und wertete meine Rückmeldung ab. „Das muss er ja sagen, weil er Therapeut ist." Die Kehrseite der Weigerung zu Nehmen ist die selbst verantwortete Reinszenierung der alten Versagungen. Die eigene Leere wird nun selbst geschaffen. Nachdem wir noch etwas weiter vertieft hatten, in wie vielen Lebensbereichen sich seine Weigerung und dessen Kehrseite auswirkte, gab ich Herrn D. die Aufgabe, bis zur nächsten Sitzung bewusst darauf zu achten, wie er dies gestaltete. Er solle jedoch auf keinen Fall bereits etwas an seiner Haltung ändern.

Der zweite Teil der Aufgabe ist wichtig, um zu verhindern, dass es zu einem hauptsächlich kognitiv gesteuerten Bemühen um „Verhaltensänderung" kommt – etwa, um dem Therapeuten zu gefallen und ein guter Klient zu sein. Die Aufgabe erinnert möglicherweise an die Technik der paradoxen Intervention. Ich verstehe sie jedoch nicht in diesem Sinne. Ich bin nicht bestrebt, mit einem „Trick" eine Änderung des Verhaltens zu erreichen. Es ist vielmehr entscheidend, dass die alte Handlungs- und Einstellungskonserve weiterhin gelebt wird – allerdings mit dem Unterschied, dass der/die Klientin nun im Verlauf eines möglicherweise wochen- oder monatelangen Prozesses zunehmend deutlicher erlebt, wie er/sie das eigene Leiden (ko-)kreiert. Dabei besteht meine Aufgabe darin, mit ihm/ihr immer wieder aufs neue aktuelle Lebensereignisse (außerhalb aber auch innerhalb des therapeutischen Settings) ausfindig zu machen, die dies verdeutlichen. Dieser Prozess führt – entsprechend dem oben genannten Prinzip – allmählich zu einer Intensivierung der bislang schwach ausgeprägten Pole und zu einer Verminderung der Intensität der bisher extrem starken Pole. Die deutliche Anspruchshaltung, die sich insbesondere in den Forderungen und Vorwürfen zeigte, wird schwächer. Andererseits wird der zweite Pol durch die zunehmende Bewusstheit, nicht wirklich annehmen zu können, gestärkt. Letzteres erfolgt bereits durch Steigerung der bewussten Wahrnehmung und erfordert zumindest in dieser Phase der Erwärmung keine Aufgabe der „Weigerung zu nehmen".

Im Verlauf des skizzierten Prozesses „gewinnt (der Protagonist, M. S.) zum eigenen Leben, zu allem, was man getan hat und tut, den Aspekt des Schöpfers [...] und beweist, dass sein Dasein in Fesseln die Tat seines freien Willens war." (Moreno 1973, S. 89). Der in Fußnote 9 geschilderte Pol 2 wird gestärkt, während gleichzeitig die Handlungen der Mitmenschen (Pol 1) nicht mehr im Übermaß verantwortlich gemacht werden. Die zunehmende Integration der Erkenntnis, durch das eigene Handeln zum eigenen Leiden beizutragen, verstehe ich als den entscheidenden psychodynamischen Prozess des unter Psychodramatikern bekannten „wahren zweiten Males". Dieser Prozess bleibt offensichtlich nicht auf den Rahmen einzelner Bühnenarbeiten beschränkt.

Nachdem ich beispielhaft beschrieben habe, wie ich versuche, Erwärmung bei Prozessen zu fördern, die durch den Interaktionsmodus 3 charakterisiert werden, möchte ich dieses Kapitel mit 3 kurzen Beispielen für diesen Modus beenden. Es soll um folgende Themen gehen: a) illusionäre Erwartungen an eine Therapie, b) Umgang mit Entscheidungen und c) Illusionen hinsichtlich der Möglichkeit, Fehler zu vermeiden.

Bei der Aufzählung wird deutlich, dass es hier vornehmlich um Illusionen gehen wird. Damit wird die Polarität von Phantasie und Realität und das Konzept der „Surplus-Reality" berührt.[10] Als Illusion möchte ich diejenigen bewussten oder unbewussten Vorstellungen bezeichnen, die extrem durch den Pol der Phantasie und nur sehr schwach durch den Pol der Realität bestimmt werden (Modus 3).

Illusionäre Erwartungen an eine Therapie
Franzke (1991) erörtert die Frage illusionärer Erwartungen, insbesondere derjenigen, bei denen unauflösbare Polaritäten unterschätzt oder ignoriert werden. Sein Konzept der Polaritäten – er spricht von Antinomien – deckt sich zwar nicht mit der hier vertretenen Position der Einheit der Gegensätze, dennoch lassen sich seine Ausführungen in diesem Zusammenhang nutzen.

„Die Frage illusionärer Erwartungen spielt nun gerade vor und in einer Psychotherapie eine große Rolle und sollte sehr eingehend beachtet und behandelt werden. Aus der Not des Patienten und dem Hilfewunsch des Therapeuten übersieht letzterer unschwer, wenn verständliche Bedürfnisse des Leidenden Unmögliches (Angstfreiheit, völlige Geborgenheit, totale Autonomie usw.) anstreben. Besonders schwierig wird es aber beim Unterschätzen oder Übersehen so genannter

---

10) In der psychodramatischen Literatur zur Surplus-Reality wird meines Erachtens ein wichtiger Bedeutungsaspekt ungenügend berücksichtigt. Insbesondere in seinen entwicklungspsychologischen Schriften thematisiert Moreno, dass sich mit Beginn des zweiten Universums zwei „Meta-Zonen", die der Phantasie und die der Realität, voneinander trennen. „Der wichtigste Lernprozess dieser Phase ist eine ausgeglichene Entwicklung des Realitätserlebens und -lebens und die gleichwertige Ausbildung der Vorstellungswelt, der Phantasie. Erst dieses Gleichgewicht ermöglicht eine gesunde Weiterentwicklung und eine adäquate Verkörperung von neuen Rollen" (Mathias 1982, S. 239).
Diese ausgeglichene Entwicklung gelingt in unserer Kultur nur unzureichend. Moreno sieht in der Spaltung der beiden Meta-Zonen ein Kernproblem unserer Zeit. „Man kann sagen, dass Psychodrama ein Versuch ist, den Dualismus zwischen Realität und Phantasie aufzuheben und die ursprüngliche Einheit [der Gegensätze, M.S.] wiederherzustellen" (Moreno 1982, S. 297f). Ich glaube, dass Moreno den Begriff der Surplus-Reality insbesondere einführte, um dieser „Einheit der Gegensätze" einen Namen zu geben. Das Konzept erinnert damit durchaus an Winnicotts „intermediären Bereich" (vgl. Schacht 1992b).

Antinomien, die sich auch vom besten Therapeuten nicht aus der Welt schaffen lassen [...]. Völliges Geborgensein beinhaltet neben großer Nähe und Schutz auch Gebundensein und Abhängigkeit. Totale Freiheit bringt große Möglichkeiten und Selbstbestimmung, aber auch Distanz und Alleinsein. Und eine vollkommene Geborgenheit kann nicht zugleich eine uneingeschränkte persönliche Freiheit garantieren" (Franzke 1991, S. 75).

Illusionäre Erwartungen dieser Art lassen sich durch Modus 3 beschreiben. Für den oder die Leiterin ist es entscheidend, sich diese Erwartungen nicht zu eigen zu machen. Andernfalls wäre er oder sie ebenfalls in diesem Modus gefangen. Alle weiteren Anstrengungen würden am entscheidenden Punkt, der Auflösung der illusionären Erwartung bzw. einem anderen Umgang mit der betreffenden Polarität, vorbeizielen. Es muss deutlich werden, dass vollkommene Geborgenheit bzw. vollkommene Freiheit nicht erreichbar sind. Um spontan und kreativ sein zu können, muss sich der Mensch ins Spannungsfeld der beiden Pole stellen, beide mit großer Intensität anstreben und gleichzeitig ertragen können, dass beide Strebungen nur teilweise erfüllt, ebenso aber teilweise frustriert werden. Kreative Entwicklung umfasst dann die Entwicklung zu mehr Geborgenheit und Freiheit, ohne dass dabei das Spannungsverhältnis zwischen beiden aufgehoben wäre.

Es geht nicht darum, das Gesagte auf rationaler Ebene zu begreifen – dies wäre banal. Entscheidend ist die unbewusste Weigerung, dieses Wissen zu akzeptieren und danach zu handeln. Soll diese Weigerung durchgearbeitet werden, muss – ähnlich wie am Beispiel von Herrn D. verdeutlicht – nach und nach bewusst erlebt und integriert werden, wie der Betreffende sich selbst und/oder anderen mit seiner Weigerung Schaden zufügt. Dies gilt auch für die Bearbeitung der folgenden Polaritäten.

Umgang mit Entscheidungen
Entscheidungen sind schwierig, weil sie Verzicht bedeuten. Sich für etwas zu entscheiden bedeutet immer, sich gegen etwas anderes zu entscheiden.

> „Entscheidungen sind kostspielig. Sie kosten Dich alles übrige.' Der Verzicht begleitet Entscheidungen unweigerlich. Man muss Optionen verwerfen, oft Optionen, die niemals wiederkehren werden [...] [Yalom spricht von, M.S.] Patienten, die unter Lähmung des Wollens leiden, nicht weil sie nicht „Ja" sagen können, sondern weil sie nicht „Nein" sagen können. Auf einer unbewussten Ebene weigern sie sich, die existentielle Notwendigkeit des Verzichts zu akzeptieren" (Yalom 1989, S. 378f).

Der Pol des „Ja", des „ich will" ist quasi stark besetzt, während der Pol des „Nein", des „ich verzichte" nur schwach besetzt ist. Schmerzhaft an der Entscheidung ist häufig mehr der Prozess des Verzichts und weniger der Inhalt der Entscheidung. Es ist möglich, die Bewusstheit von Verzicht zu vermeiden, indem die Bewusstheit der eigenen Entscheidung vermieden wird. So mag sich Herbert, ein „immer und ewig liebes" Gruppenmitglied, unbewusst entschieden haben, auf jeden Fall von allen anderen gemocht werden zu wollen. Der Verzicht auf eine eigene Meinung, auf eigenes Profil, der Preis, „oft nicht ernst genommen zu werden", wird nicht bewusst in Verbindung mit dieser Entscheidung erlebt.

Die bewusst erlebte Unfähigkeit, eine Entscheidung zu treffen, wird im Psychodrama häufig mit der Technik des Ambivalenz-Doppelns bearbeitet, bei dem es um die wechselseitige Intensivierung der verschiedenen Wahlmöglichkeiten geht. Oft hilft diese Technik bei einer Entscheidungsfindung, indem durch Intensivierung der Interaktionsmodus 4 erreicht wird, in dem der kreative Prozess der Entscheidungsfindung erfolgt. Manchmal hilft die Technik aber auch nicht. Ich denke, dass in diesen Situationen die Polarität zwischen den bewusst erlebten Wahlmöglichkeiten nur zweitrangig ist. Sehr häufig wird bei genauerem Hinschauen deutlich werden, dass die Verweigerung des Verzichts im Spiel verbunden ist mit der unbewussten Illusion: „Es ist möglich eine Entscheidung zu treffen, ohne dabei auf etwas verzichten zu müssen." Die Entscheidungsunfähigkeit kann dann nur dadurch gelöst werden, dass die Notwendigkeit des Verzichts deutlich gemacht wird, was einer Intensivierung des schwach besetzten Pols gleichkommt. Dies im Sinne eines „wahren zweiten Males" durchzuarbeiten, stellt häufig einen schmerzhaften und langwierigen Prozess dar.

Illusionen hinsichtlich der Möglichkeit, Fehler zu vermeiden
Bereits an anderer Stelle (Schacht 1992a) bin ich auf die Bedeutung der Fehlerfreundlichkeit eingegangen (vgl. Klein et al. 1991). Erst seitdem mir die Bedeutung des Umgangs mit Fehlern theoretisch deutlicher wurde, achte ich verstärkt darauf, wie meine Klienten mit Fehlern[11] umgehen. In der Regel gehören sie zu den „Anhängern des wahrhaft Perfekten" (Moreno 1991). Diese lehnen Fehler extrem ab (Pol 1), während der 2. Pol „Anziehung" nur schwach ausgeprägt ist. Häufig ist die unbewusste Illusion zu entdecken, es sei zumindest prinzipiell möglich, Fehler zu vermeiden. Die alten Rollenkonserven werden unbewusst als Sicherung vor Fehlern erlebt. Diese innere Haltung führt häufig zur krampfhaften Vermeidung neuer Lösungsmöglichkeiten. „Es könnte ja was schief gehen."

> Herr B. litt am Vorabend der Sitzung unter starken Kopfschmerzen. An diesem Abend hatte er sich vorgenommen, sich auf eine bevorstehende Prüfung vorzubereiten. Im Gespräch wurde deutlich, dass er unterschiedlichste Wege gefunden hatte, um sich immer wieder vor dem Lernen zu drücken. Letztendlich war er soweit gewesen, dass er „vor Wut am liebsten alles an die Wand geknallt hätte." Später im Verlauf der Sitzung wurde deutlich, dass er der unbewussten Illusion nachhing, es sei zumindest prinzipiell möglich, fehlerlos und perfekt zu sein. Die eigene Unvollkommenheit, mit der er beim Lernen konfrontiert wurde, war für ihn nur äußerst schwer zu ertragen. Er spürte, dass dies letztlich bedeuten würde, sich damit an-

---

11) Der Begriff Fehler sollte nicht zu eng ausgelegt werden. Die technizistische Sprache der Systemtheorie nimmt der Vielgestaltigkeit des Lebens häufig (unnötigerweise?) die Farbe. Unter Fehlern verstehe ich z.B. auch jede Form der Zurückweisung, z.B. von Wünschen, Bitten, Annäherungsversuchen etc.

freunden zu müssen, nicht perfekt sein zu können. In den folgenden Monaten galt die Arbeit der Erwärmung immer wieder dem möglichst bewussten Erleben der alltäglichen Konsequenzen, die sich aus seiner Haltung ergaben. Nur langsam konnte Herr B. die geliebte Illusion loslassen und sich mit der Unausweichlichkeit von Fehlern anfreunden.

Eine andere Klientin kam in die Sitzung und schilderte, dass sie gegenwärtig in unterschiedlichsten Situationen bemerke, wie sie sich vor Entscheidungen drücke. Es wurde deutlich, dass sie endlos über Entscheidungen grübelte, da sie unbewusst glaubte, es sei möglich, die „perfekte", d.h. risikofreie Entscheidung zu treffen.

Mit einem jungen zwanghaften Klienten, Herrn M., der nach erfolgreicher Beendigung einer stationären Behandlung zur Nachbetreuung in meine Praxis kam, thematisierte ich die Notwendigkeit, Fehler machen zu können. Anlass dazu war seine Beschreibung, wie gehemmt er sich an der Universität im Umgang mit seinen Kommilitonen fühlte. U.a. beklagte er, dass er keine Kontakte bekäme. „Wenn ich ein Mädchen anspreche, könnte die ja meinen, ich will was von ihr." Beim Vorlesen während eines Seminars bekomme er aus Angst vor Blamage einen roten Kopf; er frage sich ständig, ob er mit seiner Kleidung nicht unangenehm auffalle etc. Ich verdeutlichte ihm, dass es nur möglich sei, sein Leben kreativ anzugehen, wenn er „gut" darin würde, Fehler zu machen. Seine Abneigung gegen Fehler sei sein größtes Hindernis auf dem Weg zu mehr Kreativität. Herr P. fand die Idee durchaus einleuchtend. Ich fragte ihn, ob er bereit sei, die Aufgabe zu übernehmen, im Verlauf der folgenden Woche an einem Tag absichtlich „Fehler" zu machen, um Erfahrung im Umgang mit ihnen zu machen. Denkbar sei beispielsweise, sich gezielt bei einem Mädchen eine „Abfuhr" zu holen etc., um dies zu üben. Herr P. war von der Idee angetan.

Eine Woche später berichtete er enthusiastisch, er habe schon am Vorabend des Tages mit Schwester und Mutter überlegt, was er machen könne. So habe er sich die Haare rot gefärbt, sei am Morgen extra mit ungekämmten Haaren losgegangen, habe sich eine zerrissene, bekleckste Hose angezogen etc. Am besagten Tag habe er sich mulmig gefühlt. Seitdem stelle er jedoch fest, dass er viel mehr Kontakte bekomme. An der Uni werde er plötzlich von unterschiedlichsten Menschen angesprochen. Bei einer Fete habe er sich gar getraut, einer Frau Komplimente zu machen. Es wurde deutlich, dass er insgesamt wesentlich lockerer und gelöster im Umgang mit anderen Menschen war. Auch wenn der Enthusiasmus nach einiger Zeit verschwand, blieben die Veränderungen im wesentlichen stabil.

Soweit die Ausführungen zur Förderung von Erwärmung bei Prozessen, die sich durch Interaktion von Gegensätzen im Modus 3 charakterisieren lassen. Mit der Erörterung des nächsten Interaktionsmodus begeben wir uns in einen Bereich, in dem die Intensität beider Pole so stark ist, dass die Fluktuationen das System über den Schwellenwert hinaus in eine Instabilitätsphase treiben. Mit dem Erreichen der Spontaneitätslage haben wir auf unserer Wanderung gewissermaßen einen Gipfel erreicht. Der Abstieg – die langsame Stabilisierung neuer Handlungsmuster – steht uns noch bevor. Dies ist jedoch nicht das Thema dieser Arbeit.

6. Modus 4: Die kreative Interaktion der Gegensätze

Elkes 4. Wahl, Henriette, zeichnet sich durch zwei starke Polaritäten aus. Die Beziehung zu Henriette befindet sich in einer Phase der kreativen Instabilität. Das eingangs skizzierte Modell der Selbstorganisation geht davon aus, dass kreative Schöpfung möglich wird, wenn die Prozessstruktur eines Systems durch sehr starke Fluktuationen, durch ein hohes Maß an Erstmaligkeit über einen Schwellenwert hinaus in eine Instabilitätsphase oder Spontaneitätslage getrieben wird. Mit Sabelli können wir – vorläufig, d.h. bis zur Erörterung von Modus 5 – ergänzen, dass die dabei ablaufenden Prozesse als Interaktion hoher symmetrischer (d.h. gleichwertiger) Gegensätze beschreibbar sind. Gegensätze mit hoher, gleichwertiger Intensität stellen die Matrix des kreativ Neuen dar. Selbstorganisation führt dabei nicht nur zur Synthese von Gegensätzen, sondern auch zu Differenzierung und Vielfalt. In der Spontaneitätslage gibt es eine Vielfalt potentieller Handlungsmöglichkeiten. Die konfliktreiche Spannung wird nicht wie in der Synthese vollkommen aufgelöst, sondern lediglich durch entsprechende Harmonie der Polaritäten ergänzt. Wachstum bedeutet nach diesem Verständnis nicht etwa die Nivellierung von Gegensätzen, sondern mit der Intensivierung der Lebensprozesse auch eine Intensivierung der Gegensätze, die sowohl harmonisch als auch konflikthaft erlebt werden kann.

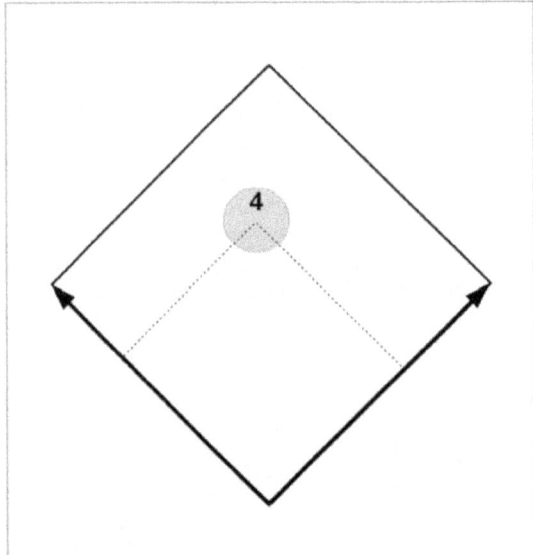

Abb. 7: Erwärmung und Modus 4.

„Der schöpferische Mensch vermag in größerem Ausmaß als der unschöpferische widerstrebende Kräfte zu meistern. Regressive Versunkenheit und Weltzuwendung, Schlampigkeit und Ordnungsliebe, Fleiß und Faulheit, Eitelkeit und Bescheidenheit sind nur einige der bei schöpferischen Persönlichkeiten beobachteten Ambitendenzen, welche koordiniert und beherrscht werden müssen" (Matussek 1979, S. 86).

Intensität heißt Offenheit für Erstmaligkeit, und das wiederum führt nach Sabelli sowohl zu größerer Kreativität, Autonomie und Vermögen im Umgang mit Polaritäten als auch zu größerer Instabilität und höherer Anfälligkeit für Störungen. Eine ähnliche Haltung vertritt Rollo May (1987), wenn er meint, dass sich schöpferische Menschen dadurch auszeichnen, dass sie mit Angst leben können, obwohl sie für die schöpferische Kraft einen hohen Preis in Form von Unsicherheit, Empfindlichkeit und Schutzlosigkeit zahlen müssen.

Die Instabilitätsphase oder Spontaneitätslage bedeutet Verlust an Stabilität und Sicherheit, da die alten Konserven nicht mehr den gewohnten Halt geben. Gleichzeitig ist es notwendig, das Vertrauen und die Geduld aufzubringen, die Lösung „aufsteigen" zu lassen, ohne mit unserem rational gesteuerten Willen vorschnell Entlastung zu suchen. Diese Spannung auszuhalten ist eine bedeutsame Fähigkeit, die unabdingbar ist, um spontan und kreativ handeln zu können. Dies gilt im übrigen nicht nur für Protagonisten und Gruppe, sondern auch für die Leitung. Es gibt immer wieder Momente, in denen ich nicht weiter weiß. Mein Wissen, meine Kompetenz – kurz meine Leiter-Konserven – helfen nicht. Ich muss mich selbst auf die Unsicherheit einer Spontaneitätslage einlassen. Ich muss selbst den Mut und das Vertrauen aufbringen, um diese Lage und ihre starke Polarität auszuhalten.

Häufig empfinden Klienten in dieser Phase vor allem Angst und Unsicherheit und glauben, es ginge ihnen schlechter als zuvor. Die alte Sicherheit gibt es nicht mehr, die neue noch nicht. Wenn die Menschen, mit denen ich arbeite, sich in solch einer Lage befinden, kann ich ihnen Mut zusprechen und etwas von meinem Vertrauen vermitteln, dass man „da auch wieder raus kommt". Ebenso wichtig kann die Vergewisserung sein, dass der Prozess, den sie gerade durchmachen, ein guter und heilsamer ist. Ein Prinzip für diese Phase[12] lautet demnach:

Gib Unterstützung, damit die Spannung zwischen den starken Polaritäten ertragen werden kann.

Das Konzept der Ambiguitätstoleranz, das u.a. in gängigen psychologischen Kreativitätstheorien (Landau 1969) von Bedeutung ist, erweist sich hier als hilfreich.

Ambiguitätstoleranz „[...] lässt sich als die Fähigkeit definieren, in einer problematischen und unübersichtlichen Situation zu existieren und trotzdem unermüdlich an deren Bewältigung zu arbeiten. Die meisten Menschen ertragen die aus der Ungelöstheit entstehenden Spannungen nur für kurze Zeit und verzichten somit auf ei-

---

12) Ein weiteres Prinzip habe ich bereits an anderer Stelle (Schacht 1992a) vorgestellt. Dabei geht es um die konsequente Bestätigung des Neuen. Dies ist sinnvoll, da die ersten zarten Sprosse der neuen Handlungsmöglichkeiten von den Betreffenden selbst oft nicht wahrgenommen oder sogar als negativ bewertet werden.

ne fruchtbare Lösung. Der Kreative kann dagegen die Ungelöstheit als Problem lange aushalten, ohne die intensive Arbeit an ihm aufzugeben" (Matussek 1979, S. 33).

Normalerweise wird das Konzept im Kontext kognitiver Prozesse verwandt. Jedoch betont Matussek, dass es sich stattdessen um eine menschliche Grundeigenschaft handelt, die weit über Denkoperationen hinausgeht. Dies dürfte auf dem Hintergrund der in diesem Artikel dargestellten Konzepte sofort nachvollziehbar sein.

Ganz im hier vertretenen Sinne stellt Matussek fest, dass Ungeduld ein wesentlicher Faktor für unausgereifte kreative Prozesse ist. Er nennt einige Beispiele aus dem Alltag, die ich für sehr instruktiv halte: Mütter, die zu früh schwanger werden, ebenso viele ungeduldige Väter; zu früh geschlossene Ehen; falsche Berufswahl; vorschnelle Entscheidungen in der Politik etc. Dies sind Folgen des unzureichenden Vermögens, die Spannung intensiver Polaritäten solange zu ertragen, bis sich deren integrierender Aspekt „autonom und ungeplant" (Moreno 1970) einstellt. Ein wesentliches Ziel psychodramatischer Arbeit sollte es daher sein, Ambiguitätstoleranz zu erhöhen. Nur wenn die Spannung der Polaritäten ausgehalten wird, kann es zur Integration der Polaritäten in der Spontaneitätslage bzw. zur Integrationskatharsis kommen.

> Frau H. kommt seit ca. 25 Sitzungen wegen psychosomatischer Beschwerden und depressiver Verstimmungen in die Einzeltherapie. Sie hat in den vergangenen Monaten bereits deutliche Fortschritte gemacht, traut sich mehr zu und nimmt ihr Leben aktiver in die Hand. Sie trifft die Entscheidung, ihren langjährigen Partner zu heiraten. In den Monaten vor der Hochzeit klagt sie auf einmal verstärkt über Beschwerden, von denen sie geglaubt hatte, sie habe sie ein für allemal überwunden. Einerseits freut sie sich auf die Heirat und vertraut darauf, dass ihre Entscheidung richtig ist. Dann wieder tauchen plötzlich tiefe Zweifel auf, die mit Ängsten etc. verbunden sind. Sie erlebt ausgeprägte Zweifel, ob dies der richtige Mann für sie sei. Sie liebt seine „Sonnenseiten", kennt jedoch auch seine „Schattenseiten" und dies zur Genüge. Ich konnte ihr verdeutlichen, dass sie akzeptieren müsse, nicht nur die „Sonnenseiten" heiraten zu können. Sie müsse sich selbst prüfen, ob ihr die Einheit der beiden Polaritäten – sprich der ganze Mann – so lieb sei, dass sie ihn heiraten wolle.

Wer kennt es nicht, den oder die eigene Partnerin nach den eigenen Vorstellungen ändern zu wollen? Oder aber: Wie oft leben Menschen mit der Illusion (Modus 3), dass es möglich sein müsse, den perfekten Lebenspartner zu finden. Wie viel Stress gibt es in Beziehungen, weil wir nicht über die ausreichende Ambiguitätstoleranz verfügen.

Mit dem folgenden Zitat möchte ich zu einer weiteren Polarität überleiten, die unbedingt „toleriert" werden muss, wenn ich spontan und kreativ sein will. Es handelt sich um eins meiner „Lieblingszitate" – vielleicht, weil ich mich selbst nur zu gerne vor dem Sprung in die Tat drücke.

> Der Mensch „[...] ist aufgefordert, den Sprung der Tat zu wagen, nicht so sehr, den Sprung des Denkens [...]. In der Einsamkeit der Selbstbetrachtung mag sich das Ich als Quelle herrlicher Gedanken und Ideale empfinden. Aber Gedanken können ein Zauberbann sein, und Ideale kann man wie verborgene Kronen tragen. Erst in seinen

Taten wird der Mensch gewahr, was sein Leben wirklich ist; welche Macht er hat, zu verletzen und zu kränken, zu zerstören und zu vernichten, aber auch sich zu freuen und anderen Freude zu bereiten, eigene und fremde Spannungen zu lösen und zu vermehren. Nur wenn er seinen Willen einsetzt, nicht wenn er reflektiert, begegnet der Mensch seinem eigenen Ich, wie es wirklich ist, nicht wie er es gerne sähe [...]. Was er nicht zu denken wagt, äußert er oft genug in Taten. Das Herz wird in den Taten offenbar. Die Tat ist Erprobung, Prüfung, Risiko" (Heschel 1980, S. 218f).

Der häufig lange Prozess der Erwärmung, das Durcharbeiten der alten Prozessstrukturen, der eigenen Begegnungsflucht etc. – all dies strebt auf die Instabilitätsphase zu, und hier ist unweigerlich Engagement, der Sprung in die Tat, die Übernahme von Verantwortung für das eigene Schicksal und auch für die Auswirkung meines Tuns auf mein Gegenüber gefordert.[13] Erwärmung richtet sich damit besonders darauf, diese Bereitschaft zum Engagement zu entwickeln. Geschieht dies nicht, so wird die Therapie letztlich erfolglos bleiben.

> „Ein japanisches Sprichwort sagt: ‚Zu wissen und nicht zu handeln heißt, überhaupt nicht zu wissen.' [...] Veränderung ist das Geschäft der Psychotherapie, und therapeutische Veränderung muss sich in Handlung ausdrücken – nicht in Wissen, Beabsichtigen oder Träumen" (Yalom 1989, S. 341).

Dieses Zitat veranlasst mich dazu, ein weiteres Zitat einzufügen, das interessante Hinweise für das psychodramatische Konzept der Handlungseinsicht liefert.

> „Die Bedeutung des Engagements liegt nicht darin, dass es vage ‚etwas Gutes' oder ethisch Gebotenes ist. Es ist eine notwendige Voraussetzung für das Erkennen von Wahrheit. Damit kommen wir an einen entscheidenden Punkt, der meines Wissens in den Schriften über Psychotherapie niemals vollständig berücksichtigt wurde – nämlich, dass der Entschluss dem Wissen vorausgeht. Therapeuten sind normalerweise von der Annahme ausgegangen, der Patient werde, sobald er mehr und mehr Wissen und Einsicht über sich selbst gewinnt, die richtigen Entscheidungen fällen. Dies ist eine Halb-Wahrheit. Die zweite Hälfte der Wahrheit wird in der Regel übersehen – nämlich, dass sich der Patient erst dann gestatten kann, Einsicht oder Wissen zu erlangen, wenn er bereit ist, Entschlüsse zu fassen, wenn er eine entschlossene Haltung zum Leben einnimmt und die nötigen Weichenstellungen bereits vorgenommen hat" (May 1990, S. 155f).

Wissen allein – ohne den resultierenden Entschluss zur Handlung – ist bedeutungslos, wie dies auch das von Yalom wiedergegebene japanische Sprichwort ausdrückt. Der Sprung in die Tat stellt jedoch immer ein Wagnis dar. Der Ausgang bleibt ungewiss. Er erfordert Mut und die Ambiguitätstoleranz

---

13) „Mit Spontaneität meine ich das, *was von einer Person erwartet werden kann* (Hervorhebung, M.S.), wozu sie sich aufschwingt, und wie sie dies aus sich selbst heraus (sua sponte) schafft, mit ihrem frei hervorgebrachten Wort (spons), mit ihren Antworten (responses) und schließlich mit ihrer Verantwortung (responsibility)" (Adolf Meyer zitiert in Moreno 1991, S. 22). Verantwortung (auch) als das, „[...] was von einer Person erwartet werden kann." Welch ein Kontrastprogramm zum „Selbst"verantwortungs-Ideal der humanistischen Psychologie!

„[...] sich einerseits voll engagieren zu müssen, sich andererseits darüber klar zu sein, dass wir möglicherweise Falsches tun. Diese dialektische Beziehung zwischen Überzeugung und Zweifel charakterisiert die höchsten Formen von Mut und widerlegt die stark vereinfachenden Definitionen, die Mut mit bloßem Wachstum gleichsetzen [...]. Engagement ist dann am gesündesten, wenn es nicht ohne, sondern trotz des Zweifels erfolgt" (May 1987, S. 17).

Kürzlich schlug ich einer Protagonistin, deren Thema „Ich traue mich nicht" schon des Öfteren auf der Bühne gewesen war, vor, die Rolle des „Wagnisses" zu spielen. Nachdem sich die Protagonistin durch nonverbale Darstellung des Wagnisses erwärmt hatte, ging sie zunehmend in dieser Rolle auf. Selten habe ich die Protagonistin so lebendig, so witzig und frech gesehen. Selten hatte die Gruppe soviel Vergnügen.

Wir erinnern uns an Herrn D., meinen Klienten mit Beziehungsschwierigkeiten und der Weigerung zu Nehmen. Kurz nach der oben beschriebenen Phase der Therapie lernte er mehrere Stunden von seinem Wohnort entfernt in einer Diskothek eine Frau kennen. Er zeigte einerseits Interesse, zögerte andererseits aber auch. So fragte er sich, ob aus der Beziehung überhaupt etwas werden könne? Eine berechtigte Frage. Ich hielt seine zögerliche Haltung jedoch vor allem für den Ausdruck seiner Begegnungsflucht – dies auch wegen des klagend-vorwurfsvollen Tonfalls, als ginge das Schicksal ungerecht mit ihm um. Dazu sollte man wissen, dass Herr D. vornehmlich in weit entfernten Städten Bekanntschaften suchte. „Was kann daraus schon werden?" Ich hielt die Zeit für gekommen, ihn mit der Notwendigkeit des Wagnisses zu konfrontieren. Ich erläuterte ihm die gerade geschilderten Zusammenhänge – natürlich weniger theoretisch. Herr D. verließ die Sitzung in nachdenklicher Stimmung.

In der nächsten Sitzung fiel mir sofort auf, dass die klagend-vorwurfsvolle Grundhaltung „Die Welt schuldet mir was" nicht zu spüren war. Herr D. berichtete, er habe sich für die Beziehung zu der neuen Bekannten engagiert; sie habe ihm jedoch kein entsprechendes Interesse entgegengebracht. Er sei natürlich einerseits enttäuscht, andererseits jedoch mit sich zufrieden. Während er sich in der Vergangenheit in ähnlichen Situationen stets selbst heftig abgewertet hatte, konnte er jetzt von sich sagen: „Ich habe mich voll engagiert, ich brauche mich nicht zu schämen."[14]

---

14) Das Eingehen des Wagnisses stärkt unser Selbstwertempfinden, selbst dann, wenn es nicht immer mit Erfolg belohnt wird. „Selbstbehauptung und Engagement sind essentiell, wenn das Selbst eine Realität haben soll. Dies ist der Unterschied zwischen dem Menschen und der übrigen Natur. Die Eiche wird durch selbsttätiges Wachstum zur Eiche; dazu ist kein Engagement nötig [...]. Aber Mann und Frau werden nur durch ihre Entscheidungen, ihre existenzielle Wahl und ihr Engagement für diese vollends zu Menschen. Menschen erlangen Wert und Würde durch die unzähligen Entscheidungen, die sie Tag für Tag treffen" (May 1987, S. 11). Hierzu auch Moreno selbst: „Meine These ist, der Ort des Selbst ist Spontaneität [...]. Wenn Spontaneität bei Null ist, ist das Selbst bei Null. So wie die Spontaneität abnimmt, schrumpft das Selbst. Wenn Spontaneität wächst, dehnt sich das Selbst aus" (Moreno, zitiert in Petzold 1982, S. 120).

Hier wird deutlich, dass das Eingehen des Wagnisses, das Risiko der spontanen Handlung unser Selbstempfinden stärkt. Das Sich-Einlassen auf den Prozess der Spontaneität-Kreativität mit all seinen unterschiedlichen Anforderungen stärkt das Selbst – ein Zusammenhang den auch Moreno postuliert (vgl. Petzold 1982).

Allgemein erfordert der Sprung in die Tat die Toleranz für die Spannung zwischen den Polen „Gelingen" und „Misslingen". In unserem Beispiel war er der Startpunkt für die allmähliche Konsolidierung einer neuen, komplexeren und flexibleren Prozessstruktur. Herr D. konnte die neue Prozessstruktur „größeres Engagement im Leben" in einigen Lebensbereichen recht schnell festigen. In seiner Lebensgestaltung war er deutlich aktiver, fühlte sich zufriedener etc.[15]

Durch die alten Rollenkonserven, die ihm Begegnungsflucht ermöglicht hatten, war Herr D. in gewisser Weise vor Schmerz und Enttäuschung, den z.B. die Trennung einer intensiven Liebesbeziehung bedeuten konnte, geschützt. Da es

---

15) Natürlich gelingt der Sprung zur Übernahme von Verantwortung nicht immer so schnell wie im Beispiel von Herrn D. Eine weitere Einheit der Gegensätze zeigt sich darin, dass dieser Schritt einerseits extrem schwer und andererseits sehr leicht sein kann. Der Sprung vom 7,5m-Brett war sehr leicht, nachdem ich erstmal einen Fuß ins Leere gesetzt hatte, aber vorher dauerte es endlos, mich zu überwinden. Ähnlich verhält es sich mit Verantwortung. Entsprechend respektvoll sollte die Konfrontation mit der Notwendigkeit von Verantwortung geschehen. „Du brauchst nur die Verantwortung für dich zu übernehmen." Anstelle dieses flapsig, überheblich hingeworfenen Spruchs („damit habe ich als Leiter natürlich nichts mehr zu tun") könnte man dem oder der Protagonistin auch gleich sagen, er oder sie sei doch dumm und unreif.
Frau G. kommt wegen ausgeprägter Angstzustände in meine Praxis. Nachdem wir unterschiedlichste intrapsychische und interaktionelle Dynamiken bearbeitet hatten, wurde zunehmend deutlich, dass sie nicht bereit war, die Verantwortung für den notwendigen Sprung in die Tat zu übernehmen. Es war deutlich, dass sie ihre Ängste nicht kontrollieren konnte, solange sie nicht übte, sich selbst mit Hilfe eines Entspannungsverfahrens zu „besänftigen" (Modus 1 anzustreben). An eben dieser Übung haperte es – und das seit mehreren Wochen. Kürzlich spürte ich in der Sitzung, wie ich zunehmend genervt wurde. Innerlich war ich dabei, in die Rolle des überheblichen „strafenden Therapeuten" zu gehen, der das „unartige kleine Mädchen" wohlwollend-heimtückisch ermahnt. Als ich darüber nachsann, fiel mir ein, wie ich mich selbst in diesen Wochen vor der Übernahme von Verantwortung gedrückt hatte. Seit einigen Wochen erstmalig von Gicht heimgesucht, vermied ich es, die notwendigen diätetischen Maßnahmen zu ergreifen. Meine Frau kümmerte sich mehr um mich, als ich selbst es tat. Ein entsprechendes Sharing half mir zum einen, wieder eine respektvollere Haltung zu Frau G. zu finden. Entsprechend fühlte sie sich weniger verurteilt. Statt weiterer Ermahnungen erzählte ich ihr gegen Ende der Sitzung, welche Diät ich in den nächsten Wochen einhalten wollte und gab ihr die Aufgabe, mich in der nächsten Sitzung – 3 Wochen später – zu fragen, ob ich mein Vorhaben umgesetzt hatte. Ich weiß nicht, wie sie in der Zwischenzeit mit ihrer Problematik umgegangen ist. Ich weiß aber, dass ich mit meiner Diät nicht sehr konsequent war.

jedoch nicht möglich ist, die Einheit der Gegensätze zu umgehen, führte dies dazu, dass der Schmerz in Form ständiger, selbst geschaffener Versagung und Leere durch die Hintertür wieder hereinkam. Lohn, aber auch Preis des verstärkten Engagements ist das Vermögen, Freude, Liebe, Wärme intensiver zu „nehmen", aber auch Schmerz und Enttäuschung deutlicher zu spüren. Die größere konflikthafte Spannung zwischen den intensivierten Polen wird jedoch durch die größere Fähigkeit zur harmonischen Integration der Pole ergänzt. „Ich habe mich voll engagiert, ich brauche mich nicht zu schämen."

> Es sei ergänzt, dass mit zunehmender Stabilisierung der neuen Prozessstruktur „mehr Engagement im Leben" deutlich wurde, dass Herr D. mit dem Erreichten – zumindest vorläufig – zufrieden war. Es wurde deutlich, dass er zu diesem Zeitpunkt keine feste Bindung wünschte. Entsprechend verliefen die Sitzungen zu diesem Thema lau und ohne Intensität (Interaktionsmodus 1). Wir kamen gemeinsam zur Überzeugung, dass es gut sei, eine Sitzungspause zu machen, bis er spürte, sich mit diesem Thema intensiver auseinanderzusetzen.

Dies leitet über zu dem ergänzenden Hinweis, dass es mit „einem Durchlauf" des Selbstorganisationszyklusses bis hin zum Sprung in die Tat nicht getan ist. Das Vermögen, ein Wagnis einzugehen, wird an zunehmend „höheren Hürden" gestärkt. Nach einer Stabilisierung wird sich irgendwann eine schwierigere Lebensaufgabe (mit intensiveren Polaritäten) stellen, der die Fähigkeit des Selbst zur Integration noch nicht gewachsen ist. In solchen Situationen greifen wir auf die alt vertrauten Konserven zurück. Klienten berichten dann in der Regel, sie hätten einen „Rückfall" erlitten. Mit der Metapher der „höheren Hürde" verdeutliche ich ihnen, dass es sich keinesfalls um einen Rückfall handelt, sondern um eine neue Prüfung, die erneute Erwärmungsprozesse etc. nötig macht.

7. Modus 5: Konserven in Schwarz-Weiss

Das allgemeine Prinzip für Erwärmung lautet: Erwärmung = Anstieg von Fluktuationen = Anstieg von Erstmaligkeit. Im letzten Kapitel stellte ich dar, wie sich dieses Prinzip mit Hilfe von Sabellis Konzepten spezifizieren lässt. Dieser versteht das Erreichen einer Instabilitätsphase als Interaktion hoher symmetrischer Gegensätze. Um eine Spontaneitätslage zu erreichen, wäre daraus abzuleiten, dass grundsätzlich die Intensität der beteiligten Pole zu steigern ist. Wie schon angedeutet wurde, ist dies nicht uneingeschränkt richtig. Sabelli (1989) führt aus, dass die Interaktion zweier sehr intensiver Gegensätze nicht nur zur Selbstorganisation komplexer „gesunder" Prozessstrukturen, sondern auch zur Selbstorganisation pathologischer Strukturen führen kann. Man denke nur an die verbreitete Situation einer Familie, in der ein Elternteil – oder auch beide – Alkoholiker sind. Denken wir hier an den Fall eines alkoholabhängigen Vaters. Die Kinder der Familie werden einerseits immer wieder die Wut- und Gewaltausbrüche des alkoholisierten Vaters und die Empfindungen von Panik, Entsetzen, Todesangst ertragen müssen. Möglicherweise wird derselbe Vater sie schon am nächsten Morgen von Schuld und Scham getrieben mit

Liebesbezeugungen und Entschuldigungen etc. überschütten. Wie soll ein Kind solche Extreme integrieren können? Es ist zu erwarten, dass sich zwei getrennte Erwärmungsprozesse entwickeln, die beide durch hohe Intensität gekennzeichnet sind. Die gegensätzlichen Extreme konnten nicht im Sinne eines sowohl – als auch integriert werden und existieren nun voneinander abgespalten neben- und nacheinander.

Elkes Beziehung zu Lars (5) war durch plötzliche, sehr extreme Stimmungswechsel geprägt. Diese Wechsel waren für ihre Beziehung geradezu charakteristisch. Rigide und unangemessene Rollenkonserven können durch solche plötzlichen Wechsel zwischen intensiven Polaritäten geprägt sein. Man denke an die oft plötzlichen Wechsel von Grandiosität und Minderwertigkeitsempfindungen bei Menschen mit Schwächen der Selbstwertregulation oder an das Schwarz-Weiß-Denken von Menschen mit Borderlinestruktur. Um ein derartiges Wechselspiel extremer, nicht integrierter Pole zu charakterisieren, spreche ich hier vom Interaktionsmodus 5. Beispielhaft sollen hier derartige Prozessstrukturen betrachtet werden, um einen bislang nicht berücksichtigten Aspekt zu behandeln.

Für den Prozess der Erwärmung sind in diesem Modus bedeutsame Konsequenzen zu ziehen. Bei allen zuvor behandelten Interaktionsmodi hieß die generelle Devise, die Intensität eines oder beider Pole zu steigern, um in den Bereich kreativer Interaktion (Spontaneitätslage) gelangen zu können. Bei diesen Modi führt die jeweils angemessene Form von Intensivierung zu Ereignissen, die für das System Erstmaligkeit und Anstieg der Fluktuationen bedeuten. Lediglich für den Modus 3 galt die Ergänzung, den extrem ausgeprägten Pol zu mildern bzw. zu relativieren. Eine Steigerung der ohnehin extremen Pole würde im Modus 5 lediglich zur Bestätigung und Stabilisierung der alten Prozessstrukturen führen. Das System war bislang nicht in der Lage, die Polaritäten zu integrieren. Wie soll dies gelingen, wenn die Lage noch stärker angeheizt wird? Die Integration würde noch schwieriger. Zwei Gruppenmitglieder tragen einen heftigen Konflikt aus. Wir können uns vorstellen, dass es sich um Elke und Lars handelt. Bereits bevor der Konflikt auf die Bühne kommt, fliegen die Fetzen; giftig vorgetragene Beschuldigungen gehen hin und her. In dieser Situation nützt es nicht, derartige Angriffe auf der Bühne auch noch maximieren zu lassen. Dies würde die unversöhnliche Haltung beider Beteiligten nur stärken, ohne eine Klärung zu fördern.

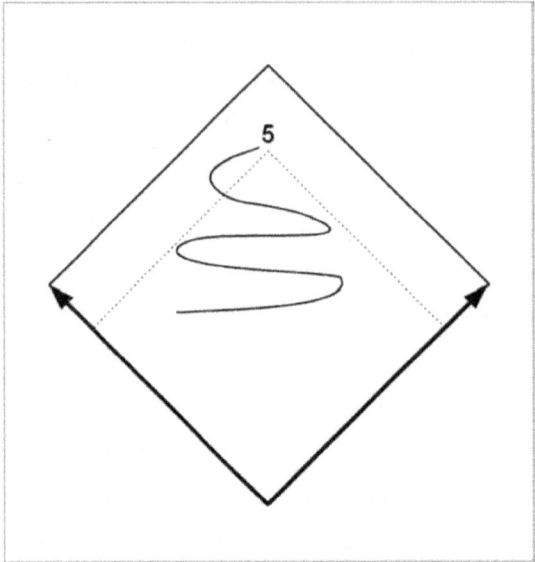

Abb. 8: Erwärmung und Modus 5.

Bei Modus 5 kann Erwärmung also nicht bedeuten: noch mehr Intensität. Eine „heiße" Beziehungsklärung, ein „heißes" Psychodrama wird den bestehenden Mangel an Integration der beiden Pole nur bestätigen. Es sei denn – dass z.B. über eine Konkretisierung Aspekte der Beziehung deutlich wurden, die die Pole in ihrer schwarz-weiß Spaltung relativieren würden. In diesem Fall könnte natürlich auch intensiv, „heiß" daran gearbeitet werden, die Relativierung der Dichotomie zu fördern. Es wird bereits deutlich geworden sein, wie das allgemeine Prinzip für die Erwärmung beim Vorliegen des 5. Interaktionsmodus lautet:

Mindere die Intensität aller beteiligten Pole und relativiere sie, um Integration anstelle von Spaltung zu fördern.

Erstmaligkeit wird hier nicht durch gesteigerte sondern durch verminderte Intensität und Förderung von Integration erzielt. Häufig werden „kalte" Formen der Erwärmung (vgl. Williams 1991) angezeigt sein. Das Konzept „kalter" Erwärmung stellt nur scheinbar ein Paradox dar. Es sei daran erinnert, dass sich Erwärmung vor allem durch einen Anstieg an Erstmaligkeit auszeichnet – nicht durch möglichst viel „action". Ich bin immer wieder erstaunt, wenn ich teilweise selbst von erfahrenen PsychodramatikerInnen höre, mit Hysterikerinnen könne man nicht psychodramatisch arbeiten. So eine Einschätzung kann nur dadurch zustande kommen, dass Erwärmung und Spontaneität mit Aktion, heftigen Gefühlsausbrüchen etc. verwechselt wird.

Kürzlich waren zwei Ausbildungskandidaten zur Supervision bei mir. Sie arbeiten in einer Suchtklinik. Es wurde klar, dass das Setting der Institution von der „Sucht zur Intensität" bestimmt war. Nicht nur die Abhängigen lebten die Konserve „Intensität, d.h. Rausch, um jeden Preis und das sofort". Auch die impliziten therapeutischen Annahmen des Teams – und damit auch der Klienten – waren durch die „Sucht" nach Intensität geprägt. Die beiden Ausbildungskandidaten, die beide in der Einrichtung relativ neu waren, äußerten von Beginn an ihre Skepsis gegenüber diesen Strukturen, die ich aus meiner jetzigen Sicht mit dem Interaktionsmodus 5 in Verbindung bringen würde.

Wir erarbeiteten gemeinsam, dass es in der von ihnen geleiteten Psychodrama-Gruppe sicherlich gut sei, „kalte" Interventionsformen zu wählen, um nicht zur weiteren Bestätigung der ohnehin starren Strukturen beizutragen. Konkret wurde die Thematik, als die Frage auftauchte, wie mit dem „Elternmord" auf der Bühne umzugehen sei. In zwei Psychodramen war diese Technik angewandt worden. Im Gespräch ergaben sich für uns Zweifel, wie sinnvoll dies gewesen war. Es wurde deutlich, dass das eigentliche Ziel der Leiter darin bestanden hatte, die extreme Spaltung der Protagonisten zwischen Grandiosität und Minderwertigkeit zu bearbeiten. Diese intrapsychische Dynamik zeigte sich interpersonell insbesondere in der Aufspaltung zwischen übermächtig, fehlerlos und quasi übermenschlich erlebten (wenn auch gehassten) Eltern (Pol 1) und dem Selbstbild der Protagonisten als – immer noch – der Aggression der Eltern vollkommen hilflos ausgelieferten (und von sich selbst bemitleideten) Winzlingen (Pol 2).

Mit dem Elternmord sollte erreicht werden, einerseits der Aggression Ausdruck geben zu können, und andererseits die Eltern auf menschliches Maß zu stutzen, um den Protagonisten ein Gefühl von Stärke geben zu können. Im Gespräch wurde deutlich, dass dadurch keine Integration zweier gespaltener Pole erreicht werden konnte. Bestenfalls konnte es zur Umkehr der beiden Pole führen, die jedoch immer noch gespalten geblieben wären. Wir entwickelten Ideen für „kalte", niedrig intensive Alternativen zum „heißen" Elternmord. Grundtenor dieser Techniken war die Absicht, über die Entwicklung der Fähigkeit zum wirklichen Rollenwechsel mit den Eltern eine realistischere Sichtweise derselben zu fördern, was letztendlich auch zu einem realistischeren Selbstbild führen sollte. Denkbar war etwa, Alltagsszenen aus dem Leben der Eltern im Rollenwechsel spielen zu lassen, um über Rolleninterviews, Rollenfeedback etc. die Einsicht zu fördern, dass auch die Eltern menschliche Schwächen und Nöte hätten.

Bevor ich dieses Kapitel beende, möchte ich noch ein weiteres Beispiel skizzieren. Wie ein roter Faden zog sich die Anwendung des beschriebenen Prinzips durch den ganzen Verlauf der Einzeltherapie.

Frau S., Anfang 40, kam wegen diverser psychosomatischer Beschwerden und ausgeprägter Depressivität, die Jahre zuvor bereits zu zwei Suizidversuchen geführt hatte. Die Erlebnisverarbeitung von Frau S. war von deutlich hysterischen Zügen geprägt. Der gesamte Therapieverlauf war durch drastische Wechsel zwischen mehr oder weniger euphorischen Perioden und ebenso ausgeprägten depressiven Phasen charakterisiert.

Die hysterischen Anteile fügten allem, was Frau S. erlebte, einen ordentlichen Schuss Intensität hinzu. Aus populärpsychologischer Literatur hatte Frau S. gelernt, dass Therapie nur über „Heulen und Zähneklappern" funktioniert. Und so geschah es. Obwohl ich in den Sitzungen mit ihr „kalt" arbeitete, führten „Einsichten" zuhause immer wieder zu stundenlangen Weinkrämpfen, zum „Auskotzen" alter Gefühle etc. Dem folgten unweigerlich Phasen, in denen es Frau S. blendend ging, in denen sie andere therapierte, ob diese wollten oder nicht. Diese Phasen wiederum wurden von Zeiten des Elends abgelöst.

Wenn es ihr blendend ging, versuchte ich den Enthusiasmus zu dämpfen, wenn es ihr schlecht ging und sie sich vollkommen hoffnungslos fühlte, bemühte ich mich, Zuversicht zu vermitteln. Wenn Frau S. vor Kontakt auswich und in „große" Gefühle abschweifte, wurde „Aushalten" zum immer wiederkehrenden Stichwort dafür, die kleinen, unscheinbaren Gefühle, die mit Begegnung oft einhergehen, zu ertragen.

Im Verlauf von knapp zwei Jahren bestand meine Arbeit im Prinzip darin, die zwischen den Extremen hin- und hergerissene Klientin daran zu erinnern, dass es eine integrierende Mitte gibt. Mittlerweile nähert sich die Behandlung dem Ende. Wir sehen uns nur noch alle zwei Wochen. Frau S. hat einerseits zunehmend erkannt, wie sie in Extremen lebt, hat zunehmend gelernt, die Zügel der Extreme in der Mitte zusammenzuhalten. Sie erlebt sich sowohl kritischer, als auch wohlwollender, kann sich in der Begegnung sowohl besser abgrenzen als auch Nähe ertragen. Früher ließ sie sich von anderen häufig „zuschütten", ohne sich durch Abgrenzung schützen zu können, und teilte ebenso mit gleicher Münze aus, ohne die Grenzen anderer respektieren zu können. Dazwischen ging Begegnung verloren.

Mir ist dieses Beispiel wichtig, da ich in der Begegnung mit Frau S. so deutlich wie nirgendwo sonst erfahren habe, dass Spontaneität und Kreativität auch bedeuten kann, weniger „lebendig", weniger intensiv zu werden. Für Menschen, Gruppen etc., die besonders durch den Interaktionsmodus 5 gekennzeichnet sind, bedeuten Zuwachs an Spontaneität und Kreativität vornehmlich „weniger Polarisierung", größere Annäherung der gespaltenen Pole – kurz Integration. Für Systeme, die besonders durch weniger extreme Modi geprägt werden, bedeutet spontane und kreative Entfaltung dagegen Intensivierung der Unterschiede, größere Differenzierung.

Zum Abschluss sei darauf verwiesen, dass die hier skizzierten Vorstellungen zur Erwärmung in dieser Form sicherlich nicht als ausgearbeitete Theorie verstanden werden können. Einerseits ist die von mir getroffene Auswahl der Interaktionsmodi recht willkürlich gewesen. Zum anderen bleiben die zu den einzelnen Modi vorgetragenen Überlegungen insgesamt vignettenartig. Dennoch glaube ich, dass das Konzept der Interaktionsmodi ein flexibles Hilfsmittel darstellt, um jeweils konkret in einer Situation Hypothesen zur notwendigen Erwärmung zu entwickeln.

6. Literatur

Buer, F. (Hg.) (1991). Jahrbuch für Psychodrama, psychosoziale Praxis und Gesellschaftspolitik. Opladen: Leske & Budrich.
Carlson-Sabelli, L. (1992). Measuring co-existing opposites: A methodological exploration (summary). Doctoral Dissertation, University of Illinois at Chicago.*

Carlson-Sabelli, L. & Sabelli, H. (1992a). Interpersonal profiles: Analysis of interpersonal relations with the phase space of opposites. Proceedings of the Thirty-Sixth Annual Meeting of the International Society for the Systems Sciences (pp. 668-677). Denver, International Society for the Systems Sciences (Sonderdruck).*
Carlson-Sabelli, L. & Sabelli, H. (1992b). Diamond of opposites: sociodynamic sociometry for the 1990s. Unveröffentlichtes Manuskript, Chicago.*
Carlson-Sabelli, L., Sabelli, H., Patel, M. & Holm, K. (1992). The union of opposites in sociometry: An empirical application of process theory. *Journal of Group Psychotherapy Psychodrama and Sociometry*, 44(4), 147-171.*
Franzke, E. (1991). Zuviel des Guten, zu wenig des Nötigen? Balance von Ich-Stärkung und Ich-Stützung in der Psychotherapie. Bern: Huber.
Heschel, A.J. (1980). Gott sucht den Menschen. Eine Philosophie des Judentums. Neukirchen-Vluyn: Neukirchener Verlag (Originalpublikation: „God in search of man. A philosophy of judaism", New York: Charles Scribner's Sons, 1954).
Jantsch, E. (1982). Die Selbstorganisation des Universums – Vom Urknall zum menschlichen Geist München:dtv.
Klein, U., Bleckwedel, J. & Portier, L. (1991). Einladung zur Fehlerfreundlichkeit. Die psychodramatische Prozeßanalyse als didaktisches Instrument. *Psychodrama*, 4(2), 290-303.
Klotz, K. (1990). Das Chaos in die gewünschte Richtung lenken. In: Geo Wissen, 2/1990 (Sonderheft „Chaos und Kreativität"). Hamburg: Gruner & Jahr.
Landau, E. (1969). Psychologie der Kreativität. München: Reinhardt.
Mathias, U. (1982). Die Entwicklungstheorie J. L. Morenos. In: *H. Petzold & U. Mathias* (Hg.), Rollenentwicklung und Identität. Von den Anfängen der Rollentheorie zum sozialpsychiatrischen Rollenkonzept Morenos (S. 191-256). Paderborn: Junfermann.
Matussek, P. (1979). Kreativität als Chance. Der schöpferische Mensch in psychodynamischer Sicht. München: Piper (3. erweiterte Ausgabe; zuerst 1974.).
May, R. (1987). Mut zur Kreativität. Paderborn: Junfermann (Originalpublikation: „The courage to create", New York: Bantam, 1975).
May, R. (1990). Sich selbst entdecken. Seinserfahrung in den Grenzen der Welt. München: dtv (deutschen Erstausgabe: „Die Erfahrung ‚Ich bin'. Sich selbst entdecken in den Grenzen der Welt", Paderborn: Junfermann, 1986; Originalausgabe: „The discovery of being", New York: Norton, 1983).
Moreno, J.L. (1919). Die Gottheit als Komödiant. *Daimon: Eine Monatszeitschrift*, 2, 48-63.
Moreno, J.L. (1970). Das Stegreiftheater. Beacon, NY: Beacon House (2. Auflage; Erstveröffentlichung: Potsdam: Kiepenheuer, 1924).
Moreno, J.L. (1973). Gruppenpsychotherapie und Psychodrama. Einleitung in die Theorie und Praxis. Stuttgart: Thieme (2. Auflage; zuerst: 1959).
Moreno, J.L. (1980). Psychodrama, Volume 1. Beacon, NY: Beacon House (6th edition).*
Moreno, J.L. (1982). Soziodrama. In: *H. Petzold & U. Mathias* (Hg.), Rollenentwicklung und Identität. Von den Anfängen der Rollentheorie zum sozialpsychiatrischen Rollenkonzept Morenos (S. 297-300). Paderborn: Junfermann.
Moreno, J.L. (1990). Theorie der Spontaneität-Kreativität. In: *H. Petzold & I. Orth* (Hg.), Die neuen Kreativitätstherapien, Band 1 (S.189-202). Junfermann: Paderborn.
Moreno, J.L. (1991). Globale Psychotherapie und Aussichten einer therapeutischen Weltordnung. In: *F. Buer* (Hg.), Jahrbuch für Psychodrama, psychosoziale Praxis und Gesellschaftspolitik (S. 11-44). Opladen: Leske & Budrich (Erstveröffentlichung: 1932).
Petzold, H. (1982). Die sozialpsychiatrische Rollentheorie J. L. Morenos und seiner Schule. In: *H. Petzold & U. Mathias* (Hg.), Rollenentwicklung und Identität. Von den Anfängen der Rollentheorie zum sozialpsychiatrischen Rollenkonzept Morenos (S. 13-190). Paderborn: Junfermann.
Petzold, H. & Mathias, U. (Hg.) (1982). Rollenentwicklung und Identität. Von den Anfängen der Rollentheorie zum sozialpsychiatrischen Rollenkonzept Morenos. Paderborn: Junfermann.
Petzold, H. & Frühmann, R. (Hg.) (1986). Modelle der Gruppe in Psychotherapie und psychosozialer Arbeit (2 Bände). Paderborn: Junfermann.
Petzold, H. & Orth, I. (1990) (Hg.). Die neuen Kreativitätstherapien. Paderborn: Junfermann.
Petzold, H. & Schneewind, U. (1986). Konzepte zur Gruppe und Formen der Gruppenarbeit in der Integration Therapie und Gestalttherapie. In: *H. Petzold & R. Frühmann* (Hg.), Modelle der Gruppe in Psychotherapie und psychosozialer Arbeit, Band 1 (S. 109-254). Paderborn: Junfermann.
Prigogine, I. & Stengers, I. (1981). Dialog mit der Natur. Neue Wege naturwissenschaftlichen Denkens. München: Piper.
Sabelli, H. (1989). Union of opposites. A comprehensive theory of natural and human processes. Lawrenceville, VA: Brunswick.*
Sabelli, H. & Carlson-Sabelli, L. (1989). Biological priority and psychological supremacy: A New integrative paradigm derived from process theory. *American Jounal of Psychiatry*, 146(12), 1541-1551.

Schacht, M. (1983). Spontaneität. Diplom-Arbeit, Münster.
Schacht, M. (1992a). Zwischen Chaos und Ordnung. Neue Aspekte zur theoretischen und praktischen Fundierung der Konzeption von Spontaneität und Kreativität. *Psychodrama*, 5(1), 95-130.
Schacht, M. (1992b). Theorieblock: Theater. Unveröffentlichtes Ausbildungsskript.
Schacht, M. (1993). Theorieblock: Begegnung. Unveröffentlichtes Ausbildungsskript.
Stierlin, H. (1976). Das Tun des Einen ist das Tun des Anderen. Eine Dynamik menschlicher Beziehungen. Frankfurt am Main: Suhrkamp.
Trüb, H. (1951). Heilung aus der Begegnung. Eine Auseinandersetzung mit der Psychologie C. G. Jungs. Stuttgart: Klett.
Weber, G. (1994). Zweierlei Glück. Die systemische Therapie Bernd Hellingers. Heidelberg: Carl Auer-Systeme.
Williams, A. (1991). Forbidden agendas. Strategic action in groups. London: Routledge.*
Yalom, I. (1989). Existenzielle Psychotherapie. Köln: Edition Humanistische Psychologie.

* Alle Zitate aus englischen Originaltexten wurden vom Verfasser übersetzt.

Korrespondenzanschrift:
Dipl.-Psych. *Michael Schacht*
Hauptstraße 2
D-59399 Olfen-Vinnum

☎ (02595) 98181
email: *MichaelSchacht@t-online.de*

Dieser Beitrag erschien zuerst in: *Psychodrama – Zeitschrift für Theorie und Praxis von Psychodrama, Soziometrie und Rollenspiel* (1994), 7(1), S. 17-54 (Themenheft, „Warming-up") und wurde für den Wiederabdruck geringfügig modifiziert.

Ulla Fuhr
Das eigene Spiel: Vom szenischen Verstehen zum szenischen Gestalten

Summary:
Prenatal Co-existence
This is a case history of a „woman, who is unable to play". The therapist tries to recreate the atmosphere of the early non-verbal days of childhood and to capture it within a structured scene. The reconstruction of the entire scene and doubling-technique in interaction enables the patient to find her own creative forms. Working with people with early emotional disorders makes it necessary to enable them to utilize their basic competences: their strong sensibility for atmosphere and the ability to focus on and adapt to their partner.

Zusammenfassung:
Es wird die Fallgeschichte einer „Frau, die nicht spielen kann" erzählt. Die Therapeutin versucht, die Atmosphäre der frühen Zeit, in der es noch keine Sprache gab, einzufangen und in eine szenische Struktur einzubetten. Über die Rekonstruktion der „ganzen" Szene und eine interaktionell mitagierende Doppelgängertechnik findet die Klientin hin zu einer schöpferischen Gestaltung. Unerlässlich in der Arbeit mit früh gestörten Menschen erscheint das Einbeziehen ihrer frühen Fähigkeiten: das feine Gespür für Atmosphärisches und des sich Einschwingenkönnens auf ihr Gegenüber.

Der alte Garten

»Kaiserkron' und Päonienrot
Die müssen verzaubert sein,
Denn Vater und Mutter sind lange tot,
Was blühen sie hier so allein?

Der Springbrunn' plaudert noch immer fort
Von der alten, schönen Zeit,
Eine Frau sitzt eingeschlafen dort,
Ihre Locken bedecken ihr Kleid.

Sie hat eine Laute in der Hand,
Als ob sie im Schlafe spricht,
Mir ist, als hätt' ich sie sonst gekannt –
Still, geh vorbei und weck' sie nicht!

Und wenn es dunkelt das Tal entlang,
Streift sie die Saiten sacht,
Da gibt's einen wunderbaren Klang
Durch den Garten die ganze Nacht.«

(Eichendorff 1837, aus »Romanzen«)

1. Allgemeine Überlegungen

Anstoß für meine Überlegungen zum „szenischen Verstehen" waren meine Erfahrungen in Kurkliniken im Umgang mit psychotherapeutisch völlig „unerfahrenen", eher an psychosomatischen Beschwerden leidenden Menschen. Ihnen fiel es oft sehr schwer, ihre „innere Landschaft" nach außen auf einer Bühne sichtbar zu machen oder sich mit Hilfe des „leeren Stuhls" auf eine Begegnung mit Personen ihres inneren Szenariums einzulassen. Dennoch wurde für mich in der Interaktion spürbar, dass innere Bilder und andere Sinneserfahrungen und Beziehungsmuster gerade diese Patienten intensiv atmosphärisch begleiteten. Obwohl die starke Auswirkung dieser Atmosphäre für mich in der Begegnung mit den Patienten deutlich wurde, war es ihnen nicht möglich, Erlebnisse und Beziehungsstrukturen bewusst szenisch zu erfassen oder gar verbal auszudrücken.

Es könnte hier die Frage entstehen, ob in einem solchen Fall das Psychodrama als Methode nicht indiziert ist oder etwa, ob die Therapeutin als Psychodramatikerin nicht fähig ist, die Methode „überzeugend" anzuwenden. Es läge nahe, auf einer verbalen Ebene der Patientin zu bleiben. Das hieße jedoch, den ganzen Bereich des Sinnlich-Atmosphärischen, der weit im sprachlosen Raum der frühen Erfahrungen zurückliegt, zu großen Teilen zu überspringen – wobei eben diese nicht aussprechbare Atmosphäre als „Störung" die Therapie weiterhin begleiten würde – und sich den späteren Zeiten, die eher verbal zu fassen sind, zuzuwenden.

In den unten beschriebenen Beispielen hat mich fasziniert und gereizt, etwas von der Atmosphäre dieser frühen Zeit einzufangen, zu konkretisieren, d.h. in eine nachvollziehbare szenische Struktur einzubetten, und so als einen Teil des inneren Gesamtbildes bewusst zur Verfügung zu haben.[1] Ähnliches geschieht ja in jedem psychodramatischen Szenenaufbau, je früher desto intensiver, wo die „Landschaft", meist die Wohnung, rekonstruiert wird mit all den sinnlichen Wahrnehmungen von Gerüchen, Tönen, Wärme-Kälte, Licht, etc.; eine Schöpfungsgeschichte, die langsam und sorgfältig entsteht, bevor zuletzt die Menschen selbst die Szene betreten können und sich in „Mann" und „Frau" („Mutter" und „Tochter", „Ich" und „Du"[2]) differenzieren.

2. Psychodramatisches Vorgehen mit Beispielen

Ich möchte hier einige Ausschnitte aus einer psychodramatischen Einzelpsychotherapie (ca. 120 Stunden über einen Zeitraum von 3 1/2 Jahren) mit einer 30-jährigen Krankenschwester (Frau A) zeigen. Anstoß für den Beginn der Therapie war die Trennung von einem langjährigen Partner und der Verlust einer engen Freundin. Frau A war sehr kooperativ und motiviert. Sie war introspektionsfähig, verbal differenziert, intelligent, gut aussehend, freundlich zugewandt. Es war sehr angenehm, mit ihr zu arbeiten, doch es war ihr nicht möglich, den Personen, von denen sie erzählte und träumte (Vater, Mutter, Freund, etc.) psychodramatisch gegenüberzutreten. Es war, als ob sie dann den Faden zu sich verlöre. Sie fühlte sich im Rollentausch „leer", „blockiert", „verwirrt", außer wenn es darum ging, eine Körperhaltung zu erspüren, ohne in Kontakt zu dem Gegenüber (auf dem leeren Stuhl) treten zu müssen. Die Aufgabe war, eine Schöpfungsgeschichte zu entwickeln, in der erst die Szene, der ganze „alte Garten" rekonstruiert wurde, bevor die verschiedenen Personen sich dort handelnd begegnen konnten.

---

1) Siehe auch die Arbeit mit Objekt-Skulpturen von Heinl (1991).
2) Hier im Sinne von Martin Buber.

Situationsaufbau: Rekonstruktion der „ganzen" Szene
Szenische Intervention

Meine Hauptaufmerksamkeit lag da, wo die Patientin „am spontansten" im Sinne Morenos[3] war.

Ich habe also darauf geachtet, dass Frau A. den Beziehungsfaden zu sich behielt, d.h. dass sie in Kontakt mit ihrer eigenen Spontaneität blieb. Anstatt sich zu bemühen, die reichhaltige Landschaft von Konflikten und Erlebnissen verbal immer weiter zu spinnen, kam es mir darauf an, dass sie erst einmal sich ganz und mit allen Sinnen spürte. Es wurde deutlich, dass dies nur möglich war in einem Ruhezustand. Im Bild ausgedrückt: Als ob sie sich wie Narziss nur in einem ganz ruhigen unbewegten Wasserspiegel deutlich wahrnehmen konnte, wo sich das Bild sofort verzerrte und zerriss, wenn die Unruhe der Wellen dazu kam. Hauptthemen waren: Schmerz zu spüren,[4] Bequemlichkeit, Wärme, die richtige Distanz zu mir. Je lebendiger die sinnliche Wahrnehmung im Hier und Jetzt wurde, desto heftiger strömten Erinnerungen, hauptsächlich sehr schmerzliche, die sie dadurch bremsen konnte, dass sie ihre Sinne „abklemmte".

Als Baby im Krankenhaus
Es war Winter und ein kalter Tag. Mein Arbeitsraum liegt außerhalb des Wohnhauses und wird nur durch einen großen Holzofen geheizt. Der Platz, den sich die Patientin immer wieder mit Freude aussuchte, war dicht neben diesem Ofen, über dessen Holzfeuergeruch sie sich schon draußen im Hereinkommen freute. In dieser Sitzung beginnt die Patientin (Frau A.) die schwierige („kalte") Beziehung zu ihrer Mutter zu thematisieren. Sie kriecht dabei schaudernd immer mehr in ihrem Sessel zusammen. Es ist tatsächlich kalt im Raum, ich habe nicht genug Holz aufgelegt. Ich spreche diese – wirklich vorhandene – Kälte an und hole nacheinander zwei Decken, frage Frau A., wo sie am meisten friere („an den Beinen"), wickele sie in die Decken und lege Holz aufs Feuer. Frau A. fängt heftig an zu weinen und berichtet von den Erzählungen der Mutter über sie, dass sie als Baby starken „Milchschorf" gehabt habe,[5] deshalb mit 6 Monaten für ein halbes Jahr ins Krankenhaus gekommen sei. Die Mutter habe sie dort bei ihren Besuchen immer mit Ärmchen und Beinchen ans Bett festgebunden gesehen, damit sie sich nicht zerkratze. Frau A. sagt unter starkem Weinen, diese Vorstellungen könne sie kaum an sich heran lassen, sitzt dabei weiterhin fest in die Decken gewickelt auf ihrem Sessel.

Ich bin in meiner Phantasie in diese Szene eingestiegen, habe mich spontan – wie in einem Stegreifspiel – mit der Rolle einer Säuglingsschwester identifiziert, ohne Frau A. dies explizit zu sagen, und beschreibe ihr szenisch meine

---

3) „Wir sollen dem Menschen da begegnen, wo er am spontansten ist." [...] „Spontaneität wird irrtümlich häufiger in engere Verbindung zu Emotionen und Handlungen gerückt als zu Nachdenklichkeit und Ruhe [...]."
„Spontaneität kann bei einem Menschen ebenso präsent sein, wenn er denkt, wie wenn er fühlt, wenn er ruhig ist, wie wenn er in Aktion ist." (Moreno 1940).
4) Hauptsymptom waren heftige Rückenschmerzen, zweimalige Bandscheibenvorfälle.
5) Besonders an den Beinen.

Phantasien: Wie zwischendurch die Schwestern kommen, sie losbinden, auf den Arm nehmen, ausziehen, baden, eincremen, wickeln, füttern – sie war sicherlich ein sehr süßes Baby mit Grübchen, strahlenden blauen Augen, womit die Schwestern meinem Gefühl nach sicher auch gelacht, erzählt und geschmust haben.

> Frau A. entspannt sich auf ihrem Sessel und berichtet, wie gerne sie in ihrem Beruf Patienten körperlich behandele, wie sie keine Gelegenheit auslasse, um in Krankenhäusern die Säuglingsstationen zu besuchen, weniger um die süßen Babys zu sehen, sondern weil sie immer berührt und fasziniert sei von dem liebevollen und innigen Kontakt zwischen Säuglingsschwestern und Babys.

In der nächsten Stunde erzählt Frau A., sie habe sich nach dieser Sitzung gefühlt „wie auf Händen getragen".

Hierzu nun die genaue Betrachtung der Szene unter Einbeziehung dessen, was Frau A. in mir auslöst:

- Sie kommt in den Raum, es ist kalt – Raum und Holzfeuergeruch erinnern sie an „früher", zuhause, die erste Wohnung.
- Heute ist der Raum noch kalt – sie thematisiert: Kalte Mutter-Beziehung. Ich stelle mich interaktionell-szenisch auf Mutter-Kind-Beziehung ein.
- Sie macht sich klein auf ihrem Stuhl.
- Ich versorge sie mütterlich mit zwei Decken.
- Ich verweise auf ihre richtige Wahrnehmung: Es ist wirklich kalt. (d.h. du hast recht mit deiner Wahrnehmung; vielleicht auch mit dem, was du von deiner Mutter erzählst, sie war kalt zu dir?)
- Ich biete dabei aber gleichzeitig eine warme versorgende mütterliche Beziehung an (mit dem Gefühl: Auch so etwas hat es gegeben, auch das ist in ihrer Art Beziehungsaufnahme mit mir enthalten). Ich konkretisiere: wo ist es kalt, lasse sie ihren Körper noch deutlicher wahrnehmen. Sie springt in die Kindheitsszene: „die Beine sind gewickelt", die Mutter steht vor ihr und sieht zu. Ich verändere meine Rolle (innerlich – in meiner Phantasie) von der Mutter zur Säuglingsschwester, rekonstruiere die ganze Szene. Bei den Besuchen der Mutter ist immer nur ein Bruchstück festgehalten worden: mit festgebundenen Armen und Beinen allein und hilflos im Bett liegen. Alle die anderen „guten" Kontaktszenen hat es aber auch gegeben. Also: sie bietet mir die beiden widersprüchlichen Szenenstücke an: Ich spüre etwas von der kalten Mutter, die zusieht, wie sie in der Fremde hilflos gefesselt daliegt, und gleichzeitig versteht sie es, in mir ein Gefühl von liebevoller Fürsorge und Freude am Zusammensein mit ihr zu wecken. Hieraus nun konstruiere ich eine Szene, die ich ihr anbiete und die bei ihr auf ein Echo trifft („so gehe ich auch mit Säuglingen um, das kenne ich!").

Die Szenenrekonstruktion beginnt an der Stelle, wo sie die akute Kälte im Raum und die – im übertragenen Sinne – kalte Mutter-Beziehung anspricht. Hier mache ich jetzt zweierlei:

(1) bestätige die Kälte
(2) folge dem Handlungsimpuls, den die Patientin in mir auslöst, sie in Decken einzupacken.

Dabei spüre ich den Widerspruch: So ist doch die Mutter nicht gewesen (zumindest der Teil, den sie schildert), aber trotzdem hat es auch so etwas gegeben, das strahlt sie aus. Ich entwerfe also eine Szene, in der diese beiden Teile Platz haben. Wir festigen und bestätigen diese Szene noch durch das Anfordern und Durchlesen der Krankenhausakte, betrachten gemeinsam die Kurven, die dokumentieren, wie häufig täglich (mindestens) Kontakte stattgefunden haben. Sie darf die Akte, die nach 30 Jahren sowieso vernichtet wird, behalten, betrachtet sie wie einen Schatz.

Zu vermuten ist, dass das nicht das einzige Erlebnis von „guter Mutter" war – die Patentante, die die erste Zeit mit im Haushalt lebte, taucht in der Erinnerung auf. Aber diese guten „warmen" Kontakte sind verknüpft mit schmerzlichen Abbrüchen. Daher ist Kontinuität in unserer – therapeutischen – Beziehung so wichtig und das Erlebnis, dass es diesmal sie ist, die weggeht und entscheiden kann, wann für sie die Zeit dafür reif geworden ist.

Symbolisierung der therapeutischen Beziehung in einem Mythos oder einem Bild

Hier versuche ich das, was ich intuitiv an Atmosphärischem, Beziehungsmustern, etc. wahrnehme, für die Patientin in eine Szene, eine Geschichte zu bringen, um die von ihr oft nur als quälend oder gar „verrückt" erlebten Selbstanteile in einen Sinnzusammenhang zu bringen, sie in eine große „gültige" Szene zu integrieren.

Beispiel 1:
Frau A. erzählt immer wieder, wie sie sich erdrückt fühlt von ihrer Mutter und von ihrem letzten Freund; wie sie sich sehnt nach Zuwendung und Nähe, aber auch Abstand braucht, um nicht erdrückt zu werden.

Ich spiele ihr vor: Begegnung mit einem Schmetterling. Ich sitze ihr gegenüber, halte meine nach oben gekehrte Handfläche hin, imaginiere darauf einen schönen Schmetterling, den ich aufmerksam und liebevoll betrachte, ohne ihn anzufassen. Ich erzähle ihr dabei, wie man einen Schmetterling behandeln muss: Man kann ihm nur die Handfläche anbieten, damit er sich darauf niederlassen kann, und ihn ansehen. Man darf seine Flügel nicht anfassen, ihn nicht drücken, sonst zerstört man seine Schönheit und nimmt ihm die Fähigkeit zu fliegen, so dass er sterben muss. Man kann mit einem Schmetterling nicht umgehen wie mit einem Pferd (sie hat eine Pferdehaar-Allergie), denen man als Liebkosung kräftig auf den Hals oder das Hinterteil klatscht (Frau A.: „So etwa geht mein Freund mit mir um, als ob ich ein Pferd wäre!").

Beispiel 2:
Frau A. berichtet von ihrem Konflikt, sich für eine neue Wohnung zu entscheiden: Wohngemeinschaft oder Zimmer für sich allein. Sie erzählt außerdem von dem Gefühl, ihre Mutter habe den jüngeren Bruder ihr immer vorgezogen, sage auf den Vorwurf hin aber jedes Mal mit Nachdruck: „Ich habe euch doch beide unter meinem Herzen getragen!"

Ich spiele ihr vor: Beziehungsmuster.

Abb. 1

Ich nehme mehrere verschiedenfarbige Tücher und ein rotes Wollknäuel. Ich baue kleine Szenen damit und erzähle ihr gleichzeitig: „So hat Ihre Mutter Sie unter ihrem Herzen getragen (ich nehme ein dunkles Tuch und lege das rote Wollknäuel darunter [Abb. 1]),

Abb. 2

und dann, nach neun Monaten sind Sie geboren worden (lege das Knäuel dicht neben das Tuch [Abb. 2]),

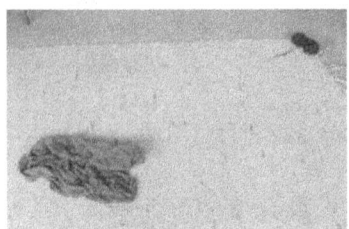

Abb. 3

dann kam der schlimme Milchschorf, und eine abrupte Trennung, als Sie als Baby lange Zeit, für einen Säugling eine Ewigkeit, ins Krankenhaus mussten (lege das Knäuel weit weg vom Tuch [Abb. 3]).

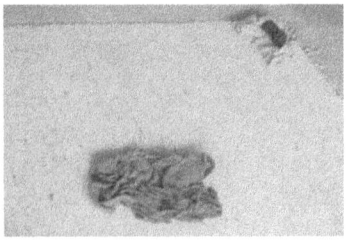

Abb. 4

Im Krankenhaus waren Sie wieder eine lange Zeit umgeben von der Atmosphäre und dem wahrscheinlich freundlichen, liebevollen Personal dort (umhülle das Knäuel mit einem bunten Tuch [Abb. 4]).

Abb. 5

Dann, nach dieser langen Zeit von 6 Monaten, in der das Krankenhaus Ihr Zuhause geworden war, kam eine abrupte Trennung von dort und Sie waren wieder bei Ihren Eltern (ich lege das rote Knäuel weit weg von dem bunten Tuch [Abb. 5]).

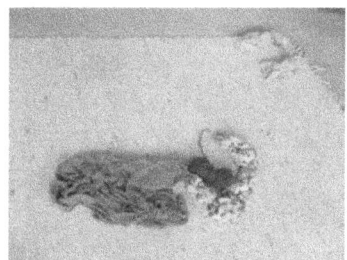

Abb. 6

Eine ähnliche Geschichte haben Sie von Ihrer Patentante erzählt, die die ersten Jahre mit im Haushalt Ihrer Eltern lebte und zu der Sie sich sehr hingezogen fühlen (ich lege ein rotes Tuch neben das dunkle zu dem Knäuel [Abb. 6]).

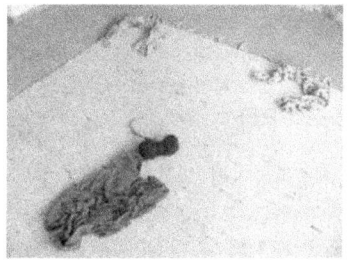

Abb. 7

Plötzlich und für Sie bis heute nicht verständlich war diese Tante dann ausgezogen und ist kaum wieder aufgetaucht (das rote Tuch rückt weit weg [Abb. 7]), obwohl es sie heute noch gibt, und Sie sie immer noch sehr gern mögen.[6] Ähnlich ist es mit Ihrer Freundin gewesen (wieder ein Tuch nahe bei dem Knäuel) und dann kam wieder eine abrupte Trennung."

Frau A. schaut gespannt zu, sagt dann: „So war es auch mit [...]." und erzählt mehrere Beziehungsabbrüche mit ähnlichem Muster. Dann steht sie auf, nimmt das erste dunkle Tuch und das Wollknäuel und sagt: „Und meine neue Wohnsituation ist entweder so (legt das Wollknäuel unter das Tuch [siehe Abb. 1]) und ich gehe dabei mal wieder unter oder so (legt das Knäuel weit weg allein [siehe Abb. 3]) und ich falle in das schwarze Loch meiner Einsamkeit".[7]

Ich nehme ebenfalls noch einmal das erste Tuch und das Wollknäuel und sage: „Beziehungen können auch so aussehen: Erst wird das Kind noch unter dem Herzen getragen, dann wird es geboren, es entwickelt sich, macht erste Erkundungen in der Welt, macht erste Schritte weg von der Mutter, kommt zwischendurch immer wieder zurück, lässt sich trösten und beschützen, unternimmt dann wieder neue Erkundungszüge in die Welt und [...]

---

6) Der Kontakt zur Patentante wird am Ende der Therapie wieder aufgenommen.
7) Erstes spontanes Handeln aus der Geschichte heraus.

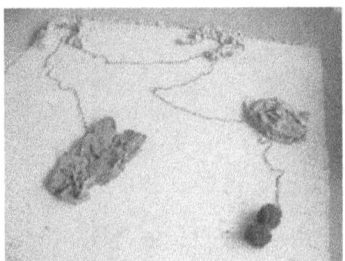

Abb. 8

langsam wird der Abstand größer zwischen den beiden, aber der Beziehungsfaden muss trotzdem nicht abreißen (ein Faden aus dem Knäuel läuft zum Tuch) und der Abstand ist ganz beweglich, mal nah, mal weit weg, je nach Bedarf und Situation (ich variiere und spiele mit Tuch und Knäuel, lasse den roten Faden dabei immer als Verbindung, auch die anderen Tücher der Geschichte werden spielerisch mit einbezogen [Abb. 8])".

Dieses vorgespielte Beziehungsmuster taucht in den weiteren Therapiesitzungen immer wieder auf, als eine Struktur im Hintergrund, auf die wir uns immer wieder beziehen, und wird zu dem Muster, nach dem sie die Beziehung zu mir im Verlauf der weiteren Therapie gestalten wird.

Vater und Mutter betreten die Bühne
Bisher war es Frau A., wie bereits beschrieben, nicht möglich gewesen, anderen Menschen, insbesondere aber den Eltern, psychodramatisch gegenüberzutreten. Sie war jedoch sehr gut in der Lage, die Haltung von jeweils Vater und Mutter einzunehmen und sie als Extreme in ihrem eigenen Körper zu spüren (Vater ein sehr gerader, fast starrer Rücken, Mutter ein weicher, auseinanderquellender Bauch). Im Verlauf der Therapie wurde außerdem deutlich, dass Frau A. ihre Funktion als Kind darin sah, die beiden Extreme, den rigiden Vater und die endogen depressive Mutter zusammenzuhalten und eine Art Familienleben aufrecht zu erhalten. Das sah also etwa so aus wie in Abb. 9 dargestellt.

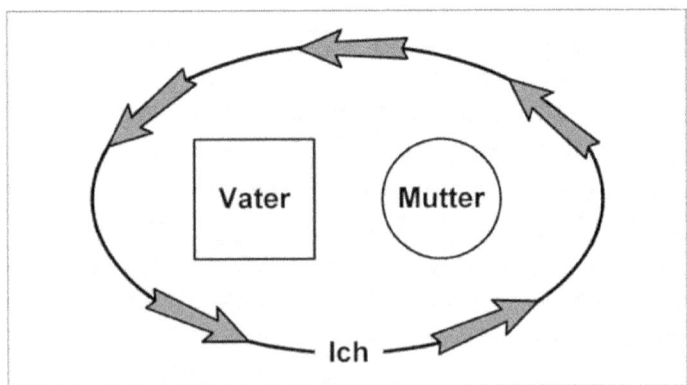

Abb. 9: Ich lege ein Symbol für Vater (Stein) und Mutter (Muschel), nehme ein Püppchen in die Hand und umkreise damit mehrmals „Vater" und „Mutter".

Das heißt: Frau A. selber sieht sich nicht als eigenständige Person im Familiengefüge sondern als nie zur Ruhe kommende Funktionsträgerin, die durch ihren unermüdlichen Einsatz ihre Eltern zum Paar macht, das auseinander zu fallen droht, sobald dieser Einsatz erlahmt (was dann auch im Alter von 15 Jahren geschehen ist).

Insofern ist es nicht verwunderlich, dass es Frau A. schwer fällt, dem Vater oder der Mutter als eine eigenständige Gestalt mit einem festen Standort zu begegnen.

Die ersten etwa 20 Stunden der Therapie bestanden, wie in den Beispielen veranschaulicht, darin, immer wieder zu spiegeln: „Das bist du", „So wirkst du", „So ist deine Geschichte", „So ist dein Erleben", „So sind deine Konturen" – ähnlich wie das kleine Kind durch die Blicke, Hände und Worte der Mutter seine Identität erlebt.

Nachdem Frau A. sich zunehmend als eigenständiges Wesen mit Konturen, mit Bedürfnissen, Gefühlen, Abgrenzungsmöglichkeiten erleben konnte, ohne dass damit die in dieser frühen Phase sehr nahe und unterstützende Beziehung zur Therapeutin verloren ging, konnte sie es nun ertragen, die verinnerlichten Elternfiguren anzuschauen.

Beispiel 1:
Frau A. berichtet zu Beginn der Stunde, sie sei wegen zunehmender Rückenschmerzen krankgeschrieben, vergrabe sich in ihrem Zimmer, verbarrikadiere sogar nachts die Tür aus Angst vor eventuellen Gewalttätigkeiten eines Mitbewohners (was aber noch nicht vorgekommen ist). Wir reden über ihr Zimmer, die Einrichtung, die Atmosphäre. Ich frage, ob sie sich an ihr Kinderzimmer erinnern könne. Sie bejaht und zeichnet ihr Kinderzimmer als 6-jährige. Es fallen ihr immer mehr Details ein, das Zimmer wird immer plastischer. Wir wenden uns vorsichtig den anderen Räumen des Hauses (damals) zu. Ihr fällt der Rohrstock in der Flurecke ein, sie beginnt heftig zu schluchzen. Sie beschreibt, wie der Vater immer wieder den kleinen Bruder mit dem Stock verprügelt habe. Sie habe daneben gestanden und geschrieen, er solle aufhören. Sie selber sei nur einmal vom Vater mit dem Kochlöffel verhauen worden, weil sie den Stock zerbrochen hatte. Sie wird beim Erzählen von Schluchzen geschüttelt, ich streiche ihr immer wieder sanft über den Rücken. Zum Schluss wenden wir uns noch einmal dem Kinderzimmer zu, das anfangs eher menschenleer und trostlos wirkte, jetzt aber so etwas wie „Fluchtburg-Charakter" bekommen hat: Ein Ort, an dem sie für sich sein konnte, geschützt vor den Riesenaufgaben und der Verantwortung, die auf ihren Schultern lasteten.

Im Rahmen der Therapie war diese Szene die Erstkonfrontation mit dem Vater und eine erste Abgrenzung von ihm durch die vier Wände des Kinderzimmers, nachdem er vorher immer nur als ihr „Rückgrat" aufgetaucht war.

Beispiel 2:
In der darauf folgenden Stunde bringt Frau A. Fotos von ihrem Bruder und ihrem ehemaligen Freund. Ihr wird ihre Beschützerfunktion bewusst, gleichzeitig spürt sie ihre Wut: „Die haben alle so viel bekommen, ich beschütze immer nur!" Wut auf die Mutter kommt hoch, wir setzen die Mutter auf einen Stuhl. Bisher bekam Frau A. bei allen Versuchen, der Mutter psychodramatisch zu begegnen, starke

Schuldgefühle und Angst, die immer wieder suizidale Mutter vernichten zu können. Allein den Anblick des leeren „Mutterstuhls" konnte sie nicht ertragen. In dieser Sitzung konnte sie zum ersten Mal bewusst die Rolle der Mutter einnehmen. Ich interviewe die Mutter. Frau A. antwortet bereitwillig, breitet sich mit sichtlichem Vergnügen in der Rolle aus (die Mutter ist sehr dick). Die Hauptaussage der Mutter lautet: Diese Tochter ist so ganz anders als ich, dem Vater so ähnlich. Zurück in der eigenen Rolle steht noch einmal das Erspüren der eigenen Konturen angesichts der Mutter im Vordergrund: Ich bin anders als sie, übernehme aber nicht nur die negativen Eigenschaften des Vaters, wie Mutter sie mir zuschreibt. Erst zögernd und dann immer überzeugter kommen dann eine Reihe von „guten Seiten", die sie bei sich und dem Vater sieht. Diese kleine Szene war der erste wichtige Schritt einer Auseinandersetzung mit der Mutter im buchstäblichen Sinne der Differenzierung in zwei verschiedene Personen: Eine Mutter, die sie nicht vernichtet dadurch, dass sie sich von ihr distanziert, und sie selber, die Tochter, die für sich stehen kann mit ihren ganz eigenen Konturen.[8]

Mit diesen Beispielen möchte ich zeigen, wie frühe Erfahrungen szenisch verdeutlicht und „[...] der unvollständige Situationsaufbau ergänzt und dadurch die Szene komplettiert werden kann." (Krüger 1996, mündl. Mitteilung). Wichtig ist dabei besonders das Aufspüren von verloren gegangenen liebevollen, nährenden, wärmenden Beziehungen und von Schutzräumen. In der therapeutischen Beziehung kann daran angeknüpft und die oft sehr rudimentären Ansätze weiter ausgestaltet werden.[9]

Auf die Bühne gehen: Nachahmungsspiele und interaktionell mitagierende Doppelgängertechnik

Wir gehen zusammen auf die Bühne. Ich übernehme im Wechsel

(1) die *komplementäre Antagonistenrolle*
d.h. die „Gegenspielerrolle", die notwendig ist, um die Szene zu vervollständigen, wie z.B. beim Tennisspielen ein Gegenüber notwendig ist, um spielen zu können. Dabei werden die Vorgaben des Protagonisten aufgegriffen und zu einer Szene verdeutlicht, z.B. zu einer geduckten, ängstlich-schuldbewussten Haltung gehört als komplementäre Antagonistenrolle das strafende Gegenüber, um die Szene zu vervollständigen.

(2) ihre *Rolle*,
stärke so ihre Position („Kern-Selbst", siehe Stern) dem mächtigen Antagonisten gegenüber. Ich spiele ihr im Rollentausch in ihrer eigenen Rolle

---

8) Siehe oben die Abgrenzung vom Vater.
9) Siehe Kontaktaufnahme zur Patentante, außerdem Einsehen ihrer Krankenhausakte von vor über 30 Jahren; die Stationsschwester, die „Seele der Station", war leider im Jahr davor gestorben.

modellhaft vor, dass sie sich abgrenzen und ihre eigenen Impulse spüren darf ohne völligen Beziehungsverlust.

Beispiel 1:
Sie beschreibt ihre momentane Befindlichkeit: „Ich bin wieder im Sumpf versackt, spüre nur Rückschritte, ziehe mich aus Beziehungen am Arbeitsplatz und in der Wohngemeinschaft zurück." Ich thematisiere die Impulse, die in ihr auftauchen im Zusammensein mit anderen: Ärger, Langeweile, Lust, *keine* Lust [...]. Sie reagiert erstaunt: „Keine Lust? Ist nicht erlaubt!" Es fällt ihr eine Szene mit ihrem früheren Freund ein (die Trennung von ihm war ein Hauptauslöser für den Beginn der Therapie):

Sie haben sich verabredet für 20 Uhr. Sie hat gekocht, er kommt nicht, ruft um 24 Uhr betrunken aus einer Kneipe an, dass er keine Lust habe, zu ihr zu kommen.

Wir spielen die Szene: Sie sitzt stumm und erstarrt in ihrer Rolle. (So erlebe ich sie immer wieder in den Therapiesitzungen, jetzt erkenne ich eine der Szenen, die dazugehören.) Ich spiele den Freund („Ja, ganz genau so war er!").

Rollentausch: Sie genießt offensichtlich die Antagonistenrolle, kann sich unbekümmert „breit machen". Ich spreche in ihrer Rolle ihre Enttäuschung, Wut und Verletzung aus und spüre dabei, wie es ist, bei diesem inneren Aufruhr trotzdem still halten zu müssen („Einer muss doch die Beziehung halten.").

Sie wirkt sehr berührt in der Nachbesprechung. Ihr wird deutlich, dass sie in ihren momentanen Beziehungen mehr Bewegungsraum hat, sich abwenden darf, wenn ihr danach zumute ist.

Beispiel 2:
Vorhergegangen war eine Zeit, wo wieder heftige Rückenschmerzen aufgetreten waren. Sie erzählt von ihrer Sehnsucht nach Zuwendung und Zärtlichkeit. Sie erinnert sich, wie sehr sie immer als kleines Mädchen die Rückkehr der Mutter aus der psychiatrischen Klinik ersehnt hat. (Die Mutter ist schwer depressiv und musste 1-2 mal jährlich wochenlang stationär behandelt werden.) Sehr zögernd wagt sie sich auf die Bühne, legt sich als 8-jähriges Mädchen mit einer Decke und einem Kissen auf das Sofa. Sie will die Mutter nicht spielen. Ich übernehme die Rolle der Mutter, improvisiere, spreche meine Gefühle aus: Meine freudige Erwartung, nach Hause zu kommen, mein kleines Mädchen wieder zu sehen. Frau A. liegt stumm und starr und abweisend auf dem Sofa. Ich spreche meine Schuldgefühle aus: „Es war auch schlimm für sie, ich habe sie so lange alleine gelassen!" Es kommt keine Reaktion. Ich werde wütend: „Dann eben nicht, wenn sie nicht will, lass ich sie eben!"

Frau A. fängt heftig zu weinen an: „So war es ja nicht, es war genau umgekehrt! Die Mutter kam immer mit ganz erstarrtem Gesicht zurück, voll gepumpt mit Medikamenten und völlig abwesend, hat mich gar nicht wahrgenommen. Wäre sie doch bloß weggeblieben und nie wieder gekommen!" Sie wendet sich mir zu, trostsuchend, knüpft so an meine Anfangsimprovisation an: Meine Freude auf das Wiedersehen.

Beispiel 3:
Wir spielen eine Traumszene, die sie sehr beschäftigt. Kernszene ist eine Interaktion mit dem Vater („leidenschaftlicher Marathonläufer: Er hat immer versucht,

mich so zu formen, wie er es will, ich sollte bloß nicht so fett werden wie meine Mutter!").

Die Vaterfigur und die Protagonistin (Frau A.) stehen sich mit ca. 2 m Abstand gegenüber. Ganz am Rande sitzt auf dem Sofa ein „junges Mädchen, zart, schutzlos, abhängig". Ihr Gefühl beim Aufwachen: „So werde ich nicht!"

Sie geht in die Vaterrolle: Er lädt sie ein, sein Lauftraining mitzumachen: „Das wird dir gut tun, da kriegst du keinen Bauch!"

Rollentausch: Ich spiele den Vater, genau so mächtig-fordernd und mit Blicken taxierend, wie sie es vorgemacht hat. In ihrer eigenen Rolle wirkt sie verzweifelt, aber doch auch eindeutig: „Ich habe keine Lust, mit dir zu laufen!" Sie fängt dabei an, vor ihm (immer den Abstand haltend!) auf- und abzugehen. Nach einem nochmaligen Rollentausch, in dem sich die Aussagen wiederholen, die Szene zu stagnieren scheint, bitte ich sie, in die Rolle des zuschauenden Mädchens zu gehen. Ich gehe weiter als Frau A. vor dem Vater auf und ab, spüre in der Rolle immer heftigere Bewegungsimpulse und meine klare, immer lautere Ablehnung: „Ich will nicht mit dir laufen, ich tue, was ich will, ich gehe meinen eigenen Weg."

Frau A. schaut gebannt zu, sagt dann: „Genau, so ist es richtig!" Sie fängt an zu schluchzen, schaukelt mit dem Oberkörper vor und zurück, fühlt sich als 8-jähriges Mädchen. Ich bin bei ihr und stütze sie.

In der Nachbesprechung betont sie noch einmal, wie wichtig es für sie war, mir zuzuhören, dass sie auch schreien wollte, aber keinen Ton heraus bekam.

Deutlich wurde immer wieder, wie selbstverständlich Frau A. die Antagonistenrollen spielen konnte, es teilweise auch regelrecht genossen hat, sich hemmungslos ausbreiten zu können in den Rollen, und wie wichtig ihr mein Modell war, sich Raum zu nehmen, Gefühle zuzulassen und auszusprechen, sich abzugrenzen.

Es taucht wieder das Bild vom Schmetterling auf, der den fest abgegrenzten Schutzraum des Kokons brauchte, um zum Schmetterling werden zu können.

„Eigene" Spiele und Stegreif

Der letzte Abschnitt der Therapie ist dadurch geprägt, dass Frau A. immer mehr „eigene Wege" geht, Gruppenselbsterfahrung bei anderen Leiterinnen ausprobiert, zu einem längeren Kuraufenthalt wegfährt, Vorschläge macht, das Setting zu verändern – häufiger bzw. in größeren Abständen kommt, eine neue Partnerschaft eingeht, dort (mit Zittern und Zagen) immer wieder heftige Auseinandersetzungen wagt, beruflich Neuland betritt und sich mehr verselbständigt.

Psychodramatisch fängt sie „erst" jetzt an, wirklich protagonistisch zu spielen, d.h. mich nur noch als Begleitung dabei zu haben und ihre Spiele selbst zu gestalten.

Beispiel 1:
Sie erzählt sehr erregt zwei Träume, die sie hintereinander geträumt hat: Ihre Eltern sitzen beide ihr gegenüber, schicken sie weg. Sie bittet, bleiben zu dürfen, umarmt ihre Mutter: „Ich hab dich doch lieb!" Es hilft nichts, sie muss weg.

Nach einem kurzen Aufwachen träumt sie weiter: Sie ist bei mir im Therapieraum, will den Traum mit mir bearbeiten, liegt in einem Bett unter einem großen kuscheligen Federbett, erzählt mir ihren Traum. Plötzlich merkt sie, dass zwei meiner Kinder mit unter der Decke liegen, wie sie lachend hervorkrabbeln und nach nebenan in eine große Wohnküche laufen, wo noch zwei andere Kinder von mir unbekümmert spielen. Auch ich verlasse den Therapieraum, gehe in die Küche, schaue den Kindern zu und trinke Kaffee dabei. Sie kommt nach, bleibt im Türrahmen stehen.

Wir spielen die Interaktionen: Traum-Therapeutin / Frau A. Es wiederholt sich das alte Muster: Sie erstarrt und verstummt in ihrer Rolle. Im Rollentausch (als Therapeutin) drückt sie achselzuckend ihr Desinteresse an Frau A. aus und wendet sich mit liebevoller Aufmerksamkeit den spielenden Kindern zu. Ich spiele Frau A., spüre Ärger, Enttäuschung (es ist doch meine Therapiestunde!), versuche alles mögliche, um die Aufmerksamkeit der Therapeutin zurückzugewinnen. Frau A. rutscht – auch in der Rolle der Therapeutin – immer mehr in die alte „Mutterhaltung": Erstarrt, gelähmt, abwesend.

Die Zeit ist um. Wir tauschen die Rollen zurück. Frau A. ist sehr niedergeschlagen. In der Nachbesprechung verweise ich auf die Kinder, die nicht mehr zum Zuge kamen.

In die nächste Sitzung kommt Frau A. mit heftigen Kopfschmerzen und zitternden Knien. Wir spielen wieder den Traum. Sie tauscht in die Kinderrolle, wirkt plötzlich locker, unbekümmert, fühlt sich offenbar frei und sicher unter den Augen der Kaffee trinkenden, freundlich gewähren lassenden Mutter, nimmt Kontakt zu Frau A. auf: „Komm, spiel doch mit!" Im Rollentausch weigert sich Frau A., sie will etwas anderes, sie will ihre Therapiestunde fortsetzen und spricht klar ihre Forderungen aus. Es entwickelt sich eine lebhafte Interaktion zwischen den drei Personen: Kind / Mutter, Therapeutin / Patientin. Ich gehe aus der Szene heraus, bin als Antagonistin nicht mehr nötig, leite das Spiel aus dem Hintergrund.

In der Nachbesprechung wirkt Frau A. lebhaft, gelöst. Ich betone: „Das war jetzt wirklich Ihr Spiel!"

Beispiel 2:
Ein Traum, den sie spielen möchte: Sie weiß, sie hat ihre Stelle gekündigt und wird auch bald in eine neue Wohnung ziehen. Sie befindet sich in einer kleinen Klosterzelle, kniet auf dem Boden und betet. Durch ein holzvergittertes Fenster fällt ein Sonnenstrahl in den Raum, der aber über sie hinweg geht. Das Gitter erinnert sie an ein Laufställchen. Sie spielt den Traum weiter: Gespräch mit Gott.

Sie bittet um Liebe und Geborgenheit in einer Beziehung. Ich gehe in keine Rolle. Im Rollentausch mit Gott drückt sie liebevolles Verständnis für „die kleine A." aus: „Hab Vertrauen, es wird alles gut." In ihrer eigenen Rolle taucht wieder die Verzweiflung auf: „Ich kann dich nicht hören, dich gibt es gar nicht." Als Gott: „So war deine Mutter auch immer, sie hat nur zu mir gebetet, wenn es ihr ganz schlecht ging. Aber ich bin immer da, auch wenn du nicht an mich denkst." In ihrer Rolle lasse ich sie noch einmal den Raum wahrnehmen, in dem sie sich befindet, das Fensterchen mit dem Sonnenstrahl.

Sie erzählt, wie der Traum endet: Sie spürt ein Licht in sich, wie ein Strahl, der aus ihr herauskommt.

In der Endphase der Therapie konnte Frau A. also „spielen", d.h. ihre Realität schöpferisch gestalten und damit „Verhaltensmuster, Assoziationen, Phantasien und Erinnerungen entlang dem roten Faden der Zeit zu einer Rolle, Identität oder Persönlichkeit" integrieren (Krüger 1996, mündl. Mitteilung).

Moreno sagte über Stegreif: „Stegreif lässt das Unbewusste (unverletzt durch das Bewusstsein) frei steigen. Diese Lösung tritt nicht durch fremden Eingriff ein, sondern autonom. Darauf beruht die Bedeutung des Psychodramas als heilendes Spiel." (Moreno 1924).

Abschied

Das Abschiednehmen zog sich über vier Monate hin, fast spiralförmig. Mal war im Vordergrund der Wunsch, sich unabhängig von der Therapie (und von mir) zu fühlen, frei ihre eigenen Wege zu gehen, mal tauchte die Angst auf, mich zu verlieren und nicht allein bestehen zu können. Immer wieder kamen Phasen, in denen Frau A. einen Therapieerfolg anzweifelte oder sich als „hoffnungslosen Fall" ansah oder aber befürchtete, ich könnte die Geduld verlieren und sie nicht mehr sehen wollen. Dann wieder merkte sie auch (unter heftigen Schuldgefühlen), dass sie manchmal keine Lust hatte zu kommen, vielleicht sogar etwas Besseres (!) tun könnte [...]. Wichtig war, dieser Dynamik Raum zu geben und Frau A. ihren Abschied selber bestimmen und gestalten zu lassen.

Zum Abschied schenkte mir Frau A. eine kleine Pflanze, die draußen zu einem blühenden Busch werden sollte und eine schwarze Schachtel, in der in Bildern, und symbolischen Gegenständen das ganze Szenario ihrer Geschichte enthalten war.

3. Abschlussreflektionen

In der Arbeit mit früh oder schwer gestörten Menschen fällt auf, dass sie nicht in der Lage sind, ihre Konflikte innerhalb eines Rahmens, einer Szene, die sie selbst entwickeln, zu bearbeiten. Es entsteht ein Eindruck von Leere, Hilflosigkeit, Chaos oder – als Rettung daraus – ein ganz starres festes Programm. Es ist also ein anderes therapeutisches Vorgehen auf dem Hintergrund einer bestimmten Haltung nötig. Der Therapeut / die Therapeutin muss in der Haltung des Doppelgängers für den Patienten / die Patientin die Szene rekonstruieren.

Darf eine Therapeutin so stark strukturieren, wie in der oben beschriebenen Fallgeschichte? Wie kann sie sicher sein, dass es nicht die eigenen Bilder sind, die sie in Szene setzt, sondern (auch) die der Patientin?

Wenn es der Therapeutin gelingt, eine Beziehung zur Patientin aufzunehmen, die auf der „Schwingungsebene" der frühen Phase zwischen Baby und

„Mutter" liegt, dann kann nur die Therapeutin diejenige sein, die handlungsaktiv wird, bzw. die die (Baby-)Handlungsimpulse der Patientin (quasi per Radar) auffängt und fortsetzt, strukturiert. Es entsteht eine aufeinander bezogene „schwingungsgleiche" Handlungseinheit. Das geht – wohlgemerkt – nur, wenn sich so eine Beziehung herstellt, sonst wäre eine so massive Strukturierung und das Arbeiten mit den Bildern der Therapeutin ein Übergriff, eine Vergewaltigung und ein narzisstisches Agieren der Therapeutin.

Die von der Therapeutin ausgestalteten (rekonstruierten) Szenen entstehen immer aus angedeuteten Szenenstücken und Handlungsimpulsen der Patienten. Hierauf muss die Aufmerksamkeit in solchen Therapien also besonders ausgerichtet sein. Aus diesen oft sehr verstümmelten Begebenheiten oder vagen Handlungsimpulsen kann dann mit Hilfe des „Tele", aber auch mit dem zeitgeschichtlichen Wissen"[10] (soziale, politische, geographische Situation) und der Kenntnis entwicklungspsychologischer Prozesse versucht werden, die „ganze" Szene zu rekonstruieren."[11]

In der Arbeit mit „frühen Störungen" ist es unerlässlich, sich der „frühen Fähigkeiten" der Patienten zu bedienen: Nämlich des feinen Gespürs für Atmosphärisches und des sich Einschwingenkönnens auf das Gegenüber (ähnlich der Einschwingungsfähigkeiten des Babys).

Dazu gehört für jede einzelne Sitzung der Prozess einer solchen Annäherung und der „Abschied", so dass die Patientin als eigenständige erwachsene Person den Raum verlassen kann. Meist gab es ja als „frühe Störung" traumatische Abbrüche, bei denen die Welt plötzlich zusammenbrach und das Baby ins Leere stürzte. Insofern ist das Auferstehenlassen des „alten Gartens" und das sorgsame Hinausgeleiten aus jeder Therapiesitzung in solchen Therapien besonders wichtig.

4. Literatur

Heinl, P. (1991). Therapie im sprachlosen Raum: HWS-Trauma in der Kindheit. *Praxis der Psychotherapie und Psychosomatik*, 36(6), 324-330.

Krüger, R.T. (1997). Kreative Interaktion. Tiefenpsychologische Theorie und Methoden des klassischen Psychodramas. Göttingen: Vandenhoeck & Ruprecht.

Moreno, J.L. (1924). Das Stegreiftheater. Potsdam: Kiepenheuer.

Moreno, J.L. (1940). Spontaneität und Katharsis. In: *J. Fox* (Hg.), Psychodrama und. Soziometrie: Essentielle Schriften (S. 77-102). Köln: Edition Humanistische Psychologie.

Moreno, J.L. (1989). Psychodrama und Soziometrie: Essentielle Schriften (herausgegeben von *Jonathan Fox*). Köln: Edition Humanistische Psychologie.

Stern, D.N. (1992). Die Lebenserfahrung des Säuglings. Stuttgart: Klett-Cotta (Originalveröffentlichung: „The interpersonal world of the infant – A view from psychoanalysis and developmental psychology", New York: Basic Books, 1985).

---

10) Geburt und frühe Erfahrungen in Kriegs- oder Nachkriegszeiten, in anderen Kulturen, in schwierigen familiären Situationen etc.

11) Siehe Beispiel: Als Baby im Krankenhaus.

Korrespondenzanschrift:
Dipl.-Psych. PP *Ulla Fuhr*
Die Schmittenhöfe 25
D-34537 Bad Wildungen

☎ (05621) 96 74 925
email: *ullfu@t-online.de*

Dieser Beitrag erschien zuerst in: *Psychodrama – Zeitschrift für Theorie und Praxis von Psychodrama, Soziometrie und Rollenspiel* (2000), 10(1/2), 47-63 (Themenheft 18/19, „Frühe Fähigkeiten – Frühe Störungen") und wurde für den Wiederabdruck geringfügig modifiziert.

Andreas Käppler
Orpheus sucht Eurydike – Zum psychodramatischen Umgang mit Verlust und Trauer

Summary:
Orpheus in search for Eurydike. On psychodramatic therapy with grief and loss
Using the ancient myth of Orpheus the author outlines the problem of „pathological grief" in regard to an experience of loss. The psychodramatic handling of this issue is demonstrated by a case study. The enacted psychodramatic encounter allows the mourning person to loose his or her fixation to the lost one and helps to find new options of warming-up and activating him- or herself.

Zusammenfassung:
Der Autor verdeutlicht anhand des Orpheus-Mythos das Problem der „pathologischen Trauer" nach einem Verlusterlebnis. Er stellt die psychodramatische Bearbeitung durch ein Fallbeispiel aus einer psychodramatischen Trauergruppe vor. In der psychodramatischen Begegnung kann sich die Trauernde aus der Fixierung auf ihren verloren gegangenen Partner lösen und zu neuen Möglichkeiten der Selbsterwärmung und -aktivierung finden.

»Meine Freundin ist schön.
Als ich aufstand, ist sie gegangen.
Weckt sie nicht, bis sie sich regt.
Ich hab mich in ihren Schatten gelegt.«
(***Wolfgang Tilgner***)

1. Einleitung

Ich wurde einige Monate nach Kriegsende in Dresden geboren und habe die Folgen der Zerstörung einer Stadt und eines großen Teils meiner Familie erfahren. Obwohl diese damaligen Verlusterfahrungen für mich nicht unmittelbar waren, so sind sie doch zu einem mich zentral beschäftigenden Thema geworden. Die Auseinandersetzung mit Tod und Verlust hat mich inspiriert, in der Arbeit mit Trauernden ein psychodramatisches Konzept zu entwickeln, das die an die Verlustperson gebundene und blockierte Spontaneität für das eigene Selbst wieder in Bewegung bringen kann. So wie sich das Soziale Atom in Richtung Tod entwickelt, so wirkt der Spontaneitätsfaktor in Richtung Geburt (Moreno 1960, p. 62). Die Wiedererlangung der eigenen Spontaneität nach einem Verlust ist das wesentliche Ziel der Trauerarbeit. Für Moreno ist Spontaneität das Zentrum des Selbst: *„My thesis is, the locus of my self is spontaneity"* (Moreno 1947, p. 8). Das Thema „Trauer" wurde gerade nach dem Zweiten Weltkrieg in der neuen Leistungsgesellschaft verdrängt zugunsten einer positivzudeckenden Haltung (siehe Mitscherlich 1967: „Die Unfähigkeit zu trauern").

Als Reaktion gegen die Trauerverdrängung bilden sich seit vielen Jahren in Selbsthilfe oder unter therapeutischer Leitung organisierte „Trauergruppen". Diese größtenteils „kathartischen Abreaktionsgruppen" sind eine Rückbesinnung auf verdrängte Trauerwerte und -zeremonien (z.B. Canacakis 1987).

So wichtig die kathartische Abreaktion ist, Moreno sieht darin vor allem die Möglichkeit für einen Neuanfang und spricht in diesem Zusammenhang von der „kreativen Katharsis" (Moreno 1940, p. 227). Wie aber die Welt und sich selbst neu situieren nach einem Verlust? Mit dem Verlust eines Partners oder nahe stehenden Menschen verlieren wir nicht nur die Person, sondern auch die Möglichkeit der Erwärmung und Aktivierung in der Selbstorganisation. Sind wir nicht in der Lage, neue strukturelle Möglichkeiten zur Selbsterwärmung zu entwickeln, so bleiben wir gelähmt. Diese Blockierung behindert unsere eigene Entwicklung. Wir leiden nach Moreno an einer „*Kreativitätsneurose*" (Moreno 1980). Morenos Spontaneitätskonzept sollte also Menschen mit „pathologischer Trauer" helfen können, auf einem psychodramatischen Weg Blockierungen zu lösen und wieder in Bewegung zu kommen. Die psychodramatische Arbeit nach einem Verlusterlebnis werde ich an einem Fall aus einer meiner Trauergruppen darstellen. Diese Gruppe umfasste zwölf Teilnehmerinnen und Teilnehmer und traf sich an drei Wochenenden in einem Zeitraum von vier Monaten. Bei dem hier vorzustellenden Fall handelt es sich um eine 34-jährige Frau aus dieser Trauergruppe, die ihren Mann durch einen Herzinfarkt verloren hat. Obwohl ich diesen Fall anonymisiere, habe ich von der Protagonistin das Einverständnis für die Veröffentlichung erhalten. Die dabei vorgestellte Systematik für die Verlustbearbeitung hat sich für die Lösung des Selbst aus der Verklammerung mit dem Beziehungsselbst, damit als Möglichkeit der eigenen Selbsterweiterung, immer wieder als produktiv erwiesen. Ich möchte im folgenden den psychodramatischen Weg der Verlustverarbeitung durch den alten Mythos von Orpheus und Eurydike amplifizieren.

> Orpheus ist der Sohn der Muse Kalliope, die ihn das Singen lehrte und des Apollon, der ihm die Leier schenkte. Mit seinem Spiel und Gesang ist er das große musisch-mythologische Vorbild der griechischen Antike.[1] Eines Tages verliebt sich Orpheus in die schöne Eurydike. Doch diese stirbt auf dem Weg zum Tempel, als ihr der verliebte Bienenzüchter Aristaios nachstellt und sie auf der Flucht von einer Viper in den Knöchel gebissen wird. Geschockt und wild vor Verzweiflung macht sich Orpheus auf den Weg in die Unterwelt, um seine verstorbene Eurydike in das Leben zurückzuholen. Mit seiner Musik und seinem Gesang lockt er den Fährmann Charon, der ihn über den Totenfluss Styx setzt, den Fluss, der das Leben vom Tode trennt. Mit seiner Musik kann er auch den Höllenhund Kerberos, die drei Totenrichter und selbst Hades, den Gott der Unterwelt, erweichen, so dass sie ihn in die Unterwelt einlassen. Schließlich im Tartaros angelangt, stellt Hades nur eine Bedingung: Orpheus darf sich auf seinem Gang zur Oberwelt nicht nach der ihm fol-

---

1) In Altgriechenland bildeten sich weit verbreitete Sekten, die sich nach dem sagenumwobenen Orpheus benannten und seinen musischen Kult zum religiösen Mittelpunkt ihres Lebens machten.

genden Eurydike umschauen, bis beide sicher das Licht der Sonne erreicht haben. Doch kurz vor Erreichen des Tageslichtes dreht sich Orpheus nach Eurydike um. Im Mythos heißt es: „Damit verlor er Eurydike für immer."

2. Psychologische Interpretation des Orpheus-Mythos'

Für mich ist Orpheus das klassische Beispiel einer „pathologischen Trauer", also einer in der Fixierung stecken gebliebenen Trauerarbeit. Die literarische und psychologische Bearbeitung des Orpheus-Mythos' gelangt zu unterschiedlichen Interpretationen. So beschwert sich etwa Platon über das weichliche Trauerverhalten von Orpheus. Die Götter hätten Orpheus nur die Erscheinung von Eurydike, aber nicht Eurydike selbst, zeigen wollen, weil dieser nicht das Herz gehabt hätte, der Liebe wegen für Eurydike zu sterben (Platon 1974, S. 235). Für Platon könnte die ausgiebige Trauer von Orpheus eine Provokation männlicher griechischer Tugenden gewesen sein. Andererseits wird Orpheus in den Opern etwa von Gluck und Monteverdi gefeiert und zur Unsterblichkeit erhoben ob seines heroischen Leidensweges. In der psychologischen Literatur zu diesem Thema ist er einmal das Beispiel einer gelungenen Trauerverarbeitung (siehe Haas 1990, S. 230ff). Gedo hingegen verweist bei den Patienten, die in einer „pathologischen Trauer", also einer nicht gelungenen Trauerverarbeitung verharren, auf Orpheus und schlägt für diesen Patiententyp den Begriff des „Orpheuskomplexes" vor (Gedo 1970, pp. 174ff). Dieser Definition der pathologischen Trauer als „Orpheuskomplex" will ich mich anschließen.

Vor allem das Zurückschauen von Orpheus hat zu zahlreichen Interpretationen geführt. Durch das Zurückblicken verliert Orpheus seine Eurydike – wie es im Mythos heißt – für immer. Hätte Orpheus nicht zurückgeschaut, hätte er Eurydike also leiblich zurückgewinnen können. Kann dieses Zurückschauen verurteilt werden, geschieht dies doch aus Sorge und Liebe zu Eurydike? Bedeutet dieses Zurückblicken nicht doch den unbewussten Wunsch, sich letztlich von der Fixierung auf Eurydike zu befreien und sie endgültig sterben zu lassen? Die psychoanalytische Literatur schlägt hier einen Bogen zu Ödipus. Ödipus befreit sich von seiner Fixierung auf seine Mutter durch Selbstblendung. Orpheus scheint demnach beim Zurückblicken der Realität ins Auge zu blicken und will sich durch seinen Verlust von Eurydike eigentlich von seiner ursprünglichen ödipalen Fixierung auf seine Mutter Kalliope befreien (siehe u.a. Duparc 1983 und Gedo 1970). Aufgrund dieser Interpretation liegt im Zurückblicken eine erfolgreiche emotionale Trauerverarbeitung. Nach Haas besteht die produktive Trauerarbeit zum großen Teil in dieser rückblickenden regressiven Verarbeitung. Die Bedeutung dieser Rückschau in die gemeinsam gelebte Beziehung werde ich später am Beispiel der Erinnerungsarbeit zeigen. Orpheus dreht sich meiner Meinung nach allerdings nicht nach Eurydike um, um seine Trauer produktiv im Sinne einer Erinnerungsarbeit zu bewältigen.

3. Orpheus sucht Eurydike

Das weitere Schicksal von Orpheus zeigt, dass das Zurückblicken ein Festhalten an Eurydike symbolisiert. In der ersten Phase der Leugnung und des Nicht-Wahrhaben-Wollens nach Eurydikes Tod schmiedet Orpheus voller Verzweiflung den Plan der Zurückeroberung der Toten in das Leben. Dann begibt er sich auf die Suche in die Unterwelt. Damit befindet sich Orpheus in der darauffolgenden Trauerphase des Suchprozesses. Es ist die dem Trauernden innewohnende libidinöse Tendenz, die Ich-Du-Verbindung aufrecht zu erhalten, sich mit dem Liebesobjekt wieder zu vereinen, beispielsweise das Gefühl zu haben, gleich müsse die Tür aufgehen und der Tote wieder lebendig vor ihm stehen. Nach erfolgloser Suche der Wiederverschmelzung mit Eurydike bleibt Orpheus fixiert auf diese Trennungsphasen. Im Zurückblicken von Orpheus liegt nicht – wie Haas vermutet – „die Lösung im Trauerprozess mittels Erinnerungsarbeit" (Haas 1990, S. 240). Nach Haas töte der Trauernde durch emotionale Erinnerungsarbeit noch einmal das geliebte innere Objekt und löse sich somit von der Fixierung. Die Grenze zwischen Lebendem und Totem wäre dann wieder errichtet (Haas 1990, S. 239). Bei Orpheus gibt es aber keine Weiterentwicklung in seiner Trauerarbeit. Eine Weiterentwicklung würde bedeuten, dass Orpheus die aufbrechenden Emotionen durchleben kann, nicht nur die der Trauer, sondern u.a. auch die der Wut auf sein libidinöses Objekt, das ihn verlassen hat. Die Phasenfolge der Trauerarbeit ist u.a. bei Kast anschaulich beschrieben (Kast 1987). Die Trauerarbeit hat schließlich das Ziel, zu einem neuen Selbst- und Weltbezug zu gelangen, in dem das verlustige Objekt aus der Ich-Du-Verbindung entlassen ist. Orpheus ist in einer Ich-Du-Kollusion[2] verblieben, er bleibt mit Eurydike als innerer Beziehungsfigur verschränkt. Ein erfolgreiches Beispiel der Ich-Du-Differenzierung in der Trauerarbeit wird später durch die Falldemonstration gezeigt.

Orpheus löst sich bis zu seinem Tod nicht von seinem inneren Liebesobjekt. Aufgrund seines Schicksals nach dem Verlust von Eurydike muss ich das Zurückschauen von Orpheus als Fixierung interpretieren, nicht als produktive Trauerverarbeitung. Orpheus will und kann den Verlust von Eurydike nicht akzeptieren. Zwar sieht er Eurydike beim Zurückschauen schwinden. Er könnte hier das „wahre zweite Mal" erleben. Er realisiert diesen Verlust aber nicht. Da er auf Eurydike fixiert bleibt, geht er keine neue Beziehung zu einer Frau ein. Statt dessen lehrt er die Thrakervölker, „die Liebe auf zarte Knaben zu übertragen" (Ovid 1987, S. 227). Orpheus wurde oft als Prophet von Dionysos, dem Gott

---

2) Jürg Willi definiert »Kollusion« als „[...] ein uneingestandenes, voreinander verheimlichtes Zusammenspiel zweier oder mehrerer Partner auf Grund eines gleichartigen, unbewältigten Grundkonfliktes." Der Sinn besteht nach Willi in einem gemeinsamen Abwehrverhalten und „[...] bewirkt zu einem wesentlichen Teil die Anziehung und dyadische Verklammerung der Partner." (Willi 1990, S. 59f). Ich benutze den Begriff der »Ich-Du-Kollusion«, wenn der Trauernde *pathologisch* an seiner Verlustperson haftet. Für den normalen Trauerproceß spreche ich von einer »Ich-Du-Verbindung«.

der Lust und des Rausches, verehrt, weil er Poesie, Gesang und Sinnlichkeit vermittelte und seine Anhänger damit faszinierte. Mit dem Tod von Eurydike sagt sich Orpheus in Wahrheit von allen dionysischen Gelüsten los. Er verweigert sich Festen, Feiern und der Sexualität mit Frauen. Orpheus ist das Beispiel einer pathologischen Trauer. Er beklagt seinen Verlust, besingt seine Trauer, verweilt allerdings in seinem Schmerz.[3] Wenn ein Klient 20, 30 Jahre nach einem Verlust immer noch alle Freuden des Lebens verweigert, weil er noch an das frühere Liebesobjekt gebunden ist, so kann dieses Festhalten in der Trauer nicht produktiv sein, dann ist es pathologisch.

Dionysos fordert die nichtkalkulierbare Bewegung, das Hineinwerfen in und die Hingabe an das Leben. Weil Orpheus sich den ausschweifenden dionysischen Feiern, Exzessen und Orgien nach Eurydikes Tod widersetzte und danach Frauen nur noch gehasst haben soll, wurde er von den „heilig-rasenden" Mainaden (Weibern), die dem Gefolge des Dionysos angehörten, Glied um Glied zerrissen und geopfert. Nach seinem bereits ersten Tod durch den Verlust Eurydikes starb er hiermit seinen zweiten Tod. Orpheus wurde entleibt und sein Kopf in einer dem Gott Apollon geweihten Höhle aufgebahrt. Hier konnte sein Haupt nur noch orakeln. Als allerdings Apollon sein eigenes Delphi-Orakel durch Orpheus gestört fühlte, ließ er Orpheus für immer verstummen. *„Störe meine Kreise nicht; lange genug habe ich Dich und Dein Singen ertragen."* (Ranke-Graves 1987, S. 98). Darauf verstummte sein Mund. Dies war sein dritter Tod.[4] So musste Orpheus dreimal sterben, weil er mit Dionysos nicht mehr leben wollte und leben konnte. Jemand, der einen Verlust leugnet und reaktiv zwischen verlorenen und neuen nicht gelebten Möglichkeiten, zwischen Vergangenheit und Zukunft stecken bleibt, stirbt solche qualvollen Tode. Die Selbsterwärmungsmöglichkeit geht immer mehr verloren bis sie schließlich gelähmt ist. Der Trauernde befindet sich in einem ambivalenten Prozess. Einerseits anerkennt er mit seiner Trauer den Verlust, andererseits will er an der bisherigen Beziehungsdynamik etwa durch Leugnung oder Wut festhalten. Damit aber behindert er den Spontaneitätsprozess, den Schacht im Sinne eines „Warming-up-Prozesses" auch als einen „Anstieg von Fluktuationen" beschrieben hat (Schacht 1992, S. 109f, 1994, S. 17-53). Erfolgen keine ansteigenden Fluktuationen, sondern eine Dämpfung derselben, so bleibt jemand wie Orpheus in der alten Konserve stecken. Da es durch die Tatsache des Trennungsereignisses immer schwieriger wird, die gewohnte Prozessdynamik bzw. Konserve aufrechtzuerhalten, führt die Ambivalenz zwischen Anerkennen und

---

3) Hier wird auch deutlich, dass eine Gefühlskatharsis, die Orpheus ja durchaus mit Hilfe seiner Trauer, Gesänge und Musik kreativ ausleben konnte, nicht notwendigerweise zur erfolgreichen Bearbeitung eines Verlustes, d.h. zu einer Neuorientierung der Gefühle und Haltungen (nach Moreno Integrationskatharsis, Einsichts- und Gefühlskatharsis) führen muss.

4) Seines Lebens und damit seiner Sinne beraubt, blieb Orpheus nur noch der Kopf. Er konnte nunmehr nur noch der Ratio, also Apollon, dienen. Dies als Strafe für die Verschmähung dionysischer Gelüste.

Leugnung des Verlustes in einen immer spannungsreicheren Zustand, der wiederum um so stärkere Abwehrstrategien und schließlich Symptome mobilisieren muss. Eine Trennung bringt also einen Erwärmungsprozess mit sich, der im Sinne neuer Spontaneität erst einmal bewältigt werden muss.

Orpheus konnte den Verlust von Eurydike also nicht anerkennen. In der Unterwelt, auf der Suche nach Eurydike sagt er zu Hades: „Ich wollte es ertragen und bekenne: Ich hab's versucht, doch Amor hat gesiegt." (Ovid 1987, S. 225). Liegt hierin nicht das Eingeständnis, dass sein Liebeskomplex (Amor) übermächtig ist, als dass er den Verlust realisieren könnte? Da Orpheus, sich vor Liebe und Sorge verzehrend, umschaute, bevor beide das Tageslicht erreichten, verlor er Eurydike für immer! Orpheus verliert Eurydike für immer, weil er ihren Tod nicht akzeptieren kann. Das erscheint auf den ersten Blick paradox. Solange wir aber von der Vorstellung besessen sind, jemanden real behalten oder zurückgewinnen zu wollen, können wir die Aspekte des Verlustes nicht reintegrieren – solange bleiben wir kraftlos. Nur durch die verlustig gegangene Person sind wir scheinbar zur energetischen Selbsterwärmung in der Lage. Sobald wir aber anfangen, den Verlust zu akzeptieren, haben wir die Chance, uns aus der Ich-Du-Verbindung hin zu einer Ich-Du-Differenzierung zu entwickeln. Wir können dann in uns selbst die Seiten entwickeln, die bislang nur im Rahmen der Ich-Du-Verbindung lebbar waren.

4. Orpheus idealisiert Eurydike

Orpheus befand sich nach dem Tod von Eurydike in einer desolaten Verfassung, das einzige, was ihm blieb, war seine Musik. Nach J.A. Caruso kommt es in einer solchen „Ich-Katastrophe" zu einer eigenartigen Verengung des Bewusstseins, die Welt bestehe nur noch aus der Wunde der Trennung (Caruso 1986, S. 68). Um so weit reichender der Verlust, desto mehr droht sich das Identitätsbewusstsein aufzulösen, das durch die Ich-Du-Verbindung mit der Toten bislang über die Beziehung definiert war. Orpheus fehlt nunmehr die Erwärmung und Selbstaktivierung durch Eurydike. Der gemeinsame Interaktionskreislauf ist zerbrochen. Die Energien gehen ins Leere, können sich nicht sammeln und konzentrieren. Die Energie, die in der Begegnung mit Eurydike entstand, ist noch nicht in sein Selbst integriert, das eigene Selbst nicht mit neuen Selbsterwärmungsmöglichkeiten bereichert.

Angesichts des schmerzhaften Verlustes der geliebten Person geschieht es häufig, dass reaktiv zunächst um so mehr am verlorenen Objekt festgehalten wird. Diese Reaktion kann beispielsweise in Form einer narzisstischen Ich-Du-Kollusion erfolgen. Diese dient einerseits dem Trost und der Milderung des Schmerzes, andererseits aber, durch die Zentrierung auf die Beziehung zum verlorenen Partner, der Vorbereitung der Loslösung. Dieser auf einen Verlust reaktive narzisstische Komplex zieht alle Energien und Assoziationen der sonstigen seelischen Strukturen an sich. Alles kann schließlich nur noch durch die Brille dieses Trauerkomplexes gesehen werden. Orpheus ist dazu verdammt, sich mit dem verinnerlichten Bild der Geliebten auseinanderzusetzen, ob er will oder nicht. Der verinnerlichte Beziehungspartner ist aber nach dem Verlust durch Tod oft projektiv verzerrt, am häufigsten wie bei Orpheus im Sinne einer narzisstischen Idealisierung. Werte der Verstorbenen werden zu eigenen Werten gemacht, ohne wirklich in das eigene Selbst integriert zu sein. Diese Selbstintegration ist erst durch eine Ich-Du-Differenzierung möglich. Umgekehrt werden eigene Werte auf die Verstorbene projiziert. Die idealisierte verinnerlichte Verlustperson dient dann dazu, die eigene narzisstische Struktur im Sinne der Spiegelung des eigenen Selbst kompensatorisch aufrechtzuerhalten.

Ein Verlustereignis fordert Spontaneität heraus, soll eine neue Interaktionsdynamik entstehen. Da Orpheus an der alten Beziehungsdynamik mit Eurydike festhält, muss er sich immer mehr von Beziehungskontakten in die Einsamkeit zurückziehen. Interaktionen mit anderen würden den Verlust und die damit geforderte Spontaneität immer wieder präsent machen, die er ja gerade dämpfen will. Letztendlich steht nur noch der verloren gegangene Mensch im Zentrum seines Sozialen Atoms. Oft ist sogar die eigene Person an den Rand gedrängt, andere Beziehungen erscheinen bedeutungslos. Dieses Konservieren der alten Beziehungsdynamik führt zur Übernahme wesentlicher Rollenaspekte des verlorenen Menschen. Orpheus lebt dann beispielsweise in den Werten, Wünschen und Gewohnheiten von Eurydike.

5. Psychodrama nach Verlusterlebnissen

Der Orpheus-Mythos soll dazu dienen, das Nichtloslassen, das Fixieren und das Projizieren in der therapeutischen Arbeit einer Trauergruppe zu amplifizieren. Die Trauergruppe fand an mehreren Wochenenden statt. Eine 34-jährige Frau, die ich hier Elke nenne, wurde zur Protagonistin. Elke hat ihren damals 40 Jahre alten Mann durch einen Herzinfarkt verloren. Der Tod ereignete sich zwei Jahre vor dem Aufsuchen der Trauergruppe. Elke war mit ihrem Mann 12 Jahre verheiratet und hatte nach eigenen Angaben eine sehr gute und harmonische, ja eine ideale Ehe. Das Paar hatte keine Kinder und lebte im Haus ihrer Schwiegereltern in einer eigenen Wohnung. Sie besuchte eine Abendschule, um das Abitur nachzumachen und eventuell noch zu studieren. Nach dem Tod ihres Mannes hat sie diese Schule abgebrochen. Elke kam in die Gruppe mit depressiven Symptomen wie Angstgefühlen, Schlaflosigkeit, innerer Unruhe, Schwindelgefühlen und suizidalen Gedanken. Sie wirkte äußerst gedrückt, niedergeschlagen, gespannt und versuchte immer wieder, sich „zusammenzureißen". In der Trauergruppe wurde sie bei der psychodramatischen Arbeit anderer Teilnehmerinnen zwischendurch von Weinkrämpfen geschüttelt. Der Tod ihres Mannes kam für sie völlig überraschend. Sie hatte keine Gelegenheit gehabt, sich von ihm zu verabschieden. Die Heftigkeit der Symptome zwei Jahre nach dem Verlust zeigen deutlich, dass Elke diesen Verlust nicht angemessen verarbeitet hat und in einer Ich-Du-Kollusion fixiert ist. Diagnostisch kann hier von „pathologischer Trauer" ausgegangen werden.

Todeserfahrung

Die Erwärmung für die psychodramatische Arbeit nach Verlusterlebnissen besteht weniger darin, die Protagonistin an eine Betroffenheit heranzuführen. Sie ist schon betroffen und in hohem Maße erwärmt – auch wenn das äußere Erscheinungsbild zunächst anders wirkt. Sie kommt bereits mit ungeordneten, ihr unlebbaren Gefühlen und Handlungsimpulsen in die Gruppe. Hier kommt es vor allem darauf an, ihre gedämpfte Spontaneität in Bewegung zu bringen und die Intensität der Ambivalenz zu reduzieren. Damit wird der Protagonistin eine angemessene Erwärmung für die bislang ungelebten Gefühle ermöglicht. Außerdem soll sie und die Gruppe für eine psychodramatische Arbeit, insbesondere für eine Begegnung und später auch den Rollentausch mit der verloren gegangenen Person vorbereitet werden. Häufig verweigert die Protagonistin einen solchen Rollentausch, um der damit verbundenen schmerzhaften Realisierung des Verlustes auszuweichen. Deshalb ist hier eine langsame und einfühlsame Heranführung an die psychodramatische Aktion wichtig. Abhängig vom Schweregrad der pathologischen Trauer wird auch der Rollentausch schwieriger. Nach einer Erwärmung der gesamten Gruppe beginnt die protagonistenzentrierte Arbeit zunächst mit einem Bericht der Protagonistin über ihre Verlusterfahrungen und mit einer Rückmeldung oder einem Sharing der Gruppenteilnehmer. In der Begegnung mit der Verlustperson erfolgt zunächst eine Beschreibung des Selbstbildes und des Bildes des Verstorbenen. Dann kann die Protagonistin dem Verstorbenen zunächst etwas sagen, u.a. durch unterstützendes Doppel. Nach diesem Erwärmungsprozess wird in der Regel erst ein Rollentausch möglich sein.

Vor der psychodramatischen Arbeit mit Elke habe ich zur Erwärmung der Gruppe eine imaginative Übung eingeführt. Nachtträume über den Verlust sind typische Verarbeitungsszenen für den Trauernden. In einer entspannten Gruppenatmosphäre können nun reale oder surrealistische Bilder als Tagträume aufsteigen, die in Bezug zur Verlustperson stehen. Ich instruiere die Gruppenmitglieder meist liegend zur Konzentration auf Atmung und entspannende Übungen, u.U. mit sanfter musikalischer Begleitung. Dann fordere ich sie auf, Bilder aufsteigen zu lassen. Ich habe die Bilder oder Szenen anschließend von jedem Gruppenmitglied aufschreiben lassen. Elke schrieb folgenden Tagtraum auf:

> „Ich gehe hinter dem Sarg meines Mannes. Ich gebe das Liebste ab, was ich in meinem Leben besitze. Ich wünsche mir so sehr, dass ich mit meinem Mann in diesem Sarg liege. Ich fühle mich dumpf und kann nicht denken. Ich bin wie amputiert. Ich denke an Weihnachten, ich höre das leise Klingeln der Glocken. Wir wünschen uns ein gesundes Weihnachtsfest. Mein Mann und ich nehmen uns in den Arm, wir küssen uns und schauen uns an. Unsere Blicke sagen, dass wir uns lieben. Wir fühlen uns glücklich. Dann sehe ich wieder das Grab meines Mannes, der feierlich in die Erde versenkt wird. Ich selber werde in einem Sarg auch in die Erde versenkt."

Allein bei der schriftlichen Wiedergabe dieser Bilder hier an meinem Schreibtisch empfinde ich die ganze Dramatik der Protagonistin in dieser Phase ihrer

Trauer. Als Leiter bin ich betroffen von diesem Schmerz. Scheint doch ihr Leben ohne ihren Mann keinen Sinn mehr zu haben. Als Leiter stehe ich auch in der Gefahr, von der romantischen Liebesidylle, die von der Protagonistin beschrieben wird, vereinnahmt zu werden und mich projektiv mit diesen Verschmelzungswünschen zu identifizieren. Schließlich konnten Tristan und Isolde auch nicht ohne den anderen glücklich sein, nachdem sie einmal aus dem Becher der romantischen Liebe getrunken haben. Romeo und Julia haben sich, um das imaginierte Bild der Protagonistin aufzugreifen, ebenfalls gemeinsam „in die Erde versenken lassen". Orpheus ist unter die Erde, in die Unterwelt gegangen, hat sich auf die Suche begeben, um sich wieder mit Eurydike zu vereinen. In diesem Suchprozess der Wiederverschmelzung befindet sich die Protagonistin in ihrem imaginierten Bild.

Der Verlust eines mir nahe stehenden Menschen ist eine eigene Todeserfahrung. Jaspers (1948) beschreibt diese Erfahrung als existenzielle Grenzsituation. Als Sterbender verlasse ich alles, was ich durch meine Liebe und mein Schaffen gewonnen habe, geliebte und liebende Menschen wie gelebtes Sein und letztlich mich. Dies ist radikal für den, der geht, aber auch radikal für den, der übrig bleibt. Nach dem Tod ihres Mannes erlebt Elke diese existenzielle Todesangst des Auf-Sich-Geworfen-Seins. Allzu verständlich ist es deshalb, dass sie ihrem verstorbenen Mann folgen will. Diese symbiotischen Todeswünsche treten nach dem ersten Schock, der Lähmung und der anfänglichen Leugnung über den Verlust auf. Die Vereinigung mit ihrem Mann im Grab scheint ein Ausweg zu sein, zumindest auf diesem Weg an der früheren gemeinsamen Liebes- und dadurch Lebensenergie teilhaben zu können.

Der Orpheus-Komplex

Im Interview auf der psychodramatischen Bühne sollte die Trauernde über die Umstände des Verlustes reden können. Hier kann schon exploriert werden, was die Protagonistin noch nachholen und abschließen muss. Elke berichtet über die Zusammenhänge des plötzlichen Todes ihres Mannes ohne sichtbare emotionale Beteiligung, so als würde sie zum wiederholten Mal über etwas berichten was passiert ist, sie aber nicht wirklich erlebt hat. Sie habe ihren Mann schon öfter gewarnt, nicht so viel zu arbeiten. Ihr Mann sei sehr ehrgeizig gewesen, er habe nur alles aus Liebe zu ihr getan. Nach dem schon in Angriff genommenen Hausbau hätten sie Kinder eingeplant. Ihr Mann habe alles im Griff gehabt. Dafür habe sie ihn bewundert, sich aber auch um seine Gesundheit Sorgen gemacht. In einem entspannten Moment am Abend eines Januarsonntages habe ihr Mann plötzlich über Übelkeit und Herzbeschwerden geklagt. Er habe sich hingelegt und voller Panik, schon mit Todesahnung, sei sie in die Wohnung ihrer Schwiegereltern gelaufen, um diese zu holen. Sie mache sich noch heute Vorwürfe, dass sie nicht gleich einen Notarzt angerufen habe. Die Schwiegereltern hätten alles nicht so ernst genommen. Dann habe ihre Schwiegermutter herumtelefoniert, bis sie schließlich einen Arzt erreicht hätte. Darüber sei viel Zeit verstrichen. Als sie dann zurück in ihre Wohnung ging, dachte sie zuerst, ihr Mann würde schlafen. Voller Entsetzen stellte sie dann fest, dass er tot sei. Anschließend sei alles wie im Film abgelaufen. An die Beerdigung könne sie sich nicht mehr klar erinnern, weil sie unter Valium gestanden habe. Zum Grab ihres Mannes würde sie alleine nicht gehen, sie könne sich auch nicht vorstellen, dass ihr Mann darin liege. Das Grab würde ihre Schwiegermutter pflegen. Blumen auf dem Grab könne sie nicht berühren. Das wäre für sie so, als würde sie etwas Totes anfassen und davor würde sie erschauern. Sie würde nicht länger als eine Minute am Grab stehen und dann wieder gehen. Sie könne heute noch nicht richtig verstehen, dass ihr Mann tot sei. An der Wohnungseinrichtung habe sich ja auch nichts geändert. Das Arbeitszimmer ihres Mannes bestehe noch genauso wie damals. Auch sei es komisch, wenn sie in den Kleiderschrank schaue. Sie könne die Kleidung von ihm nicht weggeben. Manchmal wäre es ihr noch so, als müsste ihr Mann gleich durch die Tür ins Zimmer kommen. Wenn sie nachts vor Unruhe im noch gemeinsamen Ehebett wach werde oder wach liege, habe sie öfter das Gefühl, ihr Mann würde neben ihr schlafen.

Durch die Schilderungen der Protagonistin wird deutlich, dass es wenige innere Anteile gibt, die den Tod ihres Mannes realisieren – sie stellt ihr emotionales Verhalten immerhin in Frage. Es überwiegt die emotionale Fixierung auf das Stadium des symbiotischen Suchverhaltens. Elke lebt in der Ich-Du-Kollusion mit dem Toten. Wie Orpheus ist sie seelisch auf dem Weg in die Unterwelt, um sich mit ihrem toten Mann zu vereinen. Die Protagonistin selbst ist an den Tod gebunden; sie hält an ihrem Wunschbild vom Ehemann fest und weigert sich, Abschied zu nehmen. Damit verweigert sie auch tiefer gehende Trauerarbeit. Mit ihrer recht emotionslos vorgetragenen Schilderung der Umstände des Todes (die Gruppenteilnehmer haben darauf betroffener reagiert als sie selbst), spaltet sie die mit einer Realisierung verbundenen Gefühle und Einsichten ab, die eine eigene Selbstentwicklung voraussetzen. Wir haben es hier also mit einer Fixierung wie bei Orpheus zu tun. Der verlorene Partner wird idealisiert und besetzt das eigene Selbst, dieses bleibt blockiert und hat keine Entwicklungsmöglichkeit.

Wie die Abbildung unten zeigen soll, entsteht nach dem Verlust eines Partners eine Selbstverlustangst, das schmerzhafte Gefühl, dass der andere aus mir herausgerissen ist. Um diese plötzliche dramatische Leere im Selbst, das sich bislang über die Ich-Du-Verbindung in der Beziehung definierte, zu kompensieren, muss vorläufig um so heftiger an der verloren gegangenen Beziehungsperson festgehalten werden. Der Partner wird idealisiert und mit Projektionen besetzt. Das eigene Selbst regrediert. In der Trauerverarbeitung kann es durch eine Ich-Du-Differenzierung zu einer neuen Selbstfindung kommen. Dann sind bislang auf den Partner projizierte positive Möglichkeiten in das eigene Selbst integriert, andere Aspekte und der Partner selbst können losgelassen werden. Das Selbst ist nicht mehr vom Beziehungsselbst besetzt, es hat sich günstigenfalls bereichert und erweitert.

Wie die Abbildung weiter zeigen soll, hat ein in einer Real-Beziehung symbiotisch mit dem Partner verschränktes Selbst die Tendenz, sich vollständig mit dem Beziehungsselbst des verlorenen Partners auszufüllen. Orpheus ersetzt sein Selbst durch das idealisierte Beziehungsbild von Eurydike. Sein eigenes Selbst regrediert. Ein symbiotisches Verlangen erfüllt ihn. Orpheus ist wieder in einer Phase der Projektion, die er aus der Verliebtheit kennt, wenn auch mit anderen Vorzeichen und Erfahrungen. In-dem er sein individuelles Selbst ersetzt, erhält er Eurydike am Leben und gibt sich selbst ein Behältnis, in dem er überleben kann.

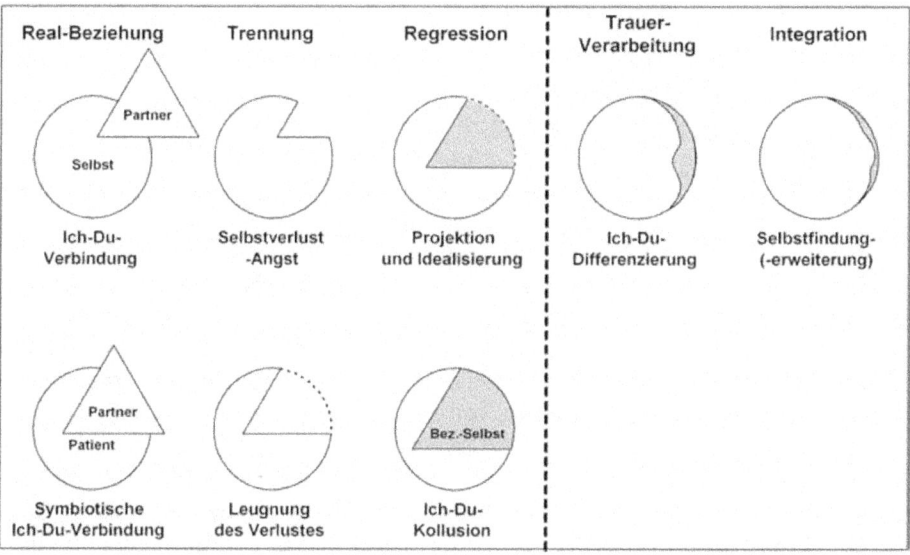

Abb. 1: Schema der Verlustangst.

Der Orpheuskomplex soll das dramatische Erleben des Verlustschmerzes mit allem emotionalen Chaos, einschließlich des Schmerzes früherer Verlusterfahrungen sowie die Anstrengung einer Selbstentwicklung vermeiden. Dynamisch liegen dem Orpheus-Komplex häufig frühere traumatische, evtl. Verlusterfahrungen, und damit ein beschädigtes Selbst zugrunde. Jürg Willi weist auch darauf hin, dass bei einer Kollusion frühere symbiotische Eltern-Kind-Verbindungen bedeutsam sind (Willi 1990, S. 89ff) Wie ich im Verlauf der weitergehenden psychodramatischen Arbeit mit Elke explorieren konnte, hat sie mit vierzehn Jahren ihren Vater aufgrund von Alkoholabusus verloren. Sie war sein „Ein und Alles", seine „Schmusebacke". Auf ihren Bruder war Elke eifersüchtig, weil dieser wiederum der Liebling der Mutter war. Elke identifizierte sich mit ihrer weiblichen abhängigen Rolle gegenüber dem Vater in Konkurrenz zu ihrer Mutter und ihrem Bruder. Diese früheren narzisstischen Selbstkränkungen müssten in einer vertieften psychotherapeutischen Behandlung bearbeitet werden.

Die psychodramatische Arbeit nach Verlusterfahrungen setzt beim Orpheus-Komplex an, also der Fixierung auf die verinnerlichte Verlustperson. Das Selbst muss aus der haftenden Projektion auf das innere Beziehungsbild befreit und wieder in Fluss gebracht werden. Mit der psychodramatischen Methode besitzen wir ein Inventar, um die Fixierung auf die Beziehungsperson aufzulösen und das Selbst wieder in Bewegung zu bringen: den *Rollentausch*! Denn der Rollentausch fördert die Ich-Du-Differenzierung. Für Moreno bestand diese Differenzierung darin, über den Rollentausch eine Tele-Beziehung zum Unbewussten des anderen zu bekommen (Moreno 1959). Und das Tele, so Moreno, „[...] *beruht auf dem Gefühl und der Erkenntnis für die wirkliche Situation der anderen Person.*" (Moreno 1988, S. 29).

Lösung durch Begegnung

Die Begegnung der Protagonistin mit der Verlustperson wird durch meine Aufforderung als Leiter vorbereitet, einen leeren Stuhl mit entsprechender Nähe oder Distanz in den Raum zu stellen und die Verlustperson auf diesen Stuhl zu projizieren, sich diese dann in typischer Haltung, Gestik, Mimik und Augenkontakt vorzustellen. Aufgrund der immensen projektiven Besetzung der Beziehungsfigur ist es nicht ratsam, sofort einen Rollentausch vorzuschlagen – und wenn, dann nur in kurzen Sequenzen. Der leere Stuhl mobilisiert häufig schon starke kathartische Gefühle und gibt Raum für projektives Ausagieren und Selbstempfindung in der Beziehung. Hier kann bereits der erfolgreiche Beginn in der Auflösung der Ich-Du-Kollusion liegen. So auch bei Elke.

Da sich Elke anfangs schwer getan hat, ihren Mann auf der Bühne direkt anzusprechen und ihre Gefühle zu benennen, stand ich als Doppel zur Verfügung. Sobald Elke ihren Mann in den leeren Stuhl projizieren und beschreiben sollte, traten heftige Gefühle von Schmerz und Trauer zutage. Dies im Unterschied zu ihrer vorherigen relativ emotionslosen Schilderung, als sie nur über das Geschehene sprach. Nun begegnete sie psycho-dramatisch wirklich ihrem Mann. Hier ein Auszug aus dem Protokoll:

> Zuerst schweigt Elke und fixiert nur den Stuhl. Nach einer Weile sage ich als Doppelgänger: „Ich bin fassungslos. Ich kann Dir gar nichts sagen, so verschlägt es mir die Sprache."
>
> Elke: „Ja, ja so ist es." (Weint heftig.)
>
> Nach einer Weile:
>
> Elke: „Wenn Du wüsstest wie schlecht es mir geht, seitdem Du nicht mehr da bist. Ich habe die Lust am Leben verloren."
>
> Doppelgänger: „Es ist jeden Tag ein Kampf. Mit Dir war alles leichter." (Weint.)
>
> Elke: „Warum musstest Du sterben? Warum so plötzlich?" (Weint heftig).
>
> Nach einer Weile:

Elke: „Ich war darauf gar nicht vorbereitet. Was hätte ich tun können?"

Elke: „Warum hast Du mich verlassen? Wir waren so glücklich. Ich will ohne Dich nicht da sein."

Die letzte Äußerung kam voller Verzweiflung und mit einem Unterton des Vorwurfs. Vermischt mit Schuldgefühlen, dass sie nicht geholfen hat und während seines Todes nicht zugegen war.

An dieser Stelle schlug ich der Protagonistin einen Rollentausch vor. Sie hat Fragen an ihren verstorbenen Mann. Vor allem auf die Frage, warum er so plötzlich gegangen ist, gab es für sie bislang keine befriedigende Antwort. Elke stockte nach meinem Rollentauschvorschlag.

Therapeut: „Du hast eine Frage an Deinen Mann. Ich schlage Dir vor, mal kurz einen Rollentausch mit ihm zu machen, damit er antworten kann."

Elke: „Warum? Das kann ich nicht."

Therapeut: „Ich weiß, dass Du das kannst. Stell Dir vor, seine Seele lebt auch nach dem Tod weiter und Du kannst ihn befragen. Kannst Du Dir das vorstellen?"

Elke: „Ich hin nicht gläubig, aber es wäre schön, wenn er weiterlebt. Es ist meine einzige Hoffnung."

Therapeut: „Ich meine, dass seine Seele weiterlebt."

Elke: „Ich sehe da meinen Mann sitzen. Ich kann mich da nicht drauf setzen." (auf den Stuhl).

Die Abwehr gegen den Rollentausch beinhaltet die Weigerung, die Realität der Trennung zwischen Ich und Du anzuerkennen. Denn dieser Realität käme Elke näher, wenn sie einen Rollentausch mit ihrem verstorbenen Mann vollzöge und sich damit vom Ehemann differenzierte. In der Rolle des Mannes würde sie sich als dem Mann gegenüberstehendes Selbst erleben. Diese Ich-Du-Differenzierung ist Orpheus versagt geblieben, weil er sich nicht mit den Augen von Eurydike, sich nicht als von Eurydike gegenüberstehende eigene Identität sehen konnte. Ich habe auf den Rollentausch mit dem verstorbenen Mann zum Zeitpunkt dieses psychodramatischen Prozesses nicht bestanden, u.a., um nicht den Widerstand der Protagonistin zu vergrößern. Ich war in der Hoffnung, dass sie über den Umweg des Rollentausches mit dem früheren lebendigen Mann im weiteren Spiel auch zu einem Rollentausch mit dem toten Mann in der Lage sei. Der Rollentausch mit dem früheren lebendigen Mann sollte bewirken, dass sich das verinnerlichte Bild ihres Mannes von der Idealvorstellung zu einer mehr der Realität angenäherten Erinnerung wandeln und einer Tele-Beziehung zwischen dem imaginierten Ehemann und der Protagonistin Platz machen könnte.

Erinnerungsarbeit

Elke war aufgrund ihrer projektiven Fixierung noch nicht zu einem Rollentausch mit ihrem verstorbenen Mann in der Lage. Dieser ist aber für den integrativen Prozess von besonderer Bedeutung und soll für einen späteren Zeitpunkt im therapeutischen Prozess aufgehoben werden. Nachdem in der projektiven Phase bereits eine erste Kontaktaufnahme mit der Verlustperson stattgefunden hat, soll eine psychodramatische Begegnung mit der damals lebenden Bezugsperson im Sinne einer Erinnerungsarbeit stattfinden. Hier soll jetzt „zurückgeschaut" werden. Nicht als eine Fixierung auf symbiotische Verschmelzungswünsche wie Orpheus im Tunnel der Unterwelt, sondern als progressiver Schritt, damit der Tote wirklich sterben, die Ich-Du-Differenzierung erfolgen kann. Elke soll in eine Beziehungs-Szene einsteigen, die ihr als besonders bedeutsam in Erinnerung ist. Diese Erinnerungsszene hat den Sinn, sowohl der betroffenen, als auch der verloren gegangenen Bezugsperson die Lebendigkeit des Alltags auf der Bühne zurückzugeben. Es ist eine gute Möglichkeit, die Protagonistin in Kontakt mit den positiven, aber auch den negativen Seiten der gelebten Beziehung zu bringen. In der Regel findet bereits hier ein guter Teil der Entidealisierung des Beziehungsselbst statt.

Da die Erinnerungsszene noch nicht vom Abschiedsschmerz gekennzeichnet ist, kann sich die Protagonistin mit weniger Angstabwehr auf eine solche Begegnung einlassen. Hier nimmt der Rollentausch nunmehr breiten Raum ein. Wie ist es, so zu gehen wie die Verlustperson, eine ihrer typischen Haltungen und Sätze ein- und anzunehmen? Was sind die Stärken, was die Schwächen der Verlustperson? Und so weiter. Hier im Rollentausch wird besonders deutlich, durch welche Aspekte die Verlustperson charakterisiert wird, die vom Verlassenen bislang nicht gelebt wurden und daher die positive Bindung bis hin zur Fixierung ausmachen. Meist ist hier diagnostisch erkennbar, welche nicht entwickelten Selbstanteile der Protagonistin durch die Ich-Du-Kollusion verdeckt und geschützt werden, welche Anteile des Beziehungsselbst bei fortschreitender Ich-Du-Differenzierung im eigenen Selbst entwickelt und integriert werden müssten.

Bereits in Elkes Imaginationsübung tauchte als wichtiges positiv besetztes Bild das letzte Weihnachtsfest mit ihrem Mann auf. Wie zu erwarten, wählte die Protagonistin dieses Weihnachtsfest für eine Erinnerungsszene. Die Weihnachtsszene auf der Bühne fand im Wohnzimmer des Ehepaares statt, anwesend waren auch ihre Schwiegereltern. Die Protagonistin war zum Rollentausch mit allen Anwesenden auf der Bühne in der Lage, auch mit ihrem Mann. Ja, sie schien den Rollentausch mit ihrem Mann geradezu gern zu machen. Das Weihnachtsfest strahlte Harmonie und Frieden aus. Im Spiel machte die Protagonistin einen glücklichen Eindruck. Ich hatte das Gefühl, dass sie hier ihre verlorengegangene Energie zurückfindet. Sie war nicht wiederzuerkennen, so lebendig und sichtlich zufrieden war sie. In der Rolle ihres Mannes war sie jemand, der weiß was er will, eine klare Meinung zu dem hat, was er vertritt und zupackt. Als sie ihrem Mann die Geschenke überreichte, fiel sie ihm in die Arme und weinte. Ich möchte hier Elkes Mann Helmut nennen.

Elke: „Du darfst mich nicht verlassen. Ich liebe Dich. Ich möchte nächstes Jahr mit Dir erleben."

Helmut: „Natürlich, was soll das. Ich freue mich über die Uhr von Dir. Sie ist schön. Du machst so tolle Geschenke."

Elke: „Ich war mir unsicher ob sie die richtige für Dich ist." (Weint.)

Nachdem Elke ihren Trauergefühlen Ausdruck gegeben hat und die Harmonie des Weihnachtsfestes im Rollentausch mit den anderen Hilfs-Ichen inszeniert hat, fragte ich sie nach dem weiteren Verlauf des Abends.

Elke: „Später habe ich mich dann ein wenig geärgert, dass mein Mann so viel getrunken hat. Er wird dann etwas unangenehm."

Therapeut: „Hast Du ihm das gesagt?"

Elke: „Na ja, nicht direkt."

Therapeut: „Dann sage ihm das hier mal."

Elke: „Musst Du denn heute so viel trinken? Wo doch Weihnachten ist."

Helmut: „Was hast Du denn schon wieder? Wenn Dir das nicht passt, dann gehe ich eben nach oben(in die Wohnung der Schwiegereltern)."

Therapeut: „Wie haben sich die Schwiegereltern dazu verhalten?"

Elke: „Sie waren neutral. Sie haben eher zu Helmut gehalten. Das haben sie aber immer."

Im weitern Verlauf des Spieles wurden die negativen Seiten der Beziehung deutlicher, von denen Elke bisher in ihrer Trauer und Idealisierung nichts erzählte und erzählen konnte. Es gab öfter Konflikte zum Lebensstil ihres Mannes. Er hat manches Mal „über den Durst" getrunken, wenig auf seine Gesundheit geachtet, ging abends gern in Kneipen und hat sie öfter allein gelassen. Elke konnte das erste Mal Vorwürfe an ihren Mann formulieren, dass er sich mit seinem Lebensstil, auch mit seiner vielen Arbeit, ins Grab gebracht und sie verlassen hat. Dabei wurden Erinnerungen an ihren Vater geweckt, der starb, als sie vierzehn Jahre alt war. Sie erinnerte sich wie sehr sie ihn vermisst hatte, als er sie durch seinen Tod mit ihrer kritischen Mutter alleine ließ. Durch die Erinnerungsszene war Elke auf dem Weg, idealisierende Projektionen zurückzunehmen und eine Tele-Beziehung zu ihrem verstorbenen Mann zu entwickeln.

Abschied und Integration

Damit der Verlust realisiert werden kann, bietet sich als nächster Schritt eine Abschiedsszene an. Hier findet eine psychodramatische Begegnung statt, die in die letzten Stunden der gemeinsamen Beziehung gelegt wird. Der Abschied muss auf der Bühne reinszeniert werden, damit Unausgesprochenes ausgesprochen werden kann. Wenn die Protagonistin – wie Elke – in der Stunde des Todes oder der Trennung nicht anwesend war, kann eine imaginäre Abschiedsszene inszeniert werden, etwa am Krankenbett. Auch der Gang zum Grab kann sinnvoll sein, um Abschied zu nehmen. In jedem Fall ist der Rollentausch mit der Verlustperson wichtig, um im Rollentausch das „Weggehen", das „Verlassen" erleben zu können, gerade wenn es sich um eine Leugnung des Verlustes handelt. Damit übernimmt die Protagonistin auch die aktive und gestaltende Rolle des Sterbenden und gibt die antagonistische Rolle der Verlassenen auf. Im Rahmen der psychodramatischen Abschiedsinszenierung übernimmt die Protagonistin in der Rolle ihres Mannes Verantwortung für die Beziehung und für eine dosierte Erwärmung der Antagonistin „Ehefrau" an die neue Lebenssituation. Es kann auch sein, dass die Verlustperson im Rollentausch tröstende Worte für die Protagonistin findet. Oder es kann im Rollentausch erlebt werden, dass es für mich als Verlustperson vielleicht erlösend ist, zu sterben. Diese psychodramatische Abschiedsinszenierung ist meist von starken emotionalen Gefühlen der Trauer begleitet. Es geht um die Realisierung des Abschieds.

In Elkes Fall schlug ich eine Abschiedsszene am Krankenbett ihres Mannes vor. Da die Protagonistin zum Zeitpunkt seines Todes nicht anwesend war, sollte sie psychodramatisch seinen Tod miterleben und die Gelegenheit eines Abschiedsgesprächs haben. Allein das Szenenbild, ihren Mann (bzw. das Hilfs-Ich) auf dem Krankenbett liegen zu sehen, löste heftige Emotionen aus. Nach dieser kathartischen Abreaktion bat ich die Protagonistin um einen Rollentausch mit ihrem Mann. Zuerst interviewte ich Elke in der Rolle ihres Mannes auf dem Krankenbett. Dann ging Elke wieder zurück in ihre Rolle, damit sie Fragen stellen konnte.

Elke: „Warum tust Du mir das an?"

Helmut: „Ich will nicht gehen. Aber ich habe die ganze Zeit schon gemerkt, dass mit mir etwas nicht stimmt."

Therapeutisches Doppel: „Für mich ist das gar nicht so überraschend."

Elke: „Warum hast Du nichts getan? Ich hätte Dir auch geholfen."

Diese Äußerung kommt voller Verzweiflung und mit Vorwürfen.

Helmut: „Ich dachte immer, ich hätte alles im Griff. Dass ich sterben soll, daran habe ich nie gedacht."

Elke: „Wie soll ich das nur alles ohne Dich schaffen." (Weint heftig.)

Nach diesem Dialog, den ich hier nur auszugsweise wiedergebe, sitzt die Protagonistin lange schweigend am Bett ihres Mannes und hält tröstend seine Hand. Damit tröstet sie sich auch selbst. Hier findet der Abschied statt. Hier kann sie ihn realisieren.

Endlich kann die festgehaltene Verlustperson gehen. Die Fixierung löst sich. Die Seele des Verstorbenen kann in die Tiefen des Seelenmeeres einsteigen.

Hätte sich Orpheus wirklich oder psychodramatisch von Eurydike verabschieden können, hätte er nicht weiter suchend auf die Unterwelt fixiert bleiben müssen, Eurydike dem Totenreich überlassen können. Auf dem Weg zur Selbstfindung der Protagonistin kann die Verlustperson hilfreich sein. Die positiven und bislang fixierten Anteile des verinnerlichten Bildes vom Ehemann stehen der Protagonistin gleichsam als Orakel zur Verfügung. Die Seele des Verstorbenen wird zur psychodramatischen Begegnung in die Realität der Bühne eingeladen. Damit wird der innere Dialog aufgegriffen, der nach einem Verlust sowieso immer wieder stattfindet, nur diesmal ausdrücklich auf der Bühne und mittels der psychodramatischen Bearbeitung hoffentlich wahrhaftiger.

Bei der nun folgenden Begegnung Elkes mit der Seele ihres verstorbenen Mannes geht es um die gegenseitigen Gefühle und Bedeutungen, um die fortschreitende Ich-Du-Differenzierung und schließlich um die Reintegration der auf ihren Mann fixierten Anteile im Sinne einer Selbsterweiterung. Ich fordere die Protagonistin in der Rolle des Verstorbenen auf, der Trauernden folgende Fragen zu stellen: *„Was habe ich Dir gegeben?"* *„Was habe ich Dir bedeutet?"* Damit wird der Protagonistin die Gelegenheit gegeben, zu antworten, welche Qualitäten ihres Mannes für sie bedeutsam waren und wie sie diese Qualitäten erlebt. Im weiteren Verlauf sollte die Protagonistin ihrem verstorbenen Mann folgende Frage stellen: *„Welche Ratschläge kannst Du mir für mein Leben heute und in der Zukunft geben?"* Meistens ist die Verlustperson, bzw. die Beziehungsimago, sehr daran interessiert, der Trauernden wesentliche eigene Anteile mitzugeben und im Integrationsprozess behilflich zu sein.

In dieser Integrationsszene sitzt nun Elke der Seele ihres verstorbenen Mannes gegenüber. Sie spielt abwechselnd die eigene Rolle und die ihres Mannes. Jetzt ist der Rollentausch im Vergleich zur ersten projektiven Phase problemlos. Sie berichten sich gegenseitig von ihren schönen Erfahrungen, aber auch von ihren Schattenseiten. Das Bild ihres Mannes wird immer deutlicher. Helmut stellte sich noch in der ersten Szene als vitaler, lebenslustiger Mann dar, der unangreifbar schien. Im psychodramatischen Rollentausch verändert sich sein Bild. Er bedauert vieles, was er Elke angetan hatte, entschuldigt sich, drückt aber auch seine Liebe für sie aus. Auf die Frage was er ihr gegeben und bedeutet hat, antwortet Elke:

> „Ich war immer etwas still. Du hast mich aufgemuntert. Du hast mich oft zum Lachen gebracht und hast mich mitgezogen. Bei Dir hatte ich das Gefühl, dass ich lebe. Ja, diese Lebendigkeit, auch wenn es mir manchmal zuviel war. Du hast richtig gelebt, oft zu unbeschwert, hast vieles auf Dich zukommen lassen."

> Helmut: „Vielleicht habe ich vieles zu leicht genommen, deshalb bin ich vielleicht nicht alt geworden".

> Therapeut zu Helmut: „Kann Elke etwas von Dir gebrauchen?"

> Helmut: „Auf jeden Fall. Du nimmst vieles zu schwer, denkst oft, Du schaffst es nicht."

Elke: „Das stimmt. Ich kann mir nicht vorstellen, die Schule weiter zu machen. Du fehlst mir. Ich schaffe das nicht. Du hast mir Mut gemacht."

Auf die Frage an Helmut, welche Ratschläge er Elke gehen kann:

„Du musst mehr daran glauben, dass Du es schaffst. Du schaffst die Schule auch ohne mich. Du warst doch gut. Vergrabe Dich nicht zu Hause. Ich weiß, dass Du lebendig und lustig sein kannst. Du hast mehr Kraft als Du glaubst."

Nach dieser Szene dachte die Protagonistin im Monolog laut darüber nach, was sie sich seihst alles zutrauen kann und ob sie die Abendschule wieder aufnehmen könnte. Sie konnte nunmehr die bislang ihr Selbst besetzende Beziehungsimago (wie C.G. Jung sagen würde) loslassen und sich selbst sehen und definieren. Im Gegensatz zu Orpheus bekam ihr Leben wieder eine Perspektive. Sie muss nicht weiterhin wie Orpheus Vermittlerin zwischen Leben und Tod sein, sie kann sich für ihr Leben entscheiden. Sie kann im Gegensatz zu Orpheus den Tod annehmen und nimmt ihm damit die Macht, sie weiter zu besetzen. Amor ist nicht wie bei Orpheus übermächtig. Erst nachdem sich der Orpheus-Komplex auflöst, kann die Lebendigkeit und Spontaneität der Protagonistin erneut fließen, sie hat die Möglichkeit eigener struktureller Selbsterwärmung. Ihr Selbst löst sich aus der Ich-Du-Kollusion analog der Geburt des kindlichen Selbst aus der Kind-Mutter-Symbiose. Mit dieser Losung des Selbst aus der symbiotischen Suchhaltung kann die Protagonistin erkennen, vor welchen Lebensängsten das verinnerlichte Beziehungsbild ihres toten Partners sie geschützt hat. Sie kann jetzt Qualitäten des früheren Partners in ihrem eigenen Selbst reaktivieren oder entwickeln und integrieren, damit diese Aspekte des Partners in ihr Selbst integrieren.

Mit der nun gewonnenen Tele-Entwicklung zwischen der Protagonistin und dem verinnerlichten Bild ihres Partners kann die „innere Beziehungsfigur" verblassen. Dieser Differenzierungs- und Integrationsprozess läuft allmählich ab und wird begleitet von der emotionalen Auseinandersetzung mit dem Verlust, mit dem ganzen Schmerz. In einer fortlaufenden Psychotherapie muss eine immer wiederkehrende psychodramatische Begegnung mit der Verlustperson stattfinden bis schließlich das Selbst sortiert, was es an Strukturaspekten vom Beziehungsselbst aufnehmen kann, aufnehmen will und was es ablehnt. Im fortgeschrittenen Stadium des Integrationsprozesses kann die Protagonistin ohne Schmer: von der Verlustperson reden. Emotionen sind spürbar bei der Erinnerung an positive oder problematische gemeinsame Erlebnisse. Die Verlustperson ist dann in die Erinnerung aufgenommen und abrufbar. Die noch im Orpheus-Komplex beherrschende „innere Beziehungsfigur" tritt aus dem Zentrum des Selbst an die Peripherie und wird zu einem mehr oder weniger bedeutsamen erinnerbarem „Wegbegleiter" für das weitere Leben. Solch ein innerer „Wegbegleiter" wird vor allem bedeutsam, wenn uns künftige Ereignisse oder Personen affinitiv an frühere Gemeinsamkeiten und Erlebnisse erinnern.

6. Literatur

Cnanacakis, J. (1987). Ich sehe deine Tränen. Trauern, Klagen, Leben können. Stuttgart: Kreuz (2. Auflage).
Caruso, I.A. (1986). Die Trennung der Liebenden. Eine Phänomenologie des Todes. Frankfurt: Fischer (Erstveröffentlichung: Bern: Huber, 1968).
Duparc, F. (1983). Orphée et Eurydice – De la passion et de l'amour. *Revue Francaise de Psychanalyse*, 44(4), 1044-1060.
Haas, E. (1990). Orpheus und Eurydike. Vom Ursprungsmythos des Trauerprozesses. *Jahrbuch der Psychoanalyse*, 26, 230-252.
Gedo, J. (1970).The psychoanalyst and the literary hero: An Interpretation. *Comprehensive Psychiatry*, 11(2), 174-181.
Jaspers, K. (1948). Philosophie. Berlin, Göttingen, Heidelberg: Springer (2. Auflage; zuerst: 1932).
Kast, V. (1987). Trauern. Phasen und Chancen des psychischen Prozesses. Stuttgart: Kreuz (8. Auflage; zuerst: 1982).
Mitscherlich, A. & Mitscherlich, M. (1967). Die Unfähigkeit zu trauern. Grundlagen kollektiven Verhaltens. München: Piper.
Moreno, J.L. (1940). Mental catharsis and the psychodrama. *Sociometry*, 3, 209-244 (auch erschienen als Psychodrama Monographs No. 6, Beacon, NY: Beacon House, 1944).
Moreno, J.L. (1947). The theatre of spontaneity. Beacon, NY: Beacon House (englische Erstausgabe; 2. Auflage: ebd., 1973; deutsche Erstveröffentlichung: „Das Stegreiftheater", Potsdam: Kiepenheuer, 1923; gekürzte englische Fassung in: *Sociometry*, 1941, 4, 205-226).
Moreno, J.L. (1959). Psychodrama, Volume 2: Foundations of psychotherapy. Beacon, NY: Beacon House.
Moreno, J.L. (1960). The social atom and death. In: *J.L. Moreno, H.H. Jennings, J.H. Criswell* et al. (Eds.), The sociometry reader (pp. 62-66). Glencoe, IL: The Free Press (zuerst erschienen in: *Sociometry*, 1947, 10, 80-84; reprinted in: *J.L. Moreno*, „Sociometry, experimental method and the science of society. An approach to a new political orientation" [pp. 65-69], Beacon, NY: Beacon House, 1951).
Moreno, J.L. (1980). Psychodrama, Volume 1. Beacon, NY: Beacon House (6th edition).
Moreno, J.L. (1988). Gruppenpsychotherapie und Psychodrama. Einleitung in die Theorie und Praxis. Stuttgart, New York: Thieme (3. Auflage; zuerst: 1959).
Ovid (1987). Metamorphosen. München: Goldmann (3. Auflage).
Plassmann, J.O. (1992). Orpheus: Altgriechische Mysterien (aus dem Urtext übertragen und erläutert) München: Diederichs (3. Auflage).
Platon (1974). Sämtliche Werke in acht Bänden, Band 3: Phaidon. Das Gastmahl. Kratylos. (herausgegeben von *Günther Eigler*). Darmstadt: Wissenschaftliche Buchgesellschaft (S. 212-393).
Ranke-Graves, R.v. (1987). Griechische Mythologie. Quellen und Deutung (Neuausgabe). Reinbek bei Hamburg: Rowohlt (zuerst: 1955).
Schacht, M. (1992). Zwischen Chaos und Ordnung. Neue Aspekte zur theoretischen und praktischen Fundierung von Spontaneität und Kreativität. *Psychodrama*, 5(1), 95-130.
Schacht, M. (1994). Besser, schöner, schneller, weiter – nicht immer! Erwärmung im Selbstorganisationsmodell der Spontaneität/Kreativität. *Psychodrama*, 7(1), 17-53.
Tilgner, W. (1986). Von der Liebe ein Lied. In: *H.G. Ruhe* (Hg.), Abschied. Ein Lesebuch (S. 63). München: Kösel.
Willi, J. (1990). Die Zweierbeziehung. Spannungsursachen – Störungsmuster – Klärungsprozesse – Lösungsmodelle. Hamburg: Rowohlt (zuerst: 1975).

Korrespondenzanschrift:
Dipl.-Psych. *Andreas Käppler*
Psychotherapeutische Praxis
Brüderstr. 2
D-44787 Bochum

☎ (0234) 68 19 32
email: *andreas.kaeppler@t-online.de*

Dieser Beitrag erschien zuerst in: *Psychodrama – Zeitschrift für Theorie und Praxis von Psychodrama, Soziometrie und Rollenspiel* (1995), 8(2), 277-297 (Themenheft „Kinder") und wurde für den Wiederabdruck geringfügig modifiziert.

Reinhard T. Krüger
Versöhnung mit sich selbst.
Ein ich-psychologisch zentriertes Therapiekonzept in der psychodramatischen Psychotherapie von Psychosen

Summary:
Self-reconciliation. An ego-psychologically centered concept of treatment in psychodramatic psychotherapy of psychosis
In treating schizophrenic psychosis Moreno developed a new approach in psychotherapy by introducing the „auxiliary-world" method in which an ego-psychologically centered practice is put into use. However up till now this auxiliary-world method would have gone beyond the scope of any in- or out-patient therapy setting. The author will therefore deal theoretically with the factors of auxiliary-world method which have an effect on successful treatment. Through these means the eventual theoretical conclusions serve as a basis for proposing an altered ego-psychologically centered psychodramatic practice in treating psychosis. The fundamental elements of the auxiliary-world method shall be taken up at the same time as the practical application thereof is assimilated so that it can be put into practice in current organization of single and group therapy.

Zusammenfassung:
Moreno hat mit seiner Hilfsweltmethode einen neuen Therapieansatz in die Psychotherapie von schizophrenen Psychosen eingeführt, den man zusammengefasst als ich-psychologisch orientiertes Vorgehen verstehen kann. Allerdings würde die Hilfsweltmethode heute von ihrem Aufwand her jedes ambulante oder stationäre therapeutische Setting sprengen. In dieser Arbeit wird versucht, die Wirkfaktoren der Hilfsweltmethode theoretisch zu erfassen. Die dabei erarbeiteten theoretischen Erkenntnisse dienen als Grundlage dafür, in der Psychotherapie von Psychosen ein verändertes, ich-psychologisch zentriertes Vorgehen zu entwickeln, das wichtige Grundideen der Hilfsweltmethode aufnimmt, aber das praktische Vorgehen so abzuwandeln versucht, dass es innerhalb der heute üblichen Organisation von Einzel- und Gruppentherapie zu verwirklichen ist.

1. Das naive und das tiefenpsychologische Verständnis schizophrener Symptome

Die Psychiatrie entstand als Heilmethode u.a. dadurch, dass verschiedene seelische Leidenszustände von Menschen begrifflich als Krankheit gefasst und anerkannt wurden. Psychische Abweichungen als Krankheit zu definieren, brachte zunächst einen Fortschritt, bedeutete dies doch einen Schutz vor Verfolgung, vor „Teufelsaustreibung" oder vor Strafen. Der Krankheitsbegriff schützte aber auch die Ärzte und Heiler, denn diese konnten sich dadurch besser von den Kranken distanzieren und mussten sich dem Absonderlichen oder

Verrückten in der Begegnung nicht so aussetzen. Vor etwa 15 Jahren stand im Deutschen Ärzteblatt ein interessanter Artikel: Ärzte aus Rotchina hatten damals in Deutschland nachgefragt nach Psychiatern, die sie fortbilden könnten in der Diagnostik psychisch Kranker mit Hilfe psychopathologischer Begriffe aus der deutschen Psychopathologie von Bleuler (1972) u.a. Der Hintergrund für diese Bitte war folgender: In der chinesischen Kulturrevolution waren alle Grenzen zwischen „Gesunden" und psychiatrisch „Kranken" aufgehoben und aufgebrochen worden. In dem Artikel wurde dargestellt, dass diese Entwicklung eigentlich eine Entwicklung hin zur Sozialpsychiatrie in China hätte bedeuten können. Denn man hatte wieder Begegnung gewagt, die Krankheitsbegriffe und zum Teil sogar die Institutionen aufgelöst. Nach dem Ende der Kulturrevolution wurde diese neue Haltung gegenüber den Kranken für die „Gesunden" aber zur Belastung. Deshalb begann man wieder, sich zu schützen. Dies eben u.a. dadurch, dass man psychopathologische Begriffe zwischen sich und die Kranken stellte und so eine Distanz schaffte.

Angesichts der ängstigenden Not eines psychotisch Kranken ist man nur allzu leicht verführt, es einseitig als positiv zu bewerten, wenn der Kranke seine Psychose als Krankheit, eben als „Psychose" definiert und sich identifiziert mit der Vorstellung, dass das psychopathologische Symptom zu beseitigen sei. Das hat zur Folge, dass ein Psychotiker mit so genannter Krankheitseinsicht in seiner Vorstellung das Symptom von seiner Person abtrennt und zum Objekt der Betrachtung und der Behandlung macht. Ein allein auf die Psychopathologie sich konzentrierendes psychiatrisch geprägtes Denken führt schnell zu der Auffassung, dass das Symptom, das Absonderliche des Kranken, zum Verschwinden gebracht werden müsste: Der kranke Ast soll vom Baum abgesägt und verbrannt werden. Ein solches Verständnis psychotischer Erkrankungen brachte zwar ursprünglich einen Fortschritt und Schutz für die Kranken, dieser führt aber, wenn der Psychiater diese Sichtweise übernimmt, zu einer ärztlich herbeigeführten Spaltung der inneren Strukturen des Patienten in gesund und krank, eben in Person und Symptom. Eine solche Trennung hat bei Psychotikern schwerwiegende Folgen. Denn sie bedroht den Kranken mit dem Empfinden, nicht zu existieren.

Fallbeispiel Nr. 1:
Ein 54-jähriger Patient, Herr A., der seit seinen jungen Erwachsenenjahren wiederholt psychotisch dekompensierte, u.a. mit Vergiftungswahn, einmal nur durch Zufall nach einem Suizidversuch gerettet wurde, kommt seit 12 Jahren in die ambulante Psychotherapiegruppe. Eines Tages sagt er: „Es ist wieder so weit. Ich bin nicht mehr da!" Die Gruppenmitglieder und der Therapeut reagieren mit Befremden und sind heimlich erschrocken. Herr A.: „Bei der Arbeit, wenn ich etwas tue, fühle ich mich noch, aber sonst bin ich nicht mehr da. Ich kann bei der Arbeit auch keine Pausen mehr machen, wie ich es mir vorgenommen habe." Der Patient hatte in der Therapie mühsam gelernt, seinem eigenen „terroristischen Über-Ich" Widerstand zu leisten und als Sachbearbeiter bei hohem Leistungsdruck Panikgefühle dadurch abzubauen, dass er mit viel Zeit seine eigene Ordnung und Gestaltung des

Arbeitsablaufes durchsetzte. Herr A.: „Ein Kollege ist in Urlaub. Ich kann das nicht mehr. Dabei gibt es aber dringende Sachen zu erledigen."

Das Gefühl des Menschen, zu existieren, ist abhängig von zwei Fähigkeiten: erstens der Fähigkeit, mehr oder weniger große Differenzen zu erleben zwischen dem eigenen inneren Vorstellungsstrom und der äußeren Interaktion, zwischen Fantasie und Realität, Denken und Handeln; und zweitens von der Fähigkeit, dieses Differenzerleben aktiv in einem als eigen erlebten Selbstorganisationsprozess zu ordnen, auszugestalten und mit Bedeutung zu versehen (Krotz 1992). Der Patient zeigte mit seinem Depersonalisationsempfinden „ich bin nicht mehr da", dass er die Fähigkeit verloren hatte, Realität und Vorstellung angemessen zu integrieren. Der Ausdruck: „Ich bin nicht mehr da", war bei ihm eben nicht nur ein symbolisches Bild für ein inneres Konflikterleben, sondern konkrete Realität. Denn bei dem Patienten war auf Grund übergroßer innerer Konfliktspannung der Selbstorganisationsprozess zerfallen, seine Beziehung zu sich selbst, sein Auto-Tele (Moreno 1939, p. 4f; Krüger 1997, S. 106). Benedetti (1983, S. 48) beschreibt das Empfinden von Menschen, bei denen der Selbstorganisationsprozess sich aufgelöst hat, als „Erfahrung der Nicht-Existenz".

Ein in seinem Denken allein auf die Psychopathologie sich konzentrierender Psychiater würde im Falle dieses Patienten Neuroleptika verschreiben, dadurch die Sensibilität für Konflikte reduzieren und so durch Verminderung der Konfliktspannung wahrscheinlich innerhalb von 1-3 Wochen bewirken, dass das Depersonalisations-Symptom verschwindet. Das Symptom wird bei diesem Vorgehen zum Objekt der Behandlung und beseitigt. Das Problem dabei ist nur, dass das Symptom, das Erleben „Ich bin nicht mehr da", Ausdruck des Selbstorganisationsprozesses ist, zwar ein recht hilfloser Ausdruck, der von einer sonderbaren Lösung kündet, aber doch noch ein letzter Ausdruck der Existenz dieses Prozesses. Ein allein medikamentöses Vorgehen beseitigt deshalb mit dem Symptom auch das darin latent enthaltene Existenzempfinden des Patienten. Aus psychotherapeutischer Sicht kommt ein solches Vorgehen deshalb, wie Benedetti (1983, S. 190) sagt, einer Amputation gleich: „Mit dem Symptom wird auch jene fragile Ich-Zone vernichtet, die seiner so dringend bedarf, um sich eine wie auch immer geartete Weiterexistenz zu sichern. Zweifellos geht fast unerträgliches Leid von ihm aus; aber zugleich ist es auch der einzige noch zur Verfügung stehende potentielle Ausgangspunkt für eine Weiterentwicklung. Sobald diese Zone wegamputiert wird, bleibt nichts als ein Defekt zurück, ein zusammengeschrumpftes Ich, das sich nur insofern versteht, als es den hohen Preis bezahlt, jede in die Zukunft gerichtete Werdensmöglichkeit aufzugeben."

Ein tiefenpsychologisch orientiertes, psychotherapeutisches Vorgehen stellt sich aus diesem Grund nicht gegen das Symptom. Vielmehr hat der Therapeut „[...] mit dem Kranken in seinem Symptom zu sein" (Benedetti 1983, S. 190). Moreno war meines Wissens der erste Psychiater, der diesen Eintritt des Therapeuten in das Symptom des Patienten in der Behandlung von Psychotikern systematisch anwandte. Er hat erstmals 1937 und später in einer Reihe anderer Veröffentlichungen diesen neuartigen Zugang in der Psychotherapie von Psychosen beschrieben. Sechehaye folgte 1947 mit ihrer berühmten „Realisation symbolique", später Benedetti u.a.

Schindler (1996, S. 9) berichtet in einer kleinen Vignette, wie Moreno Anfang der fünfziger Jahre in der Universitäts-Nervenklinik in Wien seine Therapiemethode von Psychosen demonstrierte. Man hatte Moreno dazu eingeladen und ihm konfrontativ einen möglichst schwierigen Fall ausgesucht, eine Patientin mit einem depressiven Stupor. Diese Frau war für die Ärzte in der Klinik durch Fragen und „[...] im Gespräch nicht erreichbar und krankheitsbedingt entrückt." Moreno wartete mir dem Klinikpersonal im Hörsaal. Er hatte diese Frau vorher nie gesehen, als sie in den Hörsaal geführt wurde. Schindler erzählt: Die Frau „[...] blieb nach ein paar Schritten stehen. Aber da trat Moreno schon auf sie zu, begrüßte sie laut und nahm ihre Hand. Dann stellte er sich neben sie und erklärte ihr die Ärzte im Auditorium als eine Art Studenten, die von ihr ihre Sicht ihrer Situation verstehen lernen sollen. [...] Quasi nebenbei fragte er sie nach ihrem Namen. Zu unserem Erstaunen nannte sie ihn, als läge keine Hemmung über ihr. Moreno wiederholte den Namen langsam und fand ihn schön. Er band eine Assoziation daran, die ich vergessen habe und die auch nicht passte. Die Patientin verbesserte ihn, und er nahm ihre Sicht sofort an, bot eine Erweiterung an. So entwickelte sich ein durchaus triviales Gespräch mit der Akzentuierung hoher Wichtigkeit, getragen von einem Ausdruck persönlichen Interesses und ohne jede objektivierende Begründung. Der Stupor schien abgefallen und es entwickelte sich ein Gespräch über ihre Lebenssituation. Moreno fragte fast nie, er bot ihr seine Vorstellungen an und ließ sich von ihr durch Korrekturen führen. So war eigentlich er es, dem da geholfen wurde. Es tauchten Familienmitglieder auf, die sich ihr zu entziehen suchten. Nicht sie, Moreno wollte das nicht dulden." (Schindler 1996, S. 9).

Moreno ist in diesem Beispiel als interaktionell mitagierender Doppelgänger (Krüger 1997, S. 120ff u. 129f) in den blockierten inneren Selbstorganisationsprozess mit eingetreten und hat diesen durch sein Handeln aktiviert. Er schreibt zum Einsatz der Doppelgängermethode bei schwer kontaktgestörten Psychotikern: „Wenn die Patientin mit sich selbst sprechen könnte, mit der Person, die ihr am nächsten steht und die sie am besten kennt, dann hätte sie jemand, mit dem sie sich versteht. Um ihr das zu ermöglichen, reproduzieren wir für sie auf der Bühne ihren ‚Doppelgänger', mit dem sie sich am leichtesten identifizieren, mit dem sie sich unterhalten, mit dem sie gemeinsam handeln kann." (Moreno 1959, S. 85). Ganz ähnlich fordert Benedetti (1983, S. 296) eine „Dualisierung der autistischen Psychopathologie" durch den Eintritt des Therapeuten in das Symptom. „Die sich daraus ergebende Beziehung entwickelt wiederum eine Dynamik, die auf der Fähigkeit beruht, psychopathologische Erlebensweisen des Kranken in einen Dialog zu transponieren, ohne sie gleichzeitig zu negieren oder als „krankhaft" abzutun. Dann aber kann es geschehen, dass sich der Patient dem Therapeuten öffnet und diesem einen Blick in sein

Inneres gewährt. Dieses Aufbrechen wird möglich gerade aus dem therapeutischen Durch- und Miterleben der vorangegangenen autistischen Abkapselung." (Benedetti 1983, S. 298).

Leider hat Moreno die Patientin mit dem depressiven Stupor in Wien nur in dieser einen Sitzung gesehen und sich nicht weiter um sie gekümmert, so dass sie am nächsten Tag wieder in ihre Symptomatik verfiel. Man kann überlegen, ob eine solche Demonstration ethisch zu rechtfertigen ist. Die Frage ist auch, wie das weitere Vorgehen hätte sein müssen, damit die Patientin tatsächlich dauerhaft von ihrem Stupor geheilt worden wäre. Darauf werde ich weiter unten noch eingehen.

Bei der Dekompensation in eine schizophrene Psychose zerfällt der Selbstorganisationsprozess

Es gibt prospektive Studien an Kindern, bei denen man untersucht hat, welche Kinder im Laufe ihres weiteren Lebens die besten Aussichten haben, nicht psychisch krank zu werden (Michael Schulte-Markwort, mündl. Mitteilung 1993). Das einzige Kriterium, das sich als signifikant erwies, war das Aktivitätsniveau des Säuglings. Im Gegensatz zu Säuglingen mit einem niedrigen Aktivitätsniveau überstehen Säuglinge mit einem hohen Aktivitätsniveau auch spätere schwierige Lebensverhältnisse psychisch sehr viel besser. Ich erkläre dies damit, dass Menschen mit einem hohen Aktivitätsniveau in schwierigen Lebenssituationen mehr agieren, mehr interaktionell tätig sind und auch intrapsychisch ihre Fantasie reicher spielen lassen. Sie behalten dadurch eher den „Aspekt des Schöpfers zu ihrem eigenen Leben" (Moreno 1970, S. 78). Der innere Selbstorganisationsprozess wird nicht so leicht blockiert. Sie verarbeiten negative Erfahrungen aktiver. Die Integration neuer, schwieriger Lebenserfahrungen in die inneren Strukturen geschieht nicht passiv durch bloße Anpassung, sondern aktiv, so dass die neuen inneren Strukturen mehr auch eigene alte Erfahrungen mit umfassen. Im Ergebnis sind dann die inneren Strukturen komplexer und dadurch in Konflikten belastbarer.

Die Bedeutung des Aktivitätsniveaus als Gesundheitsfaktor ist auch in der Therapie von Menschen mit psychotischen Erkrankungen bekannt. Psychotiker mit einem ausgebauten Wahnsystem haben gewöhnlich eine bessere Prognose als Menschen, deren Aktivitätsniveau zum Ausbau solcher produktiver Symptome nicht ausreicht. Auch werten wir, wenn wir eine tiefenpsychologische Anamnese erheben, das Fehlen einer Trotzphase in der Kindheit gewöhnlich als Hinweis auf eine eher schwerere psychische Störung. Menschen sind offensichtlich eher gefährdet, psychisch krank zu werden, wenn sie ein niedriges Aktivitätsniveau haben, wenn also das Verhältnis von passiver Anpassung und aktiver Bemächtigung der Welt stark zur passiven Anpassung hin tendiert. Wenn Menschen dann noch recht sensibel sind, für Psychotiker ist das bekannt, dann ist aktive Bemächtigung für sie noch schwerer. Sie neigen in schwierigen familiären und sozialen Verhältnissen deshalb eher zur passiven Anpassung, zur passiven Identifizierung mit dem System (Krüger 1997, S. 211ff) ihres sozialen Umfeldes.

Die „Identifizierung mit dem System" ist ein von mir so benannter Abwehrmechanismus, der die von Parin (1977) beschriebenen Anpassungsmechanismen zusammenfasst: „Der durch Identifizierung mit dem System Abwehrende übernimmt zunächst mehr oder weniger eigenbestimmt eine für seine psychische Konstellation passende Rolle in einem System, lässt sich dann aber im weiteren Verlauf auf Grund von noch unzureichender Selbstentwicklung und/oder von Defiziten in der Identitätsentwicklung durch seine Rolle so stark auch in seinem somatischen, psychischen, Beziehungs- und Werteerleben bestimmen, dass er am Ende Selbstempfinden und Rollenempfinden nicht mehr voneinander differenzieren kann. Das ist der entscheidende Unterschied zu gesunder, kreativer Rollenübernahme, bei der es dem Betreffenden immer wieder möglich ist, Rollenempfinden und Selbstempfinden voneinander zu differenzieren." (Krüger 1997, S. 213).

Der Vorteil einer solchen Anpassung durch unbewusste Rollenübernahme ist, dass weniger intrapsychische Konflikte auftreten und dass auch interpersonelle Konflikte reduziert werden. Denn die von der Familie oder Institution vorgegebene Rolle wird ja von den Gegenrollen bestätigt und narzisstisch aufgewertet. Mit der Rolle in dem System werden auch die Gewohnheiten, die dieses System, z.B. ein Familiensystem oder ein institutionelles System, hat, mit übernommen, die zeitliche Abfolge und Logik von Handlungen, die Erklärungsmuster und die Ziele des Systems. Jemand, der sich so mit dem System identifiziert, lebt relativ konfliktfrei und spart dadurch Energie. Menschen mit niedrigem Aktivitätsniveau und/oder hoher Sensibilität sind deshalb mehr als andere gefährdet, in dieser Weise in Kindheit und Jugend sich relativ passiv nur anzupassen.

Das Problem bei überwiegend passiver Anpassung aber ist, wie oben schon gesagt, dass solche Menschen ihre inneren Strukturen nicht ausreichend komplex ausbilden. Denn wenn Erfahrungen nicht durch aktive innere Verarbeitung in die schon vorhandenen Strukturen integriert und nur passiv in das Selbst aufgenommen werden, entwickeln sie keine innere Komplexität und bleiben plakativ. Im Extremfall sind sie lediglich als Abbilder (Krüger 1997, S. 41ff) vorhanden, als Worthülsen oder flache Bilder. Das Spiel innerhalb der seelischen Strukturen, ist dann eindimensional und in seinen Perspektivwechseln zu wenig komplex, um in Konflikten einen ausreichend kreativen inneren Verarbeitungsprozess zu ermöglichen. Dann halten z.B. in typischen Schwellensituationen des Lebens, in der Pubertät und im jungen Erwachsenenalter, bei dem ersten Liebeserlebnis oder dem ersten Arbeitsbeginn oder bei Krisen in der Mitte des Lebens die inneren Strukturen die Konfliktspannung nicht aus. Bei einem ersten Liebeserlebnis muss ja der Jugendliche, um zurechtzukommen, der vertrauten Familie „untreu" werden, sich der Identifizierung mit der Familie entziehen, andere Erklärungssysteme und Ziele aufbauen, andere Rollen ausüben. Dies genauso auch beim ersten Arbeitsbeginn. Derartige Konflikte bedeuten dann einen massiven Energieschub innerhalb der Strukturen. Wenig komplexe Strukturen können diesen aber nicht auffangen, so dass dann bei solchen Menschen der Zusammenhalt der inneren Strukturen in Schwellensituationen des Lebens am Ende zerbrechen und eine psychotische Dekompensation auftreten kann.

Das Wahnsystem eines Psychotikers kann verstanden werden als Versuch des Kranken, in das zerfallene Selbstorganisationssystem und die frei flottierenden inneren Strukturen wieder einen logischen Zusammenhang hineinzubringen. In einem Wahnsystem schreibt der Patient sich selbst gegenüber anderen Rollen eine bestimmte bedeutungsvolle Rolle zu, entwickelt ein Erklärungsmuster und versteht sich als Handelnder in einem Kampf um spezifische ideelle Werte und Normen. Der Wahn ist, wenn man so will, ein Fortschritt in der Selbstentwicklung eines Menschen, identifiziert sich der Patient doch jetzt nicht mehr nur durch Anpassung mit einem durch die Familie oder Institution (z.B. Sekte) vorgegebenen fremdbestimmten, sondern mit einem eigenen System. Andererseits ist der Wahn natürlich eine zutiefst ängstigende Krankheitserfahrung, weil er als Notkonstruktion die absolute Leere und den Fall ins Nichts nur mit Mühe verhindert, außerordentlich brüchig ist und der Patient das Empfinden der eigenen Steuerung in seinem Selbstorganisationsprozess weitgehend verloren hat.

2. Wie entwickeln innere Strukturen ihre Komplexität?

Die Rollentheorien des Psychodramas können bislang nur unzureichend beschreiben, wie innere Strukturen ihre Komplexität entwickeln. Dies hat seinen Grund darin, dass sie das Emergenzprinzip nicht berücksichtigen. Das ist das Phänomen, dass das Ganze mehr ist als die Summe seiner Teile (von Ehrenfels, zitiert nach von Uexküll 1990, S. 19). Wenn man psychische Veränderungen in der Heilung von psychisch Kranken theoretisch erfassen will, kommt man aber ohne dieses Emergenzprinzip nicht aus.

Ich habe deshalb ein Konzept innerer Strukturen entwickelt (Krüger 1997, S. 30ff), das anders als die Rollentheorie das Emergenzprinzip mitberücksichtigt und meiner Erfahrung nach zum Verständnis der Entstehung struktureller Störungen und ihrer Heilung hilfreich ist, speziell auch zum Verständnis des therapeutischen Vorgehens in der Behandlung von Psychosen.

Fortsetzung der schematische Übersicht der Entwicklungsphasen:

	Emergenzebene	*personale* Strukturelemente	*aktionale* Strukturelemente
Selbst-organisations-prozess	transzendente	ideeller Wert und ideelle Norm	Mythos
	soziale	Selbstbild/Bild des anderen in der Beziehung	Beziehungsspiel
	psychische	Affekt	Szene
	somatische	vegetativer Zustand	Verhalten

Nach diesem Konzept, das sich an die Systemtheorie und an das Strukturverständnis von Psychosomatikern (von Uexküll 1990, S. 13 u. 19) anlehnt, gibt es keine somatischen, psychischen, sozialen und transzendenten Rollen unabhängig voneinander. Vielmehr entwickeln sich die somatischen inneren Strukturelemente zu den psychischen, die psychischen zu den sozialen, die sozialen zu den transzendenten Strukturelementen, dies jeweils als Erweiterung der schon vorhandenen niedriger emergenten Strukturen. Diese niedriger emergenten Strukturen sind nicht getrennt oder alternativ zu sehen. Sie sind vielmehr immer integraler Bestandteil der nächst höheren Elemente. Nur dadurch ist es zu erklären, dass die Chancen zur Konfliktbewältigung umso höher sind, je komplexer die inneren Strukturen sind. Denn mit der Komplexität der inneren Strukturen wächst die Differenziertheit und Ausdehnung der inneren spontan-kreativen Prozesse, die die Verarbeitung von Konflikten in diesen Strukturen ermöglichen (Schacht 1992).

Gerade bei Psychotikern ist die Komplexität innerer Strukturen zumindest in wichtigen Teilbereichen gering. Man kann die Psychotherapie von Psychosen deshalb ganz allgemein verstehen als Bemühen, die Komplexität innerer Strukturen zu erweitern. Ich möchte an einem Beispiel (Krüger 1997, S. 44f) zeigen, wie in der Therapie eine innere Struktur, die zunächst nur als Abbild und Worthülse vorlag, Komplexität gewonnen hat.

Fallbeispiel Nr. 2:
Eine 40-jährige Patientin, Frau B., hatte nach jahrelanger Hausfrauentätigkeit wieder angefangen zu studieren und war im Zuge dieser relativen Loslösung aus der Identifizierung mit dem System ihrer Familie mehrfach psychotisch dekompensiert. Nach etwa einem Jahr Einzelpsychotherapie beschäftigte die Patientin sich über viele Stunden lang mit verschiedenen inneren Figuren, einem 13-jährigen Jungen Peter, dem „Dornröschen", dem Buddha-Kind, der schwarzen Fee, alles Figuren aus Träumen oder Benennungen innerhalb der Psychotherapie. Sie verband diese Figuren mit Körperempfindungen, z.B. hatte sich, immer wenn sie ihre Milz spürte, „das Dornröschen wieder gemeldet". Nun wusste die Patientin aber aus esoterischer Literatur, dass es in der Therapie von Psychosen eigentlich um Integration geht. Je länger sie daran scheiterte, desto mehr wurde der Begriff „Integration" für sie zu einer fixen Idee. Er tauchte in den Stunden immer häufiger auf. Eines Tages überraschte sie den Therapeuten mit der Mitteilung, dass sich jetzt der 13-jährige Junge „Peter" und das „Buddha-Kind" integriert hätten. Der Therapeut

staunte, versuchte das nachzuvollziehen, zweifelte, hinterfragte dann: „Das kann sein, aber vielleicht ist es auch nicht so?" Die Patientin war gekränkt, schließlich verzweifelt. Diese Reaktion war gut verständlich, denn der Therapeut hatte sich hier zunächst gegen das Symptom gestellt, statt mit der Patientin in ihrem Symptom zu sein.

Auf der Suche nach einer Lösung für den Konflikt in der theraoeutischen Beziehung hatte der Therapeut dann aber den Einfall, die Welt der Figuren, mit der sie im Geist umging, mit Handpuppen im Spiel ausgestalten zu lassen. Er ließ die Patientin nicht ihre Erlebnisse nachspielen, sondern forderte sie auf, sie einfach im Handpuppenspiel weiter fortzuschreiben. Ziel war, eine Geschichte zu entwickeln, in der die inneren Figuren sich mit ihren Eigenschaften, Absichten und Nöten klarer zeigen konnten. (Frau B. war in der Lage, selbst die Puppen in die Hand zu nehmen und handeln zu lassen. Der Therapeut übernahm ebenfalls Rollen und ließ jeweils dann die Rollen tauschen, wenn es darum ging, die Patientin Schöpferin und Autorin ihrer Geschichte bleiben zu lassen.)

Die Figuren entwickelten durch das Handeln im Handpuppenspiel *Affekte* (siehe Schema der Strukturelemente oben), ein szenisches Miteinander (*Szene*) und im Spiegel der gegenseitigen Reaktionen auch klare *Selbstbilder* und *Bilder der anderen Figuren*. Nach dieser ersten Therapiestunde mit Handpuppen sagte Frau B. zur Überraschung des Therapeuten betroffen: „Ich bin ganz erschrocken, wie zerstückelt meine Seele ist." Dabei hatte der Therapeut umgekehrt seit langer Zeit zum erstenmal den Eindruck gehabt, dass wirklich Integration geschah. Nach 1/2 Jahr, in dem neben der Bearbeitung von Konflikten im sozialen Umfeld immer wieder auf ähnliche Weise mit Handpuppen weitergespielt wurde, teilte die Patientin dem Therapeuten eines Tages mit: „Ich habe mich entschieden, ich gebe es jetzt auf, alles integrieren zu wollen." Eine große Entscheidung und eine große Einsicht, hatte die Patientin jetzt doch die eigentliche Bedeutung von „Integration" (*ideeller Wert im Sinne eines Symbols*) erkannt. Es zeigte sich, dass „Integration" für die Patientin tatsächlich nur ein Wort, ein Abbild gewesen war. Dieses Wort hatte aber für sie keinen Erfahrungshintergrund gehabt, der psychisch und somatisch vermittelt war, der von daher ihr auch Erfahrungen hätte vermitteln können, wenn sie ihn in Auseinandersetzungen benutzte. Sie hatte diesen für sie so wichtigen Begriff nur denken, nicht aber erleben können. Im Laufe der Therapie wurde der Begriff „Integration" für sie von einer ersehnten, im Grunde aber noch nicht entwickelten Fähigkeit zu einem selbst mutig und leidvoll entwickelten Begriff mit somatischer, psychischer und sozialer Tiefe. Das Wort war zur komplexen Erfahrung geworden, das Abbild der Erfahrung zum Inbild. Die Patientin hat 1/2 Jahr später die Therapie beendet und führt ein aktives Leben. Sie ist meines Wissens seit 2 Jahren nicht wieder in eine Psychose dekompensiert.

3. Die Hilfswelt-Technik – Das methodische Vorgehen Morenos in der Behandlung von schizophrenen Psychosen

Die Theorie komplexer Strukturen hilft, zu verstehen, warum ein Mensch psychotisch dekompensiert und welche seelischen Veränderungen stattgefunden haben müssen, um einer erneuten Krankheitsphase vorzubeugen. Wie kann dies aber praktisch geschehen? Menschen, die psychotisch dekompensieren, sind erfahrungsgemäß recht sensibel und wenig belastbar für Konfliktspannungen. Sie neigen von daher, wie schon gesagt, zur Abwehr durch Identifizierung mit dem System der Familie oder einer Institution (z.B. einer autoritär geführten religiösen Gemeinschaft). Das äußere System gibt dem späteren Psychotiker in seinem Organisationsprozess eine bestimmte Rolle, etwas, woran er sich festhalten kann. Die Anpassung an diese Rolle wird ja auch belohnt. Bricht aber die Identifizierung mit dem System zusammen, z.B. in Schwellensituationen des Lebens, dann ist dieser Patient darauf angewiesen, die Differenzerlebnisse zwischen Vorstellung und Realität in seinem Selbstorganisationsprozess zu verarbeiten. Sind dann die inneren Strukturen aber zu wenig komplex, so reichen sie nicht aus, um die Konfliktspannung auszuhalten. Das angepasste Ich rettet sich dann dadurch, dass es den Selbstorganisationsprozess zerfallen lässt, sich auf einen einzelnen Teil des Ganzen zurückzieht (dieser kann wechseln) und die Verantwortung für die Steuerung des anderen Teils (der anderen Teile) aufgibt. Der Psychiater benennt die verschiedenen Arten des Zerfallens des Selbstorganisationsprozesses dann mit verschiedenen Begriffen aus der Psychopathologie: Depersonalisationserlebnis, Wahnsystem, Stimmenhören u.a.

Das psychopathologische Symptom ist also Ausdruck einer besonderen, wenn auch sehr hilflosen und brüchigen Form der Selbstorganisation. Im Unterschied zu rein medikamentöser Behandlung bemüht sich ich-psychologisch orientierte Psychotherapie grundsätzlich darum, sich nicht gegen den Selbstorganisationsprozess eines Kranken zu stellen, sondern ihn aufzunehmen und in die therapeutische Beziehung zu integrieren. Moreno hat mit der von ihm so benannten Hilfswelt-Technik in der Behandlung von schizophrenen Psychotikern seit der Eröffnung seines Sanatoriums in Beacon 1937 ein Vorgehen entwickelt, bei dem der Zerfall des Selbstorganisationsprozesses nicht nur als Defizit gesehen wird. Statt dessen wird der Zerfall des Selbstorganisationsprozesses verstanden als eine zusätzliche Möglichkeit des Ichs, in besonderen auslösenden Konfliktsituationen noch subjektiv sinnvoll zu reagieren. Diese neue und andere Bewertung des Zerfalls des Selbstorganisationsprozesses bringt der Therapeut dadurch zum Ausdruck, dass er bewusst in das Symptom, z.B. den Wahn, mit eintritt. Die Therapeuten identifizieren sich dabei bewusst mit der psychotischen Welt des Kranken, spielen darin Rollen und Gegenrollen und übernehmen auch die Erklärungsmuster, Werte und Ziele des Wahnsystems. Sie nutzen bei diesem Vorgehen nicht die latente Anpassungsbereitschaft des Patienten (Abwehr durch Identifizierung mit dem System) aus, dadurch, dass sie versuchen, ihn dahin zu bringen, dass er die psychopathologische Begriffswelt des Therapeuten zu seiner eigenen macht und selbst auf sich anwendet. Wenn dagegen die Therapeuten in das Wahnsystem mit eintreten, identifiziert sich der Patient, der sich dem Therapeuten natürlich weiterhin mehr oder weniger bewusst anpassen will, nur mit seinem eigenen Wahnsystem, das aber Ergebnis seines eigenen Selbstorganisationsprozesses ist. Er identifitziert sich von daher mit sich selbst und gestaltet seinen eigenen

Selbstorganisationsprozess mit Hilfe der Therapeuten aus. Die Angst vor der Nicht-Existenz wird dadurch geringer.

Fallbeispiel Nr. 3:
(verkürzt nach Moreno 1975, p. 193ff; übersetzt in Krüger 1997, S. 107ff) Moreno hat die Behandlung eines Psychotikers beschrieben, der glaubte, Adolf Hitler zu sein. Der Patient kam in die Sprechstunde und stellte sich schon als Adolf Hitler vor. Moreno war zunächst geschockt, übernahm dann aber prompt die Doppelgänger-Position und ging mit dem Kranken in sein Symptom, den Wahn, hinein: „Natürlich, jetzt erkenne ich Sie!" Er griff zum Telefon und bestellte zwei Pfleger. Diese wies er, als sie gekommen waren, an, Herr Göring und Herr Göbbels zu sein. Der Patient war eigentlich zu einer ungelegenen Zeit gekommen. Moreno wollte gerade vor Studenten in einem Hörsaal sprechen. Er ergriff die Gelegenheit beim Schopf und bot dem Patienten an, eine Rede an sein Volk zu halten. Der Patient folgte der Aufforderung prompt. Ganz ähnlich wie in der Falldemonstration in Wien in den 50er Jahren deutete Moreno hier die Hörsaal-Szene um im Sinne der Erlebniswelt des Patienten, half, den Wahn zu verwirklichen, stützte als interaktionell mitagierender Doppelgänger konkordant die Bedeutungszuweisungen des Patienten und ließ die Mitspieler Göbbels und Göring das Wahnsystem noch weiter konkretisieren. Der Patient ging, wie gesagt, darauf ein. Er spielte seine Vorstellungen weiter aus, wie er in einem Boot nach Deutschland zurückkehrt, dort das Kriegskabinett einberuft usw. Es wurden auch anamnestische Zusammenhänge in das Spiel mit eingebaut: So endete die 1. Sitzung zum Beispiel mit einer bewegenden Szene am Grabe der Mutter des Patienten.

Moreno hat mit seinen Mitarbeitern in dieser Einzelpsychotherapie den Patienten drei Monate lang in regelmäßigen Sitzungen behandelt. Er hat dies eindrucksvoll und dicht beschrieben. Bemerkenswert war in dieser Behandlung, dass die Krankenpfleger, die Göring und Göbbels spielten, diese Rollen ständig beibehielten, ohne Rollentausch und ohne Nachbesprechung. Sie wurden von der Ehefrau des Patienten sogar als Angestellte eingestellt in dem Fleischerladen des Patienten, lebten so größere Teile des Tages mit ihm und gestalteten dabei sein Wahnsystem mit ihm weiter aus. Dabei kam es einmal zu einer wichtigen konfrontativen Auseinandersetzung: Der Patient, der glaubte, Hitler zu sein, erzählte Göring einen Witz. Beide lachten. „Aber plötzlich ohrfeigte Hitler Göring. Göring antwortete in derselben Weise und es entwickelte sich ein regulärer Faustkampf, während dessen Hitler einen schweren Schlag erhielt. Später ließen beide es sich gut gehen bei einem Glas Bier. Von da an fing das Eis zwischen Hitler und Göring allmählich an zu schmelzen." (Moreno 1975, p. 197). Moreno beschreibt sehr eindrücklich und anrührend, wie der Patient sich allmählich veränderte, sich schließlich seinen Bart abrasieren ließ, und später dann bat, dass man ihn Karl und nicht Adolf nennen sollte. Der Patient konnte sich sozial wieder gut integrieren und kehrte einige Jahre später nach Deutschland zurück.

Die Hilfswelt-Technik wirkt heilend, dadurch dass sie den zerfallenden Selbstorganisationsprozess des Patienten neu organisiert mit den Prozessqualitäten Raum, Zeit, Logik und Sinn (Krüger 1997, S. 60ff). Im Spiel sucht sich jedes Handeln sein Objekt, jeder Impuls seinen Gegenimpuls. Handeln transportiert Energie und schafft Anziehung zwischen den Menschen oder zwischen Mensch und Objekt. Wenn die Therapeuten handelnd in das Wahnsystem des

Patienten einsteigen, aktivieren sie mit ihrer Energie den Selbstorganisationsprozess des Patienten. Aus der Sicht der Strukturentwicklung ist es kein Zufall, dass die Hilfstherapeuten, die in dem Beispiel Göring und Göbbels spielten, dies 3 Monate machen mussten. Sie stützten das Wahnsystem des Patienten und gestalteten es aktiv mit aus. Es kam dadurch zu gemeinsamen Erlebnissen, zu gemeinsamen Erfahrungen, dazu, dass Göring, Göbbels und auch „Hitler" selbst, Vergangenheits- und Zukunftsempfinden bekamen. Sie erspielten sich zusammen den Mythos des Patienten, Ziele, Erklärungssysteme und Handlungsabläufe. Gewohnheiten wurden gemeinsam entwickelt entsprechend den inneren Notwendigkeiten. Anamnestische Zusammenhänge, so der Tod der Mutter, wurden in die inneren Strukturen eingearbeitet und aufgearbeitet. Aus Abbildern wurden Identitäten, Symbole. Es entwickelte sich Begegnung, Integration, gegenseitige Einfühlung, z.B. bei dem Faustkampf zwischen Hitler und Göring. Das Beziehungsnetz im Auto-Tele wurde wirklich hergestellt und gewann Erfahrungstiefe, Tele-Beziehung (Krüger 1997, S. 80ff). Vergleicht man dieses Fallbeispiel mit der von Schindler geschilderten Falldemonstration Morenos in Wien, dem Beispiel von der Patientin mit dem depressiven Stupor, dann zeigt sich: Wichtig für die Heilung scheint die Dauer der Behandlung zu sein. Nur bei ausreichender Dauer des therapeutischen Selbstgestaltungsprozesses können sich die inneren Strukturen des Patienten zu ausreichender Komplexität entwickeln, so dass der Patient in seiner inneren Konfliktverarbeitung spielfähiger und dadurch auch in den Konflikten mit der äußeren Realität belastbarer wird.

Mir und uns allen ist natürlich klar: Heutzutage ist eine Psychosebehandlung mit der Hilfswelt-Technik nach Moreno so nicht durchführbar. Sie würde jeden institutionellen Rahmen sprengen sowohl in der ambulanten als auch in der stationären Therapie. Die Funktionsabläufe in psychiatrischen Kliniken und in der ärztlichen Praxis sind heute durch die Möglichkeiten der medikamentösen Therapie bestimmt. Bender et al. (1991, S. 114ff) weisen aber darauf hin, dass sich individuell ausgerichtete Psychopharmaka-Therapie und Psychotherapie in keiner Weise widersprechen, sondern sich sogar ergänzen und in Kombination nach allgemeiner Erfahrung zu den günstigsten Therapieergebnissen führen. Außerdem muss man feststellen, dass Morenos Ansatz für das psychotherapeutische Vorgehen in der Behandlung von schizophrenen Psychosen inzwischen weiterentwickelt wurde. Ich erwähnte schon Sechehaye und Benedetti. Benedetti (1983, S. 104) zum Beispiel meint, dass die heilende Wirkung der symbolischen Realisation durch Handeln und Spiel dann, wenn man das Prinzip der symbolischen Realisation einmal verstanden hat und in dem Symptom mit dem Patienten ist, heute in ganzen Bereichen auch „allein durch die Worte erreicht" werden kann.

4. Versuch der Abwandlung von Morenos Hilfswelt-Technik zu einem auch heute praktikablen, ich-psychologisch zentrierten Therapiekonzept

Lange Zeit habe ich mich gescheut, Morenos Therapieansatz in der Behandlung von schizophrenen Psychosen, mit dem Patienten in seinem Symptom zu sein, in meine eigene praktische Arbeit mit Psychotikern zu übernehmen. Die Hilfswelt-Technik schien mir zu aufwendig. Als ich dann doch einmal einer Patientin dieses Vorgehen vorschlug, lehnte sie selbst dieses ab. Ich war wahrscheinlich vom Psychodrama als Methode zur Behandlung von Psychosen selbst nicht überzeugt gewesen. Vor etwa 10 Jahren begann ich, mit psychotisch erkrankten Menschen einzelpsychotherapeutisch zu arbeiten. Dabei benutzte ich nur einzelne psychodramatische Techniken wie den Szenenaufbau oder das soziale Atom. Da ich aber in meinem Vorgehen immer noch, ohne es zu wollen, mit dem Patienten zusammen Konflikte aufzuspüren versuchte, um diese zu lösen, in der Arbeit aber nicht ich-psychologisch zentriert vorging, gerieten mir diese Therapien immer wieder viel zu aufdeckend. Das hatte zur Folge, dass die Patienten zwar sozial und familiär stabilisiert wurden, dass aber die psychotische Symptomatik unter dem Energiedruck der aktualisierten genetischen Konflikte nicht verschwand. Eine Ausnahme war die Therapie von Frau B. (siehe oben). Bei ihr war die psychotische Symptomatik am Ende der Therapie nicht mehr vorhanden. Wegen der besonderen Ausprägung des Falls lässt sich aber das Vorgehen mit dem Handpuppenspiel nicht ohne weiteres auf andere Patienten und Patientinnen übertragen.

Im Januar 1997 stellte ich bei der Tagung „Psychodrama in der Psychiatrie" in Wuppertal in einem Vortrag die oben geschilderte theoretische Konzeption für die Entstehung und mögliche psychodramatische Heilung von Psychosen vor. Angeregt durch diese Ideen, durch den Erfahrungsaustausch während der Tagung und nicht zuletzt durch die Bildung eines Arbeitskreises zu dem Thema schöpfte ich Vertrauen und bekam Mut zu eigenen Versuchen, Morenos Therapieansatz entschiedener und in strukturierter Form in meiner eigenen Praxis aufzugreifen und die oben geschilderten theoretischen Überlegungen zu überprüfen und weiter zu entwickeln. Warum verschwand bei einem Patienten, der in der Gruppensitzung halluzinierte, das Stimmenhören für 1/2 Jahr, nachdem der Therapeut die Stimmen im Raum hatte personifizieren und aufstellen und den Patient jeder Stimme den zu ihr passenden Selbstausdruck als Satz hatte zuschreiben lassen? (Matthias Ewald, mündl. Mitteilung 1997).

Aufgefordert, meinen Vortrag aus Wuppertal in diesem Themenheft zu veröffentlichen, habe ich mich entschlossen, das vorgestellte theoretische Konzept zu ergänzen und erste Erfahrungen zu schildern mit einem sehr viel mehr von Morenos Therapieansatz ausgehenden, für mich neuen, ich-psychologisch zentrierten Konzept der Psychosetherapie. Ich möchte dieses hier zur Diskussion stellen und hoffe, dass dadurch die Arbeit des Arbeitskreises intensiviert und verbreitet werden kann.

Fallbeispiel Nr. 1: (Fortsetzung)
(Ich habe das Vorgehen in sieben Schritte aufgeteilt, die ich im nächsten Kapitel benenne und erkläre.)
Am Anfang dieser Arbeit habe ich von Herrn A. berichtet, der gleich zu Beginn der Gruppensitzung lakonisch mitteilt: „Es ist wieder soweit, ich bin nicht mehr da!" Nach dem oben geschilderten kurzen Vorgespräch nimmt der Therapeut einen Stuhl und stellt ihn in die Ecke hinter Herrn A.: „Herr Albert, auf diesem Stuhl sitzt Ihr Ich, der Kurt (veränderter Name), der nicht mehr da ist. Sie selbst auf dem anderen Stuhl sind Herr Albert, der an der Arbeitsstelle etwas macht, sich dort noch fühlt." (2. und 3. Schritt, siehe Kap. 5 dieses Beitrages). Der Therapeut tritt als Doppelgänger zu Herrn Albert und wendet sich dem imaginären Kurt zu: „Was soll das! Du bist einfach abgehauen!" und zu Herrn A. gewandt: „Können Sie einmal die Rollen tauschen und als Kurt antworten?" Herr A. als Kurt: „Du musst wieder daran denken, wie das vor einem Jahr war, als du krank wurdest! Da musstest du Pausen machen. Und dann ging es!" Wieder in seiner Rolle als Herr Albert erzählt Herr A. ausführlich über die augenblickliche Überlastung am Arbeitsplatz: Es sind Auszahlungen zu machen, die sonst verfallen. Herr A. hat fünf eilige Akten gleichzeitig auf dem Tisch. Früher hat er einmal Pausen gemacht, in Ruhe aufgeräumt oder ging fotokopieren. „Das kann ich jetzt nicht mehr!" Aus dem Spiel wird unversehens ein Gruppengespräch (5. Schritt). Einige Teilnehmer treiben Herrn A. an, den Konflikt anders zu lösen: „Kannst du das deinem Vorgesetzten nicht sagen? Du bist doch schwer behindert!" Die Gruppe will Herrn A. anders. Er soll lernen, sich durchzusetzen. Herr A.: „Mein Chef weiß, dass das nicht zu schaffen ist."

Hier nun greift der Therapeut gezielt als Fachmann und Doppelgänger für das schwache Ich des Patienten ein: „Ich glaube nicht, dass es für Sie gut ist, wenn Sie den Konflikt mit dem Chef wagen. Sie sind jemand, der bei Konflikten die Spannung sehr schlecht aushalten kann, wie alle hier. Sonst wären Sie nicht in eine Psychose hineingeraten. Sie sind eben sensibler. Das ist bekannt für Menschen mit einer Psychose. Ich finde Ihre Lösung eigentlich gar nicht so schlecht! Wenn man wie Sie die Konfliktspannung zwischen dem Kurt und dem Herrn Albert nicht aushält, den Kurt dann wegzusperren, das ist zwar keine sehr gute Lösung, aber es ist doch immerhin eine Lösung." Der Therapeut tritt neben Herrn A.: „Herr Albert, ich bin dafür, den Kurt hinauszuwerfen, der macht Ihnen nur Probleme!" Und als mitagierender Doppelgänger zu dem leeren Stuhl, dem imaginären Kurt gewandt: „Setz' dich hin und halte den Mund! Ich mache jetzt die Tür zu, dann bist du weg und kannst mich nicht mehr stören. Ich kann das nicht aushalten mit dir! Ich bin viel zu beschäftigt!" Der Therapeut nimmt zwei imaginäre Türgriffe in die Hand und will die Türflügel schließen. Herr A. lacht unsicher: „Nein, nein, das kann man doch nicht machen!" Einige Gruppenmitglieder protestieren empört: „Wieso das denn! Das ist doch unmöglich!" Erstaunen und Lachen macht sich in der Gruppe breit wegen der grotesken Lösung. Der Therapeut verteidigt standhaft sein Vorhaben: „Wenn Herr Albert doch aber den Konflikt nicht aushält!" Ein munteres, lebendiges Gruppengespräch beginnt. Auch die Co-Therapeutin greift ein, setzt sich auf den Stuhl des imaginären Kurt und wendet sich an Herrn A. in der Rolle des Herrn Albert: „Bei der Arbeit magst du dich ja noch fühlen. Aber glaube ja nicht, wenn du mich da einfach wegstellst, dass dann, wenn Wochenende ist, ich einfach wieder da bin. Damit kannst du nicht rechnen!" Herr A.: „Das will ich ja auch gar nicht!" Der Therapeut: „Soll ich den Kurt nicht doch lieber wegschließen?" Herr A.: „Nein, nein, ich will das nicht!"

Das Spiel lief nicht ganz so glatt wie hier wiedergegeben. Psychotiker können im Spiel schlecht die Rollen halten. Spiel und Realität vermischen sich leicht. So fing z.B. ein Mitspieler, der zwischenzeitlich den Herrn Albert spielte, plötzlich in dieser Antagonistenrolle an, von sich selbst zu erzählen: „Mir geht es genauso!" Tatsächlich schilderte er dann ausführlich einen ganz ähnlichen Konflikt an seinem Arbeitsplatz als Tischler. Die Gruppenmitglieder wirken trotz des Lachens wegen der grotesken Lösung nach dem Spiel sehr berührt. Ausgerechnet die Teilnehmerin, die Herrn A. am meisten zur Durchsetzungslösung angetrieben hatte, meint in der Nachbesprechung nachdenklich: „Ich glaube, bei mir liegen die Probleme nicht so sehr im Arbeitsbereich. Ich kann Spannungen nicht aushalten im Beziehungsbereich mit anderen Menschen." Sie hat recht. Dekompensationen begannen bei ihr immer in Zusammenhang mit Partnerschaften. Im weiteren Gruppengespräch schildert Herr A. zur Überraschung des Therapeuten seinen Chef zum ersten Mal nach 12 Jahren Gruppenteilnahme sehr klar als einen „[...] Workoholic. Der hat vor 5 Jahren einen Herzinfarkt gehabt und ist nun der Auffassung – das aber wirklich! –, dass jemand, der arbeitet, irgendwann einen Herzinfarkt o.ä. bekommen muss. Wer das nicht bekommt, hat nicht gearbeitet, meint der! Lob oder Anerkennung gibt es nie! Wenn man ihm etwas von Belastung oder Psychose sagt, das versteht der nicht. Ein Betriebsklima gibt es bei uns nicht!" Der Therapeut fasst die Aussagen des Herrn A. über seinen Chef noch einmal zusammen: „Ihr Chef weiß also alles, aber er versteht nichts! Herr Albert, seien Sie vorsichtig mit sich! Lassen Sie sich nicht auf einen Konflikt mit dem ein. Das halten Sie nicht aus! Machen Sie einfach nur Ihre Arbeit, eins nach dem anderen. So gut Sie eben können."

In der Gruppensitzung eine Woche später meint Herr A. spontan: „Das Rollenspiel letztes Mal hat mir sehr gut getan. Die Arbeitsbelastung ist zwar nicht weniger geworden. Von 6 Leuten sind wir zur Zeit nur 3 im Dienst. Eine 10 Jahre jüngere Kollegin kann auch schon nicht mehr. Aber ich kann mir meine Arbeit wieder besser einteilen. Ich muss nicht alles gleichzeitig machen, auch wenn ganz dringende Sachen dabei sind. Dann habe ich am Dienstag auch meinen Chef getroffen. Der fuhr mit mir im Fahrstuhl zum Essen. Er fragte mich, wie es mir ginge. Ich sagte: ‚Es ist sehr viel zu tun!' Da meinte er: ‚Das packen Sie schon!' So reagiert der immer. Ich hätte ihn erwürgen können, als er das sagte!" Der Therapeut: „Seien Sie vorsichtig! Gehen Sie nicht mit ihm in einen Konflikt hinein, Sie halten das nicht aus!" (7. Schritt). Gefragt nach dem Gefühl zu sich selbst meint Herr A.: „Nein, das war nach der letzten Sitzung weg. Ich fühle mich wieder."

Das hier geschilderte Vorgehen zielt darauf ab, das Nichtexistenz-Empfinden des Patienten aufzuheben, das dadurch entstand, dass er in dem auslösenden Konflikt den Selbstorganisationsprozess, der Vorstellung und Realität integriert, zerfallen ließ (siehe Theoriekonzept oben). Herr A. hatte in der beginnenden psychotischen Dekompensation abgewehrt durch Identifizierung mit dem System. Seine Rolle in der Institution ersetzte bei ihm seinen Selbstorganisationsprozess. Es ging bei diesem auf die Selbststeuerung des Patienten zentrierten Vorgehen deshalb nicht um eine irgendwie geartete neue Konfliktlösung oder Kompromissbildung in dem auslösenden Arbeitsplatzkonflikt mit dem Chef. Denn unmittelbare Ursache für das psychopathologische Symptom (das Empfinden: „Ich bin nicht mehr da.") war nicht der Arbeitsplatzkonflikt, sondern die Auflösung der Selbstorganisation, also eine Störung der intrapsychischen Prozessgestaltung.

Wenn der Therapeut die

> **Auflösung der Selbstorganisation aber nicht als Störung des Ichs sondern als Leistung des Ichs in einer bedrohlichen Situation**

anerkennt und nachvollzieht, dann gibt es auch keinen Ich-Zerfall mehr, sondern nur ein Ich, das sich u.a. auch zerfallen lassen kann, dies als eine Notreaktion, um einen Rest des Ichs zu retten. Es geht bei diesem ich-psychologisch zentrierten Vorgehen also darum, das psychopathologische Symptom, in diesem Fall das Depersonalisationserleben, nicht mehr nur als zu beschreibendes Phänomen zu sehen, sondern es wieder zu dem werden zu lassen, was es ursprünglich ist: Eine spezielle Form der Prozesssteuerung in einem interaktionellen Prozess. Nach Blanck & Blanck (1980, S. 32) ist das Ich als Begriff der Psychoanalyse „[...] ein metapsychologisches Konstrukt, das der Verständigung in der Theoriebildung und -diskussion dient, das es aber als solches nicht gibt." Die Autoren verstehen das Ich statt dessen als einen „Organisationsprozess" und folgern: „Normalität ist demnach das Ergebnis von Organisation und Entwicklung, während Pathologie das Resultat einer Fehlent-wicklung im Organisationsprozess ist." Wenn es nun gelingt, dass der psychotisch erkrankte Patient sein psychopathologisches Symptom, die Fehlsteuerung seines Ichs, als Ergebnis eigener Prozesssteuerung erlebt, dann ist das Nichtexistenzempfinden des Patienten aufgehoben. Denn er erlebt sich dann als sich selbst steuernd. Zwar steuert er sich nicht besonders gut, aber auf gute oder schlechte Selbststeuerung kommt es nicht an. Wichtig ist nur, dass die Selbststeuerung wieder als *eigene* Selbststeuerung erlebt wird.

5. Die sieben aufeinanderfolgenden Schritte des auf die Selbststeuerung zentrierten Therapiekonzeptes

Das an dem Beispiel von Herrn A. dargestellte Vorgehen habe ich bisher angewandt sowohl in der Einzeltherapie als auch in der ambulanten Gruppentherapie, bisher bei Patienten, die bei mir seit 3 Jahren und länger in Behandlung sind, die ich also sehr gut kenne. Die Indikation für diesen Therapieansatz war jeweils, dass der Patient oder die Patientin gerade psychotisch dekompensierte oder gerade aus einer Psychose herauskam. Meinem ersten Eindruck nach bringt dieses Vorgehen in eine sonst sozialpsychiatrisch geführte Gruppe sehr viel Lebendigkeit und Bewegung. Es scheint von daher ein gutes Gleichgewicht gegen die sonst oft depressiv-abhängige Haltung der Patienten zu sein, sollte aber wohl auch vorsichtig dosiert angewandt und dann, wenn eine länger dauernde Arbeit mit einem Patienten oder einer Patientin über mehrere Sitzungen notwendig ist, in ergänzenden einzeltherapeutischen Sitzungen fortgeführt werden. Bei Herrn A. war diesmal keine begleitende medikamentöse Therapie erforderlich. Er hatte aber auch bisher schon im Jahr durchschnittlich höchstens vier Wochen lang Medikamente benötigt. Die Gabe von Neuroleptika, vorsichtig individuell dosiert, scheint aber, so mein Eindruck in anderen Fällen, eine solche psychotherapeutische Arbeit nicht zu behindern. Eher im Gegenteil: Die neuroleptische Absicherung wirkt auf Patienten und auch auf mich selbst als Therapeut entängstigend und macht von daher mehr Mut, sich auf diesen psychotherapeutischen Zugang einzulassen.

Im folgenden möchte ich das an dem Fallbeispiel dargestellte Vorgehen in sieben aufeinander folgende Schritte aufteilen und begründen:

Schritt 1:
Erfassen des auslösenden Konfliktes

Ausgangspunkt bei diesem psychodramatherapeutischen Vorgehen ist der Grundgedanke, dass Menschen deshalb in eine Psychose dekompensieren, weil ihre inneren Strukturen bisher zu wenig komplex sind und diese deshalb in einem bestimmten, individuell belastenden aktuellen Konflikt die Konfliktspannung nicht aushalten können. Ich bemühe mich deshalb zunächst, im Gespräch mit dem Patienten den auslösenden Konflikt zu erfassen oder wenigstens zu erahnen, der die Dekompensation ausgelöst haben mag.

Schritt 2:
Die Ich-Spannung bipolar konkretisieren

Das aber nun gerade nicht, um den auslösenden Konflikt interaktionell psychodramatisch bearbeiten zu lassen. Statt dessen versuche ich zusammen mit dem Patienten die durch den sozialen Konflikt im Ich des Patienten ausgelöste Konfliktspannung in Form von zwei sich gegenüberstehenden Ichs mit Hilfe von Personen oder Stühlen zu konkretisieren und diese Ichs, wiederum ausgehend von dem auslösenden Konflikt, zusammen mit dem Patienten zu benennen. Bei Herrn A. waren das die Rollen von dem Herrn Albert und dem Kurt. Bei einer anderen Patientin, der 45-jährigen Frau C., konkretisierte sich die Konfliktspannung zwischen „der Mächtigen, die auf dem Thron sitzt" und „der Empfindsamen". Frau C. hatte real gerade mit viel Geschick an ihrer Arbeitsstelle eine Umorganisation durchgesetzt. Diese betraf auch zwei ihrer Chefs. Dabei musste die Patientin aber mehr oder weniger direkt ihren nächsten Vorgesetzten kränken und dessen relative Unfähigkeit aufdecken. Genau das konnte die Patientin aber intrapsychisch nicht aushalten, obwohl ihr Vorstoß angemessen war. Sie reagierte darauf, als ob sie selbst die Gekränkte und Entwertete wäre, regredierte in eine Wahnstimmung und schob wie immer bei ihren psychotischen Dekompensationen ihrem eigentlich recht fürsorglichen Ehemann paranoid alle Schuld an ihrer Krise zu.

Anders als Moreno in seiner Hilfswelt-Technik lasse ich also mit den beiden sich polar gegenüberstehenden Ichs systematisch die auftretende intrapsychische Spannung bipolar in dem auslösenden Konflikt symbolisch konkretisieren diese während des ganzen Spiels sichtbar als Ich-Positionen auf der Bühne stehen. Das macht es möglich, immer wieder zu ihnen zurückzukehren und sie neu zum Ausgangspunkt der Betrachtung des Patienten werden zu lassen.

Schritt 3:
Szenenaufbau des psychopathologischen Symptoms

Therapeut und Patient bringen mit Hilfe von Gruppenmitgliedern, Stühlen (oder in der Einzeltherapie auch Handpuppen oder Steinen) alle an dem psychopathologischen Symptom beteiligten Akteure im Szenenaufbau auf die Bühne. Ganz nach Morenos Hilfswelt-Methode wird der Patient zum Schöpfer und Autor seiner Geschichte. Bei Herrn A. waren die Rollen des psychopathologischen Systems (Herr Albert, der „da war", und Kurt, der „nicht da war") zufällig identisch mit den Ich-Anteilen, die die Konfliktspannung zwischen sich nicht aushalten konnten. Anders war es z.B. bei der 30-jährigen Frau D., bei der ich dieses Vorgehen zur Zeit anwende:

Fallbeispiel Nr. 4:
Nach zwei Jahren recht eintönigem Dahinleben zwischen Schlafen, Arbeiten und Fernsehen, hatte Frau D. unter weiterlaufender neuroleptischer Dauertherapie ganz allmählich wieder spontanere Seiten in sich entdeckt, sich sogar einmal kurz verliebt, in der Gruppe von sexuellen Träumen erzählt und von Partnerschaftswünschen. Eines Tages berichtete sie aber, dass sie sich jetzt am Arbeitsplatz plötzlich mehrfach für einige Stunden dadurch gequält fühlte, dass sie Stimmen über sich reden hörte. Wir arbeiteten heraus, dass sie die Konfliktspannung zwischen ihrem „Routine-Ich" und ihrem „Gefühls-Ich" nicht aushält. Das psychopathologische Symptom „Stimmenhören" bestand aber zusätzlich zu den beiden Ich-Anteilen aus den Stimmen der Mutter, des Vaters und einer Teilnehmerin der Therapiegruppe, die alle drei „schlecht" über sie sprachen. Um in diesem 3. Schritt den Szenenaufbau tatsächlich zu verwirklichen, mussten also Mutter, Vater und Gruppenkollegin zusätzlich als Akteure auf die Bühne gebracht werden. Es zeigte sich, dass die Logik des Symptoms „Stimmenhören" (5. Schritt) bei der Patientin darin bestand, dass die Stimmen sie in ihren Gefühlen und in ihren Wahrnehmungen verunsichern und entwerten sollten. Dann war sie nämlich davor geschützt, an ihrem Arbeitsplatz, einem Schnellimbiss, wo alles auf Funktionalität getrimmt ist, in Belastungssituationen emotional zu explodieren und dem Kunden die Frikadellen vor die Füße zu werfen. Sie explodierte in der psychotischen Dekompensation sozusagen nach innen statt nach außen. Sinnigerweise hatte sie in einer früheren drei Jahre lang dauernden psychotischen Phase u.a. den Wahn gehabt, Terroristenausbilderin zu sein. Am Ende der Einzelpsychotherapie-Sitzung lachte die Patientin dann auch verschmitzt und meinte: „Vielleicht sage ich denen das bei der Arbeit einmal, dass sie Glück haben, dass ich so reagiere mit den Stimmen und nicht anders!" In der Folgezeit war die Patientin allerdings in der Gefahr, manisch zu dekompensieren.

Bei diesem dritten Schritt geht es darum, den „Raum" des Selbstorganisationsprozesses (Krüger 1997, S. 61), die an dem intrapsychischen Konflikt beteiligten Impulse und Gegenimpulse, als szenisches Arrangement auf die Bühne zu bringen.

Schritt 4:
Das psychopathologische Symptom als Szene spielen

Der Therapeut tritt als interaktionell mitagierender Doppelgänger zum Patienten in das jetzt szenisch strukturierte psychopathologische Symptom mit ein. Er lässt das Symptom zusammen mit dem Patienten spielerisch wieder zu einem interaktionellen Handlungsprozess werden, indem er versucht, die psychotische Konfliktlösung des Patienten, sei diese Lösung auch noch so absurd oder grotesk, mit ihm zusammen nachzuvollziehen. In dem Beispiel von Herrn A., der erlebte, dass er „nicht mehr da" war, setzte der Therapeut das Symptom in Handlung um, indem er versuchte, den „Kurt" aktiv zu entfernen und die Tür zu ihm hin zu verschließen.

Auch dieser Therapieschritt übernimmt ganz den Sinn von Morenos Vorgehen. Der Therapeut versucht, mit dem Patienten in seinem Symptom zu sein und dabei den Zerfall seiner Selbstorganisation als *Prozess* zur Entfaltung zu bringen. Allerdings begrenzt sich der Therapeut bei dem von mir vorgeschlagenen Vorgehen sehr viel strenger nur auf die interaktionellen Vorgaben des psychopathologischen Symptoms. Anders als bei Moreno findet kein Szenenwechsel statt, z.B. an die Grabstelle der Mutter in dem Beispiel des Mannes, der glaubte, Adolf Hitler zu sein. Raum und Zeit bleiben vielmehr fiktive Gegenwart, da es *nicht* um das *Nachspielen* eines bestimmten interpersonellen Konfliktes geht, sondern darum, die *spezifische Art der Selbststeuerung zu einem Prozess werden zu lassen*. Das Spiel und Mitagieren in den verschiedenen Rollen soll dem Patienten helfen, sein Zerfallenlassen des Selbstorganisationsprozesses auszugestalten und zu einem Handlungsablauf mit einer *Zeitdimension* werden zu lassen (Krüger 1997, S. 62). Die Idee dabei ist, gemeinsam mit dem Patienten den Zerfall des Selbstorganisationsprozesses, (der durch die Konfliktspannung zwischen den sich polar bekämpfenden Ich-Anteilen überfordert ist) zu einem Handlungsablauf werden zu lassen und dadurch den Selbstorganisationsprozess entlang dem roten Faden der Zeit zu integrieren. Der Patient soll so das Empfinden wieder erlangen, selbst Schöpfer seines eigenen Handelns in der Selbstorganisation zu sein.

Schritt 5:
Erfassen der Logik in der scheinbaren Alogik

In einer Zwischenbesprechung überprüfen Patient und Therapeut (gegebenenfalls zusammen mit der Gruppe) die *Logik* der psychotischen Konfliktlösung des Patienten nach dem Prinzip des „ja [...] aber". Was wird durch die groteske Lösung des Prozesszerfalls möglich? Was wird verhindert? Warum ist für den Patienten die psychotische Konfliktlösung die beste Lösung? Bisher scheint es mir so, dass die betroffenen Protagonisten (und gegebenenfalls vorhandene Gruppenteilnehmer) selbst regelmäßig die Konfliktlösung durch Ich-Desintegration entwerten und statt dessen die Durchsetzungslösung in dem auslösenden Konflikt fordern nach dem Motto: „Schwaches Ich sei stark!" Ich habe mich entschieden, an dieser Stelle unbedingt als Fachmann aufzutreten und weiter Doppelgänger zu bleiben für das schwache Ich des Patienten. Herr A. in dem oben geschilderten Beispiel war eben gerade nicht in der Lage, sich gegen seinen Chef durchzusetzen, weil das seine innere Konfliktspannung noch weiter erhöht hätte. Frau D. wäre in dem Schnellimbiss emotional explodiert, ein Verhalten, das sie auf Grund ihrer Kindheitsgeschichte in ungeheure innere Konflikte gestürzt und sie ihre Arbeitsstelle gekostet hätte. Die Durchsetzungslösung existiert in Wahrheit für Psychotiker nicht. Sonst würden sie nicht psychotisch reagieren. Für das Ich des Psychotikers ist es leichter, zu zerfallen, als die Angst vor dem Zerfall und „Tod" des Ichs in der vorhandenen Konfliktspannung noch länger aushalten zu müssen. Denn in der Desintegration entstehen mit der Möglichkeit der Wahnbildung neue Möglichkeiten der Ich-Aktivität.

In der Suche nach der *Logik* des zerfallenden Selbstorganisationsprozesses (Krüger 1997, S. 62) wird therapeutisch die bipolar konkretisierte Ich-Spannung (2. Schritt) mit der Erfahrung aus dem szenischen Gestaltungsprozess des psychopathologischen Symptoms (4. Schritt) in einen Ursache-Wirkungs-Zusammenhang gebracht. Der Patient erlebt seine psychotische Konfliktlösung dadurch selbst zum ersten Mal als einfühlbar. Das ist der erste Schritt der Versöhnung des Patienten mit sich selbst.

Schritt 6:
Sinngebung und Würdigung der menschlichen Besonderheit im Ver-Rückten

Der Therapeut kann die Versöhnung des Patienten mit sich selbst noch weiter fördern und sichern, indem er in einem weiteren Schritt selbst aktiv nach einer amplifikatorischen Deutung und Sinngebung (Krüger 1997, S. 62, 206f u. 221f) für die jeweilige psychotische Selbststeuerung des Patienten in dem Konflikt sucht. Wahrscheinlich ist es dabei gar nicht immer wichtig, diese Sinndeutung dem Patienten mitzuteilen. Im Vordergrund steht vielmehr, dass der Therapeut erst dadurch, dass er eine stimmige Amplifikation findet, sich selbst völlig davon überzeugen kann, dass die psychotische Konfliktlösung des Patienten tatsächlich als Lösung infrage kommt, weil sie nämlich allgemeinmenschliches Kulturgut ist. Erst wenn der Therapeut sich selbst ganz überzeugt hat von der Einfühlbarkeit und Menschlichkeit der psychotischen Konfliktlösung, dann fängt auch der Patient an, daran zu glauben. Sensible Patienten sind eben nicht nur für Konfliktspannungen sensibel, sondern auch für schönfärbende oder mit Techniken nur manipulierende Therapeuten.

Für die spezielle psychotische Konfliktlösung des Herrn A. in dem obigen Fallbeispiel fand ich für mich das Bild eines Narren: Der Clown, der, wenn ihn jemand angreift, einfach behauptet: „Ich bin nicht da!" Ein Verhalten, das einen autoritären Gegner durchaus schachmatt setzen kann. Frau C. hatte im Konflikt mit ihren Vorgesetzten dagegen eine „liebenswerte Lösung" gefunden, so meine Rückmeldung an die Patientin: „Sie handeln nach dem Motto: ‚Was du nicht willst, das dir man tu', das füg' auch keinem anderen zu!' Sie nehmen als die Empfindsame die Kränkung und Entwertung, die Sie dem Chef zufügen, auf sich selbst und machen es damit Ihrem mächtigen Ich unmöglich, einfach weiter voranzugehen." Als die Patientin auf diese Amplifikation hin das empfindsame Ich „abschaffen" wollte, gab ich ihr zu bedenken: „Vielleicht können wir es aus dem Schloss der Mächtigen jagen, aber ganz abschaffen [...]. In dem empfindsamen Ich steckt ja auch Ihr ganzes ästhetisches Empfinden!" Die Patientin lenkte ein, weil sie auf ihre künstlerische Intuition zu Recht stolz war.

Eine stimmige amplifikatorischen Deutung zu finden, ist für den Therapeuten so etwas wie ein innerer Schöpfungsakt. Dieser braucht Zeit zur Entwicklung. Auch Moreno ist mit seinen psychotischen Patienten oft stundenlang zu zweit spazieren gegangen, bevor er spürte, worum es ging, und er dann aus seinem Verstehen heraus die nächsten Interventionen planen konnte. Eine stimmige Amplifikation bindet die verschiedenen Konfliktanteile ein in einen szenischen Handlungsablauf, nimmt die Logik ihrer Interaktion auf und macht den Sinn des Interaktionsmusters deutlich (Krüger 1997, S. 62) anhand eines Bildes aus dem Kulturgut (Märchen, Mythen u.a.) mit analogem Interaktionsmuster.

Eine amplifikatorische Deutung für die je besondere Art der psychotischen Selbststeuerung wirkt zusätzlich ich-stärkend. Denn der Patient erfährt dadurch, dass seine psychotische Konfliktlösung nicht einmalig und unmenschlich ist, sondern in anderen Zusammenhängen bei Menschen durchaus bekannt und anerkannt ist. Im Unterschied zu einer solchen auf die Selbststeuerung gerichteten Amplifikation würde eine genetische Deutung zusätzliche destruktive Konflikte aus der Vergangenheit aktualisieren, dadurch die schon unerträgliche Konfliktspannung in der Gegenwart noch weiter steigern und die durch den Therapeuten als Doppelgänger des Ichs des Patienten erreichte Stabilisierung wie bei einer Flutwelle mit fortspülen. Natürlich äußert der Patient immer auch spontane Einfälle aus der Genese. Ich registriere diese dann aber nur mit Anerkennung für das, was die gemeinsame therapeutische Arbeit alles bewegt, gehe nicht weiter darauf ein und versuche vielmehr, meine therapeutischen Interventionen ganz gezielt weiter auf die gegenwärtige Selbststeuerung des Patienten zu zentrieren.

Das psychodramatherapeutische Vorgehen in diesen bisher sechs Schritten ist meiner Erfahrung nach meist nicht in einer Therapiesitzung zu leisten. Es erfordert vom Therapeuten eine anstrengende innere Arbeit und braucht bisweilen Tage, bis im Zulassen eines inneren Suchprozesses einzelne Schritte eines solchen Zuganges im Therapeuten Gestalt annehmen. Diese Zeit ist aber, denke ich, durchaus vorhanden. Die Patienten haben meist schon so lange darauf gewartet, sich in ihrem psychopathologischen Symptom selbst zu verstehen, dass sie auch noch einige Wochen länger warten. Ihre Erleichterung und Dankbarkeit ist dann nicht geringer. Und der engagierte, ernsthafte Versuch zu verstehen, ist in Wahrheit schon das größte Geschenk.

Schritt 7:
Dem schwachen Ich des Patienten weiterhin die Treue halten

Ich habe in den auf eine solche therapeutische Arbeit folgenden Wochen immer wieder erlebt, dass ich zusammen mit dem Patienten gerade auch nach Besserung seines Zustandes doch noch in Versuchung kam, auf das Modell des neurotischen Konfliktverständnisses umzuschwenken und Selbstbehauptung im Beziehungskonflikt anzustreben. Wenn Herr A. in der nächsten Sitzung äußert, am liebsten würde er seinen Chef erwürgen, wenn außerdem deutlich wird, dass der Chef in Kenntnis der objektiven Überforderung seines Mitarbeiters und auch in Kenntnis von dessen früherer Erkrankung trotzdem dumm bemerkt: „Das werden Sie schon schaffen!", dann identifiziere ich mich spontan mit dem Patienten. Es ist dann nur noch ein kleiner Schritt, doch wieder auf Durchsetzung, Machtkampf mit dem Chef und ein besseres äußeres Konfliktgleichgewicht am Arbeitsplatz zu setzen.

Ich habe mich deshalb fest entschlossen, gerade dann, wenn der Patient seine Kräfte in der Fantasie (!) ausprobiert („Ich hätte den Chef erwürgen können!"), seinem schwachen Ich die Treue zu halten und bei dem Prinzip „Konfliktgestaltung statt Konfliktlösung" und dem Ziel der *Versöhnung des Patienten mit sich selbst im Konflikt* zu bleiben. Das aus der Einsicht heraus, dass Ich-Stärke langsam wächst, wenn der Patient Glück hat in Jahren. Der Patient braucht dabei kontinuierliche Unterstützung, um im Konflikt standhalten zu können. Diese Zielsetzung scheint nur auf den ersten Blick bescheiden zu sein. Denn, sich mit sich selbst im Konflikt zu versöhnen, setzt ein neues Verständnis seiner selbst im Konflikt voraus und führt von allein zu einem aktiveren und klareren Wahrnehmen und dadurch dann auch irgendwann zu einem selbstbewussteren Handeln im Konflikt.

Wenn zum Beispiel Herr A. sich wirklich irgendwann einmal *entgegen dem Rat des Therapeuten spontan* dem Chef gegenüber anders verhielte und das dann in der Gruppe erzählte, dann wäre das ein Durchbruch, der völlig allein aus seinem eigenen Entschluss gewachsen wäre. Er hätte die Identifizierung mit dem System, sein altes Abwehrverhalten, gleich zweifach durchbrochen: 1. Er hätte die Rolle des reibungslos funktionierenden Sachbearbeiters gegenüber seinem Chef und in seiner Institution relativiert. 2. Er hätte die Rolle des absolut vertrauenden, in Wahrheit aber angepassten Patienten im therapeutischen System infrage gestellt. Wenn der Therapeut als Ziel der Therapie für den Patienten einen solchen Durchbruch auch nur heimlich wünschte, wäre das schon fatal. Denn der Patient würde mit seiner Sensibilität und Anpassungsbereitschaft die Erwartung des Therapeuten sofort mehr oder weniger bewusst spüren und ihr dann folgen. Das Aufgeben der Anpassungshaltung wäre dann *kein spontaner* Durchbruch mehr. Denn das neue Verhalten in einer alten Situation wäre nicht aus dem eigenen freien Willen des Patienten entsprungen. Es wäre vielmehr die Fortsetzung eines alten Verhaltens, nämlich eine Identifizierung mit dem (therapeutischen) System, in einem neuen Gewand, dem Kleid des auf Wunsch des Therapeuten Unangepassten.

Ziel des von mir vorgeschlagenen Vorgehens ist nicht eine bessere interaktionelle Lösung in dem auslösenden Konflikt, sondern eine bessere Selbststeuerung im Konflikt. Der erste Schritt auf dem Weg dahin ist, dass der Patient sich selbst in seiner psychotischen Selbststeuerung erstmals versteht. Dies nicht dadurch, dass er von mir als Psychiater eine Diagnose übernimmt und lernt, sich über sein psychopathologisches Symptom als Schizophrener unter Schizophrenen einzuordnen, sondern dadurch, dass er sich in der Logik seines psychopathologischen Symptoms und in der amplifikatorischen Deutung mit einer zwar sehr besonderen, aber kulturell überlieferten und geachteten menschlichen Seinsweise identifiziert. Wenn der Patient aber als jemand, der sich selbst in seiner psychotischen Selbststeuerung versteht, dann in dem auslösenden Konflikt weiter standhält, führt das unweigerlich zur Ausbildung komplexerer innerer Strukturen, und das speziell an der psychodynamisch besonders verletzbaren Stelle des auslösenden Konfliktes. Die so genannte Ich-Schwäche des Psychotikers ist für mich nur ein anderer Ausdruck für im Konfliktbereich wenig komplexe innere Strukturen.

6. Unterstützende soziale Wirkfaktoren

Über das bisher geschilderte psychotherapeutische Vorgehen in der Behandlung von Psychosen hinaus sind aus der Sozialpsychiatrie wichtige therapeutische Wirkfaktoren bekannt, die die Ich-Stärke und die Ausbildung komplexerer Strukturen bei Menschen mit psychotischen Erkrankungen fördern und die deshalb auch bei einem psychotherapeutischen Vorgehen zu berücksichtigen sind (W. Leeb 1997, mündl. Mitteilung, vom Autor ergänzt):

(1) Die Beziehung zwischen Patient und Therapeut hat möglichst langfristig zu sein.
(2) Es ist günstig, wenn der Therapeut Konflikte mit dem Patienten selbst mit durchsteht. Denn wenn der Therapeut den Konflikt aushält, kann der Patient dies selbst auch leichter.
(3) Leeb weist darauf hin, dass in der stationären Psychotherapie kleine Wohneinheiten von 4-6 Patienten mit je einem dazugehörigen Team es erleichtern, Entwicklungen und Konflikte überschaubar zu machen, zu orten und für die Gruppe therapeutisch fruchtbar werden zu lassen. Die Entwicklung von Symbiose und Individuation sei leichter möglich. Die

falsche Struktur eines Hauses vernichte bis zu 70% der therapeutischen Arbeit. Säle mit 20 Betten, wie sie früher üblich waren, werden nach Leeb schon von gesunden Menschen als große psychische Belastung empfunden. Es ist absurd, sie ich-schwachen Patienten zuzumuten, die sich innerlich schwer abgrenzen können gegen Außeneinflüsse.

(4) Die Therapeuten, so auch ein stationäres Team, sollten wegen der bei Psychotikern ausgesprochen destruktiven Prozesse, die innerlich zu verarbeiten sind, zur eigenen Psychohygiene Supervision oder Intervision haben. Diese hilft, Idealisierungen, Entwertungen und Spaltungsmechanismen, dies alles sind Kennzeichen von Beziehungsstörungen in der Behandlung von Patienten mit frühen Störungen, miteinander zu erkennen, aufzufangen und zu verarbeiten. Dann werden die Beziehungen zu den Patienten immer wieder kreativ. Je kreativer aber die Beziehungen der Teammitglieder untereinander und zu den Patienten sind, desto mehr fördern sie die Komplexitätsentwicklung der inneren Strukturen der Patienten.

Zusammenfassend möchte ich feststellen, dass das hier vorgestellte sich noch in Entwicklung befindende ich-psychologisch zentrierte Therapiekonzept damit steht und fällt, dass der Therapeut über die ganze Dauer der Therapie hinweg versucht, immer wieder in der Realität innerlich oder auch konkret im Spiel äußerlich Doppelgänger zu sein für das „schwache" Ich des an einer Psychose erkrankten Patienten. Eine solche veränderte Einstellung beweist sich dadurch, dass der Therapeut es auch noch als Ich-Leistung des Patienten anerkennt, wenn dieser seinen Selbstorganisationsprozess in einem Konflikt zerfallen lässt. Es gilt, diese Möglichkeit der Konfliktlösung in der Therapie gerade auch bei Fortschritten des Patienten immer wieder einmal als in der Not legitime Konfliktlösung in Erinnerung zu rufen. Zu dieser inneren Einstellung zu gelangen, erfordert immer wieder innere Überzeugungsarbeit des Therapeuten an sich selbst. Wenn der Therapeut nicht bereit ist, die in der Not auch psychotische Konfliktlösung des Patienten zu akzeptieren, nimmt er diesem seine Würde als Mensch und damit letztendlich den einzigen wirklichen Grund, den es für einen Psychotiker gibt, einen nicht psychotischen Weg der Konfliktlösung zu wählen. Ich bin überzeugt, es ist die Liebe zur Schwäche und zum Leiden des anderen auf dem Hintergrund von therapeutischem Wissen und Erfahrung, die letztendlich die positive Veränderung des Patienten in der Therapie von Psychosen hervorbringt.

7. Literatur

Bender, W., Braunisch, N. & Kunkel, G. (1991). Psychodrama mit Psychose-Patienten. In: *M. Vorwerg & T. Alberg* (Eds.). Psychodrama (S. 114-119). Leipzig: Barth.

Benedetti, G. (1983). Todeslandschaften der Seele. Psychopathologie, Psychodynamik und Psychotherapie der Schizophrenie. Göttingen: Vandenhoeck & Ruprecht.

Blanck, G. & Blanck, R. (1980). Ich-Psychologie 2. Psychoanalytische Entwicklungspsychologie. Stuttgart: Klett-Cotta.

Bleuler, M. (1972). Die schizophrenen Geistesstörungen im Lichte langjähriger Kranken- und Familiengeschichten. Stuttgart: Thieme.
Krotz, F. (1992). Interaktion als Perspektivverschränkung. Ein Beitrag zum Verständnis von Rolle und Identität in der Theorie des Psychodramas. *Psychodrama*, 5(2), 301-324.
Krüger, R.T. (1997). Kreative Interaktion. Tiefenpsychologische Theorie und Methoden des klassischen Psychodramas. Göttingen: Vandenhoeck & Ruprecht.
Moreno, J.L. (1939). Psychodramatic shock therapy: A sociometric approach to the problem of mental disorders. *Sociometry*, 2(1), 1-30.
Moreno, J.L. (1959). Gruppenpsychotherapie und Psychodrama. Einleitung in die Theorie und Praxis. Stuttgart: Thieme.
Moreno, J.L. (1970). Das Stegreiftheater. Beacon, NY: Beacon House (2. Auflage, zuerst: Potsdam: Kiepenheuer, 1924).
Moreno, J.L. (1975). Psychodrama, Volume II. Foundations of psychotherapy. Beacon, N.Y.: Beacon House.
Parin, P. (1977). Das Ich und die Anpassungsmechanismen. *Psyche*, 31(6), 481-515 (auch in: *P. Parin*, Der Widerspruch im Subjekt – Ethnopsychoanalytische Studien" [S. 78-111], Frankfurt: Syndikat, 1978).
Schacht, M. (1992). Zwischen Ordnung und Chaos. Neue Aspekte zur theoretischen und praktischen Fundierung der Konzeption von Spontaneität und Kreativität. *Psychodrama*, 5(1), 95-130.
Schindler, R. (1996). J.L. Moreno durchbricht einen depressiven Stupor. In: *B. Erlacher-Farkas & C. Jorda* (Hg.), Monodrama: Heilende Begegnung. Vom Psychodrama zur Einzelpsychotherapie (S. 7-10). Wien: Springer.
Sechehaye, M.A. (1947). La réalisation symbolique. Nouvelle méthode de psychothérapie appliquée à un cas de schizophrénie. *Revue Suisse de Psychologie et de Psychologie Appliquée*, Suppl. 12. Bern: Huber (96pp.).
Uexküll, T. v. (1990). Psychosomatische Medizin. München-Wien-Baltimore: Urban & Schwarzenberg (4. Auflage).

Korrespondenzanschrift:
Dr. med. *Reinhard T. Krüger*
Von-Alten-Strasse 2
D-30938 Burgwedel

☎ (0511) 73 16 68
email: *krueger.reinhard@htp-tel.de*

Dieser Beitrag erschien zuerst in: *Psychodrama – Zeitschrift für Theorie und Praxis von Psychodrama, Soziometrie und Rollenspiel* (1999), 9(2), 297-323 (Themenheft 17, „Psychiatrie") und wurde für den Wiederabdruck geringfügig modifiziert.

Jörg Hein
Ich-Funktion und Soziales Atom

Summary:
Ego-function and social atom
Schizophrenic patients show specific restraints in psychodramatic work concerning problems in the relationships of their social atom. The lack of selfcoherence in particular appears to be a fundamental problem for developing conflict-tolerance in primary relationships. Results of baby-research and developmental psychology give hints on how to further ego-functioning in its effects on social competence by psychodramatic means. Thus psychodramatic interventions can be better justified. Furtherance of disturbed egofunctions appears to be more important than clarifying and solving of conflicts. A scheme of corresponding phases of development, ego-functions, psychopathological disturbances and psychodramatic interventions is enclosed.

Zusammenfassung:
Die Bearbeitung von Beziehungsproblemen innerhalb ihres Sozialen Atoms unterliegt in der Psychodramatherapie schizophrener Patienten spezifischen Einschränkungen. Insbesondere das Fehlen eines kohärenten Selbstkonzepts erscheint als fundamentales Problem bei der Entwicklung von Konfliktfähigkeit in primären Beziehungen. Ergebnisse der Babyforschung und der Entwicklungspsychologie geben Hinweise darauf, wie durch psychodramatisches Vorgehen Ich-Funktionen bei Schizophrenen in ihrer Auswirkung auf die soziale Kompetenz gefördert und gestützt werden können. Psychodramatische Interventionen können so besser begründet werden. Die Förderung gestörter Ich-Funktionen erscheint gegenüber der Konfliktklärung und -bearbeitung vorrangig. Eine schematische Übersicht zu korrespondierenden Entwicklungsphasen, Ich-Funktionen, psychopathologischen Störungen und psychodramatischen Interventionen ist beigefügt.

Die psychodramatische Arbeit an den zentralen Beziehungen ihres Sozialen Atoms ist bei schizophrenen Patienten mit spezifischen Schwierigkeiten verbunden. Nicht nur bedarf es einer guten bis sehr guten Vertrauensbasis, bis die Patienten bereit sind, sich auf diese Thematik einzulassen, auch die szenischen Gestaltungen weisen charakteristische Einschränkungen auf.

(1) Die Beziehungen zu den Angehörigen oder Partnern wirken gefühlsmäßig eindimensional und oft flach – als würde ihnen die emotionale Besetzung entzogen. Die Beziehungspartner werden als nur freundlich, besorgt, hilfsbereit usw. geschildert oder im Gegenteil als nur kritisch, ablehnend, verständnislos.

(2) In ihren Primärbeziehungen zeigen die Patienten eine hochgradige Konfliktängstlichkeit. Oft scheinen die Patienten eher bereit, schwere Kränkungen und Einschränkungen ihrer eigenen Bedürfnisse hinzunehmen, als irgendeinem kritischen Impuls Raum zu geben, der die Beziehung problematisieren oder in Frage stellen könnte. Gewinnen jedoch negati-

ve Affekte die Oberhand, kann es zur Dekompensation mit Realitätsverlust und auto- oder fremdaggressivem Verhalten kommen.
(3) Geht es um Probleme in einem Beziehungsfeld mit zwei oder mehr Beziehungspartnern, etwa in einer Familie, so geraten die Patienten leicht in Verwirrung, die Rollen der Antagonisten können miteinander verschwimmen.

Diese Schwierigkeiten können sich in unterschiedlicher Form ausdrücken, etwa indem der Patient versucht, sich aus der Szene zurückzuziehen, das Spiel abzubrechen oder indem er auch offensichtliche Differenzen und Spannungen verleugnet. Häufig wird das Auftreten von Beziehungsschwierigkeiten auch als Begleiterscheinung der eigenen Krankheit oder der Medikation gedeutet, als Symptom, das seines Beziehungskontextes entkleidet und für das eine medizinische Lösung gesucht wird. Es ist offensichtlich, dass Ambivalenzen nicht ertragen werden können und dass an deren Stelle nicht selten produktive Symptombildungen treten. Dies ist vielfach mit Abwehrmechanismen wie Verleugnung und Spaltung beschrieben worden.

Angesichts dieser Risiken wird in der psychodramatischen Arbeit gerne auf weniger brisante Themen wie die Beziehung zu Vorgesetzten, die Klärung von Alltagsschwierigkeiten u.a. ausgewichen, was allerdings den Verzicht auf die Bearbeitung therapeutisch zentraler Probleme bedeutet. Während im familien- oder paartherapeutischen Setting die Klärung von Beziehungskonflikten oder das Ansprechen von Tabuthemen die Angehörigen entlasten kann und insofern auch für den Patienten hilfreich wirkt, ist dies im psychodramatischen Spiel nicht in gleicher Weise möglich. Hier geht es um die Introjekte des Protagonisten oder – in einer interpersonellen Perspektive – seine Konfliktfähigkeit. Es scheint, als sei der Patient auf seine starren Beziehungsmuster angewiesen, sie sind gleichsam Teil seiner eigenen psychischen Struktur, sie müssen gestörte Ich-Funktionen gewissermaßen ersetzen. Krüger hat dies treffend als »Identifizierung mit dem System« (von Primärbeziehungen, J.H.) bezeichnet (Krüger 1997, S. 104ff).

Wir können daraus den Schluss ziehen, dass *die Konfliktklärung bei der psychodramatischen Auseinandersetzung des Patienten mit Personen seines Sozialen Atoms nicht im Vordergrund stehen kann*. Wichtiger, mindestens aber gleichermaßen bedeutsam sind die Betätigung von Ich-Funktionen und die Förderung ihrer Entwicklung. Wenn hier – sozusagen im Medium der signifikanten Beziehungen – psychodramatische Arbeit gelingt, können entscheidende Entwicklungsschritte getan werden. Psychodramatherapie unter dem Gesichtspunkt der Förderung oder Wiedergewinnung von Ich-Funktionen wird der Auseinandersetzung mit Bezugspersonen einen wichtigen Platz einräumen. Andere Themen, etwa aktuelle Gruppeninteraktionen, die Inszenierung psychotischer Inhalte, Alltagsprobleme oder anderes können jedoch für die Entwicklung der Gruppe oder des einzelnen Patienten zunächst durchaus Vorrang haben.

Entwicklungspsychologie und Babyforschung als Bezugsrahmen psychodramatischer Schizophreniebehandlung

Im Psychodrama den Akzent auf die gestörten Ich-Funktionen der Patienten zu legen, heißt, eine entwicklungspsychologische Perspektive einnehmen. Damit ist nicht gemeint – um einem nahe liegenden Missverständnis entgegenzutreten –, dass angenommen wird, der Patient funktioniere auf dem Niveau eines Säuglings oder Kleinkindes. Obwohl hier lange Zeit Analogien gesehen wurden, lässt sich eine solche Auffassung wohl kaum aufrecht erhalten. Gemeint ist vielmehr, dass bei schizophrenen Patienten psychische Funktionen gestört sind, die sich in den ersten drei Lebensjahren entwickeln und dass es für unsere Arbeit von großem Interesse ist, wie diese Funktionen sich ausbilden und wodurch sie gefördert werden. Während Forschungen zum Problem der Informationsverarbeitung bei Schizophrenen eine Reihe wichtiger Ergebnisse in Bezug auf Aufmerksamkeit, Reizselektion, Figur-Grund-Differenzierung und vieles andere erbracht haben (Roder et al. 1988), gibt die Babyforschung Aufschluss über die Entstehung dieser kognitiven und emotiven Funktionen und den Beziehungs- und Interaktionskontext, in dem sie sich entwickeln. Analog dazu, wie sich psychopathologische Symptome bei Schizophrenen als Störungen auf verschiedenen Stufen der Informationsverarbeitung beschreiben lassen, lassen sie sich auch als Störungen von Ich-Funktionen auffassen, die sich in aufeinander folgenden Phasen der Ontogenese herausbilden. Die Gliederung dieser Entwicklung bei Stern (Stern 1994) oder bei Domes (Dornes 1994) lädt geradezu zu einer solchen Zuordnung ein, wie ich sie ansatzweise in der schematischen Übersicht auf Seite 240f versuche.

Den Begriff »Ich-Funktion« verwende ich – wie erkennbar – nicht im Sinne von »Realitätsprüfung«, »Triebkontrolle« o.ä., wie in der Psychoanalyse. Die gemeinten Funktionen sind vielmehr weithin komplementär zu dem Begriff der Basisstörungen (Süllwold 1983; 1991) zu verstehen. Spezifische Beeinträchtigungen der Ich-Funktionen machen die Basisstörungen aus, die in der schizophrenen Symptomatik ihren Ausdruck finden. Ungestörte Ich-Funktionen konstituieren ein kohärentes, konfliktfähiges Selbst.

Im Gegensatz zur wahrnehmungs- und kognitionspsychologischen Grundlagen- (und Schizophrenie-)forschung ist der soziale und interaktionelle Aspekt in der Babyforschung geradezu konstitutiver Bestandteil des Untersuchungsgegenstandes und diese entspricht damit sehr gut der interpersonellen Orientierung des Psychodramas. Erkenntnisse über förderliche Bedingungen der Ich-Entwicklung lassen sich daher relativ leicht in das Methodeninventar des Psychodramas integrieren bzw. gehören ihm seit jeher an.

Von »fördernden Bedingungen« ist die Rede, weil davon auszugehen ist, dass es sich bei der Ich-Entwicklung um ein Reifungsgeschehen handelt, das nicht durch lineare Lernschritte systematisch hergestellt, sondern nur durch »alimentative Bedingungen« unterstützt werden kann (Bischof-Köhler 1988). Dementsprechend ist davon auszugehen, dass bei der Psychodramatherapie

Schizophrener spontane Reifungsbedürfnisse der Ausgangspunkt der Behandlung sind und nicht ein vorgegebenes Lernprogramm.

Schritte der Ich-Entwicklung

Wenn wir uns an den entwicklungspsychologischen Modellvorstellungen von Daniel Stern orientieren, so stoßen wir bei den Entwicklungsstufen des Selbstempfindens, die der Ausbildung eines verbalen, reflexiven Selbst vorausgehen, auf eine Reihe von Phänomenen, die für Psychodramatiker höchst interessant sind (vgl. Frank-Bleckwedel 1995). Vor allem wird betont, dass der Säugling von Anfang an sich in einem interaktiven interpersonellen Kontakt entwickelt und dass dieser interpersonelle Bezug entscheidend zu seiner Ich-Entwicklung beiträgt.

> „Die Entwicklung verläuft nicht von der Symbiose zur Separation, sondern die Separation existiert von Anfang an und wird parallelisiert von Gemeinsamkeitserlebnissen, die nicht symbiotisch sind." (Dornes 1994, S. 103).

Schon auf sehr frühen Stufen der Ich-Entwicklung, in der Phase der Entwicklung des »Kernselbstempfindens« (2./3. bis 7./9. Lebensmonat) entstehen in der Interaktion Ich-Strukturen, die es dem Säugling ermöglichen, wahrzunehmen, von wem Aktivitäten oder Reize ausgehen, ob von ihm selbst oder von anderen. Er entwickelt Affekte, die Bestandteil seiner Kommunikation mit der Umgebung werden und er vermag Handlungen zu vollbringen. Letzteres verschafft ihm das Erlebnis der *Selbstwirksamkeit*, das ein wichtiger Organisator seiner weiteren psychischen Entwicklung wird.

Miteinander verbunden und integriert werden diese Erfahrungen durch das Gedächtnis. Stern unterscheidet nach den drei Komponenten des Kernselbstempfindens ein Gedächtnis für Handlungen und Bewegungen, ein Gedächtnis, das sich auf die Wahrnehmung von gemeinsamen Formen, Orten, Zeit- und Intensitätsstrukturen gründet und damit zur Kohärenz des Selbst beiträgt und ein Gedächtnis für Affekte. Alle drei Gedächtnisarten können für das erste Lebenshalbjahr als gut nachgewiesen gelten (Dornes 1994, S. 100).

Auf der nächsten Stufe, der Entwicklung des subjektiven Selbstempfindens (7./9. bis 15./18 Lebensmonat) erreicht die Fähigkeit zur vorsprachlichen Kommunikation einen Höhepunkt. Das Baby vermag mit Bezugspersonen einen gemeinsamen *Aufmerksamkeitsfokus* zu entwickeln und so seine eigene Perspektive erstmals zu relativieren. Auf der affektiven Seite wird die *Affektabstimmung* (»affect attunement«) möglich, bei der das Kind erlebt, dass es seine Gefühle der Bezugsperson mitzuteilen vermag, die sie aufnimmt und ihm in modifizierter Form spiegelt. Es bildet sich eine als gemeinsam erlebte affektive Schwingungsebene. M.E. haben die empathischen Prozesse, die dem psychodramatischen Doppeln zugrunde liegen, hier ihre noch vorsprachliche Grundlage.

Was die für die reife Beziehungsgestaltung entscheidende Stufe eines verbalen, reflexiven Selbst (ab dem 15./18. Lebensmonat) betrifft, zitiert Stern einige

Autoren, die das Aushandeln sprachlicher Bedeutungen in der Interaktion mit den Bezugspersonen beschreiben. Dies und die Bedeutung des Symbolspiels für die Entwicklung des Denkens, die Piaget beschreibt, untermauern die Auffassung, dass auch die Sprache und das Denken von der interpersonellen Beziehung nicht abzulösen sind. Der Umkehrschluss lautet, dass die methodische Gestaltung und die Auseinandersetzung mit den signifikanten Beziehungen bei Patienten mit Denkstörungen heilsam sind. Dies umso mehr, wenn sie sich der Methode des Spiels bedienen, das sowohl für die Entwicklung der sozialen Kognition wie auch des instrumentellen Denkens Medium und Werkzeug ist.

Selbstkonzept, Empathie und Perspektiveninduktion

Für die oben genannten Probleme Schizophrener mit den Personen ihres Sozialen Atoms ist jedoch in erster Linie die Gestörtheit eines kohärenten Selbstkonzepts, des »reflexiven Selbst«, der Symbolfunktion oder wie immer wir es nennen, verantwortlich. Dabei kann in der Regel davon ausgegangen werden, dass Störungen des reflexiven Selbst mit Störungen derjenigen Funktionen, die sich in der vorsprachlichen Entwicklung ausbilden, in Wechselwirkung stehen. (Ein großer Teil der therapeutischen und auch der psychodramatischen Arbeit mit Schizophrenen liegt im Bereich der vorsprachlichen Ich-Funktionen.) Letztlich kann Integration jedoch nur gelingen, wenn die Symbolfunktion etabliert ist und nicht das Soziale Atom oder Teile von ihm an ihre Stelle treten müssen.

Doris Bischof-Köhler (1988) hat in einer Studie zur Entwicklung von Selbstkonzept und Empathie bei kleinen Kindern bei der Klärung der einschlägigen Begrifflichkeit eine *Trias von Empathie, Selbstkonzept und Perspektiveninduktion bzw. -übernahme* beschrieben. Die Entwicklung des Selbstkonzepts, festgemacht an der Selbstwahrnehmung der Kinder im Spiegel, bedeutet einen qualitativen Sprung in der kindlichen Entwicklung. Sie ist verbunden mit der Ausbildung von Vorstellungen, Phantasien, Gedanken und vor allem dem Bewusstsein davon, dass es sich dabei um Abbilder der Wirklichkeit handelt. Auch der Begriff und das Erlebnis von sich selbst ist eine solche Vorstellung, das eigene Spiegelbild seine äußere Erscheinung. Die Wahrnehmung des Spiegelbildes als Abbild der eigenen Person ist – wie Untersuchungen an Schimpansen zeigen – an soziale Interaktion gebunden. Das bloße Sehen des eigenen Spiegelbildes reicht nicht aus, um sich darin zu erkennen, auch wenn physiologisch die erforderliche Reife erreicht ist.

Als Kennzeichen für diese Entwicklungsstufe werden von Bischof-Köhler diejenigen psychischen und interpersonellen Vorgänge angesehen, die von Moreno als entwicklungspsychologische Begründung der drei zentralen psychodramatischen Handlungstechniken Doppel, Spiegeltechnik und Rollentausch angegeben werden. Dem empathischen Aspekt entspricht die Doppeltechnik, dem Selbstkonzept die Spiegeltechnik und der Perspektiveninduktion der Rollentausch. Moreno konzipierte dafür drei aufeinanderfolgende Entwicklungsphasen (All-Identität, All-Realität und Trennung von Realität und Phantasie), während Bischof-Köhler davon ausgeht, dass sich Selbstkonzept, Empathie und Perspektiveninduktion in einem qualitativen Entwicklungsschritt ausbilden. Eine kritische Darstellung der Entwicklungstheorie Morenos gibt Mathias (1982).

Im Hinblick auf Empathie besteht eine wesentliche Funktion des Selbstkonzepts in der Unterscheidung zwischen Ich und Anderem. Denn phänomenologisch betrachtet ist Empathie gerade dadurch gekennzeichnet, dass die seelische Verfassung des Anderen mitgefühlt wird, wobei aber deutlich bleibt, dass es sich um das Gefühl des Anderen handelt, mit dem das Selbst mitschwingt. Der Andere bleibt der Ort des empathisch erfassten Gefühls. Wäre dies nicht so, so würde es sich um »Gefühlsansteckung« handeln, wenn Subjekt und Anderer in dieselbe emotionale Verfassung geraten.

Diese Differenzierung von durch Gefühlsansteckung erzeugter emotionaler Zustände in auf den Anderen zentriertes empathisches emotionales Erleben ist phylogenetisch erst ab der Entwicklungsstufe von Schimpansen und Orang Utans möglich, die sich auch im Spiegel zu erkennen vermögen.

Bischof-Köhler unterscheidet *ausdrucksvermittelte* und *situationsvermittelte* Empathie.

Für die ausdrucksvermittelte Empathie favorisiert sie die Hypothese, dass diese auf dem Mechanismus der *Gefühlsansteckung* im Sinne eines angeborenen Auslöseschemas beruht. Vermittelt wird sie durch das Ausdrucksverhalten des Anderen. Zumindest was Babys und kleine Kinder angeht, kann sich Bischof-Köhler auf die Ergebnisse von Izard (Izard 1971, 1978, 1980; Izard et al. 1980) und von Ekman (Ekman 1973) stützen, nach denen eine Anzahl von Grundemotionen angeboren sind, andere im Laufe des ersten Lebensjahres reifen und diesen Emotionen angeborene, kulturinvariante Ausdrucksformen entsprechen. Auch wenn diese früher oder später kulturell überformt werden, bleibt doch zunächst wesentlich, dass Babys in der Lage zu sein scheinen, Emotionen aufgrund ihres Ausdrucks bei anderen zum gleichen Zeitpunkt zu erkennen, in dem diese Emotionen bei ihnen selbst erstmals auftreten. Mit anderen Worten: Ein Gefühlsausdruck bei einem Anderen kann aufgrund des angeborenen Auslösemechanismus »Gefühlsansteckung« das entsprechende Gefühl beim Subjekt auslösen. Als Zusatzbedingung ist dabei jedoch zu fordern, dass das Subjekt unterscheiden können muss, ob das Ausdrucksverhalten des Anderen als Signal für Interaktion zu werten ist oder nicht. Nur wenn das nicht der Fall ist, kann von Gefühlsansteckung gesprochen werden.

Mit dem Selbstkonzept ist nun die Unterscheidung von Ich und Anderem auf der Vorstellungsebene möglich und damit die Voraussetzung gegeben, dass Emotionen, die durch Gefühlsansteckung entstanden sind, als zum Anderen gehörig empfunden werden.

Das Modell der situationsvermittelten Empathie ist etwas komplizierter. Bischof-Köhler bezeichnet das Verhältnis eines Vorstellungsinhalts zu seinem Gegenstand als *Identität* und fasst den Begriff damit als eine Wahrnehmungskategorie. Die Zuordnung zu einer Identität nennt sie *Identifikation*, womit sie diesem Wort eine wahrnehmungspsychologische Bedeutung gibt, es als Wahrnehmungsakt versteht. In einer Identität zusammengefasste Inhalte sind wesensverwandt. Ich verstehe diese »Wesensverwandtschaft« so, dass Vorstellungsinhalt und Gegenstand emotional gleich oder ähnlich besetzt werden. Durch »*synchrone Identifikation*« werden nun Vorstellungsinhalte oder Vorstellungsinhalte und Objekte miteinander verknüpft. So kann etwa das eigene Spiegelbild als Abbild des Selbst wahrgenommen werden.

Durch synchrone Identifikation kann ich auch den Anderen, dessen Situation ich beobachte, als mit mir wesensverwandt erleben. Ich kann mich nun in seine Lage versetzt fühlen und emotional so reagieren, als wäre ich in seiner Situation. Dieses Sich-in-die-Lage-des-Anderen-versetzt-*Fühlen* nennt Bischof-Köhler *Perspektiveninduktion*.

„Perspektiveninduktion durch identifikatorischen Mitvollzug der Situation eines Anderen erfolgt unmittelbar und setzt nicht erst die bewusste Überlegung voraus, wie man sich denn fühlen würde, wenn man an seiner Stelle wäre." (Bischof-Köhler 1989, S. 61).

Sie ist zu unterscheiden von der Perspektivenübernahme, die einen kognitiven, rational akzentuierten Prozess des Sich-in-die-Lage-des-Anderen-»*Hineindenkens*« meint. Die durch das Selbstkonzept vermittelte Ich-Andere-Unterscheidung gibt – analog zur ausdrucksvermittelten Empathie – der durch Perspektiven-Induktion empfundenen Emotion den Charakter des Zum-Anderen-Gehörigen und bewirkt so die Erkenntnis, dass es um den Anderen und dessen Situation geht.

Selbstkohärenz bei Schizophrenen und psychodramatisches Handeln

Mit diesem Modell haben wir eine m.E. schlüssige Theorie über den unmittelbaren Zusammenhang von Empathie, Selbsterkenntnis bzw. Selbstkonzept und Perspektiveninduktion bzw. Rollentausch. Sie macht die Schwierigkeiten schizophrener Patienten mit ihrem Sozialen Atom verständlicher. Ein inkohärentes, brüchiges, jedenfalls unzulängliches Selbstkonzept gilt ja weithin als wesentliches Merkmal der Schizophrenie (Mentzos 1982, S. 144; Benedetti 1983; Kernberg 1991). Die Empathiestörungen Schizophrener, die zwangsläufig eine gestörte soziale Wahrnehmung zur Folge haben, erscheinen nun als wesentlicher Aspekt ihres inkohärenten Selbstkonzepts. Während ein inkohärentes Selbst unter psychopathologischem Gesichtswinkel durch die multiple schizophrene Symptomatik gekennzeichnet ist, wird in psychodynamischer Perspektive vor allem das Phänomen der Spaltung als herausragendes Merkmal betont. Archaische Abwehrmechanismen wie Verleugnung, Projektion und projektive Identifizierung unterhalten diese Spaltung, die sich in Wahnentwicklungen, Halluzinationen und Affektverflachung verfestigt. Benedetti sieht sogar über einzelne psychische Mechanismen hinaus in der Spaltung einen elementar gestörten Welt- und Selbstbezug des Schizophrenen.

Moreno hat auf den Zusammenbruch der Beziehungen des Sozialen Atoms in der akuten Psychose aufmerksam gemacht, das durch Beziehungen zwischen psychotischen Rollen des Patienten und imaginierten »personae« ersetzt wird (Moreno 1973, S. 287ff). Erst mit dem Abklingen der akuten Psychose treten die realen Beziehungen im Sozialen Atom wieder hervor, unterliegen aber auch in Perioden relativer Remission erheblichen Einschränkungen.

Im Psychodrama zeigen sich die Folgen des inkohärenten Selbstkonzepts u.a. in dem gestörten Perzeptionssoziogramm und der geringen Gruppenkohäsion (infolge weniger gegenseitiger Wahlen) in Gruppen Schizophrener (Moreno 1973, S. 28ff u. S. 35) und in der eingeschränkten Fähigkeit zum Rollentausch (Moreno 1973, S. 199 u. S. 200). Dieser soll ja das Unbewusste des Protagonisten mit dem Unbewussten des Antagonisten bzw. des Beziehungspartners verknüpfen (Moreno 1973, S. 94). Dabei kommen – vor allem bei gut miteinander vertrauten Personen – gemeinsames Bewusstes und gemeinsames Unbewusstes (»co-consciousness« und »co-unconsciousness«) ins Spiel. Dass dies bei Psychotikern nicht oder nur eingeschränkt gelingt, scheint nach dem Dargelegten durch die fehlende oder unvollkommene Fähigkeit, Perspektiveninduktion aufzunehmen, ohne weiteres plausibel.

Die therapeutischen Stärken des Psychodrama in der Behandlung Schizophrener liegen nun offensichtlich in der Möglichkeit zur Förderung von Ich-Funktionen durch szenisches Erleben – sowohl in der Realsituation der Therapiegruppe wie auch in spielerischen Gestaltungen – und der damit zugleich gegebenen Chance zur Auflösung bzw. Rücknahme von Spaltungen.

Petzold erinnert gegenüber der Objektbeziehungstheorie zu recht daran, dass bei der Bildung von Repräsentationen nicht Beziehungen als solche, sondern *Beziehungen in Kontexten* verinnerlicht werden. Kommunikative Kompetenz (als Gesamtheit von Fähigkeiten) und kommunikative und interaktive Performanz (als Gesamtheit von Fertigkeiten) sind kontextgebunden, vollziehen sich in einem *Feld*, einer *Situation*, einer *Szene*, in der das Subjekt als wahrnehmendes, denkendes und handelndes in vielfältigen *Konnektierungen* eingebunden ist. Wahrnehmen und Handeln beziehen sich auf einen konkreten *sozialökologischen* Raum, der durch seine Aufforderungsmomente (»affordances«) und seine Begrenzungen (»constraints«) gekennzeichnet ist (Petzold 1995, S. 509f). Die Interaktionen von Säuglingen mit ihrer Umwelt können als »perception-action-cycles« (PAC) betrachtet werden, in denen Wahrnehmung und Handlung als eine einzige psychologische Funktion erscheinen. Dabei enthält die Umwelt mit ihren »affordances«, ihren Gegenständen und Personen ein Angebot, einen Ermöglichungsspielraum oder Aufforderungscharakter und eröffnet damit eine Handlungsmöglichkeit, der bei Lebewesen auf diese Umwelt angepasste Handlungsmuster (»effectivities«) gegenüberstehen. Im zweiten Lebensjahr erweitern sich beim menschlichen Kleinkind die »perception-action-cycles« zu »Wahrnehmungs-Verarbeitungs-Handlungs-Spiralen« (WVH), die soziale Interaktionen umfassen und mit symbolisch gefasster Information (Sprache, Bilder, Zeichen) operieren. Nun können Informationen zu hoch organisierter bzw. strukturierter Information konfiguriert werden, die sich zu spezifischen Repräsentationen organisiert, etwa als akustische oder bildliche *Gestalt*, als szenisches *Skript*, semantische *Struktur* oder atmosphärische *Qualität* (Petzold 1995, S. 523). Die Verschränkung von Wahrnehmung und Handlung im Kontext, die die Interaktion mit Kommunikationspartnern einbezieht, lässt kommunikative Kompetenz und Performanz nun nicht mehr als Merkmal einer Person erscheinen, sondern als in geteiltem sozialem Wissen und korrespondierenden sozialen Handlungsmöglichkeiten gründende Eigenheit einer Dyade oder größeren Gruppe (vgl. dazu »coconsciousness« und »co-uncon-sciousness« bei Moreno). Repräsentationen, Verinnerlichungen, die aus einem so verstandenen qualitativen Prozess hervorgehen, sind naturgemäß umfassend, sie gehen über sprachlich fassbare Erinnerungen weit hinaus. Sie enthalten nicht nur verschiedene Sinnesqualitäten, sondern auch bildliche, szenisch-atmosphärische und sprachlich-symbolische Momente. Vor allem aber umgreifen sie auch den Aufforderungscharakter für Handlungsmöglichkeiten und korrespondierende Handlungsmuster – Sequenzen von Interaktionen in Situationen (Petzold 1995, S. 534f).

Durch seinen szenischen Charakter lädt das Psychodrama dazu ein, Erinnerungsspuren zu aktualisieren, einerseits gestörte kommunikative Muster kontrolliert auszuagieren, andererseits korrektive kommunikative Erfahrungen zu machen. So kann der Patient anhand von Themen und Szenen aus seiner eigenen Biographie, seinen aktuellen Lebensumständen, aus der Situation in der Therapiegruppe oder aus Gruppenspielen verlorengegangene kommunikative Kompetenzen wiedergewinnen. Für den Therapeuten kommt es darauf an, auf die optimale Passung zwischen diesen »affordances«, den Aufforderungscharakteren der aktuellen therapeutischen Situation als Umwelt und den dem Patienten zum gegebenen Zeitpunkt zur Verfügung stehenden »effectivities«, seinen darauf bezogenen Handlungsmustern, zu achten. Er hat die Wege zu bahnen, damit der Patient sich in einer ihm förderlichen Weise ausdrücken kann. Dazu sollte er die in verschiedenartig gestalteten Szenen zur Wirkung kommenden Niveaus von Ich-Funktionen einschätzen können. Er muss seine Interventionen so auslegen, dass der Patient auf seinem Funktionsniveau agieren kann, aber angeregt wird, etwas weiterzugehen, abgespaltene Anteile behutsam wieder zu integrieren und dabei seine Ich-Funktionen zu verbessern oder zu stabilisieren. So kann z.B. eine Aufforderung zum Rollentausch zwar einen starken Impuls für eine Perspektiveninduktion setzen, wenn der Patient jedoch nicht zuvor eine ausreichende »Spiegelung« erfahren hat und diese auch aufnehmen konnte, wird sie auf eine Überforderung hinauslaufen. Eine Klärung oder Veränderung von Beziehungen ist dann kaum möglich. Für den gleichen Patienten könnte jedoch eine Darstellung seines Themas durch Hilfs-Iche, in die er sich selbst einbringen kann, durchaus hilfreich sein.

Als Ziel der psychodramatischen Arbeit hätte demnach zu gelten, den Patienten zu ermöglichen, ihre Erlebniswelt einschließlich ihres Sozialen Atoms zur Darstellung zu bringen und dabei eine maximale Förderung ihrer Ich-Funktionen zu erfahren. Anhand eines entwicklungspsychologischen Rasters lassen sich die Schwierigkeiten des Patienten genauer einordnen wie auch die Indikation psychodramatischer Interventionen besser begründen. Der Akzent verlagert sich damit von der Frage, welches interpersonelle Problem den Patienten belastet, zu der Frage, was dieses Problem für seine Ich-Organisation bedeutet. Die Klärung interpersoneller Beziehungen verlangt zunächst (und oft zugleich) eine Stärkung der Ich-Funktionen des Patienten.

Schematische Übersicht zu den Entwicklungsphasen nach Stern, altersentsprechenden Ich-Funktionen, psychopathologischen Störungen bei Schizophrenien und darauf bezogenem psychodramatischem Vorgehen.

Phase	Ich-Funktionen	Psychopathologische Störung	Psychodramatisches Vorgehen
Auftauchendes Selbstempfinden (0 – 2)	Erleben von Regelmäßigkeit und Geordnetheit, Verbindung zwischen Ereignissen, Affekte und Wahrnehmungen werden mit »Vitalitätsaffekten« verbunden	Desorganisation des einheitlichen Wahrnehmungs- und Erlebnisraumes, Fragmentierung der Wahrnehmung	Regelmäßigkeit, Konstanz, Strukturierung, moderate Affektlage
Kernselbstempfinden (2/3 – 7/9)	*Selbstwirksamkeit* durch Handlungen • Willensgefühl • Differenzierung eigener und fremder Handlungen	Gefühl der Fremdsteuerung, psychotische Leere/Depression	Rückmeldungen über Auswirkung eigenen Verhaltens, Aktionsmethoden, lustvolles Spiel
	Selbstkohärenz durch Zuordnung von Aktivitäten zu *einem* Objekt oder Subjekt	Halluzinationen, Verkennungen, Wahnbildungen	Klärung von Interaktionen, Inszenierung psychotischer Inhalte
	Selbstaffektivität Erleben und Ausdruck von Affekten und deren interaktionsregulierender Funktion	Inadäquater Affekt, gestörte Ausdruckswahrnehmung	Akzeptieren von Affektausdruck, Klären und Benennen von Affekten, u.a. durch Spiegeln
	Selbstgedächtnis	Gedächtnisstörungen, unzureichende Nutzung früherer Erfahrungen	Erinnern, Wiederholen
Subjektives Selbstempfinden Intersubjektivität (7/9 – 15/18)	Gefühl intersubjektiver Bezogenheit, innere Erfahrungen können mit anderen geteilt und kommuniziert werden, gemeinsamer Aufmerksamkeitsfokus (=Relativierung der eigenen Perspektive)	autistisches Verhalten, Egozentrik, Störung der selektiven Aufmerksamkeit, Ablenkbarkeit	Förderung der Bezugnahme auf andere / Interaktion, handlungsbezogene Anwärmtechniken, Kontaktübungen, Rollenwechsel, Fokussierung, Wiederholung, »Soufflieren«, Involvierung

Fortsetzung der schematischen Übersicht der Entwicklungsphasen:

Phase	Ich-Funktionen	Psychopathologische Störung	Psychodramatisches Vorgehen
	»social referencing«	Störung der Ausdruckswahrnehmung	Rückmeldung, Validierung
	Fähigkeit zur Affektabstimmung	Durchlässigkeit bzw. Absperrung gegen Affekte anderer	Benennen, Spiegeln, Doppeln
Verbales Selbstempfinden, Reflexives Selbst (15/18 – ...)	Sprachentwicklung, Vorstellungs-/Phantasietätigkeit, Symbolisierung, Selbstkonzept	»Denkstörungen«, Wahnentwicklung, Halluzinationen, Konkretismus	Spiel als »Als-ob«-Handlung, Darstellung des psychotischen Erlebens und interaktionelle Amplifikation
	Ich-Andere-Unterscheidung	Primärbeziehungen als Teil der Selbstorganisation	Spiegeln/Doppelgänger, Inszenierung und Differenzierung des Sozialen Atoms oder Teilen davon
	Perspektiveninduktion, Empathie, prosoziales Verhalten	Spaltung	Inszenierung der Spaltung, Rollentausch, Ermöglichen von Intimität

Literatur

Benedetti, G. (1983). Todeslandschaften der Seele. Göttingen: Vandenhoeck & Ruprecht.
Bischof-Köhler, D. (1989). Spiegelbild und Empathie. Bern: Huber (Nachdruck: 1993).
Dornes, M. (1994). Der kompetente Säugling. Frankfurt: Fischer.
Ekman, P. (1973). Crosscultural studies of facial expressions. In: P. Ekman (Ed.), Darwin and facial expressions. A century of research in review (pp. 169-222). New York: Academic Press.
Frank-Bleckwedel, E.M. (1995). Interpersonelle Welten – Daniel Sterns Theorie des Selbstempfindens fundiert die Praxis des Psychodramas. *Psychodrama*, 8(2), 221-238.
Hein, J. (1996). Psychodrama mit schizophrenen Patienten – eine entwicklungspsychologische Perspektive. In: F. Buer (Hg.), Jahrbuch für Psychodrama, psychosoziale Praxis und Gesellschaftspolitik 1995 (S. 57-76). Opladen: Leske & Budrich.
Izard, C.E. (1971). The face of emotion. New York: Meredith.
Izard, C.E. (1978). On the ontogenesis of emotions and emotion-cognition relationships in infancy. In: M. Lewis & L.A. Rosenblum (Eds.): The development of affect (pp. 389-413). New York: Plenum Press.
Izard, C.E. (1980) The emergence of emotions and the development of consciousness in infancy. In: J. M. Davidson & R. J. Davidson (Eds.): The psychobiology of consciousness, (pp. 193-216). New York: Plenum Press.
Izard, C.E., Huebner, R.R., Risser, D., McGinnes, G.C. & Doughen, L.M. (1980). The young infant's ability to produce discrete emotion expressions. *Developmental Psychology*, 16, 132-140.
Kernberg, O. F. (1991). Schwere Persönlichkeitsstörungen. Theorie, Diagnose, Behandlungsstrategien. Stuttgart: Klett-Cotta (3. Auflage).
Krüger, R.T. (1997). Kreative Interaktion. Tiefenpsychologische Theorie und Methoden des klassischen Psychodramas. Göttingen: Vandenhoeck & Ruprecht.
Mathias, U. (1982). Die Entwicklungstheorie. J.L. Morenos. In: H. Petzold & U. Matthias (Hg.), Rollenentwicklung und Identität. Von den Anfängen der Rollentheorie zum sozialpsychiatrischen Rollenkonzept Morenos (S. 191-247). Paderborn: Junfermann.
Mentzos, S. (1982). Neurotische Konfliktverarbeitung. Einführung in die psychoanalytische Neurosenlehre unter Berücksichtigung neuer Perspektiven. München: Kindler.

Moreno, J.L. (1973). Gruppenpsychotherapie und Psychodrama. Einleitung in die Theorie und Praxis. Stuttgart: Thieme (2. Auflage; zuerst: 1959).
Petzold, H. (Hg.) (1995). Die Kraft liebevoller Blicke. Psychotherapie und Babyforschung, Band 2. Paderborn: Junfermann.
Piaget, J. (1969). Nachahmung, Spiel und Traum. Stuttgart: Klett.
Roder, V., Brenner, H.D., Kienzle, N. & Hodel, B. (1988). Integriertes Psychologisches Therapieprogramm für schizophrene Patienten (IPT). München, Weinheim: Psychologie-Verlags-Union.
Stern, D.N. (1994). Die Lebenserfahrung des Säuglings. Stuttgart: Klett-Cotta (4. Auflage; Originalveröffentlichung: „The interpersonal world of the infant – A view from psychoanalysis and developmental psychology", New York: Basic Books, 1985).
Süllwold, L. (1983). Schizophrenie. Stuttgart, Berlin, Köln, Mainz: Kohlhammer.
Süllwold, L. (1991). Manual zum Frankfurter Beschwerde-Fragebogen (FBF). Berlin, Heidelberg: Springer.

Korrespondenzanschrift:
Dipl.-Psych. PP *Jörg Hein*
Rheinstr. 5
D-64283 Darmstadt

☎ (06151) 22 282
email: *Joerg.Hein.Praxis@freenet.de*

Dieser Beitrag erschien zuerst in: Psychodrama – Zeitschrift für Theorie und Praxis von Psychodrama, Soziometrie und Rollenspiel (1999), 9(2), 325-337 (Themenheft 17, „Psychiatrie") und wurde für den Wiederabdruck geringfügig modifiziert.

Franz Stimmer
Pränatale Co-Existenzen

Summary:
Prenatal Co-existence
The first phase in human life, characterized by a turbulent development, is usually cut out by socio-psychological considerations, just as if human beings enter the world not until „birth". Research of prenatal psychology suggests a change of perspective and a „listening" (Tomatis) to signals of the prenatal world. This essay formulates some questions about the prenatal world and about the possibilities of relations during this phase of life, to the fore. Some answers are tried: about the development of the infant, about prenatal communication between mother and child and about specific shapes of the creation of these relationships. Some comments to the psychodramatic theory and practice and to the „revival" of this phase of life complete the essay.

Zusammenfassung:
Die erste menschliche Lebensphase, geprägt von einer turbulenten Entwicklung, bleibt in sozialpsychologischen Überlegungen meist völlig ausgeblendet, so als ob der Mensch wirklich erst mit der „Geburt" in die Welt käme. Durch die Forschungen der pränatalen Psychologie beginnt sich der Blick etwas zu verändern und ein „Horchen" (Tomatis) auf die Signale aus dieser Welt einzusetzen. In diesem Beitrag zur „vorgeburtlichen" Lebenswelt und den Beziehungsmöglichkeiten in dieser Lebensphase stehen Fragen im Vordergrund. Einige Antworten werden versucht: zur Entwicklung des Kindes, zur pränatalen Kommunikation zwischen Kind und Mutter und zu den spezifischen Formungen dieser Beziehungsgestaltung. Einige Anmerkungen zur psychodramatischen Theorie und Praxis und zur „Wiederbelebung" dieser Lebensphase im späteren Leben ergänzen den Beitrag.

»Wie ist es, eine Fledermaus zu sein?«
(***Thomas Nagel*** 1974)

1. Fragen

Seit einigen Jahren beschäftige ich mich immer wieder mit „pränataler Psychologie", lese das eine oder andere Buch dazu, diskutiere mit Kolleginnen und Kollegen darüber, mache mir Notizen, vergesse vieles wieder und fange immer wieder von vorne an, ohne je „an ein Ende" zu kommen. Dabei tauchen immer wieder Fragen über Fragen auf. Können wir uns eigentlich noch vorstellen, wie die Wahrnehmungswelt eines „embryonalen" oder „fötalen" Kindes[1] aussieht oder sich anhört, anfühlt? Gibt es vielleicht embryonale und fötale Kommunikationsmuster, die uns in der postnatalen Vergesellschaftung „verloren gehen"? Gibt es vielleicht sogar pränatale Fähigkeiten (des Kindes, der schwangeren Mutter, von beiden zusammen in Wechselwirkung zueinander?), die später nur noch in Träumen, in der Meditation oder auch im Drogenrausch wiederbelebt werden? Kann es eigentlich nur um die Mutter-Kind-Dyade gehen oder müssten nicht mindestens die familialen Beziehungsräume miteinbezogen werden, um die pränatalen Chancen und Gefährdungen besser verstehen zu lernen? Gibt es gestaltete Formen der Regression in diese Lebenswelt hinein? Sind die pränatalen Interaktionsformen und -möglichkeiten vielleicht gar die, die, zumindest kurzfristig, gelingende Beziehungen in Partnerschaften, in der Erziehung und auch in der Therapie fördern (und als Glücksmomente unseres Lebens erhalten bleiben)? Warum und wozu wurden und werden Kenntnisse und Phantasien über vorgeburtliches Leben in der modernen Gesellschaft so lange und so radikal ausgeblendet? Welche Fähigkeiten müssen Mütter entwickeln, um mit ihren Kindern im Bauch Begegnung zu ermöglichen? Was ist es, was die Geburt zum kreativen Akt (Jacob Moreno) oder zum Trauma (Otto Rank) werden lässt? Warum ist es so schwierig, dieser Phase der virulentesten menschlichen Entwicklung ihren Platz neben den angestammten Lebensaltersphasen zuzugestehen? Sind die pränatalen Lebensmonate gar die Zeit, in der, wie der berühmte Gehirnforscher John C. Eccles überzeugt war, dem Menschen die göttlich geschaffene Seele eingehaucht wird oder, wie Moreno dies andeutet, dieses menschliche Wesen im Bauch der Mutter, noch voll der kosmischen Energie und Weisheit ist?[2] Ist unserer Erinnerung nur das nachgeburtliche Leben zugänglich oder gibt es neben den uns bekannten Formen postnatalen Bewusstseins ein fötales Bewusstsein und ein

---

1) Die Schwangerschaftsdauer (Gestationszeit bzw. Gestationsalter des Kindes; gestatio = Schwangerschaft) beträgt, gerechnet vom Zeitpunkt der letzten Menstruation +/- 40 Wochen (Berechnung post menstruationem: p.m.). Die tatsächliche Schwangerschaft, nämlich die Zeit von der Empfängnis (Konzeption) bis zur Gehurt dauert etwa +/- 38 Wochen (Berechnung post conceptionem: p.c.). Wenn Autoren, was leider häufig geschieht, nicht genau angeben, nach welcher Berechnung sie ihre Zeitangaben machen, ergeben sich daraus immer wieder Unterschiede von einigen Wochen. Die pränatale Lebenszeit wird in der multiprofessionellen Pränatologie üblicherweise in die folgenden Unterphasen differenziert: Entwicklung von der befruchteten Eizelle, der Zygote (Blastogenese) über das embryonale Stadium (Embryogenese: 2. bis zur 12. Woche p.c.) bis zu der fötalen Lebensphase (Fetogenese: vom 3. Monat p.c. bis zur beginnenden Geburt) und dem Geburtsvorgang einschließlich der frühesten nachgeburtlichen Prozesse (Perinatalphase).
2) Kürzlich las ich in einer Todesanzeige einen Spruch, der ähnliches ausdrückt, nämlich dass der Mensch ein Gedanke Gottes ist und im Tod wieder zu ihm zurückkehrt.

Erinnern und Bewusstwerden gar an unser Leben als Zygoten, die wir einmal waren?[3]

In meinem Beitrag werde ich, völlig selektiv, einige Aussagen und Vermutungen zum vorgeburtlichen[4] Leben, zum „Auf-der-Welt-Sein" und „In-der-Welt-Sein" im Bauch der Mutter, fragend zusammenfassen,[5] beschränke mich dabei aber wesentlich auf die Lebensphase etwa ab dem 6. Monat.[6] Unter Einführung der Fiktion, dass diese Erkenntnisse „wahr" seien, leite ich daraus dann einige Überlegungen zum Menschenbild allgemein und zur Theorie und zur Praxis psychodramatischen Handelns ab, allerdings unstrukturiert im Sinne von Einfällen und manchmal gleich im Zusammenhang mit der jeweiligen Diskussion, dies auch in der Hoffnung für diese bunten und zugleich zutiefst menschlichen Themen ein wenig interessierte Neugierde zu wecken. Eine solches Vorgehen widerstrebt zwar dem anerzogenen Perfektionsbedürfnis, ist aber der Thematik angemessen und ist zugleich eine Übung in Richtung der entlastenden Aufforderung Morenos, die Ziele im Imperfekten zu suchen. Die Annahme der „Wahrheit" ergänze ich durch die These, dass die letzten drei Monate im Bauch der Mutter und die ersten drei in den Armen der Mutter,[7] bezüglich der kontinuierlichen Entwicklung des Kindes eine einheitliche Phase bilden,[8] bei der die Geburt lediglich Episodencharakter hat bzw. haben könnte. Von dieser Annahme ausgehend, die durch die moderne Gehirnentwicklungsforschung (vgl. z.B. Eccles & Robinson 1985) gestützt wird, die aber auch in an-

---

3) Wilber (1996, S. 656) berichtet von Erinnerungen, die Menschen unter Drogen hatten, die sich nicht nur auf die eigene Geburt, sondern sehr viel tiefer, auch phylogenetisch, auf „Erinnerungen" an animalische, pflanzliche und gar atomare Zustände bezogen. Dabei stellt er dem Gedächtnis, das im Hirn seinen Sitz hat, ein „Systemgedächtnis" zur Seite: Die phylogenetischen „Welt-Räume sind uns als angestammte Systembahnen mitgegeben [...] und sie sprechen aus unserem kosmischen Fotoalbum zu uns." Sloterdijk berichtet von Schellings naturphilosophischer Lehre, derzufolge „höhere Organismen wie in einem somatischen Gedächtnisspeicher die integrale Erinnerung an ihre früheren Seinsweisen" aufbewahren (1998, S. 251).

4) Der Begriff „Geburt" weckt allerdings falsche Assoziationen, gleich so, als wäre der Beginn des Lebens erst mit ihr gegeben.

5) Einen Überblick vermitteln u.a. Janus 1991a; Krüll 1990; Verny & Kelly 1993.

6) Zu allen Zeitangaben (auch in diesem Beitrag) und den manchmal schwierigen genauen Zuordnungen siehe Anmerkung 1.

7) Für „Mutter" kann hier bezüglich der letztgenannten drei Monate *nicht*, was nivellierend und pauschalierend öfters zu hören ist, „Vater" oder „Bezugsperson" stehen. Letztere sind natürlich bedeutsam im Gesamtgeschehen, ergänzen zwar, ersetzen aber nicht, wie noch zu zeigen ist, die Mutter.

8) Zur Kontinuitätsthese vgl. Prechtl 1984. Ein Zusammenhang, den auch schon Freud Mitte der zwanziger Jahre beschrieben hat: „Intrauterinleben und erste Kindheit sind weit mehr ein Kontinuum, als uns die auffällige Caesur des Geburtsaktes glauben lässt." (GW 14, S. 169).

deren Kulturen tief verankert ist,[9] sind die Möglichkeiten und Formen des Dialogs zwischen Kind und Mutter in dieser Zeit Gegenstand meiner Überlegungen.

2. Pränatales Leben: Mythen, Ideologien, Vorstellungen

Die ersten 9 Lebensmonate p.c. des Menschen, die wir üblicherweise als „vorgeburtlich" oder „pränatal" bezeichnen, eignen sich besonders gut für die Mythenbildung. Wenn ich als Interpretationsfigur für das Kind im Bauch der Mutter einen Parasiten auf einer vegetativen oder animalischen Entwicklungsstufe annehme, komme ich zu völlig anderen Zuschreibungen, als wenn ich von einem dialogbereiten handlungskompetenten Fötus ausgehe. Beides sind natürlich, wie vieles andere auch in der modernen Wissenschaft, Mythen. Diese Bilder und Symbole, deren Funktion in archaischen Kulturen die sinnhafte Ordnung der Welt und des menschlichen Lebens ist, tragen auch heute zur kognitiven und emotionalen Bewältigung – über Benennung und Verbildlichung – eines zuvor unheimlichen Geschehens bei. Der moderne Mensch kann zusätzlich auf religiöse, philosophische und wissenschaftliche Erklärungsmuster zurückgreifen. Alle genannten, Mythos, Religion, Philosophie und Wissenschaft, liefern Modelle pränataler Lebenswelten, die von der absoluten Verneinung eines vorgeburtlichen Lebens bis zu sehr differenzierten Vorstellungen dieser Lebensphase reichen.

Was dem „homo postnatalicus" inzwischen umstandslos zugestanden wird, nämlich die Auszeichnung als „competent infant" (Stone et al. 1973), als ein „aktiver Organismus, der in der Interaktion mit seiner Umwelt auch selbst wesentlich zu seiner eigenen Entwicklung beiträgt" (Rauh 1983, S. 83), wird seinem lebensgeschichtlichen Vorgänger, dem „homo praenatalicus" bis heute noch weitgehend verweigert; dies trotz all der gegenteiligen Erfahrungen vieler Mütter und obwohl eine große Fülle hochinteressanter Forschungsergebnisse dem noch vorherrschenden Bild eines parasitären Zellklumpens, der höchstens für die Anatomie und Physiologie interessant ist, vehement widersprechen.

Wie sehr die Bilder des pränatalen Kindes kulturell geprägt und oft genug auch ideologisch verzerrt sind, zeigt ein kurzer Blick auf einige Beispiele: Während in Europa, wenn auch keineswegs einstimmig, selbst (oder gerade) im 20. Jahrhundert noch steif und fest behauptet wurde, dass ein Seelenleben erst

---

9) Vgl. Blazy 1991. Helga Blazy schildert, dass in den Kulturen Indonesiens keine Zäsuren gemacht werden zwischen Zeugung, Schwangerschaft und postnatalem Leben. In China und Japan hat das Kind bei der Geburt bereits den 1. Geburtstag (Janus 1991a, S. 18).

nach der Geburt beginnt,[10] gibt es etwa in Indien eine lange Tradition der behutsamen Pflege der Seele des pränatalen Kindes (vgl. Olschak 1974) oder bei den Ojibwa Indianern (USA) die kommunikative Einbindung des vorgeburtlichen Kindes in das soziometrische Netzwerk der gesamten Familie und darüber hinaus[11] mit dem Ziel der Förderung der körperlichen und seelischen Entwicklung des Kindes. Die besondere Verbindung zwischen Mutter und Kind wird auch im Lukas-Evangelium beschrieben: „In dem Augenblick, als ich Deinen Gruß hörte, bewegte sich das Kind vor Freude in meinem Leib." (Luk. 1,44). Aber: während wiederum in Indien eine pränatale Verbindung mit dem universellen Bewusstsein[12] postuliert wird – eine Idee, die den Konzepten Morenos vom „cosmic man" (Moreno 1989b, S. 40) und der „All-Identität" (Moreno 1985, S. 74) sehr nahe kommt –, wurden (und werden?) „Totgeburten" in Deutschland weggeworfen, „entsorgt" oder gar ökonomisch verwertet. Dabei zeigen neuere Erfahrungen, dass, wenn es den Müttern und der Familie ermöglicht wird, auch zu den tot auf die Welt gekommenen Kindern Kontakt zu halten oder herzustellen, ihnen zu begegnen, zu trauern und Abschied zu nehmen, es sowohl für die Mütter wie für die ganze Familie hoch bedeutsam ist, dies zu tun. Dahinter steht aber auch die Anerkennung des noch nicht geborenen Kindes als individuelle Persönlichkeit.

So wie sich in vielen mythischen und religiösen Riten und Symbolen die Urerfahrungen pränatalen Erlebens spiegeln, so zeigt sich im modernen Verdrängungsaufwand dieser ersten Lebensphase ein immenses Abwehrpotential (wie auch bei der letzten Lebensphase des Menschen und dem Tod). Dennoch gibt es auch in Europa eine lange Tradition im Volksglauben, die deutlich macht, dass die Menschen immer schon wussten, dass Leben nicht erst mit der Geburt beginnt (und hoffen, dass es mit dem Tod nicht endet). Das Deu-

---

10) Vertreter dieser Richtung sind etwa der Psychologe und Pädagoge J.G. Compayré um 1900 oder der Bischof von Canterbury noch 1961. Kürzlich (1999) wurde in einer Radiosendung von einem deutschen Philosophen, dessen Namen ich vergessen habe, berichtet, der menschliches Leben wieder einmal erst nach der Geburt als existent bezeichnete und pränatale Eingriffe daher für ethisch voll vertretbar hält. Auch der technisch machbare Zugriff pränataler Selektion mit dem Ziel der Züchtung von Übermenschen zur Rettung menschlicher (?) Kultur, ist, selbst wenn sie vorgeburtliches Leben als solches anerkennt, wohl nur eine Variante inhumaner Blicke auf die Anfänge unseres Lebens. Die Funktionalisierung pränatalen Lebens kam ganz aktuell wieder zum Ausdruck in den Wünschen mancher Eltern, gebannt durch den Milleniumskrampf, ihr Kind durch Kaiserschnitt in den ersten Sekunden des Jahres 2000 auf die Welt kommen zu lassen.

11) Vgl. Schmücker 1987. Dieses Zusammenleben mit dem pränatalen Kind ist durch viele Tabus geregelt und abgesichert. So darf der Vater z.B. in der pränatalen Lebensphase seines Kindes keine Tiere töten, da dies die Seele des Kindes verletzen könnte.

12) Vgl. Kakhar 1984, S. 207; mit dem Durchschneiden der Nabelschnur wird diese Verbindung unterbrochen.

tungsmodell des „Versehens" beispielsweise, das Verbindungen herstellt zwischen den Wahrnehmungen und dem Verhalten der schwangeren Mutter und den körperlichen und psychischen Einwirkungen der mütterlichen Erlebnisse auf das pränatale Kind, war weit verbreitet und ist nicht nur mit „Aberglauben" abzutun. Die Beispiele sind heute vielleicht etwas komisch, dennoch wird das Grundmodell, wenn auch noch im Sinne eines unilinearen Bezugs von der Mutter zum Kind, eindeutig sichtbar: „Versieht sich die Schwangere an einem Seiltänzer, so bekommt das Kind schlenkernde Glieder [...] Versieht sie sich im Schreck [...] an einem Hasen, so bekommt das Kind [...] eine Hasenscharte." (Janus 1991a, S. 18). 1674 hat Nicole Malebranche weitere Beispiele solcher Transformationen geliefert. Er erzählt etwa von einer schwangeren Frau, die das Bildnis des Heiligen Pius „[...] zu scharf ansah und hernach mit einem Kinde niederkam, welches diesem Heiligen vollkommen glich."[13]

Im Gegensatz zu diesen unterschiedlichen Beispielen eines kulturell verankerten Wissens um das pränatale Leben stand und steht die eigenartige Distanz zu dieser Lebensphase bei vielen Eltern, Pädagogen, Therapeuten, Ärzten und Wissenschaftlern. So präsentieren auch – um den Bogen zum Psychodrama herzustellen – Florence und Jacob L. Moreno, in völliger Übereinstimmung mit den 1944 üblichen wissenschaftlichen Vorstellungen, in ihrer „Spontaneitätstheorie der kindlichen Entwicklung" eine Auflistung der für sie wesentlichen Unterschiede zwischen vorgeburtlichem und neugeborenem Leben, die das alte Bild pränatalen Lebens anschaulich beschreibt: a.) pränatal = „closed compartment, eternal darkness, parasitic existence, state of constant sleep" und b.) postnatal = „open, unlimited space, lighted and multi-colored environment, sphere of vision and sound, existence in which his own activity is indispensable in food taking and elimination, state of gradual awakening and awareness of the world around him." (Moreno & Moreno 1985, p. 50). Die Zustimmung zu einer solchen Zuordnung verwundert bei Moreno, für den ja gerade die Koexistenz das grundlegende Axiom seines Menschenbildes darstellt.

Durch eine solche Definition der pränatalen Situation, wie sie sich – nur beispielsweise – in der Auflistung von Florence und Jacob L. Moreno ausdrückt, und den daraus folgenden Stigmatisierungen besteht die Gefahr, dass es bei Menschen in den ersten Phasen ihres Lebens zu einer „Ausgrenzung ihrer Existenz als Person" (Schindler 1987, S. 1) kommt und damit zu einem völlig unangemessenen Umgang mit ihnen, der das kreative Entwicklungspotential häufig zum Versiegen bringt oder dessen Entfaltung doch behindert.

3. Das Bild vom »Kompetenten Fötus«

Bezüglich fötalen Lebens deuten sich heute Entwicklungen an, wie sie auch für die Vorstellungen vom Neugeborenen zutrafen, nämlich der Übergang von

---

13) Malebranche 1914, S. 203; Compayré (vgl. Anm. 10) hat u.a. die Ansichten Malebranches nachdrücklich bekämpft.

der Vorstellung einer „blooming, buzzing confusion" (William James) hin zum Bild eines kompetenten, aktiven und interaktionsfähigen Kindes. So wird die Phantasie vom Parasiten, vom kleinen Schmarotzer, der auf Kosten der Mutter in deren Leib lebt, heute langsam abgelöst vom Bild eines „kompetenten Fötus", der die engen Grenzen der pränatalen Psychologie und Medizin zu überwinden beginnt und Einfluss gewinnt auf sozialwissenschaftliche, juristische, pädagogische und therapeutische Bereiche. Dabei werden die Kompetenzen des fötalen Kindes heute aber allzu gern mythisch überhöht. Das Bild des Parasiten wird daneben natürlich weiter transportiert in den Ängsten mancher Mütter und Väter, in psychotischen Phantasien, in Horrorfilmen und auch durch das rigid-zwanghafte oder auch ideologiegetrübte Festhalten an handlungsleitenden Kulturkonserven.

In den vergangenen 30 Jahren wurden durch neue Möglichkeiten der Beobachtung – und dies noch dazu mit der in unserer Gesellschaft nach wie vor so beliebten und hoch bewerteten naturwissenschaftlicher Genauigkeit (z.B. Ultraschall, Fetoskop) – und durch Fortschritte in der Neurologie Szenen des vorgeburtlichen Lebens nachweisbar, deren Existenzen zu einem kleinen Teil schon vorausgeahnt und vorausgedacht waren, die aber in dieser Differenziertheit und Eindeutigkeit bisher nicht bekannt waren bzw. auch wohl nicht bekannt sein *durften*, da sie das Bild vom Menschen in unserer Kultur doch wesentlich verändern. Es ist dabei dennoch so, dass manche der Forschungsergebnisse Eintagsfliegen waren, dass manche beobachtete Faktoren einseitig oder überzogen interpretiert wurden, dass manche Wahrnehmungen, schnell ideologisch gewendet, diffus wurden, dass manchen eifrigen Verfechtern der neuen Ideen auch die Phantasie durchging, dass manche Forschungssettings methodisch und/oder ethisch[14] kritisierbar sind und dass häufig wissenschaftstheoretisch mit zu einfachen Modellen gearbeitet wurde. Wenn vieles noch unklar ist und bleibt (aber was außer Ideologien ist schon klar im Leben), so sind doch viele Mosaiksteinchen bekannt geworden, deren miteinander wechselseitig verflochtenes Insgesamt das Bild des vorgeburtlichen Menschen erahnen und in Detailbereichen deutlich werden lässt. Vielleicht befinden wir uns aber auch noch in der Platonischen Höhle[15] und sehen nur die Schatten, weil wir es nicht wagen, uns umzudrehen und der Sonne entgegenzugehen.

Fest steht, dass Kinder bei der Geburt normalerweise bereits 9 Monate Leben hinter sich haben, eine Zeit, in der sie eine rapide Entwicklung bezüglich der anatomischen und physiologischen Verhältnisse und des Verhaltens

---

14) Wenn z.B. schwangeren Frauen während der Ultraschalluntersuchung – entgegen der Realität – gesagt wird, dass keine Bewegungen des Kindes mehr feststellbar sind, um zu erfahren, wie dieser gewaltige Schreck der Mutter sich auf die Bewegungen des Kindes auswirkt (vgl. Verny & Kelly 1993, S. 66f), ist dies forschungsethisch nicht vertretbar.

15) Vgl. Das Höhlengleichnis von Platon in: Ferber 1995, S. 277f.

durchlaufen. Und nicht nur sie. In biologisch notwendiger Wechselwirkung betrifft dies, wenn auch weniger radikal, zugleich die Mütter.

Da ich kein Neurologe, Gehirnforscher oder Entwicklungsbiologe bin, kann ich hier nur in einem knappen Überblick wiedergeben, was ich in relevanten Fachartikeln und Büchern darüber gelesen habe, ohne es im einzelnen gewichten oder beurteilen zu können. Das Dilemma ist zusätzlich, dass die Experten auf diesem Gebiet in den vergangenen drei Jahrzehnten unendlich viel Interessantes entdeckt haben, sich aber untereinander durchaus uneins sind, so dass etwa auch die Zeitangaben (siehe auch Anm. 1) bezüglich bestimmter Entwicklungsschritte variieren. So sind schon die Ergebnisse und Vermutungen der Experten zwar mit Staunen aber doch auch mit Skepsis zu betrachten, letzteres gilt um so mehr für meine kurze laienhafte Zusammenfassung.

Für den intrauterinen Protagonisten ist der Uterus zwar der Lebensraum, dies aber keinesfalls im Sinne eines geschlossenen Systems ohne Umgebung, sondern als offenes System, das Umgebung in Interaktionsprozessen zur Umwelt werden lässt.[16] Die Kommunikation Mutter-Kind-Mutter in diesem Begegnungsraum werde ich im nächsten Abschnitt ausführlicher diskutieren, sie ist die notwendige Voraussetzung für die Entwicklung der im folgenden analytisch getrennt beschrieben Fähigkeiten und Möglichkeiten des Kindes in der pränatalen Lebensphase.

Pauschal, abgeleitet aus einer Vielzahl von Beschreibungen (vgl. Schmidt 1980, Bürgin 1982, Krüll 1989, Janus 1991a, Verny & Kelly 1993) möchte ich zunächst folgende „besondere Kennzeichen" des fötalen Babys zusammenfassen, die natürlich zu unterschiedlichen pränatalen Lebenszeiten sich zu entwickeln beginnen und sich weiter differenzieren. Dieser Mensch hört, sieht, empfindet, trinkt, träumt, fühlt, weint, ist dialogfähig, hat Wahrnehmung und Bewusstsein, ist lernfähig, entwickelt Gedächtnis, ist empfänglich für feine emotionale Nuancierungen und rührt sich, wenn ihm etwas nicht passt. Es ist also ein lebendiges, erlebendes, empfindendes, erfahrendes, fühlendes menschliches Wesen, das reaktiv und aktiv in die Gestaltung seiner Umwelt eingreifen kann, das den Handlungen der Mutter Antworten gibt und das die Mutter veranlasst zu handeln.

In den allerersten Lebensphasen nach der Konzeption entwickelt sich das Kind – darüber vermittelt die „Fetoskopie" einen bildhaften Eindruck[17] – auf faszinierende Weise. Hierzu einige Beispiele: Beginn der Gehirnentwicklung (3

---

16) Zu dieser Thematik haben von Uexküll & Wesiack (1990) im Rahmen der Psychosomatischen Medizin, aufbauend auf die Umwelttheorie von Jakob von Uexküll, interessante Modelle entwickelt. Kurz zusammengefasst gehen diese Modelle von unterschiedlichen Integrationsebenen aus: einer vegetativen, einer animalischen (anima = Seele!) und einer humanen. Menschen durchlaufen vermutlich in ihrer Epigenese als bio-psycho-soziale „Systeme" diese drei Ebenen und zwar nach den unterschiedlichen Koordinationsmodellen des Regelkreises, des Funktionskreises und des Situationskreises.

17) Vgl. die faszinierenden Bilder in: GEO, 1983, Februar, 120-133.

Wochen) und des Herzschlags (3 1/2 Wochen), Ausbildung der Augen (4 Wochen), deutliche Unterscheidung von Gesicht und Händen (6 1/2 Wochen), Bewegung der Hände zum Mund und Berühren der Füße (8 Wochen), Entwicklung der inneren und äußeren Sexualorgane (10 Wochen). Bilder von Kindern in der Fötalphase zeigen vollständig ausgebildete kleine Menschenwesen, deren Organentwicklung, bei aller noch stattfindenden Gewichts- und Größenzunahme und der notwendigen Differenzierung, weitgehend abgeschlossen ist, mit Ausnahme des Wachstums der Großhirnrinde (Neokortex), den für uns bedeutsamsten Bereich des Zentralnervensystems. Ultraschalluntersuchungen zeigen vielfältige immer komplexer werdende Bewegungsabläufe: Ruckbewegungen, Bewegung einzelner Arme und Beine, Rückwärts- und Vorwärtsbewegungen und Drehen des Kopfes, ganzkörperliches Strecken, Gähnen, Purzelbäume schlagen, Berühren der Uteruswand, Eigenstimulation durch Berühren des Mundes (einschließlich Daumenlutschen) und der Nabelschnur. Die fötale Motorik ist also vielfältig ausgeprägt, zudem ist der Fötus – bis auf die Schlafzeiten – fast ständig in Bewegung (de Vries et al. 1982).

Wie im einzelnen die Dinge auch liegen mögen, fest steht, dass die pränatale Zeit vom zygotenhaften Leben (6.-8. Tag: mikroskopisch kleiner Zellhaufen), über ein menschliches Wesen im Kleinen, in dem alles schon angelegt ist, wenn auch in grober Struktur, was später den Menschen prägt (nach etwa 14 Wochen) bis hin zu einem hochkomplexen Baby, das auch außerhalb des Mutterleibes lebensfähig ist, die vehementeste Entwicklung im menschlichen Leben darstellt, vielleicht nur noch vergleichbar mit der Auflösung des Körpers nach dem Tod. Dabei gibt es sicher einen genetischen Plan, der die Richtung dieses Wachstum bestimmt. Aus einer menschlichen Eizelle und einer menschlichen Samenzelle wird ein Mensch und keine Giraffe. In den Grenzen dieser Vorgaben ist Entwicklung aber ein ständiger spontaner Wandlungsprozess, Spontaneität, die „sich im Augenblick ihres Entstehens verausgabt" (Moreno 1974, S. 439). Was dies eigentlich bedeutet, ist nachdrücklich durch Filmmaterial über die oszillierende Dynamik des Verschmelzungsprozesses von Ei- und Samenzelle und die sofort beginnende Zellteilung zu sehen und zu spüren. Jede Sekunde wachsen Zellen über Zellen. Jeden Augenblick reiht sich Erstmaligkeit an Erstmaligkeit, „tastet" sich der Embryo spontan in fremde, unbekannte Gebiete vor.[18]

Zu Beginn der fötalen Lebenszeit (ab der 12. Woche p.c.) ist noch genügend Raum für lebhaftes Schwingen und Schweben. Die Eigenbewegungen werden mit dem Größenwachstum und der Gewichtszunahme des Babys aber zunehmend eingeschränkter und die Bewegungsfreiheit etwa ab der 25. Woche bis zur Geburt mehr und mehr reduziert (durch Platzmangel aber auch durch motorische Hemm- und Steuerungsmechanismen). Zum Vergleich: Zu Beginn

---

[18] Krüger (1997, S. 13ff) differenziert Spontaneität in eigen bestimmt, erstmalig, angemessen und wahr. Nach diesem Modell sind der Embryo und vor allem später der Fötus hoch spontan.

der Fötalzeit (etwa 12. Woche) ist die Durchschnittsgröße 9 cm, in der 25.-28. Woche schon 30 cm (Gewicht: 700 g) und zur Zeit der Geburt 51-54 cm (Gewicht: 3.000 g und auch mehr).[19]

Die Entwicklung des Zentralnervensystems als wohl wesentlichste Basis für Wahrnehmung und Verhalten beginnt bereits in den ersten Lebenswochen. Ab dem 3. Lebensmonat ist das Großhirn und vor allem die Großhirnrinde schon in Entwicklung begriffen (beginnend schon in der 5.-7. Lebenswoche). Wenn auch vieles unklar bleibt, so ist doch bekannt, dass die Großhirnrinde (Neokortex) Sinnesreize in Erfahrungen transformiert und Willkürmotorik ermöglicht. Mit der weiteren Entwicklung und Differenzierung des Neokortex ist ein kreativer oder emergenter Schritt in der Biographie des Menschen getan, da jetzt (32.-35. Woche) etwas Neues möglich wird, nämlich eine Verkabelung von Gehirn und den Sinnesorganen, die sich zeitlich gleich entwickeln, während vorher die Gehirnentwicklung der Entwicklung der Sinnesorgane gleichsam funktionell vorausgeeilt ist. Im Gegensatz zu Behauptungen mancher Neurologen, dass die weitere Entwicklung des ZNS (ab etwa der 37. Woche) nur der differenzierteren Abstimmung der Synapsen dient und nicht etwa dem Lernen von bestimmten Inhalten und Basiserfahrungen, verweisen Erfahrungen der Pränatalforschung nachdrücklich darauf, dass diese Ansicht der Naturwissenschaftler erweitert werden muss auf genau die von diesen ausgeschlossenen Entwicklungen, also auf das Lernen spezifischer Inhalte und Basiserfahrungen (vgl. Verny & Kelly 1993, S. 15ff).

In der Zeit zwischen dem 3. und dem 12. Monat, die grundsätzlich durch eine enorme Entwicklung (Größe und Differenzierung) des Gehirns gekennzeichnet ist, sind zwei Wachstumsschübe, die auch als Individualisierungsschübe gekennzeichnet werden könnten (Krüll 1990, S. 85), nachweisbar (vgl. Rauh 1987, S. 134). Der erste Schub mit einer rapiden Vermehrung der Nervenzellen liegt zwischen dem 3. und 5. Monat (einer Zeit der großen Gefährdung für das kindliche Gehirn), der zweite zwischen dem 7. und 12. Monat, also kontinuierlich über die Geburt hinweg. Das menschliche Gehirn kümmert sich also nicht besonders um die kulturellen Bedeutungen, die wir der Geburt zuschreiben, sondern entwickelt sich kontinuierlich weiter. Diese zweite Phase ist durch eine Differenzierung der Nervenzellen mit der vermehrten Bildung von Dendriten, den Fortsätzen von Nervenzellen, die über die Synapsen Verknüpfungen mit anderen Nervenzellen ermöglicht, gekennzeichnet.

In einer fein abgestimmten Wechselwirkung zwischen dem organstimulierenden Gehirn und den gehirnstimulierenden Organen entwickelt sich fötales Leben zu einem immer differenzierteren System. Die „fünf Sinne" erreichen im Uterus eine hohe Funktionstüchtigkeit, wobei unklar ist, inwieweit Föten auch riechen können oder ob dies erst nach der Geburt möglich ist. Die Bedeutung eines Sinnsystems soll aber besonders betont werden, weil es für die körperliche und seelische Entwicklung des Kindes und für die pränatale Kom-

---

19) Differenziertere Angaben vgl. Rauh (1987, S. 132f).

munikation zwischen Mutter und Kind eine herausragende Rolle zu spielen scheint: das Gehör bzw. das Ohr und hier vor allem zwei Teilsysteme des Innenohrs: der Vestibularapparat (Gleichgewichtsorgan), die Cochlea (Schnecke: das eigentliche Hörorgan) mit den Corti-Zellen (Haar-Zellen: sprechen auf Schallwellen an und transformieren sie in Nervenimpulse). Das Ohr ist nach der Theorie von Tomatis (1987, 1999) die bedeutendste Energiezentrale menschlichen Lebens, die das Hirn mit stimulierender Energie versorgt und das überhaupt erst die Kommunikation mit der Umgebung und damit die Bildung von Umwelt ermöglicht. Die Aufgabe der Cochlea (mit den Corti-Zellen) ist die Klanganalyse. Da die Cochlea für die Wahrnehmung hoher Frequenzen wesentlich besser ausgestattet ist (Anzahl und Anordnung der Corti-Zellen) als für die der tiefen Frequenzen, sind es die hohen Frequenzen, die „[...] sich somit in eine unverhältnismäßig größere Zahl von Impulsen um(setzen), die eine wahre ‚Aufladung', eine Belebung kortikaler Tätigkeit bewirken (im EEG sichtbar)." (Manassi 1987, S. 18). Das heißt: ohne Hören kein Bewusstwerden, Denken, Gedächtnis [...] und keine Kreativität. Da das Vestibularorgan aber mit dem Hörorgan (Cochlea) eine Einheit bildet, ist selbst bei gänzlich tauben Menschen über das Gleichgewichtsorgan eine erhebliche kortikale Auflading gegeben. Ohne einem oder mit einem hoch defekten Gleichgewichtsorgan stirbt der Fötus, mit einer funktionsgestörten Cochlea ohne weitere Fehlentwicklungen ist Überleben, wenn auch mit den Einschränkungen durch die Hörstörungen, problemlos möglich. Neben der Energetisierungsleistung registriert das Gleichgewichtsorgan jede Lageveränderung und kontrolliert jeden einzelnen Muskel des Körpers, und dies bereits im Mutterleib. Akustische Reize wirken aufgrund der einheitlichen Genese von Cochlea und Gleichgewichtsorgan über letzteres auch auf den Körper. Etwas überspitzt formuliert hat unser Körpergefühl seinen Sitz im Ohr (vgl. Manassi 1987, S. 19). Aus dieser Kurzbeschreibung lässt sich vielleicht erahnen, wie wichtig für eine optimale pränatale Entwicklung die körperliche Rhythmuskoordination zwischen Mutter und Kind sowie die Stimme der Mutter, der „Klang des Lebens" (Tomatis), sind. Die Bedeutung des Hörens bzw. des Horchens werde ich als zentralen Bestandteil pränataler Kommunikation weiter unten wieder aufgreifen.

> »Das Grundwort Ich-Du kann nur mit dem
> ganzen Wesen gesprochen werden.
> Die Einsammlung und Verschmelzung zum ganzen Wesen
> kann nie durch mich, kann nie ohne mich geschehen.
> Ich werde am Du; Ich werdend spreche ich Du.
> Alles wirkliche Leben ist Begegnung.«
> (***Martin Buber*** 1984, S. 15)

4. Pränatale Kommunikation: Basale Kind-Mutter-Kind-Begegnungen

Alles wirkliche Leben, hier stimmt Buber mit Moreno überein, ist Begegnung. Sollte dies für das vorgeburtliche Leben nicht gelten dürfen? Ist dies nicht wirkliches Leben?

Interaktion als Lebensquell

Wenn von den Kompetenzen des Säuglings oder des Fötus die Rede ist, ist zu bedenken, dass weder der Säugling, noch gar der Fötus alleine für sich „kompetent" sein kann. Ohne die Co-Rolle der Mutter bzw. nach der Geburt auch anderer Betreuungspersonen, ist das Kind als „physiologische Frühgeburt" (Portmann) trotz aller Aktionsfähigkeit und Aktionsbereitschaft nicht überlebensfähig. „Kompetent" kann also eigentlich nur die Beziehung zwischen Mutter und Kind sowie Kind und Mutter sein bzw. sowohl pränatal, vor allem aber postnatal das familiale soziometrische Netzwerk, zu dem das Kind, auch schon vor der Geburt, gehört. Die Qualität des familialen Netzwerkes, des „soziale Uterus" (Moreno) ist hoch entscheidend für die emotionale und soziale Entwicklung, ja für die (Über-)Lebensfähigkeit des Säuglings und, vermittelt über die Mutter, auch für die Lebenschancen des fötalen Kindes. Dies ist eine interaktionistische Sichtweise (Theorie der Symbolischen Interaktion, Psychodrama), in der Umwelt (im Gegensatz zur sehr viel umfassender vorhandenen Umgebung) und damit Wirklichkeit erst in einem wechselseitig aufeinander bezogenen nonverbalen (z.B. Mimik, Gestik, Körperhaltung) und verbalen Kommunikationsprozess zwischen Individuen und selektierter Umgebung geschaffen wird. Für den erwachsenen Menschen ist zwar die Sprache (in Verbindung mit nonverbalem Verhalten) das zentrale Verständigungsmedium im Zusammenhang mit den prä- und perinatalen Phasen menschlichen Lebens sind außersprachliche (z.B. über Physiologie, Körperverhalten) vorsprachliche (z.B. über Töne, Stimmqualität, Stimmhöhe) Beziehungsmedien aber zentraler und müssen Eingang in eine allgemeine Theorie finden. Die Möglichkeiten und Formen pränataler Verständigung, des Dialogs, der Begegnung zwischen Mutter und Kind sind Gegenstand dieser Diskussion, der das Axiom zugrunde liegt, dass der Mensch zur Selbstentfaltung anderer Menschen und Gruppen bedarf: „Wir sind, was wir sind, durch unser Verhältnis zu anderen." (Mead 1968, S. 430). In sozialen Interaktionen gewinnt der erwachsene Mensch ein Bild von sich selbst, das aus der reflektierten Perspektive der Interaktionspartner gewonnen wird und das damit ganz wesentlich durch die Interpretationen bestimmt ist, die sie diesen in Bezug auf sich selbst zuschreiben. Als koexistentes Wesen, so ist anzunehmen, ist der Mensch auch in der pränatalen Phase seines Lebens in seiner Entwicklung bestimmt durch Beziehung. Warum sollte er es hier gerade nicht so sein, wenn auch in Formen von Kommunikation, die heute teilweise noch fremd erscheinen?

Das Wesen des Menschen, das grundlegende Axiom des Menschenbildes im Psychodrama ist mit Begriffen wie Koexistenz, „co-being", „co-action" und „co-experience" umschrieben. Diese Begriffe sind als Charakteristika der „matrix of identity" als Basis erster emotionaler Lernprozesse und damit erster Selbstorganisationsprozesse bestimmt (vgl. Moreno & Moreno 1985, p. 61). Wenn von den „Fähigkeiten" des Kindes, wie sie heute als Forschungsergebnisse vorliegen, gesprochen wird, kann das nur analytisch getrennt gemeint sein und ist in der Vorstellung immer auf der Folie dieser koexistentiellen Basis zu denken. Mutter und Kind bilden in der pränatalen Lebensphase nach meiner Definition eine „polar-koexistentielle Einheit",[20] deren Rhythmuskoordination dialogisch-meditativ[21] bestimmt ist. Moreno verwendet für das Zusammenspiel im Stegreif den Begriff „mediale Verständigung" zwischen Spielern, die „[...] durch eine geheime Korrespondenz miteinander verbunden sind." (Moreno 1924, S. 57). Diese Form der Beziehung zwischen Mutter und Kind wird zwar auch, im Sinne von warming-up-Prozessen durch physiologische, emotionale und verhaltensmäßige Prozesse zwischen Kind und Mutter und Kind angeregt, bei der Mutter zusätzlich durch soziale Prozesse, erschöpft sich aber nicht in ihnen. Die ganzheitliche Begegnung zwischen Mutter-Kind-Mutter ist mehr und qualitativ anders als die Summe der einzelnen Faktoren es vermuten lassen, beeinflusst aber die rückwirkende Verbundenheit in diesen Kommunikationskanälen. Die Mutter hat im Beziehungsnetz ihres „Sozialen Atoms" und bestimmt durch die Rollen ihres „Kulturellen Atoms" viele weitere Beziehungen zu pflegen und viele offene und auch belegte „Valenzen"[22] zu berücksichtigen, sie hat aber eine besondere Person in ihrem Sozialen Atom, nämlich das Kind in ihrem Bauch. Mütter haben damit auch eine mediative, eine vermittelnde Rolle. Kulturelle Aspekte, Vorstellungen über die Rolle „Mutter" und „Kind", die Bilder pränatalen Lebens fließen vermittelnd unbewusst in die dialogisch-meditative Begegnung zwischen Mutter und Kind und Mutter ein und erweitern das Be-

---

20) Dieser Begriff stammt von Philipp Lersch (1962, S. 429), bei ihm allgemein bezogen auf die Beziehung zwischen „Seele und Welt".

21) „Meditativ" ist üblicherweise bezogen auf einen Weg, der zur Erfahrung des eigenen innersten Selbst führen soll. Durch den Vorspann „dialogisch" wird deutlich, dass es hier um interaktives tiefgründiges Selbst- und Fremdverstehen geht, das sich unserem erwachsenen Sprachschatz weitgehend entzieht.

22) Norbert Elias hat diesen Begriff im Rahmen seiner „Figurationssoziologie" verwendet (1969, 1970) und meint damit offene Bindungsmöglichkeiten, die Menschen aufeinander richten und die sich in vielfältigen sozialen Figurationen mehr oder weniger manifestieren oder auch ungebunden bleiben.

ziehungsspektrum auf Umwelt und Mutter und Kind und Mutter und Umwelt. Manche dieser Einflüsse zerstören allerdings auch die dialogisch-meditative Art von Beziehung.

Mütter sind also nicht nur Mütter. Die Bezogenheit zu ihrem Kind im Bauch kann für eine Mutter keine absolute sein, sondern ist geprägt um das Bemühen und das Zulassen einer „dynamischen Stabilität" (Capra 1986, S. 300), für die das Ungleichgewicht und das Balancieren die Regel ist, innerhalb derer aber, über alle Turbulenzen hinweg, die mütterlichen Eigenrhythmen mit den Rhythmen des Kindes und umgekehrt im Dialog koordiniert werden können. Damit dürfen Verbundenheit und Getrenntheit zugleich als konstitutive Elemente dieser Beziehung gelten. Dennoch, soll die „emotionale Fundierung"[23] als Basis für alle weiteren differenzierenden Sozialisationsprozesse und kulturspezifischen Prägungen der Emotionalität, des Verhaltens, des Denkens und der Sprache angemessen gelingen, setzt dies nach meinem Verständnis voraus, dass in diesem dialogisch-meditativen Bezug zwischen Mutter und Kind und Mutter alle andere Valenzen der Mutter, alle anderen Beziehungen in ihrem Sozialen Atom, alle anderen Rollen in ihrem Kulturellen Atom zeitweilig, wenn auch meist unbewusst, ausgeblendet werden, so als ob sie gar nicht existierten. Das Vermögen der Mutter zu dieser Illusion des „als ob" wird zur Voraussetzung einer „Tiefenkommunikation" (vgl. Krüll 1990, S. 77) telepathischer Qualität, die jenseits rein biochemischer Abläufe, wenn auch nicht immer unabhängig davon, ist. Vielleicht erschließt sich daraus auch der tiefere Sinn für den Begriff der „psychosomatischen Rolle" (Moreno 1960, pp. 80ff) von Moreno, den er für die frühe nachgeburtliche Phase geprägt hat. Die Bedeutung dieses Begriffs für diese Zeit ist im Lichte der modernen Babyforschung (vgl. Petzold 1995, Stern 1992) zumindest zu hinterfragen, für die pränatale Lebensphase scheint er aber sehr zutreffend zu sein.

Die Figuration Mutter-Kind-Mutter entwickelt wie alle Figurationen von Zweierbeziehungen bis zu gesamtgesellschaftlichen Großfigurationen einen eigendynamischen Charakter. Dieses Denkmodell von Norbert Elias (siehe Anm. 21, vgl. zusammenfassend Stimmer 1980), das in den Grundaussagen mit dem Konzept des „Sozialen Atoms" von Moreno kompatibel ist, geht durch die Annahme einer soziometrischen Eigendynamik über die Konzeption Morenos hinaus und ist gleichzeitig bedeutsam für das Verständnis der Mutter-Kind-Beziehung. Diese eigendynamischen Abläufe sind von den einzelnen Individuen ausgehend nicht mehr verstehbar. Die Fähigkeiten des „kompetenten

---

23) Diesen Begriff verwendet Dieter Claessens in seiner Sozialisationstheorie als wesentliches Kennzeichen für die frühkindlichste Phase der „Soziabilisierung" (Claessens 1972, S. 28).

Fötus", von denen die Rede war, sind ein Produkt einer ganzheitlichen Begegnung und ohne diese nicht vorstellbar.[24]

Rollentheoretisch lässt sich der Prozess der Begegnung zwischen Mutter und Kind mit dem Begriff der „psychosomatischen Rolle" umschreiben, Winnicott (1990, S. 97) spricht hier von einer „psychosomatischen Partnerschaft", von Uexküll & Wesiack (1990, S. 27, vgl. auch Anm. 16) umschreiben diese Konstellation als Funktionskreis, „[...] der zwei Subjekte umfasst, von denen das eine die Umwelt des anderen bildet." [...] Das „Verhalten des einen Subjekts (wird) unmittelbar in physiologische Vorgänge im Organismus des anderen übersetzt." Rollen sind im Sinne von Moreno interpersonale Erfahrungen und sie können gespielt werden, bevor sie als solche wahrgenommen oder gar benannt werden können.[25] Die Mutter stimmt sich illusionär, in Absehung ihrer sonstigen sozialen Rollen, auf dieses „Physiodrama" (vgl. Mathias 1982, S. 211 u. 230) ein, das dialogisch-meditativ in enger Interdependenz mit physiologischen Prozessen, abläuft. Wenn Moreno (1960, p. 80) die sozialen Rollen als „Fusion von privaten und kollektiven Elementen" bestimmt oder Mead (1968) dem gesellschaftlich geprägten Aspekt des Selbst (Me) einen spontan widerspenstigen subjektiven Aspekt (I) zur Seite gibt, stellt sich die Frage, welche Mütter in ihren unterschiedlichen lebensweltlichen Situationen diese speziellen physiodramatischen Fähigkeiten entwickeln können und welchen es u.U. erschwert oder unmöglich gemacht wird. Wenn das kollektive Element sehr stark überwiegt und die autonome Gestaltung dieser Rolle unterbleibt, ist eventuell ein solches Physiodrama nicht spielbar. „Spielangebote" des Kindes werden dann auch nicht wahrgenommen, da sie nicht ins gesellschaftlich geprägte Bild passen. Solche „Kulturkonserven" (Moreno) können aber auch, je nach dem, was gerade „in" ist, Anregung aber auch Zwang für eine grenzenlose Zuwendung und immerwährende Spielbereitschaft sein, was über kurz oder lang zu einer Überforderung dieser Beziehung, die auch der Ruhepausen bedarf, führen wird.

Der Beginn einer Einstimmung zwischen Mutter und Kind und Mutter kann somatisch angeregt sein und dann psychisch „überlagert" werden, es kann aber auch gerade umgekehrt sein, dass die Erwärmung zum psychosomatischen Rollenspiel über psychische Prozesse beginnt und entsprechende somatische Korrelate folgen. Von der Mutter ausgehend sind natürlich auch sozial und transzendent bestimmte Erwärmungen für das beginnende Spiel

---

[24] Die Erkenntnisse über die pränatalen Fähigkeiten des Menschen erschöpfen sich oft in Aufzählungen der verblüffenden Möglichkeiten pränataler Sinnesentwicklung, ohne diese Fakten dem System Mutter-Kind-Mutter zuzuordnen.

[25] „Role playing is prior to the emergence of the self" (Moreno 1985, p. 157). Martin Buber hat dies wiederum unnachahmlich formuliert: „Beziehung kann besteh'n, auch wenn der Mensch, zu dem ich Du sage, in seiner Erfahrung es nicht vernimmt. Denn Du ist mehr, als Es weiß. Du tut mehr, und ihm widerfährt mehr, als Es weiß. Hierher langt kein Trug: hier ist die Wiege des Wirklichen Lebens." (Buber 1984, S. 13).

zwischen Mutter und Kind denkbar.[26] Was sich aus diesem Wechselspiel zwischen Mutter-Kind-Mutter oder Rolle und Co-Rolle „ergibt", ist (bestenfalls) ungeplant, ist Stegreifspiel, es ist spontan und kreativ, ist Ausdruck der „Philosophie des Augenblicks" (Moreno 1923, 1924; Moreno & Moreno 1985, p. 55), aber es ist strukturiert, es lassen sich Muster dieses Rollenspiels erkennen. Diese endogene Dynamik des Mutter-Kind-Spiels in den psychosomatischen Rollen ist sicher phylogenetisch tief verankert, wenn auch kulturell differenziert. Die diesem interdependenten Spiel eigentümliche Ordnung, die basale Rhythmuskoordination,[27] die pränatale Synchronisation zwischen Mutter und Kind, bildet den Rahmen, innerhalb dessen individuelle Entfaltung, menschliches Bewusstsein und beginnende Selbstorganisation möglich werden.

Pränatale Kommunikationsmedien

Wenn die Beziehungswege zwischen Mutter und Kind und Mutter je nach wissenschaftlichem Interesse getrennt betrachtet werden oder der Fokus nur auf einen Teil des Systems gelegt wird, bleiben die Erkenntnisse unbefriedigend, vor allem deswegen, weil die Erfahrung einer Tiefenkommunikation geheimnisvoll unverstehbar bleibt. Der Weg der Erkenntnis müsste auch hier wohl über ganzheitliches oder systemisches Denken führen, eine Methode, die uns sehr schnell überfordert, die aber doch in Ansätzen oder auch als Zielvorstellung möglich ist. Die heute bekannten Fakten wären dann nicht mehr unverbundene Einzelstücke, sondern aufgehoben in einem systemischen Zusammenspiel, das auf viele Fragen, die bisher unerklärlich sind, Antworten geben könnte. Solche heute diskutierten Teilstücke sind der physiologische Austausch (Ernährung, Hormonausschüttung [...]), der Verhaltensaustausch (Strampeln, Streicheln [...]) und die „empathische Kommunikation" zwischen Mutter und Kind und Mutter (Verny & Kelly 1993, S. 71ff).[28]

Das zuletzt genannte Austauschmedium, das sich in enger Wechselwirkung mit den beiden anderen verwirklicht, ist das geheimnisvollste und interessanteste. Um die „empathische Kommunikation" oder die „Tiefenkommunikation" etwas besser verstehen zu können, greife ich eine Thematik wieder auf, die oben bei der Entwicklung des pränatalen Hörens schon erwähnt wurde und die ich etwas ausführlicher, wenn in der Kürze auch nur sehr unvollkommen, erörtern möchte: die von Alfred A. Tomatis zunächst im Rahmen der The-

---

26) Vgl. zu diesen „Startern" Moreno & Moreno 1985, pp. 53f und zum Aspekt des Transzendenten bezüglich der Rollentheorie Leutz 1974, S. 153ff sowie bezüglich einer emergenten inneren Strukturentwicklung Krüger 1997, S. 47f.

27) Das bonding nach der Geburt ist eine Fortsetzung des pränatalen bondings, was ja auch die Kontinuitätsthese nahe legt (vgl. Anm. 6) und was bedeutet, „dass schon Ungeborene ihre Rhythmen so präzise mit der Mutter synchronisieren können wie neugeborene Babys." (Verny & Kelly 1993, S. 64).

28) Dieses Buch hat die Eigenart, dass völlig unklar bleibt, wer der zweite Autor, John Kelly, ist bzw. was sein Beitrag zu diesem Buch ist.

rapie von Sängern und Hörgestörten eingeführte und entwickelte Theorie des Hörens oder besser die Pädagogik des Horchens.[29] Im Horchen scheint nach Tomatis das bedeutsamste Medium pränataler Kommunikation benannt zu sein. Über diesen Informationskanal werden in der Fötalzeit des Menschen die Mitteilungen zwischen Mutter-Kind-Mutter ausgetauscht, oft begleitet von physiologischen Prozessen dieser dialogischen Interaktionseinheit. Oder eingeschränkter: die Möglichkeiten dazu sind gegeben. Kinder in der Pränatalzeit können sehen, riechen, schmecken, spüren immer begrenzt natürlich auf die Möglichkeiten der jeweiligen Entwicklungsphasen und immer bezogen auf ihr spezifisches Umfeld und sie können hören (eventuell schon in der Embryonalzeit), mehr noch, ihr Gehör ausrichten, also horchen. Die Entwicklung des Gehörs ist zudem phylogenetisch wie ontogenetisch das Primärorgan, von dem aus (wie oben erwähnt) die Energetisierung und Steuerung der Lebensprozesse ausgeht.

Alfred Tomatis, der lange Zeit als Spinner abgetan wurde, da seine Thesen im Widerspruch zu den allgemein vertretenen Annahmen standen (und zum Teil noch stehen), gehört neben Gustav Graber, Ludwig Janus, Friedrich Kruse, Sepp Schindler, Thomas Verny u.a. zu den Pionieren der pränatalen Psychologie. Seine in den Grundannahmen schon vor Jahrzehnten formulierten Thesen werden durch die neuen Möglichkeiten, in die vorgeburtliche Welt mehr Einblick zu bekommen, zunehmend bestätigt. Beim Lesen seiner Bücher bleibt trotz allem manches in der von ihm vertretenden Eindeutigkeit verwunderlich, wenn auch faszinierend. In dieser Grundhaltung erinnert er sehr an den „Meister Jacob Levi". Die wichtigsten Tomatis-Thesen lassen sie wie folgt zusammenfassen:

(1) Das „Ohr" oder besser das ontogenetisch sich früh entwickelnde Hörsystem (zentral die Cochlea mit den Corti-Zellen und der Vestibularapparat) ist das „Organ der Menschwerdung".
(2) Durch die Stimme und über den Körper der Mutter wird dem pränatalen Kind der „Klang des Lebens" vermittelt, der pränatale Dialog und damit die seelische Entwicklung angeregt.
(3) Die gelingende pränatale Begegnung zwischen Mutter-Kind-Mutter ist die Basis des sich entwickelnden menschlichen Urvertrauens zu sich und zur Welt.

Der Fötus hört, aber nicht nur im passiven Sinne. Aus dem Chaos von Tönen, das ihn umgibt (Atmungs-, Darm-, Herz-, Bewegungsgeräusche) ist er aktiv auf der Suche nach der Stimme der Mutter, wobei die hohen Töne bestimmend

---

29) Im Französischen kann unterschieden werden zwischen *entendre* (hören, akustisch wahrnehmen) und *écouter* (zuhören, bewusst aufnehmen); wenn das letztere gemeint ist, und bei Tomatis ist dies zentral, dann wird in der deutschen Übersetzung der treffende Begriff „horchen" verwendet (vgl. Tomatis 1999, S. 15).

sind. Neben der Anzahl und Anordnung der Corti-Zellen in der Cochlea (mehr Sinneszellen im Bereich hoher Frequenzen, hohe Töne am Eingang, tiefe Töne in der Schneckenspitze, also leichteres Hören der Töne hoher Frequenz) und der Entwicklungsgeschichte der Cochlea (Corti-Zellen am Schneckeneingang entstehen früher, also frühere Wahrnehmung der Töne hoher Frequenz) ist dafür das Fruchtwasser als Medium bestimmend, über das die Töne tiefer Frequenz, das hat Tomatis nachgewiesen, herausgefiltert werden. Dies gilt auch für die Stimme der Mutter, aber eben nur für die niedrigen Frequenzen, während sich ansonsten ihre Stimme im Bereich der pränatalen Hörfähigkeit befindet und vom Kind als Geräusch, ähnlich einem Zischen mit manchmal deutlicheren einzelne Wörtern, wahrgenommen werden kann (vgl. Manassi 1987, S. 30). Der Fötus sucht sich über Horchen den zweiten Teil seiner Koexistenz, ebenso die Mutter durch ihr Horchen, durch ihren dialogischen Bezug auf die Lebensäußerungen ihres Kindes. Diese Prozesse sind die Urquellen einer fötalen „Selbsterkenntnis". Je nach Tönung ermöglichen und erleichtern sie den Weg zur Welt und zum Mitmenschen durch Beachtung und Bestätigung, verunmöglichen oder erschweren ihn durch Nichtbeachtung und Nichtbestätigung oder verwirren ihn durch narzisstische Pseudo-Bestätigung. Wie die Mutter, kann aber auch ihr Kind sua sponte weghören, also über die Kontaktaufnahme des Horchens, sowohl weiter zuhören als auch weghören, wählen oder abwählen. Dies mag ein Schutzmechanismus vor Reizüberflutung oder vor „bösen" Tönen sein, dient aber wohl auch notwendigen Ruhepausen zwischen den Aktivitäten. Was Moreno in seiner Soziometrie mit dem Prinzip der Anziehung und Abstoßung entwickelt hat und was er sogar vorsichtig fragend auf morphologische Anziehungen und Abstoßungen zwischen Genen überträgt (Moreno 1989c), trifft für den Fötus jedenfalls für diese ursprünglichste Wahl schon zu. Wahl und Abwahl ihres Kindes bzw. einzelner Lebensäußerungen des Kindes sind aber auch für die Mütter ein hoch relevantes Geschehen, das aber einer situationsspezifischen Dynamik unterliegt und auch unterliegen darf. Nur Wahl oder nur Abwahl verhindern wohl gleichermaßen den förderlichen Dialog zwischen Mutter und Kind. Dabei sind die Fähigkeiten zu mütterlichem Horchen, das weit, um es noch einmal zu betonen, über Hören hinausgeht, vielfältig positiv wie negativ beeinflussbar. Verny und Kelly berichten etwa von zwei empirischen Untersuchungen, die Wechselwirkungen zwischen den Einstellungen zur Mutterschaft sowie der Qualität der Partnerbeziehungen und der Entwicklung des Kindes erforschten. Bei äußerlich ähnlichen Lebensverhältnissen zeigte sich, was nicht gerade verwunderlich ist, dass Frauen, die die Schwangerschaft bejahten und in eine positive Partnerbeziehung eingebunden waren, psychisch wie körperlich gesündere Kinder bekamen als Frauen, die ihre Schwangerschaft bewusst oder unbewusst ablehnten.[30] Falls denn eine Resonanz von Seiten der Mutter erfolgt, bilden die In-

---

30) Differenzierter zu den Forschungsergebnissen siehe Verny & Kelly 1993, S. 40ff und verschiedene Beiträge in: Fedor-Freybergh 1987.

formationen als engrammatische Erinnerungsbilder[31] die Basis für die menschliche Wahrnehmung. Unsere Sprache ist hier im übrigen sehr eindeutig. Es heißt, obwohl wir als Erwachsene mehrere Medien zur Verfügung haben, Resonanz (sonare) und eben nicht etwa Revidanz (videre). Der Fötus, da ist Tomatis (1999, S. 9) eindeutig, „[...] registriert Botschaften, analysiert Situationen, führt einen Dialog mit der Mutter." Das ist im übrigen eine exklusive Beziehung. Väter können aufgrund des Schutzwalls Mutterleib keine direkten Horchbeziehungen herstellen, außer sie schreien sich die Seele aus dem Leib. Sie bedürfen des Resonanzkörpers der Mutter,[32] um mit ihren Kindern in Beziehung zu treten. Sloterdijk folgert – sich auf Tomatis beziehend – aus diesem „Sirenen-Stadium", dass „[...] Menschen ausnahmslos aus einem vokalen Matriarchat hervorgehen." (Sloterdijk 1998, S. 519).

Die besondere Bedeutung des Vestibularapparates als Teilsystem des Gehörs wurde oben schon beschrieben (Energetisierung, Körpergefühl). Ein schönes Zitat verdeutlicht den Einfluss des Gleichgewichtsorgans für die Rhythmuskoordination, für die Synchronisation zwischen Mutter und Kind und Mutter, für das intrauterine „bonding", für den vorgeburtlichen Dialog, für die pränatale Co-Existenz oder wie wir die Begegnungen zwischen Mutter und Kind auch benennen wollen: „Körperrhythmen, fließende Gestalten sensomotorischer Korrelationen in engem körperlichen Kontakt zwischen der Mutter und ihrem Kind sind die Grundlage des menschlichen Bewusstseins. Zeitmuster, rhythmisch wiederkehrende Formen körperlicher Berührung und Bewegung lebt das Kind im Mutterleib. Geschützt und geborgen in einem pulsierenden, polyrhythmischen Geschehen entwickelt der Embryo seine eigenen Körperrhythmen im Zusammenspiel mit den Körperrhythmen der Mutter: Herzschlag, Atmung, Bewegung und Vibration der mütterlichen Stimme." (Verden-Zöller 1993, S. 109).

Das Gelingen einer intrauterinen Tiefenkommunikation fundiert nach Tomatis das Urvertrauen, die Lebensbejahung und die Liebesfähigkeit, sie wird somit zur Basis einer „natürlichen" Begegnungsfähigkeit. Nützlich dafür ist eine „hinreichend fürsorgliche Mutter" (Winnicott 1990, S. 13), die sich auf das „intrauterine bonding" (Verny & Kelly 1993, S. 66) einlässt, zu dem auch das Kind aktiv beiträgt, wobei der „Urheber-Trieb" (Buber 1995, S. 15) des Kindes der Resonanz der Mutter bedarf, um nicht zu verkümmern und auch umgekehrt. Statt einer „Grundangst" bildet sich so ein „Grundvertrauen" (Horney 1975,

---

31) Tomatis weist auch dem Embryo engrammierte Erinnerungen zu, ja Körpererinnerungen an das Passieren des Eileiters oder auch an die Befruchtung des Eis (vgl. Anm. 3).

32) Über den Kehlkopf, den Knochen des Rückgrads und des Beckens und den Leib der Mutter werden die Töne dem Kind vermittelt. Vätern steht nur dieser Weg über die Mütter zu ihren Kindern zur Verfügung (Tomatis 1999, S. 79).

S. 16 u. 94) als Basis für die weitere Entwicklung und Organisation des Selbst.[33] Im Sinne der Rollentheorie Morenos wird die Qualität der pränatalen Interaktionseinheit des psychosomatischen Rollenspiels damit zur Voraussetzung für die Qualität der weiteren Beziehungen in den sozialen Rollen. Entsprechend der o.g. Kontinuitäts- bzw. der Antizipationsthese gilt auch hier, dass die Entwicklungen des Kindes nach der Geburt Weiterentwicklungen dessen sind, was vorher schon war und dass sie von dem „Vorher" mitbestimmt sind, da dieses frühere Ganze nun Teil des neuen Ganzen, des Babys, ist.

Damit ist nun aber nicht gesagt, dass ein Misslingen oder ein nur begrenztes Gelingen dieser pränatalen Kommunikation ein für allemal Begegnungsfähigkeit verunmöglicht, sondern lediglich, dass es nicht zeitgemäß begonnen wurde und daher mühsamer zu späteren Zeiten erlernt und erworben werden muss, was in Grenzen möglich ist.[34] Im Zusammenhang mit der physiologischen Kommunikation, als Subsystem der pränatalen Co-Existenz scheint es so zu sein, dass nur sehr intensive traumatische Zustände oder aber auch lange dauernde Belastungen über die physiologischen Verbindungswege (Hormonausschüttung) zu ernsthaften Schädigungen beim Kind führen. Die Plazentaschranke hat hier wohl eine Schutzfunktion. Die Zufuhr von Drogen aller Art hat allerdings, unabhängig von der psychischen Basis des Drogenkonsums, über die physiologische Verbindung verheerende Folgen für das Kind (vgl. Verny & Kelly 1993, S. 79ff und zur Embryopathie: Adam-Lauer 2000 sowie Stimmer 2007).

Tomatis hat seine Aussagen mit phylogenetischen, ontogenetischen, physiologischen, phonologischen, ethologischen und philosophischen Erkenntnissen untermauert und mit den Ergebnissen der von ihm entwickelten speziellen Musik- und Klangtherapie empirisch belegt. In langjährigen Studien und Experimenten ist es ihm gelungen, über technische Geräte Kinder und Erwachsene, die Hör- bzw. Sprachstörungen und/oder Verhaltensstörungen aufweisen, in die pränatale Hör- bzw. Horchwelt des Uterus zurückzuführen. Tonbandstimme der Mutter, wenn sie sich bereit erklärt, ihrem Kind positiv getönte Bot-

---

33) So ist es vielleicht auch zu verstehen, dass Kinder, die in widrigsten Umständen aufwachsen müssen, dennoch nicht verrückt werden, wenn die Basis positiv war. Wahrscheinlich gibt es auch die verheerende Möglichkeit, dass beides etwa gleichgewichtig ausgebildet wurde, was immer wieder zu heftigen Schwankungen führt, wodurch diese Menschen, zwischen den Extremen hin- und hergerissen werden.

34) Ein Beispiel aus der Biologie: Wann ein Kind „trocken" sein muss, ist zwar kulturell mitbestimmt, es gibt aber eine natürliche Zeit der Entwicklung und des Aufeinanderabgestimmt-Seins verschiedener Nervensysteme, die das Trockensein quasi von alleine ermöglichen. Wenn ein nieren- oder blasenkrankes Kind über diese natürliche Zeit hinweg aufgrund der Erkrankung Windel tragen muss und erst, nach erfolgter Ausheilung, etwa mit 6 oder 7 Jahren trocken werden könnte, ist dies ein sehr aufwendiger Prozess, bei dem über bewusste Steuerung dann unbewusst funktionierende Koppelungen hervorgerufen werden können.

schaften zu übermitteln – falls nicht möglich, hat sich Mozart-Musik[35] bewährt – wird dabei so gefiltert, dass sie dem pränatalen Zustand entspricht. Die engrammierten Erinnerungen können über die Stimulation des Vestibulums wiederbelebt werden. Über eine nachholende Befriedigung des in der Frühzeit Nicht-Gewesenen wurden bezüglich der Störungen überraschende Besserungen und Heilungen möglich.[36] Dies ist ja auch im Psychodrama einer der großen Vorzüge, dass nicht nur Konflikte gespielt und wiederbelebt werden, sondern das Nicht-Gewesene und so sehr Gewünschte über dessen Inszenierung erfahren und gelebt werden kann und eben nicht immer wieder im Alltag ruhelos gesucht werden muss ... und nur selten gefunden werden kann. Dabei hat Tomatis aber auch noch etwas anderes festgestellt. Wenn seine Klienten bei der Arbeit mit dem „elektronischen Ohr" Zeichnungen fertigen, zeigen sich immer wieder, bei individell-vielfältiger Gestaltung, gleiche vorgeburtliche Symbole, die chronologisch dem pränatalen Phasenverlauf zugeordnet werden können. Zu Beginn der Sitzungen zeichnen die Klienten je nach Begabung unterschiedlich gekonnte Bilder, wenn die akustischen Bedingungen des Lebens im Mutterleibs erreicht werden, werden von Kindern, Erwachsenen oder alten Menschen gleichermaßen Motive gezeichnet, die zunächst nur ein Thema haben, nämlich das Wasser. Die Motive der nächsten Phase sind „Regenbogen, die Arche Noahs (der von der Sintflut gerettet wurde), große Tunnel, die ins Licht führen, steile Alleen, die steigen oder fallen, Vulkane kurz vor dem Ausbruch [...]", also Geburtssymbole, die dann vom Motiv der Sonne abgelöst werden (Tomatis 1999, 117ff; Zitat S. 125).

Szenenwechsel: Geburt

Das koexistentielle Geschehen zwischen Mutter und Kind und Mutter geht fließend von der pränatalen über die perinatale in die postnatale Phase über. Dabei erweitert sich das System der „polar-koexistentiellen Einheit" (als Meta-

---

35) In der „Krönungsmesse" von Mozart gibt es ein Agnus Dei, das ich einmal zufällig sitzend zwischen den beiden Lautsprecherboxen gehört habe. Meine Augen gingen fast automatisch zu und ich befand mich in einem Zustand enormen Geborgenseins, der Stimme der Sängerin lauschend, glücklich und zufrieden, versorgt und aufgehoben, und [...] nicht allein. Mit dem mütterlichen Sopran verband sich später der väterliche Tenor, der aber nur, ganz eigenartig, über die Sopranstimme an mein Ohr gelangte. In einem kürzlichen Psychodramaseminar, das über ein Wochenende sich mit dem Thema Narzissmus und den damit einhergehenden frühkindlichen Szenen beschäftigte, erzählte eine Teilnehmerin zum Abschluss, nachdem ich das Thema Tomatis/Mozart kurz erwähnte, dass ihr das ganze Wochenende über eine Sequenz aus einem Mozartstück nicht aus dem Kopf ging. Zufall oder ein tieferer Sinn?

36) Manassi nennt als Anwendungsgebiet der Tomatis-Methode grundsätzlich Kommunikationsschwierigkeiten, wie immer die einzelnen Symptome auch ausgeprägt sein mögen: Stimm-, Sprech-, Lese- und Schreibprobleme, motorische Störungen, psychische Probleme, aber auch Hirnfunktionsstörungen (Manassi 1987, S. 33f).

pher für die vorgeburtliche Beziehung zwischen Mutter und Kind) mit seiner dialogisch-meditativen Koordination langsam, auch mit stabilisierenden kurzfristigen Wiederbelebungen pränataler Beziehungsmodi durch beide Protagonisten, in ein multipolares und schließlich immer differenzierteres Interdependenzsystem hinein. Interessant im Zusammenhang mit der Kontinuitätsthese der Entwicklung und mit der Frage der Bedeutung des vorgeburtlichen Lebens für die weiteren Lebensphasen ist die Annahme von Prechtl (1984) bezüglich der antizipatorischen Funktion fötaler Verhaltensmuster. Danach sind beim Neugeborenen in den ersten zwei postnatalen Lebensmonaten (13. und 14. Lebensmonat) ausschließlich fötale Bewegungsmuster feststellbar, nun allerdings unter dem Einfluss der Schwerkraft modifiziert und auch verdeckt, da die Muskelentwicklung noch nicht so weit fortgeschritten ist, um die bereits im intrauterinen Milieu erworbenen Kompetenzen nahtlos auf diese noch ungewohnte Lebensweise zu transformieren. Dann ist der Übergang von den pränatalen zu den postnatalen Lebensweisen aber eher ein Szenenwechsel als ein Bühnenwechsel. Auf diesen hoch differenzierten Übergang (vgl. dazu ausführlicher Janus 1991a, S. 23ff u. 43ff sowie Krüll 1990, S. 109ff) kann ich in diesem Beitrag nur kurz eingehen.

Es ist allerdings die Frage zu stellen, welches Geburtssetting die Kontinuität fördert bzw. erschwert oder vielleicht sogar unmöglich macht. Dann wird die pauschale Diskussion darüber, ob die Geburt entweder ein traumatisches Erlebnis oder ein kreativer Akt ist, unwichtig, da es nicht eine Frage eines „entweder–oder", sondern eines „sowohl–als–auch" ist. Der sehr störanfällige Geburtsprozess ist dann auf einem Kontinuum mit den beiden Endpunkten Trauma und kreativer Akt vorstellbar. So, wie es viele Gefährdungen auf diesem Weg gibt, so sind auch viele Chancen in ihm angelegt. Aufgrund der in der stammesgeschichtlichen Entwicklung fundierten biologischen Gegebenheiten (großes Kopfvolumen des Kindes, enger Geburtskanal der Mutter) ist es für Kind und Mutter nicht einfach, diesen Prozess gemeinsam positiv zu gestalten. Ab etwa der 25. Woche wird es im Uterus für das Kind, dessen Größenwachstum und Gewicht, wie beschrieben, ab dem 7. Monat stark zunimmt, enger und enger, so dass Ganzkörperbewegungen nicht mehr möglich werden und lediglich die Gliedmaßen und der Kopf noch, wenn auch sehr eingeschränkt, bewegt werden können. Zuletzt befindet sich der Kopf nach unten in Richtung zum Ausgang des Geburtskanals. Während der Geburtsphasen ist der kindliche Schädel einem erheblichen Entbindungsdruck ausgesetzt, was für das Kind u.U. eine qualvolle und schmerzhafte Prozedur darstellt. So gibt es Säuglinge, die absolut erschöpft in die neue Szene eintreten, während andere voll Wachheit und Neugierde den Szenenwechsel erleben. Nach der Stresstheorie von Selye (1977) wäre das ein Distress ein schädigendes Zuviel an Stress, das andere Eustress, eine lebensnotwendige Energetisierung und Aktivierung.

Meine These ist, dass die Geburt durch die pränatale empathische Kommunikation, durch das pränatale bonding fördernd vorbereitet wird und dass dies eine gemeinsame Leistung von Mutter und Kind, ein kommunikativ-kreativer

Akt ist. Dabei ist der Beitrag des Kindes nicht zu unterschätzen. Was heute auch naturwissenschaftlich nachweisbar ist (Hormonausschüttung des Kindes, was wiederum hormonell die Gebährbereitschaft der Mutter beeinflusst), haben F. und J.L. Moreno (1985, p. 54) im Zusammenhang mit der Diskussion um die „physischen Starter" schon 1944 formuliert: „The ‚to-be-born' embryo is using his own physical starters." (hier verstanden als körperliche Aktionen) und „The moment of birth is the maximum degree of warming up to the spontaneous act of being born into a new setting." Wenn das pränatale bonding fließend in das postnatale bonding übergeht – die ersten Stunden scheinen dafür weichenstellend zu sein –, werden die Fähigkeiten des Kindes in der neuen Szene aktualisiert und weiter differenziert. Für Mutter und Kind muss dafür allerdings ein förderliches Setting geschaffen werden, über das selbst, durch körperliche Einschränkungen, schwierige Geburten zumindest teilweise ihren Schrecken verlieren. Dazu ist es u.a. nötig, dass die Geburt mehr in den Alltag integriert (Hausgeburten) und nicht als Krankheit gesehen wird, dass Möglichkeiten zur „sanften Geburt" eröffnet werden und Mütter, und über sie auch die Kinder, nicht mit Medikamenten mehr oder weniger betäubt die Entbindung erleben, dass die medizin-technische „Bearbeitung" des Neugeborenen (außer in Notfällen natürlich) soweit wie möglich unterbleibt und der direkte Körperkontakt zwischen Mutter und Kind gefördert wird, mit einem Wort, dass die „Geburtskultur" (Krüll 1990, S. 144f) so gestaltet wird, dass die koexistentiellen Prozesse zwischen Mutter und Kind nicht blockiert werden, also die kontinuierliche Gestaltung des Übergangs von einer Lebensszene in die nächste beiden Protagonisten erleichtert wird.

5. Zum Abschluss: Ein paar Gedanken zum Wiederbeleben pränataler Wirklichkeiten

„Regression" bekommt in unserem Sprachgebrauch sehr schnell einen pathologischen Touch, so, als dürfte, wenn die Metamorphose einmal stattgefunden hat, der frühere Zustand von erwachsenen Menschen nicht mehr erlebt werden. Wenn doch, dann höchstens in tief gehenden Psychotherapien mit entsprechendem Schutzraum-Setting und unter Begleitung spezialisierter Experten. Dies hat bei entsprechenden psychischen Konflikten durchaus seinen Sinn. Wege zu den Anfängen unseres Lebens dürfen sich darin aber nicht erschöpfen, es gilt sehr viel allgemeiner das Ziel, die vielfältigen Erfahrungen, die Erlebnisqualitäten der pränatalen Lebensphase wiederzubeleben und in die Lebensgeschichte zu integrieren. Dies in Therapien, aber auch in alltäglicheren Lebenszusammenhängen. Freud hat dies 1913 schon deutlich gemacht, indem er neben der (zeitweiligen) Erfüllung des Ich-Ideals und befriedigenden sozialen Beziehungen als dritte Wurzel für ein positives Selbstwerterleben erwachsener Menschen die Wiederbelebung von Resten des primären Narzissmus der frühesten Kindheit (mit den Gefühle von Allmacht, Geborgenheit, Gesichertsein) benennt (Freud GW X, S. 168). In manchen Kulturen wird eine solche kreative Regression zum kollektiven Akt. Zu diesen Wiederbelebungsriten gehören beispielsweise die rituellen Regressionen, wie sie etwa bei den Dakota in Form der Sonnentänze praktiziert werden. Die Rückkehr in die pränatale Lebensphase (und natürlich auch die Ablösungserfahrung) wird bei den Dakota als notwendig angesehen für die gesamte Entwicklung des Menschen auch in späteren Lebensphasen (vgl. Schmücker 1987, S. 118), sie besitzt also heilende und progressive Kraft. Die symbolische Rückkehr signalisiert nicht eine schädigende Regression, um etwa der ängstigenden Welt zu entfliehen, sondern ist ein kreativer Akt, der die Trennung von den Quellen des universellen Bewusstseins (vgl. Anm. 12) kurzfristig wieder aufhebt und ein „Schöpfen" aus diesem Urquell ermöglicht. Moreno hat in ähnlicher Absicht auf die Bedeutung des „God-playings" im Psychodrama als Quelle von Gesundheit verwiesen. Er hat in seiner Wiener Zeit zudem die Alltäglichkeit der psychodramatischen Haltung, weitab von therapeutischen Klausuren, praktiziert. Es wäre zumindest überlegenswert, ob das Psychodrama nicht dem individuellen und dem kollektiven Alltag als locus nascendi kreativer Energieentfaltung wiedergegeben werden könnte, was auch Morenos alte und für ihn zentrale soziometrische Idee von der evolutionären Neugestaltung der Gesellschaft wiederbeleben würde, die auch die „pränatale Soziatrie"[37] mit einbeziehen müsste.

Ob es PsychodramatikerInnen mit pränataler Spezialisierung gibt, ist mir nicht bekannt, bei manchen Therapieformen sind prä- und perinatale Erfahrungen aber zentral, wie bei der Primärtherapie (Arthur Janov), bestimmten Ausprägungen der Psychoanalyse (Otto Rank, Gustav H. Graber), Therapien in Verbindung mit LSD (Stanislav Grof, Hanscarl Leuner) und dem Rebirthing (Leonard Orr).

Bei diesen Therapien geht es, ohne dass ich hier auf methodische Eigenheiten oder Unterschiedlichkeiten ihrer axiologischen Fundierung oder theoretischen Begründung eingehen kann,[38] um die Auflösung früher Blockaden und deren Verarbeitung (und darüber auch die Bearbeitung heutiger Probleme) über Wiederbelebung pränatalen Verhaltens und Erlebens und auch um die Aktualisierung des Erlebens des Geburtsvorgangs. Oder allgemeiner: Um ein tieferes Verständnis der eigenen Lebensgeschichte.

Meine These ist, dass gerade das Psychodrama[39] in seinen verschiedenen Variationen optimale Bedingungen für die Wiederbelebung pränataler Wirklichkeiten bietet vor allem durch

(1) die szenische Darstellung und
(2) die Möglichkeit zu einer kontrollierten Regression.

---

37) Den Begriff der Soziatrie hat Moreno im Sinne einer „Wissenschaft der Heilung sozialer Systeme" eingeführt (Moreno 1974, S. 385).
38) Differenzierter dazu Janus (1991a, S. 59ff).
39) Hier als subsumierender Begriff für das Gesamtwerk Morenos und seiner NachfolgerInnen verstanden.

Psychodramatisches Arbeiten erlaubt es, pränatale Schicksale wiederzubeleben und zwar über die szenische Darstellung physiologischer, sprachloser, organismischer Erlebnisqualitäten im Rahmen einer erlaubten und kontrollierten Regression.[40] Meist bleiben allerdings die pränatalen Bezüge, die Bilder und Symbole, die Klänge und Farben dieser Zeit im Psychodrama ausgeblendet oder werden als postnatale frühkindliche Erinnerungen (um)gedeutet.[41]

Wie im Mythos werden auch im Psychodrama in dramatischer Erzählung bzw. in dramatischer Inszenierung tatsächliche wie mögliche menschliche Entwicklungen, einschließlich der Katastrophen, benannt und bildlich greifbar und einsichtig gemacht und dadurch dem Bewusstsein und einer eventuellen Deutung und Neubewertung erst zugänglich. Wenn Moreno (1973, S. 277ff) psychotische Realität auf die Bühne brachte, sollen dann nicht auch pränatale Wirklichkeiten psychodramatisch inszeniert werden können? Im Mythos wie im Psychodrama ist es die Namengebung, die über mythische Erzählung bzw. psychodramatische Szenen erreicht wird, die diffuse archaische Bilder, Empfindungen, Anflutungen in Sprache und Reflexionsmöglichkeiten transformiert und dadurch, wie Blumenberg es für den Mythos ausdrückt, ein „Stück zu Gestalt und Gesicht bringender Bewältigung eines uns entzogenen Zuvor" (Blumenberg 1979, S. 22) erst ermöglicht. Pränatal in den Körper engrammierte Erinnerungen werden so benennbar.

Früheste Erinnerungen haben als Engramme allerdings meist die fatale Eigenschaft, dass sie sich dem Bewusstsein entziehen (allerdings reproduzierbar sind), zugleich aber als fundamental lebensprägende Fakten allgegenwärtig sind und unser heutiges Leben beeinflussen. Hinter solchen Formulierungen steht die Annahme, dass die Fakten der pränatalen Lebenswelt nicht direkt monokausal in erwachsenen Menschen wirken (wenn A, dann B) sondern dass bestimmte Phasen der Pränatalzeit im Sinne der Holon-Theorie von Koestler (1968) im erwachsenen Menschen als ein Teil wirksam sind. Manche prägenden Ganzheiten in einer Phase haben in den nächst folgenden keine besondere Bedeutung mehr, obwohl sie weiter als Teil dieses größeren Ganzen existieren und diese nächste Phase erst ermöglicht haben. Die einzelnen Entwicklungsphasen des Menschen sind je ganzheitliche eigene Welten, die aber in die nächsten Phasen transformiert und integriert werden. Dies jedoch nicht

---

40) Im Psychodrama angelegt ist „a small dose of insanity under conditions of control" (Zerka Moreno).

41) Ob dies aus Unkenntnis oder mangels methodischer Sicherheit oder aufgrund von Ängsten, sich auf diese Lebenszeit einzulassen geschieht, kann ich nicht beurteilen, aber diese Umdeutung könnte für einen therapeutischen Prozess ähnlich problematisch sein wie die Verwechslung „präödipaler" mit „ödipalen" Konflikten. Bei ersteren geht es um die Selbstsicherung sowie um Selbst- und Fremdvertrauen, wo Hilfsich-Funktionen und empathisches Doppeln gefragt sind, bei letzteren um Konkurrenz und Auseinandersetzung, wo Spiegeln, Rollenübernahme und Rollentausch wirksam werden.

nur im Sinne des „soziogenetischen Gesetzes" von Moreno,[42] sondern sehr viel umfassender und dynamischer, dass nämlich nach dem altbekannten Lehrsatz des Aristoteles „Das Ganze ist mehr als die Summe seiner Teile." mit der Herausbildung einer neuen Lebensphase neue Eigenschaften auftreten, die es in der vorherigen Phase noch nicht gab und die auch nicht direkt darauf zurückgeführt werden können. Dies sind die emergenten Eigenschaften dieser Phase. Wilber (1996, S. 36ff) macht zudem auf die Bedeutung von Hierarchien als Strukturprinzip aufmerksam und meint damit die hierarchische Ordnung sich immer umfassender und differenzierter ausbildender Holons, also von Ganzheiten, die zugleich Teile eines größeren Ganzen sind, wobei die Ganzheitlichkeit zunimmt.

Im Zusammenhang mit der szenischen Darstellung wird noch ein weiterer Vorteil des Psychodramas deutlich, nämlich der Lehrsatz Morenos „Handeln vor Reden!", d.h. den Zugang zu diesen sprachlich-symbolisch noch unbenannten Szenerien handelnd zu finden. Nach wie vor gilt ja in vielen Bereichen, besonders im pädagogischen und Beratungshandeln, weniger in der Therapie, das „KAP-Modell"[43] als erfolgversprechend, d.h. der Weg, der von der Wissensvermittlung über die Einstellungsänderung zur gewünschten Verhaltensänderung führen soll. Falls aber über das Wiedererleben früherer Lebensszenen Änderungen des aktuellen Verhaltens erreicht werden sollen, kann genau beim Verhalten angesetzt werden, zunächst in der Semi-Realität der psychodramatischen Bühne, so dass im Handeln und über den Szenenaufbau, das Doppeln, den Rollentausch und das Spiegeln sich Einstellungsänderungen und weiter lebendiges Wissen „wie von selbst", jetzt nach dem „PAK-Modell" ergeben und dieses „Wissen" nun wirklich integrierter Bestandteil des Identitätsprozesses werden kann.

Eine kontrollierte psychodramatische Regression verhindert ein diffuses Versinken in pränatale Welten und ein grenzenloses Ausufern vorgeburtlicher Bedürftigkeiten. Die psychodramatische Methode löst diesen Anspruch ein, u.a. dadurch, dass der klar definierte Phasenverlauf (Erwärmung, Spiel, Abschluss), der die Benennung eines Anfangs und eines Endes beinhaltet, Grenzen setzt und dass das Spiel selbst eindeutig räumlich begrenzt bleibt. Durch die Abschlussphase verbindet sich die biographische Vergangenheit, wiederbelebt in der Semi-Realität der Bühne über ein zeitlich kurzes Hier und Jetzt mit der realen Zukunft. So wirkt die präventive, oder besser salutogenetische, und naturheilende Funktion des Sonnentanzes der Dakota auch im Psychodrama, ja ist ihm per se zu eigen, da, neben dem ritualisierten Phasenverlauf des Psychodramas selbst, auch die Techniken des Situationsaufbaus, des Doppelns, des Spiegelns und des Rollentausches (zumindest in den protagonistenzentrierten Psychodramen) methodenimmanent die Erlebnisqualitäten immer wieder un-

---

42) Moreno 1973, S. 31: „[...] höhere Formen der Gruppenorganisation (gehen) aus einfacheren" hervor.

43) K=Knowledge, A=Attitude, P=Practice (vgl. Young 1967).

terschiedlicher frühkindlichen Lebensphasen berühren und beleben. Lebensgeschichtlich wird das Doppeln als urmütterliches Element (Nähe) durch das väterliche Element des sich einmischenden Spiegelns (Distanz) kooperativ ergänzt und erweitert, was letztendlich beim Kind die Rollenübernahme und den Rollentausch (Nähe und Distanz) ermöglicht. Im Rollentausch sind die beiden Elemente aufgehoben und auf einer höheren Ebene der Emergenz verbunden.

Weiter gilt beim Psychodrama das Axiom von Moreno (Moreno 1923, S. 77) „Jedes wahre zweite Mal ist die Befreiung vom ersten", einerseits in einem therapeutischen Sinn, andererseits aber auch im Sinne des „Wirklichkeits-Mehrwerts" (surplus-reality) (Moreno 1974, S, 419f). Die „progressive" Regression ermöglicht über das psychodramatische Wahrnehmen durch Imagination (= bildhaft anschauliches Denken) „[...] über die Wirklichkeit hinaus ein neues und umfassenderes Wirklichkeitserleben." (Moreno 1974, S. 419). Eine nachholende salutogenetische Funktion hat das Psychodrama dann, wenn das Nicht-Gewesene, die unerfüllt gebliebenen, ja sogar die in der Realität unerfüllbaren Wünsche erlebt und psychodramatisch bis hin zum „God-playing" (Moreno) und zu den Urquellen des Lebens gelebt werden dürfen. Diese Wunscherfüllung bedingt ein „Sättigungserlebnis" (Rhode-Dachser), das, und das ist die Stärke des Psychodramas, als Erinnerungspotential (Depotwirkung von Bildern) besonders wirksam bleibt, da es bildhaft und körpererlebnisnah verankert ist. Dadurch kann u.U. auch der Wiederholungszwang einer ständigen Suche nach pränataler Geborgenheit etwas gemildert werden.

So wie der Zeichenstift bei Tomatis lebensgeschichtliche Zusammenhänge rekonstruiert, könnten aus Bildern auch Szenen werden. So würde die szenische Rekonstruktion pränataler Lebenswelten zur psychodramatischen Aufgabe. Dann müsste allerdings die orthodox-einseitige Zentrierung auf soziale Beziehungsnetze (Soziales Atom) aufgegeben werden und es müsste anerkannt werden, dass es auch noch andere telische Beziehungsmöglichkeiten gibt, als die postnatal interaktiven. Die psychodramatischen Zugänge zu diesen Möglichkeiten müssen, glaube ich, erst noch gefunden werden. Tomatis hat einen Weg aufgezeigt. Im Psychodrama werden es vor allem gezielte Erwärmungsprozesse sein müssen, die diesen Weg eröffnen. Schweigerunden oder interaktive Erwärmungsspiele werden nicht reichen, hier ist eine Integration von Verfahren, wie sie oben erwähnt wurden (Primärtherapie usw.), sicher nützlich. Weiter sollte die salutogenetische Kraft des Psychodramas effektiver genutzt werden. Das Psychodrama ist viel zu störungsbezogen in seiner heutigen Anwendung. Es gibt viel zu selten Szenen zu erleben, in denen die Stärken der Protagonisten oder der Gruppe insgesamt bewusst in Szene gesetzt werden. Dabei wäre dieses „Auftanken" an den Quellen der eigenen kompetenten und lebensgestaltenden Möglichkeiten, auch der pränatalen, so wichtig, um gestärkt, manchmal auch verwundert über die eigenen Stärken und mit humorvoller Distanz gegenüber den eigenen Schwächen, wieder in den konflikthaften Alltag zu ziehen.

Noch ein Wort zu den Psychodramatikern selbst: Die Fähigkeit zum Horchen, von der so viel die Rede war, bleibt auch im späteren Leben als Teil einer größeren und differenzierteren Einheit erhalten. Sie ist, das ist meine These, die notwendigste, wenn auch nicht ausreichende Voraussetzung für Beziehungsmuster, die wir für pädagogische und therapeutische Prozesse mit Begriffen wie Dialog, Begegnung, Empathie, Perspektivenwechsel umschreiben. Es geht also darum, um als Pädagoge oder Therapeutin hilfreich zu sein, aus einem integrierten Selbst heraus zu handeln, zu dem diese pränatalen Basiserfahrungen in unterschiedlicher Quantität zentral gehören, sich in weiteren Lebensabschnitten differenzierter entwickelt haben (oder auch nicht), die wiederbelebt werden in der Begegnung mit anderen Menschen und auf die wir unsere Aufmerksamkeit richten müssen, illusionär manchmal von anderen Fakten absehend. Damit liegen auch beispielsweise die Wurzeln des psychodramatischen „Tele" in der pränatalen Lebenswelt ebenso wie die Möglichkeiten zum „Autotele" (Moreno 1973, S. 278 u. 287ff), des Bezugs auf sich selbst, das Horchen auf die Signale der Szenen unserer inneren Bühnen. Menschen haben die Fähigkeiten zu Horchen, aber auch Wegzuhören, anderen und sich selbst gegenüber, sie haben Fähigkeiten zu „Widerstand" und zu „Verdrängung". Wir können andere und uns selbst übersehen, nicht riechen, geschmacklos finden, nicht spüren und eben überhören, auch als Psychodramatiker ... oder eben auch nicht!

6. Literatur

Adam-Lauer, G. (2000). Embryopathie. In: *F. Stimmer* (Hg.), Suchtlexikon (S.184-190). München/Wien: Verlag Oldenburg.
Antonovsky, A. (1987). Unraveling the mystery of health. How people manage stress and stay well. San Francisco: Jossey Bass Publishers.
Blazy, H. (1991). Ich lasse meinen Geist wandern. Schwangerschaft und Geburt in Darstellungen der modernen indonesischen Literatur. In: *L. Janus* (Hg.), Die kulturelle Verarbeitung pränatalen und perinatalen Erlebens. Heidelberg: Textstudio Gross.
Blumenberg, H. (1979). Arbeit am Mythos. Frankfurt am Main: Suhrkamp.
Buber, M. (1984). Das dialogische Prinzip. Heidelberg: Verlag Lambert Schneider (zuerst: 1954).
Buber, M. (1995). Rede über das Erzieherische (erstmals 1925, gehalten als Hauptvortrag der III. Internationalen Pädagogischen Konferenz in Heidelberg). In: *M. Buber*, Reden über Erziehung (S. 11-49). Heidelberg: Lambert Schneider (8. Auflage).
Bürgin, D. (1982). Über einige Aspekte der pränatalen Entwicklung. In: *G. Nissen* (Hg.), Psychiatrie des Säuglings- und des frühen Kleinkindalters (S.23-55). Bern: Huber.
Capra, F. (1986). Wendezeit. Bausteine für ein neues Weltbild. Bern: Scherz.
Claessens, D. (1972). Familie und Wertsystem. Eine Studie zur zweiten sozio-kulturellen Geburt des Menschen. Berlin: Duncker & Humblot (zuerst 1962).
Compayré, J. G. (1900). Die Entwicklung der Kinderseele. Altenburg: Bonde (französische Erstveröffentlichung 1899).
Eccles, J. & Robinson, D. (1985). Das Wunder des Menschsein – Gehirn und Geist. München: Piper.
Elias, N. (1969). Über den Prozeß der Zivilisation. Soziogenetische und psychogenetische Untersuchungen. (2 Bände). Bern, München: Francke (2. Auflage; zuerst: Basel: Verlag Haus zum Falken, 1939).
Elias, N. (1970). Was ist Soziologie? München: Juventa.
Fedor-Freybergh, P. (Hg.) (1987). Pränatale und perinatale Psychologie und Medizin. Begegnung mit dem Ungeborenen. Älvsjö, Schweden: Saphir.
Ferber, R. (1995). Platon. München: Diederichs.
Freud, S. (1940ff). Gesammelte Werke. London/Frankfurt: Fischer (18 Bände).
Horney, K. (1975). Neurose und menschliches Wachstum – das Ringen um Selbstverwirklichung. München: Kindler (engl. Originalausgabe: „Neurosis and human growth: The struggle toward self-realization", New York: W.W. Norton and Company, Inc., 1950).

Janus, L. (1991a). Wie die Seele entsteht. Unser psychisches Leben vor und nach der Geburt. Hamburg: Hoffmann & Campe.
Janus, L. (Hg.) (1991b). Die kulturelle Verarbeitung pränatalen und perinatalen Erlebens. Heidelberg: Textstudio Gross.
Kakhar, S. (1984). Schamanen, Heilige und Ärzte. München: Biederstein.
Koestler, A. (1968). Das Gespenst in der Maschine. Wien: Molden (zuerst: „The ghost in the machine", London, New York: Macmillan, 1967).
Krüll, M. (1990). Die Geburt ist nicht der Anfang. Stuttgart: Klett-Cotta.
Krüger, R.T. (1997). Kreative Interaktion: Tiefenpsychologische Theorie und Methoden des klassischen Psychodramas. Göttingen: Vandenhoek & Ruprecht.
Lersch, P. (1962). Aufbau der Person. München: Ambrosius Barth.
Leutz, G.A. (1974). Psychodrama. Theorie und Praxis: Das klassische Psychodrama nach J.L. Moreno. Berlin, Heidelberg, New York: Springer.
Malebranche, N. de (1914). Erforschung der Wahrheit, Band 1. München: G. Müller (Erstveröffentlichung: „De la recherche de la vérité. Ou l'on traitte de la nature de l'esprit de l'homme, & de l'usage qu'il en doit faire pour éviter l'erreur dans les sciences", 3 Bände, Paris: André Pralard, 1674-78).
Manassi, S. (1987). Einleitung. In: *A.A. Tomatis*, Der Klang des Lebens. Vorgeburtliche Kommunikation – Die Anfänge der seelischen Entwicklung (S. 9-34). Reinbek: Rowohlt.
Mathias, U. (1982). Die Entwicklungstheorie J.L. Morenos. In: *H. Petzold & U. Mathias* (Hg.), Rollenentwicklung und Identität (S. 191-256). Paderborn: Junfermann.
Maturana, H. & Verden-Zöller, G. (1993). Liebe und Spiel. Die vergessenen Grundlagen des Menschseins. Heidelberg: Carl-Auer-Systeme.
Mead, G.H. (1968). Geist, Identität und Gesellschaft. Frankfurt.
Moreno, J.L. (1923). Rede über den Augenblick. Potsdam: Kiepenheuer.
Moreno, J.L. (1924). Das Stegreiftheater. Potsdam: Kiepenheuer.
Moreno, J.L. (1973). Gruppenpsychotherapie und Psychodrama. Einleitung in die Theorie und Praxis. Stuttgart: Thieme (2. Auflage; zuerst: 1959).
Moreno, J.L. (1974). Die Grundlagen der Soziometrie. Wege zur Neuordnung der Gesellschaft. Opladen: Leske & Budrich (3. Auflage; Originalveröffentlichung: „Who shall survive? A new approach to the problem of human interrelations", Washington. DC: Nervous and Mental Disease Publishing Company, 1934; Wiederauflage: Beacon, NY: Beacon House, 1953).
Moreno, J.L. (1985). Psychodrama, Volume 1. Beacon: Beacon House (7th edition).
Moreno, J.L. (1989a). Psychodrama und Soziometrie: Essentielle Schriften (herausgegeben von *Jonathan Fox*). Köln: Edition Humanistische Psychologie.
Moreno, J.L. (1989b). Morenos philosophisches System. In: *J.L. Moreno*, Psychodrama und Soziometrie: Essentielle Schriften (herausgegeben von *Jonathan Fox*) (S. 31-43). Köln: Edition Humanistische Psychologie.
Moreno, J.L. (1989c). Gedanken über Genetik. In: *J.L. Moreno*, Psychodrama und Soziometrie: Essentielle Schriften (herausgegeben von *Jonathan Fox*) (S. 183-186). Köln: Edition Humanistische Psychologie (erstmals veröffentlicht: 1953).
Moreno, J.L., Jennings, H.H., Criswell, J.H. et al. (Eds.) (1960). The sociometry reader. Glenco, IL: Free Press.
Moreno, J.L. & Moreno, F.B. (1985). Spontaneity theory of child development (1944). In: *J.L. Moreno*, Psychodrama, Volume 1 (pp. 47-84). Beacon, NY: Beacon House (7th edition).
Nagel, T. (1974). What is it like to be a bat? *Philosophical Review*, 83(4), 435–450.
Nissen, G. (Hg.) (1982). Psychiatrie des Säuglings- und Kleinkindalters. Bern: Huber.
Oerter, R. & Montada, L. (Hg.) (1987). Entwicklungspsychologie. München: Psychologie Verlags Union (2. Auflage).
Olschak, B.C. (1974). Bewußtwerdung unbewußter Inhalte in der fernöstlichen Psychologie. In: *G.H. Graber* (Hg.), Pränatale Psychologie. München: Kindler.
Petzold, H. (Hg.) (1995). Die Kraft liebevoller Blicke. Psychotherapie und Babyforschung. Paderborn: Junfermann (2 Bände).
Prechtl, H.F.R. (Hg.) (1984). Continuity of neural functions from prenatal to postnatal life. London: Spastics International Medical Publications.
Rauh, H. (1983). Frühkindliche Entwicklung. In: *R. Silbereisen & L. Montada* (Hg.), Entwicklungspsychologie. Ein Handbuch in Schlüsselbegriffen. München, Wien, Baltimore: Urban & Schwarzenberg.
Rauh, H. (1987). Frühe Kindheit. In: *R. Oerter & L. Montada* (Hg.), Entwicklungspsychologie (S. 131-203). Weinheim: Psychologie Verlags Union.
Schindler, S. (1987). Das neue Bild vom Ungeborenen. Zum Konzept einer Entwicklungspsychologie der Pränatalzeit. In: *P. Fedor-Freybergh* (Hg.), Pränatale und perinatale Psychologie und Medizin. Begegnung mit dem Ungeborenen (S. 1-14). Älvsjö, Schweden: Saphir.

Schmidt, R. (Hg.) (1980). Grundriß der Sinnesphysiologie. Berlin: Springer.
Schmücker, E.E. (1987). Kultivation und Ritualisation von Schwangerschaft und Geburt. In: *P. Fedor-Freybergh* (Hg.), Pränatale und perinatale Psychologie und Medizin. Begegnung mit dem Ungeborenen (S. 115-123). Älvsjö, Schweden: Saphir.
Selye, H. (1977). Streß. Reinbek: Rowohlt.
Sloterdijk, P. (1998). Sphären 1. Blasen. Frankfurt am Main: Suhrkamp.
Stern, D. (1992). Die Lebenserfahrung des Säuglings. Stuttgart: Klett-Cotta.
Stone, L.J., Smith, H.T. & Murphy, L.B. (1973). The competent infant. Research and commentary. New York: Basic Books.
Stimmer, F. (1990). Familie und Persönlichkeitsbildung. Sozialisation im Spannungsfeld des modernen Alltags. *Annali di Sociologia / Soziologisches Jahrbuch*, 6(1/2), 359-386.
Stimmer, F. (Hg.) (2000). Suchtlexikon. München/Wien: Verlag Oldenburg.
Stimmer, F. (2000). Jugend und Gesellschaft: Aspekte der Figurationssoziologie. In: *F. Stimmer* (Hg.), Soziologie der Lebensalter – Kindheit und Jugend (S. 176-188). München: Sozialforschungsinstitut.
Stimmer, F. (2007). Alkoholembryopathie. In: *M. Klein* (Hg.), Kinder und Suchtgefahren (S. 345-351). Stuttgart-New York: Schattauer.
Tomatis, A. (1987). Der Klang des Lebens. Vorgeburtliche Kommunikation – Die Anfänge der seelischen Entwicklung. Reinbek.
Tomatis, A. (1999). Klangwelt Mutterleib. Die Anfänge der Kommunikation zwischen Mutter und Kind. München: DTV.
Uexküll, T. von & Wesiack, W. (1990). Wissenschaftstheorie und Psychosomatische Medizin, ein bio-psycho-soziales Modell. In: *T. von Uexküll* et al. (Hg.), Psychosomatische Medizin (S. 5-38). München: Urban & Schwarzenberg.
Verden-Zöller, G. (1993). Mutter-Kind-Spiel: Die biologische Fundierung des Selbstbewußtseins und des sozialen Bewußtsein. In: *H. Maturana & G. Verden-Zöller* (Hg.), Liebe und Spiel. Die vergessenen Grundlagen des Menschseins (S. 88-150). Heidelberg: Carl-Auer-Systeme.
Verny, T. & Kelly, J. (1993). Das Seelenleben des Ungeborenen. Frankfurt a.M.: Ullstein.
Vries, J. de, Visser, G. & Prechtl, F. (1982). The emergence of fetal hehaviour. 1: Qualitative aspects. *Early Human Development*, 7(4), 301-322.
Wilber, K. (1996). Eros, Pathos, Logos. Eine Vision an der Schwelle zum nächsten Jahrtausend. Frankfurt am Main: Fischer.
Winnicott, D.W. (1990). Das Baby und seine Mutter. Stuttgart: Klett-Cotta.
Winnicott, D.W. (1993). Vom Spiel zur Kreativität. Stuttgart: Klett-Cotta (7. Auflage).
Young, M.A.C. (1967). Review of research and studies of health education practice. In: *Health Education Monographs*, No. 23. New York: Society of Public Health Educators.

Korrespondenzanschrift:
Univ.-Prof. Dr. *Franz Stimmer*
Institut für Sozialpädagogik
Fakultät Bildungs-, Kultur- und Sozialwissenschaften
Leuphana Universität Lüneburg
Scharnhorststraße 1
D-21335 Hansestadt Lüneburg

email: *stimmerad@gmx.de*

Dieser Beitrag erschien zuerst in: *Psychodrama – Zeitschrift für Theorie und Praxis von Psychodrama, Soziometrie und Rollenspiel* (2000), 10(1/2), 17-46 (Themenheft 18/19, „Frühe Fähigkeiten – Frühe Störungen") und wurde für den Wiederabdruck geringfügig modifiziert.

Matthias Lauterbach
Die vergessenen Seiten der Familiendynamik. Zur Ableitung eines familienorientierten Psychodramas

Summary:
The lost worlds of family dynamics. Some considerations in direction of a family oriented psychodrama
Psychodramatic literature reports very seldom approaches respecting the family as a social constellation of special efficiency. Starting from this observation the article comes to the conclusion, founding on Morenos biography and family history, that the dynamics of theoretical and methodological invention – psychodrama – seems to suggest an averting from family. As this might only reflect one pole of a highly ambivalent dynamic in Moreno's life, further conclusions are drawn. Especially the concept of „balancing ambivalence" as superior pattern is taken into consideration for a broader view on the dynamic of Moreno's life. At the same time it allows questioning the flexibility of contemporary psychodramatic methods and gives a starting point to outline a family oriented approach of psychodramatic methodology, which uses systemic and family therapeutic approaches as well as contemporary developments of sociometric methods.

Zusammenfassung:
Ausgangspunkt der Arbeit ist die Beobachtung, dass es in der psychodramatischen Literatur nur wenige Ansätze gibt, die die Familie als besonders wirksame soziale Konstellation berücksichtigen. Es wird aus der Lebens- und Familiengeschichte Morenos abgeleitet, dass die Dynamik der von ihm entwickelten psychodramatischen Theorie und Methodik zunächst eine Wegwendung von der Familie nahezulegen scheint. Dass dies aber nur einen der Pole einer hoch ambivalenten Dynamik in Morenos Leben aufnehmen würde, wird hier zum Ausgangspunkt weiterer Überlegungen genommen. Insbesondere auf das Konzept der „Balance von Ambivalenzen" als übergeordnetem Muster wird fokussiert. Dies dient einerseits der erweiternden Beschreibung der Dynamik des Lebens Morenos. Es dient gleichzeitig auch der Frage an die Beweglichkeit der psychodramatischen Methodik heute und wird als Einstieg genommen, um erste Anknüpfungspunkte zu einer familienorientierten Gestaltung psychodramatischer Methodik abzuleiten. Dazu werden dann systemisch-familientherapeutische Ansätze und neuere Entwicklungen soziometrischer Methodik hinzugenommen, um das Konzept eines familienorientierten Psychodramas zu begründen.

Einleitung

Das Thema: „Die vergessenen (besser vielleicht: die vernachlässigten) Seiten der Familiendynamik", hat eine längere Vorgeschichte. Die wichtigsten Stationen will ich kurz darstellen.

In meiner lebensgeschichtlichen Chronologie der für das Thema wichtigen Einflüsse steht zuerst die Beschäftigung mit Psychodrama und Soziometrie. In der Auseinandersetzung mit der Methode versuchte ich einen Bogen zu schlagen zwischen psychoanalytischen Modellen, insbesondere dem, das Binswanger (1985) durch Ableitung aus dem Fokalkonfliktmodell (Whitaker & Lieberman 1964) entwickelt hatte, und den von Hale (1985) gelieferten Weiterentwicklungen soziometrischer Ansätze. Später erst kamen die Einflüsse der systemischen Familientherapie (Palo Alto, Mailand, Heidelberg) hinzu. Der Versuch, Ähnlichkeiten und Unterschiede der Ansätze herauszuarbeiten (Lauterbach 1988) stellte sich als komplexes Unterfangen heraus: es gab auf der methodischen Ebene ganz auffallende Ähnlichkeiten (z.B. zirkulär angelegte Prozesse zur Informationserzeugung) aber auch klare Unterschiede (z.B. beim Einsatz kathartischer Zuspitzungen). Gleiches galt auch für die Theorie der Methode, die Philosophie und das Menschenbild. Bei dieser Auseinandersetzung kamen auch Moreno, seine Lebensgeschichte, seine Ideen und Weltbilder in meinen Aufmerksamkeitsfokus.

Mit meinem inzwischen familientherapeutisch geschärften Blick fiel mir auf, dass in der psychodramatischen Literatur der Begriff „Familie" auffallend wenig vorkommt. Auch bei Moreno selbst wurde ich nur punktuell fündig, es überraschte mich bei ihm die scheinbar wenig herausragende Rolle, die er Familien zudachte. In der psychodramatischen Literatur sind wohl immer wieder Väter, Mütter etc. vertreten, aber selten wird die Familie als ein besonders abzugrenzender Beziehungsrahmen herausgestellt. Ich erklärte mir das zunächst mit dem unterschiedlichen methodischen Fokus der beiden Methoden. Die Feststellung der sparsamen Familienorientierung des Psychodramas passte gleichwohl aber nicht zu dem, was ich in meiner familientherapeutischen Arbeit als hilfreich erlebte, nämlich die Ressourcen und Möglichkeiten dieser besonderen Beziehungskonstellation gezielt zu nutzen. Insbesondere drei mich immer häufiger beschäftigende Konstellationen machten das besonders eindrücklich und veranlassten mich, das Thema für diesen Aufsatz zu formulieren:

a.) Ich arbeite mit vielen unvollständigen Familien, zusammengesetzten Familien und so genannten „Patchworkfamilien", denen es bei der Lösung ihrer Probleme oft hilft, wieder Zugang zu ihren verstreuten familiären Wurzeln zu finden. Solchen Familien gelingt es insbesondere dann, ihre neue Lebenssituation kreativ aufzubauen, wenn sie ihre unterschiedlichen Wurzeln statt – wie häufig – zu verteufeln, wieder respektieren und wertschätzen und sie dies auch in die Gestaltung von Beziehungen umsetzen können.

b.) Die in Europa (und anderswo) zunehmenden Emigrations- und Immigrationsprozesse machen den Respekt vor familiären, ethnischen und nationalen Wurzeln zu einer Überlebensfrage. Unsere Schweizer Psychodrama-Arbeitsgruppe (Psychodrama-CH, Leiterin: Elisabeth Pfäfflin) hat sich mit dieser Frage, ausgehend von den familiären und emotionalen Folgen der Emigration von Europäern nach Amerika, intensiv auseinandergesetzt. Wir haben gefunden, dass oft ein lebenslanges und Generationen überdauerndes Suchen nach einer Heimat, nach der eigenen Herkunft ausgelöst wird. Die emotionale Geborgenheit, die das Wissen um familiäre Zugehörigkeiten erzeugt, ist in diesem Suchprozess äußerst hilfreich und häufig die einzige Orientierung, die die Gestaltung zukünftiger Heimaten erleichtert.

c.) Es wird in Deutschland zunehmend häufiger möglich, sich mit den schuld- und leidhaften Verstrickungen der Ursprungsfamilie in der Zeit des Nationalsozialismus einschließlich der Gewalterfahrungen auseinanderzusetzen. Erst die Auflösung der damit verbundenen Tabus macht die Familie wieder als Heimat erlebbar. Ohne diesen Prozess bleiben zentrale Fragen zur Familiengeschichte unbeantwortet, existentielle Erfahrungen werden aus dem kommunikativen Geschehen ausgeschlossen. Männerwelten und Frauenwelten separieren sich wegen der häufig sehr unterschiedlichen, nicht kommunizierbaren Erfahrungen.

Das sind die Hauptquellen und Hauptmotivationen, aus denen sich das speist, was ich jetzt detaillierter berichten will. Meine zentrale These lautet, dass in der Entwicklung psychodramatischer Theorie und Methodik die Ressourcen und Möglichkeiten von Familien und familiären Bindungen vernachlässigt werden zugunsten einer Beschreibung von eher einengenden, belastenden und oft pathogenen Familienwelten. Die Quellen kreativer Potenzen werden tendenziell außerhalb der Familie verortet. Ich will darstellen, dass es sich dabei um eine aus der Lebensgeschichte Morenos und aus der Zeitgeschichte verständliche Sichtweise handelt, die aber auf einem grundlegenden Missverständnis darüber beruht, wie Moreno selbst die Beziehungen zu seiner familiären Tradition gestaltet hat.

Für die oben skizzierten Aufgaben brauchen wir immer stärker eine Orientierung, die gerade im Hinblick auf familiäre Traditionen integrierende Potenzen freisetzt. Die Frage ist, ob das Psychodrama als Denkansatz und als Methode dafür gut gerüstet ist.

2. Konzeptbildungen über Familie im Psychodrama
Die besondere Sprache im Psychodrama

Spätestens seit Whorfs Klassiker »Sprache – Denken – Wirklichkeit« (1963) lassen sich die Auswirkungen von Sprache und Grammatik auf das Denken und damit auf die Konstruktion von Wirklichkeiten beschreiben. Es ist eine grundlegende Wechselwirkung anzunehmen zwischen sprachlichen Eigenheiten einerseits und der Beschreibung und damit der Konstruktion von Wirklichkeiten andererseits. Ein Beispiel: die Benutzer einer Sprache, die keine Möglichkeit vorsieht, Zeit in Vergangenheit, Gegenwart und Zukunft aufzugliedern, müssen völlig andere Beschreibungen und damit Wirklichkeiten über den Fluss der Zeit, über Veränderungen erfinden, als wir es tun.

Wenn es so ist, dass im psychodramatischen Diskurs der Begriff „Familie" nur sparsam verwendet wird (z.B. bei Moreno, Leutz) und wenn man annimmt, dass das nicht nur zufällig so ist, sondern mit inhaltlichen Konzeptbildungen in Verbindung zu bringen ist, hat das Auswirkungen auf das Denken, Fühlen, Handeln der besonderen menschlichen Spezies „Psychodramatiker". Whorf (1963, S. 12) beschrieb, dass verschiedene Aspekte von Sprache (Wortbedeutung, Grammatik etc.) nicht nur ein reproduktives Instrument zum Ausdruck von Gedanken und Gefühlen sind, sondern vielmehr selbst die Gedanken und Gefühle formen, Schema und Anleitung für die geistige und emotionale Aktivität des Individuums sind, für die Analyse von Eindrücken und für die Synthese dessen, was als Vorstellungen zur Verfügung steht. Er stellte dar, dass „in jeder Sprache und jeder durchgeformten fachtechnischen Subsprache [...] bestimmte systematisch verknüpfte Widerstände gegen stark abweichende Standpunkte" (Whorf 1963, S .47) eingebaut sind.

Für die fachtechnische Sprache des Psychodrama lautet die Frage hier: zu welchen Wirklichkeiten über Familien lädt sie ein und welche Wirklichkeiten werden sprachlich eher erschwert zu denken?

Nun hat Moreno ohnehin eine teilweise gewöhnungsbedürftige Sprache entwickelt. Diese Sprache (z.B. Begriffe wie „Tele", „Konserve") fokussiert die Aufmerksamkeit stark auf die Entwicklung von Menschen in großen, in globalen und kosmischen Zusammenhängen. Dies korrespondiert natürlich mit den inhaltlichen Konzepten. Zwei Beispiele: (a) In Leutz' (1974) Grundlagenbuch fehlt der Begriff „Familie" im sonst ausführlichen Sachwortverzeichnis; man kann sich also zu diesem Thema nicht leicht kundig machen, (b) Zerka Moreno (1994) zählt auf, welche der Konzepte Morenos Einfluss auf sie gehabt haben; hier findet sich die genannte Fokussierung wieder, aber es finden sich keine Konzepte darunter, die die Familie als besondere soziale Konstellation erfassen.

Wir wollen uns um die Geschichte, die möglichen Auswirkungen, die Vor- und Nachteile dieser sprachlichen und damit auch konzeptionellen Orientierung kümmern. Natürlich gehen alle Psychodramatiker in ihrer Arbeit ständig mit Familien, Familienbeziehungen, Familiengeschichten um. Mich interessiert, welchen Ideen und Bildern sie dabei folgen, zu welchen Bildern die psychodramatische Subsprache sie einlädt.

Kreativität, Autonomie

Die von Psychodramatikern erzeugten Wirklichkeiten sind eher solche, die die individuelle Entwicklung von Spontaneität und Kreativität beschreiben, die Wege aufzeigen, wie der Zugang zu den eigenen Fähigkeiten und Ressourcen gebahnt werden kann. Es sind zudem Wirklichkeiten, die Beziehungen zwischen Menschen und insbesondere die Entwicklung von Gruppen ins Auge fassen. Die Linie der Aufmerksamkeit geht vom Individuum direkt in die Dimension von Menschheit, Schöpfung und Kosmos. „First, that a truly therapeutic procedure cannot have less an objective than the whole of mankind."

(Zerka T. Moreno 1994, p. XII). Hiermit wird ein besonderer Aufmerksamkeitsfokus geschaffen, der durch die passende Sprache beschrieben wird, oder: die psychodramatische Sprache erleichtert diese Beschreibung. Es entsteht ein Menschenbild, das stark geprägt ist von Werten wie Selbstverantwortlichkeit, Vertrauen in die kreative Potenz und in die Ressourcen (ein ähnliches Menschenbild haben systemische Familientherapeuten auf ganz anderem Wege entwickelt). Dabei erhält im psychodramatischen und soziometrischen Diskurs der einzelne Mensch seine Bedeutung erst im Kontext von Gruppen, von Beziehungen. Es entsteht also eher eine Wirklichkeit, die einen Spannungsbogen zwischen Individuum und Menschheit als zentrale Beschreibungsebene konstruiert. Es wird zunächst keine konzeptionelle Ebene eingezogen, die z.B. Unterschiede einführt in die Gestaltung und Bedeutung von Beziehungen innerhalb und außerhalb einer Familie. Carlson-Sabelli et al. (1994, pp. 149ff) sprechen von der „supremacy of personal choices" als der Vorherrschaft soziometrisch relevanter Wahlen des Individuums bei der „priority of biological and social roles", also auch familiärer Rollen. Sie zeigen mit ihrem nicht auflösbaren Wortspiel (Vorherrschaft über Priorität oder Priorität über Vorherrschaft) ein Dilemma auf, das die fehlende Konzeptionalisierung der Ebene „Familie" erzeugt.

Das Bild des Menschen, das so entsteht, legt es nahe, eine günstige und für gut bewertete Entwicklung dann anzunehmen, wenn Einengungen lebensgeschichtlich bedeutsamer, meist familiärer Rollen zugunsten neuer Wahlmöglichkeiten überwunden werden. Fehlt bei diesem Ansatz ein Konzept der sinnstiftenden Besonderheit familiärer Bindungen, dann verweist das Konzept rasch und einseitig aus der Familie heraus. Zugespitzt formuliert: Familien werden konzeptualisiert als Institutionen zur Freiheitsbehinderung. Gefördert wird das Überwinden der Familie, vernachlässigt wird das wertschätzende Gestalten dieser besonderen Beziehungen. Die Förderung wichtiger Werte wie Eigenverantwortlichkeit, Autonomie etc. geschieht teilweise um den Preis der Aufgabe familiärer Heimaten und Wurzeln.

In einer der nicht häufigen kurzen Passagen über Familien hat Moreno (1974, p. 284) in »Who shall survive?« (1934) die biologische Familie der soziometrischen Familie gegenübergestellt. Soziometrische Familien sind solche, bei denen die Zusammenführung von Adoptiveltern und Kindern nach soziometrischen Kriterien erfolgen (sog. Elterntest, Familientest), nach Zuneigung und Ablehnung, also nach Wahlen. Bei dieser Gegenüberstellung gerät Moreno die Beschreibung der biologischen Familie auffallend dürftig und fast als Karikatur: „Die biologische Familie beginnt damit, dass zwei Menschen sich eines Tages aufs Rathaus begeben, um vom Standesbeamten als Mann und Frau erklärt zu werden" (Moreno 1974, S. 284).

Ich schlage vor, die Beschreibung der Autonomie von Menschen und ihre Wahlmöglichkeiten eher zu verbinden mit der Idee, dass solche Werte sinnhaft auch in dem familiären Kontext, mit dem Menschen sich verbunden wissen, gestaltet werden müssen. Autonomie und Wahlmöglichkeiten können familiäre Bindungen nicht überwinden, sondern bereichern. Dies scheint mir ein anderer Blickwinkel, der diese Werte nicht im Spannungsfeld Individuum – Menschheit ansiedelt, sondern in dem rekursiv organisierten familiären Beziehungsgeflecht. Doch dazu später noch mehr.

Geisler (1994) hat sehr plausibel die Grundlagen von Morenos Ideen und Konzepten aus der jüdischen Tradition seiner Familie abgeleitet. Sie findet sowohl die Bedeutung des individuellen Gestaltungsauftrages, des Sendungsbewusstseins und der Verantwortlichkeit des Einzelnen (S. 8 u. 29), als auch die globale Perspektive (S. 29 u. 40) in dieser Tradition wieder. Das bedeutet, dass Moreno in die familiäre Tradition der aus Spanien vertriebenen Juden eingebunden war, ohne dies explizit zu machen, ja unter teilweise sehr deutlicher „offizieller" Abgrenzung von den familiären Wurzeln (s.u.).

Psychodrama und Zeitgeist

Morenos Beschreibungen der Wirklichkeit passen natürlich in solche zeitgeschichtlichen Phasen, in denen Zweifel aufkommen an dem Nutzen familiärer Traditionen und Werte. Dies war im Umfeld des 1. Weltkrieges so und dies war – zumindest in Deutschland – in den ersten Jahrzehnten nach dem nationalsozialistischen Desaster so. In solchen Zeiten gruppieren sich Zielvorstellungen eher um die Idee der Überwindung der alten/altmodischen Werte („killing the fathers"), weil sie verantwortlich gemacht werden für die sozialen und politischen Fehlschläge und Katastrophen. Es wird eher die Entwicklung einer neuen Weltordnung angestrebt. In diesem zeitgeschichtlichen Muster macht Morenos Spannungsbogen zwischen Individuum und Menschheit einen Sinn. Marineau (1989) hat herausgearbeitet, dass Moreno das „let's destroy and rebuild from new perspectives" als Dualität von Revolte und Kreation aufnahm und dies insbesondere in »The words of the father« 1920 entwickelte. Die Revolte gegen Gott (gegen die Väter) war begleitet von einem tiefen Glauben in die menschlichen kreativen, schöpferischen Fähigkeiten.

Eine ähnliche Situation wie nach dem 1. Weltkrieg wiederholte sich – ich spreche hier aus deutscher Perspektive – ab 1968: nach 20 Jahren Sprachlosigkeit in der Folge der entsetzlichen nationalsozialistisch getragenen Taten. Typisch dafür ist die studentische Inszenierung, die einer universitär-feierlichen Veranstaltung durch das berühmte Transparent „Unter den Talaren, Muff von 1000 Jahren" einen völlig veränderten Kontext verschafften („reframing" würde man das heute nennen). Zu dieser Zeitströmung passten natürlich dann auch Ideen, die die Familie überflüssig zu machen schienen. Dies wurde, wie bekannt, durch die Entwicklung alternativer Lebensformen (Kommunen etc.) versucht. Ich erinnere mich, dass die Psychodramen der 70er und noch der 80er Jahre stark die eher fehlerhaften und schmerzhaften Seiten der Familien gestalteten und agierten. Eltern wurden angeklagt, verurteilt, von den Bühnen gejagt.

Die Anklage der Eltern führte in szenischer Zuspitzung zu einer Auflistung früherer und früher Fehler, die man für so genannte frühe Störungen verantwortlich machte. Damit wurden dann Befreiungsschläge (im wörtlichen Sinne) legitimiert, die der eigenen Entwicklung Tür und Tor öffnen sollten. Dies passte natürlich zum Zeitgeist. Es passte auch zu der damals vorherrschenden – eher auf lebensgeschichtliche Defizite orientierten tiefenpsychologischen Interpretation psychodramatischen Geschehens. (Hier ist die psychodramatische Theoriebildung eine rückblickend wohl als schädlich zu bewertende enge Liaison mit dieser Denk- und Therapierichtung eingegangen.)

Die auf dem gerade skizzierten Weg praktizierten Lösungen griffen jedoch zu kurz, denn sie wurden der kreativen Potenz familiärer Traditionen nicht gerecht; sie versiegelten diese eher als dass sie sie öffneten. In den Psychodramen wurde selten etwas inszeniert, was mit Verzeihung, Nachsicht und Dankbarkeit von Kindern den Eltern gegenüber zu tun hatte. Hier fehlte ein klares Konzept, ein Weltbild, das der Familie als besonderer Einheit einen Platz zuweist, um diese Prozesse der Wertschätzung professionell moderieren zu können.

Ich sehe also einen Widerspruch zwischen der Kreativitätseuphorie und der Vernachlässigung der Wertschätzung menschlicher Wurzeln. Es schien eher zu gelten, sich von den Wurzeln im Sinne lästiger Einschränkungen zu befreien, um die Höhe von Kreativität und Spontaneität zu erklimmen.

Ich behaupte nun, dass diese zeitgeschichtlich verständliche Einseitigkeit auf einem grundlegenden Missverständnis beruht, dass sich durch einen Blick in Morenos Lebensgeschichte aufklären lässt. Es ist die Besonderheit, mit der Moreno seine existentiellen Ambivalenzen in der Beziehung zu seiner Ursprungsfamilie balanciert hat, die zu einseitigen Sichtweisen einlädt.

3. Einige Anmerkungen zur Lebensgeschichte Morenos

Theorien und Handlungsmodelle wachsen vor dem Hintergrund von Zeitgeist, Lebens- und Familiengeschichte. Bei der Beleuchtung des Entstehungshintergrundes von Psychodrama findet man sich in einem unglaublich spannungsreichen Szenario wieder: Marineau (1989) hat das detailreich beschrieben. Da ist einerseits das Drama des 1. Weltkrieges mit seinen gefühlsmäßigen Extremschwankungen zwischen Euphorie und Entsetzen; mit dem Erleben, den exzessiven Gebrauch von Gewalt nicht verhindern zu können; mit der Sprachlosigkeit, die oft dem Erleben von exzessiver Gewalt folgt. Da ist gleichzeitig der kraftvolle Schub von Kreativität in den 20er Jahren. Es ist eine Zeit, an deren Entwicklung Moreno mitgewirkt hat und von der er getragen wurde. In dieses zeitgeschichtliche Szenario verwoben ist die Lebens- und Familiengeschichte Morenos.

Der Gang meiner Argumentation soll sich auf eine grobe Linienführung der Familiengeschichte konzentrieren und soll folgendes zeigen:

(1) In Morenos Familie gibt es jahrhundertealte Traditionen von geographischen Bewegungen und von multikulturellen Einflüssen.
(2) In der Auseinandersetzung mit seiner Ursprungsfamilie entscheidet sich Moreno scheinbar gegen seine Familie und für die Menschheit. Er macht diese Entscheidung jedoch zugleich in hoch verdichteter symbolischer Form wieder rückgängig.

Die Familie Levy ist eine Familie, die in ihrer Geschichte mit den Themen „Vertreibung", „Flucht" u.a. viel bewegt hat, was uns heute wieder verstärkt beschäftigt. Im Columbusjahr 1492 ging die Familie Levy im Rahmen des jüdischen Exodus aus Spanien in die Türkei. Dieser Exodus kostete zahllose Menschen das Leben. Er war ein niemals vergessenes Ereignis, das sich in Erzählungen über die Jahrhunderte in der Familie erhielt. „Es ist bekannt, dass sich gerade die Nachkommen der aus Spanien vertriebenen Juden eine große innere Freiheit und ein herausragendes Sendungsbewusstsein als Juden erhalten und weitergetragen haben" (Geisler 1994, S. 7).

Sieht man die Bewegungen des ausgehenden 15. Jahrhunderts unter symbolischem oder choreographischem Aspekt, hat man zwei entgegen gesetzte Bewegungsdynamiken, die einen hohen Spannungsbogen schaffen.

Die Familie Levy ging mit den spanischen Juden (und damit mit einem wichtigen Teil der damaligen spanischen Kultur) nach Osten, dagegen wies die Bewegung der von Columbus eingeleiteten Dynamik nach Westen, in die spätere „Neue Welt". Im 18. und 19. Jahrhundert hat die westwärts gerichtete Bewegung, das amerikanische „going west", eine ständige heilssuchende und das Alte hinter sich lassende Dynamik entwickelt. Moreno hat eben diese – der Richtung seiner Familie von damals entgegen gesetzte – Bewegungsrichtung als das eigentliche Ziel seiner Bestimmung beschrieben und eine überraschende Lösung für die Balance dieser beiden Bewegungsrichtungen gefunden (s.u.). Hier ist also allein bei der Inszenierung dieser Bewegungsdynamiken die ganze Ambivalenz, die ich erläutern will, schon symbolisiert.

Es ist sicher sinnvoll anzunehmen, dass die Familie Levy durch diese Bewegungs-(Flucht-)dynamik und später durch die vielfältigen unterschiedlichen kulturellen Einflüsse (Judentum, Islam, Christentum; Balkan, Westeuropa, Wien, Bukarest [...]) geprägt war. Diese unglaubliche Vielfalt kultureller, ethnischer und religiöser Wurzeln ist einerseits Reichtum, andererseits ist es schwer, eine Heimat zu verorten.

Hier beginnt eine für unser Thema hochinteressante Sichtweise Morenos, die er in der Geschichtsschreibung seines Lebens niederlegt: Er sei geboren als Weltbürger. Zu viele Heimaten können rasch zu gar keiner Heimat werden. Moreno verortet seine Geburt auf ein Schiff in der berühmten „stürmischen Nacht": „The anonymity of the ship's flag started off the anonymity of my citizenship. [...] I was born a citizen of the world, a sailor moving from sea to sea, from country to country, destined to land one day in New York harbor" (zitiert nach Marineau 1989, p. 8; Autobiography 1985, Chapter 1, p. 6).

Hier ist die Beschreibung der Geburt – sonst eines der zentralen konstituierenden Ereignisse, das Familien prägt und erschafft – aus ihrem familiären Kontext herausgelöst und in die oben beschriebene Bewegung eingefügt. Dies ist natürlich eine erst in den USA geschriebene Geschichte seines Lebens, eine Imagination. Sie hat aber gerade wegen ihres hohen symbolischen Gehalts Bedeutung. Wir kommen darauf gleich zurück.

Zunächst ein kurzer Blick auf die Familie Levy: Moreno wurde 1889 von seiner damals ca. 17 Jahre alten Mutter geboren, der Vater war, wie später oft, auf Geschäftsreisen. Moreno hatte bis 1899 dann noch fünf Geschwister. Die Familie wechselte oft den Wohnort (Bukarest, Berlin, Chemnitz [...]). Wie auch die weiten Handelsreisen des Vaters verstärkte dies sicher den Effekt der oben beschriebenen Bewegungsdynamik. Die Ehe der Eltern war – wohl auch wegen des großen Altersunterschieds – gespannt. Moreno beschreibt trotzdem seine Kindheit als glücklichste Zeit seines Lebens (Marineau 1989, p. 20).

Die Beziehung zu seiner Mutter war geprägt von seiner Position als ältester Sohn, dem wegen des oft abwesenden Vaters eine Vertretungsrolle zuwuchs und der der rechte Arm der Mutter wurde (Marineau 1994, p. 82). Die oben beschriebene Geschichte seiner Geburt ist – wie alle Geburtsgeschichten – auch eine Geschichte der Beziehung zu seiner Mutter. Hier ist einerseits der Beginn eines Weltbürgertums symbolisiert, andererseits ist es für das Verständnis der Ambivalenz nützlich anzunehmen, dass darin auch eine besonders intime Beziehung zur Mutter symbolisiert ist: die Intimität einer Geburt inmitten der Anonymität. Ich erinnere an die Wirksamkeit einer vergleichbaren Beziehung – Maria und Jesus –, ein Bild, das über 2000 Jahre seine emotionale Tragfähigkeit bewiesen hat. Moreno selbst verweist auf diesen Vergleich (s.u.).

Die Beziehung zum Vater war wohl von sehr intensiven, aber hoch ambivalenten Gefühlen geprägt. Es gibt auch für diese Beziehung eindrückliche Symboliken. Der Vater starb, von der Familie völlig vergessen, 1925. In zeitlicher Koinzidenz nahm Moreno 1925 die Bewegung nach Westen auf und näherte sich seinem „eigentlichen" Ziel, New York. Durch diesen Schritt ist sicher auch die auf die Erneuerung der Menschheit gerichtete Dynamik symbolisiert. Moreno machte jedoch gleichzeitig einen weiteren Schritt: er übernahm von da an endgültig den Vornamen seines Vaters als Nach- besser: Familiennamen.

Geisler (1991) hat in diesem Zusammenhang auf Besonderheiten im Umgang mit Namen in der jüdischen Tradition hingewiesen: Um in Spanien nicht als Juden aufzufallen, legten sich – nach der Vertreibung – im 16. Jh. viele verbliebene Juden spanische Namen zu (z.B. Moreno, der Dunkelhäutige). Der Wechsel von Namen oder die Benutzung von Pseudonymen ist in der jüdischen Tradition ohnehin nicht ungewöhnlich gewesen. Pseudonyme waren auch vorher von Moreno benutzt worden. Moreno macht bei der Auswanderung in die USA jedoch etwas Besonderes: wir finden hier wieder das Muster, dass Moreno durch einen symbolisch verdichteten Schritt mehrere – teilweise antipodische – Botschaften aussendet:

- er „säkularisiert" (Moreno 1972, zitiert bei Geisler a.a.O.) seinen Namen, hält aber durch „Jakob Levy" als Vornamen die jüdische Tradition aufrecht,
- er emigriert in die „Neue Welt", verweist aber durch den Namenswechsel auf die jüdisch-spanische Familientradition des 15. Jahrhunderts,
- er beendet die Tradition des vorher bestehenden Familiennamens, stellt aber gleichzeitig eine besondere Intimität zu seinem Vater her: ab dann nimmt er bei vielen auch trivialen Verrichtungen des Alltags (Unterschriften etc.) auf subtile Weise Kontakt mit dem Vater auf.

Man gibt der eigenen Familie durch den Familiennamen immer auch eine Beschreibung, die sie von anderen Familien unterscheidet (im Deutschen z.B. durch die Form „die Lauterbachs"). Diese Unterscheidung ist emotional stark besetzt und impliziert den Verweis auf eine Tradition. Moreno schafft durch die Namensänderung zu diesem Zeitpunkt eine verdichtete Symbolik, die auf mehreren Ebenen eine neue Tradition begründet aber gleichzeitig in der jüdischen Tradition seiner Familie wurzelt und auf sie verweist.

Es soll festgehalten werden: die hohe Ambivalenz zwischen Zugehörigkeit zur Familie und Verlassen der Ursprungsfamilie löst Moreno genial durch eine Gleichzeitigkeit beider Tendenzen: Die Anonymität der Geburtssituation verweist auf die Intimität der Mutter/Kind-Dyade, die Namensänderung führt aus der Familie heraus und verweist gleichzeitig auf den Vater. Bei letzterem ging er in seinen Imaginationen noch weiter in seinem Versuch, Sohn und Vater gleichzeitig zu sein und eine eigene Dynastie zu erschaffen. Das für ihn wichtigste Buch »The words of the father« u.v.m. zeigen die besondere Art der Balance dieser Ambivalenz (vgl. Marineau 1989, p. 66).

Allerdings hat Moreno diesen Prozess als sehr schmerzhaft erlebt. Er hat den Verzicht auf ein sicheres Gefühl der Zugehörigkeit zu einer klar nach Generationen geordneten Familie durch seine Orientierung an eigener Kreativität und Spontaneität auszugleichen versucht: der Mensch als selbstverantwortlicher Schöpfer seiner Situation (zur Ableitung dieser Ideen aus der jüdischen Tradition siehe Geisler 1991, S. 56ff).

Auffallend ist – und das erklärt die hohe Dynamik dieses Prozesses –, dass Moreno die Ambivalenz als klare Entweder/Oder-Entscheidung für sich sah: entweder Zugehörigkeit zu einer Familie oder zu einer kosmischen, kreativen, heilen und heilenden Gemeinschaft. Diese harte Entweder/Oder-Welt führte ihn in leidvolle Krisen. Es hatte die Notwendigkeit zur Folge, ständig eine eigene Definition der Wurzeln, der Heimat zu geben, scheinbar ohne Rückgriff auf eine Familientradition nehmen zu dürfen (was er letztlich natürlich laufend tat, wie kann man auch anders?). So schwankte er zwischen Extremen: „Am I only a corpse that will rot and turn into meaningless dust? Or is this consciousness that I now feel extending into the cosmos the most real thing there is, indeed, all that there is? In other words, am I nothing or am I god?" (zitiert nach Jonathan D. Moreno 1994, p. 98).

Diese harte Entscheidungswelt wird insbesondere deutlich in der „Vision von Chemnitz", die er ca. auf 1904/05 datiert und die er in seiner Autobiographie beschreibt: Eine vom Mondlicht beschienene Christusstatue begann zu sprechen. Er habe gewusst, dass er sich entscheiden müsse: „This was the moment of my decision. The question was, how would I choose: was my identity the universe, or was it with the particular family or clan from which I sprung? I decided for the universe [...] and no one has ever been able to sway me away from it" (zitiert nach Marineau 1989, p. 23f; Autobiography 1985, Chapter 1, pp. 1-3).

Für diese Entscheidung wählt Moreno eine Christusstatue, um zu verweisen auf die Ähnlichkeit der Lösungen: statt einer eindeutigen familiären (durch Zeugung oder Geburt belegbaren) Zuordnung, wird auf einen größeren religiösen, kosmischen Zusammenhang verwiesen: „The small statue before me symbolized that Jesus had gone the way of universe and had taken all the consequences which were involved" (Marineau 1989, p. 23; Autobiography 1985, Chapter 1, pp. 1-3). (Auf die Ähnlichkeit des Bildes der Mutter-Sohn-Beziehung durch diesen Verweis war oben hingewiesen worden.)

Als Alternative einer familiären Zugehörigkeit setzt Moreno auf die soziometrisch zu entwickelnde Gruppe: das Individuum definiert sich in seiner Sinnfindung als Gruppenmitglied, erst so findet es Stimme und Autorität. Moreno nannte das seine „idée fixe", ein anderes Mal nannte er es eine „religion of anonymity" (zitiert nach Marineau 1989, p. 34; Autobiography 1985, Chapter 2, pp. 13-17), was auf die Begriffe verweist, die er für die Beschreibung seiner Geburtsgeschichte benutzte.

Hier will ich innehalten und die Fäden der lebens- und familiengeschichtlichen Aspekte zusammenführen:

Ob die von Moreno in diesem Zusammenhang berichteten Geschichten wahr sind oder nicht, ist nicht von Belang: er begründet damit einen Schwerpunkt der von ihm geschaffenen Methodik. Meine Hypothese ist, dass Moreno sich damals scheinbar gegen die Familie entschied, um paradoxerweise die ungeheure kreative Potenz seiner Familiengeschichte zu retten, die er vielleicht in seiner Familie nicht gut aufgehoben wähnte, womöglich weil er sich zu schmerzhaft in die Auseinandersetzungen mit seinen Eltern verstrickt sah. Der Preis für ihn war allerdings der schmerzhaft erlebte Verlust der Sicherheit eigener Wurzeln.

Die Beschreibungen, die Moreno für diesen Prozess gibt, sind symbolisch hoch verdichtet. Dabei gibt es – und das verwirrt zunächst – mehrere Ebenen: einerseits gibt es die lebendige, jahrhundertealte Tradition der Familie Levy, andererseits die Entscheidung Morenos, seine Identität nicht dort zu verorten. Diese und andere Entscheidungen sind jedoch, wie oben schon angedeutet, nur die erste Ebene, es sind nur scheinbare Entweder(Familie)/Oder(Universum)-Entscheidungen, die gleichzeitig, inoffiziell und durch die Hintertür immer auch das genaue Gegenteil enthalten: die Wegwendung von der Familie wird z.B. durch die sehr spezielle Geburtsgeschichte in Richtung Mutter und durch die Namensänderung in Richtung des Vaters revidiert, obwohl beide Geschichten auch die Wegwendung belegen könnten. Die kosmische, globale Orientierung scheint zentripetalen Kräften zu folgen, verweist aber gleichzeitig auf die global operierende Familie Levy, auf traditionelle jüdische Einstellungen, bis hin zu der Bewegungsdynamik des in der Familie lebendig gebliebenen Jahres 1492.

All das, was Moreno weg von der Familie tut, verknüpft er kunstvoll, symbolisch und fast heimlich wieder mit der Familientradition. Meine Behauptung ist, dass in der Folge bei der Entwicklung der Methodik durch seine Schüler mehr die hohe symbolische Kraft der Wegwendung von der Familie aufgenommen wurde und deshalb familienbezogene Konzepte eher sparsam entwickelt wurden. Dies geht fast bis zu einem Vergessen des Begriffs Familie. Erst in letzter Zeit wird die andere Seite der dahinter verborgenen und von Moreno so genial balancierten Ambivalenz deutlich.

Es war sicher auch eine Frage des Zeitgeistes, der uns als nachrückende Psychodrama-Generationen diesen traditionsskeptischen Aspekt vielleicht eher haben aufnehmen lassen. Vielleicht war aber das Bild, das Moreno mit großer Kraft zeichnete, einfach zu schön – zu schön, um aufgegeben zu werden. So spricht z.B. Allen von Moreno als „an element, like the sky or the ocean" (zitiert nach Zerka T. Moreno 1994, p. XI) und Zerka Moreno schreibt, dass Moreno nicht zu Zeit und Ort, sondern zu den Zeitaltern (ages) gehört. „He was not of this family or that family, not a single nationality or possibly even a single gender" (ebd., p. XI). Dass hier die Schwelle zu einer Art Sakralkitsch überschritten wird, zeigt das Risiko, das in der Kraft der Bilder steckt: sie legt sich auch über die Wahrnehmung der unermesslichen Einsamkeit, die ein Mensch, der so beschrieben wird, erleben würde. Das war Moreno als Gefühl sicher nicht fremd. Seine persönliche Leistung war jedoch – und die wird zu wenig gewürdigt –, seine neuen Konzepte und Alternativen so auszugestalten, dass sie wieder mit den Familiengeschichten und ethnischen Traditionen verbunden werden können. Er hat damit einen Weg zur Koexistenz von Gegensätzen gewiesen. Ich halte es für eine unvollständige Beschreibung, diesen Anteil nicht zu berücksichtigen. Allerdings ist auch verständlich, dass Moreno in der von ihm entwickelten Methodik die Konzeptionalisierung der Familie vernachlässigt.

4. Familienorientiertes Psychodrama

Grundannahmen zur Konzeptionalisierung eines familienorientierten Psychodramas

a.) Familiäre Beziehungen unterscheiden sich grundsätzlich von anderen Beziehungen. Sie behalten – unabhängig von der Lebensform – eine hohe emotional-kognitive Verbindlichkeit. In der Konzeptentwicklung über Individuen und Gruppen sind diese Beziehungen und ihre oft ambivalente Dynamik gesondert zu berücksichtigen.

b.) Individuelle Lebensgestaltung und familiäre Lebensgestaltung sind als Polaritäten zu begreifen. Die daraus resultierenden Ambivalenzen (Nähe – Abstand; Stärke – Schwäche; Grenzziehung – Grenzöffnung; etc.) werden immer neu balanciert. Jede beobachtbare Situation einer Familie kann verstanden werden als Ausdruck der in dem Augenblick gültigen Balance der Ambivalenzen.

c.) Bei dieser von anderen sozialen Gruppen zu unterscheidenden Konstellation verdienen die Werte, Mythen, Geschichten, Regeln und Traditionen eine besondere Wertschätzung. Ebenso verdienen die Beiträge der Familienmitglieder zur Gestaltung des Familienlebens, zur Balance der Ambivalenzen einen hohen Respekt. Gegenseitige Wertschätzung ermöglicht Familienmitgliedern am ehesten eine kreative Gestaltung eigener Wege. Um diese Einstellung zu erreichen, bedarf es oft auch der Auseinandersetzung mit den schmerzhaften und tabuisierten Seiten der Familiengeschichte.

d.) Alles, was Menschen von ihrer Familie bekommen, hat einen Preis. Der Preis sind z.B. die Wünsche, die unerfüllt bleiben und die schmerzhaften Erlebnisse, Zurückweisungen usw. Nur um diesen Preis ist aber das Wertvolle zu haben. Es nutzt nichts, nur den Preis anzuschauen. Das Erleben des Schmerzes und die Wertschätzung der Geschenke ermöglichen den Zugang zu Kreativität und Spontaneität. Die Konzentration auf den Schmerz macht eng und bitter, der ausschließliche Blick auf die Geschenke macht blind für menschliches Leid.

Anknüpfungspunkte bei Moreno

Compernolle (1982) hat aus Morenos Schriften solche Passagen zusammengetragen, die ihn als „Wegbereiter der Familientherapie" zeigen. Compernolle fragt, „[...] wieso er im Bereich der systemorientierten Familientherapie nicht so anerkannt wurde, wie er es verdient hätte" (S. 171). Moreno hatte vorgeschlagen, der Komplexität in so genannten „hoch strukturierten Gruppierungen", wie z.B. Familien es sind, durch die Konzeption einer „interpersonellen Therapie" gerecht zu werden (zitiert bei Compernolle, S. 171). Er sah neben den Individuen und ihren Geschichten die Beziehungen und deren evtl. konflikthafte Gestaltung als eine „zusätzliche Tatsache". „Es ist methodisch ratsam, sie (die „interpersonelle Neurose", M.L.) als ein besonderes Faktum zu betrachten" (zitiert bei Compernolle, S. 167).

Moreno sah die Familie und insbesondere die Wirksamkeit familiärer Bindungen wohl als ein Modell seiner Visionen einer Weltordnung: „Die Bedingungen der Welt heute erfordern die Entwicklung der dichtestmöglichen Bindungen zwischen allen Menschen, ähnlich ihrer Existenz in einer Familie, nur auf einer globalen Basis. Die Familie ist eine Art therapeutischer Weltordnung im Kleinen. Die stärksten Bindungen, die wir als wirksam und dauerhaft kennen, bestehen unter den Mitgliedern einer Familie. Sie kommen einander im Allgemeinen in Zeiten von Gefahr und Not zu Hilfe. Die Familie, welche Form sie auch immer annimmt und mit all ihren Mängeln, ist die einzige Gruppe, von der wir wissen, dass sie den Zusammenbruch aller Zivilisationen überlebt hat. Sie mag als ein Modell dienen. Die Familie ist nicht ausschließlich auf ökonomische Zustimmung gebaut, sondern auf Liebe und Gegenseitigkeit von Zuneigung, Verantwortung und Glauben" (Moreno 1991, S. 13f).

Meine Hypothese für die – bis auf wenige Ausnahmen – eher geringe Beachtung Morenos in der Familientherapie lässt sich aus den dargestellten Zusammenhängen ableiten: die Dynamik des Gesamtwerkes weist auf den ersten Blick eher aus der Familie heraus. Selbst wenn der durchaus wertschätzende Blick Morenos auf familiäre Beziehungen fällt, ist es doch rasch das globale Modell, das ihn doch deutlich stärker zu beflügeln scheint. Es scheint also nicht ein Geist zu wehen, der die Verwendung der Methode in familienorientierten Settings nahe legt. Gleichwohl zeigt die Arbeit von Compernolle, dass Moreno den Ideen von Wechselwirkungen, von zirkulären Prozessen, der Idee von der Besonderheit interpersoneller Dynamiken als einem neuen Ganzen, das mehr ist als die Summe seiner Teile, u.a. nahe stand. Trotz vieler Unterschiede ist hier auch deutlich, dass eine grundsätzliche Kompatibilität von Psychodrama und systemischen Arbeitsansätzen sinnvollerweise angenommen werden sollte.

Wege zu einer familienorientierten Ausgestaltung psychodramatischer und soziometrischer Arbeit

Folgt man den aufgestellten Hypothesen, so ist eine der großen Leistungen Morenos die kunstvolle und kreative Balance der Ambivalenz seiner Beziehung zur Ursprungsfamilie. Folgt man weiter der Annahme, dass ein wesentliches Muster familiärer Beziehungen als Ambivalenz zu beschreiben ist, so ist es interessant zu schauen, welche Möglichkeiten die Methode bereit hält oder annehmen kann, um mit solchen Ambivalenzen kreativ umzugehen. Dies soll einen ersten Schritt auf dem Weg zu einer familienorientierten Gestaltung psychodramatischer Arbeit aufzeigen. Dabei ist eine über z.B. das Ambivalenz-Doppeln hinausgehende methodische Grundorientierung gemeint. Ich will nachfolgend zwei Ansätze beschreiben, die dieser Aufgabe angemessen sind.

Entwicklungen der soziometrischen Methodik

In der letzten Zeit sind soziometrische Konzepte vorgelegt worden, die die von mir umschriebenen Aspekte stärker berücksichtigen. Da sind zum einen Hales (1994) Weiterentwicklungen, die die zyklischen und rekursiven Aspekte von Beziehungen stärker berücksichtigen. Damit eröffnen sich Möglichkeiten, Entweder/Oder-Konstellationen zu vermeiden. In den Vordergrund tritt z.B. das Wechselspiel von Entfernen und Annähern als einem zirkulären Prozess, der mit den Beziehungen der anderen (Familienmitglieder) verwoben ist. Jede Bewegung erhält ihren Wert in einem Kreislauf von Beziehungsentwicklung und Isolation.

Hale hat nun zusammen mit Carlson-Sabelli und Sabelli (Carlson-Sabelli et al. 1994, siehe auch Hale 1994) eine zusätzliche Erweiterung vorgelegt, die im Zusammenhang mit diesem Thema besonders bedeutsam erscheint. Mit dem „diamond of opposites" werden die gegensätzlichen Seiten von Ambivalenzen soziometrisch mit erfasst. Es werden nicht nur Wahlen nach Anziehung und Ablehnung getroffen, u.a. sondern es werden die Ambivalenzen der Wahlen in die soziometrische Exploration mit einbezogen. Wenn Moreno in seinem lebensgeschichtlichen Handeln ein Meister der Koexistenz von Gegensätzen war, dies aber in der Methode noch keinen Niederschlag fand, so ist jetzt dieser Schritt nachgeholt worden. Der „diamond of opposites" („phase plan of opposites") ist entwickelt worden in der Arbeit mit Familien psychiatrischer Patienten zur Beobachtung der Entwicklung der familiären Beziehungen. Gerade dabei scheint die Notwendigkeit der Einbeziehung der Ambivalenz sich aufgedrängt zu haben (Carlson-Sabelli 1994, p. 162); Ambivalenzen, die sich auch aus der besonderen Art der Familienbeziehungen ergeben.

Schacht verbindet derzeit sein auf Selbstorganisationsmodellen fußendes „Konzept der Spontaneität" (1992) mit den genannten soziometrischen Entwicklungen und stellt damit eine Verbindung zwischen den theoretischen Grundlagen systemisch-familientherapeutischer und denen soziometrischer Ansätze her (1995).

Im familientherapeutischen Feld sind interessanterweise einige soziometrieähnliche Verfahren entwickelt worden („Familienbrett" von Ludewig 1983, „Familienaufstellungen" von Hellinger 1993). Hier sind noch konkrete Entwicklungsmöglichkeiten durch gegenseitige Befruchtung der Methoden zu erwarten, die zu einer konkreteren Konzeptbildung über den soziometrischen/psychodramatischen Umgang mit Familien führen kann.

Neben diesen soziometrischen Ansätzen, die sich für eine familienorientierte Entwicklung des Psychodramas anbieten, sind die konkreten Umsetzungen psychodramatischer Methoden in familientherapeutischen Settings in die Überlegungen mit einzubeziehen. Hier bieten sich Ansätze an, wie sie z.B. von Bleckwedel (1992) oder Hartmann (1995) beschrieben werden.

Ansätze aus der Familientherapie

Familientherapeuten haben besondere Methoden entwickelt, die Möglichkeiten und Ressourcen, aber auch die Ambivalenzen von Familienmitgliedern in die Arbeit einzubeziehen. Ich will hier nur einen Baustein der Methodik einmal auf das Psychodrama übertragen.

Die Idee ist, dass es für den Psychodramaleiter sowohl im Gruppenprozess als auch in der Arbeit auf der Bühne nützlich ist, eine neutrale Position einzunehmen. Dieses Konzept geht einen Schritt weiter, als das z.B. von Binswanger (1985) aus psychoanalytischer Sicht vorgeschlagene Konzept der übertragungsfreien Position. Es beinhaltet den ausdrücklichen Auftrag an den Psychodramaleiter, sich verantwortlich zu fühlen dafür, dass die unterschiedlichen Pole von Ambivalenzen zur Wirkung kommen. Seine Aufgabe ist, die Spannung der Ambivalenz zu erspüren, die Koexistenz der Gegensätze zu ermöglichen. Er fördert eher die weniger präsenten Seiten (also die Nichtveränderung bei zuviel Veränderung, den Abstand bei zuviel Nähe [...]). Er ist mehr interessiert an einer guten Balance von Ambivalenz als an der Durchsetzung und Einübung einer der Seiten. Dies gilt insbesondere dann, wenn Ambivalenzen einseitig erstarrt scheinen. „Ich habe nie eine Beziehung zu meiner Mutter gehabt!", „Nur wenn ich Leistungen brachte, wurde ich geliebt!" sind z.B. Statements, die die Mobilisierung von Bildern erlebter Nähe erfordern: Was war trotz dieses leidvollen Aspekts wichtig an der Beziehung, was hat man an Schätzen mit auf den Weg bekommen?

Zur Anregung einer guten Entwicklung ist es nützlich anzunehmen, dass

(1) Menschen einen guten und respektvollen Kontakt zu ihren Wurzeln benötigen zu dem Preis, den sie dafür auch immer zahlen mussten;
(2) der Blick auf das, was schief gelaufen ist in der Familie und der Blick auf das, was wertvoll war, in der Geschichtsschreibung in eine Balance gehören.

Boscolo (1994) hat kürzlich einen auf Augustinus zurückgehenden Gedanken aufgegriffen, der dicht an Morenos Konzepten liegt. Er weist darauf hin, dass (1) Vergangenheit und Zukunft immer nur in der Gegenwart ge(er)dacht, erinnert, erfunden werden können und dass es (2) eine zirkuläre Wechselbeziehung zwischen Vergangenheit, Gegenwart und Zukunft gibt.

Die Erfindung einer neuen Wirklichkeit („surplus reality") im Psychodrama verändert sowohl die eigene Geschichtsschreibung als auch die Zukunftsentwürfe. Das heißt bezogen auf die Familiendynamik und ihre Beschreibung im psychodramatischen Diskurs folgendes:

Das, was Menschen in ihrer Entwicklung nützt, ist letztlich eine wertschätzende Versöhnung mit ihren Wurzeln, also eine Beschreibung ihrer Familiengeschichte, die eine solche Wertschätzung enthält. Dies ist um so wichtiger, je verdeckter und tabuisierter die Wurzeln durch die eigene, die familiäre aber auch die gesellschaftliche Geschichte sind. Ich erinnere an die große Scheu in Deutschland, sich mit den eigenen Familiengeschichten zu befassen in der Furcht vor der Entdeckung von Schuld und Leid während der Nazizeit.

D.h. jede psychodramatische Inszenierung einer Auseinandersetzung mit der eigenen Familie und ihren leidvollen Anteilen muss zumindest die Option der Versöhnung offen halten. Erst der Schritt der Versöhnung führt oft zu einer Lösung. Dieser Schritt und seine Auswirkungen lassen sich im Psychodrama inszenieren. Er erfordert oft einen großen Mut von dem Protagonisten: er muss es wagen, auf das jahrelange, emotional sehr intensive, gewohnte Hadern zu verzichten und sich oft auf emotional ungewohntes Gelände zu begehen und z.B. endgültig auf einen emotionalen „Nachschlag" von den Eltern zu verzichten und die Verantwortung für das eigene Leben zu übernehmen.

Williams (1991) hat vorgeschlagen, insbesondere bei Gruppenprozessen zur Mobilisierung von Ressourcen das in der Familientherapie (Mailand, Heidelberg u.a.) entwickelte zirkuläre Fragen einzusetzen. Nach meiner Erfahrung kann durch diese Fragen, die einen ständigen Perspektivenwechsel der Befragten erfordern, ein psychodramatischer Prozess, der die Ambivalenzen im o.g. Sinne erhält, vorbereitet werden. So könnte etwa die Option einer Versöhnung durch folgende Fragen erhalten bleiben:

- Wer in der Familie teilt Ihre Einschätzung, wer würde das anders beschreiben?
- In welchen Situationen hat sich die Beziehung noch an ehesten in einer Richtung entwickelt, die Sie sich wünschen? Wer sieht am ehesten Schätze?
- Angenommen, Sie haben sich aus dem Himmel heraus gerade Ihre Ursprungsfamilie ausgesucht, was hat Sie an denen gereizt?
- Angenommen sie würden verzeihen, was würde sich alles konkret verändern, was würden Sie in welchen Beziehungen anders machen, anders fühlen, wer würde das merken?
- Wie sind Sie zu dem geworden, was andere an Ihnen schätzen? Was davon haben Sie von wem mitbekommen?
- Wann wird ein guter Zeitpunkt der Versöhnung sein, woran werden Sie merken, dass er da ist?

Solche und ähnliche Fragen regen einen Perspektivenwechsel an und können die Inszenierungen der vergessenen Seiten der Familiendynamik erleichtern. Oft sind die leidvollen Seiten leichter zu erinnern, als die freudvollen.

Nicht umsonst hat Hellinger (1993) mit der von ihm entwickelten und in Teilen psychodramanahen Methode und mit seinen Konzepten der „Ordnung der Liebe" derzeit großen Zulauf: er betont genau die Seite, die der psychodramatische Diskurs vernachlässigt hat: er definiert die Familie als besondere, nicht ersetzbare soziale Einheit und betont die Kraft spendenden Seiten. Der Preis für die Erschließung dieser Seiten der Familie ist oft ein Handeln, das aus einer Einstellung resultiert, die sich nur in altmodisch erscheinenden Begriffen benennen lässt: Verzeihung, Versöhnung, Dankbarkeit, Verneigung.

Es ist sicher nicht zufällig, dass gerade jetzt diese Thematik in Bewegung gerät: in weltgeschichtlichem Kontext von Kriegen hat die Zuspitzung mit dem Ziel der Überwindung des Alten zugunsten einer neuen Vision der Menschheit als Entweder/Oder-Konzept einen Sinn gemacht. Das gilt sowohl für Moreno als auch für die Situation nach dem 2. Weltkrieg. Es gilt jetzt zu „weicheren", komplexeren Modellen zu kommen, da sie für die existentiellen Fragen unserer Zeit flexiblere Antworten ermöglichen.

Ich wollte zeigen, welchen Weg Moreno zur Lösung scheinbarer Widersprüche auf diesem Weg gegangen ist, ich denke, wir brauchen neue Antworten. Wir sollten diesen Entwicklungsprozess, der ein Prozess der Freisetzung von Kreativität ist, mit unseren weiterentwickelten psychodramatischen und soziometrischen Methoden begleiten. Aus der Verneigung vor den Schicksalen der eigenen Familie wächst die Kraft zur Veränderung, die – in der Tradition von Morenos Visionen – durchaus auf die Veränderung der Menschheit abzielen kann.

Literatur

Binswanger, R. (1980). Widerstand und Übertragung im Psychodrama. *Gruppenpsychotherapie und Gruppendynamik*, 15(3/4), 222-242.
Binswanger, R. (1985). Versuch einer Konzeptualisierung des psychodramatischen Prozesses. *Integrative Therapie*, 11(1), 26-38.
Bleckwedel, J. (1992). Die Inszenierung von Familienmythen und ihre Veränderung in der Arbeit mit Familien und Paaren. *Psychodrama*, 5(1), 285-300.
Buer, F. (Hg.) (1991). Morenos therapeutische Philosophie. Die Grundideen von Psychodrama und Soziometrie. Opladen: Leske & Budrich (2. Auflage, zuerst: 1989).
Boscolo, L. & Bertrando, P. (1994). Die Zeiten der Zeit. Eine neue Perspektive in systemischer Therapie und Konsultation: Heidelberg: Carl Auer Systeme.
Carlson-Sabelli, L., Sabelli, H.C. & Hale, A.E. (1994). Sociometry and sociodynamics. In: P. Holmes, M. Karp, & M. Watson (Eds.), Psychodrama since Moreno: Innovations in theory and practice (pp. 145-185). London & New York: Tavistock/Routledge.
Compernolle, T. (1982). J. L. Moreno: Ein unbekannter Wegbereiter der Familientherapie. *Integrative Therapie*, 8(2), 166-172.
Geisler, F. (1991). Judentum und Psychodrama. In: F. Buer (Hg.), Morenos therapeutische Philosophie: Die Grundlagen von Psychodrama und Soziometrie (S. 45-68). Opladen: Leske & Budrich (2. Auflage, zuerst: 1989).
Geisler, F. (1994). Morenos Wurzeln in der jüdischen Tradition. Reihe Skripten zum Psychodrama, Band 9. Stuttgart: Moreno Institut.
Holmes, P., Karp, M. & Watson, M. (Eds.) (1994). Psychodrama since Moreno: Innovations in theory and practice. London & New York: Tavistock/Routledge.
Hale, A.E. (1985). Conducting clinical sociometric explorationns: Manual for psychodramatists and sociometrists. Roanoke/Virginia: Royal Publishing Company.
Hale, A.E. (1994). Soziometrische Zyklen. Ein soziodynamisches Verlaufsmodell für Gruppen und ihre Mitglieder. *Psychodrama*, 7(2), 179-196.
Hartmann, N. (1994). Sich finden und sich erfinden. Psychodrama und systemische Familientherapie im Dialog. *Psychodrama*, 7(1), 123-141.
Lauterbach, M. (1988). Psychodrama und systemische Therapie – ein Vergleich. Unveröffentlichtes Manuskript.
Leutz, G.A. (1974). Psychodrama – Theorie und Praxis, Band 1: Das klassische Psychodrama nach J.L. Moreno. Berlin, Heidelberg, New York: Springer.
Ludewig, K., Pflieger K., Wilken, U. & Jacobskötter, G. (1983). Entwicklung eines Verfahrens zur Darstellung von Familienbeziehungen: Das Familienbrett. *Familiendynamik*, 8(3), 235-251.
Marineau, R.F. (1989). Jacob Levy Moreno, 1889-1974: Father of psychodrama, sociometry, and group psychotherapy. New York, London: Routledge,Tavistsock.
Marineau, R.F. (1994). Bucharest and Vienna: The cradles of Moreno's contributions. In: P. Holmes, M. Karp & M. Watson (Eds.), Psychodrama since Moreno: Innovations in theory and practice (pp. 81-94). London & New York: Tavistock/Routledge.
Moreno, J.L. (1969). Psychodrama, Volume 3: Action therapy and principles of practice (in collaboration with *Zerka T. Moreno*). Beacon, NY: Beacon House.
Moreno, J.L. (1974). Die Grundlagen der Soziometrie. Wege zur Neuordnung der Gesellschaft. Opladen: Leske & Budrich (3. Auflage; Originalveröffentlichung: „Who shall survive? A new approach to the problem of human interrelations", Washington. DC: Nervous and Mental Disease Publishing Company, 1934; Wiederauflage: Beacon, NY: Beacon House, 1953).
Moreno, J.L. (1985). The autobiography of J.L. Moreno. (in collaboration with *Zerka T. Moreno & Jonathan D. Moreno*). Boston: Harvard University, Moreno Archives.
Moreno, J.L. (1991). Globale Psychotherapie und Aussichten einer therapeutischen Weltordnung. In: F. Buer (Hg.), Jahrbuch für Psychodrama, psychosoziale Praxis und Gesellschaftspolitik 1991 (S. 11-44). Opladen: Leske & Budrich (zuerst vorgetragen auf dem Zweiten Internationalen Kongress für Gruppenpsychotherapie, Zürich, 1957; zuerst publiziert unter dem Titel „The scientific meaning and the global significance of group psychotherapy", in: Acta Psychotherapeutica Psychosomatica et Orthopaedagogica, 1959, 42(7), 148-167).
Moreno, J.L. (1995). Jacob L. Moreno – Auszüge aus seiner Autobiographie (herausgegeben von *Jonathan D. Moreno*). Köln: inScenario.

Moreno, J.D. (1994). Psychodramatic moral philosophy and ethics. In: *P. Holmes, M. Karp & M. Watson* (Eds.), Psychodrama since Moreno: Innovations in theory and practice (pp. 97-111). London & New York: Tavistock/Routledge.
Moreno, Z.T. (1994). Foreword. In: *P. Holmes, M. Karp & M. Watson* (Eds.), Psychodrama since Moreno: Innovations in theory and practice (pp. XIff). London & New York: Tavistock/Routledge.
Schacht, M. (1992). Zwischen Ordnung und Chaos. Neue Aspekte zur theoretischen und praktischen Fundierung der Konzeption von Spontaneität und Kreativität. *Psychodrama*, 5(1), 95-130.
Schacht, M. (1994). Besser, schöner, schneller, weiter – nicht immer. Erwärmung im Selbstorganisationsmodell der Spontaneität/Kreativität. *Psychodrama*, 7(1), 17-54.
Weber, G. (Hg.) (1993). Zweierlei Glück. Die systemische Psychotherapie Bert Hellingers. Heidelberg: Carl Auer (S. 18ff).
Whitaker, D.S. & Liebermann, M.A. (1964). Psychotherapy through the group process. New York: Atherton / London: Tavistock.
Whorf, B.L. (1963). Sprache – Denken – Wirklichkeit. Beiträge zur Metalinguistik und Sprachphilosophie. Reinbek bei Hamburg: Rowohlt (Originalpublikation: „Language, thought and reality: Selected writings of Benjamin Lee Whorf," edited by *J. B. Carroll*, Cambridge, MA. MIT-Press; 1956).
Williams, A. (1991). Strategische Soziometrie. *Psychodrama*, 4(2), 273-289.

Korrespondenzanschrift:
Dr. med. *Matthias Lauterbach*
Hohenzollernstr. 7
D-30161 Hannover

☎ (0511) 388 34 78 und 0171.7081868
email: *lauterbach@d-l-w.de*

Dieser Beitrag erschien zuerst in: *Psychodrama – Zeitschrift für Theorie und Praxis von Psychodrama, Soziometrie und Rollenspiel* (1995), 8(1), 95-114 (Themenheft „Organisationsentwicklung") und wurde für den Wiederabdruck geringfügig modifiziert.

Hildegard Pruckner
Wiener Schnitzel, Piefke, Kümmeltürken – Soziodrama in der interkulturellen Arbeit mit Kindern und Jugendlichen

Summary:
Using sociodrama for intercultural work with children and adolescents
The method of sociodrama is widely underestimated, even in the field of child and youth work. This article illustrates by some case examples of intercultural work in a Viennese school class how sociodrama can be applied, and with which results. Children enact their problems sociodramatically, and in this way options for interventions on biographical aspects or on prejudices become available. Some necessary modifications to adult sociodrama are also shown, especially for the phases of warming up and integration.

Zusammenfassung:
Das Soziodrama ist eine auch in der Arbeit mit Kindern viel zu wenig beachtete Methode. Anhand von Fallbeispielen aus der interkulturellen Arbeit in einer Wiener Schulklasse werden Einsatzmöglichkeiten und Wert dieser Technik dargestellt. Kinder bringen soziodramatisch ihre Probleme auf die Bühne, damit wird lebensgeschichtliche und Vorurteils-Arbeit möglich. Modifikationen im Vergleich zur Arbeit mit Erwachsenen sind in der Vor- und Nacharbeit nötig und werden im Kontext sozialpädagogischen Arbeitens ebenfalls vorgestellt.

Jakob Levi Moreno, der Begründer unserer Methode, ist im Wien der Jahrhundertwende aufgewachsen, jenem „Schmelztiegel Wien", in den seit Jahrhunderten Zuwandererströme flossen und in dem daher Mehrheiten und Minderheiten zusammenlebten. Dieses Miteinander erlebte auch Moreno als keineswegs konfliktfrei, wie er u.a. in seiner soeben erschienenen Autobiographie beschreibt (Moreno 1995). Er hat uns mit dem Soziodrama eine Methode hinterlassen, die es uns ermöglicht, Beziehungen zwischen verschiedenen Gruppen aufzuzeigen und kollektive Ideen zu bearbeiten.

Abb. 1:   Pressefoto (Privatarchiv W. Schraml).

Ich habe 15 Jahre lang an einer Schule für 10-14-Jährige in einem Wiener „Gastarbeiterviertel" unterrichtet, zuletzt waren an dieser Schule über 80% Kinder mit nichtdeutscher Muttersprache.[1] Ich habe diese Schule ca. mit dem Ausbruch des Krieges in Jugoslawien verlassen – Auseinandersetzungen zwischen Kindern dieses Landes musste ich daher nicht mehr miterleben. In den Fallbeispielen dieses Artikels[2] ist daher von „jugoslawischen" Kindern die Rede, da sie sich selbst in ihrer Identität damals so sahen. In den vielen multikulturellen Klassen, in denen ich im Lauf der Jahre arbeitete, gab es natürlich vielfältige Probleme, eine Reihe von ihnen konnte ich mit psychodramatischen und soziometrischen Methoden aufgreifen und bearbeiten. Im folgenden Artikel möchte ich mich auf die Schilderung soziodramatischen Vorgehens beschränken, und zwar in zwei Bereichen: dem Problem der nationalen und kulturellen Identität und dem der daraus resultierenden Vorurteile.

Als ich meine Arbeit an dieser Schule begann und – aus der '68er-Bewegung kommend – hohe Ideale vor mir hertrug, waren Klassen, in denen ich unter-

---

1) Ich gehe in diesem Artikel nicht darauf ein, was „inländische" und „ausländische" Kinder sind, ebensowenig versuche ich hier explizit zu erklären, was für mich „Interkulturelles Lernen" ist. Ich nehme auch nicht Stellung zu Integration, Assimilation etc. – das habe ich in anderen Publikationen ausführlichst getan.

2) Manche der Fallbeispiele sind bereits in anderen Artikeln von mir publiziert worden. Die Namen aller Kinder sind anonymisiert, obwohl die Schüler(innen) mir in der Zeit unserer Zusammenarbeit alle die Erlaubnis zur Veröffentlichung ihrer Arbeiten gegeben haben.

richtete, bald Herzeigenklassen für das nette Zusammenarbeiten von Kindern aus verschiedensten Nationen. Mit meiner tatkräftigen Unterstützung herrschte in den Klassen das Motto: „Wir sind doch alle Menschen". Die Kinder hatten rasch gelernt, dass nationalistische Schimpfwörter auch nur auszusprechen Moralpredigten von mir zur Folge hatte. Statt dessen schimpften sie sich wechselseitig „Behinderter". Als ich auch darauf mit Empörung reagierte, waren sie ehrlich erstaunt – Behinderter sei nun wirklich keiner in der Klasse, teilten sie mir nach einem letzten Rundblick mit, das dürften sie ja wohl wenigstens sagen. Spätestens da war der Zeitpunkt gekommen, mein „Ausländerpädagogik"-konzept zu überdenken, ich wollte mich den Vorurteilen, die natürlich auch in meinen Klassen herrschten, stellen – nur die Kinder spielten nicht mit. Sie erzählten mir weiter brav, dass es völlig egal sei, woher jemand komme und wie er sich kleide, wichtig sei der Charakter u.a.m.

In dieser Situation entdeckte ich zwei neue Säulen für meine Arbeit: einerseits hatte ich die Arbeit mit lebensgeschichtlichen historischen Quellen kennengelernt,[3] andererseits befand ich mich selbst damals mitten in meiner Ausbildung zur Psychodramaleiterin und traute mir langsam zu, Rollenspiele in meinen Klassen zu leiten. Dass ich damals bereits soziodramatisch arbeitete, wurde mir erst später klar.

Ein Protokoll aus der damaligen Zeit liest sich z.B. so:

Ich bin in einer zweiten Hauptschulklasse und unterrichte Geschichte, als nächster Themenkreis steht „Einführung in die Weltreligionen" im Lehrplan. Traditionellerweise bitte ich die Kinder an dieser Stelle meines Unterrichtes immer, sich nach Religionszugehörigkeit zusammenzustellen. Kinder, die ohne religiöses Bekenntnis sind, dürfen zu der Gruppe gehen, die sie inhaltlich am meisten interessiert. Dann folgt eine Gruppenarbeit mit dem Auftrag, Wesentliches aus der eigenen Religion zusammenzufassen und zur Präsentation für die anderen vorzubereiten. Die Formen der Präsentation lasse ich in diesem Fall frei, bin aber schon gewöhnt daran, dass bei meinen spielfreudigen Klassen z.B. die islamischen Kinder ihre Form des Betens vorspielen. Während ich am Lehrertisch lehne und mir wie immer bei gut funktionierenden Gruppenarbeiten überflüssig vorkomme, bemerke ich diesmal hektische Aktivitäten bei den römisch-katholischen Kindern, auch heftigste Diskussionen und die Suche nach etwas. Als der Besenstiel und der Tafelzirkel bei der Gruppe gelandet sind und sie nach einem Strick schreien, beginnt mir der mögliche Grund dafür zu dämmern, und ich versuche mich der Gruppe zu nähern. Mein Angebot zur Hilfe wird sofort als mögliche Verhinderungstaktik durchschaut, ich werde weggescheucht – „Wir machen das schon!" Also verbringe ich die nächste Viertelstunde mit der Überlegung, wer möglicherweise demnächst meine Klasse betreten und mich der Blasphemie zeihen könnte, denn die Vorbereitung der Grup-

---

[3] Am Institut für Wirtschafts- und Sozialgeschichte der Universität Wien wurde und wird viel in dieser Richtung geforscht und gearbeitet, der Name Prof. Michael Mitterauer ist für mich untrennbar damit verbunden. Ich setzte die Methode sehr häufig in meinem Geschichtsunterricht ein, um aktuelle Probleme der Schüler(innen) mit „historischer Distanz" angstfreier bearbeiten zu können. Eine ausführlichere Beschreibung und Reflexion dieser didaktischen Methode fehlt noch.

pen geht natürlich wie immer auch mit viel Gelächter vor sich. Und dann bringen sie es tatsächlich auf die Bühne: den staunenden islamischen und serbisch-orthodoxen Kindern werden Leidensweg und Kreuzigung Jesus in allen Facetten vorgespielt. Mein lieber, sanfter Thomas muss wieder einmal für eine Rolle herhalten, die er eigentlich nicht wollte, aber dann doch der Gruppe zuliebe übernahm – die des Gekreuzigten. Ich sehe ihn noch heute vor mir auf seinem Leidensweg: mit „Büßerkleid" (aus der Garderobe zusammengesuchtes „passendes" Gewand), Besenstiel-Zirkel-Kreuz und in Windeseile gebastelter „Dornenkrone" (gegen echte Stacheln hatte er sich doch erfolgreich zur Wehr gesetzt).

Der identitätsfördernde Aspekt solcher u.ä. Inszenierungen wurde mir sehr rasch bewusst und führte auch überhaupt nicht, wie zuerst befürchtet, zum Zerfall der Klassen in „nationale Blöcke". Die Kinder waren bald stolz darauf, sich wechselseitig etwas aus ihrem Lebensumfeld vorführen zu können, und mir wurde klar, wie wichtig das gerade für Kinder und Jugendliche der so genannten Zweiten Generation ist. Kinder aus Migrantenfamilien haben große Schwierigkeiten bei nationalen und kulturellen Standortbestimmungen, da ja auch die Bräuche von Migrantenfamilien oft nicht identisch sind mit denen ihres Herkunftslandes, außerdem waren viele der Kinder schon in Österreich geboren und aufgewachsen. Die österreichischen Kinder wiederum waren sich zwar sicher in ihrer Standortbestimmung, was es aber bedeutet „Österreicher(in)" oder „Wiener(in)" zu sein, darüber hatten sie sich noch nie Gedanken gemacht. Viele solcher Versuche liefen über Erzählungen von unterschiedlichen Festen. So spielten wir Feste verschiedenster Art nach, in höheren Klassen, in denen das Thema Liebe aktuell war, speziell Hochzeitsbräuche. Ich kann mich z.B. noch sehr gut an eine „serbisch-orthodoxe Hochzeit" mit dazugehörigem „Dorffest" erinnern – mangels genügender Kinder aus dieser Region für das gewünschte riesige Ausmaß wirkten hier auch u.a. die chinesischen und philippinischen Klassenkamerad(inn)en mit.

Ein nächster Schritt war die Darstellung von Familienszenen. Thema quer durch alle Nationen ist hier bei den Heranwachsenden der Generationskonflikt. Alle, die mit Kindern arbeiten, wissen, dass Protagonistenspiele, also Spiele, die die Familie eines einzelnen Kindes betreffen, nicht auf die Bühne zu bringen sind. Das Angebot für soziodramatische Familienszenen wird aber gerne angenommen. Ich habe eine Menge solcher „typischer" österreichischer, türkischer, jugoslawischer etc. Familienszenen gesehen, viele von ihnen vom Szenenaufbau her „Sonntag beim Mittagstisch". Niemals sonst habe ich so viel über die Lebensgeschichten meiner in- und ausländischen Schüler(innen) erfahren wie durch solche Spiele, auch noch, wie im folgenden Beispiel bei Vierzehnjährigen.

> Kadir ist ein sehr verschlossener Bub, der bisher wenig von sich preisgegeben hat. Wir haben in seiner Klasse typische Familienszenen gespielt, und zwar in verschiedenen Gruppen. Dabei wurde der Generationenkonflikt sehr stark thematisiert. Diesmal bitte ich die Kinder, wie schon öfter vorher, auch um ein kurzes schriftliches Feedback ins Tagebuch, ich gebe als Fragen vor: „Was habe ich gespielt? Warum habe ich diese Person gespielt? Wie habe ich mich gefühlt?"

Kadir schreibt:

(1) Ich habe den Großvater gespielt
(2) Ich habe diese Person gespielt, weil ich den Enkel in Schutz genommen habe und dem Vater seine alten Sünden vorgehalten habe. Mein Großvater war auch so. Deshalb habe ich diese Rolle so gerne gespielt.
(3) Ich habe mich super gefühlt. Unser Stück war sehr komisch. Es ist super, vor den anderen so etwas zu spielen.

In den Nachbesprechungen solcher Spiele war es oft gut möglich, Einendes aber auch Unterschiedliches herauszuarbeiten. Kinder aller Nationen erleben Ablösungsprozesse, ausländische Mädchen haben aber sicher andere Probleme als österreichische, aber auch als Knaben ihrer Nationalität. Der Ausgangspunkt für ein Spiel, in dem dann dieser Problemkreis dargestellt wurde, war z.B. der Text eines dreizehnjährigen jugoslawischen Mädchens.

Ich habe die Kinder einer dritten Klasse gebeten, als Hausübung einen Tagesablauf in Briefform zu verfassen. Mirjana schreibt:

Liebe Caroline! Ich möchte Dir von einem Sonntag erzählen, wie das bei mir so ist. Letzten Sonntag stand ich schon um 6 Uhr in der Früh' auf. Da die Familie schlief, fing ich an zu bügeln. Als die Eltern aufstanden, hatte ich schon einen großen Korb voll Wäsche gebügelt. Danach wurde das Frühstück und dann das Mittagessen zubereitet. Als die Mutter kochte, räumte ich die ganze Wohnung auf, meine kleine Schwester half mit. Nach dem Essen gingen sie und ich mit den Eltern spazieren, und den Rest des Tages verbrachten wir mit Fernsehen. Sonst geht es mir gut.

Oft wurden die Nachbesprechungen solcher Spiele für mich selbst sehr schwierig. In meiner Ausbildung hatte ich gelernt, bei der Inszenierung von psychodramatischen Spielen Rollenfeedback und Sharing zu trennen. Bei ideologischen Fragen, die in soziodramatischen Arbeiten auftauchten, tat ich mich oft mit meinen Reaktionen sehr schwer, besonders wenn Kinder derselben Nationalität auch noch untereinander zu streiten begannen. War es meine Pflicht als Spielleiterin, Problemlösungen anzubieten? Hatte ich als „Fremde" überhaupt das Recht zu intervenieren? Zwischen solchen und anderen Polen schwankte ich damals hin und her. Am besten gelang es mir natürlich dort in der Rolle der begleitenden Spielleiterin zu bleiben, wo mich die dargestellten Szenen nicht unmittelbar betrafen. Die für ausländische Familien typischen Trennungsszenarien (Vater kommt schon viel früher als „Gastarbeiter", holt die Mutter nach, Kinder wachsen im Herkunftsland hei den Großeltern auf und wollen dann nicht zu den Eltern etc.) berührten mich natürlich, ich reagierte darauf aber sicherlich anders als bei Problemstellungen, bei denen ich selbst vorgefasste ideologische Positionen oder Vorurteile hatte. Hier halfen mir die soziodramatischen Inszenierungen meiner Schüler(innen) bei meiner eigenen Entwicklung. Das penetrante „Machogehabe" einiger türkischer Knaben an unserer Schule hatte mich z.B. dazu gebracht, diesen Vorwurf sehr rasch allen türkischen Burschen umzuhängen. Nachdem ich auf der Bühne bei Familieninszenierungen mehrfach gesehen hatte, welche Rolle dem ältesten

Sohn einer türkischen Migrantenfamilie zugewiesen wird, ging ich damit sicherlich besser um. Ich konnte denen, die sich tatsächlich so benahmen, zumindest sagen, dass ich Verständnis für ihren Rollenkonflikt hätte: Zuhause verlangte man bei Abwesenheit des Vaters die Rolle des Familienoberhauptes von ihnen, ich erwartete in der Klasse die Rolle des partnerschaftlichen Burschen.

Mit dem Zugeständnis auch selbst nicht vorurteilsfrei zu sein, wagte ich mich an die Vorurteilsarbeit in meinen Klassen. Ein erster Schritt dabei war es, sich Szenen beschreiben zu lassen, in denen die ausländischen Schüler(innen) außerhalb der Schule mit geballter Fremdenfeindlichkeit konfrontiert wurden. Hierbei versuchte ich auch immer wieder Rollenwechsel einzusetzen.

Aytun ist ein hochbegabtes, bildhübsches, gepflegtes, türkisches Mädchen in einer Klasse, in der ich Deutsch unterrichte. Ihre Schüchternheit ist aber kaum zu überbieten, ihre dadurch ausgelöste Sprachhemmung ist für ihren Leistungsfortschritt sehr hinderlich. Außerdem leugnet sie, seitdem ich sie kenne, ab, mit ihrem Leben als Türkin in Österreich irgendwelche Probleme zu haben, alle seien nett zu ihr. Ich lasse sie auch mit Fragen dieser Art schon einige Zeit in Ruhe, als ich in der 3. Klasse als Thema einer Deutschschularbeit folgendes vorgebe:

Du entdeckst bei einem Spaziergang an Wänden vier Inschriften:

„No future",
„Ausländer raus",
„Nieder mit der Schule",
„Frauenpower".

Suche dir eine aus, überlege, wer das geschrieben haben könnte. Schlüpfe in die Rolle der Person – beschreibe, wer du bist und was du mit dieser „Inschrift" meinst.

Aytun wählt sich das zweite Thema aus und schreibt:

„Ausländer raus!
Ich bin Greti und bin fünfzehn Jahre alt. Ich habe das hingeschrieben, weil ich keine Ausländer mag, sie sind schmutzig, sie stinken, sie sind gemein. Sie nehmen uns die ganzen Arbeitsplätze weg und unsere Wohnungen auch. Sie kommen mit schmutzigen Kleidern in die Arbeit oder in die Schule, da vergeht mir alles. In den Schulen stehlen sie, was sie finden können, sie stecken uns an mit gefährlichen Krankheiten oder Läusen. Sie schicken ihre Kinder zum Betteln. Ihre Wohnungen sind schmutzig, und wenn sie wegziehen, lassen sie ihre schmutzigen Wohnungen für uns. Wenn alle Ausländer weg wären, hätten wir viel mehr Platz in Wien. Wenn sie nicht wären, hätten wir schönere Grünanlagen und schönere Parkplätze und Straßen. Sie kritzeln im Park die Bänke an, sie reißen die Blätter und Blumen weg, sie verschmutzen einfach unsere Grünanlagen. Früher hatte ich auch einen Freund, der Türke war, er hat mir einfach meinen Regenmantel gestohlen. Seitdem hasse ich Ausländer wie die Pest. Sie sind halt Ausländer, sie sind andere Menschen, sie gehören nicht hierher. Sie können wieder wegfahren in ihre eigenen Länder und können dort ihre Umwelt beschmutzen.

Sie bestehlen uns, sie sind gierig, sie wollen immer mehr haben, sie machen Kinder nur, um mehr Kinderbeihilfe zu bekommen. Sie berauben uns einfach. Wenn wir in den Ferien wegfahren, z.B. nach Italien – für mich sind Italiener keine schmutzigen

Menschen – da sehen wir Familien mit Decken und Polstern in die Türkei fahren. Sie nehmen alles Mögliche mit, und wenn sie beim Zoll gefragt werden, ob sie einen Eiskasten oder so etwas mithaben, lügen sie einfach. Und die Säuglinge! Auf der Straße haben die keine bequemen Kleider an, sondern sind in Decken gehüllt. Außerdem haben sie keinen Wagen, sondern werden auf dem Rücken getragen.

Darum habe ich hingeschrieben ‚Ausländer raus', und das gehört auch so."

Mit dieser Arbeit ist der Damm gebrochen. Aytun beginnt sich zu wehren, gegen Ausländerfeindlichkeit genauso wie gegen für sie nicht mehr passende türkische Traditionen. Das letzte, was ich von ihr hörte, ist, dass sie die Handelsakademie erfolgreich abgeschlossen hat, diesen Kompromiss hatten wir gemeinsam bei ihrem Vater durchgesetzt.

Serhat ist ein ganz ruhiger, konfliktscheuer, türkischer Bub, der auch über ihm zugefügte Kränkungen nicht spricht. Er schreibt bei derselben Schularbeit:

„Ausländer raus!
Ich heiße Markus Edelmann und bin 50 Jahre alt. Ich bin ein Pensionist und habe eine Frau. Wir leben alleine in einer Altbauwohnung, und da leben auch viele Ausländer. Ich hasse die Ausländer seit langem. Es zogen immer mehr Ausländer in das Wohnhaus, aber ich konnte nichts unternehmen. Eines Tages beschloss ich, dass ich zum Verwalter gehen werde. Ich sagte ihm, dass zu viele Ausländer in das Wohnhaus ziehen und dass man dagegen etwas unternehmen sollte. Er warf mich hinaus und sagte, dass die Ausländer auch Mieten zahlen. Aber das größte Unglück war, dass meine Tochter sich in einen Ausländer verliebte. Ich versuchte alles, dass sie ihn aufgeben sollte, aber sie hörte nicht auf mich. Ohne mir etwas zu sagen, verlobten sie sich. Das war das Ärgste, was sie mir antun konnte. Sie haben auch Kinder bekommen, aber ich wusste nichts davon. Eines Tages ging ich zu meiner Frau in den Park, und da sah ich, dass sie mit zwei Kindern spielte. Sie sagten zu ihr Omi. Da verstand ich alles. Meine Tochter hatte also Kinder auch noch mit diesem Ausländer. Deswegen begann ich an die Wände zu schreiben, damit sie weggehen, sie sind schon viel zu viele. Seit zwei Monaten schreibe ich, wenn ich Zeit habe, meine Meinungen an die Wände, und das erleichtert mich."

Szenen wiederzuinszenieren, in denen die Kinder vorurteilsgeballte Ausländerfeindlichkeit erlebten, tat weh – den ausländischen Kindern, die die Gefühle noch einmal spürten und mir als Spielleiterin. Sie waren aber wichtig, weil erst durch sie Weiterarbeit möglich war – an dem Zulassen von Wut und Schmerz, aber auch an Möglichkeiten des Reagierens auf solche Angriffe. Dieser Themenkomplex beschäftigte uns in vielen Szenarien, außer Weggehen oder Hinhauen fiel den Kindern zunächst nicht viel dazu ein. Bei Serhats Geschichte z.B. gelang uns der Weg weg von kollektiven Schuldzuschreibungen („Alle Alten sind kinder- und ausländerfeindlich") hin auf die politische Ebene. Wir haben in diesem Fall viel zum Thema „Wohnen in unserer Umgebung" gearbeitet, und da sehr wohl auch über zentrale Versäumnisse bei der Stadtteilplanung in sogenannten „Ausländervierteln". Von dem tollen Wunsch-Zukunftsszenario, das wir dazu entwickelten, ist allerdings bis heute nichts verwirklicht worden.

Die inländischen Kinder waren von allen Szenen, in denen Ausländerfeindlichkeit vorkam, ebenfalls sehr stark betroffen – vordergründig solidarisierten sie sich bei einer guten Klassengemeinschaft sofort mit ihren Mitschüler(innen) – gegen die „anderen, bösen Wiener(innen)". Damit war die Zeit endgültig reif für die Arbeit an den Vorurteilen jedes Einzelnen. Weicht man diesem Punkt aus, kehrt man unweigerlich zum Motto: „Die Bösen sind die Anderen – wir sind alle gleich (gut)" zurück. Auch sehen die ausländischen Kinder sich dann ausschließlich in der Opfer- und nicht auch in der Täterrolle. Gruppen, in denen das Gemeinschaftsgefühl gut entwickelt ist, finden rasch einen Außenfeind. Im Falle meiner Schüler(innen) waren es immer wieder „die Zigeuner". Vorurteile über diese Volksgruppen einten sie von Österreich bis China, die Roma- und Sintikinder in den Klassen hatten ihre Identität offensichtlich aus gutem Grund nicht aufgedeckt – und schimpften kräftig mit. Ich war zunächst wieder einmal hilflos, dass ich tief innerlich auch empört war über diese Vorurteile „meiner Kinder", musste ich in einigen Supervisionsstunden bearbeiten, ebenso meinen Umgang mit Überassimilation.

Schließlich gelang mir der Zugang wieder einmal in der Kombination meiner beiden Hauptmethoden. Ich bearbeitete mit den Kindern historische Wiener Quellen zum Thema „Vorurteile". Oft spielten wir solche Texte „einfach" nach, die Kinder sprachen dann im Rollenfeedback über ihre eigenen Vorurteilsthemen, ohne sich klar dazu bekennen zu müssen. Immer wieder erhielt ich dazu auch schriftliche Antworten und Zeichnungen. Ein Arbeitsblatt sieht dann z.B. so aus:

Die Tschechen hatten von den Wienern viele „Spitznamen" bekommen, z.B.: böhmischer Halawachel, Powidlgesindel, Nowak, böhmischer Wenzel, böhmische Sau, Stockböhm [...]. Diese „Spitznamen" kamen z.B. von ihrem Essen, ihren Familiennamen, ihren Vornamen, oft hieß es auch, wenn man Tschechen begegnete: „Oje, die Behm", oder „Die Behm prackn, es wird regnat" (pracken= techisch reden) (aus: Schmelztiegel Wien, Konzept).

Arbeitsaufgaben: Welche „Spitznamen" haben heute Österreicher für Jugoslawen, Türken, andere Nationen; Jugoslawen für Österreicher, Türken für Österreicher, Türken für Jugoslawen, Jugoslawen für Türken usw.?

Antworten einer Gruppe: Zigeuner, Wiener Schnitzel, Swinja, Kümmeltürken, Spaghettifresser, Tschusch, Schweinefresser, Piefke, Arbeitsräuber, Jud, Kanake, Jugo, Schlitzauge, Würstelfresser, Katzelmacher (...)

Abb. 2: Schülerinnenzeichnung im Rahmen eines fächerübergreifenden Projektes.

Die Zeichnungen herzustellen übernahmen dank des in unserer Schule möglichen fächerübergreifenden Unterrichtes BE-Lehrerinnen, ich erhielt sie dann für die Weiterarbeit.

Es ist wohl überflüssig zu sagen, dass hier wie auch sonst ausführliche Nacharbeit nötig war – auch ich habe mich in der von den ausländischen Kindern mit Vorliebe dargestellten vollbusigen „typischen Österreicherin", die „gerne singt und Dirndl trägt", nicht unbedingt wiedergefunden. Waren speziell viele der angefertigten Zeichnungen auch vordergründig lustig, machte das Darstellen eigener Vorurteile auch viel Angst, und zwar bei allen. Gemeinschaften, in denen interkulturelle Begegnungen funktionieren, sind schön und spannend, leider aber auch selten, die Sorge vor dem Verlust dieser Zusammengehörigkeit ist groß. Greift man aber Tabuthemen – und wechselseitige Zuschreibungen sind ein solches – nicht auf, besteht die Gefahr, dass sie zu einer scheinheiligen „Insel der Seligen" verkommen.

Moreno hat uns mit dem Hinweis auf soziodramatische Vorgangsweisen und die damit mögliche „soziale Katharsis" einen Weg gezeigt. Leider hat er uns – wie in anderen Bereichen auch – viel zu wenig über seine diesbezügliche konkrete Arbeitsweise hinterlassen. Ich musste mich gerade bei meinem Zugang zu soziodramatischen Arbeitsformen recht mühselig vorwärts tasten und hätte mir oft fundierte Literatur und mehr Erfahrungsberichte von Kolleg(inn)en gewünscht. Ich stimme nämlich mit Angelika Groterath und Klaus Ottomeyer völlig in dem Punkt überein, dass die Fixierung auf individuelle Therapien und ebensolche Diagnosen uns ein Stück betriebsblind gemacht hat für zentrale gesellschaftliche Einflüsse auf Lebensgeschichten und deren Bewältigung. Ich halte es generell, aber ganz besonders in der Kinder- und Jugendtherapie für höchste Zeit, uns mit diesen Fragen ausführlicher auseinanderzusetzen. Einerseits ist es notwendig, die Bereiche zu definieren, wo wir Soziodrama einsetzen können und müssen, wollen wir z.B. sinnvolle Jugendarbeit leisten. Andererseits geht es um eine genauere Beschreibung unserer Arbeitsformen an konkreten Fallbeispielen. Ich habe versucht, einiges davon in meinen Artikel einfließen zu lassen: Dem Versuch, Hilfestellung bei interkulturellen Begegnungen zu geben – und selbst daraus zu lernen.

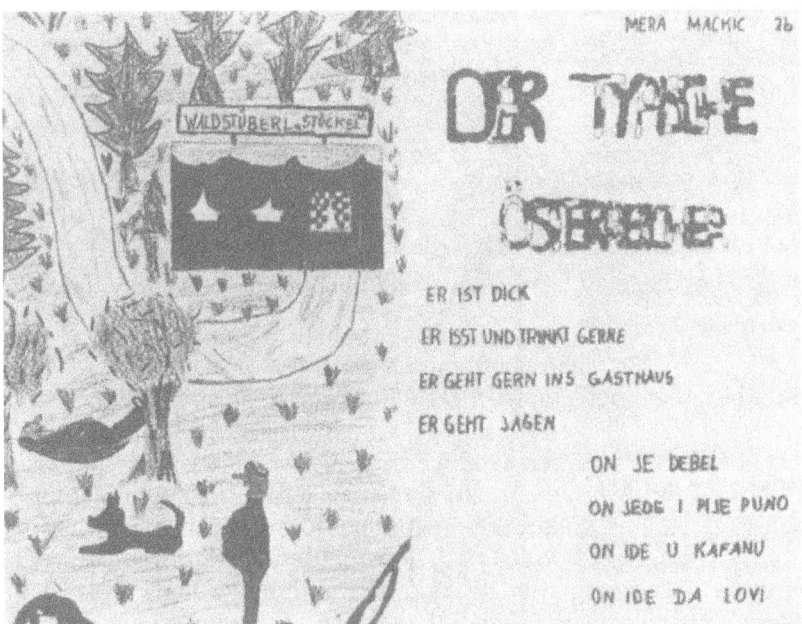

Abb. 3: Schülerzeichnung im Rahmen eines fächerübergreifenden Projektes.

Fast 20 Jahre später (Juni 2008)

Ich wohne nach wie vor im Einzugsgebiet meiner damaligen Schule, meine Straße wird wegen der vielen serbischen und kroatischen Lokale seit einiger Zeit die „Balkanstreet" genannt, das „Grätzel" ein paar Straßen weiter um den Markt ist nach wie vor eher in türkischer Hand. Es ist der Sommer der Fußballeuropameisterschaft in Wien, nationalistische Ausschreitungen werden befürchtet. Schon Wochen davor sind viele Autos in meinem Bezirk aber auch mit zwei unterschiedlichen Fahnen unterwegs – meist österreichisch-türkisch oder österreichisch-kroatisch. Ich stelle mir die dazugehörige psychodramatische Inszenierung vor: Was die beiden Fahnen wohl miteinander sprechen würden? In welcher Sprache?

„Vastic, Linz, Korkmaz – heute spielt ihr um unser aller Ehre" titelt die Gratis-Ubahnzeitung vor dem entscheidenden Spiel der österreichischen Mannschaft. „Unsere" österreichische Fußballhoffnung ist Ümit Korkmaz, lese ich in der sonst wahrlich nicht ausländerfreundlichen auflagenstärksten Tageszeitung. „Ü-Ü-Ümit" (so die Anfeuerungsrufe für ihn) war Wiener Hauptschüler, wurde im Fußballkäfig im Park des Nachbarbezirkes entdeckt. Er wird, so höre ich, von Jugendlichen beider Nationalität „für sich" eingefordert. Wie könnte man das in Schulklassen für den interkulturellen Dialog einsetzen?

„Unser" einziges Tor verdankt die österreichische Nationalelf dem gebürtigen Kroaten Ivica Vastic – wenn Österreich nicht gerade gegen Kroatien spielt, vereinen neuerdings „Ivo, Ivo"-Rufe die Fans beider Nationen. Kann das für die derzeit überhand nehmenden nationalistischen Auswüchse in unseren Schulklassen als ein länger anhaltendes Gegengewicht genutzt werden?

Auch andere Fragen stellen sich: nicht nur in der türkischen Bäckerei bedient mich eine der bildhübschen jungen Frauen mit den farblich so toll abgestimmten Kopftüchern, dieser Typ „selbstbewusste junge Türkin mit Ganzkörperbedeckung" war in meinem schulischen Einzugsgebiet vor 20 Jahren nicht präsent. Welche Rollen würden durch die Begegnung mit diesen Schülerinnen bei mir sicht- und spürbar? Dem würde ich mich als klassenführende Lehrerin heute vor jeder Arbeit in der Klasse selbst stellen müssen. Eine Eigenreflexion mit der Technik des Kulturellen Atoms wäre hier wohl der erste wichtige Schritt.

Wenn ich durch den Park gehe, in dem meine SchülerInnen und ich damals die Interviews mit alten ÖsterreicherInnen machten, sehe ich, dass sich heute hier andere Gruppierungen gegenüberstehen – der soziodramatische Rollenwechsel wäre aber sicherlich nach wie vor die passende Technik und spannend zu inszenieren, vieles fällt mir zum Thema Interkulturelle Arbeit auf und ein.

Als mein Artikel zum Wiederabdruck vorgeschlagen wurde, hatte ich Zweifel wegen seiner Aktualität. Es hat sich noch einiges mehr als oben beschrieben im interkulturellen Bereich geändert, die Frage des Umgangs mit kriegstraumatisierten Flüchtlingskindern stellte sich damals ebenfalls nicht. Ich habe meine Techniken weiterentwickelt und würde heute manches anders machen als am Beginn meiner Psychodrama-Ausbildung.

Monika Stamenkovic war vor ca. 20 Jahren Schülerin unserer Hauptschule, ihre Eltern serbische Gastarbeiter der ersten Generation. Heute ist sie eine engagierte Wiener Hauptschullehrerin und erfolgreiche Psychodrama-Psychotherapeutin – sie erzählt mir, wie sie laufend und gerade jetzt zur Euro 2008 mit Hilfe des Psychodramas und der Soziometrie in ihren Schulklassen arbeitet.

Wir sind beide der Ansicht, dass unsere Methode und speziell das Soziodrama nach wie vor bestens geeignet für die interkulturelle Arbeit ist – mein vor fast 20 Jahren geschriebener Artikel ist daher in diesem Sinne zu lesen.

Literatur

Groterath, A. (1994). An der Sprache liegt es nicht. Interkulturelle Erfahrungen in der Therapie. Mainz: Matthias-Grünewald-Verlag
John, M. & Lichtblau, A. (1990). Schmelztiegel Wien einst und jetzt. Zur Geschichte und Gegenwart von Zuwanderung und Minderheiten. Wien: Böhlau.
Moreno, J.L. (1989). Psychodrama und Soziometrie. Köln: Edition Humanistische Psychologie.
Moreno, J.L. (1995). Auszüge aus der Autobiographie. Köln: inScenario.
Ottomeyer, K. (1987). Lebensdrama und Gesellschaft. Wien: Deuticke.
Ottomeyer, K. (1992). Die Haider-Faszination. Psychodrama und Soziodrama in der Politik – Aspekte psychodramapädagogischer Umsetzung. *Psychodrama*, 5(1), 53-63.
Pruckner, H. (1989). Schmelztiegel Wien. *Beiträge zur Historischen Sozialkunde*, 1, 1-8 (Beilage zur Fachdidaktik).
Pruckner, H. (1994). „Machen wir doch das mit dem Handauflegen" – Grundsätzliches und Praktisches zur Arbeit mit Psychodrama, Soziometrie und Rollenspiel mit Kindern. Unveröffentlichte Hausarbeit.
Pruckner, H. (2001). „Das Spiel ist der Königsweg der Kinder". Psychodrama, Soziometrie und Rollenspiel mit Kindern. München: Inscenario.
Pruckner, H. (2002). „Du sollst nicht fragen, das Kind will nicht reden". Psychodramatherapie mit traumatisierten Kindern. *Zeitschrift für Psychodrama und Soziometrie*, 1(2), 147-175.
Pruckner, H. & Weisch, W. (1990). Schmelztiegel Wien einst und jetzt. Didaktisches Beiheft. Wien: Böhlau.
Stamenkovic, M. (2006). Psychodramatische Stabilisierungstechniken. Gruppenpsychotherapie mit traumatisierten unbegleiteten jugendlichen Flüchtlingen im Laura Gatner Haus. *Zeitschrift für Psychodrama und Soziometrie*, 2(2), 239-244.

Korrespondenzanschrift:
Hildegard Pruckner MSc
Wimbergergasse 5/36
A-1070 Wien

☎ (0043) 140 89 742
email: *office@hildegardpruckner.at*
Homepage: www.hildegardpruckner.at

Dieser Beitrag erschien zuerst in: *Psychodrama – Zeitschrift für Theorie und Praxis von Psychodrama, Soziometrie und Rollenspiel* (1995), 8(2), 209-220 (Themenheft 15, „Kinder") und wurde für den Wiederabdruck geringfügig modifiziert.

Therese Ziesenitz-Albrecht
„...So sind wir gar nicht!" Erfahrungen aus der schulpsychologischen Praxis

Summary:
„... that's not the way we are!" Experience of psychological practice in schools
Starting from an example of psychodramatic work in the scope of psychological practice within a school class, the author will present ways of creating subjects for lessons by means of psychodrama and sociodrama. In order to clarify the problems being reported by teachers and psychodrama directors wanting to embody psychodrama in schools, the contradictions of the teacher's role, its chances and its limitations will be described first which is followed by an outline of the discrepancies of a rather therapeutic identity of psychodrama directors and the teachers' role in an institution like school. The article will pleed for more psychodrama in school routine and a change of schools.

Zusammenfassung:
Ausgehend von einem Beispiel, in dem im Rahmen schulpsychologischer Praxis in einer Schulklasse psychodramatisch gearbeitet wurde, werden Möglichkeiten erläutert, Unterrichtsthemen psychodramatisch und mit Soziodrama zu gestatten. Zur Klarung der Schwierigkeiten, die Lehrerinnen und ausgebildete PsychodramaleiterInnen schildern, wenn sie Psychodrama in der Schule verankern wollen, werden zunächst die Antinomien der Lehrerinnenrolle und die darin liegenden Möglichkeiten und Grenzen, danach die Diskrepanzen zwischen der eher therapeutischen Identität der PsychodramaleiterIn und der LehrerInnenrolle in der Institution Schule aufgezeigt Der Artikel ist ein Plädoyer für mehr Psychodrama in den schulischen Alltag und Veränderung von Schule.

1. Einleitung

Ich betreue als Schulpsychologin eine große Ganztagsgesamtschule mit etwa 1.000 SchülerInnen und zwei Grundschulen mit 500 und 700 SchülerInnen und insgesamt ca. 200 LehrerInnen in einem Hamburger Stadtteil, der als sozialer Brennpunkt gilt. Außerdem bin ich mit einem Teil meiner Arbeitszeit Dozentin am Institut für Lehrerfortbildung: ich bilde Beratungslehrer aus und arbeite als Supervisorin für Lehrerinnen und Beratungslehrerinnen.

In der Beratung von Lehrerinnen und Eltern, bei themenorientierten Konferenzen im Stadtteil, in der Therapie mit Kindern und in der schulklassenbezogenen Beratung arbeite ich psychodramatisch.

Ich möchte in diesem Artikel meinen Schwerpunkt auf die Anwendung von Psychodrama im pädagogischen Alltag mit den Schülern im Unterricht der Schule setzen. Deshalb habe ich als Ausgangspunkt die Nahtstelle meiner Beratungsarbeit zum Unterricht gewählt: die schulklassenbezogene Beratung. Ich spüre hier die meisten Unsicherheiten, und dieser Bereich ist ein in der Bundesrepublik enttäuschend brachliegendes Feld. Zunehmend mehr fragen

Lehrer, die Psychodrama in der Supervision oder Beratungslehrerausbildung erlebt haben, nach Möglichkeiten einer lehrerspezifischen Fortbildung.

Ich möchte hier über eine Intervention in einer Schulklasse berichten. Es ging dabei um die *Lösung eines Konfliktes (soziale Erziehung)*. Erweitern möchte ich die Schilderung mit der Erörterung von Möglichkeiten für ein soziodramatisches Arbeiten im *Fachunterricht*.

Ich werde meinen Bericht abschließen mit kritischen Gedanken über die Schwierigkeiten, die Lehrerinnen als PsychodramatikerInnen offenbar haben, Psychodrama in der Schule zu verankern und zu verbreiten. Daher ist mir dieser Beitrag auch zu einem Plädoyer für die Forderung: „Psychodrama an die Schule" oder „Veränderung der Schule" geraten. Vielleicht können meine Gedanken in eine Diskussion über eine Ausbildung von Psychodramapädagogen einfließen.

2. Annäherungen in einer 4. Klasse

2.1. Die Situation

Der Lehrer einer 4. Grundschulklasse bittet um Beratung für sich und seine Klasse. 25 Kinder, 12 Jungen und 13 Mädchen aus 6 verschiedenen Nationen mit sehr unterschiedlichen kulturellen und sozialen Erfahrungen und mit unterschiedlichem Sprachverständnis. Ein Junge aus Afghanistan ist erst seit 2 Wochen aus der Vorbereitungsklasse in diese Gruppe gekommen, seine Unsicherheit führt dazu, dass er nur noch auf die Beziehungsebene hört, sich angegriffen fühlt und dann besonders die Mädchen schlägt und piesackt, sobald bestimmte Worte fallen, oder auch schon vorher. Die Mitschülerinnen reizen ihn und machen ihn dann gern zum Sündenbock. Mehrere Jungen ermuntert es, sich zu beteiligen.

Die früheren gelegentlichen Streitigkeiten zwischen Jungen und Mädchen spitzen sich zu und häufen sich, selbst besonnene Schülerinnen mischen sich ein. Es gibt Prügeleien zwischen Jungen und Mädchen, deren Auswirkungen (heulende Mädchen, wütende Jungen) sich in den Unterricht hineinziehen bzw. diesen verhindern. Der Lehrer versucht immer wieder aufs Neue (ohne langfristigen Erfolg) zu schlichten, Einsicht zu erzeugen für ein anderes Umgehen miteinander. Die Stimmung ist gereizt bei den Kindern und dem Lehrer. In diese Situation soll nun noch ein neues afghanisches Mädchen kommen. Der Klassenlehrer befürchtet, dass dann das momentane Chaos nicht mehr zu bewältigen ist und die Situation für die Integration eines sprachlich noch unsicheren Mädchens ungünstig ist. Für zwei besonders schwierige Jungen mit narzisstischen Störungen ist diese Situation ebenfalls kaum auszuhalten, sie beginnen wieder, sich abzusondern, oder auf ihre Weise zu chaotisieren.

2.2. Voraussetzungen für die Intervention

Eine Erwärmung für die Zusammenarbeit mit dem Lehrer war nicht mehr nötig, weil ich schon im Rahmen von Einzelfällen mit ihm ein tragfähiges Arbeitsbündnis aufbauen konnte. Ich hatte ihn neugierig gemacht auf Psychodrama und Rollenspiel, Soziometrie ist ihm nicht unbekannt.

Die Klasse ist es gewohnt, ihre Probleme in einem wöchentlichen Kreisgespräch (Klassenrat) zu erörtern und Entscheidungen zu treffen. Die Schüler haben sich vor kurzem für eine „gute Sitzordnung" entschieden, die sie an einem kleinen Modell des Klassenraums spielerisch entwickelt haben. Der junge Lehrer geht partnerschaftlich mit den Kindern um und hat Stunden für projektorientierte, mehr selbstbestimmte Arbeit in seinem Plan. Sie haben wenig Erfahrungen im Rollenspiel.

2.3. Vorgehen

Vorbereitung (Diagnosephase)

Nach der Konsultation finden wir einen Zeitrahmen für unsere gemeinsame Arbeit: Einmal in der Woche eine Doppelstunde und eine gemeinsame Besprechung zwischen dem Lehrer und mir. Meine Rolle ist auch für die Kinder die einer Beraterin. Später handelten Lehrer und ich wie Leiter und Coleiter. Nach Klärung der Sicht des Lehrers und seiner Rolle für das Aufrechterhalten des Problems fokussieren wir das Problem auf die Auseinandersetzungen zwischen Jungen und Mädchen. Der Lehreranteil am Problem ist ihm bewusst.

Die Schülerauseinandersetzungen haben aufgrund der fortschreitenden Entwicklung und damit Verunsicherung der alten Kindrolle zu einer neuen Qualität geführt. Schüler aus anderen Kulturkreisen bringen das Problem mit an die Oberfläche, weil sie die Extreme der Erwartungen an die sozialen Rollenkonserven in die Gruppe hineintragen.

Ich schlage vor, die Situation erst einmal zu *entschleunigen*: Wir teilen die Klasse in zwei geschlechtshomogene Gruppen auf und erkunden die Sicht der Schülerinnen anhand von drei Fragen: Wenn ich an die Jungen/Mädchen in meiner Klasse denke: Was stört mich? Was gefällt mir? Was tue ich, wenn ich mich über sie ärgere?

Jede Gruppe erstellt eine Wandzeitung, die alle Stellungnahmen der Schülerinnen zu den Fragen geordnet nach Zusammenhängen wiedergeben – jede/r Schülerin hat zu jeder Frage Antworten auf jeweils eine Karte geschrieben. Die Unterschiede der Äußerungen zwischen Jungen und Mädchen zeigen, dass die Annäherungen der Jungen von den Mädchen als Angriff, aber darunter liegend auch als Konflikt in der Rolle als Mädchen erlebt werden, im Sinne von „Mädchen sind zurückhaltend" usw. – Die Jungen mit ihrer Ruppigkeit wehren vermutlich eher Scham und Zweifel und Angst vor Nähe ab, und halten sich dabei an die männliche Rollenkonserve:

Den *Jungen* gefallen die Mädchen, ihre groben Kontaktversuche (Ärgern, an den Haaren ziehen, etwas wegnehmen als Aufforderung zum Kriegspiel) machen ihnen „Vergnügen". Verärgert sind sie nur deshalb, weil die Mädchen sie mit „Ausdrücken" reizen und sie selbst immer an allem die Schuld kriegen. Sie wiederum zeigen daraufhin Macht und Stärke als hergebrachte männliche Rolle. Aus der Position der Schwäche zeigt nur Ahmad in der Zuschauerrolle Angst, Scham und Zweifel, sein kultureller Hintergrund macht es ihm schwer mit ambivalenten Gefühlen den Mädchen gegenüber zurechtzukommen, er kann diese Gefühle nur schwer aushalten, wirkt verwirrt und verzweifelt, tendiert dazu, sie zu verleugnen.

Die *Mädchen* fühlen sich in der Position der Schwäche, die einige auch genießen (Bedauern durch den Lehrer, Recht kriegen usw.), entsprechend den Rollenkonserven ‚Mädchen/Frauen'. Sie solidarisieren sich zwar, aber häufig mit dem Ergebnis, das Spektakel erhöht zu haben. Prügeleien, die sie mit Hilfe der etwas burschikoseren und hitzigen Beate probieren, sind immer Anlass zu viel Leid und endlosen Beschimpfungen im Nachhinein. Sie verleugnen die verbalen Provokationen. Auch sie entsprechen vorgegebenen Rollenmustern.

Planung der Strategie
Wir entscheiden uns, den Konflikt mit den Kindern in einer Doppelstunde pro Woche soziodramatisch und mit Stegreifspielen zu bearbeiten und kooperatives Verhalten spielerisch zu probieren. Wir eröffnen den Schülerinnen unseren Plan und finden Zustimmung.

Warum Soziodrama? Es geht um die kollektiven Erfahrungen der Kinder miteinander, um Rollenaspekte, die sie teilen, die an diesem Punkt ihrer Entwicklung einer Bewußtmachung bedürfen, um neue Lösungen zu probieren. Es geht nicht um den Einzelnen, seine Wunden und Kränkungen, sondern um die Gestaltung männlicher und weiblicher Rollen in dieser Gruppe. Von der Rollenkonserve über die Spontaneität als Katalysator gestalten die Kinder neue kreative soziale Rollen. Hierzu gilt es erst einmal eine Situation zu schaffen, die der Stegreiflage entspricht, um Aktionen und Spielszenen zu entwickeln, und um Neues auszuprobieren.

Prinzipien des Soziodramas sind: Hier und Jetzt; Erwärmung; Aktion, Spiel; Sharing als Einordnung in die psychosoziale Realität (wie im Psychodrama geht es immer um Gefühle und Gedanken). Als Ziel gilt: Katharsis, Einsicht und Rollentraining.

Soziodrama ist ein deutlich pädagogisches Konzept und deshalb geeignet, im Fachunterricht angewandt zu werden.

Während wir die Entschleunigungsphase in getrennten Gruppen im kleinen Gruppenraum der Klasse veranstalteten, gehen wir für die folgende Arbeitsphase in einen Klassenraum, der mit Teppichboden und nur mit Polstern bestückt ist und ohne Schuhe betreten werden muss. Weil er eine besonders befreiende, weiträumige Atmosphäre hat, Raum bietet für die Gestaltung durch die jeweiligen Schülergruppen, ist er gut geeignet. Er verschafft den Kindern das Gefühl, dass sie ernst genommen werden und etwas besonderes zu bekommen.[1]

Diese Stunden werden im Verlauf der Zeit zu etwas Wertvollem. Unsere Vorkehrungen kommen nahezu einem Situationsaufbau gleich, den wir als Leiter vornehmen: der Raum ist die Bühne.

Ich will hier nur die ersten Sitzungen ausführlich, die folgenden Aktionen kurz beschreiben. Das Projekt dauerte insgesamt 6 Sitzungen.

Hypothesen zum Prozess folgend planen wir für jede Sitzung bestimmte Erwärmungsübungen. Außerdem bestimmen wir für den Beginn und das Ende jeder Sitzung ein Ritual und verständigen uns auf die Rederegeln, die sie kennen – aber nur schwer einhalten können: als Hilfe führen wir für den, der ‚dran' ist, ein hölzernes Ei als Symbol ein.

Erwärmung

Schon der Raum erwärmt sie für etwas anderes. Wir erklären ihnen unsere Rollenverteilung.

Die Wandzeitungen werden aufgehängt, die Schüler sitzen im Halbkreis auf dem Boden. Die Stimmung wird heftig, es wiederholt sich, was sich häufig auf dem Schulhof ereignet, verbal. Die Fronten werden deutlich. Es taucht die Idee auf, die jeweils „anderen" sollen rausgehen.

Erstes Spiel

Ich schlage den Kindern vor, die Mauer, die hier zwischen den Jungen und Mädchen zu spüren sei, in der Mitte des Raumes aufzubauen. Mit Begeisterung stürzen sie sich auf die große Menge Würfel- und andersförmiger Schaumstoffelemente und richten – die Mädchen auf der einen, die Jungen auf der anderen Seite – eine hohe Mauer auf, einige Kinder halten sich auch heraus. Sie achten darauf, dass man nicht durchsehen kann, dass sie hoch ist, usw. Sie beginnen aber auch schon durchzuschielen und dabei zu giggeln, aber auch sich gegenseitig des Regelbruchs zu bezichtigen.

Die Schülerinnen sitzen zu beiden Seiten der Mauer, es entsteht eine eher hilflose Situation. Sie können sich hören, aber nicht mehr sehen und berühren. Einige Schüler versuchen Sehschlitze gegen den Protest der Mädchen zu bauen oder gar die Mauer niederzureißen. Mir scheint es wichtig, dass sie das Trennende einerseits und das Gemeinsame andererseits noch verstärkt erleben.

Mir fällt ein einfaches Kinderspiel ein, das wir etwas verändert vorschlagen: Hänschen sag mal... (piep): Eine der Gruppen überlegt sich ein bestimmtes Wort. Eine/r ruft dieses Wort mit verstellter Stimme, die andere Gruppe muss raten und sich dabei auf einen Namen einigen, wer gerufen hat. Stimmt es,

---

[1] Ich beschreibe das hier, damit Nichtlehrerinnen die besondere Situation an Schulen verstehen. Dass überhaupt so ein Raum vorhanden ist, ist etwas besonderes, da solche Interventionen in der Schule nicht alltäglich sind.

muss der oder die Schülerin zur Gegengruppe wechseln. Später können sie auch ‚Gefangene' befreien. Verzweifelt über Misserfolge fanden die Schülerinnen gute Kooperationsmöglichkeiten, um ihre Effektivität zu erhöhen. Sie spürten ihre Effizienz in der geschlechtshomogenen Gruppe, es bilden sich in kürzester Zeit in jeder Gruppe Rollen heraus, – z.B. ‚die einfallsreiche Stimme', ‚der/die ErkennerIn', ‚der/die KoordiniererIn' [...] – die den bisherigen Rollenverteilungen in der Klasse nicht entsprachen. Die ‚Gefangenen' erlebten sich deutlich als Fremdkörper. (Ich muss besonders bei den Jungen z.T. intervenieren durch doppeln, damit sie die Situation aushalten können.) Das Ergebnis war ein Gleichstand, aber für die Schülerinnen unwichtig. Die Sicherheit in der gleichgeschlechtlichen Gruppe verhalf zu entspannter Stimmung.

Zum Abschluss geben wir den Hinweis, dass die Mauer nicht stehen bleiben kann. Die Folge ist, dass von zwei Seiten Mauerstürmerinnen sich lustvoll mit lautem Getöse auf die Mauer werfen, sich balgen und die Elemente schließlich ohne ‚Zwischenfälle' wegräumen. Alle waren enttäuscht, weil die Stunde so schnell vergangen sei.

Nachbesprechung

Die Schülerinnen können sich nur recht kurz auf eine Reflexion einlassen, deshalb geben wir das Ei herum und bitten alle zu sagen, wie es ihnen ergangen ist und was heute anders war als sonst.

Von den meisten wurde das Spiel als friedlicher betont; es sei gut, nur mit Jungen oder nur mit Mädchen zusammen zu sein, die anderen stören ja nur, man kann eben nur zusammenspielen, wenn man getrennt ist, sich sicher fühlt. Alle wollen weitermachen.

Die Woche verlief nach Aussage des Lehrers ohne aufregende Zwischenfälle, die Stimmung in der Klasse, auch des Lehrers, war entspannter.

Zweites Spiel

Eine Anfangsrunde ist an diesem Tag gar nicht möglich, die Schülerinnen drängeln sich durch die Tür und beginnen sofort die Polster auseinanderzureißen, sich damit zu bewerfen, einige Jungen sind in Zweikämpfe verwickelt, andere bewerfen die Mädchen, stehlen deren Haarreifen und laufen weg oder verstecken sich, es gibt Tränen und Klagen beim Klassenlehrer. Wir beobachten diesen Beginn, stoppen die Aktion nach einiger Zeit: alle Schüler sollen mal so stehen bleiben wie sie gerade stehen, liegen, sitzen und ihre Haltung einfrieren. Wie fühlt sich das an, wer ist in deiner Nähe, was willst du tun?

Bei einem kurzen Austausch im Kreis, setzen sich Jungen und Mädchen unaufgefordert nahezu gegenüber. Es kommt heraus, dass dies nun wieder das Alte wie auf dem Schulhof sei. Die Mädchen berichteten eher muksch (beleidigt), die Jungen eher herablassend, mehr siegesbewusst als schuldbeladen über das Geschehen. Die Mädchen sind die Spaßverderber, die Jungen die Gemeinen. Ich schlage vor, ein Stegreifspiel zu machen, in dem die Jungen Mädchenrollen übernehmen, die Mädchen Jungenrollen.

Die Mädchen sind begeistert, die Jungen etwas betreten. Ein polnischer Schüler weigert sich. Er schaut zu, wie auch die beiden anfangs erwähnten gestörteren Schüler dieser Klasse.

Ich ermuntere sie, den Hof einzurichten – es gibt Schaukeln, Fußballgelände, Berge –, der ganze Raum ist der Hof, Zuschauerraum ist die Fensterbank.

Da es um die Untersuchung von Rollenkonserven und gegenseitige Zuschreibungen geht, bitte ich die Schülerinnen, sich nicht in ein bestimmtes Mädchen oder einen bestimmten Jungen zu verwandeln, schon gar nicht in eins der anwesenden, sondern so zu sein, so zu sprechen, sich so zu bewegen wie ein typisches Mädchen bzw. ein typischer Junge. Zur Erleichterung habe ich Tücher mitgebracht, die besonders von den Jungen probiert werden. Die Mädchen binden sich Seile als Gürtel um den Bauch. Nach Beendigung der Vorbereitungen stellt sich jeder/jede Schülerin mit Namen vor der Gruppe vor, wir interviewen sie zu Fragen wie: was sie gern auf dem Hof mit wem spielen, was sie befürchten […].

Die orientalischen Schüler zeigen deutlicher typische Merkmale der weiblichen Rolle in ihrer Kultur als die Mädchen.

Max, der Zuschauer, ist die Klingel, die den Beginn einläutet.

Die ‚Mädchen' stehen herum (sie sehen z.T. aus wie die eigenen Mütter), sie sind unsicher. Die ‚Jungen' stürmen auf den ‚Hof', lustbetont genießen sie die Freiheit. Die ‚Jungen' haben einen Ball, damit werfen sie zunächst einander zu, dann bewerfen sie die ‚Mädchen' die schreien, beklagen sich heftig, benutzen wüste Ausdrücke, es schaukelt sich auf, dabei steht besonders Ahmad mit seinem Kopftuch abseits, lächelt betreten und ängstlich, auch als ihm ein ‚Junge' das Kopftuch wegreißen will, bleibt er neben sich und abwehrend. Zaghafte Versuche Kontakte zu erhalten erlöschen schnell.

Die Szene vom Beginn wiederholt sich fast mit vertauschten Rollen. Schließlich ist die Spannung heraus, es wird ‚langweilig' für die ‚Jungen', die ‚Mädchen' wirken niedergeschlagen und ratlos. Wir stoppen das Spiel und bitten die Schülerinnen zu sagen, was sie jetzt grad wollten und fühlen. Dabei dopple ich z.T., nachdem ich ihnen dies kurz erläutere. Die Schülerinnen ‚entrollen' sich. Sie bauen die Szene ab.

Nachbesprechung

Schon aus den Rollen heraus ist die Beklemmung und Unlust der Jungen in den Mädchenrollen deutlich. Während des Spiels fielen sie deshalb auch häufig aus der Rolle. Mädchen zu sein, mache keinen Spaß – „ich konnte gar nicht so sein, wie ich wollte" – wütend, langweilig – die ‚Jungen' waren viel zu grob, zu gemein, „so sind wir gar nicht!"

Ich interpretiere: vielleicht müssen die so grob sein, weil sie Angst haben, abgewiesen zu werden. Das tut ja besonders weh, wenn man sein wahres Gesicht zeigt. Sie schienen das in der Gegenrolle zu verstehen.

Die Mädchen genießen die Aktivität und die Dominanz. Sie fühlen sich stark. Selbst die orientalischen Mädchen äußern, dass sie es gut gefunden hätten, mal so zu sein, sie sind skeptisch, sie haben offenbar etwas getan, was nicht erlaubt ist. „Ich fand es gut, denen mal zu zeigen, dass ich stark bin."

„Die Mädchen waren mir egal." „Irgendwie war's nachher auch langweilig, es war immer dasselbe." „Vor Jungen brauche ich keine Angst zu haben. Das macht wirklich Spaß, solche Mädchen zu ärgern." [...] – aber „so blöd sind wir gar nicht wie ‚die Mädchen'." Die Zuschauer nehmen an der Nachbesprechung zuweilen aktiv teil, sie haben wider Erwarten ziemlich genau beobachtet.

Es wird deutlich sichtbar, dass erst nach dem Rollentausch „interaktionelle Teilhabe" (Krüger 1987, S. 27), ein tieferes Verstehen möglich ist, nachdem sie probiert haben, in den Schuhen des anderen zu gehen. Darüber hinaus erkennen die Schülerinnen, dass das „Spiel des Lebens von sich selbst und anderen befreit von der Annahme Opfer zu sein, [...]."

Um diese interaktionelle Erfahrung für die Integration in die soziale Realität und mögliche folgende Rollentrainings zu nützen, fordern wir die Kinder auf, noch einen Schritt weiter zu gehen und jeweils auf eine Karte mit bestimmter Farbe Antworten auf die Frage: „Was kann ich tun, was können die anderen tun, damit es weniger Streit gibt?" zu schreiben.

Es gibt viele Überschneidungen, überraschend ist dann der von allen unterstützte Wunsch als Ergebnis:

- Die Jungen lassen die Mädchen beim Fußball- und Versteckspiel gleichberechtigt mitspielen.
- Der Klassenlehrer soll/will sich nicht bewertend in Streitereien einmischen, nur als Beobachter bei den Klärungen dabei sein.

Fortführung und Abschluss

Die folgenden Sitzungen sind ausgefüllt mit Kooperationsspielen und Szenen, auf die sich die Schüler nach einer Erwärmungsphase zu Beginn einigen: Mädchen und Jungen in der türkischen Schule, der Elternabend, Zeugniskonferenz – es gibt bald Zeugnisse. Zum Abschluss wird ein Fest gestaltet mit Musik auf Rhythmusinstrumenten und kleinen Stegreifszenen, die die Kinder in Kleingruppen (gemischten) zum Thema Jungen und Mädchen zeigen wollen. Die Kinder sind erwärmt für die „Tutor-Stunden" und enttäuscht, dass sie erst einmal zu Ende sind.

Die schon erwähnten Veränderungen in der Stimmung blieben stabil, die Schülerinnen waren weniger aufgeregt, hörten sich besser zu und entdeckten kreative Lösungen bei Konflikten, es gab gleichberechtigte Interaktionen zwischen Jungen und Mädchen.

Diese Art zu lernen hat die Schülerinnen deutlich mehr erreicht als der übliche kognitive Unterricht. Ich wünschte, solche Stunden gehörten in die Abfolge einer normalen Unterrichtswoche. Natürlich hat darin auch das Kognitive, das Üben, Lesen, Schreiben, Rechnen Platz.

3. Möglichkeiten von pädagogischem Psychodrama und Soziodrama im Unterricht

Soziodrama ist eine Form der pädagogischen Psychodramaarbeit, die sich für die Anwendung in der Schule aufgrund der kollektiven Rollenaspekte eines Themas besonders gut eignet. Pädagogische Psychodramaarbeit umfasst das ganze Spektrum psychodramatischer Methoden, aber, obwohl die Grenze (zu therapeutischen Interventionen) fließend sein kann, konzentriert es sich auf die Weiterentwicklung, Stärkung und Erweiterung des „dynamischen Rollenaggregats" (Petzold 1987) des Menschen im lebenslangen Sozialisationsprozess. Anwendungsfelder sind weitgestreut, z.B. als Klärungshilfe, Aus- und Fortbildung von Beratern und Helfern, Lehrern, Training von neuen kreativen Interaktionsformen und nicht zuletzt eben als integriertes Gestaltungsmedium im Unterricht.

In England gibt es seit 1979 von Dorothy Heathcote Erfahrungen mit „drama as a learning medium" (Wagner & Heathcote 1979) als komplexe Unterrichtsmethode. In der Bundesrepublik gibt es in der Lehrerausbildung in Oldenburg einen dramapädagogischen Ansatz (Schewe 1990). Es geht dabei um ein künstlerisches Bemühen für andere Theaterformen. Der Lehrer selbst übernimmt eine zentrale Rolle im Spiel, als Dramaturg und Schauspieler zugleich. Er veranlasst damit die Schülerinnen zur unmittelbaren Rollenübernahme. Dieser Ansatz ist nicht wie ein Soziodrama in einen Ablauf eingebettet, in dem die Themen, die den Schülern nahe sind, im Hier & Jetzt deutlich werden und vom Leiter für eine weitere Gestaltung herausgehört werden. Er sichert m.E. weniger die Integration des Erfahrenen, und ermöglicht kein Rollentraining. Es besteht die Gefahr, dass die Begegnung im Hier und Jetzt durch Aktionismus und Vorwegnahme der Stegreiflage ausbleibt.

Zur Vorbereitung auf eine soziodramatische Unterrichtsgestaltung ist es notwendig, die Unterrichtsthemen mit einer psychodramatischen Haltung nach Situationen und Konstellationen zu untersuchen, in denen Menschen in unterschiedlichen sozialen und kulturellen Rollen interagieren, sie also in soziodramatische Anlässe zu übersetzen.

Patricia Sternberg und Antonia Garcia (1990) beschreiben „sociodrama in education" in verschiedenen Unterrichtssituationen mit allen Altersstufen. Es gibt Erfahrungen im Geschichts- und Politik- oder Sozialkundeunterricht, zum Verstehen kultureller Hintergründe im Fremdsprachenunterricht, im Deutsch- und Literaturunterricht.

Ein Beispiel, das mir nach der Hospitation in einer 6. Klasse einfiel: es geht um den Aufbau der Gesellschaft in Ägypten. Selbst die interessierten Schülerinnen beklagen sich darüber, dass sie das alles nicht verstehen. Die Tests fallen entsprechend schlecht aus, es bleibt alles abstrakt. Statt verwirrende Texte zu lesen, könnten Rollenbeschreibungen von Menschen in dieser soziokulturellen Situation mit ihren Gedanken und Gefühlen, ihren Tätigkeiten, Sorgen, etc. für die Schüler aufgeschrieben und bebildert werden, bzw. Texte dazu gesucht werden. Zur eher kognitiven Anwärmphase gehört dann das Lesen über diese Menschen (Rollen-Übernahme).

Die Erwärmung könnte mit der Aufforderung beginnen, sich als die Personen auf einem Marktplatz bekannt zu machen, so zu gehen wie die jeweilige Person, darüber zu reden, worüber diese Person sprechen könnte.

Der Lehrer hört auf die Unterhaltung und versucht ein zentrales Thema oder das herauszufinden, bei dem sich am meisten innere Beteiligung zeigt: das darunterliegende Thema in dieser Gruppe. Hieraus können Schüler ein Soziodrama entwickeln, bei dem nicht alle mitspielen müssen. Rollentausch, Doppeln, Spiegeln usw. können angewandt werden, entscheidend ist die Rollenübernahme.

Als Auftakt könnte eine Skulptur gestaltet werden, bei der die Hierarchie der ägyptischen Gesellschaft deutlich wird.

Die Nachbesprechung oder das Sharing als Möglichkeit, die Erfahrungen zu integrieren, ist besonders wichtig. Es geht dabei um die Gefühle und Gedanken als Menschen in jener Zeit. Das Spiel einer Rolle, die besonders fremd ist, erfordert Mut, aber bietet die Chance für ein hohes Maß an persönlicher Einsicht und Öffnung für Fremdes, Anderes. Der Transfer zum Leben und Verständnis der Kinder vom heutigen Leben ist natürlich zu entwickeln, und evt. erneut zu inszenieren (Rollengestaltung).

Für den Politikunterricht von aktuellen Ereignissen ist die ‚Lebendige Zeitung' bekannt.

Die Planung solcher Unterrichtseinheiten setzt Prozessorientierung voraus, Offenheit oder das Planen für nicht zu Planendes. Dies ist für PsychodramatikerInnen nichts Besonderes – aber in der Schule?

4. Die Lehrerinnenrolle in einer komplexen Organisation als Barriere für Soziodrama und pädagogisches Psychodrama im Unterricht

Auf die Frage an Lehrerinnen, die auch PsychodramatikerInnen sind, ob und wie sie Psychodrama in ihrem Unterricht anwenden, hörte ich mehrmals, dass das fast unmöglich sei: „[…] ab und zu, aber als Prinzip kann ich das nicht umsetzen, durchsetzen […] ich bin die einzige an meiner Schule. […] Es geht bei besonderen Anlässen wie Projektunterricht, bei der Bewältigung von Konflikten, aber da ist ja noch der Lehrplan und […]."

Es scheint schwer, die Rollen ‚PsychodramaleiterIn' und ‚Lehrerin' miteinander zu verknüpfen. Offenbar muss die Lehrerin dabei aus Ihrer Rolle der Unterrichtenden heraustreten, so als sei die Pädagogik der Schule etwas anderes als pädagogisches Psychodrama.

Wenn ich als Schulpsychologin zur Teilnahme an Unterrichtsstunden eingeladen werde, spüre ich in vielen ‚normalen' Unterrichtsstunden selbst deutlich die künstliche Wirklichkeit der Situation. Mich umfängt dabei oft Befangenheit, identifiziert mit der Schülerrolle fühle ich mich eingezwängt: Ich folgere daraus, dass Spontaneität als Möglichkeit für kreatives Rollenhandeln unterdrückt wird. Es wird oft deutlich, wie schwer es ist, Schule zu verändern, obwohl pädagogische Theorien immer wieder und sogar Richtlinien in neuester Zeit, Konzepte für eine lebendige Schule entwerfen und eröffnen (vgl. Richtlinien für Erziehung und Unterricht in der Sekundarstufe I, Freie und Hansestadt Hamburg 1985).

Um es deutlich zu machen, werde ich im Folgenden die extreme Einschätzung der Lehrerinnenrolle wiedergeben.

4.1. Das Rollenhandeln der Lehrerin ist gekennzeichnet durch Zweckrationalität

Bei der Gestaltung von Unterricht geht es nicht um gegenseitiges Verstehen und Verständigung, sondern um Einfluss. Die Schüler-Lehrerbeziehung ist Mittel zum Zweck. Die Schülerin ist Objekt. Einseitig plant der/die Lehrerin für die SchülerInnen, nimmt unter Umständen ihre/seine Wirklichkeit gar nicht wahr (jedenfalls nicht im Unterricht).

Es gibt eine Annahme über *den Schüler*, nicht über die verschiedenen Menschen in ihren unterschiedlichen kulturellen und sozialen Zusammenhängen, mit ihren individuellen Erfahrungen mit sich selbst, mit anderen und mit der Welt.

Vor allem steht die Begegnung im Hier und jetzt – zwischen SchülerInnen und SchülerInnen, SchülerInnen und LehrerInnen – nicht im Mittelpunkt der Unterrichtspraxis, und wenn LehrerInnen sich über die Motivation ihrer SchülerInnen Gedanken machen, vollziehen sie in der Regel keinen inneren Rollentausch, („put themselves in their shoes").

4.2. Zielorientiertheit statt prozesshaftem Lernen

Einseitige Zielorientiertheit, Fordern statt Fördern verhindert, dass die Verantwortlichkeit der Lehrerinnen zu einer Funktion als ‚Hilfs-Ich' für den Schüler werden kann. Dies ist aber die Rolle einer PsychodramatikerIn.

Lehrerinnen fühlen sich unter dem Druck, SchülerInnen beurteilen zu müssen, ihnen bescheinigen zu müssen, welchen Zugang zu Ausbildungs- und Lebenschancen sie über die Schulabschlüsse erreichen können. Hier macht sich besonders der Druck von außen bemerkbar und die Wirkung von Aussagen wie: „Die Schüler heutzutage lernen nicht genug." Die Konkurrenz zwischen den Schulen und den Schulsystemen trägt ein Übriges dazu bei.

Zielorientiertheit verhindert, dass aktuelle Prozesse in der Klasse als Gruppe beachtet werden und als fruchtbarer Augenblick (Stegreiflage) genutzt werden, um sich mit dem darunterliegenden Thema der Schülerinnen zu beschäftigen. Es verhindert das Lernen und Gestalten von Rollen als Beitrag zur Entwicklung des Selbst.

4.3. Kognitives Lernen statt einer Aneignung der Welt – Vom Handeln zum Denken

Ganzheitliches Lernen ist selten. Auf meine Frage, ob der Lehrer meine, die Schülerinnen hätten heute etwas gelernt, glaubte der Lehrer nicht daran, aber er glaubte auch nicht, dass eine Veränderung des Schulehaltens dies gewährleistet. Angst, sich mit der Wirklichkeit auseinanderzusetzen, verhindert, dass die starren festgefahrenen Strukturen verändert werden

4.4. Im Teufelskreis der systemimmanenten Lösungen oder: Noch mehr vom ‚Guten'

Lehrerinnen fühlen sich verantwortlich dafür, was Schüler lernen, d.h. sie müssen darauf achten, dass das *Richtige*, das *Gute* dabei herauskommt und sind in Sorge, dass es nicht gut genug ist. Also tun sie noch mehr desselben. Dabei kommt das Extreme heraus, das Einseitige, die andere Seite einer Polarität wird nicht gesehen, Ambivalenzen und Widersprüche im menschlichen Sein nicht integriert.

Notwendig ist es, aus diesem Teufelskreis, in dem Konflikte oder Fehler mit noch mehr desselben beantwortet werden, herauszutreten; dabei sind psychodramatische Methoden wie das Betrachten des eigenen Tuns im Spiegel oder der Rollentausch mit dem Schüler hilfreich.

Auch für die Veränderung von Schule scheint im Sinne einer politischen Funktion des Psychodramas zu gelten, was Dalmiro Bustos (1990, S. 48) am Ende eines Interviews sagte, wir müssten „[...] in der eignen Praxis die Mauern einreißen, die aus den eigenen Ängsten bestehen."

5. Verändern: Widersprüche integrieren

Der Problematik von Erziehungszielen in einer Welt der Widersprüche setzt R. Winkel (1986) ein Konzept der antinomischen Pädagogik entgegen. Er nimmt pädagogische Konzepte von Litt, Buber, Bollnow u.a. auf und betont das Bewusst machen der Dialektik der Werte. Moreno hat die Welt der Widersprüche bereits durch seine Herkunft so tief erlebt, wie sie heute im multikulturellen Zusammenleben spürbar wird. Sein soziometrisches Konzept zeigt Wege auf, wie gerade die Spannung zwischen diesen Antinomien erfahren und über das tiefere Verstehen durch Identifikation und Rollentausch balanciert und integriert werden können.

Ohne die Spannung zum Gegenwert im dialektischen Verständnis von Persönlichkeitswerten verkommen diese einseitig festgehaltenen Werte zu Unwerten (Schulz v. Thun 1989).[2] Erst das Zulassen der Spannung einer intrapsychischen Rollendynamik, wie z. B.

- die Gefühlsbetonte vs. die Rationale
- die Planende vs. die Prozessorientierte,

verhilft dazu, auch den Gegenwert als andere Seite des Seins zu erfassen und zu verstehen. Ich vollführe, wenn ich es mir bewusst mache, einen inneren Rollentausch mit den psychodramatischen Rollen, die sich aus Wert und Gegenwert ergeben. Versuche, diesen inneren Rollentausch zu veräußerlichen in Psychodramasitzungen mit Lehrern, führen zu Klarheit und neuem Selbstverständnis. Übertragen auf die interaktionelle Situation, verhilft dieses Konzept dazu, in dem vermeintlichen Gegner den durch ihn vertretenen Gegenwert zu erkennen, der in einem System durch andere Personen vertreten werden kann und in der Projektion zum Unwert wird. Mit psychodramatischen Methoden wird dies erlebt und kann in kreative Kommunikation und Interaktion eingehen.

Im Handeln ist die Einheit des Seins möglich. Das geht nur, wenn subjekthafte Beziehungen, Gleichheit (auch bei unterschiedlicher Verantwortung) und Gegenseitigkeit in der Begegnung, und wenn Spontaneität im Hier und Jetzt möglich ist.

Die Antinomien, die R. Winkel aus gesellschaftlichen und daraus abgeleiteten pädagogischen Fragen aufstellt, sind als psychodramatische Rollen erfahrbar und ihrer intrapsychischen Spannung als Möglichkeiten des Seins so spürbar, dass die Einseitigkeit das Absolute verliert. Lehrerinnen und PsychodramatikerInnen in der Schule leben mit den Widersprüchen und Spannungen zwischen:

- Bewahren und Verändern,
- Unterrichten und Erziehen,
- Spielen und Arbeiten,
- Festlegen und Offen sein,
- Konflikte benennen und Frieden stiften, suchen,
- Intuitivem und Rationalem [...].

Als komplementäre Rollen beschreiben sie das Ganze. Hier Balancen zu finden ist die Aufgabe derjenigen, die Schule verändern.

---

2) Das Wertequadrat von Helwig wird hier verknüpft mit verschiedenen theoretischen Ansätzen der Kommunikationstheorie, Persönlichkeits-Theorie(-Analyse) und Systemtheorie zu einem handhabbaren, eklektischen, handlungsorientierten Konzept.

6. Der Rahmen für Veränderungen ist da

Andere Wege wurden und werden ja in der Tat überall versucht, aber es hat nicht dazu geführt, die Schule zu entschulen, Engpässe wirtschaftlicher Art oder gesellschaftliche Probleme, die sich in der Schule niederschlagen, haben immer wieder zu Rückschlägen geführt.

Veränderungs- und Reformideen von Schule in der Praxis breiten sich dennoch langsam aus, zumal solche Ideen seit langem in pädagogischen Theorien und Gedanken über die Aufgabe von Schule niedergelegt sind. Sie geben den Lehrerinnen Freiraum für offene erlebnis- und handlungsorientierte Unterrichtsgestaltung, für prozessorientiertes Arbeiten. Ideen und Konzepte Morenos können hier – wenn auch anders formuliert – wiederentdeckt werden. So findet sich z.B. die chinesische Weisheit:

- ich höre: ich vergesse
- ich sehe: ich erinnere mich
- ich tue: ich begreife

als Leitsatz eines ‚sociodrama in education' (Sternberg & Garcia 1990, S. 127) in gewisser Weise in der Hamburger Arbeitsgruppe für praktisches Lernen wieder: Lernen mit Kopf, Herz und Hand.

Psychodrama in der Schule trägt nur dann zur Veränderung von Schule bei, wenn die Lehrerinnen auf dem Hintergrund von Respekt vor und Verantwortung für die Schülerinnen handeln. Das heißt, entscheidend ist auch in der Schule die Bewusstheit und Reflexion einer zugrundeliegenden ethischen Haltung (vgl. Bustos 1990, S. 46/47).

Schule neigt als Organisation dazu, sich nach *ihren* Regeln Ordnung zu schaffen. Sie läuft dabei Gefahr, Situationen von beklemmender Künstlichkeit zu erzeugen und sich darin einzurichten (vgl. Richtlinien der Stadt Hamburg für Erziehung und Unterricht, a.a.O.). Meine Erfahrung in der Fortbildung von Lehrergruppen, und im Rahmen der Organisationsentwicklung an Schulen zeigen, dass sich hier Erstarrungen besonders gut psychodramatisch auflösen und Kreativität in Gang setzen lässt. Aber damit ist die ‚Kleinarbeit' im Unterricht noch nicht verändert, sondern nur die stützenden Strukturen.

7. Die Ausbildung von Psychodramatikerinnen

Für Lehrerinnen und PsychodramaleiterInnen kommt hinzu, dass sie genauso ausgebildet wurden wie Therapeutinnen. Ihre Ausbildungsidentität ist also eher eine therapeutische.

Lehrerinnen, die im Schulalltag psychodramatisch arbeiten wollen, müssen in einer alten Struktur mit schon lang geübtem Rollenrepertoire (als Rollenkonserve), zusätzlich auch noch etwas umsetzen, das sie in einem nichtpädagogischen Kontext gelernt haben – ohne dass sich das soziale und kulturelle Atom dort ändert, wo sie die neue Haltung, die neue Rolle einnehmen wollen. Das soziale Netz der PsychodramatikerInnen reicht (noch?) nicht in die Schule. Die Interaktionsmöglichkeiten sind eingeschränkt. So passiert es, dass die Rolle der ‚PsychodramatikerIn' zwar als Rollenkompetenz vorhanden ist, in der Schule aber nicht aktualisiert wird.

LehrerInnen, die auch PsychodramatikerInnen sind, wenden dann häufig Psychodrama privat an, verlassen die soziale Wirklichkeit Schule, drohen zu resignieren: Zur Entwicklung einer Identität als ‚PsychodramatikerIn in der Schule' brauchen Lehrerinnen Partner, die sie als solche erkennen (identifizieren), also nicht nur einen interaktionalen Kontext in der – so gesehen: entrückten – Wirklichkeit der therapeutisch orientierten Ausbildung. Ein Bild von mir entsteht nur über ein Bild des anderen von mir, in dem ich mich wiedererkenne (Laing 1971).

8. Literatur

Bustos, D. (1990). „Wenn das Land in der Krise ist, kann man nicht in der Praxis sitzenbleiben!" (Interview). *Psychodrama*, 3(1), 30-48.
Freie und Hansestadt Hamburg, Behörde für Schule, Jugend und Berufsbildung (1985). Richtlinien für Erziehung und Unterricht, Sekundarstufe 1, Hamburg.
Krüger, R.T. (1987). Eine interaktionelle Theorie des Psychodramas. Unveröffentlichtes Manuskript.
Laing, R.D., Phillipson, H. & Lee, A.R. (1971). Interpersonelle Wahrnehmung. Frankfurt am Main: Suhrkamp (Originalpublikation: „Interpersonal perception: A theory and a method of research", London: Tavistock & New York: Springer 1966).
Petzold, H. (1984). Psychodrama: Die ganze Welt ist eine Bühne. In: *H. Petzold* (Hg.), Wege zum Menschen – Methoden und Persönlichkeiten moderner Psychotherapie. Ein Handbuch, Band 1 (S. 111-216). Paderborn: Junfermann.
Schewe, M. (1990). Dramapädagogik oder Unterricht als gestaltete Improvisation. *Pädagogik*, 42(7/8), 54-59.
Schulz von Thun, F. (1989). Miteinander reden, 2: Stile, Werte und Persönlichkeitsentwicklung, Reinbek bei Hamburg: Rowohlt.
Sternberg, P. & Garcia, A. (1990). Sociodrama: Who's in your shoes. New York: Praeger.
Wagner, B.J. & Heathcote, D. (1979). Drama as a learning medium. London: Hutchinson.
Winkel, R. (1986). Antinomische Pädagogik und Kommunikative Didaktik. Studien zu den Widersprüchen und Spannungen in Erziehung und Schule. Düsseldorf: Schwann.

Korrespondenzanschrift:
Dipl.-Psych. PP *Therese Ziesenitz-Albrecht*
Fanny-David-Weg 33
D-21031 Hamburg-Bergedorf/Lohbrügge

☎ (040) 738 44 60, mobil: 0173.4721255
email: *th.ziesenitz-albrecht@hamburg.de*

Dieser Beitrag erschien zuerst in: *Psychodrama – Zeitschrift für Theorie und Praxis von Psychodrama, Soziometrie und Rollenspiel* (1992), 5(1), 15-30 (Themenheft „Sozial-Pädagogik") und wurde für den Wiederabdruck geringfügig modifiziert.

Helmut Schwehm
Soziometrie – Die Methode der Wahl

Summary:
Sociometry – The method of choice
This article presents an abstract of the sociometric conception of J.L. Moreno. The essentials of his sociometric conception are described. The important role of choice is discussed. The sociodynamic of choice illustrates the relations between individuals, groups and social networks. The meaning of sociometric choice for interaction of therapist and patient and for the special role of researcher and participating observer in respect of their objects is demonstrated. Sociometry as a method of choice is represented as a method, which can system immanently criticize itself. This process of criticism may be a great protection for clients, patients and also for therapists, researchers and everybody making diagnoses.

Zusammenfassung:
Wahlen sind nach Moreno Tatsachen erster Ordnung. Moreno hat aufgrund empirischer Untersuchungen sein Konzept für ein soziometrisches System entworfen, in dem die Dynamik der Wahl für Gruppen und soziale Netzwerke eine zentrale Rolle spielt. Morenos Soziometrie als Methode der Wahl wird in dem Artikel im Überblick dargestellt. Konsequenzen für das Selbstverständnis des teilnehmenden Beobachters im soziometrischen Prozess sowie Auswirkungen auf das Selbstverständnis von Diagnostik z.B. in der Patient-Therapeut-Interaktion werden diskutiert. Auf Ansätze für die Weiterentwicklung der soziometrischen Methode wird hingewiesen. Soziometrie als Methode der Wahl wird als eine sich systemimmanent selbst kritisch hinterfragende Methode gewürdigt.

1. Das Soziometrische System

Die Untersuchung zwischenmenschlicher Beziehungen, die Erforschung des Handlungsspielraumes für Begegnung sowie die Erforschung und Entwicklung von Methoden zur Gestaltung von Beziehung und Begegnung stehen im Zentrum des Lebenswerkes von Moreno.

Zur Erforschung zwischenmenschlicher Interaktionen entwickelte Moreno ein eigenes Konzept, nämlich sein soziometrisches System. Für Moreno ist Soziometrie eine empirisch entwickelte Lehre der zwischenmenschlichen Beziehungen und der Beziehungen der Menschen zur Welt. Er hat diese Lehre entwickelt durch empirische Untersuchungen zwischenmenschlicher Lebensverhältnisse in statu nascendi, d.h. er hat Gruppensituationen und Beziehungsnetzwerke unter realen Lebensbedingungen untersucht. Aufgrund seiner vielfältigen Untersuchungen hat er sein Konzept für ein soziometrisches System entworfen.

Moreno benutzte das Wort „Soziometrie" oft als Kürzel für das ganze soziometrische System. Der von ihm geschaffene besondere Begriff für sein soziometrisches System ist „Sozionomie".

Moreno unterteilt die Sozionomie in drei Zweige: die Soziodynamik, die Soziometrie und die Soziatrie. Diese drei Zweige sind unterschiedlich ausdifferenziert. So gehören zur Soziodynamik z.B. die Gesetze der sozialen Gravitation, die Prozesse der Soziogenese und die Wirkungen des soziodynamischen Effektes. In der Soziometrie wird mit dem soziometrischen Test, dem soziometrischen Perzeptionstest und der Darstellung der Ergebnisse im Soziogramm gearbeitet. Die Soziatrie befasst sich mit der Heilung sozialer Systeme. Im Folgenden wird in der Tradition von Moreno Soziometrie als Kürzel für das gesamte soziometrische System benutzt.

2. Soziometrie – Die Methode der Wahl

„Wer die Wahl hat, hat die Qual!" oder „Ein Esel verhungert nicht zwischen zwei Heuhaufen!" Diese und ähnliche Volksweisheiten verweisen ebenso wie Konflikttheorien, Ambivalenzkonflikte, Entscheidungstheorien und die Diskussionen über die Freiheitsfähigkeit und die Freiheitsgrade eines Individuums auf das Phänomen, das im Zentrum der Soziometrie steht, nämlich die Wahl.

> „Wahlen sind grundlegende Faktoren in allen menschlichen Beziehungen. Wahlen betreffen Menschen oder Gegenstände. Ob die Motive dem Wählenden bekannt sind oder nicht, ist von sekundärer Bedeutung. Sie sind nur im Hinblick auf den kulturellen oder ethischen Index bedeutungsvoll. Es ist zunächst nebensächlich, ob sie unklar oder höchst deutlich, irrational oder rational sind. Solange sie spontan und echt das Selbst des Wählenden zum Ausdruck bringen, bedürfen sie keiner besonderen Rechtfertigung. Es sind Tatsachen erster Ordnung." (Moreno 1974, S. 447).

Im Wählen wird die Person Subjekt des eigenen Handelns. In der Wahlhandlung kann sich die Spontaneität der Wählenden entfalten. Durch die Wahl eröffnen sich die Wähler Handlungsspielraum für Veränderungen.

Wahlen sind somit nach Moreno für die Gestaltung der menschlichen Interaktion und der Interaktion des Menschen mit seiner Umwelt konstitutiv. Die Dynamik der Wahl betrifft alle Lebensbereiche, seien es die Dyade „Mutter-Kind-Beziehung", das Familiensystem, soziale Gemeinschaften oder seien es die globalen Vernetzungen der ganzen Welt. Für die Entwicklung eines Menschen ist entscheidend, ob die Eltern ihr Kind annehmen, erwählen. Für die Atmosphäre einer Familie ist es von ausschlaggebender Bedeutung, in welchem Maß den Eltern ihre gegenseitige Wahl bewusst bzw. gelungen ist. Die Entwicklung sozialer Gemeinschaften hängt vom Freiheitsgrad ihrer Wahlen ab und die Weiterentwicklung der Welt wird nicht zuletzt davon abhängen, ob die Menschen sich der Qual der Wahl stellen oder die Wahl der Qual bevorzugen.

Einblick in die Soziodynamik der Wahlen, die ein Individuum oder eine Gruppe oder eine soziale Gemeinschaft erlebt bzw. erlitten hat, trägt wesentlich zu deren Verständnis bei.

Die Entwicklung eines Individuums oder einer Gemeinschaft ist abhängig von dem Ausmaß der Erfahrung, selber wählen zu können und somit Einfluss zu haben auf die aktive Gestaltung von Beziehungskonstellationen. Mit der Erfahrung, selber aktiv handeln und wählen zu können, nicht mehr ohnmächtig einer Soziodynamik ausgeliefert zu sein, gewinnen Subjekte immer mehr Freiheitsgrade für das eigene Handeln und können sich so quasi selbst „ermächtigen".

Im Konzept der Wahl als Prozess und Methode sind die Grundannahmen der therapeutischen Philosophie Morenos und die Grundgedanken seines triadischen Systems enthalten.

Soziale Gravitation

Moreno geht davon aus, dass Anziehung und Abstoßung als besondere Form der Wahl elementare Gruppenkräfte sind. Deshalb führt er den Begriff „Soziale Gravitation" ein. Moreno entlehnt den Begriff Gravitation aus den Naturwissenschaften. Der Begriff scheint ihm geeignet, weil er sich auf die elementaren Kräfte bezieht, die zwischen allem, was ist, wirken und grundsätzlich die Beziehung zu allem, was ist, beeinflussen.

Ich bin mir nicht im Klaren darüber, ob sich Moreno bewusst war, dass er mit der Einführung des Begriffes „Gravitation" schon sehr früh sein Konzept der Soziometrie für das theoretische Potential der modernen Physik und der gegenwärtigen Geist-Materie-Diskussion geöffnet hat.

Mit der Einführung des Begriffes „soziale Gravitation" bringt Moreno meiner Meinung nach die Antinomien der klassischen Philosophie und Naturwissenschaft zwischen Freiheit und Notwendigkeit in Beziehung zur Relativität moderner naturwissenschaftlicher Erkenntnis sowohl im Mikro- als auch im Makrokosmos.

Die Anwendung monokausaler Erklärungsprinzipien musste vor den Freiheitsgraden der Wahrscheinlichkeitstheorie kapitulieren. Wenn sich das zu untersuchende Objekt relativ zum Standort des Beobachters wandelt und so dem objektiven Erkenntniszugriff entzieht, wenn im Mikrokosmos die Grenzen zwischen Subjekt und Objekt verschwimmen, dann bleibt nur noch die Relativität der Beziehungen zwischen Materie und Geist im Kräftefeld einer Gravitation, die uns im Wesen selbst noch verschlossen ist. Soziale Wissenschaft und Naturwissenschaft werden zu Beziehungswissenschaften.

Die gegenwärtige Literatur zu Gravitation oder Teilchenphysik einerseits, zu Gehirn- und Intelligenzforschung bzw. zur Geist-Materie-Diskussion andererseits mag die Tragweite des Begriffes „soziale Gravitation" am ehesten verdeutlichen. Offen bleibt nach wie vor, wie angesichts wirkender Kräfte Freiheit möglich ist. Welche Art von Beziehung liegt vor? Wie wählen die Teilchen im Chaos der Wahrscheinlichkeiten ihren Weg?

Die soziale Gravitation soll nach Moreno erklärend hinweisen auf den lebendigen Beziehungszusammenhang der in Raum und Zeit zwischen Gruppen wirkenden Anziehungs- und Abstoßungskräften.

Das Gesetz der sozialen Gravitation besagt, dass sich zwei Gruppen von verschiedenen Orten aufeinander zu bewegen in direkt proportionalem Verhältnis zum Betrag der gesandten oder empfangenen Anziehungskräfte und in umgekehrt proportionalem Verhältnis zum Betrag der gesandten oder empfangenen Abstoßungskräfte. Dies bedeutet zunächst, dass die Beziehung von Gruppen zueinander abhängig ist von den zwischen den Gruppen wirkenden Kräften und von der jeweiligen bewussten oder unbewussten Gestalt der Interaktion.

> „Gruppe 1 und Gruppe 2 bewegen sich zwischen Ort X und Ort Y aufeinander zu in direkt proportionalem Verhältnis zum Betrag der gesandten oder empfangenen Anziehungskräfte, in umgekehrt proportionalem Verhältnis zum Betrag der abgesandten oder empfangenen Abstoßungskräfte unter der Voraussetzung, dass die Verkehrsmöglichkeiten zwischen X und Y konstant sind. Wenn z.B. ein Individuum einer Gruppe angehört, in welcher die Abstoßungskräfte die Anziehungskräfte weit überwiegen, wird es automatisch verhindert in der Verwirklichung seiner Bestrebungen." (Moreno 1959, S. 32).

Das Gesetz der sozialen Gravitation beschreibt nicht nur die Auswirkung der Anziehungs- und Abstoßungskräfte zwischen Gruppen, sondern auch die Auswirkungen dieser Kräfteverhältnisse auf die einzelnen Individuen und die damit möglicherweise verbundenen Abhängigkeiten und Zwänge.

Den gewaltigen Anziehungs- und Abstoßungskräften der sozialen Gravitation stellt Moreno im Entwurf seiner Sozionomie die soziometrische Energie der „Wahl in Bezug auf ein bestimmtes Kriterium" gegenüber. Er vertritt damit die These, dass durch Handeln eine Veränderung vorhandener Beziehungsstrukturen möglich ist, und dass durch bewusstes Handeln eine Zunahme der Freiheitsgrade des Menschen, insbesondere im Bereich der mächtigen, aber oft unbewussten sozialen Gravitation möglich ist.

Bleiben den Individuen allerdings die Kriterien ihrer Wahlen verborgen, können sie durch ihr unbewusstes Handeln die Auswirkungen der Abstoßungskräfte sozialer Gravitation auf fatale Weise maximieren. Dadurch, dass Moreno es wagt, die Gesetzmäßigkeiten sozialer Gravitation mit dem Freiheitspotential menschlichen Handelns durch den Interaktionsbegriff „Wahl" zu verbinden, liefert er Gruppen und Individuen den „abstoßenden" sozialen Gravitationsprozessen wie z.B. Fundamentalismus, Rassismus oder Nationalismus nicht gänzlich hilflos aus.

Die soziodynamische Differenz und das Gesetz des zwischenpersönlichen und sozioemotionalen Netzwerkes

Die sozialen Gravitationskräfte – und damit die Kriterien ihrer Wahlen – sind den Individuen nicht immer bewusst. Moreno weist darauf hin, dass jede Gruppe eine offizielle und eine soziometrische Basis, eine bewusste und eine unbewusste Struktur hat. Es gibt also eine soziodynamische Differenz zwischen der formellen Oberflächenstruktur und der unbewussten Tiefstruktur einer Gruppe. Die Dynamik einer Gruppe hängt ab vom zwischenpersönlichen gemeinsamen unbewussten Bereich und den sozioemotionalen und psychosozialen Netzwerken. Diese unterhalb der bewussten Wahrnehmung wirksamen Netzwerke haben entscheidenden Einfluss auf die Beziehungen der Menschen. Die Einführung der Wahl in die Soziodynamik der Gruppe soll Einblick verschaffen in die unbewusste Tiefenstruktur einer Gruppe und so einen Weg eröffnen, die soziodynamische Differenz zu mindern.

> Es gilt also, „[...] dass unterhalb den ständig fließenden und wechselnden sozialen Strömungen mehr oder weniger beharrliche Strukturen, die Verkehrswege der sozialen Gefühle, bestehen. Diese Netzwerke sind Entstehungsorte der öffentlichen Meinung. Suggestionen werden durch diese Netzwerke übertragen und durch ihre Kanäle können Menschen sich gegenseitig beeinflussen und erziehen.
>
> In einem Gesellschaftsteil kann ein Individuum für ehrlich, in einem anderen für unehrlich gehalten werden. Wie der Tatbestand auch sein mag, der Ruf des Individuums wird von Netzwerken bestimmt, in denen verschiedene Meinungen herrschen." (Moreno 1959, S. 32)
>
> „Es stellt sich außerdem heraus, dass die in freien Wahlen zur Äußerung kommenden Beziehungen oft stark von aktuellen zwischenmenschlichen Beziehungen abweichen." (Moreno 1974, S. 21).

Der Hinweis auf die Wirksamkeit der Kräfte der psychosozialen Netzwerke bedeutet für Moreno aber auch zwangsläufig, dass nicht nur das Individuum und die Gruppe, in dem es lebt, genau untersucht werden müssen, sondern der gesamte Kontext, die psychosozialen Netzwerke und damit die Welt, in der die Individuen leben.

> „Daher kann die Stellung eines Individuums nicht voll erkannt werden, wenn nicht alle Personen und Gruppen, zu denen es in emotionaler und funktionaler Beziehung steht, in die Untersuchung mit einbezogen werden. Auch die Organisation einer Gruppe kann nicht erkannt werden, wenn nicht alle zu ihr in Beziehung stehenden Individuen und Gruppen ebenfalls studiert werden. Individuen und Gruppen sind nämlich in ein weit verzweigtes Netzwerk verwickelt, so dass die gesamte Gemeinschaft, der sie angehören, dem soziometrischen Test unterworfen werden muss." (Moreno 1974, S. 21).

Die soziometrische Wahl als Handlungsenergie im soziometrischen Test verortet im Kraftfeld der sozialen Gravitation jede auf das Individuum bezogene Interaktion und Arbeitsweise notwendig in einen soziologischen, sozialpolitischen und schließlich ökologischen Kontext.

Der soziodynamische Effekt

Die Untersuchung der Soziodynamik in Gruppen führte zur Entdeckung des soziodynamischen Effektes. Die Kräfte der Anziehung und Abstoßung verteilen sich nicht gleichmäßig über die Gruppe. Es scheint vielmehr so zu sein, dass ab einem gewissen Maß vorhandener positiver Wahlen immer mehr positive Wahlen hinzu kommen, wobei sich gleichzeitig die ablehnenden Wahlen auf die bereits abgelehnten Gruppenmitglieder konzentrieren.

> „Das soziodynamische Gesetz [...] besagt:
>
> a) dass soziometrisch isolierte (d.h. Individuen, die im Soziogramm isoliert oder unbeachtet erscheinen) und wenig beachtete Individuen dazu neigen, auch in den formellen sozialen Ordnungen isoliert und wenig beachtet zu bleiben, und das um so mehr, je größer die Anzahl der sozialen Kontakte ist;
>
> b) dass im Soziogramm überbevorzugte Individuen dazu neigen, überbevorzugt zu bleiben, und umso mehr, je größer die sozialen Kontakte sind [...]." (Moreno 1959, S. 31).

Dieser soziodynamische Effekt ist oft Ursache von Leid und Benachteiligung in zwischenmenschlichen Beziehungen. Der soziodynamische Effekt konfrontiert den Soziometriker mit einer Art gruppendynamischen Sozialdarwinismus. Es spricht für Moreno, dass er die Problemstellung des soziodynamischen Effektes nicht harmonisiert und es spricht für seine Methode, wenn sie zur Aufhellung einer tatsächlichen Situation führt und nicht zu deren Verschleierung durch Idealisierung beiträgt.

Die Offenlegung des soziodynamischen Effektes durch die Methode der Wahl bietet eine Chance, den soziodynamischen Effekt zu beeinflussen und vorhandene Konstellationen zu verändern.

Soziogenese: das Verhältnis von Soziodynamik und Geschichte

Die konkrete Gestalt einer Gruppe muss im Kontext ihrer historischen Entwicklung betrachtet und verstanden werden. Jede Gruppe hat eine Geschichte und entwickelt sich. Moreno fasst diese Erkenntnis in seinem soziogenetischen Gesetz zusammen, das besagt,

> „[...] dass höhere Formen der Gruppenorganisationen aus einfachen hervorgehen. Die Gruppenorganisation ist in ihrer ontogenetischen Entwicklung bis zu einem hohen Grad ein Gleichnis der Form-Modifikationen, welche die aufeinander folgenden vorzeitlichen Gesellschaften der Gattung im Laufe ihrer Entwicklung durchgemacht haben." (Moreno 1959, S. 31).

Im soziogenetischen Gesetz wird der Erkenntnis Rechnung getragen, dass sowohl die Gattung Mensch, als auch das einzelne Individuum, als auch die sozialen Organisationen/Gruppen, in denen das Individuum lebt, eine Geschichte haben und sich entwickeln können. Das soziogenetische Gesetz ist ein weiterer Hinweis darauf, dass in der Interaktion zwischen Mensch, Welt, Natur Freiheitsgrade möglich sind. Die Geschichte ist ein Beleg dafür.

Das soziogenetische Gesetz relativiert auch die sozialdarwinistische Seite des soziodynamischen Effektes.

> „Ein Individuum mag einen hohen soziometrischen Status haben, aber soziogenetisch gehört es einer niedrigeren Entwicklungsstufe an." (Moreno 1959, S. 31).

Das bedeutet, dass ein Individuum in einer Gruppe auf einer bestimmten soziogenetischen Entwicklungsstufe eine geringe Anzahl von Wahlen haben kann, dafür aber in einer anderen Gruppe mit einem anderen soziogenetischen Status eine höhere Anzahl von Wahlen erhalten kann.

Die soziometrische Arbeit muss also nicht nur die aktuelle Dynamik einer Gruppe untersuchen, sondern auch den historischen Kontext, in dem eine Untersuchung stattfindet. Das zentrale Problem des Verhältnisses von Zeit und Materie, wie es in der theoretischen Physik, in der Naturwissenschaft und in der Astrophysik (siehe z.B. Hawking 1988) diskutiert wird, wird in Morenos soziometrischem System im soziogenetischen Gesetz verortet.

Der soziometrische Test als Methode der Wahl

Für die Einführung der Wahl als soziometrische Methode schuf Moreno einige Rahmenbedingungen. Zunächst konzentrierte er sich auf die Gruppe als Untersuchungsfeld, weil die Gruppe für ihn der operationale Kompromiss zwischen Individuum und Gesellschaft ist. In der Gruppe sind die Interaktionen beobachtbar und in der Gruppe spiegelt sich die Dynamik der Gesellschaft wie in einer Miniaturgesellschaft wieder. Die Gruppe ist für Moreno die Schnittmenge zwischen Mikro- und Makrokosmos.

Damit die Angst der Gruppenmitglieder vor der Offenlegung ihrer Bedürfnisse nicht in einen Handlungswiderstand gerinnt, fordert er vor der Wahl eine tiefenwirksame Anwärmung.

Um die Wahlen auswertbar zu machen, entwickelte er den soziometrischen Test. Die Durchführung von Wahlen im Blick auf ein bestimmtes Kriterium nannte Moreno soziometrischer Test. Der soziometrische Test sollte in der Regel auf ein Handlungskriterium bezogen sein, d.h. das Ergebnis der Wahlen sollte einen festen Platz im Leben der Wählenden haben. Die Wahl bezieht sich auf die Individuen einer Gruppe, mit denen das wählende Individuum wünscht, eine bestimmte Handlung im Blick auf eine konkrete Zielsetzung durchzuführen.

Wird ein soziometrischer Test zur Erhellung einer Gruppensituation eingesetzt, ohne dass die gewählte Handlung unmittelbar umgesetzt werden soll, handelt es sich nicht um Handlungskriterien eines soziometrischen Tests, sondern um diagnostische Kriterien.

Mit dem soziometrischen Test und soziometrischen Experimenten verfolgt Moreno folgendes Ziel:

> „Ziel des soziometrischen Experimentes ist es, die alte soziale Ordnung in eine neue soziale Ordnung umzuwandeln und falls nötig, die Gruppe so umzugestalten, dass die formelle Oberflächenstruktur soweit wie möglich der Tiefenstruktur entspricht." (Moreno 1981, S. 60).

Die Wahlen im soziometrischen Test geben Einblick in die subjektive und objektive Dynamik des Gruppengeschehens. Wahlen können gemessen und gezählt werden, gleichzeitig aber geht die Subjektivität der einzelnen Gruppenmitglieder aktiv in die Wahlhandlung ein.

Für Moreno ist beides wichtig: einmal, dass die Wahlen gezählt und gemessen werden können und zum anderen, dass die Gruppenmitglieder Subjekt des Handelns sind und somit die subjektive Qualität des Geschehens keineswegs durch das objektive Zählen außer Kraft gesetzt werden kann. Soziometrie hat nach Moreno eine quantitative und eine qualitative Dimension.

> „Die alte Dichotomie: Qualitatives versus Quantitatives wird in der Soziometrie auf neuartige Weise gelöst. Das Qualitative ist im Quantitativen enthalten. Es wird nicht vernichtet oder vergessen, sondern, wo immer möglich, als eine Einheit behandelt." (Moreno 1959, S. 19).

Da nach Moreno Wahlen immer stattfinden, auch wenn sie nicht gemessen werden, kommt der qualitativen Dimension eine größere Wichtigkeit zu als dem Metrum, dem Messen.

Diese Einstellung von Moreno zum soziometrischen Test wird meiner Auffassung nach in der praktischen Anwendung der Soziometrie oft nicht beachtet. So wird häufig bei soziometrisch gestalteten Entscheidungsprozessen, wenn z.B. mehrere Protagonist(inn)en gleichzeitig Spielwünsche äußern, die zuerst erkennbare soziometrische Gestalt mathematisch ausgezählt und als Entscheidung gewertet. Diese, wie es anmutet, quantitative soziometrische Prozessgestaltung vernachlässigt die durch den Prozess ausgelöste qualitative Dynamik. Treten die am soziometrischen Prozess Beteiligten eben gerade durch diesen Prozess in Interaktion, verändert sich die soziometrische Gestalt und eine neue Lage entsteht. Diese neue Lage kann eine größere soziometrische Klarheit beinhalten als die Lage zuvor. Dies wird bei sozimetrischen Spielentscheidungen nicht immer berücksichtigt. Die Beachtung der qualitativen Seite des soziometrischen Tests trägt der Komplexität der Wahlvorgänge eher Rechnung als die ausschließlich quantitative. Ambivalenzen, Entscheidungsschwierigkeiten, Konflikte zwischen Präferenzen und scheinbar neutralisierende Enthaltungstendenzen werden unter dem qualitativen Aspekt handhabbar und handlungsfruchtbar.

In diesem Zusammenhang soll auch erwähnt werden, dass die gängige lineare Auswertung soziometrischer Tests mit Hilfe bekannter Matrizen und Formulare (vgl. Hale 1985) durch eine Arbeitsgruppe um Ann Hale und Linnea Carlson-Sabelli (Carlson-Sabelli et al. 1992) weiterentwickelt wurde in ein dreidimensionales Untersuchungsmodell, in dem die Resultante, die sich aus komplexen Wahlen, widersprüchlichen, aber gleichberechtigten Bedürfnissen sowie aus sich scheinbar neutralisierenden Ambivalenzen schließlich doch entwickelt, räumlich dargestellt werden kann. Der soziometrische Test in der allgemein bekannten Form ist offensichtlich nur ein Bruchteil dessen, was in ihm verborgen ist und aus ihm weiterentwickelt werden könnte.

Im Zusammenhang mit dem soziometrischen Test sollte künftig in der praktischen Arbeit der soziometrische Perzeptionstest meiner Meinung intensiver beachtet werden. Bei der perzeptionellen Soziometrie geht es darum, die subjektive Vorstellung eines Gruppenmitglieds darüber zu veröffentlichen, wie er glaubt, dass andere Gruppenmitglieder zu ihm stehen bzw. in wählen würden.

„Während der soziometrische Test auf der Dynamik der ‚Wahl' beruht, beruht der perzeptuelle Test auf der Dynamik der ‚sozialen Perzeption'. Das objektive Soziogramm wird häufig das ‚extravertierte' Soziogramm genannt, zum Unterschied vom ‚intravertierten' oder perzeptionellen Soziogramm." (Moreno 1959, S. 32).

Wahl und Widerstand

Wahlen finden immer statt. Wahlen konfrontieren die Individuen mit ihren Bedürfnissen.

Bei bewussten Wahlhandlungen in einem soziometrischen Prozess werden die Individuen einer Gruppe aufgefordert, andere Individuen oder auch Gegenstände im Blick auf ein bestimmtes Kriterium für gemeinsames Handeln zu wählen.

„Das, was jeder soziometrisch definierten Gruppe ihr Gewicht gibt, ist das Kriterium des gemeinsamen Motivs, das Menschen spontan für ein bestimmtes Ziel zusammenbringt. Das Kriterium kann zum einen so grundlegend sein, wie die Suche nach Wohnraum und Unterkunft, nach Nahrung und Schlaf, die Wohngemeinschaft oder so beiläufig wie ein Kartenspiel. Die Zahl der Kriterien, nach denen sich Gruppen ständig bilden, geht in die Millionen. Sie verleihen der sichtbaren und greifbaren menschlichen Gestalt eine tief unbewusste und komplizierte Infrastruktur, die schwer aufzudecken ist, weil sie sich unmittelbarer Erfahrung entzieht und weil es keine strikte Trennung zwischen den Infrastrukturen und den sichtbaren Strukturen gibt.

Die einen sind mit den anderen verwoben. Manchmal können ursprüngliche zwischenmenschliche Strukturen auf der Oberfläche wahrgenommen werden. Manchmal erfordern sie aber ausgiebige, soziomikroskopische Studien, bevor sie entdeckt werden können." (Moreno 1989, S. 161).

Moreno erwartet, dass die Individuen nach entsprechender Anwärmung ihre Wahl ohne Hemmungen durchführen. Die Wahlen sollen eine Hilfestellung sein für das Individuum, sich mit seinen wirklichen Bedürfnissen auseinander zu setzen. Allerdings haben die Individuen einer Gruppe oft große Angst, ihre wirklichen Bedürfnisse durch freie Wahl zu enthüllen. Die Methode der Wahl führt somit zentral in die Dynamik von Macht, Angst und Gewalt.

„Auf den ersten Blick scheint dieser Widerstand paradox, da er gerade dann auftaucht, wenn ein grundlegendes Bedürfnis befriedigt werden könnte. Eine Erklärung dieses Widerstandes des Individuums gegenüber der Gruppe ist möglich. Einerseits ist da oft die Angst des Individuums, seine Stellung in der Gruppe zu erkennen und so zu fühlen. Sich seiner Stellung voll bewusst zu werden, kann schmerzvoll und unangenehm sein.

Andererseits beruht dieser Widerstand auf der Angst, die anderen könnten erfahren, wen man mag, wer einem missfällt und welche Stellung in der Gruppe man sich wirklich wünscht und braucht. Der Widerstand wird durch die extrapersonale Situation des einzelnen und durch seine Stellung in der Gruppe hervorgerufen. Er fühlt, dass seine Stellung in der Gruppe nicht nur von ihm selbst bestimmt wird, sondern in erster Linie von den Gefühlen abhängt, die ihm die Individuen, mit denen er zusammen ist, entgegenbringen. [...] Die Angst davor, Liebe, die ein Mensch für andere empfindet, zu äußern, ist im Grunde die Angst vor den Gefühlen, die ihm die anderen entgegenbringen. Der dieser Angst zugrunde liegende objektive Prozess ist von uns im Laufe der quantitativen Analyse der Gruppenorganisation entdeckt worden. Der einzelne Mensch fürchtet sich vor den gewaltigen Gefühlsströmungen, die die Gesellschaft gegen ihn richten könnte. Es ist die Angst vor den psychologischen Netzwerken. Es ist die Furcht vor den mächtigen Strukturen, deren Einfluss unbegrenzt und unkontrollierbar ist. Es ist die Furcht, sie könnten ihn zerstören, wenn er nicht still hält." (Moreno 1981, S. 28ff).

Das einzelne Individuum hat angesichts der weit verzweigten, oft nicht sichtbaren psychologischen Netzwerke und psychosozialen Infrastrukturen Angst, seine wirklichen Bedürfnisse mitzuteilen. Das einzelne Individuum spürt, mehr oder weniger bewusst, die Macht der unbewussten Tiefenstruktur der Gruppe und der dort wirksamen und individuum- und gruppenübergreifenden psychosozialen Netzwerke.

Das unsichtbare, elektronische Netz der Massenmedien ist ein modernes und aktuelles Symbol für die gewaltige Macht unsichtbarer psychosozialer Netzwerke.

Das einzelne Individuum fühlt sich diesen Netzwerken gegenüber ohnmächtig. Es versucht, sich der objektiven Verstrickung dadurch zu entziehen, dass es sich in scheinbare individuelle Selbstverwirklichung zurück zieht. Die Möglichkeit, sich z.B. durch „channel-hopping" zwischen einer Vielzahl von Kabelkanälen seiner subjektiven Wahlfreiheit zu vergewissern, offenbart letztendlich nur das Ausmaß der Entfremdung des Individuums von seinen tatsächlichen psychosomatischen und psychodramatischen Bedürfnissen. Der Glaube, sich durch engagierte Teilnahme am Nachrichtenangebot und durch bewusste Auswahl qualitativ guter Informationen ein reales Bild von der Wirklichkeit machen zu können, erliegt gerade dadurch der Verführung moderner elektronischer Netzwerke, wenn er tatsächlich glaubt, dass er dies könnte.

Die Einführung der Wahl als Methode muss zwangsläufig die jeweils vorhandenen Macht- und Gewaltstrukturen und das jeweils vorhandene Angstpotential im Mikro- und Makrokosmos mit reflektieren.

Der Einfluss des Forschers

Da alle Gruppenmitglieder – einschließlich des soziometrischen Forschers – Teil der Soziodynamik sind und die Gruppe wiederum Teil eines übergreifenden psychosozialen Netzwerkes, muss der soziometrische Forscher als grundlegendes Problem eines soziometrischen Experimentes besonders betrachtet werden. Moreno versteht den soziometrischen Forscher als teilnehmenden Beobachter, der allerdings selbst erforscht und dessen Dynamik im soziometrischen Experiment genauestens berücksichtigt werden muss (vgl. Moreno 1989, S. 167f).

Die Einführung der Wahl als Methode reflektiert somit gleichzeitig das Macht- und Gewaltverhältnis zwischen soziometrischem Forscher/Gruppentherapeut und der jeweiligen Zielgruppe. Die Methode der Wahl beleuchtet und reflektiert nicht nur die Tabus der Bedürfnisse der Gruppenmitglieder, sondern auch die Einflüsse des teilnehmenden Beobachters bzw. auch das möglicherweise vorhandene Tabu der Macht- und Gewaltdynamik in der Therapeut- und Klientbeziehung.

Da bei der Wahl die tiefenwirksamen Kräfte des psychosozialen Netzwerkes mit berücksichtigt werden, versucht die Wahl als Methode, auch die Macht- und Gewaltverhältnisse des jeweiligen Kontextes transparent zu machen.

3. Soziometrie und Psychodrama

Die im soziometrischen Test durchgeführten Wahlen führen zu einem ersten Einblick in die soziodynamische Differenz zwischen der offiziellen Organisation einer Gruppe und ihrer inoffiziellen sozioemotionalen Tiefenstruktur. Die Ergebnisse der soziometrischen Tests können in einem Soziogramm grafisch dargestellt und analysiert werden. Die am soziometrischen Test Beteiligten werden in einem soziometrischen Interview zu den Ergebnissen des Tests befragt. Im soziometrischen Interview werden die Soziogrammstrukturen mit den einzelnen Gruppenmitgliedern gezielt abgeklärt.

Das soziometrische Interview kann die Betroffenen anwärmen, die durch den soziometrischen Test ans Licht gebrachten Fragestellungen psychodramatisch zu bearbeiten. Im Psychodrama können z.B. die Probleme, die die einzelnen Gruppenmitglieder mit der Soziodynamik haben, biografisch erschlossen und vertieft werden. Die Auswirkungen der soziometrischen Wahlen und des psychodramatischen Handelns können zur Rekonstruktion oder Umgestaltung einer Gemeinschaft führen. Das Ausmaß der Veränderungen kann durch erneute soziometrische Tests ermittelt werden.

Gretel Leutz (1979, S. 831) nennt fünf Schritte, die das Zusammenspiel von Soziometrie und Psychodrama beschreiben und die für die triadische Gruppenpsychotherapie charakteristisch sind:

(1) der soziometrische Test
(2) die Erstellung und Analyse des Soziogramms
(3) das soziometrische Interview
(4) das Psychodrama
(5) die soziometrische Konstruktion oder Umgestaltung der Gemeinschaft

Am intensivsten wirken diese fünf Schritte, wenn „eine reale Situation als Setting des Vorgehens, ein echtes Bedürfnis der Klienten, ihre Situation zu verändern, sowie die Möglichkeit der aktiven Beteiligung aller Betroffenen am therapeutischen Experiment" gegeben sind (Leutz 1979, S. 831).

Soziometrie und Psychodrama sind somit eine ernsthafte Einladung, die Begegnung mit der realen Innen- und Außenwelt zu wagen und sich handelnd und wählend an der Gestaltung der Welt zu beteiligen.

4. Soziometrie und Diagnose

Die kurze Darstellung der Grundgedanken von Moreno zur Soziometrie zeigt, welche Bedeutung die soziometrischen Wahlen für die Erhellung der soziodynamischen Differenz zwischen formeller Oberflächenstruktur und unbewusster Tiefenstruktur einer Gruppe haben können. Soziometrie ist demnach ein aufdeckendes Verfahren.

Die Einsicht in die formellen Oberflächenstrukturen und der ihnen zugrunde liegenden „unbewussten" Tiefenstrukturen einer Gruppe ist von hohem therapeutischen Wert für die Gruppentherapieforschung. Soziometrie ist ein psycho- und soziodynamisches Verfahren.

Sie dient aber nicht nur der Gruppentherapie, sie dient auch der Einschätzung eines Veränderungspotentials von Individuen, Gruppen und Gemeinschaften. Soziometrie ist somit auch ein diagnostisches Instrument.

Diagnose ist – allgemein gesprochen – ein Erkundungs- und Feststellungsverfahren für die Einschätzung einer Situation, eines Problems und für die Entwicklung von Handlungszielen zur Veränderung einer Situation. Psychologisch und medizinisch gesprochen ist Diagnose ein Erkundungs- und Feststellungsverfahren für körperliche, seelische und geistige Eigenschaften. Da Diagnostik die Grundlage für Therapieplanung ist, trifft sie wesentliche Entscheidungen für die Behandlung von Personen und Gruppen.

Insofern ist Diagnose im therapeutischen Bereich auch ein Herrschaftsinstrument. Sie kann zu unkontrollierter Machtausübung und Gewaltanwendung an Menschen und Gruppen führen. Sie kann zur Hilfestellung beitragen, sie kann aber auch etikettieren und stigmatisieren.

Soziometrie als Methode der Wahl und als Methode der Diagnose versucht, die Kritik am Machtmissbrauch methodisch zu integrieren. Sie ist eine sich selbst kritisch hinterfragende Methode.

Indem der soziometrische Test die Klientel zum Subjekt des Handelns in der Wahl macht und indem gleichzeitig der soziometrische Forscher und das jeweilige Netzwerk in ihrer Eigendynamik reflektiert und in die soziometrische Untersuchung mit einbezogen werden, kann das Einflussproblem und das damit evtl. verbundene Problem von Macht und Gewalt ständig methodenimmanent mit reflektiert werden. Moreno sagt dazu:

> „Der soziometrische Test ist in seiner dynamischen Form eine revolutionäre Untersuchungskategorie. Von innen her verändert er die Gruppe und ihre Beziehungen zu anderen Gruppen, auf mikroskopischer Ebene bewirkt er eine soziale Revolution.
>
> Wenn der Test überhaupt keine Umwälzung mit sich bringt, liegt der Verdacht nahe, dass ihn der Forscher aus Achtung vor einer bestehenden sozialen Unordnung in ein harmloses Instrument verwandelt hat." (Moreno 1981, S. 60).

5. Literatur

Blatner, A. (1988). Acting in. Practical applications of psychodramatic methods. New York: Springer.
Buer, F. (Hg.) (1989). Moreno's therapeutische Philosophie. Opladen: Leske & Budrich.
Carlson-Sabelli, L., Sabelli, H., Patel, M. & Holm, K. (1992). The union of opposites in sociometry: An empirical application of process theory. *Journal of Group Psychotherapy Psychodrama and Sociometry*, 44(4), 147-171.
Goldmann, E.E. & Morrison, D.S. (1984). Psychodrama: Experience and process. Dubuque: Kendall & Hunt.
Hale, A.E. (1985). Conducting clinical sociometric explorations: A manual for psychodramatists and sociometrists. Roanoke, VA: Royal.
Leutz, G.A. (1974). Psychodrama – Theorie und Praxis, Band 1: Das klassische Psychodrama nach J.L. Moreno. Berlin, Heidelberg, New York: Springer.
Leutz, G.A. (1979). Das triadische System von J. L. Moreno. Soziometrie, Psychodrama und Gruppenpsychotherapie. In: *A. Heigl-Evers* (Hg.), Die Psychologie des 20. Jahrhunderts, Bd. VIII: Sozialpsychologie: Lewin und die Folgen – Sozialpsychologie, Gruppendynamik, Gruppentherapie (S. 830-839). Zürich: Kindler.
Moreno, J.L. (1959). Gruppenpsychotherapie und Psychodrama. Einleitung in die Theorie und Praxis. Stuttgart: Thieme.
Moreno, J.L. (1974). Die Grundlagen der Soziometrie. – Wege zur Neuordnung der Gesellschaft. Opladen: Leske und Budrich (2. erw. Aufl. 1967, 4. Aufl. 1996 [Nachdruck]; Originalpublikation: „Who shall survive? A new approach to the problem of human interrelations", Washington, D.C.: Nervous and Mental Disease Publishing Company, 1934, auch: New York: Beacon House, 1953).
Moreno, J.L. (1981). Soziometrie als experimentelle Methode. Paderborn: Junfermann.
Moreno, J.L. (1989). Psychodrama und Soriometrie. Köln: Edition Humanistische Psychologie.

Korrespondenzanschrift:
Dipl.-Päd., Dipl.-Theol. *Helmut Schwehm*
Bahnhofstr. 148
D-67480 Edenkoben

☎ (06323) 33 25, mobil: 0171.9734968
email: *schwehm-psr@t-online.de*

Dieser Beitrag erschien zuerst in: *Psychodrama – Zeitschrift für Theorie und Praxis von Psychodrama, Soziometrie und Rollenspiel* (1994), 7(2), 165-178 (Themenheft „Soziometrie") und wurde für den Wiederabdruck geringfügig modifiziert; es handelt sich um einen überarbeiteten Vortrag, gehalten im Rahmen des 3. Europäischen Kongresses für Gruppenpsychotherapie und Gruppendynamik „Macht und Gewalt in (therapeutischen?) Institutionen" (20.-23.9.1990 in Budapest, Ungarn).

Anschriften der AutorInnen und Herausgeber

Ulla Fuhr

Dipl.-Psych., Psychologische Psychotherapeutin, Psychodramatherapeutin, Supervisorin am Moreno-Institut Überlingen, freie Praxis in Bad Wildungen.

Anschrift: Zum Braunauer Berg 19, D-34537 Bad Wildungen-Braunau [Praxis: Die Schmittenhöfe 25, D-34537 Bad Wildungen]

☎ (05621) 65 38, Fax: 96 74 928 [Praxis: ☎ (05621) 96 74 925]
email: *ullfu@t-online.de*

Stefan Gunkel

Dipl.-Psych., approbierter Psychologischer Psychotherapeut, Studium (Psychologie, Soziologie, Philosophie, Elektrotechnik) in Hannover, Marburg und Göttingen; 1983-90 Ausbildung in Psychodrama; 1990-93 in der Abteilung für Sozialpsychiatrie der FU Berlin tätig; 1993 Wechsel zur Klinik für Psychiatrie und Psychotherapie Langenhagen des Klinikum Region Hannover; Spezialgebiete: posttraumatische Belastungsstörungen (PTSD), psychische Belastungen schizophrener Patienten (Psychose und Psychiatrie als Doppeltrauma), forensische Begutachtung; diverse Fachveröffentlichungen; 1996-2006 Mitherausgeber der Buchreihe „Impulse für die Psychotherapie"; 2001-2006 Mitglied im wissenschaftlichen Beirat der Langeooger Psychotherapiewoche (Akademie für Ärztliche Fortbildung der Nds. ÄK).

Anschrift: Klinik für Psychiatrie und Psychotherapie, Klinikum Region Hannover, Rohdehof 3, D-30853 Langenhagen

☎ (0511) 7300-520, Fax: -518, mobil: 0174.8224684
email: *stefan.gunkel@krh.eu*

Jörg Hein

Dipl.-Psych., Psychologischer Psychotherapeut/KJP, Darmstadt, Praxis für PP und KJP, Supervision, Psychodrama, TP, Familien- und Paartherapie (Mitglied der AGPF, DAGG, Deutsche Psychotherapeutenvereinigung, DFP, VPP im BDP).

Anschrift: Rheinstr. 5, D-64283 Darmstadt

☎ (06151) 22282
email: *Joerg.Hein.Praxis@freenet.de*

Andreas Käppler

Dipl.-Psych., Psychologischer Psychotherapeut, Psychoanalytiker (DGIP), Supervisor (BDP), Psychodramatherapeut, Weiterbildungsleiter am Institut für Psychodrama Dr. E.M. Shearon in Köln, Psychotherapeutische Praxis in Bochum.

Anschrift: Brüderstr. 2, D-44787 Bochum
☎ (0234) 68 19 32
email: *andreas.kaeppler@t-online.de*

Friedrich Krotz

Univ.-Prof., Dr. phil., Dipl. Math. und Dipl.-Soz., Lehrstuhl für Kommunikationswissenschaft / Soziale Kommunikation an der Universität Erfurt; zuvor Forschung und Lehre an den Universitäten des Saarlands, Hamburg, Berlin und Münster; Forschungsschwerpunkte: Bedeutung digitalen Medien für kommunikatives Handeln, Mensch und Gesellschaft; letzte Buchpublikation: „Mediatisierung: Fallstudien zum Wandel von Kommunikation" (Wiesbaden: VS Verlag für Sozialwissenschaften, 2007).

Anschrift: Universität Erfurt, Philosophische Fakultät, Seminar für Kommunikationswissenschaft (LG 4/236), PF 90 02 22, D-99105 Erfurt
☎ (0361) 73 74 171
email: *friedrich.krotz@uni-erfurt.de*

Reinhard T. Krüger

Dr. med., Facharzt für Psychotherapeutische Medizin und Arzt für Psychiatrie, Psychotherapie, eigene Praxis, Großburgwedel, Weiterbildung in tiefenpsychologisch fundierter Psychotherapie einschließlich Supervision für die Ärztekammer Niedersachsen. Lehrbeauftragter am Moreno Institut Überlingen.

Anschrift: Alten-Str. 2, D-30938 Burgwedel
☎ (05139) 7047
email: *krueger.reinhard@htp-tel.de*

Matthias Lauterbach

Dr. med., Facharzt für Psychiatrie und Psychotherapeutische Medizin, Jg. 1949, Ausbildung in Psychodrama und in Systemischer Therapie, 1988 Mitbegründer des „Niedersächsischen Instituts für systemische Therapie und Beratung Hannover", seit 1994 Geschäftsführender Gesellschafter der „DLW Unternehmensentwicklung", 1999 Mitbegründer des Kompetenznetzwerks Gesundheitscoaching, Autor zahlreicher Bücher und Artikel u.a. zum Coaching (2005), Gesundheitscoaching (2005, 2006) und zu Aktionsmethoden („Wie Salz in der Suppe. Aktionsmethoden für den beraterischen Alltag", 2007); www.gesundheitscoaching.com.

Anschrift: Hohenzollernstr. 7, D-30161 Hannover
☎ (0511) 388 34 78; mobil: 0171.7081868
email: *lauterbach@d-l-w.de* oder *lauterbach@hohenzollern-7.de*

Hildegard Pruckner

MSc, Beratungslehrerin an der Universitätskinderklinik des AKH Wien; Privatpraxis als Psychodrama-Psychotherapeutin, Persönlichkeitscoach und Supervisorin in Wien; Lehrtherapeutin der Fachektion Psychodrama im Österreichischen Arbeitskreis für Gruppentherapie und Gruppendynamik (ÖAGG), Lehrbeauftragte und Lehrgangsleiterin für den Universitätslehrgang Psychotherapie/Psychodrama (ÖAGG-Donau Universität Krems); Systemische Therapeutin und Supervisorin (hsi Heidelberg); Weiterbildung in Akutintervention; Publikationen: „Schmelztiegel Wien – einst und jetzt / Didaktisches Beiheft" (Mithg.), Wien: Böhlau, 1990; „Das Spiel ist der Königsweg der Kinder", München: inScenario, 2001; „Psychodrama-Therapie: Ein Handbuch" (Mithg.), Wien: Facultas, 2004.

Anschrift: Wimbergergasse 5/36, A-1070 Wien

☎ (0043) 1 40 89 742, www.hildegardpruckner.at
email: *office@hildegardpruckner.at*

Michael Schacht

Dr. phil., Diplom-Psychologe, Psychologischer Psychotherapeut (BDP) in eigener Praxis, Director of Psychodrama, Psychodrama-Therapeut (DFP), Weiterbildungsleiter u.a. am Psychodrama-Institut-Münster. Publikation: „Spontaneität und Begegnung – Zur Persönlichkeitsentwicklung aus der Sicht des Psychodramas" (München: inScenario-Verlag, 2003).

Anschrift: Hauptstraße 2, D-59399 Olfen-Vinnum
☎ (02595) 98 181, Fax: -98183
email: *MichaelSchacht@t-online.de*

Helmut Schwehm

Diplom-Pädagoge, Dipl.-Theologe, PD-Weiterbildungsleiter, Studium Theologie, Philosophie, Erziehungswissenschaft, Psychologie, Weiterbildung in Psychodrama und Systemischer Therapie, Berufserfahrung als evangelischer Gemeinde- und Jugendpfarrer, Leiter einer psychosozialen Beratungsstelle, Geschäftsführer von Trägergesellschaften für ambulante und stationäre Rehabilitation Abhängigkeitskranker, Studienleiter am Moreno Institut Überlingen, Vorstandstätigkeit in Fachverbänden, selbständig tätiger Berater, Psychotherapeut/KJP, Supervisor und Organisationsentwickler, Mitglied im DAGG/DFP und in der DGfP, Supervisor PSR (Psychodrama, Soziometrie, Rollenspiel) und DGfP, EFQM-Assessor, Geschäftsführer der Therapiezentrum Ludwigsmühle GmbH.

Anschrift: Bahnhofstr. 148, D-67480 Edenkoben
☎ (06323) 33 25, Fax: (06323) 70 40 195, mobil: 0171.9734968
email: *schwehm-psr@t-online.de*

Franz Stimmer

Univ.-Prof. Dr. rer. pol., Dipl.-Soziologe, Psychodramaleiter (Moreno Institut Überlingen), Lehrbeauftragter am Institut für Sozialpädagogik der Leuphana Universität Lüneburg; Mitbegründer des Zentrums für Angewandte Gesundheitswissenschaften an ders. Universität; langjährige Beratung und Therapie an einem Gesundheitsamt und einer Drogenberatungsstelle; Verfasser des „Lexikon der Sozialpädagogik und der Sozialarbeit" (4. Auflage, 2000) und des Lehrbuchs „Grundlagen des Methodischen Handelns in der Sozialen Arbeit" (2006); Mitherausgeber der „Zeitschrift für Psychodrama und Soziometrie".

Anschrift: Leuphana Universität Lüneburg, Fakultät Bildungs-, Kultur- und Sozialwissenschaften, Institut für Sozialpädagogik, Scharnhorststraße 1, D-21335 Lüneburg

☎ (04131) 677-1651 (Sekretariat), Fax: -1671
email: *stimmerad@gmx.de* oder *stimmer@uni-lueneburg.de*

Therese Ziesenitz-Albrecht

Dipl.-Psych., Psychologische Psychotherapeutin in eigener Praxis, Psychodramatikerin, Supervisorin und Schulpsychologin.

Anschrift: Fanny-David-Weg 33, D-21031 Hamburg-Bergedorf/Lohbrügge

☎ (040) 738 44 60; mobil: 0173.4721255
email: *th.ziesenitz-albrecht@hamburg.de*

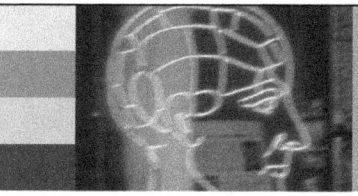

VS Psychologie

Der neue Programmbereich im VS Verlag

Ein starkes und innovatives Psychologieprogramm wächst. Dort, wo es zu Pädagogik, Soziologie, Politik und Kommunikationswissenschaften bereits Anknüpfungspunkte gibt, und darüber hinaus.

Anspruchsvolle Wissenschaft, aktuelle Themen und herausragende Bücher für WissenschaftlerInnen, PraktikerInnen und Studierende sowie die digitale Verfügbarkeit aller Publikationen – dieser Anspruch gilt auch für den neuen Programmbereich.

Interessierte AutorInnen und HerausgeberInnen bitten wir mit uns Kontakt aufzunehmen.

VS PSYCHOLOGIE
Kea S. Brahms
kea.brahms@vs-verlag.de
Telefon 0611. 7878-373

2008. ca. 380 S. Br.
ca. EUR 39,90
ISBN 978-3-531-15732-0
Erscheint im Dezember 2008

2. Aufl. 2008. 386 S. Br.
EUR 19,90
ISBN 978-3-531-34163-7

VS VERLAG FÜR SOZIALWISSENSCHAFTEN   www.vs-verlag.de

Schwerpunkt Coaching

Stefan Kühl
Coaching und Supervision
Zur personenorientierten Beratung in Organisationen
2008. ca. 300 S. Br. ca. EUR 24,90
ISBN 978-3-531-16092-4

Das Buch ergänzt die umfangreiche Praktikerliteratur zu Coaching und Supervision in Organisationen um ein wissenschaftliches Standardwerk. Ob Evaluation, Kompetenzdarstellung oder Scharlatanerieproblem – der Autor informiert umfassend über die theoretische Basis personenorientierter Beratungsprozesse in Organisationen und bietet durch seine organisationssoziologische Einbettung Anregungen für die Praxis.

Karolina Galdynski / Stefan Kühl (Hrsg.)
Black-Box Beratung?
Empirische Studien zu Coaching und Supervision
2008. ca. 220 S. (Coaching und Supervision) Br. ca. EUR 34,90
ISBN 978-3-531-16292-8

In diesem Sammelband erkunden die Autoren in einer Reihe empirischer Studien, wie sich die Popularität von Coaching und Supervision erklären lässt, welche Strategien der Professionsbildung verfolgt werden, welche Funktionen die personenorientierte Beratung erfüllt und wie Erfolge und Misserfolge von Beratungen evaluiert werden.

Astrid Schreyögg
Coaching für die neu ernannte Führungskraft
2008. 284 S. (Coaching und Supervision) Br. EUR 49,90
ISBN 978-3-531-15876-1

In diesem Buch widmet sich die Autorin dem Wechsel in eine neue Führungsposition. Dieses Schlüsselerlebnis ist ein brisantes Ereignis, Ausgangspunkt für Erfolg und Misserfolg. Somit lohnt sich Coaching hier ganz besonders. Neben wissenschaftlichen Grundlagen, konzeptionellem und methodischem Rüstzeug enthält das Buch handfeste Praxisanweisungen.

Walter Schwertl
Business-Coaching
Systemische Module für Ausbildung und Praxis
2008. ca. 240 S. Br. ca. EUR 34,90
ISBN 978-3-531-15626-2

Business-Coaching ist ein Lehrbuch für die Ausbildung und ein Lesebuch für die Praxis. Ausgerichtet an den Qualitätsstandards des DBVC (Deutscher Bundesverband Coaching e.V.) werden die relevanten Grundlagen von Business-Coaching dargestellt. Anhand zahlreicher Praxisbeispiele wird der Leser in verschiedene Anwendungsfelder und thematische Bereiche eingeführt.

Erhältlich im Buchhandel oder beim Verlag. Änderungen vorbehalten. Stand: Juli 2008.

www.vs-verlag.de

VS VERLAG FÜR SOZIALWISSENSCHAFTEN

Abraham-Lincoln-Straße 46
65189 Wiesbaden
Tel. 0611.7878-722
Fax 0611.7878-400

GPSR Compliance

The European Union's (EU) General Product Safety Regulation (GPSR) is a set of rules that requires consumer products to be safe and our obligations to ensure this.

If you have any concerns about our products, you can contact us on

ProductSafety@springernature.com

In case Publisher is established outside the EU, the EU authorized representative is:

Springer Nature Customer Service Center GmbH
Europaplatz 3
69115 Heidelberg, Germany

www.ingramcontent.com/pod-product-compliance
Lightning Source LLC
LaVergne TN
LVHW010336260326
834688LV00036B/729